全国企业管理现代化创新成果

（第二十八届）

下　册

中国企业联合会　编

图书在版编目(CIP)数据

全国企业管理现代化创新成果．第二十八届．下/中国企业联合会编．-- 北京:企业管理出版社,2022.6

ISBN 978-7-5164-2603-6

Ⅰ.①全… Ⅱ.①中… Ⅲ.①企业管理-现代化管理-创新管理-成果-汇编-中国 Ⅳ.①F279.23

中国版本图书馆 CIP 数据核字(2022)第 067110 号

书　　名：全国企业管理现代化创新成果(第二十八届)下册
书　　号：ISBN 978-7-5164-2603-6
作　　者：中国企业联合会
责任编辑：张羿　赵琳
出版发行：企业管理出版社
经　　销：新华书店
地　　址：北京市海淀区紫竹院南路 17 号　　邮编:100048
网　　址：http://www.emph.cn　　电子信箱: emph001@163.com
电　　话：编辑部(010)68701638　　发行部(010)68701816
印　　刷：河北宝昌佳彩印刷有限公司
版　　次：2022 年 6 月第 1 版
印　　次：2022 年 9 月第 2 次印刷
开　　本：880mm×1230mm　1/16 开本
印　　张：31.5 印张
字　　数：915 千字
定　　价：488.00 元（全三册）

全国企业管理现代化创新成果（第二十八届）

顾　问：王忠禹

主　编：邵　宁　朱宏任

副主编：于　吉

专家组成员：（按姓氏笔画排序）

王永贵　王利平　王继成　王　辉　王　毅
叶康涛　田慧蓉　史　丹　冯海旗　宁连举
吕　萍　刘丽文　杜莹芬　李彦斌　李晓光
杨子真　吴贵生　吴剑锋　汪　涛　宋毓钟
张学平　张秋生　陆　燕　范合君　罗　鹏
周绍朋　周　剑　郑明身　项安波　赵剑波
赵　艳　赵　峰　秦志华　徐东华　高红岩
崔永梅　崔新健　董小英　焦　豪　蔡曙涛
蔺　雷　魏秀丽

目　　录

国际化经营与市场营销管理

核心人才队伍建设与绩效管理

促进双循环的供应链体系建设与物流管理

深化改革与管控模式优化

国际化经营与市场营销管理

自主品牌汽车企业以“六型”为核心的海外市场管理体系建设

奇瑞汽车股份有限公司

奇瑞汽车股份有限公司（以下简称奇瑞）成立于1997年，是我国具有代表性的自主品牌汽车企业。奇瑞始终坚持自主创新，先后承担国家科技支撑计划、重点研发计划等180多个项目，成功建立起完全正向的技术和产品研发体系，累计申报19000多项专利，位居中国制造业前列，并且取得一系列核心技术突破，荣获国家科技进步一等奖1次、二等奖4次，以及中国汽车工业科技进步一等奖2次，3次被授予国家级“创新型企业”。奇瑞以“打造国际一流品牌”为战略目标，长期注重海外市场开拓，是我国最早将整车、CKD散件、发动机及整车制造技术和装备出口至国外的汽车企业。截至2020年，奇瑞乘用车累计销量超过950万辆，其中出口销量达180万辆，连续18年保持中国乘用车出口销量第一位的名次。

一、自主品牌汽车企业以“六型”为核心的海外市场管理体系建设背景

（一）提升中国自主汽车品牌国际竞争力的需要

自2001年奇瑞出口我国第一辆乘用车以后，在奇瑞的示范引领下，国内自主车企纷纷开拓海外市场。但是，经过10多年的发展，我国自主汽车品牌在海外市场的竞争力依然不高。一部分原因是早期自主车企技术水平不足，产品竞争力与国际主流车企存在差距，但更多的是在以总代理商（以下简称总代）为主的贸易型销售模式下自主车企在海外市场开发管理中的主导权较弱的原因所致，本地化运营水平不足，对海外消费者需求偏好响应不及时，造成海外市场对中国汽车品牌形象认知和服务评价普遍不高。上述因素已经成为我国自主车企进一步提升国际化水平的掣肘。奇瑞作为我国具有代表性的自主车企和汽车出口的“领头雁”，无论在国际化发展理念和运营模式上，还是在国际化发展纵深和整体销量等方面，均相对于其他自主车企保持着先发优势，理应主动肩负起探索中国自主车企提升国际竞争力发展路径的使命。

（二）应对复杂多变的国际政治经济形势的需要

2015年以后，国际政治经济形势发生重大变化，全球化进程遭遇严峻挑战，国际经济环境复杂多变。这让中国自主车企面临着海外总体需求减缓，叠加生产成本上升、货币汇率波动、地缘政治风险、贸易限制措施等诸多不利因素的影响，给自主车企海外业务发展带来前所未有的挑战。面对国际宏观形势高度复杂性、不确定性带来的经营风险，奇瑞等中国自主车企以往的海外市场管理模式已经难以适应当下形势的需要，亟须建立一套可以快速把握海外市场变化、高效响应海外市场需求、充分抵御海外市场风险的市场管理体系，从而有效挖掘海外市场存量、寻求海外市场增量的破局之道，保障海外业务稳定和可持续发展。

（三）适应分布式、多元化海外市场管理的需要

回顾海外市场开发历程，奇瑞经历了两次战略转变。第一次是从“全面开花”到“聚焦大市场”的转变。通过聚焦少数几个核心市场开发，让奇瑞在有限的资源条件下实现了海外市场销量突破的目标，但其弊端是海外市场集中度较高、结构性风险较大。一旦某个核心市场受到不可控因素影响，该国市场整体销量急剧下滑就会严重冲击奇瑞的海外业务。近年来国际宏观形势复杂多变，海外市场风险急剧增加，奇瑞在几个核心市场的销量也确实都经历了大幅波动，导致“聚焦大市场”的发展策略难以持续。为此，奇瑞在2015年提出扩大海外“万台市场”（即年度目标销量超过1万台乘用车的国别市

场）布局、适度降低海外市场集中度的国际业务战略二次转变的策略。这些“万台市场”分布广泛且国情差异较大，对奇瑞海外市场管理提出较高要求。奇瑞作为地方性混合所有制企业，可以撬动的国际资源力量相对有限，必须要从自身海外市场管理体系的系统性变革入手，全面提高海外市场管理效率和效能，以适应分布式、多元化海外市场开发的现实需要。

二、自主品牌汽车企业以“六型”为核心的海外市场管理体系建设主要做法

（一）依据企业发展战略，确立海外市场管理体系建设思路

奇瑞始终坚持以“打造国际一流品牌”为发展战略，并且提出“无内不稳、无外不强”的国内国际业务同步高质量发展理念。为此，奇瑞立足自身先发优势，提出海外市场“双50”的战略目标，即加快扩大海外市场布局，提高海外市场开发效率，提升产品和品牌溢价能力，到2025年实现乘用车出口50万辆、出口销售额达到50亿美元的发展目标。在这一目标驱动下，奇瑞海外市场开发模式必须要由传统贸易型销售向本地化运营转变，建立符合本地化运营要求的海外市场管理体系。

奇瑞在总结历史经验教训的基础上，提出以“六型”为核心的海外市场管理体系建设思路和框架。一是通过构建“共赢型”合作生态，与海外合作伙伴结成长期“利益共同体”并为合作伙伴提供系列支持，提高奇瑞在海外市场开发中的主导地位；二是通过打造“赋能型”的国内总部基地，加强国内总部能力建设，为地域分散、国情多元的海外市场开发提供多方位支撑；三是通过建立“创业型”一线团队，推进海外市场高质量、敏捷开发；四是通过实施“精益型”市场管理，持续推动海外市场个性化开发；五是通过树立“责任型”企业形象，为奇瑞海外市场开发创造有利的国际环境；六是通过营造“学习型”文化氛围，推动市场开发相关的实战经验、知识技能快速推广应用。通过以“六型”为核心的海外市场管理体系建设，最终实现海外市场管理的敏捷化和高效化，从而在有限的资源条件和复杂多变的国际形势下，提高海外市场开发水平。

（二）构建“共赢型”合作生态，提高海外市场开发管理自主权

1. 锁定长期合作关系，构建“利益共同体”

海外市场的高效开发，离不开有实力的总代支持和资源投入。在新市场开发筹备阶段，奇瑞深入调研所在国总代情况，选出综合实力前五位的总代为潜在合作对象，并且选择认同奇瑞发展愿景、愿意同奇瑞共同成长的总代进行深入接洽；同时，奇瑞对总代资信情况展开尽调，从源头控制合作风险。达成合作意向后，双方一般以5～10年为周期签订合作协议，锁定长期合作关系。

在合作过程中，奇瑞以构建“利益共同体”为导向，优先考虑合作伙伴利益；同时，根据市场开发状态，适时调整各主体之间的利润分配比例，确保合作伙伴能获得有竞争力的利润。例如，在新产品上市初期，奇瑞将产品利润向经销商倾斜。随着产品销售进入稳定发展期，奇瑞逐步调整让利空间，在不降低总代、经销商总利润的前提下，稳步提升奇瑞的总体利润水平。通过构建长期“利益共同体”，让总代愿意为奇瑞品牌投入更多战略资源，也愿意让奇瑞参与本地市场运营管理。此外，奇瑞还非常注重考虑合作伙伴内部员工的利益，将合作伙伴内部员工的激励纳入到商务计划统筹考虑，增强他们对奇瑞的信赖感，并且激发他们在销售或服务过程中的积极性、创造力。

2. 建立市场协同管理机制，促进与合作伙伴的深度融合

依托国内发展成熟的渠道管理经验，奇瑞与合作伙伴建立起市场协同管理机制。一是标准协同。奇瑞通过合作协议，明确要求总代遵循奇瑞营销管理标准体系，全面提升客户服务水平，改善客户服务体验。二是人员协同。奇瑞确立海外市场开发相关的产品、品牌、网络、服务、财务、运营等六大核心业务领域，要求总代按照这6个业务领域分别配置专门管理人员，与奇瑞派驻的业务经理一对一对接。这让奇瑞在各个业务管理领域都有了“触角”，能够有效渗透到终端市场。三是信息协同。奇瑞要求合作伙伴全面使用奇瑞IT系统来服务客户，保证了全链条信息透明。

3. 持续优化国际供应链合作平台，助力合作伙伴发展

汽车是大宗消费品，其出口贸易流程长、资金支付要求高。为了响应合作伙伴及时交付的需求，降低合作伙伴的资金压力，奇瑞持续优化国际供应链合作平台，创新国际供应链服务。

一是持续优化汽车出口贸易流程，降低供应链风险。奇瑞联合总代与海关及航运企业等建立畅通的合作机制，提高汽车出口产品报关及航运效率，加快产品交付进程，减少合作伙伴库存压力和汇率变动带来的风险。

二是积极为合作伙伴拓宽融资渠道，缓解合作伙伴的资金支付压力。奇瑞与国内大型银行海外分部、部分海外市场宗主国银行开展合作，建设国际供应链金融服务子平台。一方面，打造融资资金池，为总代、经销商提供长期、低息的资金支持；另一方面，拓展票据、保理等国际贸易融资结算支付业务。这既缓解了合作伙伴的资金支付压力，也保证了奇瑞的回款及时。

三是针对特殊国别市场，创新资金支付方式。针对部分国家外汇不足等现实情况，奇瑞成立专门的国际贸易公司，并且在国际供应链合作平台中创新推出“易货贸易”回款模式，通过以货换货的贸易形式，用整车换回这些国家特有而中国亟须的物产资源（如矿产、木材、坚果等），换回商品的价值通常远超整车的销售收入。奇瑞通过“易货贸易”回款模式，不仅解决了海外合作伙伴资金支付的问题，维持了奇瑞在当地的稳定销售水平，提高了奇瑞的总体收益，还为国内一大批原材料进口依赖型企业提供了优质、价廉的原材料。

近年来，由于全球经济增速持续下行，尤其是疫情以来，很多海外市场的总代和经销商均受到不同程度的冲击，面临较大的资金偿付压力，但在奇瑞建立的国际供应链合作平台的支持下，绝大多数合作伙伴顺利渡过疫情困难时期，保证了奇瑞海外合作网络的稳定，也提高了合作伙伴对奇瑞的忠诚度和依赖感。

（三）打造赋能型总部基地，支撑海外多元化国别市场开发

1. 加强总部技术研发创新投入，实现产品赋能

市场开发成功的核心支撑是产品品质和技术水平。奇瑞一方面打造“瑞虎”“艾瑞泽”“星途”三大系列产品线，覆盖从A00级到C级的轿车和SUV细分市场。其中，“瑞虎”“艾瑞泽”隶属奇瑞母品牌，目标为入门级和价值级市场；“星途”作为独立运营的高端品牌，瞄准豪华级市场。另一方面，奇瑞持续加强研发投入，建立了“一条线、五层楼”的技术研发体系。其中，“一条线”是指建立覆盖从产品定义、研发、生产、试验、体系认证到循环再制造全价值链的完全正向开发体系；“五层楼”是指5个层次的汽车产业技术，包括传统汽油车技术、新能源汽车技术、智能网联技术、自动驾驶技术、移动出行与共享技术。

为了支撑全球化产品和技术研发，奇瑞在中国、德国、美国、巴西先后设立5个国际研发中心，汇聚了5500人的顶级研发团队，年度研发投入占营收的比例长期保持在7%左右，让奇瑞在发动机、变速箱、底盘、车身安全及新能源、车联网等方面取得一系列技术突破，可以有效满足海外不同市场的产品定制化需求。

2. 重构总部与市场业务管理机制，实现管理赋能

为了提升总部对海外市场的支撑水平，高效满足地域分散、国情多元的海外市场开发要求，奇瑞重构总部与市场业务管理机制。

首先，调整海外事业部管理架构，统一从国内总部、市场一线团队到海外合作伙伴的业务管理接口。奇瑞在海外事业部保留散件组装（KD）中心，将海外营销管理职能重新划分为六大核心业务部门：产品部、品牌部、网络部、服务部、运营部、财务部。其中，产品部负责产品研究与规划、市场分析等；品牌部负责品牌和产品营销策划、公共关系管理等；网络部负责网络规划、开发、运营管理和网

络能力提升等；服务部负责售后服务体系建设、售后技术支援、质量信息反馈、保修与索赔业务管理、服务网络管理和服务抱怨管理等；运营部负责订单与计划管理、进出口全流程跟踪管理等；财务部负责成本利润核算与分析、盈利提升管理和风险应对等。在理顺营销管理职能后，奇瑞进一步完善国内总部与海外市场的垂直管理机制。奇瑞从总部6个核心业务部门中分别选拔骨干，下沉到各个海外市场一线，作为国别市场一线团队的成员，业务上归国内总部指导。这既保证了总部在每个市场都有“触角”，可以快速准确掌握市场信息，也保证了各个市场与总部的高效衔接，确保总部决策贯彻落地；同时，通过与总代统一业务人员对接，确保奇瑞业务管理要求精准传导给总代，直至经销商和服务站。

其次，构建海外营销管理标准体系，作为海外市场开发业务管理的基础支撑。奇瑞总结历史经验发现，尽管不同国别市场开发面临的情况各不相同，但海外市场开发的大部分作业内容和管理要求是相通的。对此，奇瑞围绕产品、品牌、网络、服务、运营、财务六大核心业务管理，建立海外营销管理标准体系。具体而言，奇瑞识别出六大核心业务管理在海外市场的关键成功要素，再充分吸收国内国际汽车营销管理经验，制订出各个业务模块的管理标准。以网络业务为例，奇瑞围绕网点形象、网络布局、便利性等关键成功要素，构建海外网络建设的4个一级维度，包括单点销能、网络结构、网络质量、盈利能力。每个一级维度下设若干个“管理因子”，如视觉形象、商务计划、库存管理等。据此，针对每项“管理因子”编制辅助业务开发的工具手册并作为指导外派网络业务经理推进网络建设的依据。此外，总部六大部门分别设有工具手册维护岗，负责收集、总结海外市场业务管理优秀案例，持续修订工具手册，让各个海外市场的优秀经验得到快速复制，不断推动各个国别市场开发管理向更高水平发展。

3. 做实总部统筹开发决策角色，实现决策赋能

奇瑞将海外事业部国内总部打造为统筹海外市场开发的决策中心，通过提升总部决策管理水平，为海外市场开发赋能。

首先，在战略决策上，海外事业部总部深入研究全球各国市场的总体容量、竞争状态、潜在空间、气候环境、国情文化等全方位特征；同时，对标日韩汽车企业，深入研究其国际化发展路线和不同市场进入策略等特点，统筹制订海外市场发展规划，牵引海外市场开发节奏。

其次，在业务决策上，海外事业部总部针对每款车型分别建立产品阿米巴团队，以产品线决策分析拉动海外市场开发管理提升。每个产品阿米巴团队长由副总经理担任，六大核心业务部门各派1名骨干人员担任成员。产品阿米巴团队负责召开月度分析会，对所负责车型的海外投放策略、销售情况、客户反馈等进行综合分析，识别该车型在全球化开发中存在的问题，再由各个业务骨干人员针对所在业务领域提出改进策略，报请部门负责人批准后向海外市场开发一线团队传达落实。

4. 建设海外业务智能管理平台，实现“设施”赋能

奇瑞将信息化平台视为连接海外市场的“基础设施”。奇瑞针对海外业务建立集约化智能管理平台。该平台以消费者为中心，围绕奇瑞、总代、经销商（服务商）三级主体对产品、品牌、网络等六大核心业务管理中的应用场景进行统筹建设，充分利用大数据技术实现业务智能化分析，做到了客户端与移动端的无缝衔接、便捷化使用。在此基础上，奇瑞针对各个国别市场的语言、使用习惯对平台进行定制化改造。此外，在平台建设上，奇瑞采取全球统一的底层架构和数据字典，确保海外不同市场的数据能够统一、适时汇总到国内总部，支撑总部展开精准分析决策。

5. 改进海外市场需求响应机制，实现服务赋能

针对“静态”需求（如气候环境、政策法规对应的技术适应性需求），奇瑞总部提前筹划，全面系统梳理全球不同市场的适应性规范，研究不同国家的等同认可并融入新车型产品定义和设计目标，保证每款车型核心部件具备在全球销售的技术适应性。

针对“动态”需求（如市场竞争、汇率变动引发的产品改良需求），奇瑞在总部建立市场需求分类授权体系，先将市场需求按照投资额度、实现难度划分等级，再按照不同等级明确决策主体；同时，针对不同等级需求响应流程设定时限要求。奇瑞不仅在研发部门为海外市场设立专门的研发团队，还专门设立海外研发基金，由海外事业部总经理在额度范围内自主决定响应相关海外市场的需求。

（四）建立创业型一线团队，推进海外市场高质量敏捷开发

1. 建立国别市场开发“创业体”

奇瑞将同区域具有相近特征的海外市场划分为大区，设立大区总经理，向海外事业部总经理负责。在大区内各个国别市场设立国家总监，全面负责该国市场开发；同时，奇瑞从海外事业部总部产品部、品牌部等6个核心业务部门选拔骨干人员，外派到各个国家市场担任业务经理，对应负责推进各个业务模块的管理工作，在业务上受海外事业部总部指导并归属国家总监统一指挥。

为了激发一线团队的创业激情，奇瑞将每个一线团队称为“创业体”，并将其激励与国别市场经营结果完全挂钩。奇瑞引入承包经营责任制思想，通过独立核算各个国别市场的销量、利润等核心经营结果，按照一定比例严格兑现激励；对于出现亏损的情况，则将亏损递延到下一年度进行抵扣。奇瑞通过打造各个市场的“创业体”，让一线团队充分认识到自己不是企业的“打工人”，而是事业的“创造者”“合伙人”。

2. 以高效执行标准拓展新市场

为了快速切入新市场，一线团队进入新市场后的首要工作是快速、准确执行总部制订的营销管理标准体系，保证各项核心业务的“管理因子”高质量推进。以网络业务为例，外派网络业务经理首先按照总部编制的培训手册对总代和经销商就网点VI、功能区域设置、服务人员配置、规范化服务流程、商务计划、推销策略等一系列内容进行转训，并且协助总代网络业务经理制订各项工作落实推进计划。随后，外派网络业务经理会针对各个网点的落实情况巡查、监督，保证网点建设符合奇瑞管理标准。新市场一线团队通过严格执行六大核心业务的营销管理标准体系，就可以有计划、有针对性、高效率地推进市场开发工作，并且保证新市场开发管理的质量，快速在新市场站稳脚跟。

3. 充分授权自主做大老市场

在老市场，一线团队除了持续按照营销管理标准体系推进业务管理工作外，还拥有充分的授权，可以结合所在国市场动态，围绕提升客户体验、提高销量和利润等核心目标，自发推行针对性业务管理举措。为了鼓励和支持一线团队创新举措，奇瑞为各个一线团队预留所在国市场上一年度销售额的2%作为市场开发经费，由一线团队自主明确使用途径，如制订额外的商务激励计划、设计网点或售后服务站设施更新补贴机制等。

4. 强化硬性、软性综合激励

在硬性激励方面，奇瑞倡导多干多得，激发一线员工的创业精神。具体而言，在基础薪酬方面，奇瑞为外派员工在国内薪酬基础上增设一系列补贴并根据国别风险区分补贴标准；在绩效激励方面，奇瑞建立团队绩效文化，给予比国内销售人员更高的业务提成，并且以月为单位发布海外市场“成绩单”，让目标达成优秀的一线团队走“红地毯”、拿“超额激励”，及时、高效兑现目标绩效。与此相对应，奇瑞建立强制淘汰制度，对季度考核连续未达标的一线团队，淘汰替换其国家总监；对年度考核末位10%的外派业务经理进行淘汰替换。

在软性激励方面，奇瑞综合施策。一方面，加强外派员工家属关怀工作，为外派员工消除后顾之忧。例如，为员工或家属提供探亲假，让其定期与家人团聚；工会成立专门团队，一对一及时了解员工家属困难，竭尽全力给予帮扶，包括利用奇瑞公共影响力和社会资源，高效解决员工家属就学、就医等个性化生活需求。这些温馨措施让外派员工能够放心国内家庭，全身心投入工作。另一方面，奇瑞建立

了海外员工回任机制，优先提拔有海外工作经验的员工。

（五）实施精益型市场管理，持续推动海外市场个性化开发

1. 扩大“腰部市场”布局，降低结构性风险

为了降低海外市场布局存在的结构性风险，奇瑞提出将海外市场发展成“橄榄球形”的布局，即控制头部市场（年销量超过5万辆乘用车）和尾部市场（年销量少于1万辆乘用车）的数量占比，做多、做强“腰部市场”（年销量在1万~5万辆乘用车）。奇瑞参考韩系和美系车企全球销量分布情况，结合各国人口、人均GDP及市场进入壁垒等因素，筛选出33个符合奇瑞开发目标的潜在“腰部市场”。在此基础上，奇瑞明确了到2024年成功开发33个“腰部市场”的目标。考虑到地缘风险，奇瑞还以分散化的地域布局为原则制订年度市场进入计划，牵引市场开发。

2. 按照国别市场特点，定制化匹配资源要素

奇瑞以汽车市场容量、汽车产业成熟度、与中国贸易友好程度等指标为依据，将海外国别市场划分为5个星级，星级越高代表市场越重要。奇瑞针对不同星级市场，配置差异化的资源要素，最核心的体现是国别市场一线团队人员的配置。在人员数量上，四星级以上市场配置专属的业务经理，而且五星级市场中网络、服务管理模块会配置多名业务经理，增加管理颗粒度；三星级市场中部分业务经理是兼任的，而一星级、二星级市场的业务经理多数是兼任的，即一个业务经理同时负责多个国别市场。在人员安排上，四星级、五星级市场配置的业务经理职级更高、市场经验更加丰富。此外，奇瑞因地制宜制订产品投放策略。奇瑞将国别市场划分为走量市场和利润市场，再根据市场状态进一步细分为存量市场和新增市场；同时，将产品划分为基盘产品（薄利多销）、价值产品（贡献利润）、品牌产品（提升品牌）。据此，奇瑞根据不同国别市场特点，匹配不同的产品组合和定价策略。例如，在一些竞争激烈的右舵市场采取“以大打小”的产品组合策略抢占市场份额；而对于利润市场则采取“高低组合”的策略，价值型产品定价向竞品看齐、品牌产品定价超过竞品水平。通过定制化的产品组合与定价策略，有效提升单个市场的销量和利润水平。

3. 持续开展用户调研，促进产品精准性改良

一线团队进入市场后，会在线上、线下持续开展消费者调研。一是开展“战胜”调研，在销售网点和售后服务站分别对奇瑞车主购买的满意点、抱怨点等展开大样本调研。二是开展“战败”调研，邀请奇瑞各个车型的竞品车主进行深度访谈调研，识别其不购买奇瑞汽车的原因和购买竞品的原因。一线团队每天都会收集、分析、总结所在国消费者的调研结果，快速提出产品改良需求建议并反馈至国内总部。三是开展“互动”调研，通过线上App用户社区、线下车主俱乐部等途径，以及社交媒体粉丝回帖、交流等渠道，广泛吸收车主和潜在车主的建议。

4. 实施市场状态监测，实现精细化管理改善

奇瑞在每个国别市场，从总体状态、核心业务两个层面展开市场状态监测。在总体状态方面，适时监测实销、提车、利润完成的情况。在核心业务层面，针对6个核心业务模块的“管理因子”，设计相应的评价指标，对各个国别市场管理质量状态进行监测。例如，在售后服务业务方面，奇瑞围绕服务团队、服务形象、服务流程、客户关系、客户满意度指数5个方面，分解得到若干个“管理因子”并设计相应的监测指标，如人员配备率、客户抱怨关闭率、客户满意度指数调研得分等。然后，将这些指标落实到每个服务站进行监测，全方位、精细化监测每个国别市场售后服务管理质量。

奇瑞在月度运营分析会上，要求国家总监对市场总体状态和六大核心业务管理中存在的问题进行剖析；同时，对标德国大众、韩国现代提出市场开发管理改善方案，促进各个国别市场六大核心业务管理持续改善，与国际主流汽车企业市场管理保持在同一水平线上。

5. 紧盯成本利润变动，优化运营价值链活动

为了准确掌握海外市场成本与盈利水平，奇瑞构建覆盖多主体、全要素的成本利润模型。具体而言，奇瑞系统梳理从生产、出口海运到海外销售等各个价值链环节，按照市场、车型两个维度，分别明确各个市场、各个车型涉及的价值链环节成本类目及细分科目。然后，将成本细分科目按照各个利益主体（奇瑞、总代、经销商）进行归类。据此，奇瑞以各个国别市场的不同车型终端售价为基准，分别核算各国别市场、各车型产品的成本利润结构，以及各利益主体的成本结构和边际利润。

奇瑞将成本利润模型打造为海外业务盈利提升和价值链活动优化的“指南针”。通过适时核算分析海外业务成本利润变动情况，按国别市场和车型产品设置变动预警条件，牵引海外业务价值链环节活动持续优化。例如，在产品层面，针对在售产品剖析成本，结合产品改良策略，挖掘利润空间；而针对在研产品，则提前介入新车型成本利润规划。再如，在税收层面，利用区域性关税同盟进行税收筹划。

（六）树立责任型企业形象，创造有利于市场开发的国际环境

奇瑞在海外市场始终以成为当地“企业公民”为立身之本，以多种形式广泛开展社会公益活动，积极践行企业社会责任。

1. 强化产品质量和售后服务保障

奇瑞参考国内市场的做法，在海外市场为消费者提供产品质量严格保证、售后服务及时高效的保障措施，持续提升客户体验。例如，在产品质量保证方面，奇瑞在海外市场实行整车 7 年或 20 万千米“超长”质量保障承诺，全面领先其他竞品车企；在售后服务保障方面，奇瑞向客户做出全天 24 小时拖车救援服务、保证备件 7 天到货完成维修等服务承诺。奇瑞重视产品质量和售后服务保障的相关事迹，在很多市场引起强烈反响和好评。

2. 加强海外市场公共关系维护

奇瑞在进入新市场后会积极联系中国大使馆，快速掌握所在国市场营商环境，以及重大公共事件和社会网络关系；同时，注重加强与当地政府的沟通交流，向其传递奇瑞在其他国家助力当地产业发展、经济建设、改善民生的一贯做法和积极成效，争取新市场所在地政府的支持。此外，积极与公共媒体合作，包括投放广告、定期组织沟通会、邀请媒体参加新品发布会和国际车展等，传递奇瑞品牌理念。

3. 广泛开展社会公益活动

奇瑞在海外市场设立多种公益基金，包括文化基金、教育基金、应急救援基金等。其中，文化基金用于支持海外市场特色文化项目。例如，在南美市场，奇瑞融合当地足球文化，结合品牌推广需求赞助多支国家足球队和俱乐部球队。教育基金用于支持海外市场教育事业，目前已在多个市场所在地建立了教育奖学金。奇瑞尤其关注所在国汽车技能教育，主动帮助当地培育汽车技能人才。应急救援基金主要针对海外市场突发或危机事件提供捐赠与救助。例如，2020 年 4 月，面对新冠肺炎疫情在全球蔓延的严峻形势，奇瑞第一时间向海外合作伙伴伸出援手，捐赠各类医用物资 100 多万件。在基金运作上，奇瑞分国别从上一年销售收入中计提一定比例的资金作为基金预算，实行总额控制，由一线团队结合现实情况自主决定基金用途。

4. 积极服务所在国产业发展

奇瑞通过产业输出、技术输出和标准输出等方式，积极服务、带动海外市场汽车产业发展。在产业输出上，奇瑞在海外建设多个 KD 工厂或汽车产业园，仅外派管理层团队，其他员工均从当地招聘，带动当地就业和经济发展。在技术输出上，奇瑞允许合作伙伴技术人员参与到生产、研发活动中，并且通过培训、师徒制传帮带等形式为当地培养汽车产业人才。在标准输出上，奇瑞积极响应所在国政府或行业协会的请求，向其推荐中国国内法规、标准，助力所在国持续完善汽车产业法规、标准。

（七）营造学习型组织文化氛围，推动市场开发知识技能快速复制

1. 强化以行动为导向的改善文化

奇瑞坚持员工“干中学，学中干”的能力提升思想，要求员工从实践中找问题、在行动中改善。奇瑞容许一线团队“试错”，并且要求每个国家总监在月度经营分析会上总结汇报业务创新举措和结果，形成优秀经验或失败教训，供其他市场团队学习借鉴、汲取教训。奇瑞要求全员强化目标导向、结果导向、问题导向，遇到问题只讲如何改善，不讲理由。

2. 完善海外业务多层次培训体系

奇瑞为培养满足海外业务发展需求的人才队伍，针对不同层次员工设计差异化培训内容和培训形式。在培训内容上，针对新招大学生，开发车间见习、岗位学习、办公技能、外语等基础课程；针对一般员工，除专业知识课程外，还开发跨文化沟通、领导力等素质提升课程；针对国家总监和业务骨干人员，开设“国家总监班”，邀请国外资深专家、海外事业部高管和部门总监等进行主题授课，促进国家总监和业务骨干人员的实战能力快速提升。在培训形式上，奇瑞国际学院积极创新，通过文化研讨、辩论活动、文化汇编、高管论坛等多种内容形式，让员工快速认知不同国别市场的文化。

3. 建立实战经验知识交流机制

奇瑞加强实战经验交流，促进内部经验传递和知识共享。一是实施“一人一课”交流制度，要求各部门定期组织员工结合自己所长，为同事分享一堂主题课。二是设立国际大讲堂，由奇瑞国际学院定期邀请优秀国家总监分享实战经验。每位国家总监分享结束后，奇瑞国际学院都会及时总结经验，不断完善《国家总监工作手册》，有效推广优秀实战经验。

4. 健全员工学习成效评估体系

奇瑞建立闭环式员工学习成效评估体系。一是开展学习过程控制，设立学习积分制度，规定不同层次员工参加课程培训、“一人一课”交流可获取相应学习积分，该积分与员工评优、职级提升挂钩。二是开展学习效果评估，针对各门培训课程设置考试，员工只有考试合格才能获得课程积分；针对每个部门不同层级的管理岗位设计相应的胜任能力资格认证考试，员工只有通过胜任力认证考试、面试，才能晋升到更高一级管理岗位，不唯资历、学历，倒逼员工持续加强学习。

三、自主品牌汽车企业以“六型”为核心的海外市场管理体系建设效果

（一）建立了适应海外业务发展需求的管理体系，奠定了奇瑞海外业务长期向好发展的坚实基础

通过以“六型”为核心的海外市场管理体系建设，奇瑞成功建立了适应海外业务发展需求的敏捷化、高效化市场管理体系，提升了海外业务发展规划的执行效力，提高了面向海外分布式、多元化国别市场的上下高效协同管理能力，增强了适应不同市场国情的本地化经营能力，促进了奇瑞与合作伙伴的深度融合，并且为奇瑞快速培育了一支专业化的海外市场运营人才队伍。近年来，即便面临着日益复杂多变的全球宏观形势，奇瑞依然保持了海外业务稳健发展的态势，并且在销量、布局、品牌、盈利和风险管控 5 个“赛道”上同步保持着良好的发展势头。

（二）提高了奇瑞海外销量和效益，优化了奇瑞海外市场布局

近年来，奇瑞海外销量规模稳中有升并逐步走出年均 10 万辆乘用车的销量瓶颈。2020 年，奇瑞乘用车海外销量依然达到 11.4 万辆，较 2015 年增长 31% 多。2021 年 1—10 月，奇瑞乘用车海外销量达到 21.3 万辆，较上一年同期增长 145.7%，超过了历年全年销量水平，不仅提前完成“双 50”战略阶段性目标，还创造了中国品牌乘用车出口销量新纪录，成为第一个年出口超过 20 万辆乘用车的中国车企，是一个里程碑。同时，海外业务利润贡献逐年提升，在海外销量占奇瑞整体销量比例仅约 20% 的情况下，海外业务对公司的净利润贡献率超过 50%。此外，奇瑞海外市场布局不断优化，“腰部市场”销量贡献逐渐提升。2021 年 1—10 月，销量 1 万 ~5 万辆乘用车的市场已经达到 7 个，较 2015 年净增

加5个，约占全部海外市场数量的30%，而其销量占比接近80%。通过不断扩大“腰部市场”数量和销量占比，奇瑞海外业务的结构性风险显著降低。

（三）提高了奇瑞品牌国际声誉，提升了“中国制造”的国际形象

伴随着奇瑞汽车出口销量的增加，奇瑞的国际品牌形象显著提升，奇瑞海外用户已经超过190万户。如今，奇瑞品牌的“科技、时尚、友好”价值内涵已被海外市场广泛接受，品牌和产品的竞争力也显著提升。例如，在巴西市场，奇瑞“瑞虎8”击败福特“领界”、吉普“指南者”，被巴西权威媒体UOL评为“2020年度最佳中型SUV”，并且被称赞为“巴西汽车工业的一次革命”。在多数海外市场，奇瑞多个主力车型的终端售价已经基本达到韩国现代竞品车型价格的水平。在巴西等市场，“瑞虎8/8P”等核心车型终端售价接近德国大众“途观”的当地售价。例如，“瑞虎8”在国内市场起售价为8.8万元，但在巴西起售价折合人民币21.3万元。

奇瑞高质量的产品品质和优质的客户服务，成功刷新了海外市场各层次群体对中国汽车制造水平的认知，有效提升了“中国制造”的国际形象。在中宣部、国务院国资委等指导主办的“中国企业海外形象20强”评选中，奇瑞已经连续5年获得中国“最佳海外形象企业”荣誉称号，并且蝉联装备制造业第一位的优秀名次。

（成果创造人：尹同跃、梁　樑、张　屏、张贵兵、罗　彪、戚士龙、
金弋波、毕全国、王　军、王成园、张　仁、方文培）

助力国际一流营商环境建设的小微企业“三零”办电服务管理

国网北京市电力公司、国网上海市电力公司

国网北京市电力公司（以下简称北京电力）是国家电网有限公司（以下简称国家电网）的全资子公司，是首都最大的公用事业单位，供电范围覆盖北京市行政区，服务客户 901.6 万户。国网上海市电力公司（以下简称上海电力）是国家电网的全资子公司，是从事上海市电力输、配、售的特大型企业，供电范围覆盖上海市行政区，供电面积 6341 平方千米，服务客户 1045 万户。

一、助力国际一流营商环境建设的小微企业“三零”办电服务管理背景

北京、上海致力于建设具有全球影响力的科技创新中心城市，这其中的科技型小微企业正以其强劲的创新动力和灵活的经营机制成为城市自主创新能力提升和创新体系建设的重要力量，引领带动城市高新技术产业增加值占比不断提升。但是，由于小微企业体量规模小，以及人员数量、管理结构较为简单等特点，相比于其他大中型企业，其经营成本较高、抵抗风险能力较弱。电力服务是小微企业生存发展的基本需求。2018 年以来，北京电力、上海电力服务小微企业均接近 5 万户。2020 年，小微企业接电户数占北京电力、上海电力企事业单位接电总数的比例均为 45% 左右，小微企业在客户总量中虽占比不过半，但具有办电活跃度高、用电需求强等显著特点。如何降低小微企业用能成本，提升小微企业办电便利性，为广大小微企业创立发展提供更大空间、注入新的动能，成为题中应有之义。

二、助力国际一流营商环境建设的小微企业“三零”办电服务管理主要做法

（一）对标国际一流，强化组织管控

1. 对标国际营商环境评价体系，实施精准改革举措

改革之前，根据世界银行发布的《2018 年全球营商环境报告》，我国“获得电力”指标在 190 个经济体中排名 98 位，与榜首的阿联酋相差 31.09 分。其中，接电环节个数为 6 个、接电用时为 141 天、接电成本占人均收入的比重为 356.2%、供电可靠性和电费透明度得分为 6 分，与世界前沿水平的接电环节 2 ~3 个、接电时间约 10 ~30 天、接电成本占人均收入的比重约 0% ~17%、供电可靠性和电费透明度平均 7 ~8 分相比，各个指标都存在明显不足。面对自身存在的短板，北京电力、上海电力对标世界银行“获得电力”评价指标，围绕环节、时长、成本的压缩难题及供电可靠性和收费透明问题，以小微企业为突破口，精准实施改革举措，通过压缩办电环节、压缩办电时长、降低接电成本、提升供电可靠性和电费透明度，将接电环节、接电时长、接电成本分别提升至世界前沿水平，打造“环节少、时间短、造价低、服务优”的“获得电力”新体验，逐步推动电力营商环境向市场化、国际化方向发展。

2. 搭建管控有力“获得电力”组织体系，确保举措切实落地

一是坚持政府主导、政企联动。加强与政府职能部门沟通协调，促请市发改委提前一个计费周期发布电价，不仅切实保障用户知情权，同时也促进了“获得电力”指标排名的持续提升；推动政府相关部门审批事项的优化工作，针对电力规划路由、供电工程道路开挖等审批周期长和影响接电时间的问题，主动配合市政府相关部门出台政策，北京电力实现小微企业办电掘路施工审批手续从“并联审批”到“一窗通办”再到“掘路免审批”的目标，上海电力实现证照审批“全部并行”的目标，审批时间由最初的 60 个工作日压缩至 2 个工作日；推动政府相关部门信息共享，自动获取营业执照、环境评估、土地、规划许可等办电所需办电证照批文，为打造“马上办、网上办、一次办”的高效办电体系提供

支持。二是完善领导组织体系。针对小微企业办电服务，国家电网省级公司层面成立由董事长“挂帅”，以及省级公司领导班子全体成员、总经理助理、副总工程师和18个部门的主要负责人组成的“一把手”“获得电力”提升组。同时，构建跨专业协同联动工作团队。北京电力以地市级供电企业为单位，组建成立“获得电力”项目组，由地市级供电公司总经理牵头，建立以客户经理为单元的工作模式。整合多个专业部门组成办电项目组，引入供电方案外部编制顾问，由客户经理从专家库中选择相关人员组成接电项目服务小组，实现办电服务支撑的最优组合。上海电力坚持各部门深化协同机制、协调例会制度，明确了5方面的20项重点任务，细化职责分工，定期召开业扩报装例会和工程建设例会，强化部门横向协调和专业纵向管控。此外，深化业务末端融合工作组，打造“1+1”双经理服务团队。在受理客户接电申请后，由1名客户经理和1名项目经理组成“1+1”服务团队，客户经理负责项目整体协调推进，项目经理负责外线工程建设。通过此举措实现了“受理业务、施工准备、工程实施、计划排定”不出团队的目标，提高协同效率及工作效率。

（二）打造特色产品，精准服务小微企业

为了使小微企业办电服务提升工作能够精准落地，使小微企业能有效了解且享受到服务，北京电力、上海电力牢固树立“品牌经营”的营销理念，将特色电力服务打造为公司品牌，通过对相关服务工作流程进行再设计，形成了便于传播的服务品牌，努力在客户心中树立品牌知名、信誉良好、服务优质的企业形象。

2018年，北京电力聚焦客户在“获得电力”过程中的关切和需求，以减少办电环节、减少办电时间、减少办电成本、提升客户感知（即“三减一提升”）4个方面为出发点和立足点，通过流程再设计，形成了简约明晰、利于传播的“三零”服务品牌。“三零”服务指零上门、零审批、零投资。①零上门。在“网上国网”App中增加系统定位、上传装表位置、合同前置、线上签约等新功能，客户申报直至发电全程无须客户往返营业厅，实现客户申报接电“一次都不跑”的目标。②零审批。一次性收取所有申报资料，已有客户资料证件尚在有效期内，无须客户再次提供材料，代替客户办理外线工程市政报备手续。③零投资。改变客户的电力投资界面，供电容量160千瓦及以下的客户接电项目按照低压供电办理，因低压客户接入引起的表和表箱及以上配电网新（改）建工程由北京电力出资建设，真正做到不需要客户掏一分钱。

2021年，北京电力出台《关于落实<北京市优化营商环境条例>修订公开六项服务承诺》，对“三零”客户“获得电力”业务办理，在精简环节、压减时长、零成本接电、供电可靠性财务遏制、信息主动公开、服务监督渠道6个方面明确“六项承诺”，主动接受社会各界监督，切实提升“三零”客户“获得电力”满意度，进一步细化六大服务举措。一是推进全程线上办业务，实现环节最精简。“三零+”客户申请办电只需“受理签约、施工接电”两个步骤，使用“网上国网”App在线申请办电，线上签订合同，即可轻松办电。二是落实占掘路免审批政策，承诺10天内接电。“三零+”客户“获得电力”时间不超过10天。其中，无外线工程5天内完成，有外线无掘路工程8天完成，有掘路工程10天内完成。三是推广投资零成本举措，覆盖更广泛群体。“三零+”在对小微企业实施“零投资”之外，将首都居民、私人充电桩、农业生产、疫情防控客户纳入服务，惠及更多群体，助力电力民生。四是实现年均停电时长更短、供电更加可靠的目标。2020年，北京地区供电可靠性高达99.995%，户均停电时间27分钟，让首都客户用电更放心、生活更安心。五是做到服务“六”公开，信息全透明。主动公开“三零+”服务范围、标准、流程、时限、进度，客户可通过供电营业厅、官方网站、“网上国网”App等渠道查询电价调整信息。六是主动接受监督，确保服务有保障。公开国网95598、北京市12345及华北能源监管局12398热线，客户可对“三零+”服务水平进行监督、投诉及意见反馈。

2017年起，上海电力推出了具有上海特色的以“FREE”（省钱、省时、省事、卓越）为核心的办电服务品牌。“FREE”包括：Free——客户接入工程零投资；Rapid——接电时长缩短到小于30天；Easy——办电环节压减到两个；Excellent——以客户为中心，为客户提供卓越供电服务。2018—2020年，上海电力持续深化“FREE”品牌内涵，先后发布“FREE1.0”版本“五省、五增”（办电更省力、申请更省事、建设更省钱、接电更省时、用电更省心，供电增能力、流程增透明、协同增效率、服务增价值、管控增品质）、“FREE2.0”版本“五降、五减”（降办电投资、降配套费用、降用能成本、降审批时间、降建设时间，减办电环节、减临柜次数、减流转资料、减停电次数、减停电时间）、“FREE3.0”版本“五新、五优”（服务新体验，办电环节最优；联审新平台，接电时长最优；能源新生态，综合能效最优；投资新模式，用电成本最优；保障新机制，供电品质最优），得到了广泛的关注和认可。

2021年，上海电力又推出“FREE+”改革新举措（“最优供、按需接、渠道新、无感办、准时送、免费享、阳光建、公开评、安心用、全能管”）：最优供是以客户为中心，创建国际、国内领先的最优供电服务；按需接是全面推广“先接入、后改造”，客户办电随需、随用、随接；渠道新是打造“三新”办电渠道，推出全新营业厅、全新App、全新网站；无感办是低压客户试点“刷脸办电”，高压客户推行“一证办电、一键办电”；准时送是根据客户自助选择的接电时间签订契约接电合同，电力主动签订契约制服务；免费享是固化低压客户办电零投资政策，并且逐步向高压客户延伸；阳光建是推行“阳光业扩”服务，办电信息公开、透明；公开评是公开优质服务承诺，主动接受各方监督评价；安心用是保障全社会安全用电，持续优化高可靠性供电；全能管是满足多样化用能需求，提供综合能源增值服务。

（三）延伸投资界面，降低用电成本

改革之初，通过对2万余户小微企业客户进行的实地走访调研，发现超过95%的小微企业申报接电容量集中在160千瓦及以下。根据当时的规定，客户申报容量超过100千瓦，需要采用10千伏高压方式供电，使接电技术难度、投资成本、环节手续、办理时长等都大幅提升，为“获得电力”水平评价带来诸多不利影响。通过综合考虑小微企业调研的实际情况和世界银行考察案例（140千伏安新装），经过理论、技术、经济等多方面的可行性论证，国内首创将高低压供电容量分界点由100千瓦提升至160千瓦。

北京电力、上海电力将低压供电的用电设备容量提高至160千瓦，降低接电复杂程度与成本造价，同时延长投资红线至客户表箱，优化供电方案，推行典型设计和通用物料，实现低压小微企业客户接入电网工程全免费的目标，与日本、阿联酋共同成为全世界仅有的3个低压接电全免费国家，达到世界最佳水平。一是小微企业办电零成本。160千瓦及以下项目按低压供电办理，因低压客户办电接入引起的配电网新（改）建工程，产权分界点及以上电源侧供电设施均由电力公司投资建设。低压接电项目执行“先接后改”原则，优先满足客户接电需求，采取临时方案先让客户“用上电”并同步开展配电网配套改造工程。二是“就近接入”减少客户接入成本。优化供电方案，减少客户投资。严格按照“就近接入”原则，推进供电方案科学、经济编制，尽最大可能优化电源路径，最大限度减少客户投资。

（四）全面优化服务，精简办电环节

北京电力带头研发“网上国网”App系统定位、上传装表位置、合同前置到申请环节、电子签名、发送接电信息、线上评价等新功能；上海电力严格落实“非必要不线下”措施，积极从业务创新领域挖潜，探索线上签订电子供用电合同，合并提交申请和合同签订环节，让信息全部线上流转，无须客户往返营业厅申报接电、配合现场勘察和装表接电，真正实现客户申报接电“一次都不跑”的目标。

1. 率先利用区块链技术让政企数据互通，减少受理资料种类，打造示范工程

推行“一证办电”服务，在公共服务领域，首次让政企数据互联互通，小微企业客户办理新装增容业务所需资料由原来的3项（身份证、产权证、营业执照）压减至1项（用电地址房产土地权属证

明），解决了以往办理业务重复提交材料、多次往返等问题，极大提升了办电便利性，降低了制度性交易成本，切实达到了“群众少跑腿，信息多跑路”的便民目的。北京电力利用技术优势，率先将合同签订这一环节前置在报装申请的过程中，以进一步压减接电环节，成为全国率先采用电子签名、电子合同的公用事业单位。

2. 创新服务方式，缩减办电时长

北京电力在国内率先推行掘路免审批，针对电力规划路由、供电工程道路开挖等审批周期长影响接电时间的问题，主动配合北京市政府相关部门出台政策，实现从并联审批到一窗通办和掘路免审批的目标，实现小微企业外线施工先实施、后备案的目标，有效缩短接电时间。上海电力大力施行接电契约制，客户申请接电时，“网上国网”App 的低压小微企业申请界面增加客户自行选择意向接电时间的功能。上海电力主动告知客户，将尽一切合理的努力，结合业扩配套项目合理工期，在客户意向接电时间内送电，实现低压小微企业 10 天内完成接电的目标。北京电力、上海电力全面推广线上办电服务，推行“互联网 +”营销服务，建设统一的“网上国网”服务平台，提供“网上国网”App、95598 网站、自助服务终端等多种互联网服务渠道，客户可通过手机 App 提出用电需求，客户经理核实信息后，开展现场勘察工作并协助用户在电力公司内部进行业务催办和督办，实现线上全天候受理、线下办电一站式完成的服务目标，减少客户与电力公司的交互时间。推广“先接入、后改造”。变革现有业扩管理模式，推行“先接入、后改造”工作机制，以优先满足客户接电需求为目标，最大限度合理优化项目流程和业务环节衔接，在过渡期间采取临时方案先让客户“用上电”并同步开展配电网配套改造工程，进一步加强送电效能，缩短客户为等待配电网改造所付出的时间。2020 年 5 月 2 日—2021 年 5 月 1 日，北京电力共形成“三零”小微企业服务案例 4210 个，平均接电时间 4. 22 天，接电中位数 4 天，较之前大幅缩减。3 年来，上海电力服务小微企业客户近 5 万户，平均接电时间压减至 4. 3 天。

（五）完善制度体系，形成管理闭环

1. 推进营商环境从探索改革向立法建制转变

2020 年，北京电力积极促请北京市将改革举措通过法律固化，在全国率先将 8 个工作日内低压电力接入、免费服务、财务遏制机制写入《北京市优化营商环境条例》，是我国在优化营商环境法治化层面建设的里程碑之一，让营商环境优化的法治化原创性、差异化具体措施以规章制度的形式固化下来，从制度层面为营商环境的优化提供有力的保障和支持。

2. 首次实施全时段、全媒体、全社会的舆论监督机制

通过官方网站、“网上国网”App、营业厅等渠道主动公开服务范围、标准、收费、流程、完成时限、接电进度等信息，推进办电服务信息的公开化，在多元化拓展营销服务宣传渠道的同时，也接受社会各界的监督。建立全流程管控督导机制，采取系统平台监控、95598 电话回访、走访客户等方式，全面监控服务新举措执行的情况。定期报送已接电小微企业平均办电时长、所需环节、申报材料和接电费用等信息，自觉接受政府相关部门监管。

3. 开展多维度、多视角、多机构的考核评价工作

为改变以往“全管全不管”的责任分解模式，对接电项目实施过程，联合运监、审计、监察等部门，在业务、廉政、合法合规层面进行监督评价，引入多维度的评价考核机制，制订综合评价考核实施办法，对接电项目从业务受理到验收送电全过程的服务、质量、时限开展评价。创新引入第三方机构，开展对营业厅制度掌握、服务规范等事项的明察暗访，以及多种渠道的客户回访，实现接电服务的综合性评价。评价结果纳入绩效考核，与接电小组工资绩效分配挂钩，不断优化改进服务方式，提升服务能力，提升用户办电体验。

4. 加强风险防控管理，降低服务风险

完善应用供电服务指挥系统、实时管控平台等先进信息系统，实现办电全流程办理时限的实时监控，提前预警，强化配网运维和抢修的预警和督办。通过梳理新流程、新产品可能带来的风险，构建立体风险防控体系，实现风险超前控制和持续改进。将对新服务举措的质疑可能造成的服务风险和舆情风险，纳入到外联部的舆情风险监控体系；将推行新的业务流程可能带来的岗位廉洁风险，纳入到监察部门的廉政监察体系；将推广新产品可能产生的安全风险，纳入到安全生产部门的安全监控体系；将投资界面改变可能出现的经营风险，纳入到发展与财务部门的项目与财务管理监控体系；将项目管理模式的改变可能带来的风险，纳入审计部门的审计风险防控体系。

三、助力国际一流营商环境建设的小微企业“三零”办电服务管理效果

（一）我国“获得电力”指标已处于世界前沿水平

经过各方不懈努力，我国“获得电力”指标已处于世界前沿水平。根据世界银行最新发布的《2020 年全球营商环境报告》，我国“获得电力”指标排名由第九十八位跃升至第十二位，连续两年保持全球领先水平，为我国营商环境全球排名从第七十八位提升至第三十一位做出重要贡献，在 10 项指标中贡献度排名第二。先进程度超过了部分欧盟国家水平，领先于东亚太平洋地区其他经济体，体现出我国“电力强国”的水准，“获得电力”指标被世界银行评价为“已接近或位于全球最佳实践的前沿”。

（二）客户早接电、零投资，满意度不断提升

北京电力对享受“三零”服务的客户开展 100% 回访，客户满意率高达 99. 6% 以上；上海电力促进“获得电力”服务水平提升，客户满意度为 99. 98%，同比上升 1. 2 个百分点。根据统计：2018 年，居民 9 千瓦时/天，小微企业 40 千瓦时/天，客户提前 109 天（世界银行评价由 141 天降至 32 天）接电，贡献电量 4. 3 亿千瓦时。2018—2020 年，北京电力新增销售额 24. 17 亿元，新增税收 2. 78 亿元，售电业务销售额和盈利进一步提升。2019—2020 年，上海电力完成小微企业接电 4. 2 万户（其中有外线工程 8567 户），总容量 102. 5 万千瓦，提早实现售电业务盈利的目标，新增销售额 2. 87 亿元。

（三）形成典型管理经验并在全国推广

2018 年，国务院办公厅发布《关于部分地方优化营商环境典型做法的通报》，将“北京、上海‘获得电力’便利化改革举措”列为 28 项优化营商环境典型做法之一；2019 年，国务院在《关于做好优化营商环境改革举措复制推广借鉴工作的通知》中，将实行客户用电线上申报、提供低压小微企业接电“零上门、零审批、零投资”服务、提供客户接电移动作业终端实时响应服务、实行接电工程双经理负责制 4 项改革举措列为典型管理经验并向全国推广。此外，“三零”服务作为品牌已被应用于北京市供水、供热、供气的接入工程中，在北京市优化营商环境工作中发挥了重要作用。“小微工程”服务模式的推广，使得小微企业用户在用水、用气、用电、用热等公共服务领域的获得感大幅提升，切实享受到改革的红利。

（成果创造人：周建方、范　烨、邱明泉、邢其敬、王　俊、林　华、邵　靓、王洪彪、孙　伟、苏一飞、耿　涛、姚　斌）

赋能中小水电发展的产业生态服务体系建设

国网湖南省电力有限公司水电分公司

国网湖南省电力有限公司水电分公司（以下简称水电公司）于2018年在长沙市挂牌成立并正式投入运行，系国网湖南省电力有限公司（以下简称湖南电力）的全资子公司。作为国网系统第一家整合改革的大型水电企业，水电公司共装备发电机组22台，总装机容量238.75万千瓦，设计年均发电量64.31亿千瓦时，管辖柘溪、凤滩、东江3家水电厂和水电检修中心、水电集控中心、信息通信中心、项目管理中心4个业务机构。

一、赋能中小水电发展的产业生态服务体系建设背景

（一）解决中小水电发展瓶颈、提高运营管理水平的需要

近几年来，国家相关部委一直在推进小水电整治工作。湖南作为全国较早开展小水电专业管理的省份之一，从21世纪初就提出了精益化管理的相关举措，主要覆盖35千伏及以上的小水电，取得了一定成效。但是，由于中小水电站设施缺乏，处理能力低。绝大部分的中小水电站硬件设施缺乏，没有水情检测系统、测量调度系统和水库监视等设备，这些严重地影响了中小水电站的运行管理。此外，还存在专业管理人员不足、梯级调度协调力度不够、运行管理粗放、流域优化工作缺失、运管水平不高等问题，从而导致管理效率低下，影响水电站发电效益，加剧水电站设备老化速度，产生电网安全运行的不稳定因素，严重制约了中小水电的可持续发展。

（二）挖掘湖南“水电大省”潜能、丰富能源结构的需要

湖南是水能资源大省，省内水系发达、河网密布、河流众多，丰沛的水能资源不仅为湖南小水电迅猛发展带来广阔前景，而且为助推湖南经济、社会、生态文明建设提供了强大动力。但是，湖南省能源短缺，缺煤无油少气，电网结构薄弱，供电卡口多，外受电能力不足，季节性缺点问题严重。湖南省供电能力不足、清洁能源消纳困难等新形势对中小水电站管理能力提升、发电量挖潜提出了更高要求，亟待围绕中小水电企业建设完善的产业生态服务体系，促进水能资源开发有序、有力、有效管理，释放能源企业生产力，提升能源供应能力。

（三）发挥龙头水电公司优势、带动产业协同发展的需要

水电公司在贯彻落实国家电网战略目标、持续深化内部变革过程中，按照“集中监控、运维一体、专业检修”的思路进行组织机构变革，实现了人、财、物集约化管理和资源共享。水电公司对外服务上能够适应不同电厂迥异的流域特性、机组特性，能够灵活应对客户截然不同的项目管理、安全管理要求；同时，水电公司具有柘溪、凤滩、东江3家水电厂60多年水电生产所积累的丰富水电设备检修、运维管理经验和水库雨情、水情数据价值优势。开展中小水电企业产业生态服务体系建设，有利于发挥水电公司优势资源，将业务、人才、技术、管理等优质资源沉淀为数字化服务，实现既为水电公司数字价值变现赋能，又助推水电公司实现从传统的单一发电业务向集发电和水电行业服务提供者转变的目标，对提高水电公司服务管理水平和市场竞争力具有重大现实意义。

二、赋能中小水电发展的产业生态服务体系建设主要做法

（一）聚焦中小水电痛点，确定产业生态服务体系架构

1. 开展内外需求调研，了解水电管理痛点

中小水电企业大多地处偏远，工作人员文化素质和技术水平相对较低，其管理水平更是普遍不高，

严重影响和制约着中小水电的发展。一是设计施工执行不够严格。二是职工的专业知识和专业操作技能缺少教育培训。三是监控管理存在很大的漏洞。四是水电站运行事故中应急处置能力较差。

2. 发挥龙头企业优势，建设产业生态体系

水电公司作为水力发电龙头企业，队伍技能精湛、硬件设施先进、运维经验丰富、水情数据完备，能够为不同流域及机组特性的电厂提供专业服务。为解决当前中小水电企业设备自动化程度低、老化严重及检修、运维人员技术薄弱等现实问题，水电公司研发“水电无忧”平台，构建运维、检修、监理、物资及数据模块为水电厂提供一站式服务，聚拢全产业、全服务、全价值链资源，打通水电行业的运维服务商、检修服务商、监理服务商、物资服务商及数据服务商对接水电站客户资源渠道，以数据融合分析和共享交换为重点，以智能服务平台为支撑，撬动物资、运维、检修、监理等水电传统业务需求，充分挖掘数据增值服务等新兴业务增长点，打造面向中小水电企业资源共建、共享、共赢的产业生态服务体系，实现人、财、物集约化管理和资源共享，优化产业生态服务管理能力。

（二）开发智能服务平台，支撑产业生态服务体系高效运转

1. 汇聚内外数据资源，夯实共享生态基础

水电公司充分发挥资源优势，积极整合内外部数据资源，为平台功能提供数据支撑。其中，内部数据主要有水电公司内部的水电站客户、服务商、调度中心调度数据及水电站数据；外部数据主要有水电公司外部的水电站客户、服务商、水电站数据、检修服务管理数据、商城订单数据、监理服务管理数据、代维服务管理数据等。内部数据通过水电公司对内数据中台向外部数据中台定向输出、汇集，外部数据则直接汇集到外部的数据中台，经过分析处理后数据流向湖南电力的智能服务平台，有序支撑平台功能实现。

2. 贯通生产工作流程，提升生态运行效率

水电公司打破原来封闭的工作模式，采用信息技术手段，将多头对接改为一站式服务，进行三方协同。其中，上游电网调度协同对象包含电网调度机构、电网建设机构、行业主管机构等，在数据共享、停机检修、工程监理、指标考核等方面互联互通，实现项目全过程可视化，消除沟通壁垒；内部五面协同主要对象包括水电公司运检、物资、检修中心、集管平台、信通中心 5 个部门，在客户资源、相关技术要求、项目进度等方面互联互通，确保协同高效、服务敏捷；下游物资协同为水电设备及元件生产商、集体产业、水电站客户实现互联互通的目标，增强水电物资销售渠道黏性，敏捷响应终端客户的服务诉求，提升客户设备自我运维能力，最大限度保障客户效益。通过上、中、下游全生产流程无缝对接，明显提升产业生态运行效率。

3. 聚焦内外业务需求，优化设计平台功能

一是消除物资供应壁垒，提升物资供应能力。由于中小水电站采购物资来源单一，导致部件质量不高，容易造成整体设备带病运行，频繁更换零部件不利于水电站安全稳定运行和生产效益的提高。通过打造水电商场模块，汇聚业内优质的供应商资源，形成商品供应地图，构建水电物资供应商画像，为中小水电站提供多渠道丰富的物资供应渠道。二是整合水电人才力量，提高检修运维水平。水电站资源分散，多在偏远山区，当设备发生故障时，通常是水电站管理人员通过电话、短信等传统的通信手段联系到运维检修团队主要负责人，主要负责人根据设备问题情况派出人员到水电站检修维护。湖南省内不同地区的检修运维技术水平参差不一，无法确保工作质量。通过打造检修、代运维、监理服务模块，整合分散在各地区的资源，水电公司的合同客户可以采用网站或 App 的方式进行线上发单，并且可以上传现场设备图像资料，更加准确地描述设备问题，方便人员调度。

（三）整合行业分散资源，提升中小水电企业运营效率

1. 创新机制、优化流程，推进机组检修闭环管理

坚持以客户为中心，着力改变传统项目模式，围绕机组改造、机组各级检修、其他主设备检修、设备技改等核心专业，改变传统业务管理模式，通过科学项目管理，实现机组检修业务闭环管理，为中小水电厂大幅节约维修成本，保证机组的安全和良好运行状态。一是优化业务流程，缩短项目时间。水电公司按照各部门职责，大力开展“放管服”活动，整合业务流程共15项，对外项目合同签订进度由之前的27天缩短到14天，项目结算进度由之前的50天缩短到30天，有效实现多方协同。二是实施项目智能管理，提高管理效率。项目经理根据签订的电站检修合同情况，从“检修服务”模块远程分配检修工单，也可运用“检修服务”模块的机器学习模型，根据平台服务库中的项目小组资源自动进行检修任务匹配并将检修内容拆分，形成检修任务卡下发到具体的检修团队，实现了项目管理智能化。三是优化辅助功能，支撑在线查询。服务功能更灵活。通过人机互动、机器自主学习，支持业主水电厂按地域、机组类型、装机容量、检修等级查询查看，展示方式包括统计值图形、表格及现场图片、视频，实现机组检修服务咨询快速反馈。

2. 数据驱动、专业支撑，开展整站运维托管服务

基于自身的丰富运检经验，水电公司开展“电站托管”服务，为委托电站提供“7×24h”服务，实现“数字化、网络化、可视化、专业化”管理，在保证发电运行安全的同时有效降低管理成本。一是应用辅助模型，远程在线坐诊。通过梳理大量水电运维专家信息，收集专家在设备故障处理、技术改进、现场试验等方面的经验并进行数字化处理，建立现场设备运维经验辅助模型，助力中小水电站运维人员更快更好地解决现场问题。特殊情况下，还可远程连线相关专家实施现场运维指导，打破地域限制，助力地处偏远且力量薄弱的中小水电站以更低成本获得更优质的服务，实现“专家在线坐诊”。二是整站运维托管，保障设备状态。依托业务模块，实现目标水电站与运维人员的精准配比。目前，已成功对沙田电站、国网新源湖南省黑麋峰抽水蓄能电站、韶山换流站实施了整站全方位的运维托管服务，对水电站运行设备状态进行整体评估共21次，对117名运维专业人员进行层级划分，运行状况优质，客户满意度达到100%。

3. 聚合资源、搭建平台，创新物资在线交易机制

水电公司充分聚合上下游产业资源，打造水电物资线上交易平台，汇聚优质产业资源，打通物资供应、安装、调试、维护全服务流程。通过挖潜数据价值，提供精准营销和交易撮合服务，辅助商机洞察，互惠互利。一是打破行业壁垒，搭建共享生态。水电公司在智能服务平台开发水电商城模块，打造国内首创的专业型水电物资线上交易中心，遴选资质业绩良好的水电行业供应商入驻，汇聚水电行业机械、电气、水工等六大类13000多种商品，已成为水电专业的“淘宝”平台，为各利益需求方架起线上交易桥梁，通过上下游企业之间的合作，提供更多商机，实现互利共赢的目标。二是挖潜数据价值，提供增值服务。基于水电商城，围绕不同用户需求，开发出大数据分析及衍生服务，一方面为上游供应商提供店铺托管服务，为店家进行店铺铺货、商品分类、商品上架等线上服务；另一方面根据下游采购物资客户的采买习惯、行为记录、历史订单信息等多个维度进行数据分析，做到物资精准推荐。水电商城上线以来，二次及以上交易客户占比高达90%，客户满意度达99%。

4. 打通壁垒、挖潜价值，打造数据共享服务机制

基于水电公司丰富的水库调度经验及累积的60多年水情数据，智能服务管理体系提供的数据服务定位共享数字经济，打通数据壁垒、挖掘数据价值，共享柘溪、凤滩、东江三大水库实时雨、水情。一是发挥数据经验优势，提供数据增值服务。充分发挥湖南资水、沅水、湘江流域的近60年的水库水情信息的调度经验，为流域上下游电站提供实时水情数据，最大限度发挥流域梯级调度的综合效益。目

前，已和五凌电力资江流域3家水电厂签订了相关数据服务合同，让数据赋能下的水电运营更智能、更简单、更有价值。二是应用先进信息技术，拓展智能监测服务。通过信息化手段，集约机组运行控制、大坝安全监测、水库洪水监测等业务，推出七大类13项水电大数据服务，为中小水电站提供“标准化+定制化”的一站式数据分析。如基于人工智能技术的“设备状态趋势分析及预警系统”，通过实时获取水电生产系统的油温、油位、油压等模拟量数据，运用BP神经网络模型分析技术，实现机组运行异常趋势分析报警。

5. “5G”助力远程管控，提供实时工程监理服务

一是发挥专业资源优势，拓展对外工程监理服务。水电公司发挥专业资质扎实、队伍人员配置充足、行业类工程业绩丰富等优势，在智能服务平台创新打造实时工程监理服务模块，对外提供工程监理服务，业务涵盖房建、电力、水电专业的监理工作。对于特殊专业或特殊项目，可及时抽调专家和专业人员支援监理项目部。二是促进数字创新发展，开展远程实时监控。基于智能物联、5G技术等数字化基础设施，深化智能监控、安监数字化管控等数字化应用，支撑5G远程全方位智能监理服务，提高监理工作效率。应用智能服务平台，实现业主方及监理方双向匹配、自愿选择，在与客户协商一致的情况下，可应用平台智能监理模块实时远程现场监控。目前，土建监理已获5项“湖南省优质工程”、15项“湖南省建筑施工安全质量标准化示范工地”等荣誉。

该平台为湖南省内的运维服务商、检修服务商、监理服务商、物资服务商及数据服务商对接水电站客户资源，提供多种产品形态（移动App、Web网页端、微信服务号等），以适应不同客户的需求，采用“线上平台+线下服务”的模式，建设水电运检市场“水电无忧”全业务服务平台。在为客户提供运检等基础服务的同时，引导客户对数据增值服务产生新的需求点。面向水电站客户，将其和提供检修服务、代运维服务、监理服务、物资供应服务及数据服务的服务商主体进行链接。此外，该平台贯通电力公司内部调度数据，接入调度水电站，通过加大对平台的推广力度的方式，吸引更多水电站关注并注册于水电公司平台之上。配套上游服务企业，对相关企业的资质、施工质量、服务水平等进行核验，确保上游服务企业提供服务的能力，依托平台提供的资源建立上下游服务链。

（四）创新商业服务模式，打造龙头水电企业业务新增长点

1. 发挥专业资源优势，开展单一专项服务

为解决中小水电站实际问题，辅助提升中小水电站管理、运维、检修能力，水电公司积极推广机组检修、工程监理等单一专项服务，按照服务项目收取一定服务费，通过集约、高效、优化配置资源，实现对外业务全生态整合与协同的目标，提高市场经营效益，实现中小水电运维管理水平提升和水电公司创收“双赢”局面。2020年，依托平台的对外宣传展示，水电公司对外签订运维检修合同37个，合同金额1.73亿元，2021年预计达到2.1亿元。

2. 提供整站托管服务，降低中小水电企业成本

针对中小水电企业运行管理能力较差、专业人员不足等问题，水电公司发挥自身管理经验丰富、专业技术精湛等优势，为中小水电企业提供整站托管服务，负责生产运营机组发电设备正常运行，以及日常维护、技术管理和安全管理等工作，并且按照年度收取一定的托管服务费。通过整站托管，有效降低了中小水电企业的日常运维成本，提高了中小水电企业运行管理水平，降低了运行风险；对于水电公司而言，分流了一部分过剩人员，增加了额外收入。

3. 交易撮合利益分成，建设共享商业生态

基于“水电商城”建设多主体共享的商业生态圈，通过网络效应为水电行业供需方提供交易撮合服务。依托“水电商城”开放渠道，组建高效运营团队，邀请优秀服务供应商入驻平台，有效服务产业链上下游客户。通过“水电商城”进行物资供应服务，产生部分数据支撑服务费用按订单金额的

1.6%收取，2021年上半年已带来70万元收益，预计全年产生收益160余万元。

4. 盘活水情数据资源，实现数据服务创收

水电公司发挥自身水库水情数据丰富的优势，挖掘数据价值，实现数据共享，助力水电厂数字化转型，推进数据赋能水电运营。全过程关注流域水电厂优化调度和设备运行方式，提升业务指标预测精准度，打造水电厂一站式服务新场景，助力提高水电厂综合发电效益。水情数据服务以年度为周期收取服务费，目前，水电公司已与下游东坪、株溪口、马迹塘、修山等水电站签订了相关数据服务合同，每年带来近100万元的收益。智能服务平台开发投运以来，累计为湖南省防汛抗旱指挥部、湖南电力、水电公司发布水情数据18000余条，准确预报洪水13场次，洪峰计算准确率达98.3%，确保了库区上下游安全度汛。

（五）强化合作共赢机制，推动产业生态服务体系持续完善

1. 健全组织机构，统筹生态运行资源

从体制机制入手，充分发挥党委“把方向、管大局、促落实”作用，成立领导小组，统筹利用各方资源，持续提高业务协同发展合力，保证产业生态运行稳定，实现优势互补和整体效率、效益最大化。强化平台搭建与应用顶层设计专业机构职能，负责系统整体谋划、相关技术文件制订、管理流程研究、进度反馈、会议召集及管理制度的落实。设立项目管理办公室，与水电公司互联网办合署办公，负责落实智能服务平台建设、运营等环节任务。

2. 完善规章制度，保障生态运行效果

一是完善规章制度，实现规范管理。制度是决策部署落实的保障。平台开发过程中，为推动各部门资源和力量的大融合，发挥平台的长效机制，水电公司针对流程中的关键点建立了一系列新的标准化管理规范并积极开展建章立制工作，先后出台规章制度7项，从制度层面保障了大型水电企业产业生态服务管理体系效用的发挥。二是强化绩效考核，提高工作效率。建立以打造全业务服务质量标杆为目标的综合绩效评价体系，通过融合采集检修时间、检修工艺、检修评价、客户复购、行业评价、服务响应等综合指标数据，实现各服务模块指标的自动计算和自动排名，并且以全景可视化形式推送至水电公司领导和相关考核部门，明显提升大型水电企业管理科学化水平。依据各部门承担的责任属性不同，明确相应的考评权重，并且根据现场实际制订合理的量化指标，促使各级工作人员在压力和挑战中不断提高工作质量。

3. 加强人才培训，提升服务专业能力

一是强化专业培训。针对不同层级员工制订分级、分类培训方案，组织水电公司技术骨干开展集中培训，对机组检修闭环管理、整站运维托管、“水电商城”管理、数据在线监测、远程工程监理等服务内容进行多层级、多方面的培训工作。二是建设营销团队。提升产品各项业务资源调配能力，协同客户服务中心、地市级公司加入运营推广团队，增加产品曝光度，合理有序接入水电公司其他对外市场运作的渠道，打造服务品牌。

4. 多方合作共赢，持续改进服务模式

一是推动服务产品持续完善。在产业生态服务体系运行过程中，强化与运维服务商、检修服务商、监理服务商、物资服务商、数据服务商、中小水电企业的沟通合作，及时发现运行问题，总结成功经验，不断优化服务体系，改进和丰富服务产品，拓展服务场景。二是推动业务模式不断优化。广泛学习借鉴行业其他成熟产业生态圈业务模式，充分利用大数据、人工智能等技术手段，对用户行为、工程优化、人员管控、电站优化调度运行等场景进行价值挖掘，优化业务模式，赋能传统水电行业，进一步完善服务体系。

三、赋能中小水电发展的产业生态服务体系建设效果

（一）中小水电企业管理水平明显提升，资源配置优化效益明显

水电公司利用丰富的运维经验、专业队伍，为中小水电企业提供专业检修、运维、监理、托管等服务，中小水电企业运营管理水平显著提升，有效降低了运行风险，提高了管理效率。水电公司发挥多年积累的水情数据优势，为上下游水库调度决策提供可靠依据，每日向下游中小水电厂通报水情调度信息，助力其优化机组运行方式，从而提高水能利用率5%、电量增效1.5亿千瓦时、非计划停运率下降50%，实现“少弃多发”目标，有效促进中小水电企业清洁能源的消纳利用。智能服务平台开发投运以来，累计为湖南省防汛抗旱指挥部、湖南电力、水电公司发布水情数据18000余条，准确预报洪水13场次，洪峰计算准确率达98.3%，确保了库区上下游安全度汛，为全流域防汛抗旱做出了应有贡献。水电公司发挥“湘资沅”3个流域骨干电站作用，破除上下游信息闭塞，建立健全统一的信息共享及调度机制。截至2021年8月，湖南省中小水电企业最大出力685.4万千瓦，刷新了湖南电网中小水电企业最高出力纪录；流域梯级调度和中小水电企业顶峰工作取得显著成效，为湖南省安全电力可靠供应贡献绿色、清洁新动能。

（二）水电龙头企业形成新业务增长点，经营管理效益显著提升

产业生态服务体系的建设响应市场需求，打通了水电运检市场开发、检修、运维、监理、物资供应与各地水力发电企业的联系渠道，建设了一个科学系统的产业生态服务管理体系，解决了水电行业资源、市场、人力分散等突出问题，实现了人员实时在线、产品实时在线、服务实时在线和管理实时在线的目标。在助力电网精准调频的同时，给企业发展带来了可观的经济效益和产业支撑。2020年，水电公司累计完成发电量81.7亿千瓦时，同比增长12.98%，实现营业收入18.6亿元，全员劳动生产率为94.91万元/人·年，同比增加23%，行业资源优化配置作用有效凸显，显著提升传统水电企业经济效益。

（三）协同带动水电产业高质、高效发展，责任央企形象充分彰显

中小水电企业产业生态服务体系以践行绿色低碳发展为目标，为湖南“三高四新”战略实施和人民美好用电生活“充电”、赋能，通过安全、稳定、经济、可靠、优质的现场服务赋能水电行业，覆盖了水电企业所有业务场景，打造了资源共建、共享、共赢的产业生态，湖北省黄龙滩、江西省柘林、青海省直岗拉卡等17家水电企业来水电公司调研交流，实现了供应侧、需求侧聚合优化和双向互动的目标，形成了开放共享、互利共赢的商业运作模式，为同类型的水电行业、大型水电厂及其他行业打造产业生态提供了示范。

（成果创造人：崔建凯、谭新丛、周希念、贺琳枫、张海军、杨　凌、
周二勇、曾婧杨、叶伏虎、彭凤伟、陈贤军、吴扬文）

连锁零售企业以线下购物节为载体的整合营销管理

中石化易捷销售有限公司

中石化易捷销售有限公司（以下简称易捷）创立于2008年，是中国石油化工集团有限公司（以下简称中国石化）非油品业务服务品牌，标志着中国石化非油品业务向市场化、专业化发展。成立10多年来，易捷不断扩大便利店业务规模，以2.78万家便利店高居全国连锁便利店数量排行榜榜首；培育自有品牌，孵化了卓玛泉、鸥露纸、赖茅酒等15个子品牌；发展汽服、餐饮、广告等多种业态；打造全国统一的线上平台和会员体系，推出易捷国际跨境商城，构建“易捷自提、易捷到车、易捷到家”等全渠道多元化消费场景。2021年，易捷品牌价值达到184.61亿元，荣获“2021我喜爱的中国品牌”等称号。

一、连锁零售企业以线下购物节为载体的整合营销管理背景

（一）应对激烈市场竞争的需要

近年来，国内外环境和石油石化行业格局发生深刻变化。从油价看，国际油价走势持续面临不确定性，靠油价上行拉动销量的局面难以持续；从国内油品市场供应端看，地方炼油产能陆续释放，成品油资源过剩局面不断加剧，使得中国石化油品销售业务面临着异常激烈的市场竞争。非油品业务作为中国石化适应时代发展，以及提质增效、转型发展、打造现代化综合服务商的关键一招，对进一步提高中国石化在销售端的市场竞争能力的重要性不言而喻。

（二）培育新业务增长点的需要

“双碳”背景下，新能源业务蓬勃发展，替代速度远超预期。在这样的时代背景下，如果中国石化还只是依靠传统的单一油品业务，将很难实现可持续、高质量发展，必须不断培育新的业务增长点，加快转型升级力度，大力发展非油品业务迫在眉睫。

（三）服务客户多元需求的需要

新时代，消费者已不满足于简单的购物，而是需要有多样化的体验，如优惠促销、主题活动和文化节庆等。随着电商业务的发展，国内消费者通过网络享受到了国外购物节超值的优惠活动和丰富的商品，也希望拥有自己的购物节。作为中国门店数量最多的便利店品牌，易捷主动满足消费者的消费诉求，在2018年正式推出全国性线下购物盛会“10·10易享节”，通过优惠的活动和便捷的购物体验，丰富购物节形态，满足消费者多元需求。

二、连锁零售企业以线下购物节为载体的整合营销管理主要做法

（一）易捷“五大内涵、十位一体”整合营销的总体思路

1. 易捷整合营销的资源

易捷经过10余年的发展，积累了丰富的内外部营销资源，如：拥有丰富的商品体系，拥有得天独厚的营销资源，拥有庞大的供应商、合作伙伴队伍等。易捷须以消费者需求为中心对资源进行有效整合。

2. 易捷整合营销的载体

为实现内外部资源的有效整合，易捷连续4年举办“10·10易享节”店庆购物节活动。在实施过程中，易捷对内利用“10·10易享节”统一调度，实施“一盘棋”的营销活动，丰富营销策略、融合多元业态、分级配置门店、高效动员团队，将所有资源整合成一个整体，协调一致运作；对外，易捷与

供应商、合作伙伴协同发力，邀请政府相关部门、协会、行业嘉宾出谋划策，同时依托媒体和广告资源，综合传播活动信息和易捷品牌，使得多种营销策略协同发力。

3. 易捷整合营销的思路

按照“一个载体”“五大内涵”“十位一体”的思路，即围绕提升品牌、回馈客户、扩大销售、促进油品核心业务这一目的，有效利用“10·10 易享节”店庆营销这一载体，整合基于资源观与生态观的业务、合作、运营、交付、社会责任履行方式等五大商业模式，通过油非互促创新、融合多元业态、丰富营销策略、搭建合作模式、深度优选商品、门店分级配置、团队高效动员、线上线下融合、三级物流响应、承担社会责任等十大做法，集中力量传播品牌，固化“购物节 IP”，吸引政府相关部门、媒体及社会公众关注，引导供应商及合作伙伴协同，激发员工拓市增效、提升服务。一是以节为市，掀起百城万店的购物狂欢。通过每年 9 月、10 月打造全国性购物节，固化“百城万店百种商品，加一元多一件”活动主题，逐步树立活动印象，培育消费习惯。二是以节为媒，搭建共赢开放的合作平台，通过打造零供协同平台、行业交流平台、对外发布平台，谋求发展促进合作。三是以节为战，彰显全员协作的团队实力。通过全面统筹推进，强化过程监督，营造了浓烈的销售氛围，激发了全系统拓销增量的力量，推动非油品业务持续成长。四是以节为名，打造彰显社会责任的“公益 IP”，通过精心策划，将“10·10 易享节”启动仪式打造成为扶贫商品展销会和爱心公益活动的发布平台，彰显央企社会责任。

（二）业务整合，打造丰富的营销体系

1. 创新油非互促

易捷发展的初心是以差异化的服务内容为油品提供有力的竞争手段，满足客户的多元需求，打造汽车生活驿站。目前，主要营销方式为油非互促，即加油后为客户发放优惠电子券，吸引油品客户进店消费，进而提升客户黏性。

油非互促是增强油品非油品用户黏性、促进油非共融的手段，有利于形成“以油促非、以非促油、油非共进”的生态圈。其中，现金券以拉动油品销售、增强用户黏性为首要目标；抵扣券以拉动非油品销售、为油品销售提供增值服务为首要目标，满足用户多元化服务需求，助力加油站向综合服务站转型。

2. 融合多元业态

加快汽服业务建设。充分发挥网络优势，通过自建与合作相结合的方式，大力发展汽服业务，开展洗车、美容、换油等汽服业务。易捷与当地综合汽服合作方联手，以“10·10 易享节”为主题为客户提供综合汽服优惠活动，如购胎送换胎、购油送换油等促销活动，增加了客户认可度。目前，全国汽服网点数已超过 8600 家。针对线上线下消费场景及所属客户群，通过“10·10 易享节”与北汽、长城、长安等知名车企及有实力的经销商开展合作，积极布局汽车销售业态，为消费者提供购车、养车、用车、换车一站式汽车服务。

加大餐饮项目布局。2018 年的首届“10·10 易享节”，易捷和瑞幸咖啡合作，推出咖啡店中店；2019 年，“10·10 易享节”打造出自有品牌“易捷咖啡”；2021 年，推出特色餐饮项目招商。借助“10·10 易享节”的营销宣传，易捷为加油站引入更加丰富的餐饮种类，包括披萨、汉堡、肉夹馍、下饭菜、煎饼等各类中西式快餐，为消费者提供更优质的餐饮服务。通过品牌加盟、场地租赁、合作经营等多种灵活形式，目前累计开发餐饮项目的便利店达到 1183 家。

做大广告和保险等业务。凭借加油站及便利店场景优势，加快加油站灯箱、看板等传统媒体建设更新，同时拓展线上广告业务，探索与数字营销公司合作，形成与线下媒体资源相搭配的跨场景线上线下整合广告模式。目前，易捷已在全国加油站建有广告媒体 14 万块。与知名保险企业开展总对总的战略合作业务，双方业务开放共享，同时大力拓展第三方保险机构合作，积极争取各类业务营销资源，为加油客户提供更多、更实惠的保险业务。

3. 丰富营销策略

易捷以消费需求为出发点，在日常的营销尤其是“10·10易享节”的营销上进行了一系列的整合与创新。一是统筹全国营销资源，制订了统一的营销方案和要求，统一活动标准、规范营销动作。二是注重调动总部及各级便利店的销售积极性，发挥营销合力，形成以总部统一规划、分省份落地实施的两级协作模式。三是在以商品力和专属营销力两种主力营销模式的基础上，积极拓展B端销售市场，发挥员工、网络优势开展易捷特色社群营销，大力推动各项业务发展，快速扩展销售触角，提升易捷购物便捷、超值的品牌形象，带动易捷品牌声誉与市场份额的双提升。

首届“10·10易享节”，为更好地吸引消费者，易捷推出了具有渠道特色的“加油赠券”及刺激消费的“加一元多一件”等营销手段，使“10·10易享节”在消费群体中全方位曝光，让消费者迅速形成大促印象，进而激发到店消费热情，以达成固化“10·10易享节”营销活动的目的。随着活动的逐步深入，活动类型也在日渐丰富。2021年，“10·10易享节”在“加油赠券”“加一元多一件”等营销策略的基础上，推出了“中秋好礼专区”“国庆出游限时秒杀”“10元专区”等活动，活动范围也从线下门店延伸到线上“加油中石化”平台，开设线上预售、门店提货等专项活动。为丰富消费者的体验，易捷还推出“10·10易享节”专属小游戏互动派券、每日爆款拼团购等互为引流的消费场景。在“10·10易享节”营销活动期间，易捷还借助朋友圈、交通广播、点亮地标、冠名高铁等方式扩大宣传影响，让更多消费者了解活动内容，扩大品牌影响力。

（三）合作整合，统筹外部合作资源

1. 搭建多元平台

打造零供协同平台。易捷与供应商共同制订年度销售目标，约定产品匹配及活动投入，通过“人货场”三位一体互动，形成了“齐抓商品、共管平台”的互动经营模式，充分调动供应商积极性，使其为“10·10易享节”期间的经营、服务提供全力支持。针对零供企业间关键的沟通问题进行专项研究，制订出大范围沟通、日常数据沟通、定期沟通、供应商大会等有效可行的解决方案。合作伙伴通过多种沟通方式与易捷各级管理人员开展充分交流，消除零供关系沟通屏障，促成深度合作。此外，易捷还通过制订供应商分级分类管理办法，明确合作企业的权利与义务。针对合作企业销售规模、毛利贡献率、送货率、到货时效、产品质量等16项内容开展综合评价，根据评判标准开展合作商分级分类工作，确定供应商所属合作级别，根据级别匹配灵活的结算制度、最佳供应链金融条款、产品优先全国推广、优先陈列等合作权利，不断完善零供深度协同机制。

打造行业交流平台。“10·10易享节”不仅是消费者的狂欢节，也是零售相关行业的盛会，以商品展销会、供应商大会为契机，打造一个领域广、层次深、影响大的交流平台，加深同行业交流，推动跨行业交流。每年的“10·10易享节”商品展销会，汇聚数十个行业、上百家企业、数千种商品，各行业精英以商品为纽带，与其他行业开展广泛交流，从研发到生产、从技术到资源，在跨行业沟通中探求发展新路径，在业务交流中寻找合作新机遇。每年的“10·10易享节”供应商大会成为各供应商争相展示、共谋发展的舞台。易捷邀请行业领军企业及深度合作供应商同台对话，为其交流提供充足的机会。参会企业围绕零售业发展建言献策，研究零售行业当前经营形势及未来发展规划。此外，该会议还注重收集信息、整合资源，为供应商搭建沟通交流平台的同时提供合作机会，促进行业共同发展。

打造对外发布平台。2021年，通过“10·10易享节”启动仪式，易捷发布大促、东盟招商、乡村振兴、数字化转型四大行动计划。2020年，在“10·10易享节”启动仪式上，易捷与知名车企签订合作协议，进行深度合作。围绕消费者需求，易捷在每年的“10·10易享节”启动仪式上都会推出自有品牌新品。

2. 深度优选商品

专项谈判，引入适销商品。针对“10・10 易享节”活动，易捷组织了大规模的业务谈判工作。2018 年以来，全国统一开展交流谈判参与企业共 160 余家，涵盖酒类、水饮、百货、食品、粮油、生鲜等品类，参与谈判商品近 1800 个 SKU，行业销售亿级单品占比超过 40%，商品基本涵盖了易捷便利店经营的绝大部分商品；同时，易捷还深度开展行业调研，结合相关行业经济指数及经营数据，面向全社会战略合作招商，对龙头企业开展“一对一”定点战略合作邀请。

两级采购，兼顾本地产品。在统采提升的同时，为满足本地消费者的个性化需求，发展各地商品经营业务，开展一盘棋、分步走的细化模式，除全国统一谈判商品外，各省级公司结合谈判结果，针对本地畅销商品、特色商品及生鲜日配商品开展本省域内专项谈判，确定省级活动商品经营目录，满足差异化经营需求并结合地域特色融合商品，为活动提供丰富的商品支撑。

（四）运营整合，协调内部人财物事

1. 门店分级配置

组织各省级公司统筹本省域内门店资源，优选客流量较大、形象佳且交流便利、易于物流补货的门店，确保参与店庆月及店庆日的活动门店达到“百城万店”。

以地市为单位，按总部统一标准打造“10・10 易享节”活动形象样板门店，确保每个地市级公司有 1～2 个样板门店。样板门店常规商品丰富，活动商品齐全，设立“10・10 易享节”活动专区、专架，提升门店销售氛围。其他门店以样板店模式进行复制推广。

按门店级别优化商品陈列，突出“10・10 易享节”活动主题，利用泵岛、前庭、大门进口处、端架、黄金通道、收银台等位置，最大化陈列活动商品。自有品牌商品除按要求重点突出陈列外，在标准店及以上级别门店重点做好泵岛、堆箱、黄金通道端架陈列；对统采适销商品在店外泵岛的明显位置选择一两个地堆进行陈列；对粮油系列商品、酒类礼盒、干果干货礼盒在店内入口处堆箱集中进行陈列。

2. 团队高效动员

明确运营目标，细化实施方案。依据“10・10 易享节”整体营销目标，层层分解营业目标直至站级。针对店庆日，易捷逐家指导并督促各省级公司及时确认活动门店参与活动的商品种类、数量与库存情况，结合往年营销经验开展活动门店销售测算，统筹低毛利商品库存、商品丰满程度、客户消费体验等方面的因素，保障活动效果。

开展宣传活动，做好培训宣贯。易捷分层级、分阶段不断开展线上、线下专题培训，一方面，组织现场培训会议向省级管理人员充分传达营销理念、实施方案及历届营销活动成功经验；另一方面，针对广大基层员工编制作业指导手册、摄制微视频，便于大家学习。此外，还通过各类视频会议、工作交流、通报等形式跟进宣传策略落实。

结合营销实施，开展业务竞赛。以“10・10 易享节”营销落地执行为重心，开展多层次、全方位的岗位练兵和学习培训，营造了浓厚的学习竞赛氛围，充分激发广大员工的主观能动性和销售激情。

加强运营督导，跟进过程管控。通过现场督导、数据分析、视频巡检等手段，多维度对“百城万店”执行情况全方位检查，针对巡查中发现的问题进行整理并统一下发，通过督导团队现场帮扶解决问题，促进“10・10 易享节”销售业绩提升。

（五）交付整合，融合线上线下渠道

1. 线上线下融合

易捷到家，让购物更便利。易捷主动迎接互联网浪潮，对便利店系统进行云化升级改造，实现线上线下库存、订单等数据同步，拓展以便利店为前置仓的配送到家业务，开展线上下单、门店配送的“小时达”业务，以门店为中心向外覆盖 3～5 千米的社区，高效满足加油客户及周边社区居民多样化的产品与服务需求；同时，采取“统分结合”模式建立全国统一线上商城，充分发挥31家省级公司的地缘采购优势，将湖北小龙虾、江西赣南脐橙、云南鲜花等极具代表性的地方特色产品及甘肃藜麦、宁夏枸杞等扶贫产品销往全国。

易捷到车，让购物更放心。2020年，针对疫情肆虐下市民“怕接触、购物难”问题，易捷在北京地区率先推出全国首个“不下车不开窗，一键送到后备厢”的“易捷到车”购物服务，车主在进站前或加油等待时通过线上下单购物，加油站根据车牌即可识别顾客并将顾客下单商品直接配送至后备厢，为车主提供加油、购物一体化便捷服务体验。

易捷国际，让购物更具高品质体验。为满足人们对更高品质的购物需求，易捷充分发挥易捷品牌、渠道、客户、资金优势，整合海外采购物流和仓储等各方面的优势，迅速拓展跨境业务，推出“易捷国际”跨境电商平台，引进食品、酒类、日化及母婴、保健、美妆等优质海外商品、爆款商品，为消费者提供更广泛的购物选择。此外，发挥大连等地方政府政策的支持优势，开展保税区秒通关体验店；在易捷门店设置进口商品扫码购物专区，顾客通过扫描商品二维码或门店电子屏下单购买。2020年，易捷国际跨境业务同比增长57%。

2. 三级物流响应

绘就全国供应网络地图，针对全国统采商品，做到“区域仓全覆盖”，即：通过大宗商品储备，确保产品物流顺畅，爆款商品储备充足，通过供应网络可实现一货在手、全国速达的目标；打造省级市场区域内8小时配送圈，做到配送面全覆盖和省级物流网络点间快速传输，共成立省级物流仓库38个，有效支撑新零售、会员店、一键到车、线上下单、线下自提等新兴业务并支持及时跨省级调拨；满足消费者即时购物需求，针对灵活复杂的零售业务，发挥前置片区仓、卫星仓的辐射作用，提高门店仓库的响应速度，做到商品共享、实时到位，做好商品配送“最后一千米”的服务。

（六）社会责任履行方式整合，协同企业战略与国家战略

1. 决战脱贫攻坚

为决胜脱贫攻坚，易捷积极探索“以渠道带销售、以销售带产业、以产业带振兴”的“三带”特色帮扶模式，大力推进产业扶贫、消费扶贫、精准扶贫。把每年的“10·10易享节”启动仪式打造成为扶贫商品展销会和订货会，连续4年举办中国石化扶贫商品展销会，设置扶贫商品展示馆，展示扶贫成果。针对中国石化定点帮扶县的产品进行“一县一链”深度打造，持续推出东乡藜麦等一批质优价廉的易捷自有商品，依托2.78万家便利店的网络优势，畅通农产品销售渠道，使各地优质、特色的好产品通过易捷走出深山、走向全国。2020年，易捷渠道销售扶贫产品5.3亿元。

2. 促进消费复苏

为响应国家促进经济复苏号召、增强内循环活力。2020年“10·10易享节”期间，易捷积极参与商务部2020年“全国消费促进月”活动，加大了让利力度，“加一元多一件”的主打活动由之前的1天延长到3天，真实的让利获得了消费者的广泛支持。2021年“10·10易享节”，易捷面向消费者集中发放20亿元消费优惠券，“加一元多一件”主题活动延长到5天。除此之外，还有大额优惠券、第二件半价等优惠让利活动。通过线上、线下的多重福利吸引更多消费者，在促进消费复苏中发挥央企应有的作用。

3. 助力乡村振兴

易捷积极响应国家乡村振兴号召，联合中国教师发展基金会、全国交通广播公益联盟，暖心打造易捷“微光计划——致敬最美乡村教师”公益活动，通过给留守儿童上公益课、“圆梦2021个乡村教师微心愿”、爆款心愿好物、“我和我的老师”暖心画作等系列行动，持续关注全国近300万乡村教师，为乡村人才振兴、文化振兴贡献力量。2021年“10·10易享节”启动仪式上，专设“微光计划”系列

活动展示环节并为优秀乡村教师颁发“微光计划燃灯者”奖项，关注乡村教师群体，支持乡村教育事业，点亮公益力量，多家主流媒体同步发声，获数千万网友“点赞”支持。

三、连锁零售企业以线下购物节为载体的整合营销管理效果

（一）推动业务量效协同增长

一是促进油品核心业务增长。易捷便利店日渐丰富的商品、持续的促销活动，以及便利店之外的汽服、餐饮业务、生活服务等，增强了加油站整体生态对客户的吸引力。二是促进非油品销售额攀升。2018 年创立“10 · 10 易享节”之后，易捷非油品销售额逐年攀升，到 2020 年达到 337 亿元。“10 · 10 易享节”期间的销售额由 2018 年第一届的 23. 63 亿元提升到第三届的 66. 97 亿元，占当年销售额的 20%左右。

（二）实现管理效能效率改善

“10 · 10 易享节”增强了员工的战斗力和凝聚力，已成为易捷员工共同的节日，在紧锣密鼓的活动筹备、齐心协力的销售冲刺中，检验了员工敢打硬仗、不惧压力的战斗精神，凝聚了整个非油品条线的团队向心力。“10 · 10 易享节”增强了对供应商的统筹协调能力，提高了双方的协同效率。“10 · 10 易享节”提升了易捷商品标准化水平，经过 3 年多的持续努力，易捷统采商品比例由 34%上升到 47%，易捷连锁形象、产品统采能力进一步提升。

（三）促进企业品牌价值提升

自“10 · 10 易享节”为载体的整合营销实施以来，易捷品牌知名度持续提升，易捷品牌价值由 2018 年的 25. 69 亿元提升到 2021 年的 184. 61 亿元，连续 4 年高速增长，成为中国石化旗下品牌价值最高的子品牌，同时还获得“2021 我喜爱的中国品牌”“2020 年度人民匠心品牌奖”等行业重要荣誉，入选“全球抗疫品牌力量”经典案例。

（四）助力社会公益责任履行

通过“10 · 10 易享节”扶贫商品展销会，易捷销售 2000 余种优质扶贫产品，2018—2020 年累计销售扶贫商品 10 多亿元。“10 · 10 易享节”期间开展的丰富营销活动及发放的巨额消费券，带动居民消费能力回升，有效助力后疫情期的社会经济复苏。

（成果创造人：凌逸群、陈成敏、李玉杏、叶慧青、袁海东、李　宏、
刘志华、王岩峰、卢　斌、韩　威、闰尚辉、杨斯鹏）

转制科研院所推动新材料行业高质量发展的服务体系建设

南京玻璃纤维研究设计院有限公司

南京玻璃纤维研究设计院有限公司（以下简称南京玻纤院）于1964年成立，是我国唯一从事玻璃纤维等高性能纤维及其制品研究、开发、生产、应用的综合性科研院所，拥有自主知识产权的连续玻璃纤维及定长玻璃纤维全套技术，荣获"国家科技进步一等奖"和"国家工程设计金奖"，先后设计完成并投产玻纤池窑生产线70余条及玻璃棉、岩矿棉生产线100余条，是我国玻璃纤维工业的策源地。作为中国玻纤工业的摇篮，南京玻纤院还是国际标准及国家、行业标准的制订者，拥有玻璃纤维、绝热材料、碳纤维3个全国标准化委员会，被ISO确立为3家全球碳纤维国际标准循环比对实验室之一，代表中国在国际标准化组织中发声。

一、转制科研院所推动新材料行业高质量发展的服务体系建设背景

（一）推动我国新材料行业高质量发展的需要

新材料是传统产业升级和战略性新兴产业发展的基石，已成为决定一个国家高端制造及国防安全的关键因素，是国际竞争的重点领域之一。相比于发达国家，我国新材料产业处于第二梯队，目前上游关键材料、设备发展仍存在诸多"卡脖子"环节，国产替代需求迫切。新材料产业对实现我国制造业强国战略具有重要的支撑作用。为推进新材料产业发展，国家有关部委陆续出台了相关文件，强调了新材料产业的战略地位。玻璃纤维、碳纤维等高性能纤维及其复合材料是引领新材料技术与产业变革的排头兵，广泛应用于航空航天、轨道交通、舰船车辆、新能源、健康产业和基础设施建设等重要领域。

（二）突破新材料瓶颈、支撑大国重器铸造的需要

我国新材料工业虽规模不断增长但水平不高，尤其是高性能纤维及复合材料存在产业体系不完整、高端应用依赖进口的现象，大国重器的铸造仍受制于人。我国新材料产业存在工艺与装备水平不高、标准引领缺失、测试评价体系建设滞后、人才资源匮乏、产业链协作力度不足等短板问题，严重制约了产业的高质量发展。因此，新材料的科技创新刻不容缓，加强新材料服务体系建设可有效地补齐产业短板，为产业发展提供基础保障，是助力大国重器铸造的重要助推因素。

（三）打造转制科研院所市场竞争力的需要

南京玻纤院作为我国玻璃纤维行业的"转制科研院所"及我国纤维复合材料领域的龙头单位，积极响应国家相关部委有关政策的要求和行业发展的需求，秉承中国建材集团的发展理念，坚持"助力国防安全、引领行业进步、促进生活美好"的使命，以"建设具有核心竞争力、重要影响力、强大凝聚力的一流转制院所"为愿景。自1999年改制以来，明确了转制科研院所行业服务的定位，提出了"做大新材料制造业，做强新材料服务业"的理念，充分发挥一系列权威性检测、标准化机构及学术组织的平台优势，以创新为灵魂、市场为导向，纵深挖掘行业需求，致力于构建"工程设计－标准化－测试评价－人才培养－行业交流－信息咨询"六位一体的服务体系，以突破我国新材料测试评价瓶颈、抢占标准国际话语权、加强行业人才培养、补齐产业短板，推动我国新材料产业高质量发展。

二、转制科研院所推动新材料行业高质量发展的服务体系建设主要做法

（一）基于行业定位，确定"六位一体"体系

1. 秉承创新理念，找准"转制科研院所"市场定位

南京玻纤院践行"创新、绩效、和谐、责任"的核心价值观，总结形成以弘扬"团结、拼搏、创

新、图强”的企业精神，以打造“具有核心竞争力、重要影响力、强大凝聚力的一流转制科研院所”为愿景的企业文化体系和浓厚文化氛围，持续推动国家高性能纤维工业技术迈向国际一流。南京玻纤院通过营造创新、图强的文化氛围，秉持开放、创新的发展理念，以推动新材料产业高质量发展为己任，充分发挥“转制科研院所”服务行业的作用，提升我国在全球新材料领域的核心竞争力。

2. 聚焦产业需求，构建“六位一体”行业服务体系

党的十九大指出，我国经济已由高速增长阶段转向为高质量发展阶段，十九届五中全会明确提出“坚持把发展经济着力点放在实体经济上，发展战略性新兴产业，加快发展现代服务业”。玻璃纤维、碳纤维等高性能纤维及复合材料作为战略性新兴产业的重要组成部分，建设高性能纤维复合材料制造强国离不开行业服务体系的支撑。为此，作为我国玻璃纤维生产技术的重点单位，南京玻纤院响应党和国家的号召，围绕新材料产业的发展需求，针对新材料产业的发展症结，构建以“工程设计、标准化服务、检测评价”为核心，以“人才培养、技术交流、信息咨询”为支撑的“六位一体”服务体系，该体系管理做到内外互通、功能协同、集成一体，高效全面解决新材料行业痛点、难点，引领我国新材料产业高质量发展。

3. 整合资源，成立“六位一体”行业服务团队

为有效推进“六位一体”行业服务工作的开展，南京玻纤院整合旗下工程公司、标准认证技术研究院和职能部门的业务功能和平台资源，成立了“六位一体”行业服务团队，明晰任务分工、细化责任落实，保证各项做法、措施的合理化、明确化、专业化、高效化。工程公司主要负责“工程设计”工作的开展，标准认证技术研究院主要负责“标准化”“测试评价”和“行业交流”工作的开展，职能部门主要负责“人才培养”工作的开展。其中，“信息咨询”板块的工作由工程公司和标准认证技术研究院协同承担。

（二）聚焦工程设计服务，推动行业技术全面进步

1. 提供工程设计总包服务，实现玻纤制造技术装备国产化

一直以来，我国新材料产业发展都受到工艺与装备限制，缺少自主研发创新的专利技术，设备制造的水平与国外领先水平还存在一定差距，导致新材料生产制造需要引进国外设备和技术。南京玻纤院凭借“研究、设计、制造”的综合优势，拥有一系列具有自主知识产权和专利技术的连续玻璃纤维及定长玻璃纤维全套技术，具备工程设计资质、工程造价咨询资质、建筑业企业资质、安全生产许可资质、压力管道设计资质等工程系列资质，在全国设计并投产了玻纤池窑生产线 70 余条及玻璃棉、岩矿棉生产线 100 余条，为玻纤新材料的发展提供最权威、先进的技术装备及工程总包服务。南京玻纤院的池窑成套技术先后获得“国家科技进步一等奖”和“国家工程设计金奖”，促进中国玻纤工业从无到有、从弱到强，以及从跟跑、并跑到领跑，成为世界玻纤第一制造大国。在此基础上，积极推动玻纤工业装备向自动化、智能化发展，促进我国玻璃纤维工业技术迈向国际先进水平。

2. 自主开发岩棉电熔法技术，成功降低资源消耗和碳排放

南京玻纤院凭借多年深耕工程设计领域的雄厚基础，成功研发电熔法岩棉生产成套技术与装备，打破国外技术垄断并成功推广至国际市场。2020 年建成的首条小时产量 6 吨电熔炉岩棉生产示范线，吨产品综合能耗降低 53.8%、废气减排 90%、工业固废替代矿石原料达到 70% 以上，为推动我国岩棉行业的技术进步、转型升级、高质量发展，以及实现“碳达峰、碳中和”目标起到示范引领作用。电熔法岩矿棉生产技术成功入选工业和信息化部工业领域“二十大低碳技术”，推动了岩棉生产技术更新迭代，为我国碳达峰、碳中和事业贡献力量，也为世界岩棉行业的发展树立标杆。

（三）打造标准标杆服务，塑造行业国际话语权

1. 承担全国标准化技术委员会工作，健全我国新材料行业标准化体系

针对新材料产业缺失标准引领的症结，南京玻纤院承担了全国玻璃纤维标准化技术委员会与全国碳纤维标准化技术委员会等3个国家级和4个行业级标准化技术委员会的工作，对接ISO/TC61/SC13增强纤维和复合材料国家标准化组织，代表中国在国际标准化组织发声表决，先后主导制订、修订国际标准13项，以及国家、行业标准143个，制订的玻璃纤维、碳纤维国家标准占行业总数的92%。此外，还定期在行业内举办标准宣贯和培训活动，以确保标准的顺利贯彻实施，促进业内企业对各项标准的了解。这些标准化服务工作的开展，健全和完善了我国新材料行业的标准化体系，深入推进了标准的全行业科普，有效引领了行业的健康发展。

2. 制订首个碳纤维国际标准，提升我国新材料领域国际话语权

随着全球科技竞争日益加剧，掌握国际标准制订的主动权对于增强产业核心竞争力至关重要。长期以来，碳纤维国际标准基本由美、日等发达国家制订，为抢占碳纤维标准的国际话语权，南京玻纤院积极参与国际各项标准化活动，与国际接轨，对碳纤维的测定评价组织技术力量进行攻关，制订了首个由中国主导完成的碳纤维国际标准ISO 10119：2020《碳纤维密度的测定》，于2020年6月成功发布。标准的发布提升了我国国际标准化的影响力和话语权，引领中国占据国际高性能纤维及复合材料标准领域的一席之地。

（四）提供测试评价服务，提升新材料产业质量

1. 打造测试评价“国家队”，成功建立先进的、与国际接轨的检测技术体系

测试评价是新材料创新开发、应用拓展的基础和关键环节。我国新材料产业由于测试评价体系建设滞后，导致了“有材不好用，好材不敢用”的严峻局面，大国重器的铸造受制于人。南京玻纤院以提升新材料的产品质量、推动我国新材料产业的转型升级为目标，依托国家级玻璃纤维检测中心、全国玻璃纤维、绝热材料和碳纤维三大标准化委员会等重大平台优势，形成了有专业队伍、有资质和权威、一条龙服务的产品质量检测、产品认证和绿色评价的服务体系，建有九大实验室，具备三大领域236类产品3071项检测的能力。通过服务体系的建立，将相关资源整合形成服务优势并扩大范围与领域，整体提升新材料产业的质量。另外，南京玻纤院注重与国际一流的从事纤维复合材料测试技术研究的实验室和同行业测试机构合作。多年来，与10余个国际实验室建立了良好的合作关系，如GL认证实验、SGS、INTERTEK、BV、TUV、UL分包实验室、英国国家物理实验室（NPL）、日本产业技术研究所（AIST）等合作实验室，在检测技术和标准化方面进行了深入的交流和合作，跟踪国外先进测试技术的发展，派员参与相关检验测试技术的研究，成为复合材料国际标准循环比对实验室，连续参加国际复合材料标准循环比对试验，建立先进、科学、与国际接轨的检测技术体系，引领国内行业检测技术的高质量发展。

2. 构造辐射型合作模型，汇聚新材料行业高精尖技术战略力量

为补上复合材料等新材料测试评价领域存在的测试机构分散、标准不统一、权威性不足等短板，突破我国新材料产业测试评价技术的瓶颈，国家相关部委成立国家新材料测试评价平台。南京玻纤院作为国家新材料测试评价服务平台——复合材料行业中心的承担单位，紧密围绕国家新材料重点平台建设的核心理念，瞄准当前国产复合材料“不敢用、不好用”的产业发展症结，联合复合材料产业链上下游123家优势科研机构和龙头企业，建设国内领先、具有国际先进水平的国家新材料测试平台复合材料行业中心，打造复合材料测试评价“国家队”。面向风能、核电、航空航天、交通运输、海洋工程等复合材料应用领域开展测试评价与标准化工作，为我国重要行业、重大工程对战略性高性能纤维材料的需求和高端应用提供技术支撑。

3. 建立复合材料大数据库，解决新材料基础数据库不完善的痛点

实验室是材料性能数据汇集的基础，南京玻纤院依托国家新材料测试评价平台建设的契机，基于区块链技术，打破实验室间的数据孤岛，汇聚实验室底层基础的可信数据流，建成复合材料行业跨组织、跨部门、跨系统的数据总线。通过实验室间有效的数据共享与数据流动机制，建设复合材料大数据库，以挖掘更多的数据应用价值，有效解决新材料行业基础数据库不完善的应用痛点，助力新材料在航空航天、交通运输、海洋工程等国家重点领域的应用。

（五）拓展人才培养服务，赋能技能型人才队伍

1. 建立人才培养和职业技术评价基地，为我国新材料领域输送高技能人才

人才是第一资源，国家科技创新力的根本源泉在于人。我国材料领域工业增加值已占全国 GDP 总量的四分之一左右，而该领域技能以上人才资源占全国总量的比例还不到 17%，人才资源总量与该领域的发展地位不符。新材料高技能人才数量少、人才区域分布不平衡等多方面问题造成新材料产业人才匮乏的局面。为了贯彻党中央、国务院及江苏省委、江苏省政府关于产业工人队伍建设改革的决策部署，落实《江苏产业工人队伍建设改革试点工作方案》，南京玻纤院针对新材料行业人才匮乏的痛点，以国家建筑材料行业职业技能鉴定 043 站为抓手，聚焦“三提升、两突破、一体系”目标，即：实现职工队伍整体素质、创新效能、待遇地位“三提升”；促进企业“双师型”人才队伍建设与区域技能人才培养“双突破”；形成具有玻纤行业特点和企业特色的产业工人队伍建设改革制度体系，建立技能人才培训和职业技术评价基地，服务长三角地区产业工人队伍建设改革，成为江苏省产业工人队伍建设改革试点单位。培养了“江苏省五一劳动奖章”“江苏省五一创新能手”和“全国建材行业工匠”等一大批高技能人才，有效促进了新材料产业的高质量发展。

2. 制订国家职业技能标准，提供人才技能鉴定依据

目前，由南京玻纤院召集中国巨石、泰山玻纤、重庆国际等行业龙头企业制订的《玻璃纤维及制品工》国家职业技能标准已正式发布，该标准不仅体现玻璃纤维行业技术的发展趋势，也为行业技能人才培训、能力等级认定提供了可靠依据，为培养具备工匠精神的高技能人才打下坚实的基础。根据新发布的标准，南京玻纤院已为行业鉴定技能人才千余人次。

3. 创新分院运营模式，促进新材料行业区域化人才培养

南京玻纤院依托其在行业的技术优势和影响力，聚焦“智力扶贫”与“产业扶贫”两条主线，探索运营产业集聚区新模式，将服务前移，与四川省宣汉县政府合作共建，成立了南京玻纤院西南分院，打造科技港，以“打造全国微玻纤产业集聚区为目标，辐射在产业、教育、文化等方面对革命老区一揽子帮扶”为工作思路，打造区域性科技服务平台，将区域性新材料人才培养与产业发展相结合，玻纤专业列入当地职业学校教学科目，与地方职业学校共同培养、培训当地产业技术工人队伍，推动行业培训和职业鉴定走进地方产业集群，促进区域化专业人才培养，带动新材料行业区域化产业做强做大，推动区域经济发展。

（六）搭建行业交流平台，推动政产学研用协同发展

1. 开展品牌学术活动，搭建政产学研用相结合的交流平台

在新材料领域快速发展的背景下，通过政产学研用合作模式，推动科技成果的转化，是当今世界各国产业技术发展的趋势之一。我国新材料政产学研用间缺乏有效的对接交流方式，南京玻纤院通过“会 + 展 + 沙龙”的形式搭建立体的行业技术交流平台，开展“玻纤情报网”品牌学术活动，至今已举办 41 年，累计服务行业上下游科技工作者万余人次。通过学术活动的举办，构建以企业需求为主体、政产学研用相结合的创新体系，对提高我国科技成果转化效率、促进我国经济转型升级具有重要意义。2020 年在江西省九江市召开的以“克难攻坚抗时疫，创新模式促转型”为主题的学术年会，加强了地

方政府、高校、科研院所、生产企业之间的交流，成功助推华源新材35万吨玻纤纱及6亿平方米网格布项目落户九江新材料产业园，补齐九江市的玻纤新材料产业链，促进新材料产业集群规模达到300亿元以上。

2. 打造新材料融媒体中心，助力行业科技工作者“充电蓄能”

为了顺应人们阅读习惯的改变，加强行业信息服务传播，更好地满足新一代科技人员的信息获取需求，南京玻纤院紧跟新媒体的发展步伐，充分整合成熟的纸媒、微信和网站资源，在抖音平台开创官方抖音号“材料情报局”，在微信平台开创官方视频号“玻纤情报网”，探索短视频的新媒体形式，拓宽传媒领域，打造玻纤行业融媒体中心，加强了行业信息服务交流传播。疫情期间，南京玻纤院凭借融媒体中心的功能，组织科技工作者进行了线上培训活动，助力科技人员千余人次“充电蓄能”，培训主题涉及企业标准化、科技论文撰写、技术发展、市场信息等，既有效避免了人员聚集，又提高了培训效率、节省了培训成本，受到了行业科技工作者的一致好评。

（七）做好信息咨询“智库外脑”，为行业发展战略提供支撑

1. 编制新材料行业发展战略报告，指导业内企业转型升级

掌握全球新材料技术发展动态和市场发展趋势是支撑我国新材料产业发展的关键因素，南京玻纤院针对新材料产业发展需求，借助技术与人才的综合优势和全球著名市场研究报告公司Lucintel LLC的战略合作资源，“练内功、借外力”，提升咨询服务意识，充分发挥智库功能，为企业编制《2020—2025全球电子纱和电子布市场的增长机遇》行业研究战略报告，切实为业内企业编制战略规划提供指导并成功助力企业上市融资。

2. 梳理发布“卡脖子”技术清单，助力碳纤维打破国外垄断

碳纤维是技术密集型和政治敏感型的关键材料，它作为国家战略性新兴产业中新材料领域的“材料之王”，是国家迫切需要短期内突破的高新技术纤维品种，在军事上特别是航空航天领域得到广泛应用。长久以来，碳纤维的制备技术一直被国外发达国家垄断和封锁，在重点高端领域应用的碳纤维还未完全实现国产化，主要都是依赖进口。南京玻纤院针对碳纤维行业的发展，凭借在高性能纤维及复合材料的技术优势，发挥智库功能，承担了江苏省工业和信息化厅委托的先进制造业集群碳纤维产业链的技术评估任务。通过半年多时间的调研，南京玻纤院厘清了江苏省碳纤维上下游产业链发展现状，梳理出我国碳纤维产业链的5个关键一级节点、13个基本可控技术和4个“卡脖子”短板技术，为政府精准施策，以及在综合提升产业核心竞争力、增强产业自主可控能力和水平等方面提出了专业的咨询建议，并且通过南京玻纤院官方纸媒、微信平台、官方网站、官方视频号、抖音平台等全媒体矩阵定时发布我国碳纤维产业的发展现状、国外碳纤维发展动态及产业“卡脖子”关键技术清单，促进我国碳纤维上下游（包括高校、科研院所、生产应用及配套企业在内的主体）对关键核心技术联合攻关，强有力地推动了国产碳纤维在高端领域的应用。

三、转制科研院所推动新材料行业高质量发展的服务体系建设效果

（一）构建了“六位一体”服务体系取得明显成效

南京玻纤院成功构建了“工程设计-标准化-测试评价-人才培养-行业交流-信息咨询”六位一体行业服务体系。自转制以来，为新材料行业提供高效精准的服务并取得了一定的成效。至“十三五”末，南京玻纤院资产总额、营收较“十二五”末分别增长26%、39%，利润总额、净利复合增长率分别为64%和65%。“十三五”期间，累计社会贡献23亿元，复合增长率13.52%；创新商业模式创造价值2亿元；主导制订、修订标准76项，较“十二五”末增长31%。新申请专利295件，其中发明专利占比72%，同比增长78%；授权专利185件，其中发明专利占比65%，同比增长57%。重大原创科技成果不断涌现，重大科技创新达到国际先进水平，助力我国跻身新材料强国行列，彰显国家院所

创新基因底色。

（二）有效推动了新材料行业健康有序发展

南京玻纤院通过标准化服务等工作的开展，切实加快标准提档升级，助力淘汰行业落后产能，有效促进产业结构调整和质量优化。通过制订、修订玻璃纤维系列国家和行业标准，提升行业产品的质量，规范引导行业健康有序发展，有序贯彻落实国家新材料产业战略。通过工程设计总包服务的实践，助力我国玻璃纤维工业技术迈向国际先进水平，促进中国玻纤工业从无到有、从弱到强，以及从跟跑、并跑到领跑。打破了国外垄断，拥有了自主知识产权的装备工艺技术，中国的玻纤龙头企业已经成为全世界的巨头企业，产业发展不再受制于人。

（三）促进了我国新材料发展取得重大突破

南京玻纤院围绕国产大飞机用新材料的国产化需求，成功研制我国最新一代第一件碳纤维编织复合材料风扇叶片和缩比机匣，开创了一套完整的技术研究方法，使航空发动机风扇叶片和机匣编织预制体完成从关键技术攻关向工艺技术验证的转变，促进了我国碳纤维在国产大飞机项目上的应用。凭借标准化服务平台的优势，南京玻纤院发布了中国主导的首个碳纤维国际标准，提升了中国在国际新材料领域的话语权；打造测试评价"国家队"，成为碳纤维国际三大循环对比实验室；通过打造新材料行业信息服务平台，凭借品牌学术会议和新材料融媒体中心的功能优势，发挥智库功能，成功梳理出我国碳纤维产业链的 4 个"卡脖子"短板技术，全媒体矩阵向行业发布关键技术清单。促进新材料上下游联合攻关，助力我国碳纤维打破国外垄断。目前，国产碳纤维已成功应用于国防军工、航空航天等重点高端领域。

（成果创造人：张文进、赵　谦、郭　伟、陈士洁、王　屹、于守富、唐　宇、朱云青、何　宏、姚　迪、吴永坤）

邮政企业海外仓业务市场的开拓

中国邮政集团有限公司浙江省分公司

中国邮政集团有限公司浙江省分公司（以下简称浙江邮政）是中国邮政集团有限公司（以下简称中邮）的分支机构，以邮政、快递物流、金融、电子商务等为主业，实行多元化经营，对国家规定范围内的邮政业务提供普遍服务，按照国家规定办理机要通信及国家规定的报刊发行，以及义务兵平常信函、盲人读物和革命烈士遗物的免费寄递等特殊服务业务。浙江邮政下辖11个地市分公司及义乌市分公司、61个县（市、区）分公司、8个二级邮区中心局和5个直属单位，邮政营业网点总数2347个，从业人员4.06万余人，服务人口5000多万。先后获得“全国五一劳动奖状”“浙江省文明行业”“全国邮电行业模范劳动关系和谐企业”“推动社会进步·浙江十大企业”“全国交通运输文明行业”“浙江省和谐劳动关系企业”“浙江省社会责任感标杆企业”等荣誉称号。

一、邮政企业海外仓业务市场的开拓背景

（一）精准把握跨境电商发展的机遇

2017年，商务部、国家发展改革委、国土资源部、交通运输部和国家邮政局共同发布的《商贸物流发展“十三五”规划》中提出，商贸物流企业要加快推动国际区域物流合作，积极参与“一带一路”物流通道建设，稳步推进跨境电子商务海外仓建设。以跨境电子商务发展为重点，引导和鼓励有条件的企业科学规划、有序建设海外物流基础设施，打造具有较强辐射能力的公共海外仓。随着跨境电子商务的飞速发展，海外仓逐渐成为跨境电商市场的重要支撑环节，全球疫情蔓延促使传统外贸企业加速线上数字化转型，跨境电商将迎来长期利好，海外仓市场需求巨大。据不完全统计，全国跨境电商交易近30%的订单从海外仓发出，占跨境电商交易额的50%以上。

（二）积极响应邮政“两进一出”战略工程

2019年，国家邮政局提出：要深入推进“两进一出”工程（快递进村、快递进厂、快递出海），推动邮政快递企业“走出去”，支持邮政企业拓展商业渠道，倡导“借船出海”，加强与国际企业的合作，共同构建一张风险可控、安全可靠、通达广泛的国际寄递物流网络。浙江省人民政府办公厅《关于开展快递业“两进一出”工程全国试点的实施意见》明确提出：要构建国际快递智能骨干网，创新快递“出海”模式，鼓励企业通过自建或租赁等方式建设海外仓，强化境外海外仓资源共享，提升海外仓体系化综合服务能力。

（三）高效推进企业跨境物流的需要

在中邮海外仓业务运作初期，国内中转仓仅设在深圳市，全国各地所有拼柜货物均要先发至深圳市，完成拼柜后再发至港口装船。由于浙江省到深圳市没有直达邮路，需要通过中山市或者广州市中转，从收寄到中转仓装柜发出至少耗费2周的时间，严重影响头程发货时效；而且，在货物从浙江省转运至深圳市中转仓的过程中，由于中转点较多，频繁的装卸经常导致货物体积变形、外包装磨损等，影响客户体验。为推进企业跨境物流发展，实行就地拼柜的服务模式是开拓海外仓业务市场的突破口。

二、邮政企业海外仓业务市场的开拓主要做法

（一）确定中邮海外仓业务市场开发与拓展的总体思路和目标

中邮海外仓是中邮开设的境外仓配一体化服务项目，服务内容包括国内集货、国际运输、目的国清关/仓储/配送及个性化增值服务等，在全球四大洲9个国家（美、英、法、德、意、西、俄、澳、日）

拥有11个大型综合体仓库，仓库面积达13万平方米。后期，将陆续开办巴西等海外仓库。中邮海外仓旨在为跨境电商客户提供安全、稳定、高效、专业的海外仓配一体化服务解决方案。

与传统物流模式相比，中邮海外仓具有以下五大优势。一是大幅降低成本。海外仓模式可以一次性批量运输、报关，减少报关和检验检疫次数并通过价格更低的海运方式运输，从而降低了各环节成本费用。二是缩短运输配送时间。海外仓提供仓储、分拣、包装和配送等一站式服务，部分海外仓可以提供所在国24小时或者48小时的送达服务，这就大幅缩短了配送时间。三是服务内容更丰富。海外仓可以按照客户的要求，提供本土化的退换货、维修等服务，当需要退换商品时，可以将货品先退回海外仓，再由海外仓提供新货品，避免了烦琐的海关等手续，同时省去了不必要的运输等待时间，缩短服务周期，提升终端客户的购物体验。四是周转快。海外仓可以提供有针对性的选品建议，帮助卖家优化库存、提前备货、降低滞销的风险。五是有效规避汇率风险。运用海外仓模式的跨境企业可以将收到的外币货款存在当地账户，选择时机进行结汇。

浙江邮政立足于浙江省货源地市场，定位行业品牌型、客单价较高的客户群，通过对邮政品牌及中邮海外仓产品自身的优势梳理，制订差异化的营销策略，解决跨境电商客户发货痛点，并且以项目制管理为支撑打造专业化队伍，形成目标导向激励机制，推动海外仓业务快速发展，建立在全国邮政业务规模中的绝对优势，确立绝对领先地位。

（二）建立中邮海外仓业务市场开发与拓展的组织架构

浙江邮政在浙江省7个地市分公司和几个重点县单位成立海外仓项目组团队，实行省、市、县纵向专业经营管理一体化与地面局横向综合管理的模式。由省级公司海外仓项目组直接指导重点市级和县级单位的市场开发、业务培训，和重点市、县单位共同开展客户维护和运行支撑等工作，以提升三级团队之间的沟通效率和工作响应速度，提升整个团队对于市场的敏感度和战斗力。

1. 浙江省国际分公司海外仓项目组

浙江省国际分公司内设中邮海外仓项目组，配置2名人员。主要负责浙江省海外仓市场趋势研究及业务发展规划，以及制订浙江省海外仓业务发展规划、年度工作计划和营销策划等工作；负责浙江省海外仓专业团队建设工作，纵向管理和支撑浙江省海外仓业务宣传、营销拓展及人才梯队培养等工作；协助浙江省海外仓大客户的营销开发、运营管理和维护工作。

2. 重点地市、重点县（市）海外仓项目组

7个地市市本级（杭州、宁波、温州、金华、义乌、绍兴和台州）与几个重点县（瑞安、慈溪、乐清和永康）设置海外仓项目组，要求至少配置1名海外仓专职营销人员，主要负责浙江省国际分公司项目组任务计划的落地和本地客户开发维护工作。

3. 其他地市项目团队

其余地市和其余重点县要求指定1名海外仓业务对接人。其余各地市分公司根据市场潜力及发展要求，可设置海外仓专职项目经理纳入浙江省海外仓项目组管理或指定一位海外仓项目对接人员，负责本单位及指导下属单位开展海外仓业务宣传、营销拓展工作。

（三）掌握行业特点，梳理邮政品牌优势

浙江省海外仓项目组经过长期深耕本地市场，形成了一套以满足客户需求为导向的市场营销策略和差异化运作模式，展现了邮政品牌的优势，在浙江市场赢得了良好口碑和影响力。

温州海外仓项目团队是首个打开浙江省内海外仓市场的标杆团队。在海外仓业务上线的初期，由于大多数客户尚未接触了解过这项业务，对发货资金压力、海运周期及货物控制权都存在较多的顾虑，温州海外仓项目团队通过对行业市场及中邮海外仓优势的梳理分析，结合客户自身的产品发货情况，制订了完备的发货方案，向客户做宣贯推介时终于取得了突破。

以浙江某汽摩附件有限公司为例，这是一家集研制、生产、销售于一体的大型汽配企业，主要产品发往美国市场。自合作以来，该客户一直与温州瑞安邮政合作直邮，主要发 EMS，虽然 EMS 价格偏高，但邮政整体服务等各方面良好，所以合作关系一直良好且稳定。由于该客户发件量的增加，常常面临着诸多直邮发货模式时效不稳定、旺季积压等痛点、难题。营销团队首次向该客户推广中邮海外仓发货业务时，客户由于诸多顾虑，并不愿意尝试新的发货模式。为此，温州海外仓项目团队向客户宣传推介了中邮海外仓的诸多优势，如下所述。一是企业品牌优势。依托中邮品牌的优势，构建资金、货物都更安全的海外仓服务。拥有成熟的法务咨询管理体系，提供值得信赖的目的国清关服务；为客户配置优秀的目的国仓库资源与运营团队，严格保证货物仓储安全；整合目的国邮政、商业多个配送渠道服务。结合浙江邮政网点多、分布广的优势，是目前行业内唯一一家真正意义上实现了从产品营销、产品运营、产品售后服务等多维度、全方位本土化服务的企业。二是中邮海外仓产品优势。中邮拥有遍布全球的海外仓布局、稳定的订单管理系统、高效的仓配处理服务、全环节综合物流解决方案能力，其海外仓目前已有美国、英国、意大利、法国、西班牙、德国、捷克、澳大利亚、俄罗斯等仓库，计划新增日本、印度等多个海外仓，帮助客户快速拓展全球建仓计划。自主开发的订单系统为客户提供快捷、稳定的操作体验，提供标准 API 接口，支持与客户自主信息系统或第三方 ERP 系统对接，帮助客户实现海外仓配一体化管理。可为客户提供从工厂、本地仓储、头程发运、清关退税到目的国仓配的全流程一体化服务。目的国仓库收到订单指令后，24 小时内完成包裹出库，进行配送，提供 7×24h 专业客户服务，保障服务沟通效率。对客户来说，海外仓可以提高派送时效，提升客户满意度；可以灵活处理退换货；提高店铺流量；中大件货无派送的物流成本，比直邮更便宜。至于发货周期长、资金周转压力大的顾虑，并不像客户想象的那么大。小批量发货尝试，对工贸一体化的企业来说，压力或顾虑不值一提。经过对中邮海外仓的优势梳理，温州海外仓团队再次向该客户推广海外仓发货的模式，头程通过海运的方式，不仅降低运输成本，也可以保证货物安全性，到了境外，通过一件代发模式，方便、快速、完美地解决客户遇到的问题。为加大该客户发货兴趣，客户经理特地带了笔记本电脑，现场给客户测算：同样的产品，通过海外仓发货，综合成本较直邮可以下降约 30%。货值较高的产品发生退件现象，退回国内处理不方便、弃货又觉得可惜，通过海外仓可以灵活地处理这个问题，让退件重新上架销售。在温州海外仓专业团队的介绍下，该客户了解了海外仓的基础发货模式，愿意尝试小批量发货，该客户第一批货物发货至中邮美东仓。

（四）升级服务模式，推广就地拼柜

中邮海外仓业务运作初期，头程选择海运发货的客户只能通过两种方式发货，一种是整柜发货，另一种是散货拼柜。整柜发货对客户发货量要求较高，而新签约的海外仓客户基本都是中小客户，以散货发货为主。散货拼柜的模式存在几个问题：一是散货海运需要客户自行通过物流发到深圳中转仓，非常不方便；二是头程发货时效慢，发到中转仓签收需要 3~4 天，中转仓收货验货又需要 1~2 天，安排装柜需要近一周的时间，严重影响头程发货时效；三是头程价格没有优势，发到中转仓的运费需要客户承担，而且散货拼柜报价比整柜发货高近 150 元/立方米；四是货物存在体积变形等问题，货物发至中转仓收货及完成装柜途中，需要多次装卸，容易导致货物挤压变形，增加头程计费体积；五是货物中途多次中转，丢件概率较大。

针对散货发运客户普遍存在的问题，温州瑞安海外仓项目组重新梳理了发货流程，提出在瑞安本地实现拼柜的设想，并且在本地客户浙江 OT 汽车部件有限公司（以下简称 OT）的发货实践过程中不断完善突破。OT 是一家生产和销售燃油泵和空气泵的公司，主要出口市场有美国、英国和捷克。在客户使用海外仓发货的初始阶段，货量不大，而就地拼柜对客户发货的产品要求更高，对发货数量和到货时间都有严格的要求。温州瑞安海外仓项目组先挑选一部分产品更熟悉的客户进行尝试，在客户发货以前，项目组成员提前上门对客户发货的体积进行复核登记，审核客户发货保管资料等数据，协调客户按照统一时间送货到指定的装柜点。发货当天在现场对客户发货的体积进行严格复核并对客户发货产品一一拆箱检查，以免存在敏感、涉及认证的产品冲关，影响头程发货安全性。通过不断的流程优化，温州瑞安海外仓项目组顺利完成就地拼柜业务并梳理出一套SOP标准操作流程，为后续复制推广打下了基础。就地拼柜成为中邮海外仓的头程优势服务模式。

就地拼柜服务模式是温州瑞安海外仓项目组在海外仓业务开办初期总结分析客户痛点时提出的解决方案，实践成功后，浙江邮政将就地拼柜服务模式向浙江全省推广。由于就地拼柜的服务模式可以帮助客户大幅降低头程成本、减少头程转运环节、压缩全程时限，获得了客户的一致好评，从而加快拓展了中邮海外仓业务市场。

（五）剖析客户痛点，实施精准营销

义乌作为跨境电商的孵化基地，卖家超过上千家。由于义乌市场发货一直都以轻小件为主，工贸一体化转型企业较少，海外仓业务一直没有得到很好的发展。为了寻求突破，义乌海外仓项目组通过走访摸排本地有海外仓储需求的意向客户，选择义乌市SG电子商务有限公司（以下简称SG）开展了针对性营销工作。

SG是一家出口电动剃须刀的企业，主要销售平台是亚马逊美国站、日本站、欧洲站，年销售额近5亿元，年物流费用超过5000万元。在第一次客户走访过程中，SG表示考虑过第三方海外仓，如4PX、万邑通等，但并不了解中邮海外仓，而且态度较为冷淡。义乌海外仓团队没有放弃，在和客户交谈中梳理了中邮海外仓的优势并为客户提供通过海外仓发货的可行性方案，客户慢慢打开心扉，提出目前自身的经营状况和存在的问题。作为亚马逊平台卖家，不可避免会面临是否该入亚马逊仓，以及入仓后库存周转如何改善的问题。虽然亚马逊平台会给入仓卖家提供稳定的流量支持，但对于卖家来说，一是大大增加了备货风险；二是卖家产品链接一旦出问题，所有在亚马逊仓的货都将成为库存，最终客户只有退仓或销毁两种选择，损失都是卖家的。面对SG的痛点，义乌海外仓团队提出了中邮海外仓作为亚马逊库存中转的方案，这个方案不但可以避免亚马逊仓库存滞留导致的货损风险，还可以减少补货时间。此外，仓库还能给客户提供换标服务，让客户通过其他多平台共用库存发货，盘活了客户的备货库存。这个痛点问题的解决方案，让SG对义乌海外仓团队的专业性表示非常认可，从一开始的冷漠转变为主动联系。在第一次接洽后的第三天，SG再次安排了洽谈，最终签订了协议。达成合作后，第一个月就实现业务收入超过10万元，SG在2020年实现一周发货4个整柜的突破。

经过前期海外仓业务知识的不断积累和成功开发SG案例的实践，义乌海外仓团队总结了一套针对亚马逊平台卖家客户群体的营销方案。经过一年的运作，2020年义乌中邮海外仓完成业务收入543万元，实现7个整柜货物的发运。

（六）建立中邮海外仓业务市场开发与拓展的保障机制

为保障海外仓业务更好地发展，浙江邮政制订并下发了关于人才选用、绩效评价和业务培训等相关指导工作的方案，进一步了提高团队管理效能，激发了一线营销人员业务发展动能。

1. 坚持“两个优先”，选拔优秀人才加入海外仓队伍

浙江邮政对海外仓项目制推进和项目经理人员落实坚持优先安排和优先选拔原则。

优先安排：要求各重点地市、重点县（市）对涉及海外仓的人事、财务等方面的资源给予优先安排。

优先选拔：对海外仓业务发展急需的人才，要求各重点地市、重点县（市）在本单位编制和用工总量范围内，按照项目制实施办法中的定编人数和建议人员名单给予落实并限期配置到位。

重点地市、重点市（县）海外仓项目组人员到位后纳入浙江省国际分公司项目组纵向业务管理，

要求纳入海外仓业务团队的人员一般不允许调整岗位，人事变动需征询浙江省国际分公司项目组同意。

2. 制订双重激励制度，深挖团队潜力

省、市、县三级项目团队以完成海外仓项目全年收入目标与毛利率为导向，以海外仓项目营销实施的全过程为工作重心，以项目既定目标的实际完成情况为考核内容，设定KPI指标，分层、分级予以评价和考核。为进一步激发海外仓项目组成员的主动性与积极性，浙江省国际分公司下发的海外仓项目制实施办法中将绩效奖励分为两部分：基础奖金和超额贡献奖励。奖励对象为各级项目经理和项目成员。

基础奖金：由各重点地市、重点县（市）项目组（含项目经理）根据浙江省国际分公司下达的海外仓业务收入确保目标，结合海外仓项目经营效益、业务收入规模及培育新业务增长点制订本单位项目组基础奖金的KPI绩效考核办法。要求对于已从事海外仓的专职项目经理，基础奖金保持上一年全年绩效为底线；对于当年新入职的专职项目经理，以管理人员的基本月奖及年终绩效给予保底扶持，实行业务收入2%以上或利润收入40%以上的业务薪酬制度。

超额贡献奖励：超过全年集团公司下达的海外仓确保收入目标的增量部分，按利润的40%给予提成奖励。确定超额贡献奖励的分配标准为：浙江省国际分公司海外仓项目经理分配比例为15%，下级项目团队的分配比例为85%。

3. 强化业务培训，提升团队专业水平

浙江省国际分公司海外仓项目组通过工作数据化、项目化、指标化，制订各级海外仓项目组的全年培训计划及日常工作要求。浙江省国际分公司海外仓项目组每月轮流对重点市场、重点地市的团队进行业务培训。对于中大型目标客户，浙江省国际分公司项目组直接介入并协同当地团队共同开发客户，在攻关过程中让业务经理学习营销技巧和业务知识，从而达到理论和实践相结合的效果。制订培训工作清单，浙江省国际分公司海外仓项目组每月两次轮流对各地市、重点县市进行内训，每月两次下基层协同各地市一起攻关目标客户，每周定期召开1次腾讯电话会议；重点地市/重点县（市）项目组每月定期开展1次区域内训，每旬上报1次“客户走访反馈表”。

4. 加强客户服务工作，做好日常运营保障

在集团公司海外仓客户服务团队日常协助处理客户发货问题的基础上，为使客户有更好的售后体验，浙江省国际分公司海外仓项目组直接介入到基础客户的日常维护工作中，特别是对于浙江省腰部、头部客户及发展潜力较强的合作客户，直接进行日常客服维护对接等工作；同时要求各重点地市、重点县项目组每位成员都要掌握系统操作、仓库运行等基础知识，时刻关注客户动态，第一时间发现问题，和总部客服团队沟通，更好地服务客户。

三、邮政企业海外仓业务市场的开拓效果

（一）开拓了邮政企业海外仓业务市场

浙江邮政自2017年开展中邮海外仓业务以来，业务规模迅速发展，持续处于全国第一的领先地位。2017年，海外仓收入1501万元；2018年，海外仓收入3911万元，同比增长160.6%；2019年，海外仓收入8280万元，同比增长111.7%；2020年，海外仓收入14732万元，同比增长77.9%。浙江邮政占全国邮政海外仓收入规模的52.1%，业务规模、头程发柜数、新增客户及累计客户数量均排名全国第一。2020年，海外仓项目组走访客户1602家，新签客户456家；头程海运19960.81立方米，同比增长121%；头程空运57925.51千克，同比增长368%；新增义乌市、永康市、永嘉县、平阳县首次整柜发货突破；新开通的欧洲三大仓（意、法、西）实现头程整柜发运，均属全国首次。

（二）大力助推中国企业走出去

浙江省本土市场高质量及高附加值产品较多，而海外仓更适合体积重量大、单价和毛利高、周转率高的产品。中邮海外仓很好地帮助了浙江省制造型企业降低国际物流成本、拓展销售品类、突破“大

而重”的发展瓶颈。直邮发货成本包括前端揽收、国内处理、清关、干线、目的国清关及尾程配送费。海外仓发货成本包括头程物流转运费（空运、海运、快递）、常规仓储服务费（仓租及订单操作）及出库配送费。2020 年，浙江邮政的客户通过海外仓发货比直邮模式节省物流成本近 8000 万元。

（三）为地方经济发展做出贡献

中邮海外仓业务让更多的浙江企业满足了全球买家对跨境电商物流服务日益提高的需求。2020 年，浙江省签约客户 1100 家，服务浙江本土企业超过 600 家，产品涉及 11 个大类超万个 SKU 品类，助力客户跨境电商交易额达到 30 亿元以上。2020 年，由于全球疫情影响，亚马逊等跨境电商的海外仓逐步关闭，浙江跨境电商企业面临着货发不出去和高额销售金损失的问题。浙江邮政通过大力发展中邮海外仓业务，让受困外贸企业顺利入驻美国、英国、捷克等 11 个国家的海外仓，成功帮助众多本土企业解决了难题，浙江卫视新闻频道两次对浙江邮政中邮海外仓进行了专题报道。浙江邮政中邮海外仓得到了政府相关部门的充分肯定，浙江中邮海外仓项目被列入“2020 年浙江省物流新业态新模式发展试点名单”。

（成果创造人：方志鹏、祝张尧、管明辉、谢　丹、李其银、李　倩、陈祥娒、王高毅、汪栩辰、魏慧芝、金美珍）

助力乡村振兴的小水电供区用电服务提升管理

国网安徽省电力有限公司

国网安徽省电力有限公司（以下简称安徽电力）是国家电网有限公司（以下简称国家电网）的全资子公司，以建设和运营电网为核心业务，承担着保障能源安全、服务人民美好生活的重要使命，是安徽省能源骨干企业。现辖16个市、71个县供电公司和16家直属单位，管理各类员工6.8万人，服务电力客户3270.37万户。2020年，克服疫情、罕见洪涝等艰巨挑战，实现全年售电量1919亿千瓦时，同比增长5.34%，增速位居国家电网第六位。完成固定资产投资167.52亿元，投产110千伏及以上线路2649千米、变电容量2542万千伏安，实现利润总额位居国家电网第四位。

一、助力乡村振兴的小水电供区用电服务提升管理背景

（一）服务国家乡村振兴战略落地实施的责任要求

20世纪50年代，为解决山区用电问题，我国在水系发达、水电资源丰富的皖西大别山区和皖南山区建设了一批水电站，逐步形成霍山、岳西、太湖、潜山、祁门、休宁6个地方小水电站供电区域（以下简称小水电供区），供电面积3925平方千米，供电人口51.3万人。在当时的历史条件下，小水电建设对保障附近山区人民用电、实现水资源经济利用进而推动地方经济社会发展发挥了重要作用。后因政策、资金、技术、人员和管理基础等多重因素的影响，小水电供区电网没有同步实施农村电网升级改造，供电能力和服务水平明显落后于大电网供区，制约当地经济社会发展，无法为当地推进乡村振兴提供充足电力保障。2019年，为彻底解决小水电供区电网改造升级问题，国家能源局提出“把解决安徽小水电供区用电难问题作为当前政治任务，以小水电供区50多万群众用电权益为重，务必取得实效”。安徽省政府经过深入调查研究，依据国家有关政策、履行决策程序后，自2019年到2020年陆续把安徽省6个小水电供区电网资产及供电业务移交给安徽电力，小水电供区电网改造正式启动。接收小水电供区电网资产及供电业务，加快推进电网升级改造，实现供电能力和服务水平赶超大电网供区的跨越提升，这是服务国家全面推进乡村振兴战略在小水电供区落地实施的责任要求。

（二）提升小水电供区供电能力和服务水平的迫切需要

小水电供区电网存在历史欠账多、结构薄弱、可靠性低、供电能力不足、服务保障薄弱等诸多问题，短期内实现供电能力和服务水平的跨越提升难度大、任务重，对电网企业的规划、建设、运维和服务等专业技术和管理能力提出了更高要求。实施小水电供区电网改造，存在投入强度高、规划数据缺、建设体量大、人员储备不足、安全风险高、协同难度大等问题，加上新冠肺炎疫情的影响，短期实现供电能力和服务水平的跨越提升困难重重。因此，迫切需要从电网接收、规划、建设、运维到供电服务五大方面全链条因地制宜创新，加快小水电供区电网建设升级。

（三）弘扬国家电网企业宗旨，推动高质量发展的重要举措

国家电网聚焦“人民电业为人民”企业宗旨，围绕“双碳”目标、加快构建以新能源为主体的新型电力系统，确立建设具有中国特色国际领先的能源互联网企业战略目标，提出实施“一体四翼”发展布局，明确了电网和企业发展方向。安徽电力作为国家电网的全资子公司，作为驻皖央企，全力扛起大国重器、顶梁柱职责，履行社会责任，把加快建设小水电供区电网、补强电力基础设施、提供均等化、标准化供电服务作为弘扬国家电网企业宗旨、落实战略目标、实现电网和企业高质量发展的重要内容。鉴于此，大力推进小水电供区电网升级改造，推动实现运维管理水平和供电服务质效跨越提升，是

践行“人民电业为人民”企业宗旨的职责使命，是落实“双碳”目标、推动电网高质量发展的必然之举。

二、助力乡村振兴的小水电供区用电服务提升管理主要做法

（一）开展顶层设计，指引供电跨越提升

1. 构建小水电供区供电跨越式提升管理体系

小水电供区电网基础非常薄弱，为尽快实现其供电水平赶超大电网，需要短期内高强度投入人力、物力，原管理体系难以适应。安徽电力按照电网建设运营的流程和原则，结合小水电供区电网的现状、地形地貌、人文生态环境和用电需要情况，从实际出发，经过认真测算和谋划，构建形成电网企业助力乡村振兴的小水电供区供电跨越式提升管理体系。该管理体系按照电网建设运营的流程和原则，结合小水电供区电网的现状、地形地貌、人文生态环境和用电需要情况，规划从小水电供区电网接收、电网规划、电网建设、设备运维到营销服务五大方面的全链条管理路径，相互协同、接续发力，全面快速提升小水电供区的供电能力和服务水平，保障小水电供区的人民早日用上和大电网供区同样安全、可靠、优质的电能。

首先，制订小水电供区电网建设改造升级工作方案。安徽电力以全局战略为统领，以全面提升小水电供区供电能力为目标，科学制订先解决应急项目、再完成贫困村项目、最后实现均等化标准化供电服务的“三步走”电网建设改造工作方案。然后，制订小水电供区营销服务工作方案。秉承“以客户为中心”的服务理念，优化整合服务资源，构建“主动服务、连心服务、特色服务、志愿服务”的精品服务方式，遵循“电网改造一片，营销跟进一片，优质服务覆盖一片”的工作思路，先以打“歼灭战”的方式完成智能电表的更换，再逐户上门宣传用电政策和排查用电安全隐患，最后全面实现小水电供区营销服务水平跨越式提升。

2. 建立组织保障体系

成立小水电供区供电跨越式提升管理领导小组，编制《关于配合做好小水电供区移交工作实施方案》，由安徽电力主要负责人任组长、领导班子其他成员任副组长、各专业部室主要负责人任组员，根据小水电供区业务划转、电网改造规划、体制改革合规管理、资产核查、信访维稳等工作安排，设立综合协调、改制联系、资产移交等 7 个工作组，在各成员部门、单位确定一名专属联系人，构建三级组织体系，确保沟通渠道畅通，强化全过程管控，保障推进节奏和质量。

考虑到小水电供区电网基础薄弱、施工环境艰苦、自然环境生态要求高、项目管理难度大、建设任务异常艰巨，安徽电力充分发挥国有企业整体一盘棋和集中力量办大事的制度优势，构建省、市、县、乡、村“五级帮扶”责任矩阵，强化组织保障。

3. 建立全过程制度保障体系

针对电网规划、建设和工程结算、审计等阶段，制订系列制度文件，促进管理的科学化和规范化。制订《县域电网发展规划工作实施意见》《县域电网项目前期管理实施细则》等文件，明确规划前期工作中发建、运检、营销等部门职责分工、配合机制、工作流程和管理要求等内容。修编《电网基建项目储备评级管理办法》《配网投资分配及项目优选办法》，确保投资精准。制订《业主项目部综合评价细则》《配电网建设安全管理规定》，保障电网建设安全高效。制订《配电网工程结算管理办法》和《配电网可研费用和拆旧费用管理办法》，明确费用计列原则，指导工程造价合理。下发《关于加强农网改造升级工程及扶贫工程审计工作的通知》，确保已完工项目 100% 审计。健全全过程监督制度，印发《年度党风廉政建设“两个责任”清单领导干部履责要点》和《小水电供区年度纪检工作要求》，组织签订《领导干部小水电供区党风廉政建设责任书》。

（二）系统接收小水电供区电网资产，筑牢供电跨越提升基础

1. 建立“三个主动对接”机制

小水电供区原管理权限在安徽省水电公司（属省管国有企业）。2019年，根据安徽省政府决议，明确将小水电供区电网资产及供电业务划转移交给安徽电力管理，水电站仍由安徽省水电公司管理运营，对人员进行妥善分流安置。针对小水电供区资产移交政策性强、涉及面广的问题，安徽电力建立“三个主动对接”机制。一是主动对接政府相关部门。促请地方政府相关部门加入小水电供区移交专项工作组，建立政企定期沟通汇报机制，协调电网移交、建设、改造等工作进度，解决电网规划布点路径、台区落点等困难问题，加快推进电网移交升级改造。二是主动对接安徽省水电公司。加强与安徽省水电公司的联系，签订履约协议，制订详细计划，按时间节点分阶段解决移交后执行差别电价、代收电费等遗留问题，确保在不违反政策法规的前提下，特殊用户继续享受优惠政策。三是主动对接客户。安排客户经理上门走访，与小水电供区重要客户签署用电服务协议，特别针对旅游景区、制茶工厂、石斛基地等特色产业，做好“一对一”上门服务工作，满足用电需求，解决用电难题。

2. 规范编制移交接收协议

根据安徽省政府《关于小水电供区电网管理体制改革方案的批复》的文件精神，建立小水电供区电网资产移交接收清单，初步确定移交接收时间范围和内容等。组织省、市、县三级法律人员和属地供电公司相关负责人成立电网移交接收法律保障团队，从资产移交、责任边界和业务划转等方面考虑，编写《小水电供区电网资产及供电业务划转移交协议》，明确业务划转、变电站房产移交、债务处理等7个方面的内容，保障协议条款合法合规。邀请属地政府和安徽省水电公司对协议内容进行多轮会审，达成一致意见。其中，安庆市岳西县供电公司创造性将属地政府和小水电供区所属市供电公司纳入协议范围，增加政府督促执行条款，为协议有效执行提供保障。

（三）精准规划电网，科学谋划电网发展

1. 科学预测负荷电量

利用信息化工具，高效搜集电网资料。接收来的小水电供区电网资料不全，基础设备台账混乱，与实际不符合。为全面掌握小水电供区电网现状情况，组建由发展建设部门牵头，运检、营销、调度和供电所组成电网现状摸排工作专班，利用奥维地图、配网地理信息系统等信息化工具，开展小水电供区电网资料收集“大会战”，按照“整站推进、分线摸排、一次到位、确保准确”的原则，分组深入现场一线，查设备、理线路、定位置、录参数，准确掌握小水电供区的电网基础资料。克服历史数据缺失难题，科学预测负荷电量。历年负荷和电量数据是负荷预测的基础，而小水电供区电网管理不规范，移交的资料缺失历史数据，负荷预测困难重重。针对上述难题，组织电网规划小组查文献、问专家，充分利用本县域与小水电供区经济社会发展情况类似乡镇的历年GDP和负荷电量数据，采用类比法、弹性系数法等方法预测负荷并校验预测结果，力求预测准确，为电网规划提供必要基础数据。

2. 构建政企协同机制

针对以往电网规划与当地经济社会发展不匹配问题，主动与政府有关部门对接，建立常态化的长效沟通机制，定期召开政企对接会，掌握当地经济社会发展的动向，汇报电网规划建设情况，积极争取政策支持，将电网规划与国土空间规划和乡村振兴规划相融合，预留站址和线路廊道。促请各县委县政府组织召开“十四五”电网发展规划收资工作对接会，县直主要单位和乡镇参加会议，对全县的重点项目建设、招商引资计划、产业发展方向进行摸底收资；对小水电供区乡镇主动上门问需，提供电力供应咨询，准确掌握重大用电需求，使得电网规划与乡村经济发展同频共振。电网规划完成后，积极邀请政府有关部门、乡镇单位把脉问诊，听取意见建议，不断完善电网规划成果。

3. 制订电网项目建设排序原则

组织各有关部门到小水电供区各乡镇上门对接，综合乡镇政府、当地供电所和发展建设部门、运维检修部门等意见，科学制订电网项目建设排序原则，确保项目投资精准。具体排序程序是：属地中心供电所从设备运行状况、抢修数量类型、投诉情况等方面，发展建设部门从投资重点、网架优化，线损管理等方面，乡镇政府从乡村振兴、镇村规划、民事民意、群众诉求等方面，各自排序打分，综合三方打分情况加权计算各项目平均得分并确定初步排序；对于意见出入较大的项目，依据重大安全隐患消除、乡镇招商引资重大项目用电、电网目标网架优化优先安排的原则，综合考虑各乡镇的实际情况后形成初步排序。最后，将项目排序结果反馈至属地镇村政府进行复核、签字盖章确认，通过“二上二下”方式形成电网项目排序结果。

（四）实施高效建设，夯实电网网架结构

1. 组建差异化业主项目部

小水电供区电网短期投入强度高，工程项目地址大多位于高山大岭，施工环境恶劣，分布点多面广，而且自然环境生态要求高，生态红线密集，项目管理和施工协调难度极大，建设任务异常艰巨。针对上述情况，安徽电力基于不同供区特点制订差异化的业主项目部组建方案，根据小水电供区地域面积、电网建设工程量等实际情况，结合6家县供电公司人力资源状况和支援力量等情况，每个县供电公司组建1～3个实体化业主项目部，有效避免采用乡镇供电所代替业主项目部导致的管理支撑作用不足的问题。制订业主项目部全过程考评工作细则，依据文件要求，结合小水电供区工作实际，重点从项目部设置、工程前期、工程建设、总结评价四大方面（涵盖项目、安全、质量、造价等管理工作要求）对业主项目部建设情况和工程建设管理情况开展评价。重点针对“三措一案”审核、里程碑计划编制、作业计划管控、作业违章和投诉管理、结算管理、档案归档等当前配电网管理的薄弱环节加强考核力度，客观考评业主项目部项目运作情况。

2. 建立“四及时”物资供应通道

小水电供区电网建设改造短期内投入强度大，一年建设工程量达到常年平均量的10倍，可靠的物资供应是保障工程进度的关键因素。为确保工程建设如期完成，建立“四及时”物资供应通道。及时匹配物资，针对小水电供区电网建设改造需求物资时间紧、种类多、数量大的特点，调整配电网物资协议库存物资匹配周期“由月变周”；及时采购物资，针对紧缺急需物料开通绿色采购通道，做到当日申报需求、当日下达结果；及时调配物资，对部分无法按项目单位及时供应的物资，开展省、市两级调拨，发挥全省一盘棋的优势，确保工程项目按期开工；及时跟进物资流通情况，主要是针对新冠肺炎疫情期间大部分供货商复工复产较晚导致的原材料短缺、积压订单较多等问题。

3. 构建工程进度和安全管控机制

为确保工程有序推进实施，建立工程进度管控“七步法”，量化评估工程进度。将工程进度细化分解为杆塔组立、金具组装、导线施放、设备投运、户表安装、工程拆旧、标示标牌7个部分，按不同权重加权形成“进度完成率”，量化指导和督促工程进度，有效监控整体工程按里程计划实施，及时发现并解决工程实施过程中的堵点问题。优化调整施工组织策略，降低安全管控风险。构建“六种人”安全管控机制，强化全过程监督管理。“领头人”通过听取汇报、现场检查、到岗到位监督等方式，掌握小水电供区电网建设安全管理状况，针对安全隐患和问题及时研讨解决方案，抓实隐患整改。“稽查人”加大作业现场安全检查力度，构建大安全监督网络。“帮扶人”针对发生严重及以上违章单位驻点帮扶，精准分析防控安全风险。“安全人”基于违章大数据进行风险管控，预警人员安全风险，将事后通报处罚、追究问责前移至事前防控。“找茬人”通过远程视频深化稽查应用，提高安全监督的深度和广度。“跟踪人”对区域内农网工程进行全过程全方位管控，以“日汇报+周通报”的方式实时跟踪工程进度，及时解决工程推进难点。

（五）精益管理设备，减少无序停电

1. 建立设备主人制

建立设备主人制，实施网格化运维。为每一台变压器、开关和每一条线路等设备配置设备主人，主要负责设备日常运维、抢修、专变用户走访及服务等工作，同时承担电网抢修、消缺和工程实施社会协调工作任务。按网格成立运维管理小组，负责一个或多个网格单元设备运维服务。线路下放属地运维，针对小水电供区地域偏远、范围大、道路崎岖等现状导致的设备运维不便、效率不高等问题，成立群众护线网络。推进设备管理智能化，将设备基础数据、运维记录、故障信息等录入运检系统，开展设备状态评价，实施设备状态检修。依托用电信息采集系统、配网条图等信息系统，智能化检测线路故障，及时发现用电隐患。应用无人机开展线路巡视工作，智能研判设备缺陷。建立停电检修审核机制，按照不同的岗位设置审批权限，避免重复检修停电。组建带电作业队伍，大力开展不停电作业，减少停电次数。

2. 建立设备隐患数据库

建立电网运维隐患数据库。按照“边查边整改、一村一方案”的原则，组织生产运维人员对小水电供区电网设备进行巡视，重点加大小水电供区重要用户及人员密集场所用电隐患排查力度，结合“安全生产专项整治三年行动计划”“春季安全大检查”“迎峰度夏（度冬）保供电”等活动，全面排查电杆裂纹、树竹障碍、设备过热等缺陷，构建设备隐患数据库。对隐患数据库中的设备缺陷、隐患等问题，逐一实施整改措施，按照缺陷、隐患整治管理流程，结合电网改造、设备停电检修等计划，逐步消除隐患、缺陷，提高设备健康水平。开展小水电供区配网线路运行状况现场勘测，编制《小水电供区配网线路清障方案》，联合政府相关部门开展清障工作，消除树竹障碍隐患。开展“迎峰度夏（度冬）”前电网设备特殊巡视工作，选派专业人员成立攻关小组现场勘察，确定针对化解决方案。比如，安庆市岳西县供电公司2020年“迎峰度夏（度冬）”期间小水电供区梳理隐患216处，其中有31处重大隐患，全部及时处理完成。

3. 构建应急管理机制

构建“三级机动式”应急管理组织保障机制。各县小水电供区领导小组负责“迎峰度夏（度冬）”、高中考保电、“两会”保电、春节保供电等特殊时节用电期间组织指挥工作，抢修小分队负责具体工作落实，应急分队机动支援大面积停电和恶劣天气等自然灾害引起的大型故障抢修现场。建立应急物资供应保障机制。重点做好应急物资的供应保障措施和储备需求预测，优化在库生产保障物资和应急抢修工器具的维护保养，及时保障应急物资供应。建立快速恢复供电机制，确保配置发电机运行正常，备品备件储备充足。备品备件室、安全工器具室钥匙随值班人员轮转，储备充足的抢修车辆、安全工器具、施工机具、备品备件、照明设施，满足快速响应要求。

（六）推行高品质服务，树立责任央企品牌

1. 推行“主动式”抢修服务

打造星级中心供电所。利用已有场地或租赁房屋等方式，在小水电供区成立22个中心供电所，翻新改造标准化营业厅，便于当地人民就近办理缴费、咨询等用电业务。按照“五星级”供电所目标，推进供电所星级创建，提升供电所服务水平。实施乡村客户经理制，加入乡村政务服务微信群，及时响应客户用电诉求，推送电费电价、故障停电、计划检修等信息。坚持客户经理走村入户，发放《国网安徽电力小水电供区电网改造服务宣传册》《致广大电力客户的一封信》等服务宣传品，让客户更理解、支持供电公司工作。推行“主动式”抢修服务。公布国家电网《供电服务十项承诺》《员工服务十个不准》等行为准则，庄严承诺服务标准和效率。大力宣传95598统一服务热线和12398能源监管热线，积极推广本地抢修电话，改变移交前“投诉无门”的窘境。建立《小水电供区供电服务差异化考核细则》，聚焦现场服务、窗口服务、抢修服务等内容，通过强化考核提高抢修人员服务意识和抢修效率，解决移交前长时间停电“无人问津”的难题。

2. 全面推广应用智能电表

开展“电网连心，先锋先行”专项行动，主动对接安徽水电公司收集小水电供区客户信息台账，编制《小水电供区移交划转三级计量关口抄表和营业普查方案》，完成 18.52 万户的智能电表更换工作，实现智能电表 100% 覆盖，同步接入用电信息采集系统，小水电供区迈入智能用电时代。智能表计量电能更准确，而且还具有用电信息管理、远程采集、信息交互、实时监测电流电压电量、远程停复电等功能，电表读数远程即可完成，避免以前人工抄表不到位、估抄、漏抄、错抄等现象，以及上门抄表引发的不便等问题，用户还可享受快捷查询用电情况、停电前自动提醒等一系列人性化新服务，大幅提升客户体验。

3. 优化电力营商环境

实施“阳光业扩”。推行“一统一、四公开（主动公开办电服务信息、工程服务信息、供电方案信息、电网资源信息）”，实现报装接电环节、时间、成本三压降，为小微企业提供“三省”“三零”服务（办电零上门、零审批、零投资和省力、省时、省钱服务）。提前介入对接。针对新增高压客户，尤其是招商引资客户，主动与招商主管部门对接，提前介入，合理确定外部电源廊道，有效解决电力廊道受限与规划发展矛盾，推进供电方案及时落实。强化专家会审。成立小水电供区业扩专家组和业扩质量监督组，对于 10 千伏业扩供电方案，选派专家组集中会审，连同质量监督组实现跨专业、跨部门联合审查图纸、竣工检查及问题一次性告知，有效提升办理效率。制订管理规范。完善小区业扩流程，实施业扩报装环节串改并，强化业务流转过程管控，按季度开展业扩业务现场稽查，确保业务流转真实性。

三、助力乡村振兴的小水电供区用电服务提升管理效果

（一）小水电供区供电管理实现跨越式提升

电网更加坚强。通过持续的高强度投入、精准的电网规划和高效的电网建设，小水电供区新增 35 千伏变电容量 66300 千伏安、线路 87.4 千米，乡镇 35 千伏及以上变电站覆盖率优于所在县域平均水平，基本改变了变电站“串灯笼”现象。投运 10 千伏及以下项目 807 个，户均容量从 0.85 千伏安跃升至 2.64 千伏安，高于安徽省平均水平，基本形成了“手拉手”环形供电网络，能够保障新能源接入消纳及满足地方经济社会发展和人民生产生活用电。供电更加可靠。通过实施小水电供区供电跨越式提升管理，进一步提升设备运维实效，小水电供区供电可靠率由改造前的 98.05% 跃升到 99.84%，供电电压合格率由 82.30% 跃升到 98.62%，均优于安徽省平均水平，未出现长时间、大面积停电事件，客户更加满意。随着服务效能跨越式提升，小水电供区近两年万户投诉率由刚接收时的 2.014 件/万户急速下降至改造后的 0.167 件/万户，同比下降 91.7% 个百分点，服务质效跃居安徽省领先水平，2020 年、2021 年连续两个春节“零投诉”。

（二）高质量赋能乡村振兴成效显著

赋能农业产业更加兴旺。电网投资直接拉动经济增长，小水电供区 2020 年电网投资 12 亿元，直接拉动当地经济增长 4.57 亿元，为当地经济社会发展贡献了力量。赋能农村更美更宜居。科学规划配变台区位置，合理布局供电线路走向，全面实施表后线改造，改变了以往电力线路私搭乱接造成的“蜘蛛网”的状况，打造了整齐划一、美观实用的村级电网。建成电制茶、电烘干、全电民宿等 28 个乡村电气化示范项目，完善乡村基础设施，创造了干净整洁、舒适宜居的生活环境。农民“电力获得”体验更好。提升农民收入。高可靠的电力供应带动农业产业兴旺发展，直接助力农民脱贫致富。据统计，小水电供区 2020 年农民人均收入达到 1.76 万元，高于安徽省平均值。

（三）全面彰显央企社会责任和品牌效应

高质量完成小水电供区电网建设改造工作，彻底解决了群众用电难的问题，惠及供电人口 51.3 万人，取得了良好的社会反响，赢得了社会各界和广大民众的高度赞誉。2020 年 10 月，时任国家电网总经理、党组副书记辛保安率领国务院脱贫攻坚先进事迹报告团来到安徽省，安徽电力致力小水电供区电网改造提档升级、助力山区群众用上“放心电”“安心电”光明前行的事迹受到积极关注。小水电供区接收改造以来，安徽省委、省政府领导先后 10 余次批示，表扬肯定安徽电力升级电网基础设施、助力脱贫攻坚工作的成效，国家电网主要领导多次批示肯定安徽小水电供区电网建设和服务成效，霍山县委、县政府向国家电网专门发去感谢信，表达山区人民、老区群众的深深谢意和良好祝愿。小水电供区电网建设成果引起新华社、人民日报等中央主要媒体的深度关注，累计报道 30 余篇。

（成果创造人：陈安伟、张有明、许正伟、时　伟、付真斌、曹　俐、
刘亚南、张开明、靳幸福、杨　平、胡丽萍、陈　睿）

石油销售企业“卡车司机之家”线上线下综合服务体系建设

中国石化销售股份有限公司

中国石化销售股份有限公司（以下简称中石化销售公司）下设31家省级石油分公司（省级分公司下设300余家地市级分公司）、5家大区公司、香港公司、燃料油公司、易捷公司，以及下属1400余家参控股单位，业务范围涵盖成品油、天然气、非油品、润滑油、燃料油、新能源和其他石化产品。截至2020年，中石化销售公司拥有全球第二大的加油站网络和中国最大的便利店零售网络，年油气经营规模超2亿吨，非油品营业收入超330亿元，利润创造稳定在约300亿元，在营加油站保持在3万个以上，易捷便利店达到2.7万多家。中石化销售公司始终秉承“以客户为中心”的经营理念，坚持“油气并举、油非互促、油氢电混合、线上线下互动”的发展思路，推进油气业务稳定增长、新业务快速拓展，着力构建“油气氢电服”产业格局，深挖加油站“人－车－生活”生态圈商业价值，加快向“现代化综合能源服务商”战略愿景迈进。

一、石油销售企业“卡车司机之家”线上线下综合服务体系建设背景

（一）扭转柴油销量持续下滑的需要

当前，国内成品油资源过剩局面持续加剧。与此同时，天然气、电力等替代能源发展步伐加快，“公转铁”“公转水”货运方式转变影响加深，加之全球疫情形势依然严峻，也对成油品市场需求带来影响。近年来，柴油销量下降趋势日趋明显，行业转型与发展亟待寻求新突破，实施“卡车司机之家”品牌战略，优化服务功能实现客户拉新回流，成为扩大柴油销售规模的一种选择和创新。

（二）摆脱价格战恶性竞争的需要

受资源过剩、经营主体增多等因素影响，市场错位竞争进一步加剧。互联网平台企业跨界进入油品销售行业，对成品油零售传统生态圈带来较大冲击；同时，近年来油价连续上涨导致客户价格敏感度不断提升，成品油市场竞争愈演愈烈，中石化销售公司市场份额被蚕食。价格小幅优惠投入无法实现有效竞争，大幅优惠新增销量无法弥补存量效益损失，主营单位面临量、效抉择两难境地，尤其华北、华中部分区域面临营销系统性失灵的局面，柴油零售大幅下滑局面仍在持续扩大。实施“卡车司机之家”品牌战略，提高柴油差异化服务竞争力，成为中石化销售公司弥补价格劣势的有效手段之一。

（三）履行央企社会责任的需要

物流货运是综合交通运输体系的重要组成部分，是国民经济发展重要的基础性服务业。目前，全国从事道路货运行业的卡车司机数量超过3000万人，这部分群体承载了中国物流76%的货运量。卡车司机常年在外奔波，风餐露宿，工作环境和生活条件艰苦。中石化销售公司发挥加油站点多、面广的布局优势，结合物流企业逐步转变为网络平台企业后卡车司机的多方面需求，融入“卡车司机之家”十四五规划建设，通过不断完善“卡车司机之家”建设运营模式、服务标准及配套保障机制，解决卡车司机的洗澡难、吃饭难等痛点问题，改善货运市场从业环境，切实维护卡车司机权益。体现了中石化销售公司对卡车司机群体的责任担当，践行了央企的政治责任与社会责任。

二、石油销售企业“卡车司机之家”线上线下综合服务体系建设主要做法

中石化销售公司以创造客户价值、提升客户服务和运营为目标，从企业实际出发，以赋能物流行业为推手，从产品营销转变为客户营销，围绕卡车司机群体切身痛点，建立线上线下两个平台的卡车司机服务生态体系。一是建设“卡车司机之家”线下服务网络，为卡车司机打造“2＋7＋X”的服务。二是

创新推出卡车司机会员线上平台，实现对卡车司机的客户管理和运营，满足其在导航、金融、购物、社交、娱乐等方面的多种需求。在搭建线下线上两个平台的基础上，通过大数据算法和模型对会员多重画像，对会员信息、交易数据、服务项目使用情况等进行分析，不断提升客户体验。三是通过联合第三方企业及各级工会组织、交通部门一起打造公益平台，为卡车司机及其他有类似需求的社会群体建设“爱心驿站”。“卡车司机之家”项目实施近两年以来，为卡车司机群体打造了“一个在路上的家”，赢得了客户的信赖和好评，帮助企业通过提升差异化服务能力，在充分市场竞争的环境中避免盲目竞价，建立起“他无我有、他有我优”的竞争壁垒，有效锁定客户，稳定市场占有率，提升品牌影响，赋能物流企业。

（一）扎实推进项目可研，摸实客户需求矩阵

1. 市场现状调研

随着我国经济快速走向现代化和国际化，物流业在国民经济中的地位日渐凸显，也是最重要的服务行业之一，其中的公路运输更是扛起物流业的大旗。经调研，当前卡车司机已经达到3000多万人，卡车数量1400万辆，柴油消费规模1.4亿吨，市场容量巨大，而柴油客户特别是卡车司机群体在选择加油站的时候，比较注重的是销售价格与配套服务项目。主营单位若能深入挖掘这一群体用油需求，通过推进“卡车司机之家”建设，增强差异化竞争能力，撬动提升油品市场份额，引流卡车司机客户每增加1个百分点，柴油销量将提升140万吨，这将有效助力主营单位扭转柴油经营的被动局面。

2. 行业政策调研

自2015年起，公安部、财政部、人力资源和社会保障部等国家相关部委相继出台了一系列政策，引导各地不断改造和完善高速公路服务区服务设施，不断改进提升服务工作质量，更好地服务卡车司机等社会公众的安全便捷出行。2017年，交通运输部等14个国家部委联合下发文件，明确从改善公路行车及停宿条件、强化从业人员社会保障、加强卡车司机职业教育、发挥工会和行业协会作用等方面改善从业人员的生产经营条件，这一系列文件的印发为中石化销售公司“卡车司机之家”建设指明了方向，提供了政策支持。

3. 客户需求调研

大部分卡车司机的现状是“家在车上，生活在路上”。从调研结果统计看，卡车司机工作强度总体较大，超过三分之二的司机每天驾驶时间达到10小时以上，超过五分之二的司机每天行驶时间达到12小时以上；半数卡车司机开车累了会选择在车上休息，但能做到6小时休息一次的卡车司机不足五分之一。对于以中长途运输为主的卡车司机来说，除了防止疲劳驾驶，他们最关心的还有性价比较高的休息场所、就餐环境、洗衣、淋浴、安全停车等问题。满足卡车司机基本生活需求，就是要解决“饿、脏、苦、怕、愁”5大痛点问题，加油站利用现有的附属用房及设备设施，打造“卡车司机之家”，针对货运途中的难点痛点问题，设置多样化的服务项目，让卡车司机在加油站加油和短暂停留期间，能够“喝口热水、吃口热饭、洗个热水澡、睡个安稳觉”。

（二）线下网络甄别定位，运营功能顶格部署

1.“四个统一”推进项目建设

紧紧围绕卡车司机痛点，做到“规划、标准、形象、验收”四个统一，全力为卡车司机打造“一个在路上的家”。一是统一规划选点。在高速公路、国省干道、物流园区、城市环路等位置的加油站中，优先选择柴油日销量规模超过10吨、同一道路行车距离不低于30千米的加油站，利用加油站现有场地、空房，因地制宜，简约实用，分类实施打造“卡车司机之家”。中石化销售公司计划“十四五”期间在全国建成5000个“卡车司机之家”网点，分类、分级打造旗舰站500个、标准站1200个、普通站3300个。二是统一形象标准。统一设计中石化销售公司“卡车司机之家”形象标识，编制“卡车司

机之家”视觉识别系统手册，按照“不搞大改造，不花大代价”的节约原则，使“卡车司机之家”能够在中石化销售公司标准化体系内规范建设运营，逐步培育中石化销售公司“卡车司机之家”品牌，提高客户的认可度、满意度。三是统一功能标准。加油站结合客群特点和场地实际，合理设置和拓展“2+7+X”的卡车司机之家服务项目，分别设置旗舰站、标准站、普通站3类“卡车司机之家”，其中“2”代表2项基本服务，即加油服务、便利店服务；“7”代表7项核心服务，包括安全停车、加水、餐饮、淋浴、洗衣、干衣、休息等；“X”代表辅助服务，包括汽车维修、道路救援、盗油包赔、宣传教育、信息服务、政务服务、法律援助、手机充电等。根据“卡车司机之家”分类，结合加油站实际情况合理设置服务项目。一般情况下，除了提供2项基本服务外，旗舰站需要提供7项核心服务和部分辅助服务；标准站需要提供5项以上核心服务和部分辅助服务；普通站需要提供3项以上核心服务和部分辅助服务。四是统一验收标准。统一制订《司机之家功能验收标准》，评定总分为130分，按评定分值划分为3个等级，从高到低依次为旗舰站（≥110分）、标准站（≥85分）、普通站（≥60分）。旗舰站由总部统一组织验收，标准站由省级公司组织验收，其中经交通运输部认定的“司机之家”项目可以直接评定为旗舰站。

2. “四个强化”提升运营质量

在运营拓展上，重点突出“安全服务、会员拓展、营销组织、合作增值”四个强化，推动“卡车司机之家”可持续高质量运营。一是强化安全建设。在卡车司机休息区设置公安CK报警。对停车位画线编号，在停车场设置照明设施，全角度、全天候设置视频监控系统，而且视频存储时间不少90天。对停车场等重点区域建立巡检制度，24小时定时巡检，构建安心、放心的服务环境，全力保障人、车、货、油的安全。二是强化运营管理。在规范服务上，构建整理、整顿、清扫、清洁、素养、安全、节约的“7S”管理体系，制订“卡车司机之家”规范服务指南，强化现场服务。在日常运营上，对功能齐全、重点培育、增量空间更大的“卡车司机之家”增强服务力量、强化现场管理。在商品营销上，围绕客户对象、消费习惯，优化易捷便利店选品，线上线下相结合开展形式多样的营销活动，体现会员权益，营造加油站氛围，拉动线上流量，实现项目运营的提升。三是强化品牌宣传。制作“卡车司机之家”公益宣传片，组织建设标准启动会和全国经验交流推进会，召开社会责任报告发布会，多渠道进行宣传，扩大品牌影响力，组织开展“一个在路上的家”的体验日活动，让更多司机知道、感受“卡车司机之家”的服务，提高客户的认知度。加强与交通运输、公安交警、工会、环卫等相关单位的合作，进一步拓展品牌影响力。四是强化合作增值。与无车承运人、物流企业等合作，借助外部平台推广中石化销售公司“卡车司机之家”，拓展货源信息、司机维权、车险理赔、车后产品销售等服务。

（三）线上平台凝聚价值，技术驱动体验先行

1. 建立会员体系

建设开发“卡车司机之家”会员体系和管理小程序，实施大数据分析，对会员深度画像，分析会员行为，实现精准触达，提升精细管理，提供差异化服务，让“卡车司机之家”平台发挥更大的作用。一是细化会员等级划分。结合卡车司机加油量和加油次数设置了普通、银牌和金牌会员3个层面的会员。普通会员是指新注册成为卡车司机之家的客户，银牌会员是指距离统计时间90天内加油不少于1次的会员客户，金牌会员是指距离统计时间180天内累计有3次加油行为且最近两次加油间隔时间不超过90天的会员客户。二是创立“柴油豆”会员积分规则。卡车司机会员绑定加油卡及微信小程序，每次加油均可获得相应的“柴油豆”积分，1个“柴油豆”价值1元；同时，开发建设了线上商城，“柴油豆”除了可以加油抵现外，还可在线上商城及线下易捷便利店兑换商品。三是丰富会员权益项目。“卡车司机之家”会员在旗舰站、标准站、普通站均可享受“2+7+X”线下服务项目，享受网点查询、货车导航、打卡、签到、互动游戏、资讯等线上服务。金牌及银牌会员除了能享受常规服务外，还

可享受更多的增值服务，如线下易捷便利店购物折扣优惠、加油优惠，以及线上专属客户经理、偷盗油保障、法律援助、加油送餐等服务。系统后台还将自动分析会员行为，对流失会员自动识别，派发回流券，引导客户回流。

2. 丰富营销模式

在新客户开发方面，完善客户多渠道入会引流，包括：对新入会会员送入会礼包，提高吸引力；加油站站内通过员工推荐入会，员工可获得一定奖励，提高员工的推荐积极性；线上通过客户分享，客户成功邀请新客户入会可获得奖励，开展裂变营销；与第三方货运平台合作，在其平台引流客户，拓展入会渠道。在老客户维护方面，常态化组织营销，提高客户忠诚度：开展“加油送‘柴油豆’、加满送好礼”活动，根据“柴油豆”积分、累计加油升数可免费兑换手机、空调、电视机、洗衣机、电饭煲等礼品；在疫情后开展“老会员 88 元复工红包”活动，对老会员发送复工红包，客户来到“卡车司机之家”后可用于免费兑换便利店商品；开展“中国石化叫你来吃饭”活动，在主要高速、国道卡车司机之家选点，与服务区餐厅和第三方冷链供应商合作，采购标准套餐提供给客户，让司机吃上放心餐、爱心餐。通过一系列营销活动增强了客户的活跃度，提高了卡车司机的消费黏性。

3. 创新服务功能

“卡车司机之家”为司机提供贴心的无忧管家式服务，依托线上平台，司机可查询“卡车司机之家”的位置、服务项目、会员权益、营销活动等，提前规划行程，轻松享受“卡车司机之家”各项服务。路途中在哪加油、吃饭、休息、淋浴等都可以通过地图精准导航；通过加装继电器，会员客户通过二维码扫码可使用淋浴、洗衣、干衣、加水、按摩椅等服务设施；通过在线订餐功能，会员客户可在预订时间享受会员专享套餐。拓展“柴油豆”使用范围，会员客户可到第三方商户兑换商品及服务代金券。

4. 优化互动体验

增设在线客户经理，会员客户可在专属客户经理处获得服务项目、活动内容、优惠价格等信息，还可扫描专属客户经理二维码加入企业微信群，获取更多加油站、“卡车司机之家”的服务信息。开发客户互动功能，设置了卡友论坛、小游戏、打卡等功能，在卡友论坛可浏览与货车相关的精选资讯、热门话题、禁行路况、货车知识，可观看视频、发表言论，还可以发表互助问答等。开展签到领积分、导航送积分、信息完善有礼、答卷有礼等活动，会员在平台点击签到、应用导航、完善信息、参与问卷调查等均可按活动规则获得相应积分，有效增强了客户的体验感和消费黏性。

（四）整合企业内外资源，孵化会员生态体系

1. 激发内生，构建生态建设核心能力

中石化销售公司依托遍布全国的加油站、便利店线下网点资源及“加油中石化”App 等线上触达能力，充分挖掘内部服务潜力，为“卡车司机之家”生态圈建设夯实基础。一是整合加油站资源，在确保场地高效利用、动线合理设置的基础上，使用现有场地及房屋为“2+7+X”服务提供空间载体。二是整合易捷公司的资源，充分利用易捷公司成熟、体系化的商品、供应商管理，以及完善可靠的仓储、物流渠道，一方面从商品维度最大限度满足了卡车司机“人-车-生活”的各类需求，另一方面有效实现了各类商品和服务的成本控制，确保卡车司机能够享有经济性、多样化的选择。三是整合易派客资源，易派客是中石化销售公司自建的以工业品交易为核心的大型电商平台，基于其电商撮合的业务特点，实现了“卡车司机之家”建设过程中所涉及硬件设备设施采购的化零为整，把节省的建设成本通过增值服务形式让渡给卡车司机，实现了服务的“加量不加价”。四是整合“加油中石化”App 资源，“加油中石化”App 作为中石化销售公司全国范围内的客户服务终端，集中了 1.8 亿户的客户资源，形成了对上述所有线下服务能力的线上触达，做到了价格、服务功能等全方位信息透明，为客户出

发之前做好最完善的行程规划提供支撑。

2. 聚合外延，注入生态运行新生动力

中石化销售公司聚焦卡车司机痛点，积极引进第三方资源，不断完善提升“卡车司机之家”的服务属性，让卡车司机“生活”旅途更加舒心。与服务区商户合作，定制标准套餐，提供餐饮服务，让司机吃的更放心；与主流地图服务商合作，提供专业的货车导航服务，实现限行、限高、天气、货源等信息查询服务，让司机行车更安心；与保险公司合作，为停靠在“卡车司机之家”的货车提供偷盗油保障赔付和安全停车保证，让司机停车休息更安心；与物流运输平台合作，提供物流配载信息，让司机可轻松就近接单；与主流电商合作，建立“卡车司机之家”线上商城，为司机提供物美价廉的旅途生活必需品，全方位、全过程给司机提供一系列的增值服务；与牵引救援专业公司合作，为会员客户提供免费道路救援服务；与主流轮胎、润滑油商合作，在有场地条件的“卡车司机之家”建设服务点，提供轮胎、润滑油商品及免费的安装服务；与律师事务所合作，为卡车司机提供货车专属法律援助，提供专业法律意见，一对一解答，帮助司机解决货车相关的法律纠纷。“人－车－生活”生态圈理念突破单一、传统的营销运作模式，是一整套以消费者体验为诉求、最大限度满足“人”“车”需求且辐射出行、生活的“一体化”服务。

（五）构建三项保障机制，确保项目有序推进

1. 组织保障机制

为推动“卡车司机之家”建设专项工作落实落地，中石化销售公司组建“卡车司机之家”T型项目工作组，改变以往的组织架构，由总部主要领导“挂帅”，横向打通零售、发展、财务、安全、非油品等各部门，纵向打通总部、省（自治区、直辖市）、市、县、加油站五级机构，聘请外部咨询团队，负责市场调研、形象设计、数据运维、客户运营，建立项目组考核激励机制，将KPI指标压实具体到每一位工作组成员，定时间、定任务、定方案、定措施，突出正向激励，有的放矢地全面推进工作。

2. 资金保障机制

中石化销售公司总部对旗舰站、标准站建设提供专项资金、薪酬支持，满足站点建设、设备设施和功能提升需求。资金支持：按照旗舰站每个20万元、标准站每个5万元的标准给予支持，按照企业建设计划，分级、分站核定投资资金。薪酬奖励：按照旗舰站每个10万元、标准站每个5万元的标准给予奖励。积极争取交通运输部和中华全国总工会的政策和补贴支持，部分已通过中国公路学会组织验收的企业已取得相应政策补贴。

3. 考核激励机制

为切实推进“卡车司机之家”建设工作，中石化销售公司将站点打造纳入“比学赶帮超”红旗评比考核机制，从打造数量、油站占比、计划完成等维度综合评价打分，与评优挂钩；通过总结经验、先进引领、典型带动等措施提供支持，充分调动大家打造“卡车司机之家”站点的积极性。

三、石油销售企业“卡车司机之家”线上线下综合服务体系建设效果

（一）实现了柴油增量、增效的目标

截至2021年9月，已建成并投营“卡车司机之家”网点2000个。初步统计，“卡车司机之家”网点建成前后对比，柴油销售平均增加6个百分点，带动柴油年增量36万吨，按照进销价差测算，年增加价差收入4.3亿元；通过对会员提供差异化服务，实现定向投放营销资源，有效降低“撒网式”的降价营销，初步估算，通过服务溢价节约营销成本21.6亿元/年；通过线上线下两个平台的流量触达，助力自有产品、地方特色商品、扶贫产品向全国推广，带动易捷便利店销售额增加约3亿元，带动毛利额增长约5000万元。

（二）扩大了企业品牌影响

中石化销售公司将“卡车司机之家”塑造成高速公路、国省干道沿线一个亮丽的品牌，树立起了一个辨识度较高的对外新形象，形成了良好的口碑效应。2020 年 11 月、2021 年 9 月，交通运输部、中华全国总工会先后在全国范围推广中石化销售公司“卡车司机之家”建设、运营的经验做法。2021 年 8 月，中石化销售公司年度社会责任报告发布“卡车司机之家”社会责任公益项目建设情况。中石化销售公司“卡车司机之家”的打造，彰显了央企担当，响应了公益号召，凸显了品牌价值，扩大了企业影响。

（三）践行了央企责任担当

“卡车司机之家”在物流行业首次实现对司机个体的关注，通过赋能物流企业，服务物流从业人员，实现“成品油”和“物流”两个行业新的增长点。通过延伸公益外延，对交警、协警、环卫工人、出租车司机、外卖小哥、快递员等群体开放，把“卡车司机之家”升级成为面向全社会的“爱心驿站”。在中华全国总工会的指导下，加强与地方工会的合作，引导卡车司机群体加入工会组织，全力保障卡车司机的合法权益，让“卡车司机之家”真正成为司机温馨的港湾。

（成果创造人：凌逸群、陈成敏、李玉杏、张　刚、谢慧生、黄志阳、
阳仕舟、高天铭、张　炜、朱兆宏、茅爱武、陈建华）

面向国际市场的高端家电品牌创建

海尔智家股份有限公司

海尔智家股份有限公司（原青岛海尔股份有限公司，以下简称海尔），总部位于青岛市，是为全球用户定制美好生活解决方案的智慧家庭生态品牌商。主要从事冰箱/冷柜、洗衣机、空调、热水器、厨电、小家电等智能家电产品与智慧家庭场景解决方案的研发、生产和销售，通过丰富的产品、品牌、方案组合，创造全场景智能生活体验，满足用户定制美好生活的需求。海尔成立于20世纪80年代，于1993年、2018年、2020年分别在中国上海证券交易所、德国法兰克福交易所和中国香港证券交易所上市。

卡萨帝（Casarte），是海尔自主打造的国际高端家电品牌。Casarte源于意大利语，"La casa"是"家"，"arte"是"艺术"，Casarte将两者合二为一，寓意"家的艺术"。自2006年品牌创立以来，卡萨帝像做艺术品一样做家电，洞察消费升级趋势，保持技术创新引领，始终追求科技、精致、艺术的融合，已成长为实至名归的国际高端家电品牌，高端市场份额第一，产品平均单价第一，全球高端用户突破1200万人，进入世界级的高端用户榜单。2021年，由世界品牌实验室主办的第十八届世界品牌大会暨2021年中国500最具价值品牌发布会在北京举行，卡萨帝品牌价值505.81亿元，成为榜单上首个高端家电品牌。

一、面向国际市场的高端家电品牌创建背景

（一）适应外部市场变化的客观需要

在商业竞争中，一个好的品牌能给拥有者带来溢价效应并产生增值，象征着消费者对产品及产品系列的认知程度和认可程度，是一种无形的资产。长期以来，我国本土高端品牌缺乏，竞争力不足，造成我国高端消费出现"外盛内衰"的现象，在这种高端品牌市场需求旺盛而国内供给不足的情况下，打造中国本土高端品牌势在必行。具体到家电领域，伴随着改革开放的深入推进，我国家电行业取得了显著发展，同时，高度开放、充分竞争的家电市场吸引了许多欧美日韩等国的高端品牌家电进驻，我国家电企业长期面临着压顶之势，迫切需要一个国产高端家电品牌能率众前行。打造中国的国际高端家电品牌，既是中国家电企业创新发展、自立自强于市场竞争的战略实践，也是新的时代背景下中国智造、中国品牌走向国际的重要标志。

从消费端来看，消费者需求日益多元化、个性化，对品牌、品质有了更高的品鉴水平和更多的体验需求，不再单纯满足于基本使用功能，而是希望通过产品获得更多的价值体验，如个人个性的展示、消费观的展现、价值观的彰显等。消费者对品质化、个性化、智能化及设计的更深层次的需求，让高端家电成为中国家电市场突破瓶颈、进一步发展的重要抓手。

（二）承接集团自主创牌的战略实践

作为中国民族企业自主创新发展的典型，海尔自创业以来始终坚持自主创新、自主创牌，致力于打造属于中国的国际化品牌，打造中国民族品牌的世界级名片。

卡萨帝是海尔落实创品牌理念、自主探索打造的国际高端家电品牌。自2006年创立以来，已经历了3个阶段的创新，这也是海尔以创用户体验为核心探索打造高端家电品牌管理的实践历程。第一个五年，2006—2010年："发明家电"打开市场。这个阶段，卡萨帝的创新集中在"发明家电"。比如，针对不同市场推出法式对开门冰箱、意式抽屉冰箱，以此解决高端家庭存储大件食品的烦恼。第二个五年，2010—2016年："产业布局"建立品牌优势。卡萨帝将原创科技从冰箱延伸到洗衣机、空调等品

类，且继续深耕原创技术。第三个五年，2016—2020年：提前布局场景高地。这一阶段，卡萨帝连续5年保持高速增长，向行业引领者进发，同时布局场景，先后推出“银河”“设计师”“指挥家”三大套系，链接了来自全球的生态资源，为用户打造智慧护衣、健康饮食、舒适住居、娱乐互联场景。

（三）时代发展为品牌发展创造了契机

物联网时代，物联网、人工智能、大数据等新一代信息技术的发展和应用为家电行业的创新发展极大地拓展了空间，借助新技术，家电产品进一步智能化，语音操控、AI交互、物物互联、人机互联等新技术的应用极大地便利了用户对产品的使用，创造了更加科技化、便捷化的产品体验。基于新技术的应用，依托产品创新，越来越多的新业态、新经济不断涌现，社群经济、共享经济、体验经济吸引了大量创业企业和投资方，催生了众多新的标识和品牌，有效满足了新的消费群体的需求，而这种新的网络时代的社会现实和商业环境也要求传统品牌、老品牌必须及时调整品牌策略，以求得老品牌焕发新活力。这也给中国企业创品牌带来很好的机会，品牌内涵更加侧重于能不能实现大规模定制，不再仅仅是提供产品，而是将产品作为一个载体，给用户提供更好的体验和解决方案。

二、面向国际市场的高端家电品牌创建主要做法

（一）明确创国际高端品牌的战略目标和实施策略

1. 明确创国际高端品牌的战略定位与目标

战略品牌价值再造有3个方向：一是品牌价值向上升级，缔造一个价值更强大、更高端、边界更广泛的新战略单元，这种升级再造对一个企业提出极高的要求并会带来巨大的挑战；二是品牌价值下沉延伸，向更低线市场渗透，获得低线市场更多份额，最便捷的办法是产品降价、产品功能减配；三是品牌价值水平移动，创造一个新价值品类，获得新业务收益，这种做法常常为品牌价值强大、渠道健全的跨国公司或奢侈品牌选用。

创牌之初，海尔选择难度更高的向上升级，创造一个高端品牌。从战略目标看，海尔将卡萨帝定位为打造国际化高端品牌；在品牌溢价上，突出卡萨帝品牌溢价要高；产品制造上，突出卡萨帝产品是科技、精致、艺术的“代言人”；而在用户画像上，卡萨帝品牌定位于高收入、高品位、追求高品质生活的精英阶层。

2. 运用“战略互补平衡”的实施策略

对卡萨帝品牌的战略定位，要求企业从“大众超级品牌”营销模式向“高溢价品牌模式”转变。为更好地规避品牌价值再造的战略风险，保证战略转型成功，海尔运用“战略互补平衡”管理方法，对卡萨帝品牌价值再造的战略实施提供风险成本消化工作。“战略互补平衡”是对一个经营整体（一个企业、一个品类，一个区域等）各个价值单元进行分解，区分出各个价值单元的盈亏状况，让盈利单元资源与亏损单元“互补”，使经营整体得到“平衡”不亏损。

为保证卡萨帝品牌价值再造成功，海尔坚持对卡萨帝品牌进行持续战略投入，在资金、研发、制造、组织、市场等方面全面支持卡萨帝品牌运营，让各个品类事业部消化卡萨帝品牌的运营成本。在卡萨帝品牌战略导入的前三年，每年的战略投入将近亿元，主要是用于各类新产品研发、模具技改，以及品牌进入市场的投入。尽管卡萨帝高端品牌的前期经营压力巨大，但决策层不为所动，持续8年对卡萨帝品牌全面支持。到了第六年，卡萨帝高端品牌总体达到经营平衡，随后是大幅盈利，市场犹如荷塘效应，倍速发展。

（二）实施组织再造，构建学习型组织

1. 实施跨越全流程管理的组织再造

卡萨帝团队组织再造，是一个跨越全流程管理的组织再造。这个跨越全流程管理是由“去中心化组织+嵌入式部门分布组织”组成的。“去中心化组织”是指卡萨帝团队组织在战略规划、战略预算、

品牌价值设定、品牌标准输出、业务流程统筹上有独立的部门管理，由卡萨帝总经理全流程负责；“嵌入式部门分布组织”则是在产品创意设计、研发实验、生产加工、品质管理、市场营销、服务等价值链上，卡萨帝的组织是嵌入海尔原有体系中的，共享海尔已有的各类组织资源。这个新战略再造组织的设计，一是节省传统的组织再造模式——重新另组一个单一式的团队，省去适应新战略的时间成本和学习成本；二是共享已有的各类组织资源，减少重复建设、重复投入的成本，同时以已有组织的专业经验曲线，能够很好控制各种风险过错；三是相互嵌入链接，双方交互学习，以更新的理念、更高的标准在不断的自我否定中否定，最终获得组织整体的全面提升。

2. 打造专业化、学习型团队组织

打造卡萨帝高端品牌，必须有专业化、学习型的团队组织作为实施的保障。为此，海尔从文化观念、职业培训、激励机制等多维度出发，着力打造业务能力强、学习能力强的团队组织，包括：统一团队价值观念，让整个组织成员价值观和卡萨帝品牌价值一致，在卡萨帝旗下工作的每一个人是为完成海尔重新再造卡萨帝的战略使命而工作；提升员工技能，学习卡萨帝品牌艺术营销技能，对卡萨帝高端品牌战略的审美认同；建立学习制度，卡萨帝团队组织建立系统完善的学习制度并有一系列的学习绩效考核标准；借助实战成长，卡萨帝高端品牌的导入和塑造过程和产品的市场营销业务结合密切，为团队成员在理论与实战方面提供了众多的演练学习机会，团队的工作技能也得以全面提升。卡萨帝根据社会环境的变化、公司工作中心的不同，不定期调整学习投入的侧重内容，使得组织学习更具针对性。此外，在学习导向型的组织再造过程中，卡萨帝巧妙地运用逐步建立的“品牌声望”，链接社会上各种相关艺术、智慧资源和名人名师，进行有机整合，以较低成本获得组织成长和个人成长的学习再造的方法。

（三）打造艺术家电，实施产品创新

1. 将艺术理念融入产品，为家电产品注入高端“灵魂”

创牌之初，卡萨帝选择中国家电业所没有过的品牌模式——艺术品牌模式，致力于创造一个艺术的、高溢价的品牌符号。作为一个新品牌，卡萨帝品牌价值虽有海尔背书，但一开始以高价产品入市，压力极大。这种压力一是消费群没有认知卡萨帝品牌价值，二是竞争对手大规模低价冲击。面对竞品低价冲击，卡萨帝坚持高端品牌不动摇，为加快社会对卡萨帝的认同，卡萨帝坚持价值营销，采用“艺术文化营销”的策略把品牌价值和产品价值完美结合，创造“卡萨帝艺术生活方式”。对广大卡萨帝用户而言，卡萨帝除了产品功能强大、内含艺术品质外，卡萨帝品牌高溢价的“符号”也能显示他们的格调品位。

用“战略投资”的系统方法做高端品牌，品牌全心设计、产品全新研发，哪怕在市场销售极困难的情况下，依然坚持了十几年。尽管卡萨帝共拥有冰箱、酒柜、空调、洗衣机、热水器、厨房电器、生活小家电（咖啡机、面包机等）、电视机、整体橱柜等九大品类400个型号的产品，但这些产品的气质风格一致，与家的设计装修整体一致，产品与产品物联互通并快速迭代创新。

卡萨帝以艺术文化的手段做市场营销，保证营销过程对卡萨帝既定国际化高端品牌价值的坚守，也形成一种独特的市场营销体系，创造出属于卡萨帝高端品牌的高净值客户阶层，以此规避了价格战的冲击，而艺术文化营销也是卡萨帝高端品牌获得高溢价的保证。

2. 零距离精准交互用户需求，驱动产品迭代升级

物联网时代，用户的需求更加碎片化、多元化，仅仅依靠对用户的调查反馈生产产品，并不能真正满足用户需求。卡萨帝通过零距离交互用户，精准获取用户需求并系统分析用户需求，同时结合对社会消费趋势变化前瞻性的洞察，持续迭代创新品牌产品和服务，为用户提供高质量的高端产品和服务，满足用户消费需求。首先，卡萨帝品牌的创立得益于海尔建立的庞大的高端用户数据资源库。卡萨帝诞生之前，海尔历时5年对米兰、伦敦、柏林、巴黎、纽约、东京、上海等12个城市的8万余名高端用户

深度消费调研，系统掌握了高端消费者对高端产品的期望值；同时，卡萨帝基于海尔30多年构建的庞大用户数据库，链接成海尔亿级用户大数据系统，每年对各种数据进行核对和优化。其次，会员体系为卡萨帝产品创新提供了创意来源。海尔在全球拥有6000多万名会员，其中活跃的卡萨帝高端会员100多万名，通过这两个用户体系的零距离交互，卡萨帝可以及时、精准地把握各种高端用户的潜在需求，进而可以精准开发超越客户价值的产品。

3. 建立“双轨制”研发和制造体系，保障产品力

在研发与制造领域，卡萨帝建立并实施双轨制体系，既共享海尔的研发和制造体系，又有自己独立的研发和制造体系。这种海尔体系下资源与体系的战略协同，给卡萨帝打造高端产品提供了全面保障。在实践中，卡萨帝共享海尔在全球的设计、研发、制造及采购等众多国际资源，并且共享海尔全球25个工业园、122个制造中心、10个综合研发中心、106个营销中心及总数超过8万人的全球员工。两套产研体系并存的优势在于，一是可避免生产要素重复投入，毕竟卡萨帝全品类家电研发、制造是一个极重的投入；二是海尔在研发创新、工业设计、产品制造、品质控制、产业工人水平等方面都有上乘经验，通过优势共享，可以从整体技术品质层面将卡萨帝高端品牌产品品质面临的不确定风险降至最低。与此同时，海尔还运用人单合一管理模式，借助互联网、大数据等新一代信息技术，构建了卡萨帝国际化的研发体系，其在全球已拥有14个设计中心、28个合作研发机构（如麻省理工等），拥有许多在业界享有盛名的设计师，包括跨越多国的300多位设计师的团队（来自意大利、英国、德国、法国、美国、日本、中国等12个国家），为卡萨帝打造国际高端品牌提供了全球一流的研发资源生态。

（四）从发布到发酵，开展营销创新

卡萨帝高端品牌价值的建立，离不开系统的传播。卡萨帝拥有全新的品牌价值文化和高溢价定位，迎接趋优方式下的全社会化消费升级，全面满足各种中高消费阶层的消费者。为此，卡萨帝打造了一个融合卡萨帝标准化的品牌元素体系、社会公关活动、互联网新媒体、社群交互裂变、产品营销体验、全新品牌文化诉求为一体的品牌价值网络。

1. 开放策划品牌主题推广，构建品牌高贵大气格局

在品牌进入市场的前三年，围绕品牌先声夺人的目标，卡萨帝选择的是主流高端媒体、集高端峰会和国际化展览于一体的公关活动与实体店的体验展示结合起来的品牌传播方式，树立了卡萨帝品牌在行业的高度。卡萨帝品牌的公关活动有两大个鲜明特征：一是注重品牌价值高度，保持品牌高贵大气的格局。二是把艺术品位紧密植入，如2010年卡萨帝在上海世博园意大利馆举行《格调生活白皮书》发布仪式，广邀艺术、设计、美食及美酒界精英从红色热情、白色创意、绿色优雅三大方面精准诠释了格调生活的真正含义，为高端人群追求高品质生活做出了指引。

2. 聚焦“圈层”文化传播，获得溢价认同

卡萨帝以品牌高溢价的标签、品牌艺术的品位和产品前卫的科技魅力创造出各种体现卡萨帝国际高端品牌灵魂的社会生活话题，在全国各地跨界勾画出27个高端“圈层”，针对各种认同卡萨帝国际高端品牌价值的“圈层”展开交互与发酵的品牌传播活动。

3. 双向互动，重构高端用户体验与口碑营销

卡萨帝把企业以往的单向品牌传播转变为品牌与消费者的双向互动，关注并重构高端消费者的体验与口碑营销，在完成卡萨帝品牌和消费者的双向传播后，再度形成消费者与消费者层面的裂变传播。

（五）优化市场网络与服务，实现市场突破

1. 战略共享，建立开放共赢的市场客户网络

在市场端，卡萨帝坚持共创共赢的理念，同客户建立共赢协作的合作体系。卡萨帝品牌价值是创造客户忠诚的最好保障。基于对卡萨帝品牌理念的理解和共识，客户商等攸关方和卡萨帝从单纯的业务合

作关系上升到生死与共、相互依存的战略同盟关系。卡萨帝品牌的高溢价为客户提升盈利空间，是经营其他品牌无法比拟的；同时，卡萨帝的综合营销技能让客户在营销中获得系统帮扶，跟随卡萨帝品牌共同学习、成长。此外，卡萨帝的高客户忠诚度、优质客户多使得卡萨帝的营销有很强的逻辑性、衔接性、一致性。

2. 实施“产品力与品牌价值互补”策略，稳健布局市场

为减少市场对卡萨帝产品高价的“抵触”，尽快破冰，卡萨帝初期营销并没有全线铺开，而是选择最能体现品牌价值的产品在基础好的市场进行突破，采用“产品力与品牌力的战略互补”的策略，先以强大的卡萨帝产品力震撼消费者的认知，再以卡萨帝高端品牌文化激发消费者的欲望。具体来看，在产品上，卡萨帝率先选择海尔的战略性产品——冰箱和洗衣机，作为开展品牌高溢价营销的产品突破点。当以冰箱、洗衣机打开高端市场壁垒，消费者认知卡萨帝品牌后，卡萨帝于 2008 年才全面进入空调、卫浴、厨电、智能、安防等全线产品。此外，在首选区域市场和渠道上，卡萨帝选择难度最大、费用最高的长三角、珠三角和北京地区，在这个区域又首选北京、上海、广州、深圳等利基市场，在这些目标市场破局后，再同步扩展至全国。而在销售渠道上，卡萨帝主营渠道分为 3 类，一是一、二级市场家电连锁渠道，如苏宁、国美、五星等卖场，聚焦展示高端形象，提供客户体验的好场景；二是地方的综合商场，如上海永安百货、青岛利群百货、广州友谊商城、长春欧亚，以及地域强势连锁的武汉工贸等；三是海尔品牌店，卡萨帝优选了 1000 多家海尔优质品牌店，在品牌店开设卡萨帝品牌专区。

（六）升级场景品牌、生态品牌，驱动品牌迭代

物联网时代，为适应新一代信息技术带来的共享经济、社群经济、体验经济等新模式、新经济形态，卡萨帝探索品牌迭代升级，以高端品牌为基础，不断推进向高端场景品牌、生态品牌的迭代升级，持续为用户提供智慧家庭场景解决方案。

1. 打造场景品牌，定制场景解决方案

卡萨帝探索物联网时代的场景品牌。对于用户来说，场景品牌最大的价值就是随时迭代生活，用户的每一个新需求，场景品牌都可以为其定制。基于打造高端场景品牌的战略，卡萨帝不是简单的单品组合，而是为用户提供全流程的、定制化的场景解决方案。

换道场景品牌，卡萨帝增长潜力获得极大扩展与提升。在产品时代，高端品牌卡萨帝就已经把客单价做到了 1 万元；做成套智慧家庭解决方案时，客单价提升至七八万元乃至十万元；到推广三翼鸟智慧家庭的时候，卡萨帝在上海体验店的客单价达到了 22 万元。

2. 聚合生态资源，构建智慧家庭生态品牌

卡萨帝打破的不仅是智慧场景的孤岛式体验，更是吸引、激活了场景背后的生态资源，围绕用户体验迭代，各生态攸关方共创定制化解决方案，持续迭代用户体验。比如，在食联网生态下，用户通过冰箱就能在线采买食材，还能获得食材原种植地信息、检验检疫信息等，给用户提供从原产地到餐桌的完整解决方案。再如，在衣联网生态下，卡萨帝整合服装、家纺、洗染等 15 个行业 5300 多家资源方，为用户提供服装量身定制、成衣购买、穿搭推荐、专业洗衣护衣等一站式服务。

三、面向国际市场的高端家电品牌创建效果

（一）有效满足了用户需求高端化和消费升级趋势

打造国际高端智慧家电品牌，卡萨帝凭借产品和服务的高端品质和体验，顺应了消费升级趋势，深受高端群体和全球用户青睐，用户群体覆盖一线、二线城市中事业成功、文化程度较高、对时尚现代生活方式有较高认同的高端消费者，收获了丽芙古堡堡主、阿玛尼设计师、英国剑桥大学的 Brain 教授及其实验团队等具有全球影响力和号召力的知名人士的认可；同时，卡萨帝品牌还走进了澳大利亚私人家庭博物馆、贝利尼博物馆等艺术场所。此外，卡萨帝也斩获多项行业殊荣，累计获百余项国际大奖并将

获奖产品量产上市，真正走进用户家，为高端家庭提供生活方式解决方案。其中，卡萨帝将德国红点奖与 IF 奖、美国 IDEA 奖这“世界三大设计奖”收入囊中；多款产品曾获欧洲极有经验的认证机构之一——VDE 认证、德国一流认证机构 TUV 认证，卡萨帝鼎级云珍冰箱还曾获美国权威机构信科认证。此外，在品牌创新、节能环保等多领域，卡萨帝皆获行业权威大奖，越来越多家电品牌开始跟进卡萨帝。

（二）有效打造了家电领域的国际高端品牌

自 2006 年创立以来，卡萨帝用 10 年时间达到家电高端市场榜首的市场地位，2016—2020 年连续 5 年高增长。2017 年增幅 41%，2018 年增幅 44%，2019 年和 2020 年均实现两位数增长。其中，2020 年份额提升 50%，稳居高端市场第一名。根据知名调研机构中怡康的数据显示：2020 年，卡萨帝品牌已在中国高端大家电市场中占据绝对领先地位，在高端市场冰箱、洗衣机、空调等品类的零售份额排名第一。从细分品类线下零售额来看，“1 万元 +”冰箱、“1 万元 +”洗衣机、“1.5 万元 +”空调的市场份额分别为 37.1%、76.7%、46.9%，均为各自细分市场的第一名；冰箱、空调、洗衣机的线下市场均价达到行业均价的两三倍。数据显示，2021 年一季度，卡萨帝收入增幅 80%，再次实现两位数增长的水平。“1 万元 +”冰箱、“1 万元 +”洗衣机及“1.5 万元 +”空调排名均为各自细分市场的第一名。

（三）探索了网络时代品牌创新的新模式、新路径

卡萨帝对于精准交互用户需求及培养企业终身用户的理念与实践，充分体现了网络时代社群经济模式的发展趋势；同时，卡萨帝从高端品牌向场景品牌、生态品牌的迭代升级，体现了网络时代背景下新业态、新模式的强大生命力。通过实施该项管理创新，卡萨帝从 0 到 1 开拓创新，实现了品牌从无到有、从小到强的跨越式发展。

（成果创造人：张瑞敏、周云杰、梁海山、李华刚、宋照伟、张玉波、王梅艳、郑子辉、赵建华、程传岭、徐　萌、孙明法）

国有煤炭企业提升国际化水平的境外能源基地建设与运营

兖州煤业股份有限公司

兖州煤业股份有限公司（以下简称兖州煤业）是以煤炭、煤化工、煤电、高端装备制造、现代物流贸易为主导产业的国际化特大型能源上市公司，由兖矿集团有限公司（目前已更名为山东能源集团）独家发起设立。兖州煤业在中国香港、上海和纽约及澳大利亚上市，是国内唯一一家拥有境内外四地上市平台的煤炭企业。近年来，兖州煤业秉持“创造智慧动能、引领能源变革”的企业使命，积极把握全球经济一体化、资本流动全球化的发展趋势，稳健实施产业优化、布局升级、资本扩张，企业规模当量、品牌实力、社会地位和行业影响力不断取得新突破。2004 年，兖州煤业成立兖煤澳大利亚有限公司（以下简称兖煤澳大利亚），以兖煤澳大利亚为投资运营平台，先后在澳大利亚进行 8 次重大并购，累计投资 80 亿澳元，建成澳大利亚最大煤炭上市公司。目前，兖煤澳大利亚在澳大利亚拥有 11 个煤矿，控制煤炭资源 113.7 亿吨，年生产能力 9380 万吨，是澳大利亚最大的专营煤炭生产商。

一、国有煤炭企业提升国际化水平的境外能源基地建设与运营背景

（一）相关政策为跨国经营创造良好条件

具有强大国际竞争优势的跨国公司是我国经济发展的强大支撑。自 2000 年以来，我国政府一直支持有实力的中国企业以境外投资、并购等多种方式实现生产要素的全球配置，到价值洼地国家充分运用当地的市场、劳动力、资源等，实现战略发展。山东省委、省政府一直高度重视煤炭行业发展，2005 年之后，随着山东省煤炭资源的日益枯竭，山东省政府开始鼓励省内煤炭企业“走出去”发展，推动煤炭行业实施“走出去”战略，到境外进行资源开发，实现转型升级。我国政府相关部委、行业协会和相关组织也进一步加强指导和协调，提供准确有价值的项目相关信息和咨询服务，帮助企业走出去。另外，一些资源丰富的国家如澳大利亚，对于境外投资者到该国投资限制性政策少，并且具有健全的法律体系。一系列的政策支持，为兖州煤业进行国际化开拓和实施境外资产并购提供了便利条件。

（二）保障我国煤炭资源供给能力的要求

煤炭作为我国能源体系中的基础能源，在国民经济发展中起到了重要作用。2021 年以来，石油、煤炭等化石能源价格飙升，能源危机愈演愈烈，尤其是煤炭消费超预期增长，供给持续短缺。目前，全社会对于煤炭保障国家能源安全、稳定宏观经济重要作用的认识逐步转变和加深。“双碳”战略背景下，虽然能源结构加速变革调整，但在相当长的一段时期内，煤炭仍将是主要能源，是我国能源安全的兜底保障，也是未来能源绿色低碳转型的重要桥梁，将在能源结构变革中发挥重要的支撑作用。从煤炭资源供给来看，我国目前的煤炭资源勘探储量仅占预测资源量的 1/4，适当增加煤炭资源储备，对于发挥煤炭能源兜底作用、保障国民经济稳健发展具有重要作用。煤炭行业作为我国能源当中的“压舱石”，从国际市场得到多少煤炭资源，对保障我国煤炭供给安全、稳定宏观经济具有重要意义。国内大多数煤炭企业是资源型企业，资源是生存发展的基本要素，资源储备的多少直接影响其企业竞争力和可持续发展能力。从当前资源保有量看，国内的煤炭资源可以说丰富；但从世界范围来看，国内煤炭资源储采比处在较低水平。世界前十的煤炭生产国中，储采比高于 200 的国家有 8 个，最高的达到 400，我国仅为 69。储采比过低使得能源保障经济发展的基础较为薄弱，甚至威胁到国家经济基础和能源安全。另外，我国在煤炭生产布局上，煤炭资源越来越向晋、陕、蒙 3 个省、自治区集中，西部煤炭产量比重过高，近年来已经超过 70%，区域市场调节难度加大，国内煤炭供应保障仍显不足，收购海外优质煤

炭资产将为国家能源安全和保障能源供给提供支撑。

（三）提升企业跨国经营水平的客观需要

在经济全球化的背景下，企业实施“走出去”战略，在境外建立能源基地，已成为实现加快国际化步伐，以及增强开拓市场、技术创新和培育自主品牌能力及提升国际竞争力的新途径。1998 年，兖州煤业在纽约、中国香港和上海三地上市，成为当时唯一一家拥有三地上市平台的煤炭企业。但是，作为传统的资源型企业，与国内外同行业先进企业相比，兖州煤业在主业规模当量、后续资源储备方面还有较大差距，并且受压煤村庄搬迁、环保政策等影响，煤炭开采存在较大不稳定性。后备资源严重不足难以支撑长期稳定发展，严重影响了兖州煤业在资本市场的发展和良好形象。因此，兖州煤业将国际化发展战略作为提高经营绩效、实现自身长期可持续发展的重要途径，实施了一系列重大战略并购，实现了境外资产规模的迅速增长。通过境外资产的运营与管控，兖州煤业可以获取大量境外被收购公司的人才、技术和专业经验，并且突破政策、资源、人才等各种限制与壁垒，充分利用国际、国内两个市场和两种资源，互通有无，调剂余缺，在全球范围内实现资源的优化配置。

二、国有煤炭企业提升国际化水平的境外能源基地建设与运营主要做法

（一）确立国际化的发展战略

1. 战略思想由行业领先向搏击世界转变

20 世纪 90 年代初至 21 世纪初的 10 年间，兖州煤业作为大型国有煤炭企业市场经济的探索者、改革发展的引领者，曾经创造了大型国有煤炭企业改革改制、资本运作、结构调整、经营业绩的历史性成就。1998 年最辉煌时，兖州煤业的利润占全行业利润的 58%，开创了发展史上的“巅峰时代”。随着外部社会经济环境的变化，兖州煤业站在可持续发展的高度重新审视传统煤炭企业面临的当前与长远、产量与效益、增长与环境的辩证关系，在积累了大量资金、人才、资源和资本运作经验的基础上，开始树立参与国际竞争的发展观，实施“走出去”战略，搏击海外市场。

2. 战略实施由探索前进向落地实施转变

战略思想转变后，积极在海外寻求优质资产收购机会，先后对 20 余个煤矿项目进行了审慎调研，综合考虑投资环境、资源条件、市场环境、地理区位等因素，把澳大利亚作为实现国际化跨国经营的主要目标国。澳大利亚投资环境稳定、投资政策开放，在煤炭资源的勘探、开发和生产方面具备比较完善和透明的监管体制，并且其矿产资源丰富，已探明煤炭储量列居世界第二位，可采储量约 900 多亿吨，约占世界煤炭储量的 8.8%，是世界上最大的煤炭出口国和重要的矿产资源国。2004 年，兖州煤业斥资 3200 万澳元成功收购了因自燃发火而九易其主且处于停产状态的澳大利亚南田煤矿。本次收购，使兖州煤业成为中国第一家“走出去”全资开发海外煤炭资源的企业，其国际化战略由探索阶段顺利转向落地实施。

3. 战略升级由产业运营向产融结合转变

收购南田煤矿后，通过实施本土化战略和运营探索，兖州煤业积累了在澳大利亚运营煤矿的丰富经验。2007—2008 年金融危机爆发时期，引发全球大宗商品价格大幅下滑和煤炭类上市公司估值降低，为兖州煤业实施海外扩张提供了难得的历史性机遇。此后，兖州煤业陆续收购了菲利克斯公司的 100% 股权、新泰克公司和普力马公司的 100% 股权。2012 年，同格罗斯特公司换股，实现合并借壳上市的目标。2017 年，收购联合煤炭 100% 的股权；2018 年，作为澳大利亚最大的独立煤炭生产商，成功在中国香港挂牌上市。以产业运营为基础和以资本运作促发展的“双轮驱动”发展战略，打通了兖州煤业海外的扩张之路。

（二）坚持规范化的公司治理

1. 设置多元股权结构

作为境外国有控股公司，兖煤澳大利亚总股本共计 13.2 亿股，分别由兖州煤业、中国信达、嘉能可、鲁信集团等持有。嘉能可作为国际矿业巨头，兖州煤业引入影响力较大的西方背景公司，降低了当地政府对公司国资背景企业的警惕性，减少政治、社区、劳工等方面不确定因素给公司带来的风险，有效提升了对境外资产的管控效率和管理水平。特别是国际战略投资人国际化的视野和管理经验，迅速融入兖州煤业生产经营及战略实施等流程，帮助企业快速成长。

2. 科学设置治理结构

兖州煤业在设定兖煤澳大利亚的公司治理结构时，全面考虑境内外上市地监管机构对监管的要求，充分适应属地化经营需要。第一，在各个项目并购前提前了解董事会架构，在董事会投票权上积极布局、抢占优势。在兖煤澳大利亚董事会，11 名董事中，由兖州煤业提名 6 名，确保了控股股东在董事会中的话语权；第二，重视董事会成员队伍建设，对董事人选从性别、年龄、文化及教育背景、专业经验、技能及服务年限等多方面进行考量，着力建设高水平的专家智库；第三，重视发挥独立董事作用，聘任属地专家作为独立董事，把独立董事当作免费的咨询顾问和开拓业务的帮手，迅速适应属地化的经营管控。

3. 确保规范化运作

兖州煤业以澳大利亚上市公司“最佳实践”为蓝本，明确公司最高权力机构股东大会的职权范围，以及授予董事会和各下属委员会、执行委员会的相关权利，强化控股股东的实际控制权。在《董事会及其下属委员会议事规则》中规定了董事会及各委员会的职权范围和运行机制。在董事会和高管团队之间设立执行委员会，作为日常运营决策的权力机构。执行委员会由董事会批准设立，由执行委员会主席、首席执行官、控股股东指定的一名董事、财务总监、首席运营官、首席营销官及董事会确定的其他人员组成。首席执行官负责日常运营且向董事长和执行委员会主席汇报，重大事项需与执行委员会主席双签，或者需经董事会或股东大会批准。负责日常经营的高管人员及部门经理需向执行委员会主席和首席执行官双向汇报。对于其他高管人员、各职能部门及下属机构的职责范围，在《执行委员会议事规则》和《管理部门职能划分》中进行了界定。

（三）开展突破性的技术创新

1. 以综采放顶煤技术打开澳大利亚市场大门

追根溯源兖州煤业国际化之路，与综采放顶煤技术密不可分。综采放顶煤技术为兖州煤业打开国际化大门，国际化为综采放顶煤技术推广铺宽了路子，二者相辅相成，共同造就了兖州煤业的国际化。兖州煤业综采放顶煤开采技术全球领先，研发世界第一套两柱掩护式综采放顶煤液压支架，在澳大利亚澳思达煤矿成功实施，借此打开澳大利亚市场大门。进入澳大利亚资源开发后，兖州煤业斥资 3200 万澳元成功收购了因自燃发火而九易其主且处于停产状态的澳大利亚南田煤矿，经过技术改造后正式恢复生产，成为澳大利亚历史上第一个采用综采放顶煤生产工艺的煤矿。此后，综采放顶煤开采专利技术及防灭火技术，通过有偿转让方式输出到澳大利亚北贡亚拉煤矿、宽地煤矿和美国博地公司等企业，成为中国第一家在国外实现技术资本化的煤炭企业。

2. 加大煤炭清洁高效利用技术应用

兖州煤业在澳大利亚拥有超洁净煤（UCC）专利技术，该技术是一种生产高纯度化学清洁煤的过程。超洁净煤可用作内燃机燃料，以产生高效率电能。使用超洁净煤的内燃机能将 50% ~55% 的燃料能量转化为电能，而澳大利亚的普通火力发电站只能将 33% ~35% 的能量转化为电能。效率的提高使得这种技术成为传统燃煤发电的有效替代品，在当地得到广泛推广应用，可使每单位发电量产生更少的温室气体排放。

3. 先进技术为矿井增收、增效提供支撑

兖州煤业在澳大利亚煤矿运用了长壁放顶煤技术，该技术发展于中国，采用一种改良的长壁采煤体系，允许在长壁机器的一个通道口开挖5~12米厚的煤层，为作业带来高生产率和经济效益。厚煤层开采技术是井工矿开采的重大发展，在世界范围具有广阔的发展前景。采用这种采煤方法，可进一步开采和回收煤层边界80%的煤炭，显著提高了总采收率和矿井整体经济效益。

这些先进的技术在澳大利亚煤矿得到广泛应用，带动提升了兖煤澳大利亚的经济效益；同时，国外信息化、自动化的开采趋势和相关技术也被兖州煤业逐步引进国内，促使公司煤炭产业转型升级、提高产品质量、改善经营管理。

（四）推进资本化的并购模式

1. 打造产业运营为基础、资本运作促发展的经营模式

兖州煤业自上市以来，始终以产业运营为基础，以资本运作促发展，充分借力资本市场积极推进国际化产业结构升级和布局调整。兖州煤业在澳大利亚先后实施了五次重大收购、一次借壳上市和一次中国香港主板上市，成为中国资本市场利用率最高的上市公司之一。在兖州煤业国际化开发建设中，这些以实体产业为基础、资本运作促发展的经营模式，延伸了煤炭产业链，促进了兖州煤业实体产业间的纵向延伸、横向联合、内外部的高效融合，为提升经济效益奠定基础。

2. 遵循市场化原则，灵活把握并购策略

多年来，兖州煤业在澳大利亚的投资过程中始终以遵循市场化原则为前提，兼顾公司与各方的利益。一是在项目收购过程中，保持低调姿态，执行严格的保密制度。尤其是项目前期审慎调研过程中，低调处理，多做少说，避免个别媒体对纯粹的商业行为进行泛政治化的解读及过度炒作对项目带来的负面影响。二是坚持以我为主，把握工作主动权。聘请国际知名、经验丰富的中介机构共同开展并购项目，通过采取灵活有效的谈判策略，把握并购工作的主动权。三是熟悉监管要求，重视公关环节。充分尊重东道国政府的审批要求，通过多种渠道与澳大利亚政府和监管机构保持着持续、顺畅的汇报与沟通。充分考虑目标公司股东的权益和利益，如有可能尽量让目标公司参与到交易架构的设计中，一起与监管机构沟通。

3. 通过资本运作由小变大、由弱变强

2004年，兖州煤业全资收购澳大利亚南田煤矿，成为我国第一家在海外全资收购并经营煤矿的中国企业；2009年，逆金融海啸跨洋完成菲利克斯资源公司收购，这是当时中企在澳大利亚最大的一宗收购案；2012年，兖煤澳大利亚与格罗斯特公司完成合并，成功在澳交所上市。特别是2017年，兖煤澳大利亚通过配售股份募集资金的方式，成功引入有雄厚资本、国际化管理经验丰富的国际矿业巨头嘉能可，并且以24.5亿美元对价收购了其旗下力拓公司持有的联合煤炭的100%股权。该项目实施期间，兖煤澳大利亚与嘉能可开展合作，由嘉能可认购兖煤澳大利亚配售股份3亿美元并成立合资公司共同运营联合煤炭下属的HVO煤矿，将竞争对手变成合作伙伴，实现了“用别人的钱，买别人的资产，办自己的事”的战略目标。该项目收购后，兖煤澳大利亚一举扭转亏损局面，当年实现营业收入26亿澳元，同比增长14亿澳元，增幅110%；利润2.5亿澳元，同比增盈4.7亿澳元。这次并购成为全球煤炭行业5年来规模最大、最经典的兼并重组案，被业界称为“足以改变煤炭市场格局的并购案”，被评为2017年度最具前瞻性跨境并购交易，列入国内外名校教学经典案例。

（五）坚持系统性的风险防控

1. 健全完善制度体系

兖州煤业深入研究澳大利亚的相关法律法规，找准与中国境内法律法规结合的切入点，对兖煤澳大利亚业务流程实施再造与整合，印发《加强境外机构管理暂行规定》《投资风险管理办法》《对外投资管理办法》等文件，制订实施《货币资金管理办法》，在法人治理运行、经理层决策权限、人力资源、

财务资金、采购销售、对外投资等方面与国资管控规则进行对接并植入兖煤澳大利亚的公司章程等内控制度，着力健全制度体系，从严堵塞管理漏洞。

2. 加强公司运营管控

兖州煤业并购各公司及其所属矿井在制度、体系、系统、业务流程和人力资源管理等方面都是独立运行、各行其策，存在很多缺陷和不足，无法达到整齐划一的管理。为此，兖州煤业着力在规范管理上做文章，加强公司运营管控。第一，制订管理流程八大“统一”，即统一公司制度、统一工作程序、统一会计制度、统一 IT 系统、统一人力资源管理、统一采购和大额合同管理、统一工作业绩汇报格式、统一财务控制和资金管理，确保了作为“一个公司”运营的要求。第二，完善管控体系，提高运营效率。建立了会计、费用审批、人力资源、物资采购等 9 个方面的管理办法，制订了产品销售与装运、预算编制等六大方面的管理程序（制度），形成了一套完整的管控体系，对于提升内部工作效率、改进业务控制、实现集约化整合和未来资源并购奠定了基础。第三，着力流程再造，优化业务控制。以实施 SAP（ERP）为着力点，推进业务流程再造。结合澳大利亚实际，按照主要业务需求设计了财务、物流、维护、生产和销售等功能模块，分 3 个阶段在公司总部、各矿及物流终端上线实施，优化了业务控制，也实现了与兖州煤业总部的工作对接。

3. 加强境外运营风险防控

兖州煤业在澳大利亚所选投资项目均是具有明确的成长性和较高透明度的资产，并且能够与现有项目形成良好的协同效应。兖州煤业每次收购均由境外子公司为收购运作平台，在公司本部和海外项目之间搭建起“防火墙”，规避公司本部经营风险。聘任国际资深中介机构进行全面细致的尽职调查，从技术、财务和法律等方面进行详细调研，确保项目合规可行，真正做到了胸有成竹、胜券在握。着力完善内部控制，将审计评价与投资项目后评价相结合，对境外投资项目风险以审计专报形式进行风险提示。完善国际化风险防控体系，制订、实施项目、负债、市场、汇率、税收、照付不议 6 个方面的风险防控措施。完善项目尽职调查、经济技术评价、论证决策制度，对收购项目从法律、财务、税务、环境等方面开展全方位调研、分析和风险评估。在国际煤炭市场持续低迷的情况下，做好低效资产市值减值测试准备，防范经营风险。实行汇率锁定、套期保值，有效规避汇率波动风险。制订税收筹划方案，降低税费支出，防范税务风险。

（六）注重跨文化的融合发展

1. 实施本土化管理，发挥“澳人治澳”优势

兖州煤业充分利用当地优秀人才，保留和用好原有管理团队、生产经营骨干和原有销售渠道，邀请熟悉澳大利亚矿业法律、经济和管理的澳籍人士加入公司董事会并由澳籍人士担任首席执行官，负责日常运营管理。保留并用好原有生产经营团队，充分发挥澳籍人士熟悉澳大利亚情况的优势。兖煤澳大利亚近 5000 名员工中，除必要派出的公司本部 11 人外，全部从当地聘用，实现了“澳人治澳”。

2. 尊重属地文化，实施跨文化融合

兖州煤业在国际化发展中注重吸收借鉴国内外企业文化精华，培育中国文化与属地文化相互融合，建立推广高效务实、独具特色的“卓越之道”企业文化，通过实施员工收入关键业绩指标关联法、加强中澳员工之间的信息交流和感情沟通、邀请澳籍员工到兖州煤业本部考察学习等方式，适当推广国内先进管理做法，最大限度地实现文化融合。积极探索跨文化管理新模式，宣传“干一番事业、交一批朋友”的理念，举办庆功晚会品尝中国餐，感受中国文化。引入关键业绩指标关联法，实行流动红旗竞赛制度，有效激励员工工作积极性。

3. 融入当地社区，创造良好外围环境

积极参与当地社会公益活动，出资抗震救灾重建家园，定期为学校捐赠资金、书籍文化用品，与社区建立沟通会议制度，邀请地方政府相关人员参加矿井大型活动，赢得了当地政府、社区、居民的理解

和支持，为兖州煤业在澳大利亚发展创造了和谐、稳定的环境。兖煤澳大利亚为支持当地社区的可持续发展，有明确的资金计划。兖煤澳大利亚每年分配资金，为当地的健康、教育与培训、体育活动等领域的社区团体和项目提供财务支持。兖煤澳大利亚已和当地克隆塔夫基金会、昆士兰科技大学、西太平洋直升机救援服务等建立伙伴关系并每年提供资金支持。

三、国有煤炭企业提升国际化水平的境外能源基地建设与运营效果

（一）区域布局持续完善，产业结构不断优化

兖州煤业坚持适应经济全球化、境内外区域一体化的发展趋势，通过在澳大利亚实施产业延伸、区域布局、资本扩张和运营管控，获取一批规模大、品位优、效益好、竞争力强的矿产资源，全球融合发展、资源高效整合、系统风险管控、产融协同互补“四个能力”持续提升，最终成为澳大利亚最大的独立煤炭运营商，煤炭储量、产量提升至澳大利亚第三位。在澳大利亚基地全面优化投资、区域、产业、产品“四个结构”，促进资源要素高效配置、优势互补，构建形成“传统＋新兴”“产业＋资本”“国内＋国际”融合发展的新格局，实现“资源储备、资源开发、资源转化”三大跨越式发展，逐步形成山东本部、陕蒙基地、澳大利亚基地“三足鼎立”的区域布局，打造成为全面融合发展的一流国际化能源基地。兖州煤业的战略资源储备能力、全球产业布局能力持续提升，多层次融资渠道、国际化资本运作方式全面拓宽，深度融合、互利共赢的合作发展格局加速形成，逐步成为煤炭行业一流跨国能源集团。

（二）经济效益持续攀升，竞争实力全面跃升

兖州煤业目前在澳大利亚拥有11个煤矿，控制煤炭资源113.7亿吨，生产能力达到1.26亿吨/年，产品主要包括优质的动力煤及冶金煤，产品热值较高，硫、磷等杂质含量低，品质较为优良。兖煤澳大利亚的客户遍布整个亚太地区，2021年1—6月来自日本、韩国、新加坡及中国台湾的收入占其煤炭销售收入约为72%，在亚太海运煤市场上占据重要的地位。通过澳大利亚能源基地项目的运营和管控，兖州煤业国际、国内两个市场及两种资源的协同效应充分发挥，实现了业务规模和盈利能力的快速增长，在亚太地区海运煤市场的话语权和定价权不断提升。近年来，澳大利亚基地已经成为兖州煤业重要营收及利润来源，对比近5年数据，兖煤澳大利亚煤炭产量由2016年的1575万吨增至2020年的3778万吨，净资产由63亿元增至555亿元，累计实现净利润30.9亿元。2021年，在疫情影响下，兖煤澳大利亚实现净利润36亿元，向资本市场、煤炭市场、海外资源市场及股东交出了满意答卷。

（三）管控模式不断成熟，加速形成共赢格局

作为煤炭行业最早“走出去”的企业，兖州煤业通过在澳大利亚开发建设煤炭资源项目，国际、国内两个市场及两种资源的协同效应充分发挥，业务规模和盈利能力快速增长，走出一条高效资本运作和海外资产扩张之路，培养了一批高素质的资本运作和国际化人才，从跨越式发展的“赶路者”一跃成为与国际行业巨头同台竞技的“领跑者”。兖州煤业境外能源基地运营与管控成为国企典范，特别是在资本运营、并购重组等方面实施了一系列重大项目后，积累了一系列成功经验，培育形成了全球化的融资引资能力，锻造了一支国际化精英管理团队，国际市场竞争优势突出。积极推动与境外合作方的融合发展，充分尊重东道国的利益诉求，努力消除环境、法律的差异和冲突，在技术标准、市场营销等方面融入当地经济社会发展格局，实现融合发展、互利共赢。积极履行经济社会责任，承担环境保护责任，支持健康、环保、教育培训及社区活动，与社区建立沟通会议制度，获得当地政府和公众广泛认可。

（成果创造人：李　伟、肖耀猛、张宜清、金建德、刘　晨、殷　馨、侯庆东、杨继贤、张　波、王小天、熊振中）

海外项目基于商业信用担保的多元化融资服务全过程风险管控

中国寰球工程有限公司

中国寰球工程有限公司（以下简称寰球公司），始建于 1953 年，是集研发、咨询、技术许可、FEED、设计、采购、施工、设备制造、开车、运行维护、融资等 EPC 全流程、全价值链、“一站式”综合服务于一体的国际型工程公司，主要从事炼油工程、石油化工工程、LNG 天然气液化及接收处理、新型煤化、有机化工、无机化工、医药化工工程建设。寰球公司拥有工程设计院综合甲级资质、工程咨询甲级资质、环评甲级资质、工程造价甲级资质，特种设备设计、制造、维修资质；石油化工工程施工总承包特级资质、对外工程承包资质。拥有 ISO9001、ISO14001、OHSAS18001 和中国石油天然气集团有限公司（以下简称中石油）HSE 等管理流程认证证书。成立 60 多年来，先后完成了 3000 多项国内外大中型项目的咨询、设计、施工和总承包建设任务，业务遍及国内及东南亚、西欧、美洲、中东等近 40 个国家和地区。

一、海外项目基于商业信用担保的多元化融资服务全过程风险管控背景

（一）业务模式创新迫在眉睫

经过 30 多年的发展，随着对外工程承包行业的竞争日益激烈，综合实力强的企业开始探索业务模式创新。随着国家促进企业海外发展的政策不断完善，特别是在解决资金缺口方面有较大突破，如涉及中国出口信用保险公司、中国进出口银行、国家开发银行等的金融政策的安排，让企业有了更多的融资选择，转型升级动力明显提升。中石油贯彻国家政策精神，提出建设世界一流综合性国际能源公司的目标和坚持稳健发展方针，全面深化产融结合，推进改革创新。寰球公司积极响应号召，将推动海外业务发展定为公司目标之一，以客户为中心，以业务为主导，紧密跟踪、服务“一带一路”沿线国家和地区的客户，与金融机构展开紧密结合，探索新的项目融资模式，通过设计创新型融资架构降低成本。

（二）依法合规经营和风险防范的需要

强化依法合规经营，防范化解重大风险，能够为国有企业高质量发展提供有力保障。寰球公司认真贯彻落实中石油防风险、保发展的安排部署，以伊拉克 K 炼厂项目为试点，在项目的融资筹划、执行和反馈过程中，严格按照中石油的规定和制度流程要求执行。在此基础上，针对项目的特殊性，进行差别化管理，实现公司整体利益最大化。

（三）适应行业发展，拓展海外业务

从国际市场来看，在油气投资大幅压减的背景下，国际工程市场竞争趋于白热化，业主依托在市场竞争中的有利地位，在合同价格、付款条件、风险分担、进度要求等关键条款谈判中更趋强势。在世界能源格局大变革的背景下，投融资业务在工程建设行业的作用日渐凸显，而且成了多数中国工程公司在国内外市场开拓的核心竞争力之一。国际市场上，能够提供国家担保和母公司担保的项目越来越少，结构简单且风险较低的两优贷款及买方信贷等传统融资模式越来越少，工程建设企业需分担融资风险以争取项目机会。与此同时，炼化工程市场竞争也趋于白热化，围绕着有限市场资源的竞争更加激烈，国内外工程公司都在寻找降低成本、增加利润点的新模式。在复杂的市场环境下，寰球公司积极寻找突破口，以伊拉克 K 炼厂扩建项目为试点，在“EPC + 融资”的基础模式之上，以应收账款卖断衍生出的新型融资架构，既满足了业主需求，也控制了自身的融资风险。

二、海外项目基于商业信用担保的多元化融资服务全过程风险管控主要做法

（一）构建全生命周期管理流程

寰球公司建立一套覆盖项目融资服务全过程的管理流程（融资筹划－融资执行－融资反馈），将融资服务由多团队分段式的管理模式转变为由单一团队全程负责，有利于融资服务质量提高。寰球公司抓住融资服务不同阶段的关键要素，在融资项目筹划阶段组织专业团队夯实交易结构，在融资执行阶段采用精细化管理手段改善用户服务体验，在融资服务完成后对结果组织反馈和分享，促进全生命周期管理模式发挥实效。

1. 专业团队夯实交易结构

随着中国工程企业海外经营不断成熟，融资服务业务呈现结构越来越复杂的发展趋势。传统的由项目经理带领技术团队“兼职＋跨界”完成融资安排的模式已经无法胜任复杂的融资安排要求，组建一支拥有金融、法律、财务知识背景的专职融资团队势在必行。寰球公司在伊拉K炼厂扩建项目融资筹划过程中，建立由内部专职融资团队与临时外部专家团队联合的新型团队结构。内部专职融资团队构成组织核心，负责项目融资筹划的核心筹划工作。对于需要特殊专业技能的工作，寰球公司通过临时聘用外部专家的方式为团队增加临时成员。

专门在总部成立项目投融资管理中心，作为集中管理公司融资服务和风险控制的职能部门，负责管理所有二级公司和海外分支机构的“EPC＋融资”类业务需求。团队由副总经理直接管理，成员由具有数学分析、财务经验、金融知识或银行从业背景、工程技术背景、海外市场开发经验的员工组成，既能够跨部门调动资源，也有足够的专业知识背景应付专业化的日常工作。

寰球公司聘用的外部专家团队一般包括律师和审计师两类。律师团队与内部专职融资团队配合完成法律尽职调查报告起草、融资相关协议谈判和起草，并且为公司决策出具法律意见，帮助寰球公司高效推进项目并把牢法律底线。审计师团队与内部融资团队配合完成项目税务优化、会计处理优化等工作，帮助寰球公司充分利用税收、会计制度空间提高项目盈利水平。

2. 对融资协议执行过程进行精细管理

寰球公司在“客户成功，我必成功”的企业精神指引下，通过管理流程创新不断在项目执行过程中主动为业主寻找利润增长点。例如，伊拉克K炼厂扩建项目中，寰球公司在项目执行过程中涉及大额资金的跨境划转。受到银行头寸安排、外管局申报要求等因素的影响，大额跨境资金汇转一般会耗时4天左右，如果遇到法定节假日，汇转时间将更长。在小额转账的情况下，这种延迟的影响并不明显，但寰球公司在本项目项下共需汇转数亿美元现金，现金在汇转过程中消耗的每一天都会给业主带来利息和资金占用两方面的损失。寰球公司在专业律师和会计师的支持下，对资金汇转的时间和审批程序主动进行了优化和整合，最终将资金汇转时间控制在2天以内，为业主节省了十数万美元的资金成本。另外，寰球公司建立融资银行招标程序，主动帮助业主对比账户沉淀资金活期利率，选择了汇转成本较低、活期利息较高的银行作为项目服务银行，最终为项目节省资金30余万美元。

（二）项目签约前风险管理

在融资风险总体控制方面，融资团队提出融资方案与工程服务相互独立的协议结构设计理念。这一设计理念核心是，寰球公司的融资方案中签约各方的权利和责任不受工程服务合同执行情况或纠纷的影响（反之亦然）。融资合同任何一方不得以工程项目项下的纠纷而拒绝执行融资合同中的责任。这一结构保证了“EPC＋融资”的交易结构不会出现如工程违约导致融资协议进一步违约的系统性风险，最大限度避免了出现工程协议和融资协议之间的交叉违约和三角债务的风险。

伊拉克K炼厂扩建项目采用由承包商和银行直接签订融资协议的总体融资结构，这种结构帮助工程承包商在项目各阶段取得更加强势和主动的地位，但也要求寰球公司融资协议执行过程具有更高的管

理水平。传统的管理流程中，项目的风险和收益的分析是在审批的不同环节相对独立完成的。但是，交易的各个部分符合公司的风险要求并不意味着整体产生的效果也符合公司的发展利益。为了使业务审批程序更加能够反映公司的利益要求，寰球公司在签约前设立项目总体评估机制。在这个节点，交易的各个环节已经定型但协议还未签字生效，寰球公司通过情景分析和建模计算宏观分析项目风险和收益情况，依照分析结果做出最终决策。伊拉克 K 炼厂扩建项目筹备过程中，融资团队和工程团队在律师、工程师、会计师的支持下完成对项目法律风险、工程建设风险、财务风险、操作风险等方面的评估，并且对极端情况下项目可能出现的损失问题进行详细分析，认为项目在正常执行的过程中大概率可以保持盈利的状态，但如果出现极端情况，项目有出现大额损失的风险。在得出这一结论后，融资服务团队对各种极端情况是否可控及如何控制进行逐项分析。

（三）融资协议执行过程的风险控制

寰球公司将执行过程中的融资风险分为日常风险和特殊风险两类。日常风险指通过正常履约就能够规避的融资风险。特殊风险指可能出现重大损失且需要采取特殊行动才能够规避的融资风险，比如伊拉克 K 项目中的担保失效风险，寰球公司需要在合同规定的时间及时发现并采取行动才能避免损失。如果不能及时发现和处理这类风险，项目可能出现全面停工和诉讼风险。针对这两类不同风险，寰球公司创新地设立风险自检与预判流程及应急响应计划。首先，设立风险自检与预判流程。针对执行中需要持续监控的日常风险，寰球公司秉承“正视风险，是解决风险的第一步”的工作理念，通过自检与预判机制，对项目执行的各个风险点进行识别和持续监控，把握住严格依照合同规定执行的思路，定期整理和检查，做到对日常风险的实时监控。风险定期自检与预判流程通过合同专人负责机制、融资例会机制、融资周报机制、重点风险处置机制完成对项目日常风险的识别和处置。其次，针对可能出现重大损失或需要快速处理的特殊风险，建立应急响应计划，包括风险处置方案和应急演练两个部分。在专业律师的支持下为每一项特殊风险建立风险处置方案。风险处置方案中包含风险处置的流程、联系人信息，以及必要的文件模板。在特殊风险发生后，项目执行团队能立即按照文件内容组织开展风险处置工作。

（四）审慎开展项目资信评估，综合把控项目情况

将银行贷款风险审查体系引入海外项目开发过程，在项目初期接洽阶段就按照银行贷款评估体系开展信息收集和分析工作，通过提前完成系统的前期调查工作，从根本上提高融资筹划的效率，帮助寰球公司更好地理解业主的融资需求和能力范围，最终提供更加符合业主需求的定制化融资方案。例如，在国别情况方面，通过联合中国出口信用保险公司的专家，寰球公司对项目所在国政治经济情况进行详细分析。分析发现伊拉克总体政治风险可控，但应关注零星发生的恐怖事件对项目推进可能带来的风险。针对如何化解恐怖袭击的风险，寰球公司分别汇报于商务部、外交部、中国驻伊拉克大使后，发现恐怖袭击的风险在恰当的风险管控措施的保障下是可以规避的。以这一结论为指导，寰球公司聘请中东地区知名安保公司为项目编制《项目安保方案》和《项目应急响应预案》。为进一步夯实对恐怖袭击事件的风险控制，寰球公司调整当地工程实施方案，将人员使用量大的部分工作分包给当地工人完成。这一措施降低了施工人员安保的费用，也进一步降低了项目建设成本。在借款人背景方面，融资团队联合当地的前方市场开发人员从工商部门收集业主的基本信息，并且实地走访了解借款人资产，对业主的背景信息进行收集。在项目盈利能力方面，对收集到的项目信息进行梳理后，为项目建立财务模型并对项目盈利能力进行分析。例如，在分析伊拉克 K 炼厂扩建项目的商业模式时，了解到业主已经与当地政府签订了加工服务合同，当地政府将为项目提供的原油加工服务支付有市场竞争力的固定收益。在风险控制方案方面，寰球公司会聘请专业律所对当地的法律环境进行调查。在伊拉克 K 炼厂扩建项目中，寰球公司聘请中东地区著名律所对伊拉克当地法律环境进行较为全面的调查。调查结论认为伊拉克当地法律体系完善，有较为健全的登记质押、抵押、担保和强制执行相关的法律法规，可以支持复杂的交易结

构。但是，当地确实存在政府工作效率不高、部分规定可操作性不强的问题，在设计融资结构时需要对风险处置的步骤进行详细分析。寰球公司将所收集到的信息按照银行贷款尽职调查报告内容整理为《融资可行方案研究》，与寰球公司咨询团队编制的《工程项目可行性分析报告》相互补充，形成完整的情况分析材料。以伊拉克 K 炼厂项目筹划阶段为例，寰球公司为项目编制的《融资可行方案研究》从国别情况、产品市场情况、借款人背景介绍、借款人财务资产情况、项目基本情况、盈利水平预测、产品市场风险、风险控制方案等 26 个方面对融资服务的可行性进行了详细分析。通过上述分析，寰球公司对项目各个方面的情况有了较为全面的了解，为有的放矢进行融资方案筹划夯实了基础。

（五）针对性实施融资方案筹划，设计定制化方案

在伊拉克 K 炼厂扩建项目中，伊拉克的国别风险较高，该项目无法提供传统的主权担保或地区财政部担保，业主不是国有公司，没有做过大额国际贷款，只在当地及周边几个国家有贷款经验。另外，业主也不是渣打等大型银行的现有客户，进行客户所需的银行的尽职调查过程又比较耗时。考虑到项目的经济性和业主的经济实力可以保证项目的成功执行。如何通过证明还款实力，以及快速完成项目融资关闭就成了这个项目的难中之难、重中之重。寰球公司将审批速度较快、要求相对较低的短期贸易融资项下的应收账款保理结构应用在国际工程服务中，最大限度上为业主降低了融资审批要求、节省了审批时间。为充分保证寰球公司和国内金融机构的利益，融资团队在强大律师团队的支持下设计完善的担保结构，其中包括机械设备质押、股权质押、占有质押、石油加工费担保等多重担保方式。为了进一步降低担保结构强制执行过程时间的不确定性，融资服务团队采用抵押、质押担保与本票开立相结合的担保结构。依据前述风险控制方案，融资团队成功说服中国出口信用保险公司为项目提供短期出口特定合同保险。在这一融资结构支持下，业主在工程建设期不需要向寰球公司支付工程进度款。业主定期确认工程建设进度并形成业主对寰球公司的债务，债务在业主财务报告上计入应付工程款，在寰球公司财务报表上进入应收账款科目。寰球公司在工程款得到确认后，立即将取得的应收账款转卖给银行。寰球公司不对应收账款承担回购责任，由中国出口信用保险公司和保理银行共同承担项目信用风险。项目业主需要在每笔应收账款确认后 2 年，在规定的还款期内将工程款支付至指定银行账户，从而完成还款。

三、海外项目基于商业信用担保的多元化融资服务全过程风险管控效果

寰球公司融资服务管理将对业主的支持落实为强有力的行动，是公司大力开展国际融资项目的基础，也是培育新的核心竞争优势的重要手段。融资服务作为寰球公司工程承包服务全价值链发展的重要一环，推动寰球公司成功筹划和执行了一系列海外“EPC + 融资”类项目，如伊拉克 K 炼厂扩建项目融资服务的顺利完成是中国出口信用保险公司的短期特定合同保险服务应用在工程建设项目融资的范例，是中国金融机构首次依靠中国出口信用保险在伊拉克开展的业务，受到了广泛认可并获得了下述奖项：《The Asset》杂志颁发的“最佳 ECA 融资奖”、《商法》杂志颁发的“杰出交易奖”、《欧洲金融学报》杂志颁发的“陶朱奖”。寰球公司的这一创新做法增强了中国企业的国际竞争力，为企业打开海外市场和取得新的盈利机会起到了积极的推动作用。

（成果创造人：徐一博、杨　玲、张丹蕾、梁继尧、王　双、许　玲、文春明、徐境泽）

海外油气业务国际税务“四全”价值管理体系构建

中国石油国际勘探开发有限公司

中国石油国际勘探开发有限公司（以下简称中油国际）是中国石油天然气集团有限公司（以下简称中石油）授权专门负责海外油气投资与经营作业的专业子公司，目前在全球30多个国家运营管理着约90个项目，形成了以油气勘探开发为核心及集管道运营、炼油化工、油品销售于一体的完整油气产业链。多年来，中油国际坚持“互利共赢、合作发展”的理念，积极参与国际油气资源的开发利用，深化与资源国和国际石油公司的合作，公司规模和实力不断增强，国际化水平持续提升，建成了中亚－俄罗斯、中东、非洲、美洲和亚太5个海外油气合作区，形成了上中下游一体化的完整石油产业链，成为世界大中型油气项目开发作业者和国际知名石油公司信赖的优选合作伙伴。自2019年起，中油国际海外中方权益油气当量已迈上1亿吨的规模，承担着保障国家能源安全、实现国有企业保值增值的重要职责。2020年，中油国际资产总额3957.54亿元，年销售收入约451.94亿元，利润总额144.35亿元，是中国海外油气业务规模最大的公司。

一、海外油气业务国际税务“四全”价值管理体系构建背景

（一）新时代，“走出去”的企业实现企业价值最大化的需要

企业价值最大化是普遍认可的当代企业财务管理主要目标。它注重企业的可持续发展，强调在企业的价值成长过程中充分考虑所有相关者的利益。既要通过价值创造让股东分享企业发展的成果、保障债权人的利益，又要通过依法诚信纳税履行企业社会责任、树立企业的形象。国际税务价值管理作为企业财务管理的重要内容之一，其核心工作是不断提升国际税务管理质量，在瞬息万变的国际环境中动态管控国际税务风险，以实现国际税务管理为企业发展和财务管理赋能增值。在具体的税务管理过程中，既要做到依法合规纳税，又要避免税务资产的低效利用。在国际税务价值管理的实践中，通过激活低效递延所得税资产，充分利用税收协定税收优惠等手段，实现企业税务价值最大化，进而实现企业整体价值增加。

（二）新时代，“走出去”企业适应全球化经营发展的需要

十九大报告指出“主动参与和推动经济全球化进程，发展更高层次的开放型经济，不断壮大我国经济实力和综合国力”，更强调要“培育具有全球竞争力的世界一流企业”。为建成世界一流企业，新时代的“走出去”的企业要做到经营上的全球化和管理上的国际化。国际税务价值管理要放眼全球税务环境，根据国际税制的演进变化及时调整企业的税务管理理念、重构税务价值实现链条，将企业税收风险降低至安全水平并对税收风险进行动态监控。国际税务价值管理是企业管理国际化的重要内容和关键指标。

（三）新时代，“走出去”的企业树立良好企业形象的需要

“走出去”的中国企业肩负着树立良好企业形象的责任。良好的企业形象不仅体现于企业外在的产品和服务，更源自企业担当和诚信的内在精神。在“走出去”的实践过程中，中国企业往往通过助力当地社区建设和资助公益事业等方式树立企业形象，但毫无疑问，严格遵守所在国包括税法在内的法律法规、依法合规经营，对于“走出去”的企业树立担当和诚信的企业形象至关重要。新时代，世界正经历着百年未有之大变局，“走出去”的中国企业逐步走向世界舞台中心，接受苛刻的检视。企业国际税务价值管理以依法合规纳税为基础，成为构建企业诚信的基石。

二、海外油气业务国际税务“四全”价值管理体系构建主要做法

（一）明确“四全”管理体系构建的工作思路和目标

中油国际通过基础发展、规模发展及高质量发展3个阶段，实现海外中方权益产量1亿吨的规模，成为国际化经营程度最高的中国企业之一。相应的，其国际税务价值管理也实现了从学习跟随到高质量主动管理的提升，伴随着国际税改大潮，形成了“全周期、全链条、全局化、全球化”的国际税务价值“四全”维度管理体系。中油国际的目标是通过“四全”维度管控，力争实现“目标明确、覆盖全面、视角完整、措施完善、质量量化”的五重效果。

（二）国际税务价值管理在时间上做“全周期”考虑

海外投资油气项目从时间上分为评价期、交割期、运营期和退出期四大阶段。评价期是指从获取项目招标意向至签订收购合同；进入期是指从签订收购合同至正式交割；运营期是指从交割日至项目决定退出日；退出期是指从项目决定退出日至完成注销或转让手续日。油气投资项目周期普遍较长，少则10年、多则长达几十年。在如此长的投资周期中，不仅面临着资源国税收法律法规调整的风险，更需应对国际税收环境变化带来的冲击。中油国际根据投资的不同阶段面临的风险不同，形成系统而又有针对性的税务价值管理体系。

1. 项目评价期开展税务尽职调查

为降低决策时的税务风险，在对海外项目进行评价时，中油国际将税务尽职调查（以下简称税务尽调）从法律尽职调查或财务尽职调查中独立出来单独开展。税务尽调从历史数据入手，通过排查被评价项目已发生的税务滞纳和罚款事项，评估被评价项目税务合规管理水平。通过对比企业与所在行业综合和单项税负水平，评估被评价项目潜在税务风险的大小。根据合规管理水平和税负水平的高低，深入开展具有针对性的税务尽调，力争在进入谈判前将被评价项目的税务风险降低至可接受或可控的水平。针对高风险税务事项，在合同条款中做好风险隔离或风险补偿准备。税务尽调还应对项目所在国的宏观税收环境做出评估，如果所在国存在税收法规变动频繁、税务执法随意性较大的现象，则应认为宏观税务风险较大。针对所在国税法变动频繁风险，争取在项目协议中增加税收稳定条款，以避免项目执行过程中所在国通过修改法律增加企业的综合税负成本。针对所在国税务执法随意性较大的风险，则应在项目谈判时尽可能多地争取免税待遇。值得注意的是，税务尽调还应注意税法位阶的高低。如果包含税收稳定或免税等税收优惠条款的协议低于所在国的税法位阶，则应将所在国有关权力部门的批准设定为交割前提条件，以避免法律位阶方面的风险。

2. 项目进入期设计最优投资架构

最优投资架构设计应当秉承事前筹划原则。投资架构一旦搭建完成，后续变动时须经合作伙伴协商、所在国审批，通常需要做出利益妥协或让步，向所在国支付大额转让费用或间接转让所得税。最优投资架构在内容上应涵盖股权投资和债权投资。在决定股权和债权的投资比例时，首先要考虑所在国对投资资本的最低要求，其次要考虑所在国税收法规中关于债资比的规定，最后要重点考虑投资回收的便捷性和投资回收过程中的成本（股息预提税和利息预提税）。通常来说，债权投资由于利息费用可以税前扣除（满足债资比的情况下），能够降低企业所得税，并且受盈利情况的限制较小，在利息预提税不高于企业所得税税率和股息预提税税率的复合税率（企业所得税税率＋股息预提税税率－企业所得税税率×股息预提税税率）的情况下，应优先选择债务投资。最优投资架构在路径选择上应当秉承税务价值最大化理念。即投资架构路径选择时，不但要考虑尽量降低回收时的成本，还要考虑路径中的税务风险。不能因为追求回收时股息或利息的最小化而选择激进的路径，如路径中存在税收黑名单或灰名单国家（地区）或存在滥用协定现象。这样做看似成本最小，但由于面临的税务风险极高，综合来看反而背离税务管理价值最大化的理念。最优投资架构应选择适当的机构设立形式。在项目所在国设立机构

时，常见的形式有子公司、分公司和代表处。选择设立形式时除了要考虑所在国政府的要求和需要实现的功能外，还应从综合税负成本、递延纳税等角度进行认真的分析比较。此外，最优投资架构还应考虑到管理成本、法律风险隔离等因素。

3. 项目运营期灵活安排经营节奏

基于项目经营初期的亏损常态及所在国税法对税前可弥补亏损结转期长短的不同规定，企业应当灵活调节经营节奏。在税前可弥补亏损无限期向后结转的情况下，由于不存在税前可弥补亏损（递延所得税资产）过期浪费的可能，经营节奏调节时只需要考虑递延所得税资产的时间价值即可。在税前可弥补亏损向后结转限定期限的情况下，如果经营节奏调节不当，容易造成税前可弥补亏损因没有足够的税前利润弥补而过期浪费的可能，经营节奏调节时除了要考虑递延所得税资产的时间价值外，还需要考虑税前可弥补亏损的充分利用。安排经营节奏时，还应考虑所在国给予项目的特殊税收优惠政策。如果所在国给予项目经营初期一定时间的企业所得税减税期或免税期，则应通过调节经营节奏，尽量实现税收减免期间的利润最大化，充分享受税收减免政策红利。如果所在国给予项目建设期特殊的关税减免政策，则应在建设期内将需要缴纳关税的物资和备件采购完毕。

4. 项目退出期重点管控税务风险

根据中油国际海外项目运作的经验，项目运营中后期涉税风险呈现高发状态。如果伴有项目投资已完全回收、出现所在国财政紧张或所在国政权更迭等情况，则税务风险肯定会发生。项目运营中后期，企业应该考虑通过出让部分或全部权益退出项目。通过全部或部分退出项目，将项目税务风险让渡或管控在可以接受的低水平。项目退出时，基于税收风险考虑应注意以下事项：首先，在合作伙伴选择上优先选择所在国实力较大的企业，如所在国国有公司或前宗主国公司，这些公司具有较强的税务风险应对能力，有利于降低项目税务风险水平；其次，出让权益时应认真论证出让方式不同造成的税负差异。通常情况下，由于出让股权的方式能最大限度地让渡税收风险，并且具有间接转让所在国资产的隐蔽性，应优先选择出让股权的方式。只有在出让资产税务成本具有较大优势的情况下，才考虑选择出让资产的方式。项目到期关闭或转交给所在国政府属于特殊的退出方式。此时如果注销公司设立在所在国的机构，应注意将该机构的关联应付款项通过“债转股”的形式在注销前转变为股权。否则，上述未支付的应付款项在注销时将会被认为一种应税收入，进而可能导致缴纳一定金额的企业所得税。

（三）国际税务价值管理在价值链上做“全链条”联动

海外油气项目业务涵盖广泛，从上游勘探开发到储运、炼化和销售多个环节都有涉及。在开展国际税务价值管理时应善于利用“全链条”联动，有效降低整体税负水平，提升税务价值。

1. 通过甲乙方联动实现税务价值最大化

“走出去”的企业在海外运作项目时，要充分利用甲乙方一体化优势，这不但能形成管理协同效应，还有利于实现整体税务价值最大化。比如，通过在销售环节改变销售模式，实现购销双方税务价值最大化。销售方作为能源企业，通常企业所得税税负水平较高；而购货方作为商品流通企业，一般只需要缴纳正常或较低水平的企业所得税。此时，可以将购销模式改为委托加工模式，实现整体税负降低的目标。例如，利用购货方企业所得税税率远低于销售方优势，将原购销模式改变为购货方购进销售方的原料气并委托销售方加工成液化气的模式。在原模式下，大量利润留在销售方，需要缴纳高额的企业所得税。改变模式后，通过双边预约定价安排，销售方只根据承担的加工功能获取相对较低的利润，大部分利润留在购货方，从而实现整体税务价值最大化。

2. 通过产融结合实现税务价值最大化

产融结合实现税务价值最大化是在空间上对“全链条”联动的进一步拓展。通过项目投资运营与集团内的金融服务对接，不但有利于加快投资回收步伐，亦能降低税务风险或综合税务成本。常见的对接有项目投资运营与集团内银行或财务公司的对接、项目投资运营与集团内的专属保险公司对接。

通过融资业务将项目投资运营与集团内银行或财务公司对接，相对比较容易。在对接过程中，从税务价值管理的角度应关注以下几点。一是要注意业务的关联属性。由于同属于一个集团，业务性质属于关联交易。在税务管理上，首先需要做好转让定价管理，一般应出具转让定价专项报告。其次，应关注所在国对项目融资比例的限制，通常应将关联贷款金额限制在税法规定的债资比范围内。二是要实现综合税负水平降低。通常是利用贷款人（集团内银行或财务公司）和借款人（项目公司）之间的税率差异来实现综合税负水平的降低。除此之外，企业也可以根据项目所处阶段和未来盈利情况，通过利率安排实现税负水平降低。三是要有助于降低税务风险。有些业务安排随着所在国税收法律法规的变化涉税风险不断加大。例如，对传统低税地（英属维尔京群岛和英属开曼群岛等）企业课征惩罚性的税款，或者向其支付费用税前列支限制等。此时，应通过寻求合理的贷款人进行替换，以规避未来的税务风险。

3. 通过保险创效实现综合税务价值最大化

根据国际惯例，全球知名石油企业均设有专属保险公司（自保公司）来承接内部项目的保险工作。通过借鉴其他石油公司的成功经验，中油国际通过引用集团专属保险公司参与海外项目的保险工作，一方面提升保险管理水平；另一方面可以通过保费回流，利用专属保险与所在国项目的税负水平差异提升税务管理价值。

（四）国际税务价值管理应兼顾"全局化"利益

"走出去"的企业享受着国家"充分利用两个市场、两种资源"的政策红利，参与全球化竞争也凝聚全集团的优势资源。因此，在国际税务价值管理时应自觉维护国家税收利益，兼顾集团整体利益。

1. 自觉维护国家税收利益

"走出去"的企业在海外发展过程中，国际税务管理的价值取向上应牢记国家税收利益。具体表现为项目运行过程中如果缴税不可避免，应通过合法合理的安排争取在国内缴纳税款。

2018 年，中油国际运营的海外项目所在国（R 国）通过修订国内税收法律，提高 R 国与 N 国间双边税收协定优惠税率的适用门槛，致使中油国际在今后与 R 国的业务中需要增加大额税负成本。经过深入论证和详细测算，为避免大额增加税负成本，可以选择 3 种解决方案。方案一是通过对设在 N 国的公司管理升级，以满足 R 国的法律规定，享受零税率。该方案只需在 N 国缴纳部分税款。方案二是通过将 N 国公司的母公司税务移民至 S 国，然后向 R 国申请适用 R－S 的税收协定优惠税率，也只需要在 R 国缴纳少量税款。方案三是通过将 N 国公司的母公司税务移民至中国，然后向 R 国申请适用 R 国与中国的税收协定优惠税率并在中国缴纳部分税款。上述 3 种方案均能降低中油国际在 R 国开展业务的税负水平，而且从税负成本大小的角度排序应该优先选择方案二。但是，中油国际在税务价值管理决策时，自觉维护国家税收利益，决定实施方案三。中油国际在实现企业降低税负的同时为国家贡献了可观的财政收入。

2. 始终兼顾集团利益

中油国际作为中石油"走出去"的代表企业，国际税务管理上始终不忘兼顾中石油的利益，具体包括两个方面：一是积极推动中石油成立海外区域税收协调组，在协调组中肩负领导管理职能；二是针对海外油气上游项目税负重和可抵免境外所得税额充足（税库）的特点，推动"税库"在中石油内流转利用。

经过调研，中油国际认为在海外发展过程中同一区域国家的税法往往具有相似的特点，在该区域内的兄弟公司也经常面临相同的税收风险。针对上述现象，中油国际推动中石油成立中亚、拉美和中东等区域税收协调组，利用自身税务管理优势在协调组中担当组长等重要管理角色。通过税收协调组整合中石油甲乙方单位税务管理力量，发挥中石油的整体税务管理优势。通过整合和共享税务管理资源与信息，及时预警区域税收政策动向，降低区域内中石油甲乙方税务风险，化解区域税收纠纷，实现和维护中石油的税务利益最大化。通过推动境外“税库”在中石油内的利用工作，实现表外递延所得税资产效益化，也有助于实现中石油税务价值最大化。根据国内企业所得税法律法规，中国企业在境外缴纳的企业所得税性质的税款可以境内外所得合并纳税申请抵免，抵免不足的按照国内税率补税，抵免有余的可以向后结转5年内使用。中油国际在中石油内的定位是发展油气勘探开发上游项目，拥有大量的“税库”。这些“税库”如不加以利用，将在5年后到期浪费。如果“税库”利用得当，便具有“资产”属性，能发挥“现金”作用。与此同时，中石油内部部分企业由于没有足够的“税库”，不得不负担大额的税务成本。基于此，中油国际建议中石油牵头，实现自身“税库”在中石油内的流转和使用。通过“税库”富裕企业与“税库”急需企业间的“股权联姻”，做到“税库”的均衡与高效利用，实现中石油税务价值最大化。

（五）国际税务价值管理应具有放眼“全球化”的视野

1. 深入研究“BEPS1.0”到“BEPS2.0”的国际税收规则

为应对经济数字化背景下跨国企业进行税基侵蚀和利润转移给各国政府财政收入和国际税收公平秩序带来的挑战，2013年9月，G20委托OECD开展打击税基侵蚀和利润转移（Base erosion and profit shifting，以下简称BEPS）的相关研究。2014—2018年，OECD先后发布打击BEPS 15项行动计划的最终报告。至此，国际税务管理进入“BEPS1.0”时代。“BEPS1.0”的核心理念是利润征税权应与“价值创造地”保持一致。

2019年1月，OECD进一步提出“双支柱”解决方案。其中，“支柱一”解决方案旨在确保跨国公司的利润在国家间更公平地分配。“支柱二”解决方案旨在通过引入全球最低税率，结束各国长期为吸引外资而在企业所得税方面的“逐底竞争”。“双支柱”国际税收新规则的推出，标志着国际税务管理进入“BEPS2.0”时代。“BEPS2.0”突破数字化企业的界限，普遍适用所有大型跨国企业。中油国际主动适应国际税收规则变革这一百年大变局，通过组织涉税人员参加中石油内外部的专业培训，及时掌握BEPS规则的最新动态，从而提高对BEPS规则演变的应对能力。

2. 成功避免黑/灰名单内企业面临的惩罚性税收打击

避税岛和低税地的国家或地区，如英属开曼群岛、英属维尔京群岛等，因其税负低、保密性强、外汇管制少等原因，曾是投资者最热衷使用的离岸公司注册地。随着打击BEPS行动计划的落地实施，为打击有害税收实践，防止企业国际逃避税，国际社会纷纷出台打击避税岛的措施。例如，荷兰自2019年1月1日起，对设立在黑/灰名单地区的公司适用荷兰受控外国公司（CFC）法规，征收25%的企业所得税；自2021年1月1日起，荷兰公司向黑/灰名单地区的公司支付利息和特许权使用费将被征收25%的预提所得税。中油国际通过税务移民这一创新举措，将海外中间层级投融资平台公司的税收居民身份从低税地转换到中国，成功地避免被荷兰、俄罗斯等东道国征收惩罚性的利息预提税；同时，通过贷款置换的方式，将位于低税地贷款人置换至非荷兰灰名单以外区域，避免荷兰层面承担惩罚性利息预提税，也将原有的高额利息收入保留在公司内部，降低融资成本。

3. 积极应对各国或地区经济实质法规的挑战

为了避免被欧盟列入“税务不合作黑名单”，自2019年起，英属开曼群岛、英属维尔京群岛和阿联酋等国家和地区，相继出台经济实质法规，要求在当地设立的从事特定经营活动的公司符合经济实质要求，否则，将面临罚款、信息交换、注销等一系列惩罚措施。以英属开曼群岛为例，其经济实质法规定，在其所属司法管辖区内从事相关业务的实体，自2019年7月1日起应满足相关业务的经济实质测试，即相关实体必须在当地开展核心盈利活动；在当地以适当的方式进行管理和控制；在当地发生合理的营业支出；在当地拥有合理的实体机构/场所（包括经营场所、厂房、财产和设备等）；在当地聘有充足胜任的全职员工。如不满足实质要求，则面临罚款乃至注销的处罚。在此背景下，中油国际积极主动研究，提前应对，完成设立在英属开曼群岛、英属维尔京群岛和阿联酋和巴哈马等国家和地区 70 余家所属企业的经济实质申报，满足企业所在地的经济实质的合规要求。

4. 努力应对国际税收情报交换与合作机制带来的挑战

推动税收情报交换是当前国际税收透明度建设的重要内容，对打击跨国避税、保护国家税收权益具有重要意义。2009 年，G20 在伦敦峰会上要求全球税收透明度与信息交换论坛（以下简称全球论坛）负责推进税收情报交换与税收透明度建设。目前，全球论坛已推动建立两大税收透明度标准，即应请求的税收信息交换标准（EOIR）和信息自动交换标准（AEOI）。为确保标准的执行，采取最严格的同行审议机制，由此推动各税收管辖区积极将国际标准转化为国内标准。截至 2019 年，全球论坛所有成员都参与了 EOIR，所有金融中心都参与了 AEOI，至少已有 96 个管辖区已开展税收信息自动交换，涉及 4700 万个离岸金融账户。中国也积极承担大国责任，推动 AEOI 的实施，接受两轮 EOIR 同行审议，建立“一带一路”税收征管合作机制，为提高国际税收体系透明度不断做出贡献。中油国际始终积极应对国际税收情报交换与合作机制带来的挑战，联合国际知名的事务所研究俄罗斯、哈萨克等国家的政策，成功应对有关政策变化。

三、海外油气业务国际税务“四全”价值管理体系构建效果

（一）建立、健全国际税务价值管理体系

中油国际基本建立、健全了满足新时代“走出去”需要的国际税务价值管理体系。首先，建立和完善制度体系。中油国际先后协助中石油编制了《税收管理办法》《税收区域协调管理办法》和《关联交易转让定价管理办法》。结合中石油的税收管理规定和中油国际的经营实际，修订了《中国石油国际勘探开发有限公司境外税收管理办法》。为了加强对所属企业纳税筹划工作的指导，在中石油的组织下，牵头编写了苏丹、哈萨克等 12 个国家的纳税筹划指南。其次，建立和完善了税务预警机制。针对国际税务管理的最新动向，及时跟踪解读，第一时间将信息向中油国际主管领导和海外财务人员推送；同时，要求海外项目将面临的大额涉税风险及时向本部和税收协调组报告，群策群力应对风险。最后，通过将有关工作与账务处理系统和在线办公系统的对接，实现了国际税务管理系统化、线上化。

（二）显著提升中油国际公司价值

通过实施国际税务价值管理，企业所得税费用下降明显，累计为中油国际价值提升创效超过 42.04 亿元。其中，“十三五”期间，中油国际在业务规模不断扩大的前提下，综合企业所得税费用大额降低，降低金额超过 16.7 亿元，年均节约费用和资金 3.34 亿元以上；通过优化业务结构和税收移民，全生命周期内直接降低 R 国业务相关的税务成本约 19.65 亿元；通过推动表外递延所得税资产变现，2020—2022年预计实现利润提升合计约 5.69 亿元。

（三）主动为国家拓宽税源贡献财源

中油国际在实施国际税收价值管理的过程中始终牢记国有企业的使命，不忘自觉维护国家税收利益的初心，合理利用双边税收协定，主动拓宽国内税源。通过将海外最大的平台公司税收居民身份迁移回中国，大幅增加了对国家财政贡献，自 2019 年起两年内已累计向国家纳税 2.17 亿元，以后每年仍将为国家财政贡献 5000 万元以上。

（成果创造人：高　伟、李程远、罗　强、葛凤华、牟昱晓、段淑萍、董　聪、刘　娅、王　煜、侯京玉、陈伟山、杨云洁）

医药企业以世界一流为目标的国际化经营管理

华东医药股份有限公司

华东医药股份有限公司（以下简称华东医药）创建于1993年，总部位于浙江省杭州市，于1999年在深圳证券交易所上市，员工人数超过10000人，业务覆盖医药全产业链，以医药工业为主导，同时拓展医药商业和医美产业。其中，医药工业深耕于专科、慢病用药及特殊用药领域的研发、生产和销售，位列全国第一梯队，核心全资子公司杭州中美华东制药有限公司（以下简称中美华东）拥有多个在国内具有市场优势的一线临床用药；同时，通过自主开发、外部引进、项目合作等方式对创新药及高技术壁垒仿制药进行研发布局，逐步成为以科研开发与技术创新为主导的创新型国际化医药工业企业。医药商业连续多年位居中国医药商业企业十强，在浙江省内已实现全覆盖并持续积极探索服务模式，从单纯的配送商向更具有行业专业性的综合服务商转变，立志成为受人尊敬的医药行业服务企业。医美业务聚焦于面部微整形和皮肤管理领域，控股子公司华东宁波公司在国内医美领域的市场占有率排名领先；全资子公司英国 Sinclair 公司作为华东医药全球化的医美运营平台，核心产品已在全球60多个国家和地区上市。华东医药医美将成为集医疗美容产品研发、生产、销售、服务于一体的全球领先、高端的国际医美企业。

一、医药企业以世界一流为目标的国际化经营管理背景

（一）中国医药行业融入国际化部署的必然选择

2017年，中国加入ICH（国际人用药品注册技术协调会），意味着中国的药品监管部门、制药行业和研发机构将逐步转化和实施国际最高技术标准和指南，将全面接轨国际。在投资国际化、监管国际化、市场国际化、竞争国际化等趋势的驱动下，一方面使得中国医药企业积极投身于全球医药行业的竞争中，与国际接轨；另一方面鼓励和迫使中国的医药企业走创新之路，走国际化道路。

当前，中国医药企业正逐步走向全球市场，创新已逐步成为全球化趋势，国际化是现阶段中国医药企业发展的主旋律，更是中国创新药下一阶段发展的主旋律。因此，加快研发创新，积极参与国际竞争，全面融入全球医药行业产业链，既是中国医药企业必须走的路，也是华东医药二次转型必须坚定的发展方向，更是华东医药深度融入中国医药行业国际化部署的必然选择。

（二）适应医药行业发展新趋势的时代要求

国际医药行业形势处在一个更新迭代的时期，国际创新药在中国加速审评和上市，专利到期药物大幅度降价与成熟仿制药之间的价格竞争，正在重塑医药行业的流通价值链，使医药行业进入整体增速放缓的新常态的同时，也促使医药行业未来更加规范化和集中化。对于中国医药行业来说，随着中国药审制度逐步与全球接轨，全球研发产业链开始往中国转移，产业链转移使得中国医药创新得到蓬勃发展的同时，也促进中国医药企业加快转型升级。

由竞争激烈的国内医药市场孵化出的本土企业，在技术水平与全球接轨后，国际化便是必然的趋势。创新驱动成长，本土走向国际，如此形势对华东医药二次转型升级与国际化发展是难得的机遇，在此背景下，坚持国际化布局经营也是华东医药面临的时代要求，更是大势所趋。

（三）推动华东医药创新转型升级的需要

随着中国医药行业创新研发步伐加快，中国医药企业以原料药、仿制药为主进行国际化布局的情况正在改变。在创新驱动下，中国医药企业逐渐转向高技术壁垒药物、生物药和创新药的研发。党的十九

大以来，国家鼓励医药创新和国际竞争升级，国内仿制药市场已经由销售驱动转向成本驱动和市场准入驱动，创新药市场迎来新的发展机遇，为平衡研发投入产出比，创新药全球上市将成为趋势。仿制药盛宴已然过去，创新药时代已经来临，在过去的20多年，华东医药深耕专科、慢病及特殊用药领域，在各领域构筑了良好的品牌效应和雄厚的市场基础，市场占有率持续保持国产同类产品前列，已位列国内医药行业的第一梯队，但与国际药企巨头相比，仍有很大差距。因此，“成为科研创新驱动的国际化品牌医药企业”的战略目标要求华东医药快速推进创新研发，加速国际市场战略布局。基于此，华东医药在2020年确定了以国际化为核心的3I战略，即增长战略（Increase）、科研创新战略（Innovation）及国际化战略（International），助推华东医药成为一家受人尊敬的创新型国际医药著名企业。

二、医药企业以世界一流为目标的国际化经营管理主要做法

（一）加速推进研发创新，加快研发管线布局，全面融入全球新药创新链

1. 聚焦核心治疗领域，从仿制走向创新，从跟随迈向引领

华东医药在未来的科研创新中将以满足临床需求为导向，在新药研发立项与决策中，将以创新性和差异化为标尺，立足于临床价值、临床药物经济学价值、产品的商业价值，着眼中长期的管线布局，坚持仿制药升级与创新药发展并重。仿制药研发以技术高、差异化、速度快和成本优为定位，创新药研发以起点高、赛道宽、靶点新和国际化为目标，将创新药作为构建未来核心竞争力的基础和方向。2020年，华东医药聚焦并重点布局开发抗肿瘤、内分泌及自身免疫等重大疾病和慢病领域中具有突出临床价值的创新药和高技术壁垒仿制药，并且密切跟踪国内外生物药、基因治疗、抗体药物等前沿领域的技术发展、研发动态。以科学务实的态度，结合自身能力和风险匹配度，从差异化创新起步，逐步向同类第一或同类最佳的突破性创新模式迈进，加快融入全球新药创新的创新链、价值链步伐，由中国新最终走向全球新，将华东医药创新水平不断提升到新高度。

2. 持续加大研发投入，不断丰富产品管线

自2020年起，华东医药力争每年研发投入占医药工业销售收入的比例达到10%以上，为创新工作提供充足的物质保证。2020年，医药工业研发费用14.44亿元，占医药工业营收比重的13.06%。在加大投入的同时，不断提高研发资金的使用效率。华东医药通过自主立项及外部引进等方式，力争完成每年至少15个创新项目（包括药品、医疗器械等），其中不少于3个创新药的立项工作，使现有的每条产品线都有创新产品补充和引领，最终形成丰富的产品管线和良好的产品梯队。

3. 加快引进高层次人才，打造高水平科研团队

华东医药重点引进具有丰富从业经验的研发领军人才和高层次研发技术人才，强化内部研发体系和技术平台建设，积极推进国内及海外研发平台建设。2020年全年新引进海内外创新型研发人才47位，其中博士15名、硕士27名，已初步构建起一支有朝气的具有国际化理念、国际化视野和国际化管理能力的创新团队，研发人员占比12.79%（占公司从事药品生产制造子公司人数的比重）。华东医药建立核心专家顾问库，含统计、医学、注册等领域数十位业内资深专家，并且启动博士后流动站招募工作，先后与浙江大学及北京大学肾病研究所等国内一流院校达成博士后联合培养合作意向，推进创新国际化战略真正落地。此外，华东医药创建研发项目动态评估机制，通过成立外部专家学术委员会协助进行研发及产品引进的决策和管理，确保科研创新工作的科学性、先进性和可行性。

4. 深化内外部合作及产品引进，构建全球化研发战略协作生态圈

2020年，华东医药整合并对接外部优势资源和技术，践行“自主研发+合作委托开发+产品授权引进”相结合的新药研发模式，跟踪国际上最新的药物作用机制和靶点及临床应用研究进展，加快创新药布局和国内外创新药项目的引进，推动优质创新项目的引进开发，与美国ImmunoGen、Provention Bio创新药研发公司、全球领先的英国人工智能药物发现Exscientia公司及晶泰科技（XtalPi）开展抗肿

瘤药物研发合作，不断丰富公司产品管线及完善创新产品中长期布局，已完成代谢、肾病等领域多个潜力创新药立项；同时，也持续提升产品国际化运作能力，做好自身优势产品和先进技术及专利的对外授权。

华东医药经过多年发展，已具有独立的自主研发体系，成立全球新药研发中心，与海内外著名院校、科研院所、创新研发公司、专业技术平台等机构进行新药研发项目合作，构建以中美华东为中心的全球化研发战略协作生态圈。持续加大研发投入，不断丰富核心领域产品管线，重点布局抗肿瘤、内分泌及自身免疫三大核心领域全球创新类产品，形成持续有创新产品临床推进和上市的良好发展态势，为中长期增长提供新动能。

（二）质量至上，对标国际，质量管理水平迈上新台阶

1. 不断完善质量管理体系，推进质量管理转型升级

华东医药坚守科学合规底线，在进一步加强集团化管理的基础上，持续完善质量管理体系建设，提升国际化管理水平。2020 年，创新 GMP 常态化管理手段，执行飞检制度，优化公用系统管理模式，强化从研发至大生产的质量管理联动机制，从药品研发、生产、上市到上市后管理整个过程进行质量管控，针对薄弱管理环节建立常态化管理清单，切实建立质量管理规范、流程和标准，实现规范化、精细化、个性化的管理。顺利完成各项一致性评价产品与新产品的注册现场核查、GMP 符合性现场及飞检工作。同时，展望世界，开放视野，学习借鉴国内外新理念，不断突破创新工作思路；不断推进质量文化建设，筑牢科学合规底线；打造高水平人才培养体系，激发团队及员工活力；通过持续提质增效，提升公司产品竞争力，助推华东医药高质量发展。

2. 持续提升质量标准，加快国际注册，加速国际化进程

华东医药以国际化质量水平为目标，持续提升质量标准，2020 年完成奥利司他胶囊、盐酸吡格列酮片、吲哚布芬片的标准制订工作，积极跟进药典进度，积极参与注射用泮托拉唑钠冻干粉针 USP 药典标准制订工作。华东医药全资子公司中美华东的阿卡波糖片继获得欧盟奥地利上市许可后，获得美国 FDA 批准，推动公司国际化质量管理水平登上一个新台阶。截至 2021 年一季度，华东医药所有在线原料药和主要制剂产品已通过美国 FDA 或欧盟认证等国际认证。阿卡波糖片、环孢素、吗替麦考酚酯胶囊、克拉霉素片、吡格列酮二甲双胍片等 9 个品种一致性评价过评，12 个品种（含 6 个新分类报产品种）在审。华东医药在原料药国际化的基础上，加速制剂的国际化进程，已逐步形成国内领先、面向国际的制药工业体系。

（三）加速医美国际化运营布局，构筑医美发展新格局

1. 深耕医美产业，不断优化及完善医美产品管线

医美业务是华东医药重点发展的核心业务领域之一。华东医药医美秉承“以求美者为中心，用做药人的专业和严谨服务广大求美者”的经营理念，聚焦于面部微整形和皮肤管理领域最新的产品和器械的研发、生产、销售、服务，充分整合全球医美资源，用制药人的科学严谨态度深耕医美产业，产品结构持续优化，医美国际化成果不断显现。自 2018 年成功收购英国 Sinclair 公司后，公司积极在全球范围内引进医美领域高科技新产品、新技术，打造高端、差异化的医美品牌和产品集群，现已拥有差异化透明质酸钠全产品组合、胶原蛋白刺激剂、A 型肉毒素、埋植线、能量源器械等多个非手术类主流医美产品。

2. 加快开展国际医美新产品引进工作，推进医美板块国际化布局

2020 年，华东医药抓住国际医美行业在疫情期间的低潮机会，加快开展国际医美新产品的布局和引进。2020 年，华东医药医美全球运营总部英国 Sinclair 与瑞士皮肤科制药公司高德美（Galderma）签订 Sculptra（聚左旋乳酸微球）产品西欧地区市场经销权益出让达成协议；随后，又与瑞士专业

医美研发公司 Kylane 公司签署协议，获得 MaiLi 系列新型含利多卡因透明质酸填充物（玻尿酸）产品的全球独家许可（该产品已获欧盟批准上市）；2020 年 8 月，华东医药与韩国上市公司 Jetema 签署战略合作协议，获得其 A 型肉毒素产品在中国的独家代理权，进一步补充公司医美板块产品管线；2020 年 10 月，Sinclair 与 Kylane 公司再次达成股权投资和产品合作开发的深度战略合作，获得 Kylane 公司在面部和身体填充剂领域两款重点研发产品的 IP（知识产权）及其全球权益和其他后续研发产品的优先谈判权；2021 年 2 月，Sinclair 收购西班牙能量源医美器械公司 High Tech 公司 100% 股权，布局冷冻减脂和脱毛等身体塑形及皮肤修复领域。

3. 推进重点医美产品注册上市进程，加速国内外市场拓展

华东医药成立医美国际业务部，统筹负责医美业务的战略规划及日常运营管理；同时，注册成立欣可丽美学（上海）医疗科技有限公司和瑞途（上海）医疗科技公司，作为未来产品上市后的运营平台。加速重点医美产品中国市场的注册上市进程，英国子公司 Sinclair 的重点产品注射用长效微球 Ellansé 伊妍仕已于 2021 年 4 月正式获得国内上市注册许可；美国 FDA 批准的唯一一款用于中面部组织提拉的可吸收埋线 Silhouette Instalift®，国内临床试验正在按计划顺利开展；引进美国 R2 公司的冷触美容仪 Glacial TM Spa（F0）正在积极筹备中国上市前的相关工作，冷冻祛斑医疗器械 Glacial® Rx（F1）在有序推进中国的注册工作；采用 OXIFREE®专利技术和工艺的新型高端含利多卡因玻尿酸填充剂 MaiLi®系列产品已启动中国市场注册工作；Sinclair 新进收购的西班牙 High Tech 公司冷冻溶脂产品 Cooltech Define 已获得欧盟 CE 认证等。

华东医药已根据 Ellansé 和 Glacial 的上市进度积极充实团队力量并启动上市前准备工作。控股子公司华东宁波公司 2020 年积极应对疫情带来的不利影响，多措并举稳定销售业绩，特别启动“2020 伊婉 Rising Star Program 领航者巡讲计划”，推动 2020 年下半年业绩逐步恢复。华东医药在杭州成立赛缪斯生物护肤研发中心，以赛缪斯定制护肤品牌为中心，打造基于皮肤基因定制化护肤的全新产品线。研发中心拥有基因检测实验室、化妆品配方研发实验室、原料研发实验室、体外细胞培养、微生物发酵、人体功效评估实验室等功能模块，打造包括基因检测、产品开发、功效评估等方面的全流程研发体系，实现定制护肤的一站式闭环开发。

（四）强化国际化业务开拓能力，全面提升国际化运营水平

1. 加强投资并购，强化国际合作，构建新的发展空间

华东医药积极推进国际化进程，通过收购医美领域英国 Sinclair 公司和西班牙 High Tech 公司的股权，实现医美销售网络全球布局；与美国 R2、MediBeacon、ImmunoGen、Provention Bio 和瑞士 Kylane 及韩国 LG、Jetema 等公司开展战略及股权合作，补充并丰富国内外创新药及高端医美产品商业化开发权益；与 Exscientia 及晶泰科技就优质抗肿瘤靶点的新药发现建立合作开发伙伴关系，丰富核心领域的产品管线。

2. 建立、健全市场化供应生产运营体系，融入国际市场竞争

华东医药制造与 CMC（包括子公司）中心改变原有内部配套的定位观念，对标国际，启动 CMO/CDMO 模式，探索从成本中心到利润中心的转变。积极面向国际市场，主动参与国际市场竞争，融入全球医药研发产业链。2020 年，在原料外销和国外客户定制 CDMO 业务方面取得积极进展，为助推 CMO/CDMO 业务国际化水平不断提升打下坚实的基础。

2020 年，华东医药生产系统克服疫情影响与市场不确定性，初建敏捷生产运营体系，根据市场的变化迅速整合生产资源，采取紧急复产、班次调整和产能扩充等措施，圆满完成部分产品的突增需求及紧急生产任务。对外推进委外业务，保障全年市场供应。全面落实成本控制行动计划，推进全价值链的成本管理，通过技术提升、精益管理、招采谈判、资产利用等多维度、多层面降低成本，努力提高人均

劳效和生产效率。认真抓好 EHS 风险管控工作，践行“轻资产”的生产组织模式，成功开发多家合作生产企业，逐步形成开放的华东医药制造系统。

3. 全面推进基础配套建设，助推产品国际进出口业务

为匹配华东医药国际化战略实施，继续优化“自建生产园区 + 委外生产场地”相结合的生产布局，完善“轻资产”运营体系，制造全链条精益生产，加速推进产品出口业务拓展。2020 年，华东医药加速推进各生产园区建设。全资子公司江东公司二期项目按计划完成全部建设，在完成设备调试及认证后于 2021 年下半年正式投产；制剂国际化研发制造中心项目也已完成建设，2021 年投入使用；完成集医药产业孵化区、医美商业区、健康馆及其他商业配套等功能于一体的生命科学产业园项目的立项、拿地、整体规划设计及开工建设准备工作，并且已于 2021 年 3 月正式进入施工阶段。积极开发国际化物流采购供应商，实现采购能力的国际化接轨。华东医药充分利用华东医药的成本优势、规模优势、技术优势等核心竞争力加速推进原料、中间体、制剂进出口业务，不断拓展市场边际。

（五）创新管理机制，破除内部管理壁垒，激发组织活力

1. “拒绝平庸、追求卓越”，构建适配国际化运营的人力资源管理体系

2020 年，华东医药持续提升人力资源管理水平，不断优化企业组织及人力配置，激励与增效并举，不断提升人力资源效能，逐步建立以“拒绝平庸、追求卓越”为目标的考核机制。不断优化人才结构，提高人才能力，创新药、国际医美、战略市场、投融资等领域引进高端人才 66 位，其中博士 21 位、国际人才 12 位。创新研发绩效管理模式，建立适应公司研发实际情况的研发绩效考核管理机制，健全研发矩阵式管理模式，形成适应三大研发中心的绩效考核与管理方案。进一步完善干部梯队建设，加强委派干部规范化、统一化管理，不断优化人才培养机制，实现人才的快速转化。

2. 加强业、财融合，持续深化财务组织架构改革

2020 年，华东医药深入开展财务组织架构改革，形成以资金部、国际业务部、会计信息部和税务、信息等专业线为基础的本部财务架构，打通资金管理在本部和中美华东、商业财务间的协同；以建立“3 + X”财务分析团队，以及设置财务医美、研发和创新业务 BP 团队等方式，加强业、财融合和整个财务体系在专业线纵深的持续投入，在财务资金精细管理与预算降本控费、财务信息系统建构与效率提升、财务内控与合规、投资并购和投后管理等方面开展工作，理顺“一个总部，三个业务板块”的财务组织架构和集中统一管理体系，财务管理能力得到持续提升。

3. 全面提升整体信息化能力，打造高效、标准、安全运营管理体系

2020 年，华东医药继续加强信息化建设，大力推进信息化、智能化项目，对接国际标准化的管理体系，打造高效、标准、安全运营管理体系。生产系统按计划实施 MES、SCADA、MRP、SRM、EHS 及大气污染防治网格化监控预警决策支持等信息系统建设，加快机器代人步伐，生产自动化水平大幅提高；持续进行商务信息化管控升级，销售信息主数据的流向数据管理能力得到较大提升；中美工业集团 ERP 应用推广项目按照前期制订的计划全部完成上线验收，OA 深化应用项目对中美华东等进一步深入优化；完成商业公司中西药管理部及 6 家分（子）公司 ERP 系统上线，对参茸、器械、饮片业务板块及二期资金模块进行开发测试和切换，随着信息化系统的建设推进和不断应用，华东医药集团化、国际化、信息化运营管理能力将得到进一步提升。

三、医药企业以世界一流为目标的国际化经营管理效果

（一）经营业绩稳健增长，股东回报稳定

2020 年，华东医药承受着阿卡波糖片失标、医改政策调整、疫情等多方面的冲击，上市 21 年以来经营业绩保持稳定，连续 14 年保持净资产收益率（ROE）在 20% 以上，在 A 股上市公司及医药行业内保持领先。上市 21 年来已累计分红 17 次，分红金额 41. 74 亿元，远超 IPO 时募集到的 2. 5 亿元资金，

为股东带来持续稳定的投资回报。截至2020年，华东医药资产总额242.01亿元；归属于母公司股东的净资产146.20亿元；资产负债率37.28%；净资产收益率（ROE）20.95%，连续14年保持在20%以上。

（二）核心竞争力增强，行业影响力提升

华东医药多年来深耕专科、慢病及特殊用药领域，在慢性肾病、移植免疫、内分泌、消化系统、器官移植等多个治疗领域全面布局，更在糖尿病临床重要用药靶点形成创新靶点和差异化仿制药产品管线全线布局。已有24个核心上市产品纳入《医保目录》（2020年版），增强了华东医药在专科、慢病、特殊领域及糖尿病治疗领域的整体竞争优势。另一方面，华东医药成立的全球新药研发中心，通过自主研发、外部合作和产品授权引进全球创新类产品，重点布局抗肿瘤、内分泌及自身免疫三大核心领域，提升华东医药的创新能力，丰富核心领域产品管线，形成持续有创新产品临床推进和上市的良好发展态势，巩固华东医药国内行业领跑者地位。

（三）勇担责任、争做标杆，社会效益凸显

2020年，华东医药以各方面突出的表现，获得2020年《财富》中国500强、证券时报“第14届主板上市公司价值100强”、金融界2020“金智奖”医药生物产业“卓越经营奖”、2020“中国化学制药行业工业企业综合实力百强”、《21世纪经济报道》2020“中国健康产业阳光奖之行业标杆企业奖”、央广网第二届“最值得投资者信任的上市公司盘点——生物医药领域创新先锋”、2020年度“浙江省高新技术企业生物与新医药技术领域十强”和“中国医药新冠肺炎疫情联防联控突出贡献企业”等荣誉及奖项。

（成果创造人：李邦良、吕　梁、李阅东、邱仁波、胡群彦、徐志锋、徐俊毅、李苑文、尹文广）

国有钢铁企业基于"战略引领、分级分类"的境外企业管控

首钢集团有限公司

首钢集团有限公司（以下简称首钢）始建于1919年，是我国冶金工业发展的缩影、改革开放的一面旗帜。首钢现已发展成为跨行业、跨地区、跨所有制、跨国经营的综合性企业集团，拥有全资、控股、参股企业600余家，总资产5000多亿元，职工10万人。进入21世纪，首钢自觉服从国家奥运战略和首都城市发展功能定位，率先实施城市钢铁业搬迁，为京津冀协同发展发挥了示范引领作用。目前，首钢拥有3000万吨以上钢生产能力，形成汽车板、电工钢、镀锡板等十大高端产品系列，硅钢产品跻身世界第一梯队。首钢整合优质资源，金融服务、城市基建、房地产、医疗康养、文化体育、国际化经营等方面加快发展。1992年独资创办的华夏银行，首钢始终保持第一大股东地位。首钢基金公司管理规模超过500亿元，入围中国最具成长潜力私募股权投资机构前十名。首钢境外资产达近千亿元，成为具有国际影响力跨国经营的大型企业集团。首钢北京园区正成为奥运推动城市发展和老工业区复兴的生动实践。冬奥组委入驻；冬奥比赛项目滑雪大跳台落户并完成建设；国家体育总局与首钢共同建设国家体育产业示范区；"四块冰"等冬奥训练场馆建成投入。首钢成为北京冬奥会官方顶级合作伙伴，荣获国际奥委会"奥林匹克主义在行动"奖杯。2011年以来，首钢9次跻身美国《财富》杂志公布的世界500强企业。2020年，首钢克服新冠肺炎疫情带来的影响，实现营业收入2073亿元、利润29亿元，创造了营业收入、利润同比双增长的经营业绩，"十三五"圆满收官。

一、国有钢铁企业基于"战略引领、分级分类"的境外企业管控背景

首钢国际业务的发展起步早，积累了一定的成功经验，具有其他同类企业不可比拟的优势。在改革开放之初的20世纪70年代末，首钢便开始尝试发展海外业务。无论在整个中国企业层面还是国内钢铁企业层面，首钢都是最早"走出去"开展国际业务的企业之一。1992年，首钢在香港成立首钢控股（香港）有限公司（以下简称香港首控）并陆续在香港兼并收购4家上市公司；同年，收购秘鲁铁矿公司，这一阶段成了首钢海外战略布局的初创时期。经过近30年跨国经营的探索与发展，目前已形成以矿产资源、静态交通运营管理为主的境外产业布局。截至2020年，首钢境外企业共98家，其中控股86家、参股12家，分布在秘鲁、美国、墨西哥等近20个国家和地区。境外企业资产总额达551.22亿元。首钢的企业愿景是打造有世界影响力的综合性大型企业集团，境外企业管控体系的构建与实施是实现首钢战略目标的重要途径。

（一）首钢国际化发展战略的需要

首钢在"十三五"规划中明确了海外发展战略：将重点发展主业业务，做好境外战略性矿产资源接续，抓好秘鲁铁矿资源，谨慎开展海外布局；坚决退出不符合主业定位、与主业关联度不高、长期亏损扭亏无望的业务。首钢境外企业主要聚焦矿产资源业和静态交通业两大产业板块，但也有汽车零部件、动漫产业、物业等非主业资产，而且特殊目的公司多，不便于集中统一管理，境外企业整体存在"散、乱、小"的情况。首钢在"十三五"期间控制境外投资节奏，主业范围投资占比95%，但仍存在非主业范围的境外投资项目。由于对非主业项目的运营模式不掌握，主要依赖国外项目所在国人员进行管理，造成了企业管理的"空心化"，出现运营效益亏损现象。

（二）首钢境外企业高质量发展的需要

首钢在推进深化改革的过程中，不断提高对境外企业管控的要求，但境外企业管控仍暴露出一些问

题。一是境外产业发展缺乏统筹，管控能力弱。“十三五”以前，首钢境内，境外资产采用一体化管理模式，对境外资产采用各职能部门“分散化”管理形式，没有单独设立境外专业管理机构，控股企业和参股企业按一个标准进行管理。一些企业在境外的管理团队更强调适用境外监管法规，而忽略境内监管要求；一些企业自行确定投资权限，从而忽略首钢“三重一大”的管理事项；一些企业产权层级长达7级，削弱股东控制力。首钢于1997年制订的《首钢境外企业管理办法》和2002年制订的《对首钢境外机构及人员的监督管理制度》已不适用，仅通过投资管理、财务管理、内部审计等各专业制度统筹管理境内境外业务。二是境外参股企业管理效率低。首钢2015年管控体系改革以来，管控对象主要关注控股子企业，对境外参股企业的管控相对欠缺，存在“重投资、轻管理”的问题。参股股权管理较为宏观，缺乏规范的股权管理职能，实操性不强且未成体系；境外参股企业由数个管控单位多维度管理，缺少联动性，委派的董事和高管与集团管控部门间缺少沟通渠道，监管合力发挥不足；投资回报水平参差不齐，未及时对参股股权进行优化和调整。三是获取境外企业信息不畅通。目前，境外企业信息跨境传递的困难主要有以下几点：受不同国家和地区的政治、社会、技术、经济等外部环境影响，对受国资监管的境外企业很难建立合规统一的信息管理平台，跨国政治、科技水平的差异是信息系统搭建的主要障碍；对境外上市公司的管理理念存在误区，应更加尊重驻在国（地区）的公司法和上市规则；信息传递人受出入境规定和企业相关保密机制制约，阻碍信息跨境传输。四是境外资金集中度和使用效率低。2018年以前，因受驻在国（地区）外汇监管及税收政策影响，境外企业利润分配和日常资金用途受到限定，首钢未开展真正意义上的资金归集管理。境外企业银行账户多达500余户，外汇资金多头开户、分散管理。企业资金存在存、贷双高现象，使用效率低下，管理风险增加。

（三）维护境外国有资产权益的根本要求

随着大环境的不断变化，我国企业境外投资风险不断显现：一些企业未能准确把握国家“走出去”战略导向，境外投资缺乏系统规划和科学论证，造成较大损失；一些企业将境外投资重点放在房地产等非实体经济领域，不仅未能带动国内经济发展，反而导致资金跨境流出大幅增加；一些企业忽视投资目的国环保、能耗、安全等标准和要求，引发矛盾和纠纷等。面对这些境外投资乱象，我国政府先后出台一系列境外投资监督管理政策法规予以规范。首钢在深化国际产能合作，带动国内优势产能、装备、技术输出，弥补我国能源资源短缺等方面虽取得一定成绩，但仍有待进一步提质升级。构建完善的境外企业管控体系并严格实施，是首钢境外国有资产保值、增值的重要保障。

二、国有钢铁企业基于“战略引领、分级分类”的境外企业管控主要做法

（一）战略引领，推进境外资源合理配置

“十三五”期间，首钢控制境外投资节奏，聚焦矿产资源业和静态交通业两大产业板块，更好地有效利用境外资源优势，提高国内主业要素国际化水平，以秘鲁铁矿和香港首控分别作为国际产能合作和境外资本市场链接的切入口，推动首钢境外合规化统筹管理，将国内、国际两个市场和两种资源有效链接。一是完成秘鲁铁矿的新区扩建。秘鲁铁矿是首钢的重要战略矿产资源，该矿山探明储量22亿吨。首钢拥有秘鲁铁矿公司98.52%的股份及其永久性开采权、勘探权和经营权。矿区生产的高品位秘鲁球团粉是当前最优质的球团粉资源之一。“十三五”期间，首钢投资10亿美元对矿区进行扩建，年生产能力由1000万吨扩至2000万吨，保证了首钢铁矿资源的需求，为我国引入核心战略资源。秘鲁铁矿新区扩建项目在整合首钢多家专业单位优势资源的基础上，联合中铁、中交建、中信重工等大批中资企业抱团出海，推动国内先进技术装备的海外输出。首钢和其他中资企业互相支持、协调配合，为加强中、秘产能和装备制造合作做出了突出贡献，为国家战略在秘鲁的有效推进起到良好的带动和示范作用。二是完成香港上市公司的主业重塑。“十三五”期间，香港首控通过资本市场发债融资完成香港上市公司股权架构优化和主业重整，直接管理5家上市公司：首程控股、首钢资源、首长四方、首长宝佳、环球

数码。首程控股和首钢资源是两家超百亿元市值的公司。首钢通过对首程控股产业进行战略性重构，剥离长期亏损的钢板生产企业，全面转型为静态停车产业，引入京东、欧力士亚洲、新创建等战略投资人，市值在“十三五”期间实现了翻倍增长。三是对境外亏损、低效和非主业资产进行有效清理，有效压缩产权层级。2018—2020 年，首钢对境外亏损和低效的境外企业制订了退出计划，果断清理处置一批无实际功能和特殊目的公司，共退出境外企业 45 家。

（二）创新分级分类管控方式，适应不同法律制度框架下的运行规则

境外企业管控的关键是控制风险，难点是寻找国资监管、集团管控、驻在国（地区）法规、企业自身管控的共性和平衡性。既要体现管控的规范，又要反映企业运营的灵活。首钢境外控股企业和参股企业在两种不同的制度框架下运行。对境外控股企业的管控以国资监管和集团制度体系为框架，严格执行集团权力清单。对境外参股企业的管理以企业自身制度和驻在国（地区）监管规定为框架，建立清单化引领的机制，强调股东方监管责任，更多体现参股企业主体运营灵活性。结合境外企业的管理经验，首钢对传统的分级分类管控方式进行了改进。

1. 分级管理

首钢原有的管理层级为“集团公司 - 平台公司、直管单位 - 要素管理单位 - 下属子企业”四级管理。根据集团现有管理关系和境外企业面临的管控风险，对境外企业实行创新管控方式，即“集团公司 - 直管单位、要素管理单位 - 境外企业”三级管理。这种分级管理设计充分考虑到因产权链条中平台公司与境外企业无实际股权关系，容易引发产权与管理权不一致风险，压缩不必要的管理层级，强化了首钢对境外企业的管控能力。

2. 分类管理

为进一步规范和强化境外控股企业管理，有效防范参股企业管控风险，参考投资目的、持股比例、选派董事及高管情况三大核心要素，将境外企业分为 3 类：境外控股企业、境外战略性参股企业、境外财务性参股企业，并且施以不同的管理机制。境外控股企业是指首钢及各级控股企业持有境外企业股权比例超过 50%，或者股权比例未超过 50% 但通过公司章程、董事会决议或其他协议安排能决定公司重大事项的企业。境外战略性参股企业是指持股比例达到或超过 20% 但未超过 50%，或者持股比例低于 20% 但作为单一最大股东通过选派董事、监事或高管参与公司治理的战略性投资企业。境外财务性参股企业是指持股比例低于 20%，以价值增值为目的的财务性投资企业。

3. 完善制度机制，持续提升境外控股企业管控能力

首钢根据国内的相关国资监管新规，结合自身实际情况，制订、印发《首钢集团有限公司境外企业管理办法》；坚持问题导向，梳理境外投资项目管理思路，制订、印发《首钢集团有限公司境外投资管理办法》和《境外投资项目负面清单》，从投资和项目运营角度对境外项目进行全生命周期管理。首钢充分发挥境外企业管控平台作用，将集团制度体系与境外企业有效融合，指导首钢各级子企业建立或修订境外管控制度。首钢二级单位 2020 年已基本完成制度体系搭建，重点指导香港首控制订《香港首控管控权力清单》《香港首控推荐董事工作指引》《香港首控违规经营投资责任追究实施办法》《内审中介机构选聘管理办法》《特殊目的公司管理办法》等多项涉及上市公司事项的管理制度，进一步规范各上市公司在制度层面的管控流程。

4. 建立清单化引领机制，创新境外参股企业管理模式

对参股企业的管理并不是对参股公司实际运营的管理，而是对参股国有股权的管理。涉及参股企业股东会决策事项，由股东方董事会或经理会授权进行决策；涉及参股企业自身经营事项，通过授权董事和高管参与企业进行决策，规避“‘挂帅’不履职”现象。第一，以外派高管为抓手，加强参股国有股权管理。对战略性参股企业，通过选派董事及高管依法行使参与权落实首钢和国资监管的要求。制订和

完善选派董事履职和考核等管理制度，按照“谁决策、谁负责”的原则，对决策事项实施分级授权管理，分级落实责任，规避“只投不管”现象。董事在其授权范围内自行行使表决权。对于超出董事授权的事项，报首钢方股东审议。对财务性参股企业，由于没有选派董事，不参与企业管理，更多是实行价值投资管理。第二，以动态评估为工具，强化参股权监督管理。对满5年未分红、长期亏损或非主业投资的境外参股企业股权，要进行价值评估和再决策，低效、无效要尽快退出。提出维护首钢的权益和品牌价值的要求，不得将首钢字号、注册商标、经营资质和特许经营权等提供给参股企业使用。开展企业负责人任期经济责任审计时，将其任期内企业参股投资、与参股企业关联交易等事项列入审计内容。

（三）破除不同国别监管政策障碍，打通跨境信息合规传送渠道

合规信息管理是境外企业管控的基石，更是管控的难点。境外企业的运营要优化合规思维，既受我国国资监管，又要符合驻在国（地区）的政策法规，而不是仅满足一头。因此，跨国信息合规传递显得尤为重要。建立境外企业信息报送机制是首钢管控境外企业的有力保障。在摸清底数和难点后，首钢通过制订《首钢集团有限公司境外企业管理办法》并宣贯落实，进一步规范境外企业跨境信息传送方式。明确各成员单位作为管理责任主体，指定专人负责信息审核和报送。以此为基础，首钢建立境外企业“一企一册”信息管理台账，完善境外企业重大事项管理机制。针对首钢在香港上市公司跨境信息传递涉及与香港上市规则信息披露原则相矛盾的问题，首钢通过对香港关于上市公司管理方面等法规进行研究并与香港律师事务所沟通后，终于打通“红筹上市公司”跨境信息合规传送渠道——签订保密协议，即在律师见证下，通过与内幕消息披露规范的相关知情人签订具有法律效力的保密协议，在小范围进行信息跨境传递并严格执行协议约定进行合规的信息保密管理，在境外上市公司公告披露之前，相关知情人获得不同等级的信息内容。

（四）填补特殊目的公司管理空白，压缩境内外管理链条长度

对于特殊目的公司（Special Purpose Vehicle，以下简称SPV公司），国务院国资委、商务部等对其均有不同的要求，名称也是形形色色，如“空壳公司”“离岸中心”“功能性公司”等。一般来说，SPV公司没有注册资本的要求，也没有固定的员工或办公场所，运营成本很低。根据所在地不同，SPV公司一般每年都要支付少量的商业登记牌照费和年费。结合首钢自身特点，首钢对SPV公司进行认真梳理和调研。根据调研发现，多数SPV公司为实现境外风险隔离、税务筹划、经营便利、行政服务等特殊功能和目的出资设立，主要服务于境外上市公司或其他实体企业，承担公司一般性运营费用，不具有独立的经营业务职能；而且，大多数SPV公司难以制订严格的、符合国内国资监管要求的内部控制制度。由此，首钢坚持问题导向，对境外企业普遍存在的“散、乱、小”和无实际功能的SPV公司较多等突出问题，结合驻在国（地区）法律法规和国际惯例，在《首钢集团有限公司境外企业管理办法》中对SPV公司进行明确界定和规范：一是根据SPV公司发挥的功能进行分类管理，提出合理搭设公司架构的要求；二是将SPV公司设立纳入首钢年度境外投资计划进行管控，严控增量；三是要求各成员单位对所持有SPV公司每半年进行一次检视，对无实际功能和意义的要依法合规清退。构建SPV公司管控体系。首钢通过研究英属维尔京群岛和萨摩亚等避税港法律法规，制订《特殊目的公司退出指引》，指导重点企业制订《特殊目的公司管理办法》并制订专项退出计划，督促落实整改；同时，收紧SPV公司设立审批权限，系统构建良性境外企业组织架构。

（五）设立境外资金池，统筹考虑境内外资金，规避汇率风险

为强化首钢境外资金管理，提升资金配置效率，缓解境外存、贷双高现象，首钢设立境外资金管理平台公司，根据各公司资金及业务情况设计“一企一策”的资金归集方案。对境外非上市公司资金通过“物理归集”方法，实现资金跨户使用；对境外上市公司资金通过“虚拟资金池”方法，实现对银行资源的利用。首钢针对境外企业多头开户、分散管理的问题，从2019年起开展境外银行账户全面清

理工作，一方面严格境外企业银行账户的审批和备案管理，另一方面制订境外银行账户专项清理计划并落实考核。目前，所有境外企业的资金账户全部实现可视化管理。境外资金管理平台公司的设立，有效帮助首钢归拢境内外闲置资金，实现境内外资金双向流通，满足首钢根据不同实体资金需求和汇率利率的不同点位统筹安排资金配置，提高资金使用效率，降低外汇风险。

（六）推进香港首控境外企业管理体系落地实施

香港首控是首钢于1992年在香港注册成立的投资控股型全资子公司。香港首控作为首钢与香港各个上市公司之间的中枢，是首钢用于管理香港上市公司的管控平台。"十三五"期间，首钢确定香港首控构筑以核心产业为基础的"融资－投资－运营"境外投融资平台的战略定位。香港首控陆续在香港直接持股或者通过杠杆间接持股5家上市公司，成为首钢在境外资本市场的资源优势。为落实境外企业管控体系，首钢从香港首控的公司治理结构入手，完善决策机构设置，推进业务决策重心合理下移，董事和高管向国内生产基地倾斜，统筹在港事务，减员30%～40%，人工成本降幅超过30%。遵照首钢境外企业管理体系和香港上市公司市场监管规则，构建战略与风险管控体系、财务管控体系、资本运营体系、审计体系为支点的"四大"管控体系。

1. 完善公司治理结构，健全战略与风险管控体系

健全完善香港首控法人治理结构，将原香港首控董事会与经理层工作规则进行分离，重新划分各层级组织决策、审议、研究事项清单；董事会下增设战略与风险管理委员会和审计委员会。明确内部管理机构资本运营部作为战略管控的日常管理部门，负责组织战略规划的制订与实施；审计部作为风险控制日常管理部门，负责组织风险控制设计和运行情况自查。形成对战略规划和风险控制四层级的监督管理。

2. 强化财务管控体系建设

为了体现香港首控作为平台公司的财务统筹管控功能和调控能力，同时确保旗下上市公司符合香港市场监管的财务信息保密、防止内幕消息外泄及资金独立等合规要求，香港首控制订充分的内部措施和保密机制，并且采取集权与分权相结合的财务管控模式，集团财务管控架构及信息化规划提出财务转型战略的概念，香港首控结合财务工作开展情况，从资金管理、核算管理、合并报表管理及财务分析四大方面对旗下上市公司进行财务管控，重点推进财务信息一体化的合规工作。

3. 强化资本运营管控体系能力

按照首钢对外投资及资本运营的总体管控要求，承袭首钢授权体系管控模式，资本运作项目严格遵照集团权力清单规定执行。以打通信息渠道为前提，以权、责界面为依据，将日常经营类资本活动和重大资本运作事项区分为两类分别进行管控。

4. 建立、健全内外部审计体系

按照首钢审计体系管控要求，香港首控董事会增设审计委员会和审计部，负责建立、健全审计体系工作，开展相关审计工作。审计部接受首钢审计部的专业垂直管理，配合开展境外企业和派驻高管人员的相关审计工作。审计部负责本级的内部审计，采取匹配常规巡视审计与专项审计相结合的方式完成审计工作。鉴于香港上市公司独立性和内部信息保密的规定，对上市公司审计将通过聘请外部会计师事务所的方式，联合完成相关审计工作。

三、国有钢铁企业基于"战略引领、分级分类"的境外企业管控效果

（一）海外资源回补国内的能力进一步提升

按照"十三五"规划，进一步强化对境外矿产资源的开发与回补，完成了对秘鲁铁矿的新区扩建，使境外矿石资源回补国内的能力翻了一番。每年2000万吨含铁品位68%～69%的细精粉全部回运国内，已成为首钢乃至国家的重要战略资源，有利于保障国内钢铁企业生产资源的需求，提升国家及钢铁

行业对世界四大矿山的议价能力。

（二）盈利能力显著提高，资本市场影响度进一步扩大

2018 年，首钢境外企业实现利润 8.53 亿元；2019 年，境外企业实现利润 29.68 亿元，同比增加 21.15 亿元；2020 年，境外企业实现利润 31.15 亿元，同比增加 1.47 亿元人民币。2019 年，以香港首控为试点实施境外企业管控体系，通过构建战略与风险管控体系、财务管控体系、资本运营体系、审计体系为支点的“四大”管控体系，实现香港首控及旗下上市公司板块战略协同发展。2020 年，香港首控旗下 5 家上市公司总市值达到 240 亿港币，较 2019 年末增加 13%，较 2018 年末增加 60%；5 家上市公司净利润合计 17.8 亿港币，较 2019 年增加 1.8 亿港币，较 2018 年增加 78%。

（三）管理效率优化，企业高质量发展的后劲更足

1. 聚焦主业，瘦身健体

根据首钢的“十三五”规划，坚持应退尽退、应退早退，围绕产业聚焦，加大非主业境外资产战略性退出力度。对集团境外 SPV 公司进行系统研究和梳理界定，落实国务院国资委对 SPV 公司管理的相关制度要求，因企施策，对无实际功能和意义、已无存续必要的及时依法注销，严控增量。对亏损和资不抵债的境外企业进行全面摸底，2018—2020 年已完成退出非主业、低效境外企业 45 家，压降幅度达到 31.4%。

2. 管控架构界面清晰，决策效率提升

根据境外企业分级分类管理标准，首钢全面摸底排查境外企业并进行重新分类，将 SPV 公司全面纳入管理范畴，对 3 类企业实施不同的管控机制。特别是战略性参股企业管理概念的提出，提升了经营决策效率。以上市公司首程控股为例，完善外派董事权、责后，大幅简化决策流程，决策时间由 15 天降至 3 天。

3. 实现资金集中管控，降低企业资产负债率

根据境外企业合规化经营管理要求，充分尊重驻在国（地区）的法律法规和国际惯例进行管理。2020 年，首钢境外银行账户数量清理了 249 户，压缩 48%，所有资金账户全部实现可视化管理。实现了境外企业财务一体化管理、资金集中归集管理。境外资金归集达 27 亿元，解决了境外企业向银行、市场融资的尴尬局面。境外企业总体负债率得到改善，2020 年负债率较 2018 年降低 8 个百分点。

（成果创造人：韩　庆、赵天旸、孙亚杰、张俊峰、冯　昭、李　帆、方瑜仁、闫　明、孟龙龙、郭　佳、何　鹏、王冬明）

电力企业以赋能基层为导向的“放管服”管理

国网重庆市电力公司

国网重庆市电力公司（以下简称重庆电力）于1997年随重庆成为直辖市而成立，是国家电网有限公司（以下简称国网公司）的全资子公司，主要从事电网建设、生产、经营等业务，统一调度重庆电网。经营区域覆盖重庆市38个区县，服务人口约3000万人。下设二级单位47个，有各类员工约3.3万人。重庆电网西接四川省、东联湖北省、南临贵州省，是“西电东送”重要通道之一。复奉、锦苏、祁韶3条直流特高压线路横贯重庆市，500千伏形成“两横三纵”环网结构，220千伏变电站覆盖重庆市所有区县，城镇配电网实现升级换代，农网改造面达到100%。重庆电力先后获得“全国五一劳动奖状”“全国文明单位”“全国模范劳动关系和谐企业”“全国模范职工之家”“全国厂务公开民主管理示范单位”等荣誉称号。

一、电力企业以赋能基层为导向的“放管服”管理背景

（一）贯彻“四个革命、一个合作”能源安全新战略的重要举措

当前，我国能源发展处在方式转变、动力转换的攻关期，要全面落实党的十九大部署，系统贯彻“四个革命、一个合作”能源安全新战略。重庆市既是大山区，又是大库区；既有大城市，又有大农村，还是少数民族聚居地。虽然重庆电力处于欠发达地区和欠发展阶段，但增长潜力和发展韧劲很强。以赋能基层为导向的“放管服”管理的探索与实践，着眼重庆市发展全局和工作大局，始终践行“人民电业为人民”的企业宗旨，开展“服务重庆高质量发展”履责行动，在服务重庆市经济由高增长向高质量发展中争排头、做表率，在助力重庆市保持国家区域发展和新时代西部大开发新格局中的桥头堡与领头雁地位中发挥电网支撑作用，在推进共建“一带一路”形成对外开放新格局和在推进长江经济带绿色发展体现重庆市上游责任中提供坚强能源保障。

（二）建设具有中国特色、国际领先的能源互联网企业的根本途径

“具有中国特色、国际领先的能源互联网企业”战略目标和“一体四翼”发展布局，精准概括了企业政治本色、行业特色和发展角色，回答了“要干什么”和“发展动力是什么”两大关系着重庆电力高质量发展的关键问题，是推动电网向能源互联网升级、培育新的增长点、实现可持续发展的重要部署，为重庆电力凝聚共识、汇聚合力，以及加快建设具有中国特色、国际领先的能源互联网企业提供指引。重庆电力作为国网公司服务西部发展的直辖市供电企业，肩负着央企的重要责任和使命，努力把建设“具有中国特色、国际领先的能源互联网企业”战略目标和“一体四翼”发展布局在重庆市统筹推进落实好，通过能源供给消纳结构转型，推动能源消费领域“碳达峰、碳中和”目标的实现。

（三）破解基层发展难题、全面优化营商环境的现实需要

重庆电力立足自身实际，做好分层衔接，持续激发内部活力，促进高质量发展，更好履行社会责任，助力脱贫攻坚和乡村振兴，为经济社会发展和人民美好生活提供可靠电力供应。重庆电力面临经营指标下滑与管理能力亟待提升双重压力，积极开展“放管服”改革，推进由传统产业模式向精益化、数字化模式转换，不断调动基层积极性，压紧、压实各级责任，以改革突破发展困局，以创新引领整体提升，促进更高质量、更可持续发展，为全面打赢“获得电力”指标评价攻坚战、奋力追赶跨越、实现5个高标奋进目标打下坚实基础。

二、电力企业以赋能基层为导向的“放管服”管理主要做法

（一）明确“放管服”赋能基层工作思路

1. 明确工作思路

打好“放权、严管、优服”组合拳，确定“宜放则放、管控到位、服务到家”的工作思路。一是做到“宜放则放”。做好“简政放权”的“减法”，充分调研基层需求，积极回应基层单位“点菜”。二是做到“管控到位”。做好监管“加法”，创新监管方式，将粗放式管控转为精细化管控，将前端控制转为后端控制，将静态监管转为动态监管。三是做到“服务到家”。增加服务供给，满足基层需求，强调补短板、兜底线，注重服务便捷性与高效性。

2. 确定基本原则

一是权、责匹配的事权下放原则；二是激励相容与监督约束相结合的动态监管原则；三是多样性与专业性相结合的全方位服务原则；四是整体性与分异性相结合的运行原则；五是问题导向的持续优化原则。

3. 设立科学目标

一是“整体西部领先，局部国网示范”目标；二是“能源互联网”目标；三是发扬“红色主旋律”目标，突出重庆元素和中国特色。

（二）构建“放管服”赋能基层工作体系

1. 设立建设与指导委员会

“放管服”赋能基层建设与指导委员会为非常设机构，负责领导启动工作体系建设，指导相关制度设计；在体系实施过程中检查、督促和纠正工作偏差；在体系建成后评价考核实施效果，进一步完善工作体系。

2. 构建分层分级组织结构

植入“放管服”相关制度安排和精神实质，构建精炼高效矩阵式赋能基层工作体系。该组织结构横向到边，协同各专业部门；纵向到底，贯通两级管理链条，协同推进“放管服”改革。以长寿、万州为中心提供专业共享服务，区域内信息互通、人员互助、资源共享，以解决渝东南、渝东北片区部分单位部分“放管服”事项承接能力不足问题。

（三）建立“放管服”赋能基层工作机制

1. 完善制度管理体系

从成本中心向利润中心的转化制度。针对基层单位具体情况，制订不同的转化措施和转化时间表，拟定可考核量化目标绩效。赋予一定的自主权，提供专业服务，给予适度监督约束，在授权范围内经营，实现以利润为中心的经营目标。

基于职能定位和“事权－资源”匹配的授权制度。界定各专业部门、供电单位和直属机构职能，授予其履行职能所需的、相匹配的权限。对“基层授权承载力”进行深入分析，合理配置相应资源，确保基层单位事权与资源、决策权与承接能力之间匹配。

基于专业特点与风险评估的“战略＋运营”管控制度。基于专业特征对各基层单位进行风险评估，从战略高度制订和优化“战略＋运营”管控制度。以战略目标实现和公司效益提升为导向，优化运营指标体系和分工协作机制。明确公司管控核心战略指标、基层单位负责专业细分指标。实行核心业务差异化管控，确保对不同属性基层单位管控到位。

以满足用户需求和服务地方发展为导向的高质量服务制度。在服务基层单位方面，一是强化培训和“帮、带”，下发任务指引说明，确保基层理解到位；二是针对专业性较强项目，各专业部门负责“带一把”“领上路”。在服务用户与地方发展方面，基层单位秉持“人民电业为人民”宗旨，提高服务效

率，优化营商环境，切实做到“服务到家”。

满足“放管服”赋能基层要求的评价考核激励约束制度。对“放管服”成效评价考核，建立精准问责制度，将现阶段工作成效与下一轮放权挂钩。突出正面激励主基调，通过多元化激励激发基层单位担当作为、争创一流精神。对执行成效优秀单位予以表彰，对执行成效较差单位予以诫勉。

2. 建立高效沟通机制

重庆电力领导班子会同“放管服”赋能基层工作体系建设与指导委员会制订完善制度机制，与专业部门形成双向反馈。专业部门明确事权下放范围和监管力度与服务类别，与各供电单位和直属机构构成双向反馈。上级指令，基层有效承接；基层反馈，上级及时处理。同级机构之间召开经验交流会，相互交流，共同提高。上下级机构之间召开座谈会，倾听各方诉求，实现体系内信息无摩擦流动。

3. 健全长效工作机制

持续优化“放管服”组织结构。聚焦基层诉求和基层改革需要，消除和修正不合理因素，合理配置各专业部门、各供电单位、各直属机构权限范围，施加适度监督控制，提供高质量服务，从“形”和“神”两方面对现行组织结构和管理体系进行持续重构和优化。

持续推动“放管服”一体化工作机制。逐步消除内外部阻碍因素，减少各专业部门、各供电单位、各直属机构之间的利益冲突，健全沟通传递机制，打破层级壁垒和部门壁垒，形成一个信息互通、资源共享、利益互补、各司其职、激励相容的有机整体。

持续完善“放管服”动态督察机制。及时优化制度管理体系，修正“放管服”相关内容，保证体系及其制度安排的时效性。制订“放管服”督察内容、督察制度和督察标准，保证督察工作的针对性和可操作性。将督察工作常态化、规范化，形成及时纠偏机制。强化督察结果权威性，将督察结果作为年度表现的重要判定标准。

持续营造“放管服”赋能基层改革氛围。积极宣传“放管服”赋能基层的制度，营造全员参与氛围。提高放权部门的放权主动性，加强承权部门的用权责任心。发挥榜样作用，宣传成功经验，将“放管服”赋能基层思想融入本能。

4. 简政放权做“减法”

持续优化“分级管理”模式，科学合理配置管理权责，推动管理权责从“倒三角”向“橄榄型”转变，逐步由“运营管控”向“战略管控”转型，通过优化战略体系、变革组织架构、强化业绩对标等措施，以电网为主导、以设备为中心的“职能驱动”向以客户为中心、以市场为导向的“业务驱动”转型，形成管理集约、业务集成、资源共享、运转高效的一体化组织模式。加大各基层单位机构编制、岗位管理、劳动用工、薪酬激励等自主权。加大市场化单位自主权，加大线下、基建、零购等项目自主性，简化预算、支付等流程，调整部分决算管理权限。加大各单位在电网规划、线路迁改、前期管理、电源接入等方面的自主权。重点优化绿色通道及紧急采购流程。

5. 加强监管做“加法”

印发进一步做好“放管服”改革工作的通知，组织各单位建立工作体系，逐项梳理本单位层面差异，制订落地措施，确保接得住、管得好。建立双周报制度和定期通报制度，督促改革进展。基建等项目实施差异化管控，对基础较差的渝东南、渝东北地区单位，成立区域协作组，基本做到“管控到位”。加强监督检查全过程闭环管控，建立检查、反馈、整改、报告机制。建立检查考核活动审批备案制度，对各类检查考核活动实行扎口管理，未办理报批手续不得擅自开展。改进监督检查方式，多采用“四不两直”、暗访、抽查等形式。积极探索“数字检查”方式，通过信息化手段，变“结果检查”为“过程检查”。

6. 服务基层做“乘法”

建立本部门挂点基层单位工作机制，定期开展实地调研，全员、全域、全覆盖，切实解决基层实际问题和困难。营造安全、舒适、融洽的工作氛围，构建和谐共赢的劳动关系，推动职工小家、诉求服务中心运作，科学规划建设文体活动场所，提升员工文体活动质量，持续改善员工办公环境。开展员工职业生涯设计，畅通成长通道，重视员工福利待遇，增强团组织的存在感，紧密联系青年、团结青年、服务青年，深化榜样选树活动，打造新时代产业工人队伍。

（四）完善“放管服”赋能基层工作流程

1.“调研+清单”

一是扎实开展调查研究。采用问卷调查、座谈会、现场督导等多种形式调研基层情况，深入分析基层单位“放管服”事项承接能力和发展诉求；二是具体事项清单推进。国网公司自上而下印发3批“放管服”清单，重庆电力涉及213项。其中，重庆电力本部承接100项，延伸下放至基层单位113项。另外，聚焦基层单位诉求强烈的管理权、项目审批权等，自选新增76项，形成重庆电力“放管服”事项清单189项。

2.“宣贯+执行”

一是宣传和落实“放管服”赋能基层的相关事项安排，组织宣贯活动，展开讨论，发挥群众智慧，汇集“放管服”赋能基层实践磅礴力量；二是编制“放管服”赋能基层改革计划表，对标对表，挂图作战，采取差异化、针对性措施，找准基层单位关注点，注重赋能实效；三是指定各层级“放管服”赋能基层工作责任人，分解工作任务，根据年度重点任务分解安排工作，各基层单位负责做好下放清单事项的具体承接和建立内部管控机制等工作。

3.“制度+保障”

体改部门牵头，召开“放管服”赋能基层改革办公室会议，组织各专业部门完善配套制度并明确“放管服”事项相关职责界面、规章制度、业务流程、信息系统调整要求。相关制度经相关委员会审议通过，确保依法合规。

4.“督察+评价”

一是建立、健全事前、事中、事后监督机制，加强对各单位执行情况的督导，确保下放的权限基层接得住、管得好。创新督察评价机制，灵活采用抽调人员专班督察、各部门联合督察、专业部门专项督察、各基层单位互督互察等组织形式，察出赋能基层实情、督得赋能基层实效。二是建立动态评估评价机制，采取“专业总结+基层评价”的方式，以跨部门、跨专业间的制度和流程是否匹配和协调及基层和一线员工是否满意、受益作为根本评价标准。将“放管服”改革实施情况划分为8个维度，分A、B、C、D 4个等级量化评价，以评分结果反映“放管服”工作效果。

5.“考核+完善”

一是根据督察评价结果，对“放管服”工作开展情况不佳的部门和基层单位进行考核；二是梳理反馈情况，把成功经验固化，纠正和完善“放管服”赋能基层管理体系，及时调整工作流程和制度。

6.“共享+提高”

评选“放管服”工作推进扎实、赋能效果显著的单位为标杆，总结其有益经验与典型做法。建立典型经验共享平台，把成功的经验予以标准化、制度化，推动重庆电力“放管服”工作效能整体提升。

（五）“放管服”赋能基层追求“整体西部领先，局部国网示范”

1.“人财物+经营”，强化企业治理水平，提升经营实力

强化员工激励。一是推行定员核定工资总额，健全以员工发展为导向的绩效考核机制；二是充分授权一线班组，加大一线倾斜力度，完善收入分配体系；三是扩宽基层单位员工发展通道，激励员工快速

成长。

整合优化资源。优质、高效推进供区整合、人力资源协调、组织结构优化、专业能力承接评估和专业工作移交。优化基层单位资源配置，提升电网规划、建设、运行效率，服务好“成、渝双城经济圈”建设和重庆市经济社会发展。

试点集约管理。根据渝东南、渝东北地区经济发展相对滞后的现实，实施基于地域发展水平的差异化“放管服”。依托渝东南片区长寿地调和渝东北片区万州地调，开展110千伏电网调度集约化运行，放权地调实施所在片区16家县调调控业务的统筹管理。

简化采购流程。一是明确放权事项，编制紧急采购需求清单，提高针对紧急问题迅速响应的能力；二是服务整合，建立专项管理机制；三是依托采购计划智能提报平台开展采购计划智能提报工作；四是制订10千伏及以下业扩等工程物资寄存管理办法，满足基层单位快速响应需求。

2. “科技＋环保”，突破核心技术，引领绿色发展

科技创新服务低碳出行。调控科技资金总规模，各单位自主下达项目明细。精简项目督导和验收流程，将项目经费调剂和人员变更权下放至项目承担单位，给基层创新“减负”“松绑”。开展山地城市电动汽车分时租赁模式及支撑技术研究与示范应用，建立用户、押金、征信、分租点、充换电设施博弈共享的人车桩位一体化运营管理平台，组织基于车联网的绿电交易，既促进清洁能源消纳又服务市民低碳出行。

能源替代助力绿色发展。支持基层供电单位主动作为，大力推进长江流域重庆段“四地六点”港口岸电建设，创新应用“离岸浮动式”的岸电技术方案，解决大负荷游轮供电距离长、供电质量不佳问题，电能替代成效显著。

3. “营销＋品牌”，提升服务品质，彰显国网价值

开拓售电市场。坚持属地管理，完善以供电公司为责任主体的快速响应机制，遵循市场规律与电力系统运行特点，在国家级新区、新增工业园区建立中长期交易为主、现货交易为补充的电力市场，完善市场化电价机制，促进形成清洁低碳、安全高效的能源体系。加强与大型集团客户的对接，主动帮助客户参与直接交易，降低用能成本。

优化营商环境。一是简化办电环节，推广“网上国网”和“愉快办电”，实现政企信息互联互通；二是压减办电时间，推行“1＋1”双经理负责制，推行勘察设计一体化作业；三是推广小微企业“三零”服务，实现外线接电零成本；四是提升供电可靠性与电费透明度，明确电价标准提前一个账单周期发布工作机制；五是建立网格客户经理制、设备主人制，全面、快速、精准响应客户需求。

践行社会责任。一是基层供电单位持续推进贫困乡镇电网改造升级；二是在部分高海拔地区因地制宜，发展村级和户用光伏电站；三是试点扶贫工作站、电力工作站、国网电商服务站“三站合一”模式，“零距离”服务贫困户，拓宽其致富路；四是积极开展消费扶贫活动，举办农产品展销会；五是通过电力技能培训带动贫困人口就业。

（六）“放管服”赋能基层靶向“能源互联网”

1. 聚焦“新基建”，构建能源网架体系

电网建设。抢抓“新基建”机遇，启动“十四五”电网发展规划，开展疆电入渝和川、渝电网一体化布局研究。全力支持基层单位在电网建设中主动作为，下放线路迁改可研方案审查权、批复权，下放电网项目可研设计一体化管理权。

充电桩建设。一是编制专用充电站设施建设规划；二是为充电桩运营商、用户提供“省力、省时、省钱”的并网服务；三是积极开拓公交、出租等高价值专用充电市场，促进“以电代油”；四是健全高速公路“快充”服务网络；五是对基层单位的施工服务采购进行充分授权。

智慧能源建设。推进智慧能源模范试点，在建立关键控制节点的基础上允许基层单位进行探索性开发、自主性建设、差异化施行及特色化管理，推进山地城市 CBD 智慧综合示范工程，助推能源互联网生态圈在重庆市“生根发芽”。

2. 贯通“数据流”，构建信息支撑体系

挖掘能源数据价值。打造“两朵云”，搭建两平台。对内打造“营配调”贯通的“电力云”，支撑供电服务指挥平台对接城市运行“一网统管”；对外打造能源流、业务流、数据流融通的“能源云”，支撑智慧能源服务平台对接政务服务“一网通办”。建设能源服务大数据中心，将能源生产、经营消费数据及政府公开发布的经济社会发展指标纳入能源服务大数据中心规范管理。疫情期间，编制《疫情期间电力数据服务政府决策分析报告》，为政府抓好疫情防控和推动复工复产提供决策支撑。

开发电力设施附加价值。成立重庆思极科技公司，与通信服务商等合作探索新的盈利模式，充分发挥电力杆塔、沟道、光缆、变电站等电力基础资源商业价值。有序推进多站融合数据中心站建设（将智能变电站、数据中心、5G 基站、北斗地面增强站、充电站、便民服务站融为一体），逐步实现商业化运营，培育“国网算力”品牌。

推广基层众筹管理模式。推行“创意众筹、资金众筹、资源众筹”工作机制，鼓励基层单位联合起来出人、出资开展技术攻关，将微应用创意落地为数据产品解决实际问题。通过创新供服指标“e 管控”、研发“泛泛助手” App、应用大数据反窃电等举措，提升数据利用能力与企业信息化管理效率。

3. 布局“产业链”，构建价值创造体系

坚定不移做好重庆市管产业。一是完善产业单位企业负责人业绩考核体系。建立科学的指标体系和评价标准，优化关键业绩指标、安全指标、专业评价指标，增加重点工作指标两方面提高业绩考核权重。二是建立主业产业奖惩协同联动机制。将经营效益与人工成本增量挂钩，建立产业单位人工成本与主业收入联动机制，实现增量价值共享、减量价值共担。三是开展施工类产业单位施工能力分类提升。秉持质量效益观念和精益管理思维，制订并推动执行施工企业示范建设标准体系，优化施工组织模式，系统提升施工能力。

积极探索综合能源混合所有制改革。大力推进产业单位与民营企业以股权投资的方式组建混合所有制公司，吸引民间资本战略投资，开展员工持股计划，拓展资本合作渠道，推进基层单位股权多元化改革，推动价值共创体系构建。在发电、售电、配电业务上，积极引进市场竞争，引导民间资本与国有资本实质性合作，从内容与形式上促进基层单位提升效益，推动企业可持续发展。

（七）“放管服”赋能基层弘扬“红色主旋律”

1. 嵌入“红岩”重庆元素，传承红色基因

通过实施“党建 +”红岩先锋工程，进一步弘扬崇高思想境界，坚定理想信念。第一，扩大基层党组织党建自主权，将中心组学习与企业业务水平提升紧密结合；第二，进一步创新党建模式，推行“一支部一项目”模式，明确党建工作责任；第三，分层、分类选育“党建 +”示范项目，激励广大党员参与党建工作，当好红岩精神的传承者、传播者、践行者。

2. 嵌入“抗战”重庆元素，打造特色党建

以“放管服”为抓手，将“抗战”重庆元素内嵌于党建工作中，发扬重庆大轰炸期间“越炸越强”的抗战精神，激发党员新时代主人翁意识，着力打造一支“招之即来、来之能战、战则必胜”的电力员工队伍。

三、电力企业以赋能基层为导向的“放管服”管理效果

（一）贯彻上级部署，政治责任充分彰显

国家战略全面衔接。重庆电力深入贯彻“四个革命、一个合作”能源安全新战略，积极服务“碳

达峰、碳中和”目标，以“能源转型、绿色发展”为主线，实现能源供给清洁化、能源消费电气化、能源利用高效化。发展布局有效落地。落实国网公司“一体四翼”发展布局，持续做强电网业务，各业务优势互补、良性互动，以电网为中心的能源互联网产业体系初步形成。目标导向持续优化。确立“整体西部领先，局部国网示范”目标，在线损管理、营商环境、主网架结构、清洁能源消纳、核心区配电网建设等方面全力争先，加快建设具有中国特色、国际领先的能源互联网企业。

（二）内生动力显著增强，社会价值愈加体现

脱贫攻坚成效显著。累计投资 94.7 亿元完成 14 个国家重点扶贫区县电网改造，帮助 6700 户贫困户通过光伏扶贫获得稳定收入，建设新立田园、清迈良园 2 个电气化示范项目。重庆电力荣获“国网公司脱贫攻坚先进集体”称号，连续 4 年荣获“重庆市定点扶贫先进单位”称号。营商环境持续优化。“获得电力”环节、时间、成本指标已达京、沪水平，可靠性指标差距持续缩小，得到国务院发展研究中心和国家能源局的充分肯定。政企合作有力有效，多措并举，全年降低企业用电成本 85.94 亿元。推进广阳岛片区“一岛一湾”生态文明新型电力系统示范区建设，“长江风景眼、重庆生态岛”形态初显。疫情防控坚决有力。确保员工防护“零感染”、供电保障“零失误”、减费政策落实“零偏差”、复工复产“零延迟”。创新引领作用不断凸显。获得省部级科技奖 20 项，完成 3 项电力行业标准，累计新申请专利 1298 项，授权专利 1008 项，建成“高电压技术与电磁环境影响”等 3 个重庆市重点实验室。基层组织活力明显增强，形成团结奋进的强大合力。员工干事热情大幅提升，在各类竞赛中不断取得历史性突破。

（三）提升经营管理水平，经济效益持续提升

电网结构坚强可靠。优化电网“十四五”规划，积极谋划川、渝电网一体化和疆电入渝，重庆地区中长期电力供应得到保障。投运 500 千伏铜梁站 SVG 工程，消纳四川省的水电能力进一步提升。投产渝、鄂直流背靠背联网工程，电网安全稳定运行能力进一步提升。增供扩销硕果累累。实现替代电量 29 亿千瓦时、同比增长 25%，售电量年均增长 7.2%。堵漏挖潜卓有成效。通过线损治理、外购低价电、房地资产盘活等，有效对冲减利影响。3 年累计降低综合线损两个百分点，线损管理指标在国网公司名列前茅。

（成果创造人：周　雄、司为国、何永胜、徐　韬、胡君军、吴　嘀、孙　睿、张继忠、肖　翔、汤雪松、钟　隽、余光明）

电信运营商基于场景化的客户营销服务管理

中国电信股份有限公司乌鲁木齐分公司

中国电信股份有限公司乌鲁木齐分公司（以下简称乌鲁木齐电信）成立于2000年，隶属于中国电信新疆公司，在册员工1647人。乌鲁木齐电信是乌鲁木齐市最大的光纤宽带、互联网和固话运营商，服务领域从基础通信拓展到系统集成、网络安全、信息化建设、安防监控等方面，提供跨地域、全业务的综合信息化解决方案。2020年实现主营业务收入240555.63万元，实现利润79609.4万元，市场占有率达到41.17%。2020年获得“全国文明单位”“全国质量标杆”“中国企业品牌创新成果”“自治区诚信企业”“新疆信息通信行业节能减排贡献奖”等荣誉称号。

乌鲁木齐电信作为乌鲁木齐市信息化建设的主力军，近年来，面对人工智能、5G、万物互联、大数据和云计算的信息化浪潮，着力开发和推广信息化应用，依托公司在技术、平台、网络、人才、品牌、应用和生态圈方面的独特优势，以最新的移动互联网、高速光宽带、物联网、云计算等信息技术，努力使信息化成果惠及社会各行业和广大人民群众，先后为多个行业和广大企业提供了针对性的信息化解决方案，服务领域从基础通信拓展到系统集成、网络安全、信息化建设、安防监控、视频会议、呼叫中心及综合信息咨询等方面。

一、电信运营商基于场景化的客户营销服务管理背景

（一）技术背景

传统的网络技术革新是网络接入速度的不断革新，但归根结底是单向的输入模式。5G的发展使万物互联成为可能。5G发展以其优越的个性化分流技术，智能化识别各种场景，迅速调整为这样的模式：检测到日常使用流量情景时，输出适当稳定流量；检测到网络游戏时，输送大额流量。这些与之前的传统网络技术是质的区别与突破。5G网络技术强大的分流与快速的宽带接入量，使依托网络建设的各类新应用有了广阔的发展前景，不再受制于网络速度与应用场景；也使一些未来化产业，如VR技术、自动驾驶技术等有了网络技术上的支撑。5G网络的发展可以根据用户的使用情况进行合理化的流量调配，突破解决了传统网络运营模式下套餐模式单一、限流等问题，让客户使用更人性化，让运营商的工作更轻松。

（二）市场背景

5G时代流量消费需求将持续增长，同时网络将与产业深度融合。据OVUM预测，至2023年，消费者移动网络的流量使用将至少增至原来的4倍，各类终端设备和应用场景将不断涌现，满足人们多样化的业务需求。5G将渗透到各个垂直行业领域，实现真正的万物互联，促进行业应用的崛起和需求场景的多样化，释放出巨大的市场潜力。随着5G技术演进和应用场景的多样化，客户需求也将发生变革。用户将由基础的社交、娱乐需求向便捷化、智能化、互动体验升级，基于VR/AR的沉浸式娱乐、全景高清直播、海量流媒体等视频类业务将成为5G场景下的典型应用。与此同时，垂直行业市场的客户将爆发更多需求，将围绕改善质量、提高效率、降低成本的核心需求，要求运营商构建广覆盖、高性能兼顾边缘化、切片化的网络，推动运营商不断融合云计算、大数据、人工智能等前沿科学技术，输出定制化服务。智能交通、智能物流、智能制造、智能农业、智慧医疗等将成为5G时代典型的垂直行业应用场景。为满足5G时代客户的多样化需求，运营商需要创新核心业务，一方面扩大传统市场力量，另一方面深入垂直市场领域。

（三）运营商服务背景

2G 到 3G 传统的网络技术发展过程中，运营商对于客户的服务主要是以线下模式为主。4G 网络技术出现以后，随着网速的大幅提升，运营商与客户的服务关系逐渐由线下转为线上。5G 时代的智能服务更注重通过智能算法主动辨识和挖掘客户需求，让服务更精准、适配。需要通过创新的思想和创意模式配合 5G 技术为客户提供人性化套餐，需要联合各类 5G 应用共同发展，更需要关注新兴产业的发展势头，共同打造一个可持续发展的新客户服务模式，丰富 5G 盈利模式，从而促进 5G 产业发展。

随着通信行业的飞速发展，5G 时代已经到来，通信新技术不断出现，网络变革步伐加快。行业竞争日趋激烈，新增市场减缓，老用户流失严重，迫切需要升级和发展 5G 用户，构建客户服务新模式，这是电信运营商提高竞争力的有效途径之一。乌鲁木齐电信经过分析，发现 5G 市场发展缓慢的原因主要为：场景营销单一，营销渠道及触点单一，企业员工无法通过合适的方式进行业务推介，用户没有有效的场景进行新业务体验，不了解 5G 业务的特点和优势。这就导致双方沟通不畅，无法有效地推广新兴业务，用户也无法及时享受电信的客户服务。针对这种情况，乌鲁木齐电信推出场景化营销创新方法，优化客户服务模式，拓展 5G 业务发展新生态，提高企业竞争力。

基于上述原因，乌鲁木齐电信自 2019 年开始推进实施 5G 应用时代背景下电信运营商基于场景化的客户营销服务管理。

二、电信运营商基于场景化的客户营销服务管理主要做法

（一）明确营销服务管理目标，建立精准化营销机制

1. 优化工作流程，提高触点过程管理能力

对原有的精确化营销派单执行流程、活动组织流程、经营分析通报流程、互联网平台线上活动承接及申请流程等梳理优化，增加管理流程、精确化营销活动校验流程、手工佣金结算流程。为了使精准化营销流程能更好地发挥效用，通过专题讨论、小组会等形式对各流程开展头脑风暴活动，对输出活动创建、数据挖掘、方案制订相关的指导书进行创建和完善；对营销人员开展多次现场培训，详细讲解工作流程。

2. 建立系列规范制度，实现业绩文化双提升

为打造强有力的客户经营维系及 5G 业务发展团队，发挥存量经营优势，实现纵向一体化销售模式，建立维系经理工作的 PDCA 循环工作机制，存量团队制订年度客户经营目标分析管理办法，精确化营销活动结果评估指导书，客户经营中心外呼质检管理办法，编写维系班长现场管理手册、维系经理投诉处理指导书、营销脚本设计指导书等精准化营销制度及手册。通过集中宣贯、微信公众号、线上微课等方式加以宣传推广，加强工作计划/工作总结管理，持续改进，为开展 5G 精准化营销提供强有力的组织保障。

（二）依托大数据和 AI 技术，为客户精准画像

乌鲁木齐电信通过分析系统对客户的产品使用、套餐匹配、手机终端、缴费习惯、报障信息及投诉信息等可视化信息进行大数据分析，了解客户消费能力、业务偏好、品牌偏好、信用状况，导出客户画像及综合评价信息，从而挖掘客户的潜在需求，包括语音需求、流量需求、网络服务需求、智家业务需求及其他个性化服务需求。结合客户潜在需求，选择更精确的服务策略为客户提供满意度较高的产品和服务。

原有客户分析是针对某个场景执行情况进行简单分析，无法体现客户的产品价值是否提升、5G 套餐使用情况、机套匹配程度、是否实现家庭宽带与移动业务绑定等。随着科技发展与大数据网络的构建，大数据分析应用于各类领域。现行场景化创新拓展是以客户为中心，在建立 5G 时代的运营商客户服务体系时引入大数据分析方法，建立庞大的用户网络使用信息数据库。使用大数据进行分析与预测，

精确判断客户的流量使用情况，根据不同群体、不同年龄阶段与不同职业，向客户推荐更精准化的流量套餐。此外，要从客户的历史数据、近期访问与在线数据出发，分析不同客户所关注的点，以此为突破，设计出相应的服务推送方式。定期进行客户体验度调查，及时与客户进行使用感互动，对有缺陷的部分及时调整。了解客户的使用偏好、关注内容、时间与行为，分析得出客户潜在需求。将具备同类特征的客户进行横向、纵向对比，总结此类客户的消费习惯，为客户提供场景化精确的服务，提升5G业务发展的同时提高客户感知。

（三）依托客户画像，精准匹配5G应用服务

乌鲁木齐电信开展5G深耕活动，针对所有5G客户进行二次需求挖掘。深耕活动融合智家业务、单移动升级融合套餐和沉默激活等服务动作。根据大数据分析得出的客户画像，通过经营标签将有潜在需求的5G客户划分为4类。

宽带高频使用用户。客户宽带使用频率较高且存在家庭内部网络覆盖不足的问题，对于高质量全屋网络覆盖有迫切需求。对此类客户，为其匹配全屋WiFi业务，智慧家庭工程师可为其提供全屋WiFi整体解决方案及后续WiFi调优服务，满足客户需求。

流量高频使用用户。客户流量使用频率较高，但家中未安装电信宽带，通过客户画像得知该类客户流量使用场景多分布在短视频和游戏，常有高频流量溢出。对该类客户精准推介融合套餐，提升客户价值，增强客户网络体验。

视频软件高频使用用户。客户视频软件使用频率较高，在视频软件上消耗时间较长，有潜在视频会员需求。针对该类客户匹配存费送视频会员权益策略，满足客户视频观看需求。

个性化需求用户。客户属于个性化需求人群，大多有照顾老人、看护小孩和监护宠物的需要。针对此类特色人群，向其推介天翼看家业务，为客户提供远程视频查看、拍照录像、语音对讲、红外夜视等核心应用功能。

5G深耕场景精准提取4类客户，分门别类匹配个性化需求策略，挑选适宜的服务渠道，采用智能语音、沙盘营销、电话外呼等多样化服务方式，为客户提供全方位需求解决定制化方案，在满足客户需求的同时提升客户价值，最大化提高客户满意度。

（四）通过场景化营销，提升5G业务服务

1. 实施触点智能化营销

原有场景化销售触点主要是人工集约外呼和营业窗口介绍，现阶段应用AI技术，新增多项智能化触点销售模式。一是针对营业窗口接待的客户，新增智能弹屏触点，可通过定位客户信息弹出客户使用情况及资费优惠匹配推荐，节省营业人员查询时间及匹配介绍。二是针对通知类业务，可通过智能语音外呼、短信批发触点进行营销，相对原有语音外呼触点，现行方式更加智能。通过录制人员语音，外呼时更加生动形象，减少客户对机器人营销的反感，同时还根据客户的反馈内容进行解答。三是针对集约外呼触点，原有系统只支持展示派单号码对应信息，无法展示客户级信息。现在通过派单至沙盘系统中，既可展示客户的基本信息，也可根据客户地址匹配到客户所属承包片区负责人工号下，从而为客户提供更精确、人性化的服务。

2. 实施节假日场景营销

乌鲁木齐电信利用客户在“5·17电信日”等节假日倾向主动了解优惠活动、主动进厅进店的契机，开展时效性场景展现。如提取有节假日办理业务记录、协议即将到期等特征的客户，根据客户的使用偏好，配置不同的个性化服务策略。节假日来临前首先分阶段进行短信群发通知，然后进行智能语音外呼，进一步筛选有业务需求的客户，最后将有业务或服务需求的客户资料派单至就近区域的营业厅店，跟进客户需求并为客户提供个性化服务。

3. 实施突发场景营销

根据突发性、临时性的市场环境变化，适当调整服务场景。2020 年 8 月，乌鲁木齐市疫情期间，电信工作人员和客户都居家隔离，无法提供正常的业务和服务。在此期间，乌鲁木齐电信配置特殊的场景化服务活动，保障正常提供 5G 业务及服务。一是针对居家人员提供智能语音外呼和电话外呼营销方式。动员全部居家电信工作人员迅速配置好居家办公系统和外呼工号。工作人员依据所在区域就近提取有 5G 业务需求的客户，开展外呼拓展工作，提供 5G 业务服务。二是针对居家期间客户对流量需求激增的特点，匹配 5G 流量包业务，辅以存费送互联网权益（如腾讯、爱奇艺、优酷视频会员），作为主要个性服务策略。三是开展互联网线上渠道营销。电信工作人员在各自的小区业主群里亮明身份，推介以 5G 业务为主的消息提醒。通过场景化创新服务，改变原有的服务提供模式，以客户为中心，通过大数据分析结合 AI 技术，不同场景都有对应触点进行业务推介和提供个性化服务。营销渠道更加全面，工作更加细致，提高客户的服务感知的同时提升电信服务人员的工作效率。

4. 线上线下一体化

线下营业厅根据大数据模拟构建客户画像，对用户行为进行分析预测，有针对性地分群体合理安排线下精准推销与服务模式。例如，针对中老年群体，面对面详细介绍 5G 网络技术的运行优势，宣传推广采取传统的日常生活用品大礼包的赠送与流量套餐充值优惠相结合的方式。针对年轻群体以线上模式为主推介服务，以创意的宣传短篇或海报进行推广活动。通过大数据调研分析掌握年轻群体的流量使用动态，根据每个群体不同的需求，推出相应的流量套餐卡。针对爱打游戏的男性推出游戏套餐卡，针对爱“刷剧”的女性群体可结合各种视频类 App 推出视频定向流量卡等，以各种新颖的活动吸引年轻群体的关注。

（五）优化场景过程管控

1. 问题监控及评估

乌鲁木齐电信跟踪各触点渠道场景化服务的执行情况，对有困难的营销渠道进行支撑和帮扶。按日调取各场景触点接触和处理数据，按照各活动场景进行服务结果、执行情况的统计与通报；按月对 5G 发展整体完成情况做经营分析。进行客户维度、渠道维度、收入维度等多方位分析，分析 5G 场景化服务问题，提出预警及解决办法。

2. 持续改进和优化

开展日、周、月复盘工作，总结和分析各拓展触点场景化服务过程中的各类问题，针对性调整优化各个节点场景化服务动作。例如，个性化服务策略和触点是否匹配，客户数据是否精准，渠道和服务话术是否合适等。不断改进和调整各个场景，优化职能服务体系，使 5G 业务发展更迅速，保持新生态发展趋势。

3. 优化智能化服务体系

着力打造 5G 用户识别、网络管理、产品区分、流量疏导、质量监测的智能化管道。一是按照“便捷、高效、准确”的原则，设计开发流量提醒管控系统，确保流量提醒系统的一致性，确保流量数据完全一致、准确无误。强化流量提醒及时性、准确性，争取实现秒级发送。建立 5G 流量提醒服务体系，设计开发流量实时提醒系统，从根本上解决流量超出提醒延迟的问题。充分利用互联网、短信、第三方平台上线流量提醒及流量监测功能，“360 度”全方位监测流量使用情况，确保 98% 以上流量提醒能够在 1 分钟内完成，也就是达到秒级速度。二是每月 10 日、20 日通过智能化流量提醒系统对订购了流量套餐但未使用流量的用户予以短信或语音提醒。对用户入网时间、年龄、性别、历史账单等进行大数据分析，查明不使用流量的具体原因，按照设定的模板自动匹配激励措施，流转至营销人员工单池处理。推出定量提醒服务，强化流量使用引导，当用户月流量使用过半时，进行一次短信提醒。用户当月可用流量使用剩余10%、5%时，两次给予预警提醒。当用户月流量使用超出套餐时，通过多路径推荐加油包、叠加包、闲时包等产品引导用户补充流量。三是除流量短信提醒外，推出流量线上便捷查询服务，用户能够通过微信服务号、掌上营业厅、10000热线随时自主查询套餐和流量。为用户提供即时、便捷的电子账单服务，帮助用户分析流量消费情况，推荐用户结合消费行为选择更加合理、实惠的套餐，以此来提升用户流量资费满意度水平。

三、电信运营商基于场景化的客户营销服务管理效果

（一）营销团队建设稳步推进

乌鲁木齐电信建立起一支由核心运营部门骨干参与的5G业务发展营销虚拟团队，建立了横向协作、纵向管理的经营模式。打通了行业领域、部门之间的壁垒，实现了业务、技术、管理等协同推进、分类布局。从流量产品研发、架构布局、销售模式、运行机制、终端发布等方面出发，推动了流量经营高效发展，共同助力乌鲁木齐电信5G业务市场发展。

（二）经济效益明显提升

自2019年正式发布5G牌照至今，5G从无到有、从能用到好用、从加快网络建设到加速行业应用、从服务人民生活到赋能经济发展，为城市生活和经济带来了巨大的改变。截至2021年5月，乌鲁木齐电信建设完成5G基站1865个，实现乌鲁木齐市区全覆盖。新生态5G场景化营销以客户为中心，挖掘客户潜在需求，结合客户画像，清晰展示出客户的使用偏好、行为特征等，从客户感兴趣的方面推荐5G业务。乌鲁木齐电信实施5G场景化营销服务以来，5G客户高速增长，5G客户渗透率由2020年4月的2.8%（5.8万户）提升至2021年5月的28.4%（60.7万户）；5G客户价值大幅度提升，2020年5月—2021年5月发展的5G客户带来增量收入2399万元；场景化营销服务有效促进了5G客户活跃率，提升了客户的黏合度和保有率；通过场景数字化应用提高了员工工作效率，进一步降本增效，促进企业数字化转型。

（三）社会效益不断提高

乌鲁木齐电信始终秉承“以客户为中心”的服务理念，在服务方面不断顺应时代发展和客户需求，持续创新完善，以满足消费者多元化、全方位、个性化需求为目标，采取差异化、多样性产品定价和优惠促销相结合的手段，提升客户的5G服务感知，实现了企业和消费者的双赢目标；同时，进一步激发市场活力，拓宽市场营销渠道，加快技术创新，带动产品及服务全面升级，为消费者提供更加便捷、高效的服务。乌鲁木齐电信顺应时代发展，借助5G契机，不断进行业务创新，满足客户多样化需求，赢得市场发展机会，打造了一个全新的可持续发展、开放的产业链。目前，乌鲁木齐电信“5G+”行业应用已基本形成多场景、多行业、多领域融合的初步生态环境，着力推进“5G+智慧工业（智慧农业、智慧医疗、智慧旅游、智慧政务）”等重点项目建设。乌鲁木齐电信将加快数字化发展，深化5G应用，以技术、产品、服务和商业模式创新，带动5G产业链与行业应用协同发展，进一步拓展5G技术在医疗、教育、养老、政务服务等民生领域的应用，助力经济高质量发展。

（成果创造人：朱　青、马春莲、朱　磊、董　楠、张雨菡、郭原辰、许　倩、蒲雅琴、高　燕、杨　萍、张　芹、肖珂怡）

以气电协同发展为目标的天然气供应服务管理

中国华电集团清洁能源有限公司

中国华电集团清洁能源有限公司（以下简称清洁能源公司）成立于2014年，注册资本金17亿元，资产总额46亿元，是中国华电集团有限公司（以下简称华电集团）从事“天然气+综合能源服务”业务的专业化平台公司，主要负责热、电、冷、气多能供应及天然气供应、储能、氢能、工业和建筑节能等综合能源业务，整合华电集团专业技术力量，为用户提供一揽子综合能源供应解决方案。清洁能源公司依托华电集团的资金、资源和技术优势，以“产业协同、价值创造、客户导向、务实合作、创新图强”为发展理念，向综合能源服务业务拓展，重点打造“天然气供应、电力产品交易、区域综合供能、综合能效服务、新动能培育”5个业务板块。预计2025年实现营业收入100亿元，成为国内一流的综合能源服务提供商。

一、以气电协同发展为目标的天然气供应服务管理背景

（一）完成“双碳”目标下电力企业转型的战略需要

发电企业作为能源消耗量最多、CO_2排放量最大的行业之一，加速推进电力低碳转型，实现新能源快速发展，华电集团也提出了“有望2025年实现碳排放达峰”的战略目标。

天然气作为清洁、高效、低碳的绿色能源，在“双碳”目标导向下的能源转型进程中，已逐步培育成我国现代清洁能源体系的主体能源之一，是我国建立清洁低碳、智慧高效、经济安全能源体系的必然选择。华电集团作为我国燃气发电装机容量最大的发电集团，较其他发电企业具有先天优势，通过提升天然气供应管理水平，促进燃气发电产业健康发展，是华电集团加快实现“碳达峰”目标的有效途径，助力华电集团向以新能源为主体的新型电力系统的战略转型。

2019年12月，国家油气管网公司（以下简称管网公司）成立，这标志着我国深化油气体制改革迈出关键一步，国内天然气市场形成了“上游资源多主体多渠道供应、中间统一管网高效集输、下游销售市场充分竞争”的“X+1+X”的油气市场体系，为华电集团探索创新天然气供应服务管理模式、实施集约化供应服务管理试点提供了难得的历史机遇和有利的外部环境，势必促进华电集团燃气发电产业快速、健康、可持续发展。

（二）满足华电集团天然气发电供应的需要

华电集团作为国内最大的天然气发电企业，天然气需求量巨大。截至2020年，华电集团燃机装机容量已达1960万千瓦，主要分布在长三角、珠三角及京津冀等区域，天然气用量88亿立方米。“十四五”期间，华电集团将进一步提高燃机装机容量到3500万千瓦，天然气用量达240亿立方米；预计到2035年，华电集团燃机装机总容量达到5100万千瓦，天然气用量突破360亿立方米。当前，华电集团在天然气供应方面存在的突出问题有4个。一是气源单一，尚未形成规模效应。我国天然气主要由中石油、中石化和中海油（以下简称“三大油”）供应，其余由城市燃气供应。管网公司成立前，主干管网和LNG接收站基本上由“三大油”投资建设，省级管网主要由各省、自治区、直辖市的投资公司独资或与“三大油”合资建设，形成了气源及管输资源高度集中、上中下游一体化垄断的局面，下游用户基本无法自主选择气源。二是议价能力较弱、谈判话语权不强。随着管网公司成立，我国天然气市场朝着“X+1+X”的体系方向发展，但目前尚未形成上下游价格联动机制，导致下游用气方在天然气价格谈判中话语权较弱、议价能力差。三是供气可靠性较低，气量保障性差。“三大油”承担着国家天然

气安全稳定供应的政治责任及保障民生用气的社会义务。在天然气资源紧张时，尤其是在北方供暖季期间，“三大油”会优先保障民生用气，导致燃气发电企业冬季合同内气量不足，影响发电效益。四是供气灵活性差，无法实现气量调配。各燃气电厂与“三大油”等资源商单独签署购销气合同，当一个电厂出现气量过剩、另一个电厂同时出现气量短缺时，因合同主体不一致，无法在电厂间实现气量调配，直接影响华电集团的整体利益。华电集团为积极应对气价上涨压力，统筹做好控价稳供工作，重点抓好燃料、物资等“大成本”集约化管理，打造低成本竞争优势。探索创新天然气供应服务管理模式是华电集团统揽全局、统筹各方的战略管控定位和提质增效的重要抓手，也是国际一流能源企业发展的成功经验和管理模式的探索创新。

（三）建立现代化天然气供应管理机制的需要

天然气资源供应安全保障是一项系统工程，需要相应的组织体系、制度机制并协调各方有机联动，其核心内容是要素资源在资源、输配、市场之间的循环流转及其应用；同时，还要充分考虑天然气产、运、储、销、用各个环节的联动性，各个环节必须紧密配合、协调一致。目前，华电集团乃至电力行业都尚未有效建立起天然气产、运、储、销、用全产业链的管理流程及与行业市场相适应的现代化管控机制。华电集团以区域公司或电厂为主与“三大油”对接，天然气采购供应工作参与的层级多、部门多、人员多，存在工作重复性高、沟通成本大、信息不对称及整体效率水平低等诸多弊端，规模化优势未得到有效发挥。天然气产业链管理体系建设相对滞后，现有天然气供应管理机制远远不能满足华电集团天然气发电供应的需要。因此，建立适合华电集团战略发展的科学、高效的现代化天然气供应服务管理模式势在必行。

二、以气电协同发展为目标的天然气供应服务管理主要做法

（一）规划顶层设计

1. 规划总体思路

以气电协同发展战略为统领，以天然气产业创新为目标，以天然气稳定保供抑价为使命，深度布局天然气市场化能源合作，实现天然气全产业链上下游的资源整合、协同及创新，打造面向市场的天然气供应服务管理团队和专业化人才队伍，建立天然气贸易管理制度体系和工作机制，建立保供抑价为原则的竞争谈判机制，打造上下游贯通的“天然气资源池”，建设天然气供应服务管理体系和信息管理平台，做到天然气供应服务管理信息化、标准化、规范化、现代化，建立“市场化、专业化、产业化、智能化”的现代化天然气供应服务管理机制，构建形成“创新型、服务型、价值型”的天然气供应服务管理体系，实现华电集团利益最大化，推进天然气采、储、输、供、销产业链一体化发展。

2. 确定基本原则

一是集约采购、专业服务。依托大用户的规模效应，实现气电协同管理，精准研判市场、合理掌握节奏、科学制订策略，确保天然气保供控价。二是优化管控、稳定供应。清洁能源公司会同燃机用户共同制订天然气供应策划方案。由清洁能源公司统一与气源方谈判，确定合同的主要原则与量价条款并对气源、管网与计划统一进行调度与落实，及时提供区域内与跨区域的天然气协调、平衡、优化等专业服务。三是合理配置、保供抑价。清洁能源公司要会同区域公司一道积极开拓多路气源，充分发挥作为管网公司托运商的作用，打造“管道气为主、LNG 为辅、权益气为补充”的天然气资源池，合理配置各类气源，优化供应渠道，强化保障手段，实现保供抑价。在遵循市场化原则的前提下适时提供直供气服务。

（二）建立与气电协同发展相适应的现代化管控机制

1. 组建天然气供应服务组织机构和管理团队

按照上级的要求，建立适应天然气产业战略的体制机制，让体制机制真正服务于产业发展需要。包

括：推行“事业部制”，成立新加坡海外公司，负责海外LNG贸易，获取稳定、优质的海外资源；参股中石油页岩气区块、开发煤层气（瓦斯）等非常规气源；成立华北、华东、华南3个区域分公司，着力打造一支面向市场的专业化、高效化、精细化的天然气专业管理团队，针对不同区域公司的燃机需求和市场特点，因地制宜制订天然气供应服务策略方案，确保精准施策。

2. 培养面向市场的专业化人才队伍

根据华电集团燃机电站分布和市场情况，分别成立江苏启通管道供气项目部和广东天然气集约化供应项目部，实行项目经理负责制，打破区域分公司界限，广泛公开选拔人才，按区域分公司内设机构设置，纳入区域分公司统一管理，项目经理和副经理人选实行个人自荐、推荐和组织选任相结合的方式产生，由区域分公司提出初步人选，经清洁能源公司研究后任命。初步人选难以确定时也可采取公开选拔方式在清洁能源公司系统内选聘。项目部其他成员由项目经理提出人选资格条件，在清洁能源公司系统内统一适时调配。清洁能源公司根据项目重要性、难易程度及对公司发展价值等因素，确定项目绩效考核标准，与项目部签订责任状，明确项目阶段推进进度和质量目标并按绩效奖惩。与干部选拔任用挂钩，项目经理业绩突出的，同等条件下优先选拔使用。

3. 健全完善天然气购销管理制度

坚持以市场为导向，按照天然气购销管理的流程、特性并结合天然气市场规定规则和清洁能源公司实际情况，先后制订《天然气销售管理办法》《天然气贸易合同管理实施细则》《LNG长协竞争性采购管理办法》《天然气贸易客户服务管理办法》《天然气供应商管理办法》《天然气贸易信息管理办法》等一系列管理制度，理顺天然气贸易与公司各项管理工作间的纵横关系，规范工作流程，明确责任分工和管理职责，规范管理程序，控制风险，形成主体明确、责任清晰、上下贯通、环环相扣、协调一致的管理制度及工作责任体系。严格天然气贸易合同全周期管理，贸易合同统一通过ERP系统完成合同准备、订立、履行、关闭等各个环节。严格合同评审，加强风险管控，坚持同步谈判、同步评审、同步签订原则，确保全产业链贸易风险可控、在控。

（三）建设天然气管理信息系统

及时、准确、有效地掌握国内外天然气行业信息，是天然气供应服务管理的基础和依据，通过集成天然气行业信息数据、业务管理和上下游资源及客户信息，有效整合信息资源，优化管理流程，提升管理效率，做到天然气供应服务管理的信息化、标准化、规范化、现代化，为华电集团天然气产业发展提供信息支撑和科学保障。

1. 建立基于大数据的天然气信息管理平台

广泛开展国内外天然气市场供需情况的分析研究，及时、准确、有效地掌握国内外天然气价格、行业信息，以及华电集团内燃机电厂、供气商等生产运行信息，实现需求侧和供应侧的信息互通。根据实际需求，天然气信息平台建设依托的天然气行业数据库主要包括四大部分：天然气价格、行业信息、华电集团燃气管理和行业动态，数据来源主要依托国家发展改革委、海关总署等官方渠道及行业咨询机构。一是天然气价格。跟踪国内外天然气价格，主要包括国际天然气现货价格、国际天然气期货价格、国际LNG离/到岸价格、国内天然气门站价格，以及LNG接收站挂牌价格，为清洁能源公司及时、准确、全面掌握天然气价格动态提供必要的信息支持。二是行业信息。涵盖天然气行业相关信息，主要包括进口LNG船期、储气库运营管理、LNG接收站信息、“三大油”天然气供需和国内主要地区天然气供需等内容，方便清洁能源公司及时掌握国内天然气供需状况和天然气市场相关数据。三是清洁能源公司燃气管理。该模块主要包括燃气用量月报、燃气用量日报、供应商信息管理、合同信息及管线信息，满足对华电集团燃气输配、调度等信息的有效跟踪和管理，实现运营数据的优化。四是行业动态。该模块主要包括国际油气动态、国内油气动态、基础设施发展动态、政策速递和华电集团相关动态等。通过提供行业动态信息，使清洁能源公司充分了解市场动态，及时制订生产、运营等策略，为清洁能源公司决策提供基础依据，提升企业竞争能力。

2. 对天然气信息数据进行整合分析、及时响应

对数据业务逻辑处理，主要包括数据查询、运营管理、专业的分析和统计、报表组件和图形组件等，将天然气基本参数数据（如国内天然气生产消费数据、国外LNG相关价格数据、华电集团燃机用气量与发电量数据及行业动态等）收集、整合，自动校验后计算生成曲线，最终输出曲线图。国内信息板块主要以国内天然气生产和消费量、进口LNG量等数据为主；国外信息板块主要显示国际油气价格，主要以期货/现货价格及LNG到岸价/离岸价的数据为主；华电集团燃气信息主要包括华电集团每个月对应的燃机发电量和用气量。

3. 探索全过程信息化管理

运用大数据集成和分析，逐步实现华电集团天然气采购、储运、生产调度、销售全链条管理，不仅为科学决策提供平台支撑，而且能够提升华电集团对天然气的管控能力，为下一步参与国家或区域天然气交易中心建设，以及实现天然气的采、储、输、供、销产业链一体化发展打下稳固基础。

（四）打造上下游贯通的“天然气资源池”

统筹国内、国外两个气源，国内与“三大油”加强合作，国外采购海外LNG资源，稳步建立起“管道气为主、LNG为辅、权益气为补充”的可靠、灵活、有竞争力的天然气资源池，提高谈判话语权和议价能力，为华电集团燃气电厂的气量需求提供有力保障。一是以“三大油”气源为基础，向华电集团华北区域燃机项目供气。与“三大油”、北京燃气等企业研究气电联动、互相调峰、联合采购资源等互利互惠合作模式，在华北区域打造独具特色的天然气“资源池”，为实现华电集团燃机发电企业安全、稳定、经济的保供气服务奠定基础。二是广泛建立天然气、LNG接收站及配套设施使用服务等方面的合作，在与广汇能源综合物流发展有限责任公司（以下简称广汇能源）合作的基础上，广泛拓展煤层气、煤制气等气源客户，实现国内外相结合的多气源供气格局，提高气源保供能力。三是深入开展LNG采购策略研究及与国际LNG供应商的谈判，通过适度开展国际LNG采购作为电厂气源补充，国内进口天然气供给实现管道气和LNG并存的局面且LNG增量占比高于管道气，做到国内、国外两个气源有机统筹。四是参股页岩气资源，预计2025年清洁能源公司权益气气量将达到每年8亿立方米，未来争取通过新成立的管网公司管网送至华电集团所属燃机项目。

（五）构建4种差异化供应服务模式

天然气通道是提高话语权、抵御风险和用气保量控价的关键。在华电集团天然气需求较大的珠三角、长三角和环渤海区域，清洁能源公司积极获取关键管网和关键LNG接收站的使用权，打通天然气上岸通道和供气管线，探索形成“服务商+供应商”、供应商、“共享资源和用户”、增值服务4种天然气供应服务模式。

1. “服务商+供应商”模式

在华北区域，积极探索天然气集中采购管理，与华电集团天津公司签订所辖燃机项目天然气集约化管理购销协议，形成“服务商+供应商”服务模式，协调“三大油”资源和地方管网公司，打造“多气源、多通道”供气格局。清洁能源公司已陆续实现向天津区域南疆电厂、福源电厂安全稳定供气，具备向山东、河北等区域燃气电厂供气条件。

2. 打造最佳供应商供应模式

在华东区域，根据华电集团该区域燃机项目的装机规模与年用气量，编制《燃机电厂多气源保障体系建设方案》，通过多气源贯通，用好国内管道气和进口LNG两种气源，与“三大油”及地方优势企业合作，共建多气源保障体系。一是江苏公司投产启通管线，与广汇能源合作依托启通管线和广汇能

源启东 LNG 接收站，实现华电集团海外自购气上岸及沿线用户的供气服务。二是华电集团立项江苏赣榆 LNG 接收站项目，未来可依托江苏赣榆 LNG 接收站项目进口海外 LNG 气源，保障江苏区域燃机发电企业的用气需求，也有望通过上海天然气交易中心作为第三方实现华电集团与供气企业天然气的置换交易。

3. 探索建立“共享资源和用户”供应模式

在广东区域，加强与管网公司、中海油等企业合作，未来可利用管网公司 LNG 接收站，联合中海油广东 LNG 接收站，共同向燃机供应天然气，实现资源共享，达到价降保证用气量的目的。研究编制华电集团广东区域燃机电厂供应天然气的供气方案，对增城、清远英德等燃机项目的输气通道进行规划和布局，现已具备开展天然气集约化供应管理的基础条件。

4. 开创增值服务供应管理模式

制订华电集团新建燃气电厂“一厂一策”的供气方案，优化燃气管道建设路径，降低燃气电厂投资成本，提高新建燃气电厂的经济性。天津区域：针对福源电厂二管线建设，清洁能源公司依据“后建依先建、新建同步走”的原则优化路由，将福源电厂二管线建设距离由 26 千米降为 5. 8 千米，降低管道投资，保障福源公司双气源双管道的供气模式，为燃机运营提供有力的天然气保障。河北区域：为河北石热九期 2 号燃机组争取增量用气计划，通过调整用气结构节约燃料成本约 2000 万元。山东区域：超前优化青岛燃机、章丘燃机、龙口燃机等新建项目管道路径；结合中石化、中海油 LNG 接收站及天然气管道规划，推进青岛电厂天然气管线纳入青岛能源华润公司海底管线统一规划、同步建设，章丘电厂供气专线纳入中石化济淄线改造工程统一规划，供气专线建设至章丘燃机项目厂，龙口电厂供气专线纳入国家管网龙口 LNG 接收站统一规划并建设至龙口燃机项目厂，不仅积极推动青岛、章丘、龙口等项目前期工作的顺利实施，更为项目投产后的气源安全供应、降低运营成本、提升经济效益奠定基础。

（六）打通物资流、资金流、管理流管控路径

在确保 LNG 贸易风险可控在控的情况下，按照风险最低和效益最优原则稳妥开展 LNG 国际贸易。与海外油气公司建立良好的合作关系，签订 10 多项 MSA 购销主协议，实现国内外天然气资源双保障。

1. 建立 LNG 贸易通道

清洁能源公司是华电集团唯一开展 LNG 贸易的直属单位，取得危化品经营许可证等天然气贸易相关证照和资质，实现 LNG 上游采购、通道使用、下游销售业务全覆盖，与中石化天津接收站、广汇能源启东接收站等建立长期、连续、稳定的战略性合作关系，成为各大发电集团中唯一拥有完整 LNG 贸易链条的公司。

2. 建立物质流、资金流和管理流的管控流程

通过对贸易全链条的周密策划，确定 LNG 贸易商务构架、购销流程，明晰货物、资金和管理流程，在锻炼队伍、积累经验的同时，贸易能力得到不断提升，也为拓展天然气集约化采购的渠道和方式进行了有益的探索和尝试。

3. 开展海外现货采购贸易

清洁能源公司与国际油气公司、“三大油”和广汇能源等上下游企业建立良好的合作关系，通过新加坡公司尝试开展海外现货采购贸易，利用启东接收站 2017 年 9 月、2018 年 5 月和 10 月的 3 个窗口期实现海外自购 LNG 上岸及对外销售，完成 3 船共 18. 24 万吨现货 LNG 贸易，既保障了气源供应，又创造了经济收益。

三、以气电协同发展为目标的天然气供应服务管理效果

（一）提高了华电集团气源保障能力

自 2018 年以来，清洁能源公司已成功实现向天津区域华电集团所属燃机电厂供气 6. 3 亿立方米，

成功为华电南疆电厂构建“多气源、多通道”稳定的供气模式。作为河北省首台重型燃机，石家庄热电公司担负着石家庄市主城区1000万平方米保民生的清洁供热任务，在2020年冬季供暖季期间，天然气供应面临2.5亿立方米的缺口，清洁能源公司积极发挥专业优势，积极协调中石油成功解决了用气缺口，保证了石家庄热电公司供暖季期间的用气安全，顺利完成供暖任务。通过天然气供应服务管理的创新实践，清洁能源公司有效确保了华电集团天然气供应的可靠性和灵活性。

（二）提升了燃机发电企业的经济效益

通过供应服务管理，清洁能源公司采购规模优势突显，建立了合理有利的保供议价谈判机制，最大限度降低了气价，确保华电集团整体利益最大化。清洁能源公司还发挥专业优势，加强与资源方谈判，通过增加供气计划和降低管输成本，有效降低了整体燃料成本，同时建立了“收取基础管理服务费+激励服务费”的合作模式，逐步实现清洁能源公司的自我培育和自我发展，在服务华电集团主业方面开辟了新路径，又为实现区域产业协同发展进行了新探索，有力促进了气电产业协同发展。

（三）推进华电集团气电产业协同发展

清洁能源公司积极打造上下游贯通的“天然气资源池”，建立了保供抑价为原则的竞争谈判机制，形成了“服务商+供应商”、供应商、“共享资源和用户”、增值服务4种天然气供应服务商业模式，实现华电集团利益最大化。通过集成天然气信息数据、业务管理和上下游资源及客户信息共享管理平台，初步建成华电集团天然气采购、储运、生产调度、销售全产业链一体化数据管理分析体系，做到天然气供应服务管理信息化、标准化、规范化、现代化。通过天然气全产业链上下游的资源整合、协同及创新，构建产业新格局，促进气电协同一体化健康可持续发展，有力推动华电集团向以新能源为主体的新型电力系统的战略转型，打造华电集团天然气产业品牌，对促进和提升华电集团乃至全国电力行业天然气发电持续健康发展具有较好的推广实践意义。

（成果创造人：宋　伟、王成章、孙　毅、车建炜、王福勇、刘　晶、
李　博、郑　伟、周　群、郭　强、季　磊）

发电企业基于“供热管家”理念的精细化服务管理

华能济南黄台发电有限公司

华能济南黄台发电有限公司成立于1980年，是中国华能集团有限公司的下属企业。华能济南黄台发电有限公司热力公司（以下简称供热企业）下设山东黄泰热力有限公司和济南东泰热力有限公司，两公司分别成立于2001年和2007年，依托华能济南黄台发电有限公司的绿色清洁热源，向供热范围内的用户提供冬季采暖供热及相关服务工作。截至2020年，供热开户面积达1860万平方米，服务用户近11万户。

一、发电企业基于“供热管家”理念的精细化服务管理背景

供热企业成立之初，小区供热多为自管站运营模式，供热企业只负责趸售，物业或第三方负责运营管理，重利润、轻服务，专业技术水平不高，用户意见很大。随着政府对民生需求的关注，公共民生保障行业逐步实行了行业管理，供热企业自建供热站和自管换热站回收逐年增加，但管理却跟不上发展。一方面，随着业务的迅速增加，各方面管理明显跟不上。多年来，供热企业一直沿用外包运营模式，虽然省心省力，但用户服务效果和运行指标大都完不成上级公司要求，给供热企业“行评”和对标管理带来困难。另一方面，随着市场的发展，用户的需求更为多样化、个性化，以往只管维护抢修、不管入户服务，用户意见很大，导致生产运营与用户服务之间还存在诸多问题和矛盾。供热企业不单单是出售热力商品，为用户提供优质服务、创造舒适生活环境，让用户有更多的获得感与幸福感也是企业的责任、供热行业的发展趋势，更是整个社会服务体系的发展趋势。作为服务行业的供热企业，如何打通入户服务的“最后一千米”，真正做到“一站式服务”，让用户“零跑腿”或少跑腿。通过服务管理上的创新，有效地打破传统供热上的思想壁垒，充分发挥供热企业的专业技术职能，打造供热服务品牌，推进企业精细化管理，建设一流的供热企业。

二、发电企业基于“供热管家”理念的精细化服务管理主要做法

（一）建立三级供热服务体系，创新“供热管家”服务

1. 建立供热服务站，配备“供热管家”

2017年，首先将供热区域内换热站按地理位置不同设立了3个供热管理区域和10个供热服务站，招聘了3名“区长”和10名“供热管家”，分别管理3个区域和10个服务站。每个服务站安装了服务电话，给每一名“供热管家”配置了一部工作手机。利用短信平台、微信公众号及现场张贴等方式公布了服务站的电话和“供热管家”的电话，形成了服务站电话、管家电话、客服热线三级供热服务新模式，拓宽了用户求助和投诉渠道，引导用户有事拨打服务站电话和供热管家电话，减少了12345热线拨打频率，使用户投诉、求助、咨询和维修渠道变得畅通了。改变以前的让“保姆管”为“自己管”，当年收到了明显效果，有效控制了区域内投诉工单，切实减少了工单数量，降低了投诉率，提高了用户诉求的处置效率，为供热企业全新供热运营模式积攒了宝贵的经验。

2. 换位思考，用心服务

2017—2018年供热季结束后，供热企业组织召开了以“统一思想，创新服务，如何做好供热服务”为主题的座谈会。会上，各区“区长”“供热管家”、客服热线人员分别就如何好做好供热服务、创新服务意识、投诉工单处理与反馈、上门维修与礼貌用语等工作谈了自己的看法及建议。供热企业领导指出，“供热管家”是一个全新的岗位，大家在工作中要探索服务新模式、新思路，换位思考，做到用

心、细心服务。各服务站负责人加强所辖片区管理，真正负起管理责任，建立客服档案，了解用户人员群体，有效控制区域内投诉工单，变用户拨打投诉热线为打区域内服务电话和管家电话，切实减少工单数量，降低投诉率。各区“区长”加强内部联动、外部协调，勇于担当抓好本区域供热设备运行、抢修消缺的协调处理、用户服务等所有工作，对本区域的安全运行、服务质量和供热能耗负责。经过上述的准备工作，“供热管家”服务管理模式已具备在供热季进行推广的条件。

3. 优化供热服务站布局，细化服务管理

2018 年，根据采暖季“‘供热管家’座谈会”的工作经验，经供热企业领导班子批准，又将所辖的直供用户细分为 6 个服务区，还增加了 6 个供热服务站，使服务站总数量达到 16 个，对辖区的供暖小区实现了全覆盖。将“供热管家”增加到 38 名，规定每个服务站管辖 5 ~ 7 个小区，每名“供热管家”管理 2000 户左右家庭，做到“供热管家”精准服务到户。每个服务站还配置办公电脑、打印机等办公用品，让“供热管家”逐步建立设备管理台账、用户服务台账、消缺抢修台账等各类管理档案。建立了服务站管理制度、工作标准和服务流程并做成展板上墙，让“供热管家”随时参照执行，逐步使供热服务站管理形成了制度化、规范化管理的格局。

4. 设立完善的“两调度”“两中心”，生产服务一体化

2019 年 10 月，为推进供热服务站和“供热管家”服务模式的进一步延伸，供热企业强化供热指挥系统，设立了“两调度”（生产调度、服务调度）、“两中心”（热力网调控中心、客服中心）。设立“供热负荷调度”，合理预测用户用热负荷，协助热源厂调度各供热线路负荷，协调隔压站及各换热站供热负荷分配、供热主管网平衡调整。设立“供热服务总调度”，根据用户投诉工单导向统筹指挥各供热片区、服务站，调配各方力量对工单较多的供热小区及时诊断、迅速处置，避免工单积压，提升用户满意率。通过隔压站集控室设立“热力网调控中心”，对其所辖 109 个直管换热站 24 小时进行监视和远程遥控，做到无须人员值守，让“供热管家”在确保安全供热的同时腾出时间做好上门服务工作。设立“大客服中心”，首先在供热业务办理方面真正实现了咨询、报装、缴费、维修等一体多功能服务，形成“一口对外、业务内部流转”的服务新模式，让用户减少等待、减少跑腿，一次办成业务。其次，客服中心负责将 12345 市政及客服热线工单转派供热服务站处理并就处理完毕后的反馈进行回访。及时将供热服务站的工况异常进行公告、短信发送，方便用户第一时间了解相关小区的供热情况，协助服务站拦截非必要工单投诉。客服中心既可以对“供热管家”的服务进行直接监督并将监督结果直接反馈服务调度，也可以就制度方面的问题及入户服务的规范对“供热管家”进行指导、协助，全面提升“供热管家”的服务质量，扩展服务站的服务职能，确保热供企业的服务制度化、规范化、标准化。依托“两调度”“两中心”的支持，“供热管家”充分利用供热服务站的区域优势，在供热季前，收费工作开始后积极开展“零跑腿”业务受理，为用户提供更便捷的服务。“供热管家”还充分利用手机 App 工单处理系统，及时入户协助用户解决供热中的各类疑难问题。面对 2019—2020 年超长供热季和 2020—2021 年供热季极寒天气的考验，“供热管家”服务模式顺利实施，高质量完成供热季任务。随着新建换热站增加和供热智能化、信息化的发展，2019—2020 年供热季和 2020—2021 年供热季供热服务站增加到 18 个，增加了智慧热网监控系统和“供热管家”移动办公系统，让“供热管家”随时随地都能掌握所辖换热站的参数情况和 12345 工单派发与处理情况，使“供热管家”服务搭上智能化、信息化的快车，将精细化服务管理真正落实到人民生活中。

（二）建立并完善制度和流程，为“供热管家”专业服务提供指导

“供热管家”在供热服务工作中经常会遇到许多责任不清和制度、流程不健全的现实问题。2019 年“‘供热管家’座谈会”召开后，服务总调度及时组织“区长”、客服中心收费窗口及热线负责人就实施“供热服务站 + ‘供热管家’”服务模式以来出现的不合理、不规范、不顺畅制度和流程进行了修订

和编制。编制和修订了《供热服务管理办法》《“供热管家”工作标准》《“供热管家”奖励考核细则》《热用户退费管理办法》等4个制度。根据相关制度制订和修编了《用户供热开通工作流程》《用户供热报停工作流程》《工单派发与处理流程》《供热纠纷处理流程》《供热设施联用户报停流程》等5个流程，通过制度的建立及流程的完善，能全面规范服务行为，真正做到闭环管理，提升服务效率，为“供热管家”服务工作提供了工作依据。利用手机 App 分别建立各区域客户服务群、客服与“供热管家”交流群、服务调度群，做到客服人员接单派单、“供热管家”销单回单、“区长”协调、服务总调度督办等环节工单闭环管理。对实现零投诉小区的“供热管家”实行奖励，对服务不及时或服务质量不好造成二次返单或被用户投诉的“供热管家”进行考核。有了制度的约束和工作的流程，让“供热管家”工作起来更加顺畅。

（三）强化业务培训，打造专业化“供热管家”服务团队

“供热管家”在小区为用户服务，每天都要与居民打交道，人员的素质尤为重要。为此，供热企业对供热“区长”、服务站站长、“供热管家”的遴选更为严格。随着人员新老更替，每年都要通过各种用人形式对“供热管家”进行公开招聘。2019 年和 2020 年分别通过考试选拔出 30 多名技术水平高、工作经验丰富、责任心强的员工担任“供热管家”，先后经过安全防护知识培训、理论知识培训、维修服务技能培训才能正式上岗，每年还要结合供热季实操培训、技术比武等常规的培训，以及政策法规和制度流程、服务规范等各方面的培训，逐步打造一支专业性强的供热服务队伍。一是调度中心值班人员培训。强化调控中心值班人员对智慧热网各类功能的应用和监视，做到会熟练应用、会分析，能够及时发现问题并及时协调解决问题。值班人员要熟悉热源厂内高背压机组循环水调整特性，掌握管网系统、隔压站、升压站供热负荷调整策略，严格执行调度命令。值班人员还应熟悉各换热站地理位置和辖区分布，提高事故情况下综合协调能力。二是“供热管家”和运维人员培训。采取集中讲课、分别辅导、现场实操等培训形式，结合各人的实际工作技术水平开展形式多样的技术培训及“老带新”活动，帮助员工补齐技术水平短板，促进多方向能力的成长。根据不同系统和岗位要求，分类进行了业务水泵维护和保养知识、PLC 使用常识、上门服务规定等培训考试和生产技术比武活动，切实提高了运行人员的技术素质和岗位履职能力。三是客服中心人员业务培训。客服中心定期进行业务、技术方面的各项培训，主要包括供热政策法规及收费文件、供热系统、收费系统、热线平台等各方面内容。为了提升 12345 工单的处理效率及回单质量，制订标准的回访话术及工单回复格式，对工作人员的回访语速、语态等服务要求进行严格培训。在提升话务质量的同时，不断加强供热业务理论及现场操作的培训，为用户打造一个便捷的供热服务的专业平台。四是组织一线生产人员进行安全培训。2020 年进行有限空间作业培训 9 次、消防安全培训 3 期、新进季节工安全和岗前培训 8 期，开展心肺复苏专项演练、防洪防汛应急摸排及供热前应急综合演练等各类专项培训 15 期，累计培训达 900 余人次，有效提升了生产人员的安全意识。供热企业每年要组织骨干人员外出培训学习、聘请技术人员对“供热管家”集中培训和班组相互讲课培训。每年供热前对全体生产人员进行统一上岗考试，全员均达到上岗值班标准才允许上岗，旨在打造精品“供热管家”服务团队。

（四）建立完善智慧热网，打造信息化“供热管家”队伍

近年来，国家大力推动集中供热智能化控制，智慧供热也应运而生，一些热力公司也纷纷加入智慧供热行列。原有的热网及换热站监控系统不能直观地反映供热需求及用户的实际采暖情况，按照供给侧需求优化供热思路，建立“供热管家”的信息化服务方案，是供热企业供热管理的必由之路。

2019—2020 年采暖季开始前，供热企业已开始智慧热网信息监控平台的建设，逐步搭建完成了热网监控系统、分析指导系统、能耗管理系统，以及户表管理系统、GIS 地理信息系统、全网平衡控制系统、设备管理系统、报表管理系统、客服工单系统，掌上供热 App 等十大分系统的开发。2020—2021

年采暖季，部分子系统换热站的参数总览、报警信息、历史查询、工单派发功能已投入测试和使用，为提高供热生产服务智能化奠定了良好的开端。

为使“供热管家”快速便捷地利用智慧热网，供热企业在每个供热服务站都配置了智慧热网监控室，“供热管家”可通过电脑监控或智慧热网掌上办公系统，实时了解管网、换热站及与用户有关的供热参数，做到有的放矢，在问题出现前、用户投诉中可提前进行预判并及时处理，确保“供热管家”对用户“零距离”服务，真正实现一站式服务，减少工单投诉，树立供热优质服务品牌。

通过智慧热网信息平台户表信息子系统，对用户实现按需供热，实时监控用户室内温度并超前调节，为用户提供舒适温度环境和便捷的管理与控制。“供热管家”可提前查看到用户室内热量、压力、温度等供热信息，随时判断室内温度。

通过智慧热网智能调度子系统对供热换热站设备及参数进行远程监视和控制，调控中心、客户服务中心、“供热管家”分别接受生产调度和服务调度命令，对换热站进行设备巡检、故障排除和用户服务等供热相关工作。

通过智慧热网能耗分析系统，“供热管家”可随时分析所辖供热站热耗、水耗、电耗等各项指标，实时进行系统调整，为节能供热降耗提供帮助。经营管理人员可通过该系统进行经营指标分析和行业对标。

客户服务中心通过智慧热网工单子系统，对12345市民热线投诉工单和企业热线接到的求助电话进行派发，“供热管家”可以通过手机App实时接受工单，及时安排维修人员进行处理并反馈处理结果，提高供热服务品质及用户满意度。

（五）加强安全生产管理，重视设备检修维护

安全生产和设备健康是供热系统稳定供热的基石，是“供热管家”做好供热服务的重要保障。近3年来，供热企业持续开展“安全专项整治三年行动”“安全生产‘三创+’”和“安全月活动”，不断完善各项安全管理制度，使企业安全管理工作有较大提升。

针对供热管网泄漏事故，每年在供热季前修订《供热应急预案》并实施开展应急演练，提高供热生产人员在事故发生时的应急处置能力，以保障事故情况下快速处理。供热季成立应急抢修队伍，做到缺陷不过天、一般故障不超过24小时，尽量减少对人民群众正常生活的影响。

非采暖季加大检修维护工作，每年都会根据上个供热季发现的缺陷和问题制订年度检修和技改计划，优化供热系统管网，更换有缺陷的水泵、阀门、管道和仪表等设备设施，维护清洗换热器、除污器和入户滤网，每年要进行常规检修700余项、技术改造20余项、滚动检修重大3～5项。“供热管家”自主更换缺陷阀门7千余只、保养阀门2千只，清理入户和单元滤网7万余个，为供热设备健康安全运行和提升供热质量奠定基础。

（六）重视企业文化提炼，践行“真情服务，温暖相伴”的服务理念

为让媒体和用户近距离了解供热企业供热过程，拉近企业与用户间的距离，连续3年举办了“媒体开放日活动”和“温暖进社区活动”，邀请驻济媒体和市民代表进入热源厂参观发电和供热生产过程，让市民近距离了解供热企业文化。聘请了供热服务社会监督员，随时给供热企业提出意见，建言献策。在开放日现场，“供热管家”宣誓将用最专业的技能和最热情的态度为用户提供最贴心的服务。

利用供热服务站优势，将客户服务大厅部分业务下放到供热服务站，简化供热开通报停业务流程，“供热管家”在供热服务站就近为居民办理供暖开通和报停业务。上门为老弱病残等行动不便的用户免费提供服务，指导用户使用网络缴费及开通报停业务办理。针对辖区内的低保、特困、行动不便用户，“供热管家”主动入户，及时提醒用户办理减免手续，帮助行动不便用户递交材料进行减免审核，让用户少跑腿，帮群众办实事，让“一次办成”真正惠及民生。

每年供热季前以供热服务站为主导，联合组织客户服务热线、收费人员、“供热管家” 和党员干部开展“进社区宣传和送温暖活动”，向社区居民宣传“真情服务，温暖相伴”的服务理念，讲解供热政策，发放供热缴费卡和便民服务常识小册子，帮助用户清理入户滤网、冲洗暖气片、诊断室内供暖设施存在的问题，打造“供热管家”服务品牌。

三、发电企业基于“供热管家”理念的精细化服务管理效果

（一）12345 市民热线工单数量逐年降低。

开展基于“供热管家”理念的精细化服务管理以来，供热企业接到的 12345 市民热线工单数量逐年下降，收到多面表扬锦旗，如表 1 所示。

表 1　采暖季 12345 市民热线工单情况统计对比

采暖季	12345 工单数量	同比降低百分数	备注
2017—2018 年	6421		其中表扬工单 12 张。收到用户锦旗数量未统计
2018—2019 年	4557	29.03%	其中表扬工单 30 张。收到用户锦旗 23 面
2019—2020 年	3210	29.57%	其中表扬工单 92 张。收到用户锦旗 66 面
2020—2021 年	3084	3.93%	其中表扬工单 107 张。收到用户锦旗 48 面。保障了 70 年一遇极寒天气影响下的安全稳定供热工作

（二）收费性质发生了质的改变

一举改变了供热企业成立以来趸售和按面积收费的比例，用户数量大幅增加、热费回收率大幅提升，成为上级公司收入的重要支柱之一，如表 2 所示。

表 2　采暖季直供用户数量和收费情况统计对比

采暖季	供热用户总数	用户增长率	收费金额/亿元	收费增长率
2017—2018 年	72901		1.21	
2018—2019 年	84238	26.87%	1.43	32.17%
2019—2020 年	94291	20.67%	1.54	13.06%
2020—2021 年	101670	25.29%	1.72	30.98%

（三）供热服务站的功能得到了发挥

“供热管家”依托供热服务站，每个供热季都要对 3 万余居民报停户、100 余户公建用户进行稽查。2017—2021 年，每个采暖季平均查处居民报停窃热户数 400 余户、私装管道泵及放水装置 10 户，追缴热费 10 万余元，整改违规用热面积约 4 万余平方米。2020 年疫情期间，所有小区严格封闭盘查测温，“供热管家”除做好自我防护还要做好供热服务。依托服务站功能，非供热季“供热管家”自主组织检修消缺和供热设备维护保养工作，从供热停止到下个供热季投运，“供热管家”平均维护设备 300 余台、保养阀门 2 千余只，更换入户阀、单元阀 7 千余只，清理滤网 7 万余个，清理换热站除污器 200 余台，消除缺陷 1 千余条，为 1 万余户用户办理报停操作，为 9 千余户用户办理开通操作。

（四）“供热管家”受到用户信赖

通过对“供热管家”服务模式的实施，供热企业各项工作精细化管理得到提升，实现了企业管理制度化、安全管理规范化、运营服务精细化。逐步实施以消费者需求为导向，精准化服务为手段，满足用户对高品质生活的向往。特别是“供热管家”通过智慧热网掌上办公系统，实时了解用户供热回水参数，做到有的放矢，在用户投诉前提前进行处理，打通了服务路上的“最后一千米”，做到一站式、“零距离”服务，让用户少跑腿、“零跑腿”；使供热服务站的职能从生产岗位提升为生产服务综合岗位，树立“供热管家”服务品牌，连续多年在济南市同行业“行风评议”工作中取得前三名的好成绩。自2018年起，连续三届“济南市公共服务榜样”评选中有27人次获得济南市“公共服务榜样”荣誉称号；2019年和2020年，客服中心和安全生产部门分别获得“公共服务榜样”先进团队荣誉称号。客服中心还分别获得济南市和山东省的“巾帼文明岗”荣誉称号。

（成果创造人：王玉玲、周亚男、于海东、姜葆威、王瑞娟、李云娣、徐丕波、张　旻、季　正、郑　丽、高　宁、陈　嫣）

核心人才队伍建设与绩效管理

央企集团打造国家战略科技力量的信息科技领军人才队伍建设

中国电子科技集团有限公司

中国电子科技集团有限公司（以下简称中国电科）是2002年经国务院批准、由研究院所和高新企业组建而成的重要骨干军工集团，主要从事国家重要军民用大型电子信息系统、重大装备、通信与电子装备、软件和关键元器件的研制。中国电科先后在某电子信息系统、某指挥系统等重大国防科技工程中取得重大成果；在网络安全、公共安全、智慧城市、新能源等新型电子产品和民用信息系统方面取得重要突破。中国电科持续多年入选《财富》世界500强，2021年列354位。

一、央企集团打造国家战略科技力量的信息科技领军人才队伍建设背景

（一）支撑国家战略科技力量打造的必然要求

2017年，党的十九大将国家战略科技力量建设上升为党和国家的意志。打造国家战略科技力量，实现高水平科技自立自强，是我们在面临外部技术封锁下赢得国际竞争优势和支撑国家发展全局的关键。国家战略科技力量核心特征包括：一是从目标定位上，以国家战略为指导，以实现国家创新目标和科技创新重大任务为目标，体现国家意志，服务国家需求，代表国家水平；二是从专业特征上，以多学科综合和长周期投入为主要特征；三是从组织模式上，强调跨主体、跨部门力量统筹和科技任务联合攻关，以及大科学、大投入的特征显著。打造国家战略科技力量对人才工作提出了更高期望：一是更加突出对引领科技创新领军人才的需求；二是更加突出对各专业、各创新主体人才的结构化配置；三是更加突出领军人才队伍的相对稳定和使命传承。

（二）引领信息科技领域发展的必然选择

中国电科所在的信息科技领域，是当今大国博弈的焦点，是我国制衡强敌的关键。其当前发展特点体现在：一是以人工智能、光电芯片、量子信息为代表的新兴技术加速突破和应用，使信息科技领域成为新一轮科技革命和产业革命的主导力量，为技术进步和变革提供了更多创新源泉，创造了“换道超车”的历史性机遇；二是核心技术仍由少数发达国家掌控并建立了较难逾越的技术门槛和知识产权壁垒，我国面临的诸如高端芯片、光刻机、核心工业软件、先进基础材料等“卡脖子”问题都在信息科技领域；三是不同学科及领域深度交叉融合，市场参与主体更加多元化，开放程度不断提升，行业竞争加剧，基于新技术、新业态、新模式的人才争夺日趋激烈。信息科技领域的发展新特点对人才工作提出了新要求：一是抓住新一轮科技革命机遇，聚焦新领域、新技术，汇聚和用好领军人才，通过“换道超车”跳出低端锁定；二是围绕“卡脖子”问题的解决，加快稀缺人才资源的汇聚和重点专业人才的加速培养；三是立足学科交叉和专业融合，加快复合型专业人才的培养使用和统筹配置。

（三）开创新时代中国电科人才工作新局面的必由之路

2018年以来，中国电科旗下多家研究所及上市公司被美国列入实体制裁清单，作为信息科技领域的央企在核心关键技术上被“卡脖子”事关国运。要想在信息科技领域自立自强，必须拥有一支高水平科技人才队伍。中国电科历来重视领军人才队伍建设工作，具有良好的人才文化和人才队伍基础，始终关注人才、发展人才、激发人才。各成员单位结合实际、创新机制，形成了各具特色的人才工作实践，但与打造国家战略科技力量的要求相比还存在不少差距，主要表现在：顶尖人才难以满足新发展需要，领军人才队伍结构不尽合理；战略业务布局和关键技术领域缺乏足够人才支撑，人与任务的匹配度

有待进一步提升；人才效能对标世界一流仍有一定差距，人才工作创新创造效率还有提升空间。

综上所述，面对打造国家战略科技力量的新要求、信息科技领域发展的新特点和新时代中国电科人才工作新要求，中国电科必须不断完善领军人才专业布局，契合业务需求和领军人才需求，加强全集团领军人才资源的系统性配置与管控，形成创新发展的合力，引领信息科技相关领域发展和国家战略科技力量的打造。

二、央企集团打造国家战略科技力量的信息科技领军人才队伍建设主要做法

（一）强化使命引领，明确领军人才管理体系建设理念

围绕打造国家战略科技力量，中国电科党组贯彻落实中央有关精神，统筹谋划，提出电子装备、网信体系、产业基础、网络安全“四大板块”战略布局构想，坚持人才引领发展的战略地位，将领军人才作为重要战略资源。面向国家重大需求，依托重大工程，聚焦战略科学家、科技领军人才和创新团队，构建领军人才管理体系，全方位培养、引用、用好人才，着力锻造一支矢志爱国奉献、勇于创新创造的科技人才主力军，以人才“智高点”抢占发展“制高点”，推动“补短修长”，实现“换道超车”，为建设世界一流企业提供强大智力支撑。

中国电科立足军工电子主力军、网信事业“国家队”、国家战略科技力量的使命定位，明确领军人才管理体系建设理念，实施更加积极、更加开放、更加有效的人才制度，着力打造创新人才中心。一是坚持党对人才工作的全面领导。坚持实施人才强企战略，建立健全党管人才的领导体制和工作机制，中国电科党组在2020年成立人才工作协调小组，作为集团人才工作的议事机构，由党组直接领导，负责全集团人才工作和人才队伍建设的宏观指导、统筹协调、制度研究、整体推进、督促检查、人才工作体系建设及服务高端人才等工作。强化成员单位党管人才的工作责任制，将人才工作纳入单位党委“把管促”的重要内容，落实“一把手”抓“第一资源”的责任，做到重大思路亲自研究、重点问题亲自过问、重要环节亲自协调、重大任务亲自督办。不断加强对人才工作的政治引领，全方位支持人才、帮助人才，千方百计造就人才、成就人才，努力建设一支规模宏大、结构合理、素质优良的人才队伍。二是坚持面向国家重大战略需求布局人才工作。中国电科坚持国家战略部署到哪里，人才工作就跟进到哪里，聚焦国家战略急需的基础软件、核心元器件、高端制造装备等关键核心技术“卡脖子”领域和未来科技产业发展的前沿性、颠覆性、非对称性技术领域，按照“四大板块”战略布局梳理重大任务，支持和鼓励科技人才根据国家发展急迫需要和长远需求，在重大任务实践中敢于提出新理论、开辟新领域、探索新路径，多出战略性、关键性重大科技成果，不断攻克“卡脖子”关键核心技术，不断向科学技术广度和深度进军，把创新主动权、发展主动权牢牢掌握在自己手中。紧跟世界科技发展大势，不断夯实创新发展的人才基础。三是坚持以领军人才引领战略发展。人才是创新的第一资源，是我国在激烈的国际竞争中的重要力量和显著优势。中国电科按照顶尖技术人才、核心技术人才、骨干技术人才、基础技术人才4个层次梳理人才队伍体系（见表1），将顶尖和核心技术人才作为领军人才队伍建设的目标对象。围绕贯彻落实新发展理念和实施国家重大工程，实现人才队伍建设与履行职责使命的深度融合，以领军人才队伍为强国强军事业提供有力保障。准确把握领军人才价值实现和成就导向的核心特点，发挥央企集团的平台优势，打造对领军人才吸引的综合优势，建立领军人才与企业共同成长的发展机制，激发人才效能，全力支撑国家战略科技力量打造。

表 1　中国电科技术人才层次体系

序号	分类	胜任力描述	精神特质	代表性群体
1	顶尖技术人才	有国际影响力的技术人才，具有深刻的技术洞察能力和技术发展趋势的判断力，以及强大的系统工程管理能力和领导力	红色基因：对党忠诚/使命担当/事业认同 蓝色基因：创新创造/追求卓越/求真务实	两院院士、 顶尖人才计划入选者
2	核心技术人才	对本领域技术深度理解且有行业影响力的技术人才，能独立领导大系统、大工程项目的技术方案制订并具有相关团队管理经验		集团首席科学家、 首席专家
3	骨干技术人才	资深基础研究和应用研发设计人员，能够独立负责某一专业模块的研发工作		集团高级专家、专家
4	基础技术人才	基础研究和应用开发项目的技术人员		实验室、科研项目设计师

（二）依托重大工程任务，加强领军人才培养发展

结合行业特征和科研活动组织模式，中国电科建立日常发现、动态管理、持续培养、梯队使用的“矩阵式”人才培养机制，自主培养一批具有国际水平的战略科技人才、一流科技领军人才和创新团队、青年科技人才。

1. 聚焦国家科技创新事业发展方向，成体系谋划推动战略科学家培养

对接国家重大战略需求，研究制订战略科学家培养的“青藜计划”。着眼长远，每两年遴选 40 岁左右、已取得突出科研成绩、培养潜力大的青年科技骨干作为重点培养对象，聚焦前沿引领力、创新想象力、跨界融合力、务实执行力、人文涵养力，从提供专项科研支持、加强人才外部推荐、实施精准激励、加强关心关爱等方面，按“一人一策”制订专门培养方案。把握成熟度，关注获得过国家级科技奖、入选“万人计划”“百千万人才工程”等国家级人才计划的领军人才，优先推荐参加国家级专家和创新团队带头人选拔、担任重大项目总设计师、参加高端学术交流活动。优先推荐培养对象到科协相关组织，以及其他国家级学会、协会、联盟或学术组织担任重要职务，持续提升学术话语权和行业认可度。建立集团和成员单位两级联动机制，开展一对一申报辅导，支持成熟度较高的重点人选申报院士。成体系、定制化跟踪培养，推动一批能带领集团赢得国际竞争主动权的科技帅才涌现。

2. 围绕国家重大工程任务，打造一流科技领军人才和创新团队

实施领军人才“青云计划”，加强学历培养、能力提升，将国家重大任务作为人才培养的重要基石，着力发挥领军人才作用。一是持续完善集团首席科学家和首席专家（以下分别简称首科、首专）管理体系。出台首科、首专管理办法和进一步发挥首科、首专作用的相关制度，解决专业技术领军人才能上不能下、权责不清晰等问题；推动首科、首专“人随事走”、跨单位合理流动。目前，中国电科已初步打造了一支 200 人左右的匹配业务、结构合理、梯次有序的首科、首专队伍。二是建立完善“三类三级”总设计师队伍体系。围绕军工、科技、产业三类任务，在国家、省部、集团三个层级建立重大项目总设计师队伍体系并持续完善，打破学历、年龄、职称、资历等限制性条件，不拘一格选拔优秀人才担任总设计师、副总设计师；树立干事创业鲜明导向，打通总设计师与领导人员岗位发展通道；优先选拔优秀青年科技人才，持续加强总设计师后备队伍建设。目前，已为重大任务配置总设计师、副总设计师 200 余名。三是优化领军人才赋能授权机制，强化创新团队建设。赋予领军人才更大技术路线决定权、人财物支配权。按照“明确权利、明确责任、明确规定”的主要思路，明确对首科、首专在政

治引领、职责任务、运行机制、条件保障、培养交流、考核激励及退出机制等 7 个方面的具体要求；确立总设计师是项目研制任务的技术总负责人地位，明确其在项目研制各阶段的主要职责，除项目全流程技术权限外，赋予一定的考评权、项目经费分配使用建议权等权限，确保各项大工程、大项目高质量完成。利用重大项目和工程，探索建立“大师－项目－团队”一体化人才培养模式，出台科技创新团队管理相关规定，明确科技创新团队的职责任务、基本条件、组建程序、运行管理和考核退出机制等，实施“集团－成员单位”两级运行管理，加速推进创新团队建设。四是充分发挥领军人才“传帮带”作用。积极探索“名师育才”的有效方式，邀请集团首科、首专为青年人才开设拓展视野宽度和有专业研究深度的培训课程，推荐优秀青年科技人才加入重点项目团队，在实践锻炼中促进知识和经验的代际传承。

3. 强化实战锻炼，加速青年科技人才成长

实施青年科技人才“青蓝计划”，采取“联建联培、联研联创”的人才培养模式，注重在重大工程实施中尽早识别和培养优秀青年科技人才。有目的、有意识地大胆选拔德才兼备、专业技术水平突出的青年骨干参加重大工程和重点型号研制，使他们经历完整的研制周期。把关键核心技术攻关作为磨炼青年骨干的“磨刀石”，对于能力和实绩突出、发展潜力大的年轻人，打破学历、年龄、职称、资历等限制性条件，及时把他们推举到型号总指挥、总设计师的岗位，担当重任。通过“基金项目－重点项目－重大项目”的递进式培养，鼓励青年科技人才勇挑重担、攻坚克难。搭建协同创新平台，推进复合型人才培养，加强学科交叉创新锻炼。推动大量优秀青年人才集聚，有效形成促进创新人才成长的集聚效应。推荐优秀青年科技人才加入院士工作室和重点项目团队，跟随行业领军人才学习，加快成长速度。在许多“大国重器”研发项目中，中国电科培养出一批青年领军人才，以国为任、勇挑重担，承担了总设计师、副总设计师等重要角色，在系统及装备研制中取得了显著成绩。

（三）利用重大平台，强化领军人才使用交流

适应战略科技力量人才专业匹配、能力互补的要求，搭建科技创新平台、建立人才流动机制，凝聚各类领军人才，提高优化领军人才配置效率。

1. 搭建科技创新平台，用好各类领军人才

中国电科充分发挥央企军工企业集团“国家队”的优势，突出事业平台作用，与重点高校、科研单位、产业链重点企业协同创新，搭建领军人才快速成长、协同创新的舞台。一是利用重点实验室构建基础研究平台，以国家重点实验室、国防科技重点实验室为依托，瞄准信息科技领域基础前沿，使用好从事前沿性、颠覆性、非对称技术攻关的高端人才，着力解决影响和制约国家发展全局和长远利益的重大科技问题。二是利用技术研发中心构建应用开发平台，依托国家工程技术研究中心、国家工程研究中心、国防工业创新中心、集团研发中心、集团自设实验室等，使用好从事关键核心技术攻关、重大工程和重大任务的科技骨干，着力加强自主可控技术攻关，破解“卡脖子”问题。三是利用孵化中心构建成果转化平台，依托集团知识产权中心、成果转化中心、成果转化促进中心、国际科技合作中心等，培养使用好从事高端技术转化和产业化的复合型领军人才，为集团高质量发展提供新动能。

2. 加强科技人才多平台交叉融合交流，发挥人才集群效应

加大型号之间、型号总体和分系统之间、设计与制造单位之间人才交流力度，促使科技人才不断丰富阅历、拓展视野，提升多领域的技术把握能力和组织管理能力，促进他们在实践中进行团队合作、团队协同与相互启迪，加强学科交叉创新锻炼。如信创工程，涉及内部超过 10 家成员单位的相关技术研发团队，以及清华大学、百度等大量国内优势技术团队，大量优秀人才集聚，能有效发挥促进人才成长的集群效应。

3. 建立常态化人才流动机制，提高人才配置效率

出台科技创新人才流动管理办法，健全领军人才集团化配置机制，围绕重大工程、重大任务在集团范围内组建跨单位联合攻关团队，鼓励领军人才跨地区、跨领域、跨单位流动，促进人才资源高效配置，充分发挥各类专业人才的优势与协同效应，提高人才使用效率。适应市场经济和技术创新发展要求，搭建与外部主体开放协同的创新环境，推动领军人才（特别是青年科技人才）流动到与高校联合成立的协同创新中心，以及与集团建立长期合作关系的国内外机构和企业。完善科技创新人才流动配套保障机制，突破地域、身份等人才流动中的刚性制约，在不改变人才与原单位人事基本关系的前提下，实现人才合理流动。

（四）聚焦关键核心领域，加大高精尖缺人才引进力度

中国电科牢牢把握全球创新格局重构的历史性机遇，立足推动国家重大科技攻关任务和战略领域关键核心技术突破，持续加大高精尖缺人才引进力度，使更多全球高端人才和智力资源为中国电科所用。

1. 紧扣国家战略，建立人才甄选模型

一是聚焦元器件、计算机软硬件、高端装备、先进材料等“卡脖子”问题，以及人工智能、大数据、网络安全等战略新兴领域，建立中国电科业务图谱，围绕电子装备、网信体系、产业基础、网络安全“四大业务板块”，理顺科研成果生成链条，梳理引才需求目录。二是引入“胜任力”视角，对岗位角色定位、核心任务要求、关键成功要素进行深入分析，明确领军人才“关键技术能力、关键领导力、关键经验”的要求，形成人才胜任力模型。设立专门的“人才智库专家组”，吸纳集团内外部院士、集团首科和首专及总部相关职能机构负责人组成专家团队，以“科研承担、科研成果、行业地位、获得荣誉”4个关键能力为导向，构建领军人才评价机制，精准快速识别优秀人才。三是以人才胜任能力的全景扫描为依据，针对重大科技攻关项目和关键核心技术解决，诊断各板块、各专业人才对业务的支撑度，精准定位人才缺口并据此制订引才专项行动计划，累计投入不少于1亿元，重点引进相关专业领域的高端人才。四是建立有力引才支持机制。对入选集团引才计划的各类人才，发放最高1000万元的引才补贴，建立职称、岗位直聘制度，在科研经费、条件保障和资源配置等方面建立“一事一议”的工作机制，充分激发单位和人才两方面的积极性。2020年，中国电科全系统面向海内外引进领军人才近百名，兑现引才补贴近3000万元。

2. 拓宽引才渠道，形成多维引进模式

全力落实中央关于实施新一轮海外引才工作的要求，围绕国家重大专项、重大项目及关键核心技术攻关，中国电科抢抓海外引才机遇，拓宽引才渠道，形成多维引进模式。成立海外人才联谊会和依托海外创新机构，构建人才联盟，挖掘“以才引才”潜力。与北京邮电大学、南京理工大学等知名高校开展战略合作，与集成电路知识产权联盟等行业协会及相关科研单位打造创新联合体，通过项目经理制、联合攻关等方式，创新“柔性引才”模式。利用好国务院国资委引才平台和科技部外专引智平台等，加强与海外高端人才的对接，扩大人才资源获取范围。设立海外引才服务工作组，开通外籍专家来华绿色通道，持续做好引才安全保障。通过一系列行之有效的措施，实现聚天下英才而用之。2021年，中国电科推荐申报国家海外引才计划人数创历史新高，总量位居央企前列。

3. 打造事业平台，开启强力磁吸模式

将军工事业作为吸引集聚领军人才的平台。军工电子行业是国防科技工业的重要组成部分，该领域重大工程和平台具有崇高和广阔的事业舞台，人生的价值和个人的才华可以更好地体现和施展，这对于领军人才来说具有天然的吸引力。中国电科围绕国家和军队重大战略需求，以使命牵引满足人才对价值实现的需求，依托一大批国家重大工程任务，加强宣传力度，为核心人才安排具有挑战性的任务，吸引人才参与到具有国家战略性意义的工程活动中。通过讲好中国电科故事，选树先进典型，用红蓝基因吸

引积聚一大批领军人才投身科技报国事业。例如，中国电科大力弘扬预警机精神，在长期实践中孕育并凝练了“创新人才是赢得主动的核心竞争力”“坚持在事业价值的创造中成就人才”等优秀人才文化价值理念，有效促进领军人才引进。

（五）完善激励保障机制，激发领军人才创新创造活力

中国电科以放权松绑、激发活力为核心，持续完善激励保障机制，营造宽松的科研环境，为领军人才在科技创新策源、重大科研任务攻关中提供全方位支持，助力重大科研通过“无人区”“深水区”。

1. 建立适应不同创新主体的多元薪酬激励机制

一是对关键共性技术、前沿引领技术、颠覆性技术领域基础研究人才，实施工资总额保障性支持。对关键核心技术攻关项目团队成员的工资总额单列。对“高新工程”、基础研究等领域特殊人才及承担专项任务的团队进一步倾斜激励机制，制订特殊津贴标准。对重大型号研制、国家重大科研项目在科研项目经费中计列工资费。对于承担关键核心技术攻关任务、打造原创技术策源地和培育现代产业链“链长”科技创新核心能力的集团首科、首专，年度薪酬不低于本单位领导班子成员平均水平。对于重大节点突破实行特殊奖励机制，建立“中途加油”机制，解决长期“冷板凳”激励不够、动力不足的问题，让从事基础研究的领军人才保持持久创新动力，增强获得感。二是积极结合重点型号工程申报国家重大奖项，以创新平台和项目为依托，设立创新基金，不断加强科技成果转化，通过单独授权、目标责任制、约定收益分配、议薪制和“揭榜挂帅”等多种方式鼓励科技人才大胆探索、勇于创新。在部分成员单位探索实施岗位分红、项目分红、虚拟股权等中长期激励机制，突出价值导向，与Q（质量）、C（成本）、D（进度）指标和交付标准紧密挂钩，不断激发人才创新创造活力。三是协调各创新主体工资总额、中长期激励等利益分配方式，保障对基础研究、重大工程项目的激励总额；探索开展科技成果作价入股，将成果转化收益以股权的形式奖励给科技人员，同时要求科技人员按一定比例现金入股，保障领军人才与企业同生共长、共同成就。在跟投机制设计中，允许本单位其他研发管理骨干人员参与成果转化跟投，建立各创新主体利益反哺和共享机制，形成科技成果产业化与基础研究良性互动、共同发展的局面。

2. 营造尊重人才鼓励创新的宽松氛围

中国电科在全集团营造尊重知识、崇尚创新、尊重人才、热爱科学、献身科学的浓厚氛围，让科研人员有职、有责、有权、有团队及有尊严、无顾虑地从事科研工作。把握关键核心技术研发具有的“未知领域开拓、研发周期长、研发不确定性高”的特征，建立试错、容错机制，以平台和项目为依托，完善创新团队建设机制，给予创新项目孵化期和一定容错率，对待年轻总设计师在工作推进中的失误和弯路，从各方面帮助其解决技术、经验、思想等方面存在的困难，助力科技人员在挫折中成长，让科技人员有尊严、无顾虑地从事科学研究。比如，中国电科下属电科院以创新平台和项目为依托，完善创新团队建设机制，给予创新项目孵化期和一定容错率，已实现自主争取重点领域项目，在多个领域取得重要科技创新突破，完成科技成果转化1项，成立科技成果转化公司4家，获得“改革开放40周年创新力企业”荣誉称号。

3. 加强对关键核心人才的精神激励和关心关爱

一是建立健全党组（党委）联系人才机制，落实各级“一把手”责任制，党组成员直接对口联系院士，各级党组织分别对口联系专家，做好各类人才的思想引领和服务保障。定期组织院士专家与青年人才的交流座谈会，开展新春拜年、生日慰问活动，让领军人才感受组织温暖。二是选树科创典型，增强使命感和荣誉感。每年组织评选中国电科“最高科学技术奖”“十大领军人才”“十大青年拔尖人才”“十大创新团队”等，大力宣传为推动科技创新、改革发展做出突出贡献的人才。2020年，表彰先进集体60余个、先进个人90余人次。积极推荐人才申报各类国防科技荣誉奖项，如集团首科马林获得“全国创新争先奖章”、中科芯总经理蔡树军获得“国家科技进步奖一等奖”、新一代半导体（氮化镓）

核心射频芯片项目团队获得“全国创新争先奖”和首届“国防科技工业突出贡献集体”、集团首科吴剑旗获得首届“国防科技工业突出贡献个人”等荣誉称号。对做出突出贡献的退休人才，颁发“中国电科突出贡献员工荣誉退休纪念章”。三是积极对接地方资源，为科技人才提供生活保障，解决后顾之忧。2021 年，解决百余名军工科研一线骨干子女就近、就便入学质量较好的公办学校。积极对接北京市委组织部，每年新增一批进京落户指标、留学生落户指标及工作居住证指标，优先分配给承担重大任务的单位和个人。确保关键人才得到重点保障，使其心无旁骛干事业、聚精会神谋发展。

三、央企集团打造国家战略科技力量的信息科技领军人才队伍建设效果

（一）*在关键核心领域布局了领军人才，为创新突破提供了优势力量*

聚焦电子装备、网信体系、产业基础、网络安全“四大业务板块”，中国电科围绕关键人才价值链循环，完善了核心领域领军人才的布局，近两年共引进海内外各类领军人才 200 多人，在集成电路、人工智能、先进基础材料等紧缺新兴领域引进领军人才和青年英才 100 多人，业务板块和专业的人才业务支撑度明显提高。领军人才加速集聚，一批创新团队位居军工央企前列，有效增强了国家在集成电路、微波通信、信息系统等信息科技领域的人才队伍实力。

人才流失率长期保持较低水平，近 3 年科技人才离职率在 7% 左右，远低于科技企业平均离职率 18%。领军人才流失率低，离职人员主要为本科及以下人员，博士仅占 3%。

领军人才作用发挥成效显著，近百名领军人才担任重大任务总设计师、副总设计师，嵌入国家重大专项任务流程。一批高级专家入选国家科技部、军科委专家，领衔国家信息科技关键领域发展。

（二）*在战略必争领域取得了先进科技成果，为科技竞争赢得了战略主动*

在领军人才管理体系支撑下，中国电科坚持“四个面向”，在各个专业技术领域布局领军人才，逐步打造成为信息科技领域国家战略科技力量。截至 2020 年，获国家最高科技奖 1 项，国家级科技奖励 136 项，国防科技奖励 1275 项，发明专利授权量 15706 项。其中，2018—2020 年，取得国家科技进步奖、技术发明奖 60 项，占 44%；国防科技奖 162 项，占 13%；发明专利授权量 6311 件，占 40%。科技成果斐然。

近几年，中国电科在多个重要领域取得重要创新突破；某智能技术两次打破世界纪录，奠定了我国在该领域的世界领先地位；大数据、人工智能、云计算、机器人、物联网等战略新兴技术取得新突破；深度参与关键核心技术攻坚战，牵头国家重大科技项目和工程，在信息科技领域取得了一批比肩世界先进水平、引领发展的科技成果，全面提升了自主创新能力和核心竞争力，同时也为高质量发展提供了坚强支撑。2019 年、2020 年、2021 年，中国电科分别列《财富》世界 500 强 370 位、381 位、354 位。

（三）*在领军人才管理体系方面探索、实践，为国家战略科技力量领军人才队伍建设提供“电科方案”*

中国电科紧紧把握打造国家战略科技力量的目标要求，立足本行业业务特征和科技成果生成规律，深入研究领军人才的需求特征和作用发挥机理，建立领军人才闭环管理系统，系统解决如何统筹业务需求和领军人才需求、如何嵌入科研生产流程激发领军人才作用发挥等关键问题，主要做法和成效受到广泛关注和认可。人民日报刊发主题文章，配发记者手记，在头版刊发导读，以中国电科人才工作实践为典型案例，深入解码领军人才工作新模式、新方法，社会反响强烈。人民网刊发专题文章，详细介绍中国电科以人才“智高点”抢占发展“制高点”、为实现高水平科技自立自强提供智力支撑的经验做法。近 3 年，中国电科先后 10 余次受邀在国家相关部委进行相关工作经验交流，得到上级机关高度肯定。

（成果创造人：李守武、叶延禄、张　龙、周均忠、王笑非、冯拓宇、侯鉴航、苑海涛、江　锋）

军工企业集团基于领导人员量化评价的管理体系构建

中国兵器工业集团人才研究中心

中国兵器工业集团有限公司（以下简称兵器工业集团）是我国军事机械化、信息化、智能化装备发展的骨干，全军毁伤打击的核心支撑，现代化新型陆军体系作战能力科研制造的主体。2020 年，实现主营业务收入 4900 亿元，利润总额 196 亿元，净利润 154 亿元，位居世界 500 强 127 位，连续 17 个年度和 5 个任期蝉联国务院国资委业绩考核 A 级评价并荣获“业绩优秀企业”“科技创新突出贡献企业”“节能减排突出贡献企业”3 项任期特别奖。

中国兵器工业集团人才研究中心（以下简称人才研究中心）是兵器工业集团直管单位，主要从事教育培训、战略研究、国企党建与企业文化研究、现代企业人力资源开发等工作，拥有“全国干部党性教育基地”“全国人才理论研究基地”等资质。长期以来，人才研究中心在兵器工业集团领导人员党性教育、培养培训、考核评价、薪酬激励等方面进行了大量的实践和理论探索，为兵器工业集团实现领导人员全链条体系化管理提供了有力支撑。

一、军工企业集团基于领导人员量化评价的管理体系构建背景

（一）兵器工业集团履行强军首责的需要

作为肩负强军报国核心使命的大型军工集团，兵器工业集团是国家安全和国防建设的脊梁，是国家战略科技力量最为重要的组成部分，肩负着支撑国防军队建设、推动科技自立自强、服务构建新发展格局的重大政治责任和光荣使命，具有极强的政治属性，性质特殊、使命特殊、责任特殊，是党和国家最可信赖的“六个力量”。履行强军首责离不开一支高素质专业化的领导人员队伍，领导人员管理必须紧紧围绕核心使命、聚焦主责主业，充分夯实领导人员管理基础，构建能够充分保障履行强军报国核心使命的领导人员管理体系，全面、系统地提升领导人员管理的效能与效率，选优配强能够支撑国防军队建设、推动科技自立自强、服务构建新发展格局的领导班子。

（二）兵器工业集团推动高质量发展的需要

兵器工业集团提出建设具有全球竞争力的世界一流企业，必须要有一流的管理，这对领导人员管理提出了新的要求。一方面，是满足事业发展的需要。兵器工业集团体系化推进装备保障、科技创新等战略重点，管理的系统性、复杂性明显提升，必须构建更加体系化的领导人员管理体系，打造充分满足高质量发展需要的干部队伍。另一方面，是解决发展不平衡的需要。作为人员数量众多、组织结构复杂的大型军工集团，兵器工业集团面临 3 个“不均衡”：区域发展不均衡，各单位发展阶段差别较大；产业发展不均衡，所属企业经营质量差异较大；厂所发展不均衡，工业企业与科研院所差异较大。破解这些问题，就需要创新工具方法、选优配强领导班子，促进干部资源在不同地区、产业、厂所之间实现更加高效的配置。

（三）兵器工业集团加强领导人员队伍建设的需要

兵器工业集团领导人员管理还存在一些不足。整体看，重职能管理、轻流程打造，各管理环节衔接还不够紧密；具体看，在选拔任用上基于单位、岗位实际的差异化标准还不够完善；在考核评价上，结果运用刚性还不够，职位能“上”难“下”、薪酬能“增”难“减”；在培养培训上，针对性还不够，能力短板、知识盲区、历练缺失未能给予及时补足。为了打造履行强军报国核心使命的领导班子，必须在领导人员管理机制上大胆突破创新。

二、军工企业集团基于领导人员量化评价的管理体系构建主要做法

（一）进行关键行为绩效模型的提取和模型建构

1. 关键行为绩效提取

兵器工业集团以新时代发展方针为引领，以建设世界一流企业和先进兵器工业体系为目标，以党组管理的领导人员（包括二级单位及所属重要单位领导班子成员、优秀年轻干部，以下简称领导人员）管理实践为基础，结合关键行为指标（KPI）这一人力资源管理工具，针对领导人员管理重职能管理、轻流程打造及各管理环节衔接还不够紧密等问题，以“选拔任用－知事识人－素质培养－正向激励－从严管理”五大体系为主线，形成了领导人员关键行为绩效指标体系并编码，提取领导人员关键行为绩效五大类数据。

2. 构建关键行为绩效模型

兵器工业集团强调关注领导人员的一贯表现，推动从即期管理向即期与中长期相结合转变、从单个职务管理向全职业生涯管理转变。在提取关键行为绩效数据的基础上，构建起包含“管理环节、履职年份、职业生涯”三大维度的关键行为绩效模型，通过该模型，可以获取领导人员近几年在五大体系各环节的关键行为绩效，还能够获得领导人员在“优秀年轻干部－班子副职－班子正职”全职业生涯的一贯表现，以领导人员关键行为绩效雷达图的形式动态展现出来，实现了对领导人员的精准“画像”。

3. 应用于领导人员管理五大体系框架

兵器工业集团将领导人员关键行为绩效雷达图应用于“五大体系”框架中，其中每一个雷达图是每个管理环节的“输出”结果，清晰体现本环节领导人员在一定时期的关键行为绩效。将这一管理环节的“输出”结果“输入”到相关管理环节作为领导人员管理的重要依据，在提高了管理针对性的同时也畅通了各管理环节的联系，实现了领导人员管理从单个环节管理向全链条管理的转变。

（二）选优配强领导班子和领导人员，提高选拔任用精准性

一方面要明确每个企业改革发展的阶段性需求，另一方面要把握好领导班子、领导人员特点。兵器工业集团利用“一把手”素质能力情况、领导班子年龄、领导班子整体评价指标等雷达图，动态监测班子变化，清晰描绘出领导班子优势短板，利用优秀年轻干部关键指标分析、领导人员能力评价等雷达图，对领导人员素质能力情况做到心中有数，实现了领导班子建设“需求端”和“供给端”的精准匹配，提高了选拔任用的精准性。

1. 构建“十大指标”雷达图，提升班子整体效能

第一，根据领导班子整体评价情况绘制雷达图。围绕强军首责与高质量发展总体目标，聚焦装备保障、科技创新、国际化经营等重点任务，兵器工业集团创新构建领导班子整体评价“十大指标”，分别是工作思路、运营质量、创新成效、管理效能、可持续发展、整体合力、党建工作、联系群众、团队建设、廉洁自律，通过年度测评结果对近几年来班子的强项、短板做到精准把握、心中有数，并且在全系统范围内精准配置素质能力适宜的领导人员。例如，兵器工业集团将科技创新作为发展的重中之重，基于某研究院近3年在“可持续发展”与“创新成效”两个方面持续走低的趋势，判断其与某研究院构建科技创新体系的核心使命不相适应，因此，组织上及时为其配置了一位具有改革创新精神且推动执行能力突出的领导人员。第二，差异化构建领导人员指标雷达图。着眼领导正职与领导副职在岗位要求上的区别，在确定了政治素质、履职贡献、管理效能、改革创新、作风形象、廉洁从业等6项共性指标的基础上，强调领导正职科学决策、驾驭全局、市场运作、识人用人作用；强调领导副职推动执行、协调配合作用。通过对领导班子、领导人员指标雷达图的跟踪监测，兵器工业集团对每个领导班子的作用发挥情况、每位领导人员的素质能力结构都实现了更加清晰、精准、动态的掌握。

2. 选优配强"一把手"，提升班子核心竞争力

第一，提出"一把手""六看"标准。对照国有企业领导人员"20字"标准，结合履行强军首责和推动高质量发展的核心使命，兵器工业集团提出了评价识别"一把手"的"六看"标准：一看政治素质好不好，二看思想站位高不高，三看履职业绩优不优，四看斗争本领强不强，五看识人用人准不准，六看岗位历练实不实。通过聚焦兵器工业集团作为大型军工集团必须具备的政治素质、思想站位、履职业绩、斗争本领、识人用人、岗位历练这六大维度，进一步提出"一把手"选用标准24条。通过对六大维度近几年得分情况进行量化评价，形成"一把手"素质能力情况雷达图，清晰展现"一把手"各项指标的改善度与发展趋势。第二，区分"一把手"8种类型。兵器工业集团进一步以各企业发展阶段和面临的内外部形势为依据，将"一把手"划分成8种类型，即内改解困型、外拓解困型、外谋转型型、内改转型型、外联发展型、外拓发展型、技术领军型、市场领军型，通过分类，兵器工业集团实现了对"一把手"更加精准的识别与归类，进而更好地发挥"一把手"引领事业发展的作用。

3. 突出优秀年轻干部队伍建设，建设领导人员梯队

兵器工业集团始终将优秀年轻干部视为事业基业长青的重要保障，注重做好选拔使用工作。第一，大力发现优秀年轻干部。2019年，通过在全系统开展调研，掌握了一批比较成熟、近期可用的优秀年轻干部，了解发现了一批有发展潜力的优秀年轻干部，系统掌握了优秀年轻干部的数量情况、年龄结构、学历结构、复合经历、行业分布、专业分布等情况，并且详细绘制了关键指标分析雷达图，对全系统优秀年轻干部情况做到了心中有数，为大力发现选拔使用优秀年轻干部提供了依据。第二，领导班子年龄梯次配置。通过绘制雷达图，动态监测班子成员年龄分布及变化趋势。针对比较老化的领导班子选配一批年富力强、能力突出的"70后""80后"干部走上领导岗位，有效实现了班子年轻化。2018年，兵器工业集团领导班子（共7人）平均年龄为54.4岁，相对偏大，2019年增长为55.4岁，兵器工业集团党组参考雷达图进行分析研判与决策，最终决定在2020年提拔两名优秀年轻干部进入班子，两名年龄较大领导人员到龄退休，班子平均年龄降低为52.2岁。随着距离法定退休年龄不足3年的领导人员相继退出领导班子，兵器工业集团班子的年龄结构将会进一步优化。

（三）实行多角度考核，突出知事识人差异性

兵器工业集团利用多年领导班子和领导人员差异化绩效考核结果、全方位综合考评结果、多维度测评结果、党建考核结果等雷达图，形成了每一位领导人员的画像，为领导班子和领导人员选拔任用、素质培养、正向激励、从严管理提供了科学依据，最终让想干事、能干事、干成事的领导人员脱颖而出，充分履行强军报国核心使命。

1. 区分"四类企业、十二类岗位"，分类制订考核指标

一方面，注重体现不同企业的差异性，兵器工业集团涉及军品、民品、战略资源、金融流通四大业务板块，下属二级单位的主责主业、产品类型、发展阶段各有差异，根据二级单位的核心使命、功能定位和不同的发展阶段，将下属二级单位划分为装备保障类、民品主导类、国际化经营类、支撑服务类等四个大类，结合业务和行业特点进一步划分为16个细分类型，个性化确定考核指标。另一方面，注重体现不同岗位的差异性，根据法人治理结构中不同领导岗位的特点，细分形成了12种类型岗位，即董事长、总经理（总裁、院长、主任）、党委书记、监事会主席、董事、监事、总会计师、纪委书记、行政副职领导、党群副职领导、专职外部董事、同时担任多个职务的副职领导（如党委副书记兼任纪委书记），针对12种类型岗位分别制订了个性化的指标体系。通过对不同单位和不同岗位的差异化考核，客观衡量了单位的真实业绩和领导人员的真实贡献，促进实现了整体工作与个人工作的无缝衔接、班子业绩与个人贡献的有机结合。

2. 突出多方认可，构建“三个突出”全方位综合考评体系

兵器工业集团从2017年起，在领导班子和领导人员中开展综合考评分级工作，在央企中属于先行先试。考核坚持“三个突出”，即突出业绩，在综合考核评价中绩效考核占比60%；突出党建责任，在综合考核评价中党建工作考核占比20%；突出组织认可、出资人认可、员工认可，综合测评占比20%，逐步构建起以年度绩效考核、党建工作考核、年度综合测评为主体的领导班子和领导人员综合考评体系。考核内容坚持“一班一套”，突出个性化；考核方式坚持全面考核，逐步建立起精准化、全面化的领导干部综合考核机制。将年度绩效考核、党建工作考核和多维度测评结果加权后得出汇总分数并排名（包括领导班子之间排名，领导人员在当年所在领导班子排名）；按约束条件、比例分布、得分排序相结合的方式，对领导班子和领导人员综合考评结果按A、B+、B、C、D进行强制分级。通过汇总年度考评情况，形成领导人员年度关键行为绩效雷达图，掌握领导人员推改革、促发展的实际成效及素质能力、群众口碑和主要不足，实现了全面、精准识别。进行横向比较，兵器工业集团党组可以清晰明了地对各家单位领导班子的各项指标进行比较。

3. 实施“360度”无死角全面精准考评

一是形成了上级、同级、下级的“360度”测评。领导班子和领导正职年度多维度测评，兵器工业集团党组测评占比40%，总部各部门测评占比30%，企业内部测评占比30%；领导副职年度多维度测评，总部各部门测评占比50%，企业内部测评占比50%。二是考核内容根据总部部门职责分工进行针对性考核。例如，年度党建考核中，基层党建由党群工作部考核，干部人才队伍由人力资源部考核。三是贯彻落实中央精神，加强纪检监察组对纪委书记的考核主体责任。纪委书记由纪检监察组办公室和二级单位主要领导共同考核，纪检监察组办公室考核权重占比约60%。

（四）实行“六种模式”岗位锻炼，提高素质培养针对性

兵器工业集团利用关键行为绩效雷达图，有针对性地开展岗位交流、“五级领导力”培训，补足领导人员能力短板、知识盲区、历练缺失，进而改善领导人员关键行为绩效雷达图，为选拔任用环节提供更加合适的人选。

1. 聚焦核心使命，以“六种模式”开展岗位锻炼

以未来发展需求为导向，有针对性地实施“上下左右前后”全方位任职交流，鼓励推动各单位开展自主精准交流，实现人岗匹配、人事相宜。兵器工业集团探索出了以下6种干部交流模式：能力培养型交流、班子优化型交流、对口支持型交流、岗位强制型交流、对外开放型交流、业务跨界型交流。截至2020年，兵器工业集团贯彻落实打赢脱贫攻坚战部署，支持地方脱贫攻坚，选派扶贫干部72人，支援系统内困难企业24人；根据服务履行强军首责需要，加快推动火炸药行业结构调整，近两年来110名干部在行业内交流；2020年，推动59名干部在集团总部和二级单位、二级单位之间进行交流，组织55名中层干部在45家单位交流锻炼，建立了常态化的交流机制。

2. 构建“五级领导力”，分级分类推动领导力提升

在推动兵器特色“五级领导力”培训体系建设中，针对兵器工业集团各级领导干部的学习特点和亟待提升重点领域，分层设计差异化的培训平台和培训方式。针对高级管理人才培训，兵器工业集团结合当期重点任务，着力培养领导人员综合管理能力。2021年，注重政治力和领导力的提高，突出强军首责、安全生产与高质量发展主题，主要安排了习近平新时代中国特色社会主义思想与百年党史学习教育、安全生产与强军保障、创新驱动与高质量发展、战略与发展领导力提升等四大模块。针对中青年经营管理人员培训，以改革发展中遇到的难题和本岗位实践过程中出现的问题为主要依据，突出现代企业经营管理知识与兵器工业集团管理实践的有机结合。2021年，聚焦管理能力和专业化能力的提升，深入开展党史学习教育培训、体系化安全管理与全流程全要素质量管理培训、专业能力提升培训。与此同

时，还根据干部成长、成才需求，设计了5类专题培训班次，即战略宣贯类、任职资格类、胜任力提升类、工作推进类、难题求解类。

（五）推动“能上能下”和“能增能减”，提高正向激励导向性

利用“四下六问责”、绩效薪酬“双对标”等正向激励标准，对照关键行为绩效雷达图，突出激励的刚性。正向激励结果和导向反过来也引导领导班子和领导人员向更加优秀的关键行为绩效雷达图变动。

1. 坚持“有为有位”，推动“四下六问责”

第一，加强结果运用。领导班子和领导人员关键行为绩效雷达图作为可视化数据图表，成为兵器工业集团实施班子和领导人员奖惩的输入信息。对于考评结果为A级的领导人员，在使用方面予以倾斜，特别是把这样的干部放到“急难险重”岗位上加以锻炼，助推他们成长、成才。对于考评结果为C级的领导人员，视情况给予提醒、诫勉谈话直至组织调整；对综合考核评价中连续2年排名末位的领导人员，经综合研判确属不胜任的，及时调整。第二，实施“四下六问责”，即坚持不守规则的“下”，对违反“三重一大”有关规定、违反党纪政纪规定，以及不作为、乱作为的，严格问责；不保底线的“下”，对因履职不到位发生质量、安全、环保、稳定事故，以及触碰党纪政纪规定的，严格问责；不敢担当的“下”，对不敢改革怕矛盾、不想改革怕担当、不会改革少办法、不去改革多顾虑的，及时调整；不在状态的“下”，对综合考核评价中连续2年排名末位的领导人员，经综合研判确属不胜任的及时调整；对重点科研项目拖期、军品订货任务未按期完成、因工作不到位在竞争中丢失市场、投资失误造成国有资产流失、监督管理失误、干部使用失当造成较大经济损失和企业形象受到较大影响等不良后果的，进行问责。

2. 突出能增能减，推动绩效薪酬“双对标”

第一，体现“收入能增能减”的要求，激发领导人员干事创业活力。领导人员评为A级的，适当上浮年度绩效薪酬；评为C级或D级的，适当扣减年度绩效薪酬。例如，2019年考核兑现的51户二级单位领导人员年薪中，增长的有48户，下降的有3户，年薪标准最高值与最低值的差值为106万元，差距倍数达2.98倍，同一班子副职领导人员年薪差异最大值为23万元。加大专项奖励与及时奖励力度，对出色完成重大装备、重大工程、竞争性领域竞标取得成功、科技创新任务取得突出成绩的事项加大专项奖励或及时奖励力度。2020年对出色完成重大专项任务和做出超值贡献的38个事项给予专项奖励额度达到7486万元。建立质量、安全、环保责任、违规经营投资终身追责机制并与领导班子薪酬挂钩，2020年对两起安全事故予以了责任追究，扣减了相关单位领导人员绩效年薪。第二，建立绩效薪酬“双对标”，根据“主业相近、规模相当、业绩领先、同类可比、数据可得”的原则，合理选取对标单位和关键指标，分类实施绩效薪酬“双对标”。例如，针对军品科研院所，选取中船集团、航空工业、航天科技、航天科工、电科集团等5家军工集团，涵盖电科38所在内的20家外部业绩较好的标杆单位开展对标分析，从而合理确定领导人员薪酬范围。

（六）构建监督管理长效机制，提高从严管理全面性

实现对领导人员8小时之内和8小时之外的全面管理，确保领导人员队伍贯彻落实新时代发展方针不留死角、不打折扣。利用抓早、抓小、抓常、抓长和构建日常监督长效机制，完善领导人员档案管理和日常信息管理工作，能够适时跟踪领导班子和领导人员关键绩效行为变化，使得干部画像更全面。

1. 抓早、抓小、抓常、抓长，构建日常监督长效机制

第一，加强干部日常监督，坚持关口前移，针对苗头性、倾向性问题，用好提醒、函询、诫勉，让领导人员感受到组织就在身边、监督就在眼前。实现专项监督常态化，将个人有关事项报告、出国境证件管理、“裸官”排查等专项监督工作常态化，发现问题及时处理。实现关键少数监督常态化，着力抓住高层次领导人员这个“关键少数”，积极完善领导人员日常谈心、述职述廉、离任审计等工作机制。实现提醒、警示和问责常态化，对有问题反映的领导人员进行函询或提醒谈话，对违反规定、履职不到

位、民主测评不理想的领导人员进行诫勉或警示谈话。第二，重视干部监督信息的收集与运用，以信访件和问题线索处理为突破口，探索建立干部监督信息系统，综合运用雷达图对问题规律、发展趋势、风险领域等提前研判预警，强化工作的前瞻性和预见性。

2. 以干部档案信息化推动干部精准画像

第一，基于"一表一册两标准"推动干部档案审核的规范性和可操作性。通过制订《干部人事档案归档范围表》（即一表）、《干部人事档案专项审核工作实操指南》（即一册）、《干部人事档案缺项审核标准》和《"三龄二历一身份"等重要信息认定标准》（即两标准），让审核人员按图索骥，真正实现了"一册在手，工作无忧"。第二，基于"三色两类两科"提升干部档案审核的质量和效率。通过设计"红黄蓝"三色预警看板，把握工作节点，倒逼审核进度。将档案分为"一般类"和"疑难类"，审核小组分为"基础科"和"专家科"，一般类档案由基础科审核，疑难类档案由专家科重点审核，分类分科精准审核干部档案。第三，基于"双库"系统实现干部信息上"桌面"。近年来，兵器工业集团完成了党组管理干部的干部档案数字化工作，形成干部电子档案库和党组管理领导干部信息库；同时，将"双库"信息同步到每位党组领导和组织部门负责人的电脑桌面，为全面了解干部提供信息平台。

三、军工企业集团基于领导人员量化评价的管理体系构建效果

（一）促进了兵器工业集团履行强军首责，推动了高质量发展

以关键行为绩效模型为载体，选优配强领导班子，打造高素质专业化领导人员队伍，为兵器工业集团履行强军首责、推动高质量发展、建设具有全球竞争力的世界一流企业提供了有力支撑。2020 年，兵器工业集团在打赢疫情防控阻击战、打赢"三大攻坚战"等方面保持高质量发展良好态势，全年实现利润总额 196 亿元、同比增长 10.1%，净利润 154 亿元、同比增长 11.8%，经济增加值同比改善 7.6%，超额完成国务院国资委考核目标；实现主营业务收入 4900 亿元、同比增长 3.1%，增加值、资产负债率、全员劳动生产率等主要经济指标完成年初预算目标，获得央企负责人经营业绩考核 A 级评价，是国务院国资委实施央企负责人经营业绩考核以来连续 17 年获得 A 级评价的央企之一。

（二）优化了领导班子配置，促进了兵器工业集团党组选人用人满意度提升

通过运用关键行为绩效模型进行领导人员统筹调配，有效缓解了领导班子建设"不均衡"的问题，领导班子年龄结构得到改善，"十三五"以来新提拔的 228 名党组直管干部中，优秀年轻干部人选占比 3/4，班子年龄老化问题得到有效遏制。领导班子学历结构持续改善，其中大学本科及以上学历占比 98.9%，硕士研究生及以上学历占比 59.4%，2020 年全日制本科及以上占比较"十二五"末提高了 4.3 个百分点。有力实现了领导班子选优配强目标；兵器工业集团党组选人用人满意度不断提升，持续保持在平均 98% 以上；连续 3 年获得央企党建工作责任制考核 A 档。

（三）增强了领导人员管理的科学性和有效性，运转效率显著提升

以领导人员关键行为绩效模型作为牵引，有力推进了领导人员管理体系化建设，领导人员管理的运转效率得到进一步提高，有效凸显了领导班子和领导人员的一贯表现、发展趋势、短板弱项、重点需求，实现了选拔任用、知事识人、素质培养、正向激励、从严管理五大体系有效联动；有力提高了领导人员管理效能，助推兵器工业集团人力资源管理由过去的季度总结发展为月度总结，运转节奏得到明显加快，运转效率得到明显提升，领导人员队伍建设体系化、精细化、差异化、个性化水平大大提高，推动了领导人员管理体系与管理能力的现代化建设。

（成果创造人：焦开河、周　舰、曹光祥、刘　旭、安伟时、徐余庆、
于金辉、杨继伟、鞠小波、杨　鹏、李　维、曹　阳）

大型国有企业以“五个体系”为核心的干部人才队伍建设

中国海洋石油集团有限公司

中国海洋石油集团有限公司（以下简称中国海油）于1982年经国务院批准成立，是国务院国资委管理的特大型国有企业，是我国第三大国家石油公司、我国最大的海上油气生产运营商。中国海油从对外合作起步，在改革开放中发展壮大，经过多年的不懈奋斗，实现了从上游到下游、从浅水到深水、从国内到国际的“三大跨越”，发展成为油气主业突出、产业链完整、规模实力较强的国际能源公司，探索走出了一条具有中国海油特色的国有企业科学发展道路。2020年，中国海油在《财富》世界500强中排名64位，在《石油情报周刊》评选的“世界最大50家石油公司”中排名30位。中国海油主要经营业绩指标位居央企前列，连续17年获得国务院国资委央企经营业绩考核A级评价。

一、大型国有企业以“五个体系”为核心的干部人才队伍建设背景

（一）加强干部人才队伍建设是贯彻落实中央精神的需要

党的十八大以来，国家领导人多次在重要会议就加强干部人才工作发表重要讲话。基于此，中国海油加快干部人才队伍建设，进一步调动广大干部人才创业激情和责任担当，切实打造高素质专业化干部人才队伍。

（二）加强干部人才队伍建设是实现企业战略目标的需要

在国资国企改革、石油天然气体制改革、能源生产和消费革命等时代背景下，2018年，中国海油党组聚焦“两个一百年”奋斗目标，提出分两个阶段实现中国特色、国际一流能源公司的建设目标。2020年，中国海油党组明确了“1534”总体发展思路（即“一个目标、五个战略、三个作用、四个跨越”），瞄准国际一流人才需求点、干部人才建设薄弱点、未来创新人才制高点，研究制订《人才兴企战略专项实施方案》，从具有中国特色的党管人才体制、具有高端引领和内生驱动的人才管理机制、具有战略思维和全球视野的国际一流人才队伍、具有行业前瞻性的人才发展能力等四大方面，构建具有全球竞争力的人才生态系统，力使干部和人才队伍建设整体水平实现质的跃升。

（三）加强干部人才队伍建设是满足干部人才自身成长的需要

面向新发展阶段，立足两个大局，中国海油的生存和发展面临着更多机遇和更大挑战，也对干部人才队伍建设提出了更高要求。干部人才队伍与事业推进和未来发展不匹配、不平衡的问题日渐突出，制约了企业的可持续高质量发展。一是干部队伍存在结构性断层。中国海油党组直管领导人员平均年龄偏大，没有形成梯次配备的格局，年轻干部培养选拔工作滞后。二是干部分布不均衡。专业干部较多，但懂经营、善管理的复合型干部数量明显不足，专业、业务板块间干部配备不均衡。三是高层次人才和新产业人才短缺。深海工程、油气勘探、开发等专业领军型人才数量偏少，新业务发展人才短缺。四是干部人才考察考核识别方法单一，在干事创业中发现好干部、识别优秀人才还要加强。强化干部人才队伍建设迫在眉睫、至关重要，唯有大力推进实施“人才兴企”战略，加强干部人才队伍建设才能赢得主动、赢得优势、赢得未来。

二、大型国有企业以“五个体系”为核心的干部人才队伍建设主要做法

（一）着眼事业发展“育”，构建科学化的素质培养体系

1.“中国红”遇上“海油蓝”，建立全程培养体系

紧紧围绕国有企业领导人员的“20字”要求，突出中国特色、国际一流、海油特点，构建“CNO-

OC”五力素质模型，建立四套分层能力素质指标体系，设计由“中国红”（党的理论和党性教育）和“海油蓝”（专业化能力培训和知识培训）构成的中国海油干部教育培训体系，全面覆盖了中国海油干部教育培训的主要内容。针对干部层级和干部成长特点，建立干部不同发展阶段的素质培养体系，实施“海蓝计划、蔚蓝计划、青蓝计划、新蓝计划”四个层级的素质培养体系，覆盖干部成长全过程。2018年以来，累计举办7期青干班，350名年轻干部参训；举办4期中青班，共培训中层干部177人。此外，还依托中国海油党校举办直管干部轮训班、新任直管领导人员培训班等，仅2018年就有近500名干部参训。

2. 实施多层次培养，双向交流成“新常态”

中国海油培养干部人才的政治站位、宏观视野和大局意识，二级单位培养干部人才的沟通意识、执行抓落实和解决复杂问题的能力，基层一线培养干部人才的技术技能和毅力品质。统筹干部人才队伍建设，必须坚持对干部人才进行多层次培养锻炼。对长期在集团总部和二级单位本部工作的人员，采取“双向交流任职”的方式，有计划地安排到基层一线岗位锻炼；对于基层的优秀年轻干部人才，通过挂（任）职、借调的方式，选派到集团总部或二级单位本部锻炼。通过建立“双向任职”制度，实施年轻干部“两个100”实践锻炼计划，统筹推动多层次培养，即每3年进行“总部－基层”双向交流任职100名左右、进行国际化实战锻炼100名左右。2018年以来，实现双向交流任职500余人，仅2020年就双向交流任职174人，2019年建立的干部人才库中培养交流的超过70%，主动交流成为“新常态”，交流人数创近年来交流纪录。

3. 培育干部专业精神，打出素质提升组合拳

实施优秀年轻干部专业培养计划，为每名干部人才绘制“成长路线图”，在实践中检验干部的学用转化能力，将其融入干部个人现实表现、组织鉴定、评先选优、选人用人等考评中。开展“短小精专”的干部培训，每年举办2～3期年轻干部能力提升专题培训班，由集团总部专业部门分别牵头组织。统筹推进各板块干部人才队伍协调发展，分类制订专项培养计划，在配强有油气主业背景的干部人才队伍的同时，重点加大新能源、智能化、数字化、商务法律、财务金融等专业干部人才的培养力度，加大稀缺人才引进力度，加大上游与下游干部队伍的交流力度，着力解决上下游板块干部人才队伍建设不均衡问题。

4. 打破“体内循环”壁垒，干部跨区域任职

加大干部人才交流力度，打破单位、领域、条块之间的“体内循环”壁垒，推动干部人才多区域交流任职。在跨区域交流中，积极选派优秀干部人才到境外单位、重大工程项目实战实训。建立集团总部干部轮换岗制度，推动集团总部与基层、单位间、板块间、国内外间的干部交流任职，每年各单位各层级干部换岗交流面需达到20%。完善年轻干部横向挂职制度，推动年轻干部人才跨地区、跨单位锻炼，特别是到青海、西藏等省、自治区及海外等艰苦地区接受锻炼。创造良好的干部人才交流环境，关心交流干部的生活，营造崇尚交流的良好氛围。

（二）突出政治标准“识”，构建多角度的知事识人体系

1. 强化日常考核，双重画像识人才

认真落实近距离考察识别干部的具体措施，通过民主生活会、座谈交流、调研、学习培训等方式了解干部。建立全方位、多渠道了解干部的方法，综合年度（任期）考核、干部考察、专项检查、谈心谈话等方式，结合纪检监察、巡视巡察、审计、信访、党内集中教育、培训、奖惩等情况，掌握干部的工作和思想动态。拓展延伸考察半径，全方位、多角度、深层次了解干部在完成急难险重任务、处理复杂问题、应对重大考验中的真实态度和真实表现，与干部一贯表现相互印证、互为补充。目前，优秀年轻干部信息库储备全系统1600余名干部的基本情况、特长爱好、缺点不足等各方面信息。干部专业化

信息库建立在干部自己“真实画像”和组织部门“精准画像”双重画像的基础上，储备200余名中层正职、副职干部的专业特长，为党组选人用人提供决策依据。

2. 强化分类考核，一人一像一档

完善干部考核评价制度体系，研究制订《领导人员绩效管理办法》《领导班子和领导人员考核评价办法》和配套的《干部考核工作规范》，从制度层面规范领导班子和领导人员的日常考核、年度考核、专项考核、任期考核。完善领导班子和领导干部综合考评办法，建立正、副职岗位人选等差异化考察办法，分层分类制订考核标准，精准科学设置考核权重，有效提升考核结果的区分度。健全完善领导班子和领导干部“精准画像”档案，实现一人（班子）一像、一像一档，全面准确把握干部政治素质、道德品行、履职尽责和廉洁从业等情况。建立自上而下的绩效契约化考核体系，根据单位经营性质、发展目标、管理短板等因素将企业分为市场类、资源类和功能类三大类，实施分类考核，确定“两利四率”为核心考核指标，引导二级单位更加聚焦效益导向，将契约化考核指标量化到岗、责任到人，将考核结果纳入领导班子和领导人员绩效考核和综合考评之中。

3. 强化近距离考核，“开门”评价干部

从经历沉淀中看干部能力，把基层经历和履职业绩作为干部选拔任用的重要条件；从群众评价中发现干部，综合分析干部多维度、多渠道测评结果；考察评价干部，听取上级领导和同级班子成员的意见，了解纪检的评判和党支部的评价；注重“开门”评价干部，落实好职工群众的知情权、参与权、选择权和监督权，对群众公认的符合国有企业领导人员“20字”标准的干部及时提拔、大胆使用。通过干部人事档案识别干部，审核“三龄两历一身份”关键点，对干部的历史表现、长期表现、一贯表现进行评价识别。优化考察推荐方式，修订《领导人员选拔任用规范》，注重完善谈话形式，防止简单以票取人现象发生，确保选出来的干部让组织放心、干部服气、群众满意。

（三）坚持事业为上“选”，构建结构优的选拔任用体系

1. 树牢导向——以正确用人导向引领干事创业导向

中国海油出台《选拔任用中突出政治标准意见》，要求提任考察时对考察对象进行政治画像，业绩考核时对领导班子及领导人员进行政治评估和测评，强化对政治表现情况的深入考察考核。树立注重基层和实践的导向，要求新提任为中国海油党组直管领导人员具有5年以上基层工作经历，新提任中层领导人员应具有2年以上基层工作经历。突出事业为上、以事择人，明确破格晋升、提拔干部人才的具体情形，对在下一级正职岗位上任职时间较长、实绩突出、群众公认、特别优秀的干部，可以破格提拔担任上一级正职。鲜明亮出干部优与劣的标尺、“上”与“下”的准绳，通过完善干部能上能下管理制度及配套措施，明确考核退出、制度退出、问责退出、不适宜退出四种“下”的途径外，中国海油还创新推出中层干部“非优必转”这一硬核改革措施。两个任期综合绩效考评结果达不到“优秀”的中层干部，不再担任领导，转聘其他岗位，发挥其专业技术作用。中国海油明确考核退出率，以硬指标推动干部“能下”常态化，树立起重品德、重才干、重担当、重实绩、重公认的导向。

2. 战略引领——科学谋划布局干部人才梯队建设

在战略规划上，中国海油把干部队伍建设写入“1534”总体发展思路，制订“人才兴企”战略专项方案和干部人才队伍建设“3+1”工程，对干部人才队伍建设进行顶层设计、总体规划和具体部署。在制度建设上，不断健全干部人才管理工作机制，推动制度“立改废”工作，以相关上级文件为干部工作的基本准绳，全面重构干部选拔任用制度体系，先后制订《党组直管领导人员管理办法》及其配套的《领导人员选拔任用工作规范》《推行直管领导班子及直管领导人员任（聘）期制和契约化管理的实施办法》《推进领导人员能上能下的实施办法》等20余项管理制度，基本涵盖干部人才工作的各个方面。

3. 优化结构——增强优秀年轻干部成长内生动力

中国海油党组把优秀年轻干部培养选拔放在领导班子和干部队伍建设中整体布局、整体推进，明确班子年龄结构刚性指标，坚持中国海油党组直管领导班子年龄结构比例为5∶3∶2（45岁以上占比50%，40岁左右占比30%，35岁以下占比20%）、三级单位领导班子年龄结构比例为4∶3∶3（45岁以上占比40%，40岁左右、35岁以下各占比30%）的硬要求，实行“双50%”控制目标（每年新提任到中国海油党组直管领导岗位的，45岁以下年轻干部占比不低于50%；新提拔到二级单位直管领导岗位的，40岁左右年轻干部占比不低于50%），有效解决各级领导班子和干部队伍平均年龄偏大、年龄分布集中的问题。实施“5259”储备计划（建立50名左右的中国海油党组直管正职、200名左右的中国海油党组直管副职、500名左右的中层正职和900名左右的中层副职接替人选队伍），保障未来5年干部接续充沛；常态化开展优秀年轻干部调研制度，集团和二级单位优秀年轻干部按现有直管干部的1~1.5倍储备，动态充实优秀年轻干部库。稳步梯次推进，出台《中国海油关于适应新时代要求大力发现培养选拔优秀年轻干部的实施意见》，明确年轻干部队伍建设的时间表、任务书和路线图，以梯队建设目标为“硬杠杠”，调控领导班子年龄结构，力争用3年时间将中国海油党组直管领导干部平均年龄降至50岁以下；在此基础上，再用2年时间将中国海油党组直管正职平均年龄降至50岁左右，40岁左右的占比提升至30%以上。把中层干部选拔任用作为干部年轻化的源头，通过深化干部人事制度改革重大措施，把平均年龄降至45岁以下，实现40岁左右的中层正职比例占中层正职人数的40%的目标。2020年12月，中国海油党组专门召开“优秀年轻干部座谈会”，专题推动全系统优秀年轻干部选拔使用工作。动态跟踪督导，集团层面建立优秀年轻干部工作专项预审台账，每季度对标分析二级单位干部队伍结构及年轻干部选拔指标完成情况，及时纠偏修正；二级单位实行选拔工作常态化自查机制，每月对标对表、实时预警修正。一方面完善优秀年轻干部人才库，做好战略储备，实现“用人上有梯队、选择上有空间”；另一方面严格领导干部退出，释放岗位，一进一退，盘活人才资源。中国海油建立“集团+二级单位”两级优秀年轻干部库1600余人，为事业发展储备后备力量。

4. 建强班子——建设坚强有力担当作为的领导班子

中国海油党组不断完善领导班子建设工作新机制，以班子建设水平的不断提高推动干部人才队伍建设工作迈上新台阶。在机制上，实现领导班子建设闭环管理。通过优化领导班子分工，抓好新印发干部管理制度的贯彻执行，抓实班子业绩考核和综合考评。严格规范各级领导班子层级、职数、分工、结构、议事规则、日常管理、评价研判等方面内容，实现了班子管理的科学化、规范化。强化中国海油《领导人员选拔任用工作规范》的执行，杜绝选人用人的随意性；针对各级领导班子建设需要重点关注的15个方面的问题，设计民主测评表，绘制每家党组直管领导班子运转状况和每位领导人员素质能力特点的“雷达分析图”，以15个方面的评价要点和标准为尺度，客观公正反映领导班子和领导人员履职状态。

（四）注重日常经常“管”，构筑全方位从严管理体系

1. 将组织监督与巡察监督贯通融合

中国海油把从严管理监督干部的相关制度规定作为党校主体班次和各单位中心组学习的必学内容，坚持把从严监督嵌入选人用人工作各环节，锻造事前有报告、事中有监管、事后有检查、失责有追究的干部选任无缝监督链条。一是源头把关，对“三龄二历一身份”是否存疑、是否符合任职资格、领导干部亲属是否存在经商办企业等情况加强初核，从源头上防止“带病提拔”。二是过程把关，加强对推荐考察、讨论决定、任职等重要环节的监督检查，严格落实“凡提四必”、干部选拔任用工作纪实等要求，推动形成流程清晰、程序规范、有序衔接的工作闭环。三是结果把关，充分发挥“一报告两评议”等作用，加强对结果的分析研判和综合运用。四是问责把关，针对选人用人失职失责行为进行铁面问

责。在巡察监督上凝聚合力，组织人事部门、纪检监察、巡视、审计部门等监督力量有效衔接，针对巡视发现党的组织建设、干部队伍建设和选人用人风气监督中存在的突出问题，以“零容忍”态度严肃责任追究和整改问效。

2. 管理监督与正向激励有机结合

细化考核评价指标，对不同单位（部门）、岗位、分工的领导干部精准设置考核重点，进行差异化分类考核。健全干部年度考核、任期考核和专项考核相结合的考评机制，综合运用巡视巡察、审计信访等成果，确保准确把握领导班子和领导干部的工作实绩。深化专项监督检查，聚焦重点工作，深入一线开展领导干部履职担当情况监督检查，对在履职中不担当、不作为的领导干部，依规依纪给予通报批评、诫勉谈话等处分。

3. 将立体监督与多元监督系统整合

加强党组（党委）对监督工作的领导，落实党组（党委）及其组织部门双重管理工作，压实纪检、审计、信访等部门的同级监督责任。一方面，紧盯重点部门和关键岗位，全方位掌握“一把手”和领导班子遵守政治纪律和政治规矩、贯彻执行民主集中制和执行“三重一大”决策制度等情况；另一方面，加强对干部的平时性、经常性监督，坚持抓好思想教育，推动日常监督制度化、常态化。多元融合拓展“监督面”。建立健全干部监督信息共享机制，促进组织监督与群众监督、舆论监督交互融合，充分利用网站、电话、来信来访等综合举报平台作用，推动干部监督从“工作圈”向“生活圈”“社交圈”延伸。开展规范领导干部亲属经商办企业行为扩大试点工作，开展中层及以下干部本人经商办企业行为专项清理和规范处理。

（五）强化服务保障“促”，构建常态化的正向激励体系

1. 树立有为有位“风向标”

围绕贯彻落实中央和国务院国资委的相关文件精神，制订《中国海油党组关于进一步激励广大干部新时代新担当新作为的实施意见》《关于进一步激励干部担当作为的工作措施》等，在内部形成鼓励担当作为、崇尚苦干实干的良好风尚。2020 年以来，面对疫情防控和增储上产的挑战，直接提拔、表彰、奖励干部 30 余人，全系统提拔、重用、表彰 171 人。常态化调研识别担当，建立每 2 年开展一轮干部调研的机制，每季度定性研判、每年定量分析绩效、跟踪现实表现，将调研考核结果作为评先选优、职级晋升、选拔任用及党组调整优化领导班子的重要参考。2018 年以来，常态化开展调研考核后，优秀干部库充实优秀干部 114 名，调整出库 2 名。2020 年，新提任党组直管领导人员 73% 来自基层，91. 3% 有一线工作经历，每人平均有 13 年的基层经历。

2. 磨炼真抓实干“硬功夫”

全面推行“两制一契”，即对经营类班子/经理层成员实行任期制和契约化管理，中层及以上领导干部实行聘期制和契约化管理，其中后者在国有企业三项制度改革中属于首创之举。从领导班子到班子成员，到部门负责人及下一级单位，再到普通员工逐级传递，推动在内部形成压力转递的链条，以此促进建立市场化的用工和薪酬分配机制，使“能下、能出、能减”成为常态。将干部下沉到基层一线及海外机构进行实战磨砺，提高广大干部处理复杂事件、突发性事件的能力素养。

3. 打造想干敢干“避风港”

通过人文关怀、待遇保障、工作支持等举措，激发干部员工内生动力和责任担当，激励和引导广大干部争相投身到增储上产一线建功立业。认真落实谈心谈话、体检、休假、领导干部走访慰问困难干部家庭等制度，让干部安心、安身、安业。用容错、纠错保护担当，出台《贯彻落实“三个区分开来”容错、纠错实施办法》《〈贯彻落实“三个区分开来”容错、纠错实施办法（试行）〉释义》《关于受处理处分干部使用的实施意见》和《领导人员履职尽职合规免责事项清单（试行）》，建立起“谁发现谁

申请，谁问责谁容错”的多方协同容错、纠错机制及“谁调查、谁澄清”的澄清保护机制，明确10种容错情形和1种“兜底”措施。用选树典型弘扬担当，建立发现和树立主动担当作为优秀典型的长效机制，每年开展一次先进典型表彰大会，专门表彰在重大项目及疫情防控中勇于担当、实绩突出的先进典型。

三、大型国有企业以“五个体系”为核心的干部人才队伍建设效果

（一）干部人才队伍结构不断优化

促进干部队伍结构持续优化，有效提高领导班子中年轻干部比例。截至2021年6月，60余名中国海油党组直管领导人员、300余名中层干部退出岗位，直管领导人员队伍平均年龄同比下降2.63岁，45岁以下年轻直管领导人员数量占比由9.8%提升至15.1%——增幅高达78.3%；全系统中层干部平均年龄由48.07岁降至46.75岁。“十三五”期间，全系统技术队伍占比由31%提升至58%，高级工及以上高技能人才占比由40%提高至56%，技师及以上人才占比由5.4%提高至9.8%；高层次人才规模持续扩大，140余人次进入科研“国家队”，同比增长30%，新增两级技术技能专家625人，是“十三五”初的5倍。

（二）干部人才干事创业热情大幅上升

从新近的中国海油党组巡视及两轮优秀年轻干部调研看，各级领导班子结构得到有效优化，凝聚力、战斗力明显增强，干部人才队伍精神状态饱满。从近年领导班子综合测评看，得分逐年提升，平均分达95.31分。各单位班子建设的整体工作水平进一步提升，整体工作进入上升趋势的班子占比大幅提高，增幅高达35%。从中央组织部组织开展的选人用人“一报告两评议”看，中国海油选人用人工作好评率、从严管理监督干部好评率均实现3年来首次突破90%大关，央企排名从靠后位置跨越到先进行列。3年来涌现出299个“标杆支部”和32个“示范党支部”，党支部达标率从2017年的68.38%提升到2019年的99.43%。从干部人才队伍成长看，6人成为中国工程院院士有效候选人；140余人次荣获国家级科技人才称号或奖项，同比增长接近30%；新增两级技术技能专家625人，是“十二五”专家数量的5倍；选拔培育青年科技英才500余人，一大批青年才俊走上专家、领导岗位。

（三）取得了良好的经济社会效益

近年来，中国海油主要经营业绩指标在央企位居前列，是国务院国资委开展央企经营业绩考核以来连续17个年度获得A级评价的8家央企之一。2020年，国内海上油气产量突破6500万吨，创历史新高，原油产量同比增长240.3万吨，占国内总增量的80%以上，油气资源保障能力显著增强。过去5年，中国海油新增探明石油、天然气地质储量分别为13亿吨、5000多亿立方米，累计生产原油3.83亿吨、天然气1365亿立方米，较“十二五”期间分别增长了24%和34%。主动顺应能源转型变革趋势，研究编制“双碳”实施方案，进一步明确绿色低碳转型路径。首个30万千瓦海上风电项目基本满负荷送电，秦皇岛32-6岸电应用工程基本建成，深远海浮式风电示范项目进展顺利。南海高温高压钻完井技术、渤海大型整装凝析气田勘探开发等一批标志性装备、工程、技术成为“大国重器”，获得国家科技进步一等奖2个、二等奖5个，国家技术发明二等奖1个。2021年上半年，“深海一号”超深水大气田、渤中19-6千亿立方米级大气田、垦利6-1等一大批油气田投产，海上油气生产已经成为保障国家能源安全的重要增长极。

（成果创造人：汪东进、徐可强、唐代治、李昌龙、柏冠军、田　华、
秦文刚、周　雄、代心阅、李云飞、张子木、韦　蕾）

高科技企业有效支撑自主知识产权创造的核心人才管理体系建设

京东方科技集团股份有限公司

京东方科技集团股份有限公司（以下简称京东方）创立于1993年，是一家全球领先的物联网创新企业，形成了以半导体显示事业为核心，传感器及解决方案、MLED、智慧系统创新、智慧医工事业融合发展的“1+4+N”航母事业群。多年来，京东方坚持“以质为主、量质并举”的专利工作方针，实现技术专利的全球布局，半导体显示技术持续领先，首发产品和技术覆盖率在行业内保持全球第一。

一、高科技企业有效支撑自主知识产权创造的核心人才管理体系建设背景

（一）适应国际化竞争，提升高科技企业核心能力的需要

在半导体显示行业中，取得长期稳定发展的关键在于人才，拥有人才才能拥有制胜的利剑。作为该行业第一家走出国门的国有企业，经过多年创新发展，京东方已构建起千亿元级别的产业集群，16条半导体显示产线遍布全国主要区域，7万名员工分布五大洲18个国家和地区。怎样管理好如此庞大的产业链条，如何利用好巨量的业务流、资金流、信息流生成高质量的发展驱动力，建立以人才创造价值、驱动企业成长的可持续发展模式，成为数字化时代京东方在组织与人才战略、核心人才能力建设方面的关键问题。

（二）打破技术封锁，掌握自主知识产权的需要

半导体显示产业是京东方行稳致远的“压舱石”。这一行业的创新周期短、技术变化快、技术壁垒高，对企业高技术能力构建提出挑战。核心人才储备与积累是推进产业技术升级的基础和核心资源。经验与教训告诉我们，加速核心人才和研发资源投入，形成先发优势，才能助力京东方成为全球半导体显示行业领先者。在参与国际化竞争过程中，关键技术领域的高层次人才和国外存在差距，市场化的组织与人才机制仍需深化改革。

（三）强化创新驱动，推动全球产业链重组的需要

半导体显示领域的白热化竞争、产业生态链的安全保障对京东方在核心人才保留与能力方面提出新的要求。构建核心技术自主可控的全产业链生态体系，在关键材料、技术、零部件、软件、装备等方面摆脱受制于人的风险，对核心人才的能力要求提出新的挑战。在半导体显示领域，京东方仍然面临技术人才结构不均衡，关键新型技术人才未能达到行业领先水平的风险；在物联网新业务领域，高层次复合型人才占比较低，事业领军人才依然紧缺。京东方亟须快速提升医疗、人工智能等新领域的人才数量及质量，补足补强物联网转型所需要的信息技术和系统管理人才、软硬融合技术人才和市场营销人才。

二、高科技企业有效支撑自主知识产权创造的核心人才管理体系建设主要做法

京东方基于坚持自主创新，提升自主知识产权能力的战略需要，坚持党管人才，确定“人才强企”战略，深化人事制度改革，强化核心人才管理体系建设，优化人力资源配置，重点向支撑企业未来发展的前瞻性技术、巩固主营业务优势地位的新型技术领域、可以创造高附加值贡献的工艺技术，以及驱动物联网转型成功的软硬融合、系统整合技术等领域倾斜，建立国际化人才竞争高地。

（一）推进组织机制变革，明确核心人才标准

1. 落实创新战略，推进组织变革

京东方坚持“对技术的尊重、对创新的坚持”优良传统，提升人才工作“融合发展”，从组织建设和机制保障方面激发核心人才活力，提升人才工作“融合”“开放”水平。对做出重大贡献的个人和团

队，加大激励力度，快速提拔“85 后”“90 后”高潜干部，创造利于技术创新的组织氛围。组织机制层面，京东方相继发布集团总部及各事业运营及组织机制等规章制度，强化顶层设计。以建立敏捷响应、高效协同的组织机制和流程管理体系为核心内容，建立适配企业转型战略的“三横三纵”运营管理机制。按照“三横”方式，前台定位是敏捷的市场与客户平台，中台定位是集约的产品与交付平台，后台定位是高效的运营保障平台。前台敏捷对应客户需求，负责从销售线索到回款的链条管理；中台包含技术与产品中台等，作为能力复用中心，负责给一线提供产品和解决方案。按照“三纵”方式，强化战略管理、流程管理、业绩管理三大核心职能，以职业化团队和市场化绩效考核机制为基础，建立全流程协同工作机制和业务互锁指标，确保信息互通、资源互补、难点共解，推动前中后台战略贯穿、指标互锁、流程互通。流程体系层面，按照“根据业务定义流程，根据流程设计组织，基于流程分配责任、权利及资源”的基本方法进行组织建设，以端到端流程化组织为目标，明确流程责任人和流程控制人。通过组建跨部门项目型组织，赋予项目经理相应决策权、资源调配权及考核权。

2. 清晰人才标准，聚焦核心人才

每年通过动态人才盘点及多维考察，从绩效与能力双维度定义核心人才，同时把绩效和能力前25%的人才定为核心人才。绩效方面，京东方以连续高绩效作为衡量指标，不以偶然性成功为依据；能力方面，制订干部与员工能力标准，通过相应工具对人才的管理能力、专业能力等方面做多维度衡量。坚持动态盘点与持续更新核心人才的范围。对具备一线管理经验、丰富行业工作经验、海外工作经历、新事业创业经历及因突出贡献获得公司奖项或表彰的员工，优先纳入核心人才范围。

（二）实施核心人才盘点，建立岗位人才画像

1. 细分岗位价值，量化能力标准

以岗位价值与能力大小双重标准定义人才。在岗位体系中，京东方基于流程架构，筛选关键活动，形成以岗定责的纵向细分。在能力体系建设中，建立“以积分定 Band，以 Band 定能力”的职级发展体系，强调岗位任职要求与人才能力匹配，形成以职级定能力的横向细分。京东方目前细分为 370 多个标准岗位与 20 个 Band 职级标准，建立核心人才库，入库标准与门槛锁定在高价值岗位且 Band 职级达到一定标准的管理与专业技术人才，核心人才库根据人才盘点定期更新。对人才盘点相对靠后的人员，实施末位淘汰；对能力与潜力较高的人才，快速选拔与晋升。

2. 人岗评、聘一体，盘活人才使用

建立人岗评、聘一体的选拔流程，施行定期 Band 职级晋升选拔与日常人才盘点相结合的全面评估方式。在 Band 职级晋升中，通过技术研发项目积分制进行能力初判，通过严格答辩评审，对任职能力进行综合检查与评估。积分标准由项目贡献、个人业绩、提案建议、外语水平等多维度组成，与岗位任职要求完全对齐。

进行常态化、即时性的人才盘点。对组织能力、人才结构、后备人才及时盘点，对下一阶段的组织与人才建设方向明确行动计划，推进“以人推岗、以岗推人、人岗匹配”的人才活用机制。通过梳理岗位职责、细分工作内容及难易程度，实现不同层次学历、背景在复杂岗位中的匹配，区分岗位价值贡献，提高员工工作价值感。京东方建立人才标签与岗位画像，从基本特质、学历教育、行为表现、绩效结果等多维度对核心人才进行标签管理，依据岗位特性、职责与流程建立关键岗位画像，对空缺的关键岗位定向推人；对能力卓越的核心人才定向轮岗，实现内部人才盘活。

实施人才分类管理，建立双通道人才发展体系。根据岗位细分与人才标签，配置差异化方案。根据 Band 职级确定能力水平，在人才分类上细分为高级管理人员、管理与专业技术人才、技能人才。管理与专业技术人才中根据发展方向不同，建立管理方向与专业方向的双通道发展体系。结合职业性格测试等专业工具加强管理方向干部的定期轮岗，识别青年高潜员工并强化培养，对海外招录的技术专家进行

人才制度倾斜与保留。

3. 严格干部选拔，施行“能上能下、能进能出”动态管理

建立管理干部胜任力模型，依据干部胜任力模型，制订胜任力等级标准，对管理者业绩贡献与团队管理能力进行考察并进行年度履职能力评估，对“暂不胜任”的管理干部进行重新竞聘上岗。为建立高效的组织与流程，对各层级管理幅度严格控制，持续组织精简，选聘优秀干部，杜绝“浮夸文化、本位主义、唯上文化、清谈文化和形式主义”为代表的大企业病。结合组织机制变革与调整，推进变革领导力塑造，构建高绩效组织文化，在坚持每年至少5%的淘汰与调岗的同时，通过人才盘点快速识别后备青年干部，建立“战狼训练营”，赋责、赋能，与轮岗机制结合，加速培育和充实后备人才梯队。

（三）吸引高端技术人才，做强产业培训基地

1. 引进国内外高端技术人才，建立技术创新人才护城河

强化专利人才的布局和规划，加强技术战略和产品战略人才同步积累。在人才使用、选拔、考核中，强调“以质为主、量质并举”的工作要求。在确保专利质量提升的前提下，不过分追求数量和排名。对提升主营业务领域的专利数量，实现技术卡位并构建专利攻防体系的领域，提前完成人才布局与落地。对专利人才的投入产出进行定期的人效分析，持续优化组织机制，赋能技术营销和专利运营管理能力，推动专利人才结构优化和价值发挥。京东方从实际需求出发，完善高端人才引进协调机制，建立目标人才地图，定点、定向引入核心人才。积极参与“归巢计划”，组织海外招聘专场，引进海外顶尖人才，广泛吸引韩籍、日籍专家，以国际一流企业的知识、技能、经验为学习源头，在京东方培养了一批优秀的技术研发团队，为自主创新、掌握半导体显示核心技术提供了保障。

2. 储备面向未来的青年后备力量，建立顶尖人才吸引平台

京东方坚持人才拔尖的招聘策略，创新校园招聘模式，持续强化雇主品牌建设，搭建国内外顶尖高校人才吸引平台，不限学历，吸引在数学、物理、光学、电子、材料等基础科学及大数据研究、计算机、智能制造等领域有所建树的顶尖学生加盟京东方。针对高潜力管理培训生，轮岗学习后快速晋升，储备年轻领军力量。针对重点高校，以多种合作形式提高企业知名度，覆盖就业学生。

3. 探索人才培养模式，建设京东方特色的产业培训基地

在核心人才培养方面，建立产业培训基地，实施战训结合培养模式。2015 年成立了京东方大学堂，定位产业培训基地，为产业发展培养所需人才。核心人才培训体系围绕产业发展需要，做到学科体系建设、教学体系建设、教材体系建设、教师体系建设和培训激励体系建设一体化；同时，匹配核心人才发展需要，设计并实施了系列赋能与发展项目，坚持体系化与定制化相结合，助力人才转变观念、增强经营意识，挖掘并培养了一批集团后备青年干部及专业技术人才。通过举办创新大赛，助力京东方创新创业组织氛围建设，促进创新成果转化。通过面向生态链企业高管提供京东方经营管理方法论培训，积极推动与产业链和生态链企业之间的交流与合作，取得了良好成果。企业内部培训以战训结合的培养模式为主，沉淀人才智力资本，以实际案例与课程相结合的方式开展培训工作。中基层管理者培训围绕企业转型发展的人才观念转变、商务模式方法学习、商业成败经验案例开展。案例和学科与京东方管理体系深度融合，形成自主知识管理体系。高层领导者培训关注战略思维、方法养成，强化领导层价值观与管理体系建设。对新加入的社会招聘的专业化人才，强调业务流程与团队价值观的培养，在遵循和认可京东方基本管理体系的基础上，快速融入团队，强化组织能力。

（四）落地改革机制试点，创新薪酬分配体系

1. 开展工资总额备案制试点，搭建市场化薪酬分配体系

京东方开展工资总额备案制试点工作，逐步建立起市场化的薪酬分配体系，在集团试点中长期股权

激励机制、任期考核激励。年度的工资及工资性费用总额按照业绩目标滚动释放并在董事会对京东方年度经营目标中体现，年度进行考核述职。一方面，按照工资总额备案制管理要求及京东方《人工成本管理制度》的要求，强化董事会的管理管控；另一方面，工资及工资性费用额度按人事费用率释放，人事费用率依据同行业竞争水平拟定，经董事会批准执行。在工资总额的具体管控流程上，强化业绩考核绑定。通过将工资及工资性费用总额管控落实在各二级单位年度经营考核过程中。一方面，在年度战略规划过程中，各组织对人员增长、人工成本变动进行同步检讨和规划并体现在年度考核指标中。考核指标通过人事费用率、人工成本创造净利润等方式体现，指标制订与各单位所处的行业、市场竞争环境、人才结构、发展阶段相结合。另一方面，工资及工资性费用总额自上而下，与各单位业绩目标挂钩，切实推动人效提升，更加灵活地应用薪酬工具，实现企业效益与员工收益的双增长。工资总额的落实执行环节中，一方面，通过企业对员工个体薪酬自主决策和自主应用，以及差异化付薪和差异化调薪，保留了内部优秀人才，也吸纳了外部稀缺人才。另一方面，京东方建立了对核心人才短、中、长期相结合的市场化薪酬机制，为实施股权激励和职业经理人管理奠定基础。

2. 开展上市公司股权激励试点，建立核心人才中长期激励约束

通过股权激励试点，形成企业所有者与劳动者的利益共同体，激发企业科技创造能力和发展活力。差异化激励授予向技术研发核心人才与青年骨干倾斜，建立海外高端人才与价值贡献的“强绑定”。以限制性股票激励与股票期权激励合并的方式，解决激励对象选择的差异化问题。针对中高层管理人员与高 Band 职级的核心技术研发人才，通过限制性股票的方式实现出资人与受益人的利益绑定；针对出资能力较弱的基层管理人员和技术人才，采用股票期权激励方式聚焦未来。在业绩指标选取方面，京东方创新性拟定滚动业绩目标，以市场占有率作为考核标准，体现在长期战略与增长预期的信心方面。

3. 开展职业经理人试点，建设市场化、国际化、专业化的经营管理团队

京东方制订《职业经理人制度》，对经营团队，包括执行董事和董事会聘任的高级管理人员，按照市场化公司的模式管理，取消行政级别，畅通现有经营管理者与职业经理人身份转换通道。构建科学化、市场化的选聘、考核、奖惩和退出机制，实行契约化管理。选聘方面，通过市场化选聘，明确有限任期、合同与岗位职责。干部选拔与任免方面，履行董事会聘任制，按照市场化模式管理，无行政级别，不纳入国有企业领导人员序列和管理规范，以党章党规党纪为基本要求，以专业素质与理论水平相结合、管理经验与战略素质相结合、职业道德与使命感、责任感相结合作为任职的基本条件，以京东方新时期领导者能力五项标准为更高要求，清晰选聘程序，建立监督约束机制。考核方面，通过签订聘期合约、年度经营目标责任书，根据考核结果兑现，加之股权激励落地，形成固定薪酬、任期奖励、长期股权激励相结合的激励模式。激励兑现与经营成果、考核结果“强挂钩”，体现业绩“强绑定”，发挥短中长期激励模式对业绩增长、经营增值的支撑与杠杆作用。

（五）强化项目考核机制，推动价值创造牵引

1. 高强度研发投入，建立项目化考核机制

坚持高强度技术研发投入，持续关注研发投入效益。对产品开发部门进行利润考核，产品开发从立项考虑量产性和成本竞争力。考核过程坚持对创新成果与新技术研发定期盘点、全面对标，建立技术研发考核机制。依据影响未来企业战略与经营计划实现的关键成功因素，确定重大项目，发布项目经理招募令，赋予项目经理对项目成员考核权，配置专项奖金，按项目达成差异化激励。

2. 市场化考核激励，经营目标高效分解

建立事前业绩目标上下对齐、有效分解，算做统一、动态优化，事后严格执行、考核兑现的全过程跟踪管理。绩效管理以“KPI 对齐目标、端到端拉通流程、跨部门团队协作、强项目考核激励”为原则，建立适配不同事业群、差异化的业绩考核指标体系及考核激励机制。建立分层级、分类别的绩效管

理体系，采用不同绩效管理工具，实现业绩目标的高效分解。健全组织绩效考核体系，各级单位与事业群以业务领导力模型构建平衡计分卡，通过战略任务分解方式对目标量化、细化，形成量化指标与关键任务；通过全面预算管理制度与重大项目推进制度为核心抓手，确保经营计划层层分解。严格员工绩效考核制度，管理者与员工以 KPI 为依据进行半年、年度绩效考核，确保执行落地。

3. 多维度综合考评，集体评议结果公示

坚持“业绩、能力、态度”综合评估，对干部团队管理及履职能力、核心人才任职能力、践行公司价值观进行多维度评价。不同岗位实行差异化考核，针对非管理方向的高 Band 职级核心人才实施单独考核，成立专家小组，以问题有效处理能力作为考核要求，鼓励项目间竞争比拼，按强制比例进行评价，按项目贡献激励。通过绩优结果公示、目标公开、目标共背互锁，实现组织内的有效监督、自我换血，保障考核时的公正、客观。

三、高科技企业有效支撑自主知识产权创造的核心人才管理体系建设效果

（一）有效支撑自主知识产权积累，实现技术研发突破

核心人才管理体系建设的首要效果是自主知识产权的提升。根据全球专利服务机构 IFI Claims 的榜单，京东方新增专利申请量已连续 3 年跻身全球前二十名。新增专利提升了京东方在行业技术上的话语权，推动京东方广泛深入地参与了行业与产业技术标准的制订与修订。京东方主持制订和修订外部技术标准 36 项，主持的多项标准正式发布。研发成果得到了国内外的重视与高度评价。

（二）快速形成技术核心人才梯队，建立高效组织机制

近 3 年来，京东方引进保留高层次领军人才 41 人，完成博士后进出站 10 人。近年来累计引进留学海归人才 516 人，海外专业技术人才 288 人。依靠核心人才的杠杆作用，京东方人力资源运营效率快速提升。2021 年，人均营业收入和人均利润实现突破性增长。职业化团队与市场化绩效考核激励机制初步建立，充分发挥了考核的激励约束作用，员工干劲充足，业绩倍增，人才队伍稳定，核心人才离职率稳步降低。在此基础上，初步形成了以价值链客户为中心的平台型组织架构与流程体系，支撑业务开拓，人才占比与数量持续提高，人才学历背景结构和能力分布持续优化，学术影响力快速增强；供应链人才整合资源能力提升，间接保障了京东方在核心备品备件、装备、关键原材料方面的稳定持续供应。

（三）持续推动企业经营业绩增长，巩固行业市场地位

依靠自主知识产权与核心人才队伍的支撑，京东方的经营业绩和市场地位不断提高。京东方生产的智能手机液晶显示屏、平板电脑显示屏、笔记本电脑显示屏、显示器显示屏、电视显示屏等五大主流产品销量市场占有率连续多年稳居全球第一。目前，京东方作为全球半导体显示产业龙头企业，全球每 4 个智能终端就有 1 块显示屏来自京东方，其超高清、柔性、微显示等解决方案已广泛应用于国内外知名品牌的产品中。

（成果创造人：陈炎顺、刘晓东、孙　芸、高文宝、仲慧峰、苗传斌、
张　羽、刘洪峰、程　欣、苏雪飞、张　健、张夙媛）

发电企业以“一质两效”为目标的职工教育培训管理

中国华能集团有限公司

中国华能集团有限公司（以下简称中国华能）是经国务院批准成立的国有重要骨干企业，主营业务为：电源开发、投资、建设、经营和管理，电力（热力）生产和销售，金融、煤炭、交通运输、新能源、环保相关产业及产品的开发、投资、建设、生产、销售，实业投资经营及管理。拥有51家二级单位、460余家三级企业，5家上市公司，员工13万人。截至2020年，中国华能拥有全资及控股电厂装机19733万千瓦，煤炭产能8500万吨/年，资产总额近1.2万亿元。世界500强最新排名266位，15次获得国务院国资委业绩考核A级评价，5次获得央企负责人任期考核A级评价，在国内同类发电企业中次数最多。

一、发电企业以“一质两效”为目标的职工教育培训管理背景

（一）贯彻党中央对国有企业教育培训工作要求的根本需要

2018年以来，党中央相继发布相关文件，提出“党管干部、党管人才、党管青年”的原则，为新时代国有企业教育培训工作指明了方向。党的十九届五中全会则明确提出“加强创新型、应用型、技能型人才培养”，要求“加快提升劳动者素质”，对新时期技术技能培训工作提出了更高要求。中国华能作为国有重要骨干企业，必须坚决贯彻党中央对国有企业教育培训工作的新要求，培养忠诚干净担当的国有企业党员领导干部队伍、专业精深创新作为的人才队伍、爱岗敬业拼搏奉献的员工队伍，为企业高质量发展提供强大的人才支持。

（二）实现企业加快建设世界一流现代化清洁能源企业的迫切需要

中国华能坚决贯彻党中央决策部署，以“四个革命、一个合作”的能源安全新战略为指引，提出“加快建设世界一流现代化清洁能源企业”的战略目标。战略目标的实现对中国华能人才队伍培养提出了一系列新要求。一是绿色转型发展的新要求。中国华能从原有火电为主的能源供应向新能源、水电、核电等清洁能源方向转型，需要大批清洁能源领域技术技能人才队伍与管理人才队伍。二是集约化生产模式转变的新要求。传统火电转型发展的大背景下，要求生产员工专业技能向多元化方向转变，需要加大对复合型专业技术技能人才的培养力度。三是精益化提升的新要求。中国华能聚焦一流经营业绩，实现“效益效率”新领先，要求加快培养一批业务精通、视野开阔、善于创新的经营管理人才队伍。因此，中国华能教育培训工作必须在体系上、机制上、资源支撑上等予以突破，加速培养输出一批经营管理、技术技能人才，使其成为支撑企业发展的“顶梁柱”。

（三）构建新发展阶段国有企业教育培训新格局的现实需要

“十四五”时期是我国开启全面建设社会主义现代化新征程的起步期，是贯彻新发展理念、构建新发展格局的关键时期。国有企业教育培训工作也必须贯彻新理念，构建教育培训新格局，推进教育培训工作高质量发展。一是贯彻创新理念，构建以华能党校（教培中心）为核心、多单位辐射与支撑的大培训格局，创新培训管理模式、运行模式、教学模式、资源建设等，强化华能党校（教培中心）在中国华能教育培训工作中的统筹管理、指导与服务职能。二是贯彻协调理念，进一步发挥华能党校（教培中心）资源优势，发挥企业各部门间的协同作用，促进培训项目开发与运行、培训资源建设等，更好助力企业战略发展。三是贯彻数字理念，深化“互联网+教育”培训，加强网络大学运营与建设，针对不同人员，丰富在线培训内容与形式，满足各级管理者与员工日益增长的多元化培训需求。四是贯

彻开放理念，加强华能党校（教培中心）与内、外部各类教育培训优势资源的合作，发挥中国华能内部专家、基层单位属地资源优势，引入外部知名院校、企业等智力支撑，提高教育培训与科研工作质量。五是贯彻共享理念，加强华能党校（教培中心）与各单位培训资源共享、成果应用，促进教育培训与企业发展相融互促。

二、发电企业以“一质两效”为目标的职工教育培训管理主要做法

（一）助力中国华能战略落地，明确“一质两效”的内涵与实施路径

新时期，中国华能提出“加快建设世界一流现代化清洁能源企业”的战略目标、“两步走”战略安排和“六个新领先”战略任务，对党员干部、管理人员、技术技能人员等提出了新的能力要求。“一质”即高质量发展，“两效”即效率提升和效益提升。聚焦“一质两效”目标，确定“六个深耕”的实施路径，即深耕教育培训组织管理、深耕教育培训需求分析、深耕教育培训项目计划、深耕教育培训模式创新、深耕教育培训资源建设、深耕教育培训价值拓展。

（二）深耕教育培训组织管理，加强组织建设与数字化管控

1. 注重组织建设，强化华能党校（教培中心）主体作用

华能党校（教培中心）是中国华能党员干部、经营管理、技术技能人才培训计划与组织实施的重要部门。为充分发挥其组织优势、功能优势和资源优势，中国华能加强对华能党校（教培中心）工作的全面领导。建立起一套完整的党校组织体系，成立以中国华能党组书记、董事长、党校校长为主任，办公室、企法部和党组组织部、党建部等部门负责人为成员的党校校务委员会，制订并实施《党校校务委员会章程》，进一步强化华能党校（教培中心）在教育培训工作中的统筹管理职能。

2. 注重规范管理，强化全过程数字化培训管控

明确以华能党校（教培中心）为核心的教育培训全过程管理机制，修订完善《党校培训班经费管理办法》《集中统筹培训经费管理办法》等制度，形成从培训需求调查、计划编制到学员报名、入学报到、考核管理、满意度评估、资料审核归档、费用结算等环节的全过程规范管理。建立运行华能网络学院在线学习与培训管理平台，依托平台功能，实现企业教育培训管理全过程数字化管控。

（三）深耕教育培训需求分析，做实三层次培训需求调研与精准分析

1. 基于理论支撑，开展常态化培训需求调研

由华能党校（教培中心）牵头，中国华能相关业务部门参与，每年开展培训需求调研与分析，为各级单位培训提供依据和参考。培训需求调研充分运用 Goldstein 理论，开展组织需求、任务需求、个人需求分析。其中，组织需求分析，侧重从党中央对干部培训与党员培训等有关文件要求、中国华能战略规划对人才培养的需求等方面进行；任务需求分析，侧重岗位胜任能力要求分析、访谈调研分析并充分结合重点难点问题进行；个人需求分析，侧重个人培训现状、需求、期望与建议，以问卷调研、访谈调研方式开展，覆盖中国华能主要业务板块各级员工。

2. 基于精准施教，明晰多层类员工培训重点

通过调研，在了解培训重点的同时，提升培训的科学性与针对性，明晰四大层面 8 类员工培训重点。一是针对党员干部、党务干部、团青骨干，在培训中突出责任担当，紧紧围绕党的基本理论、党性修养等方面开展政治素养培训。二是针对经营管理人员、初中级管理者、班组长，在培训中突出管理有为，紧紧围绕战略推进、团队管理等开展管理能力培训。三是针对技术技能人员，在培训中突出技能强企，紧紧围绕发电业务与绿色转型发展有关的新能源业务开展技术技能实训。四是针对新员工，在培训中突出文化认同，紧紧围绕战略文化宣贯、“职业人”转变等开展职业素质培训。

（四）深耕教育培训项目计划，精细化、差异化分类培训内容与实施

1. 突出责任担当，实施党团干部政治素养培训

在党员干部培训中，以小组研讨与成果答辩为培训效果检验的主要方式，围绕党建引领与战略推进深入研讨，进一步坚定党员干部理想信念与初心，强化责任担当。在主体班次外，深入开展党的十九大及十九届历次全会精神轮训。疫情期间，为深入贯彻落实十九届五中全会精神，精选培训课程，中国华能党组管理干部、系统内处级干部共计2700余人参加培训，考试合格率达到100%。在党务干部培训中，以“先锋表率与攻坚克难”为导向，对总部新任党支部书记、二级单位党支部书记及基层企业党委书记、党支部书记、党务工作者共400余人开展集中示范培训。内容侧重基层党组织建设与管理、党员队伍建设与管理、基层党组织价值发挥三大模块，每个模块细分核心能力、通用能力、支撑能力，培养党务干部善于站在政治的高度分析和处理问题。在团干部培训中，以“信念坚定和履职提升”为导向，实施团青骨干培训。

2. 突出管理有为，实施管理人员管理能力培训

在经营管理人员培训中，以“经营有方和管理有为”为导向，紧紧围绕战略转型、绿色发展、专业前沿知识、企业经营难点问题开展培训，着力解决制约发展的难点重点痛点问题，如股权管理、国际业务发展、新能源开发与建设等。在初、中级管理人员培训中，以“团队领导和工作推进”为导向，针对公司系统2万余名初、中级管理者如何实现“从业务能手到团队领导”的转变，借鉴蝶变模型和指南针模型，绘制两类人员画像与能力特质，紧紧围绕目标管理、团队管理、有效沟通等主题内容，引入交互式模块化课程开展培训。在班组长培训中，以“强化认知和管理提升”为导向，围绕班组长基础管理、现场管理、安全管理与团队建设、创新建设、团队管理等六大项能力开展培训，不断强化班组长企业文化认知、班组管理角色认知，推动基层班组战斗力提升。两年来，共培训班组长7000余名。

3. 突出技能强企，实施技术技能人员业务实训

中国华能坚持以培养素质优良和技能娴熟的技术技能人才为导向，扎实开展核心业务实训。围绕燃煤集控运行、继电保护、热工、电机检修、焊接、机炉辅机、水电厂设备运维等核心业务，组织“安全+专业”实训，不断强化学员安全意识与规范操作，在训中、训后开展实操考试、竞赛，促进员工技能水平提升。在新能源领域，以“能源转型和快速提升”为导向，开展技术技能人员实训。随着“碳达峰”“碳中和”时间表的确定，新能源发展将迎来黄金期，为加快推进中国华能“两线”“两化”战略布局和新能源发展规划，华能党校（教培中心）牵头，围绕新能源基本知识、设备运维等内容组织开展技术技能实训。

4. 突出文化认同，实施新员工职业素质培训

在新员工培训中，以增强企业文化认同为导向，围绕企业文化认知、通识管理、职场礼仪等内容，通过现场TED演讲、结业晚会、情景剧等教学活动，开展新员工职业素质培训。中国华能领导讲授开班第一课，帮助“95后”“00后”新员工快速融入中国华能，做中国华能事业的“接力者、传承者、开拓者、耕耘者”，在加快建设世界一流现代化清洁能源企业征途中展现青春担当。

（五）深耕教育培训模式创新，持续系统性提升培训质量与效益

1. 改变“单向宣贯”模式，探索线下“场景培训”“研讨转训”新模式

一是探索线下“场景培训”模式，增强培训效果。二是探索线下“研讨转训”模式，提升培训价值。

2. 改变“一讲到底”模式，探索线上“课中答题”“集群交流”新模式

一是探索“课中答题”模式。为避免在线学习中的“任意拖动”“挂课”等问题，创新线上培训模式，每隔五六分钟进行课堂测试，正确答题后方能继续学习，课程结束后进行案例分析。总体完成

后，学员才能得到课程学分。二是探索“集群交流”模式。在华能网络学院构建跨区域跨专业“学习圈”，促进大家分享经验、交流问题；同时，以区域和基层单位为主体，组织学员进行线下集群交流学习，对培训内容进行再学习，培训效果进一步深化。

3. 改变“被动响应”模式，探索延伸“主动送学”“跟踪反馈”新模式

一是探索“主动送学”模式，由华能党校（教培中心）对接业务部门与基层单位实际需求，实现优势资源高效使用。二是探索“跟踪反馈”模式。华能党校（教培中心）从培训前、中、后主动跟踪学员“两带来”问题的研讨与实践。培训前，评估学员带来问题的代表性、深度性；培训中，组织学员成立专题研究小组，对问题进行深入剖析，形成切实可行的措施方案；培训后，定期向学员了解措施方案的应用效果，对有困惑的地方组织老师线上答疑、学员线上交流，促进措施应用和成果落地。收集整理学员应用中产生的新问题，纳入下期培训班研讨课题，形成“问题 - 措施 - 实践 - 跟踪 - 评价 - 新问题”闭环反馈机制，不断强化教育培训工作对企业发展的支撑作用。

（六）深耕教育培训资源建设，统筹优质化培训资源开发与管理

1. 立足统筹协同，构建一体化培训资源共享平台

构建“1 +8 +4”实训基地平台。根据中国华能迫切需要的集控运行、继电保护、热工和风电、水电等重点专业技能人才的情况，由中国华能党组组织部（人力资源部）牵头，生产环保部、安监部配合，华能党校（教培中心）依托各二级单位优势专业，统筹组织进行“1 +8 +4”一体化资源平台开发与管理（即 8 个集团级实训基地和 4 个集团级实训室）。为规范实训基地（室）建设，一是完善制度体系，制订《集团级生产技能实训室设立管理办法（试行）》《集团级实训基地（实训室）考核管理办法（试行）》《集团级实训基地（实训室）建设项目管理办法（试行）》等制度；二是在建设过程中，以“三个一流”为各实训基地建设目标，即教学设备一流、师资一流、课程体系一流，并按照“同步现场、适度超前”的原则，配置专业设备；三是定期开展各基地（室）考核评估与评优工作，推进实训基地（室）规范化建设和管理，激发工作人员创造性；四是加强保障措施建设，指导各实训基地（室）做好疫情防控，组织梳理实训设备设施和管理制度，优化培训项目方案，学习管理经验，为疫情防控常态化形势下开展培训工作夯实基础。

构建区域共享安全体验平台。为贯彻中国华能狠抓重点领域安全治理、提升企业本质安全水平的要求，进一步强化员工安全理念教育和安全文化建设，华能党校（教培中心）统筹规划，依托各实训基地或符合条件的单位配备安全体验厅。以全方位感知、交互式情景模拟，加强员工对于高空作业防护、正确倒闸操作等规范作业，提高安全实训效果。

构建华能网络学院在线学习平台。华能党校（教培中心）统筹构建华能网络学院 PC 端、微信小程序、App“三位一体”的在线学习聚合平台，与各单位进行资源共建共享。一是聚合课程开发工具，统筹提供各类课件制作模板和素材，供各单位课程开发使用；二是聚合课程，汇集各单位优秀课程及经典案例，形成课程资源共建共享；三是聚合师资，统筹融合中国华能内训师和外部优秀师资，实现培训师资共建共享。为规范华能网络学院平台运营，由华能党校（教培中心）发布《网络学院管理办法》及配套实施细则，持续开展网络学院平台功能优化和运营推广，评选先进单位、优秀课程和优秀培训项目，保障平台运行规范性，提升信息共享效率。

2. 立足高效务实，开发优质化课程体系与教材

华能党校（教培中心）加强课程体系与教材开发，为培训提供保障。紧紧围绕党员干部培训工作新要求，研究开发党员干部培训教材，编写出版《华能党员干部教育培训 100 问》等学习读本；高效开发各级管理者经营管理培训课程体系与配套课程；务实开发适合于员工的心理健康、文化素养课程体系与配套课程。为有效支撑创新型、应用型、技能型人才培养，华能党校（教培中心）坚持“一个导

向”（以提升生产技能人员岗位胜任能力为导向），按照“标准一致、统一开发、分工协作”的原则，组织中国华能系统50多家发电企业的400多名技术骨干，着重开发火电、水电、风电和光伏发电等40个主要专业（工种）的《规范》，据此编制培训方案、讲义和实训作业指导书。“十三五”期间，组织各实训基地（室）开展课程及题库建设，共完成培训模块238个，集控运行、继电保护、热工和水电厂设备运维专业技能Ⅱ级、Ⅲ级培训模块覆盖率分别达到80%、80%、70%和60%，满足员工对多元化专业成长的需要。

3. 立足按需施教，开发专业化内、外师资队伍

华能党校（教培中心）严格落实领导干部上讲台制度，根据领导干部知识背景、专业特长、工作经验，针对性聘请政策理论功底扎实、授课能力强的领导干部定期授课，确保每年领导干部讲课总课时占华能党校（教培中心）主体班次总课时的比例不低于20%；不断加强内训师资队伍建设，编制完成《中国华能集团有限公司内部培训师能力培训规范》和配套讲义；组织中国华能系统部分首席专家、首席技师及技术骨干200余人开展内训师培训，从基础能力与专业能力培训开发入手，培养出一批专业精、素质高、能力强的内训师；持续深化与中央党校（国家行政学院）等国家级干部教育培训机构合作，扩大与国家发展改革委、国务院国资委等国家部委及清华大学、北京大学等高校的教育培训合作，进一步充实外部师资阵容。

4. 立足因地制宜，开发多元化现场教学资源

一是与中央党校（国家行政学院）、浦东干部管理学院、井冈山干部学院、延安干部学院等建立长期合作和联系的机制，依托独特的现场教学资源，开展党史讲授学习、重点人物访谈学习、廉政警示教育学习等活动；二是结合系统内各单位所在地的红色教育培训资源，发挥区域优势，统筹现场教学基地的开发与使用；三是与华为、南瑞等单位建立科技创新现场教学基地，侧重中国华能智慧电厂升级、数字化转型、新能源发展等内容的学习与体验；四是探索建立线上教育展厅，如以景洪电站为试点，建立党风廉政警示教育线上展厅，强化党员领导干部廉洁风险防范意识。

（七）深耕教育培训价值拓展，深化多渠道员工发展关联机制

1. 深化教育培训与员工技能提升关联机制

立足岗位胜任力提升，强化教育培训与岗位能力提升关联机制。一是引入技术岗位量化积分机制，对获得技术技能类奖项及获取职称、职业技能等级和国家注册证书的技能人员进行加分。二是建立取证奖励机制，将企业需要的注册资格证书纳入奖励范围，对共性需求较多的注册安全工程师培训由各基层单位统一组织。例如，沁北电厂600余名员工已有102名员工取得注册安全工程师证，形成了良好的企业安全文化氛围和学习氛围。

2. 深化教育培训与员工职业发展关联机制

结合学习动机理论，建立员工学习与职业发展关联机制，让员工清晰地看到个人努力对职业发展的促进作用，从而主动参与培训和学习。一是以“提职不提岗”进行青年员工培养，在年龄两极分化比较突出的企业，对青年员工进行“班组长”前置培养，激发员工工作积极性。二是以“学习岗”机制进行青年员工培养，员工随时自主申报更高岗级“学习岗”能力考试，考核通过后即可列入该岗级“学习岗”，待岗位空出后，经综合考评合格可以上岗，形成良性激励效应。

3. 深化教育培训与组织选人用人关联机制

通过建立华能党校（教培中心）主体班次学员全过程量化、具象化评价机制，为组织选人用人提供参考。一是建立学习积分档案，将学员全过程学习表现和成果予以量化考评；二是为每位学员精准画像，对每位学员进行管理风格和领导风格测评与解读，为进一步推进行为改善、加强自我认知、提升管理能力打下基础；三是积极推动学习培训考核与干部任职、晋升、奖惩挂钩，促进党员干部育评用的有

机结合。

三、发电企业以“一质两效”为目标的职工教育培训管理效果

（一）各级管理者与员工能力素质全面提升，支撑中国华能人才队伍高质量发展

截至 2020 年，中国华能先后集中培训领导干部 5097 人次，培养了一批懂经营、会管理、善决策的经营管理人才，为中国华能集约化、精益化、标准化、国际化发展提供坚实人才保障。2020 年，中国华能机组非停同比下降 25%，台均次数创历年最低，68 家火电厂实现“零非停”，14 处煤矿被评为特级安全高效矿井；一批央企技术能手、全国青年岗位能手和中国华能首席技师脱颖而出，为中国华能研制出具有完整自主知识产权的国内首台（套）全国产 DCS 系统、自主可控 PLC 系统，为攻克“卡脖子”核心技术难题提供智力支撑，促进企业高质量发展。在全国技能大赛屡获奖项，有效带动基层员工技能水平提升。在中电联组织的第二届企业培训师教学能力竞赛中，中国华能获得优秀组织奖；在 2020 年第十二届全国电力行业职业技能竞赛继电保护员决赛中，中国华能获得团体一等奖；在“嘉克杯”国际焊接大赛中，中国华能首获团体金奖，有效促进、带动基层员工技能水平提升。

（二）教学成果与培训成果价值显著提升，促进中国华能品牌影响力不断增强

教学成果价值显著提升，5 年来举办学员讲坛 123 次，发布教学成果汇编 11 本，向国务院国资委分校报送优秀论文 39 篇，形成专题研究报告 80 篇。教育培训理论研究成果丰硕，在《学习时报》《企业文明》《中国华能》等期刊发表《推动企业年轻干部教育培训高质量发展》《生产技能人员高质量培训创新实践》等理论文章 10 余篇，华能党校“一种模式、两大机制、三个针对性”办学经验入选中央组织部全国党校系统优秀办学案例 100 例。培训成果价值显著提升，华能党校连续 7 次被评为“中央党校分校教学管理先进集体”，通过教育培训成果耕耘，中国华能教育培训在系统内外的影响力显著增强，有力促进企业品牌影响力的扩大。

（三）党建引领力与战略推进力稳步提升，助力中国华能加快建设世界一流现代化清洁能源企业

中国华能为企业高质量发展培养一批优秀的干部队伍、人才队伍、员工队伍，切实推动党的政治优势转化为企业发展优势，促进改革发展取得重大进展和重要成果。截至 2020 年，装机容量近 2 亿千瓦，较“十二五”末增加 4000 万千瓦；供热面积突破 8.4 亿平方米，供热量突破 4 亿吉焦，较“十二五”末翻了一番。连续获得经营业绩和任期考核 A 级评价，为中国华能开启“二次创业”、实现“六个新领先”及加快建设世界一流现代化清洁能源企业奠定坚实基础。

（成果创造人：马德甲、阎树森、白　帆、孙　洋、徐宇飞、沈程峰）

军工企业科技创新人才“靶向式”引进管理

中电国睿集团有限公司

中电国睿集团有限公司（以下简称中电国睿）具有引领国内、世界前列预警探测技术创新能力，研制了国家80%以上的预警探测骨干装备、90%的国家大型骨干装备。现有员工1万余人，其中有中国工程院院士2名、研究员级高工380余人。2020年实现营业总收入218亿元。

一、军工企业科技创新人才“靶向式”引进管理背景

（一）应对全球科技和产业变革，响应国家人才强国战略的重要举措

全球范围内新一轮科技革命和产业变革蓬勃兴起，发达国家科技进步对经济发展贡献率达75%以上且日益显著，世界各国抢抓技术革命机遇，人才战略性地位和价值受到各个国家前所未有的重视。人才是第一资源，中国要建设世界科技强国，需要在日趋白热化的国际人才争夺战中实施更加积极、更加开放、更加有效的人才政策，构建具有国际竞争力的人才引进管理体系，聚天下英才而用之，实现科技创新人才尤其是一流科技创新人才的全面聚集，这是国家实施人才强国战略、建设科技强国的重要举措。

（二）顺应军事创新与改革形势，加快聚集科技创新人才的关键所在

全球军事新技术革命蓄势待发，国家关键核心技术自主可控将更加依赖于自身科技创新人才的聚集和成长。作为军事新技术革命的主力军，军工单位必须牢固确立人才引领发展的战略地位，通过体系化的人才引进，基于军事技术革命的战略解码，构建有效的引才用才机制，聚集科技创新人才实现军工行业的“换道超车”，突破国家关键核心技术“卡脖子”的困境，这是顺应军事革新、加快聚集科技创新人才的关键所在。

（三）强化企业科技创新责任担当，提供强军兴军人才动力的坚实保障

中电国睿肩负强军兴军的责任和使命，必须把科技创新摆在发展全局的核心位置，勇担军工企业科技创新责任，不断引进科技创新人才，增强科技实力和创新能力。由于企业的保密性无法大规模招聘，国有企业人才队伍也不能“大进大出”，这就要求引进人才要精准匹配企业发展，新引进人才要可持续成长。因此，建立以问题为导向、以需求为牵引、以科技创新为目的的人才引进体系至关重要，持续引进高质量科技创新人才是中电国睿持续推动科技创新及为自身践行强军兴军使命提供不竭人才动力的重要保障。

二、军工企业科技创新人才“靶向式”引进管理主要做法

（一）立足军工企业科技创新使命责任，构建人才引进管理体系架构

1. 以企业科技创新发展战略目标为引领，大力促进科技人才引进与组织发展

聚焦“能打仗、打胜仗”的国家军事需求，围绕“电子强军、科技报国”的企业使命和“世界一流创新型领军企业”的战略目标，以国家预警探测体系和能力需求为战略基点，把国家需求和企业战略目标落实到技术创新和装备研制中。围绕战略方向对人与组织的要求，运用战略人力资源管理理念和分析方法，借鉴行业标杆企业先进做法，审视组织内部优劣势，形成SWOT分析和应对策略，制订人才队伍建设目标和人才引进实施举措，为实现企业战略提供有力的人才保障。

2. 以企业科技创新人才引进特征为基础，顶层设计人才引进体系框架

科技创新型人才引进必须满足以下4个特征。一是厘清科技创新技术发展方向，在自主可控技术、

战略科技前沿、下一代核心技术等方向进行重点人才布局，谋划一批重大专项工程，为赶超强敌跨代发展提供技术支撑。二是遵循科技创新型人才发展规律，针对科技创新人才成长不同阶段特征，通过各种配置途径和手段，合理调整“塔尖”核心关键人才队伍、“塔基”青年后备人才队伍。三是明确科技创新实现路径，通过引进科技人才和骨干创新团队、投资并购相关科技企业、开展技术合作等多种方式，不为有所，但为所用，加速提升科技创新能力。四是推进创新平台优化与布局实施，优化整合现有的国家重点实验室、国防科技重点实验室、国家工程中心等创新平台，在技术创新决策、研发投入、科研组织和成果转化等方面完善科技创新制度支持，激发创新创效活力。

3. 以企业科技创新人才引进体系为核心，“靶向式”构筑科技创新人才高地

打进科技创新人才高地，必须构建科技创新人才“靶向式”引进体系与实践框架。一是构建三维立体化人才匹配度模型，基于创新技术需求、人才能力素质和人才成长规律三大维度综合分析人才与企业科技创新目标匹配度，精准定位人才标准。二是建立“事业吸引、待遇吸引、文化吸引”的三元聚力人才吸引机制，以科技创新人才就业观为导向，通过灵活开放的发展平台、全方位的保障制度、红蓝基因的人才价值理念，构筑科技创新人才聚集强磁场。三是绘制与企业科技创新需求最佳匹配的人才引进作战地图，形成人才盘点方法论，精准定位人才需求，统筹规划和建设各类引才渠道，创新“高精尖缺”人才引进模式，科学开展人才评价。四是建立“3S”架构的人才引进组织实施模式，按照人力资源业务伙伴管理理念，秉持“决策、支持、共享”的原则，构建从策略形成、行动计划、落地实施、信息共享到转型变革的人才引进组织实施模式。五是推行数据驱动型人才引进复盘，打造和谐共生人才发展生态圈，实施人才引进信息化、数字化、智慧化平台建设，夯实“靶向式”引才管理能力，提高人才引进决策效能。

（二）建立三维立体化人才匹配模型，精准确立科技创新人才标准

1. 紧盯战略与创新技术进步，确保人才引进始终匹配技术发展方向

中电国睿以战略规划、技术规划、市场规划为抓手，通过技术盘点严谨的流程设计，分析各技术外部环境变化，概括机会与挑战，通过审视内部优劣势，形成技术发展分析与应对策略，与规划部门、市场部门、科研管理部门和用人部门充分迭代讨论，提出以“是否有利于军事核心战斗力提升，是否有利于破解关键瓶颈问题，是否有利于抢占世界科技前沿高地”的“三个是否”为技术需求判断标准，运用主成因子分析法将错综复杂的多个技术方向归纳总结为预研技术、应用技术、颠覆技术三大类别的引进目标专业技术方向，形成27个子方向143项关键技术清单，进一步阐明涉及的一级和二级技术点，将人才与技术方向直接匹配，精准确定引进目标专业技术方向。

2. 提炼人才底层素质关键要素，确保人才引进始终聚焦可持续发展人群

基于岗位任职专业素质要求，采用访谈调研方法、行业对标方法，建立人才引进素质模型V1.0，涵盖适合企业科技创新人才的15个基本能力素质，形成快速成长人才的底层素质关键要素项。结合企业不同科技创新任务所需人才类型，将人才划分为总设计师型、专精型、经营型三大类人才，分别建立人才引进素质模型V2.0。采用科学的数据分析方法，不断优化人才能力素质模型，通过箱型图描述性统计分析法得出已入职绩优人才的底层素质特征，采用随机森林算法训练得出不同素质区分度，得到追求卓越、认真负责、抗压能力三大素质区分度为0.2303、0.1771、0.1361的较大值，得到匹配企业最关键素质项及对应特征，将这三大维度作为人才引进的重要共性素质要素，建立“1+X”人才引进素质模型V3.0，精准识别适合企业的人才。

3. 围绕科技创新人才成长规律，确保人才引进始终满足不同层次人才需求

中电国睿通过对科技创新人才在科研承担、业绩表现、创新成果、自我学习、行业交流五大发展维度进行最优尺度分析，利用科技创新人才成长模型和统计数据，对科技创新人才的能力成长过程的阶段

进行划分，分为孕育期、成长期、成熟期3个阶段。不同阶段的人才创新产出水平不同，显示出不同的专业能力、贡献特征，考虑到不同成长阶段的人才成长周期、人才成才率、不同专业发展要求，将人才盘点得到人员的现状和需求，测算得到需要引进的不同层次人数、不同学历人数、不同专业人数，确保充足的后备人才。

（三）建立三元聚力人才吸引机制，持续构筑引才聚才强磁场

1. 构建灵活开放人才发展平台，加强人才事业吸引力度

中电国睿为科技创新人才构建了与之相适应的不同的事业发展平台，以院士工作室和国家级重点实验室为主的前沿创新平台、以各技术领域技术中心为主的基础技术平台、以研制任务主要承担部门为主的工程技术平台，为引进人才提供不同的事业发展平台。海外科技创新人才在事业发展初期阶段，可以借助相关实验室等开放的前沿创新平台开展工作，通过“平台＋团队”的分布式经营方式，被赋予团队建立自主权、科研自主权、项目财务自主权等，解决其在军工企业科技工作的后顾之忧。基于中电国睿多样化的事业发展平台，与国内外高校、科研院所等以多种形式广泛开展合作，形成战略联盟在组织与组织间构建虚拟化团队，给予引进人才和柔性引进人才灵活开放的、高发展起点的事业平台。

2. 制订人才引进全面保障制度，强化人才待遇吸引作用

中电国睿通过专家座谈、外部调研、政策文献研究、对比分析等多种方法对人才制度研究梳理，结合企业实际情况，制订《引进高层次人才管理办法》，为科技创新人才在科研工作、培养发展、薪酬激励、科技成果转化、生活住房等方面制订制度保障依据，给予专项基金、制度支持、特殊措施包等配套安排，实行“一事一议”“一人一策”措施包，将人才住房保障、科研支持等费用支出列入专项预算。落实为引进人才申请国家海外引才计划、“百千万人才工程”、集团公司海外高层次人才引进工作计划等涉及的科研保障、住房保障等，以最直接的丰厚、全面、多元的待遇吸引科技创新人才。

3. 传承红蓝基因人才价值理念，扩大企业文化吸引影响

中电国睿积淀了“三敢三严”科学精神、“自力更生、协同作战、顽强拼搏、创新图强”的预警机精神，以及“使命高于一切、团队坚不可摧、创新永无止境、荣誉催人奋进”的“海之星”精神等，形成了红蓝基因人才价值理念，传承红色基因，具有对党忠诚、以人为本的根基；传承蓝色基因，具有科技报国、不拘一格的特质。中电国睿聚焦国家新形势和企业使命责任，开启全新雇主品牌传声筒，大力宣传院士、国家科技进步奖获得者，以及其他典型科技人才先进事迹，在引进人才过程中营造尊重知识、崇尚创新、尊重人才、热爱科学的浓厚氛围，增强企业文化吸引力，加强对科技创新人才的影响力。

（四）绘制人才引进作战地图，建立引才长期运营模式

1. 系统化开展人才盘点，精准明确人才需求

围绕战略和技术需求，中电国睿提炼出一套与军工企业任务类型适配的人才盘点方法论，开展人才盘点，精准找到人才缺口。一是通过对人均效能产出、任务类型结构变化等多维度分析，盘点人才数量与任务发展完成匹配度。二是对不同工作年限人员、不同学历人员的人才成长、人才使用、任务承担等数据进行拟合与差值分析，盘点人才层次与任务发展完成匹配度。三是盘点人才专业布局与任务发展完成匹配度。运用人才九宫格模型，基于人才匹配度量化数据，合理分析人才缺口，绘制人才需求地图，明确人员定位、专业知识与技能、能力素质等人才引进的核心要素。

2. 多样化拓宽引进渠道，持续扩大人才储备

中电国睿以现有引才渠道资源为基础，分析不同类型人才引进的渠道特点，形成不同类型人才引进的渠道策略，建立外部资源与内部资源协同的专项引才团队机制，成立人才引进专项工作小组，全员参与引进渠道拓展。一是针对孕育期人才引进多以校园招聘形式开展，聚焦所需领域、专业优势院校，通

过国家重点实验室对接、空中宣讲会、暑期夏令营等品牌活动持续优化校园招聘引才渠道。二是针对成长期人才的引进，多以猎头合作、智力机构、各类人才协会等市场化社会招聘引才渠道为主。三是针对成熟期的高端人才引进，抓住各种学术交流、科研合作的机会，站在行业的高度看关键人才分布和动向；同时，大力提倡以内部推荐、以才引才的方式挖掘“高精尖缺”人才。

3. 创新人才引进模式，推行引才差异化管理

开发高端人才的“行业专家 + 技术专家”双引才模式，打破产品与技术的紧耦合态势，一方面围绕重点领域发展需要，寻找在行业具备较高影响力和丰富工程经验的行业专家；另一方面着重梳理重要领域未来技术发展布局，参照市场通用技术标准和方向，提炼关键技术需求，瞄准“技术大牛”，实施精准引进策略。开展“柔性引才”模式，始终聚焦于科技创新价值实现全过程，基于国内外一流的柔性人才工作模式，以项目经理制、短期聘任制为手段，以科研项目、前沿课题研究为牵引，与高校、科研机构、高科技企业协同开展关键技术攻关，通过多平台实现人才多边流动和网络效应，以求人才为我所用。

4. 分类实施人才评价，提升人才甄选的可靠性

建立人才全貌评估矩阵模型，以“科学评价，精准获取”为基本原则，以“三问一图一确认”为先行方法，通过问专业、问技术、问创新，判断科技创新人才基本情况，通过建立的三维立体人才匹配模型图识别科技创新人才匹配情况，再通过确认人才未来使用发展方向，以“科研承担、创新成果、内在素质”三大关键能力为导向，精准快速识别人才。根据实际情况进行专业笔试、案例分析、实习实践考察、合作课题答辩、竞赛评比等评估方式，多维度地综合评价人才，不断提升各类人才甄选的可靠性。

（五）构建“3S”架构的人才引进组织模式，实现引才管理实践效能提升

1. 做强统筹，成立人才引进专家中心

中电国睿成立由人力资源专家、技术专家和“外脑”构成的人才引进专家中心，坚持组织战略视角，科学性关联人才引进工作与组织发展要求，紧扣企业战略发展规划，制订人才发展规划，设计与业务目标一致的人才引进策略。人力资源专家以“伙伴”为核心理念，坚持长期主义，发展日常合作、深度交流、战略合作 3 层递进式校企合作模式，技术专家通过产学研合作、技术讲座等将人才引进触达至不同技术生态圈，“外脑”专家采用 AI 算法不断训练人才数据，协同优化人才素质模型，提升人才甄选时效性和可靠性，持续精准加强引才目标吸引。人才引进专家中心在将企业战略转化为行动过程中要做到“三个确保”，即确保每项业务规划都有相应的可执行的行动计划，确保对业务支持者的战略承诺不会改变，确保针对业务支持者的质疑开展评估。

2. 做大平台，成立人才引进业务支持中心

成立由人力资源专员、用人部门专员构成的人才引进业务支持中心，在人才引进专家中心建立的统一框架基础上，发挥自身专业优势、渠道优势、人力优势等，寻找创造性的资源运用方法，将人才引进专家中心提出的工作要求合理化、可操作化。实施人才引进渠道“星图”工程，通过线下的重点实验室对接、内部推荐、支部共建等形式全年在校园发出中电国睿的声音，覆盖至重点院校各个年级、各个目标专业。实施人才招聘体验“暖心”工程，优化候选人体验，抓住初期面试和“Offer 跟踪”两个关键时刻，开展面试满意度反馈调研，规范高效、设计合理的招聘流程，建立跟踪互动机制，以尊重的姿态公平公正地对待候选人，提升签约率，降低毁约率。不断激励提升人才引进业务支持中心的内部动力，使人才引进管理与实际业务高度融合，提升人才引进管理活动的价值创造能力。

3. 做优应用，成立人才引进共享服务中心

成立由人力资源数据专家、“外脑”数据专家、人才招聘系统构成的人才引进共享服务中心，畅通

人才引进专家中心和人才引进业务支持中心的人才引进数据共享渠道，规范统一的招聘动作，数据驱动引才决策，提高招聘运行效率，防范引才风险。基于招聘过程的数据积累与外部大数据分析，数据专家充分拟合人才引进供求预测数据，形成从感性认识到“数字说话＋人才回路”的分析模式，发现更加优质的简历渠道、候选人数量贡献最大的高校来源，快速找到真正的候选人，不断优化属于企业自己的人才标准画像，助力高质高效甄选人才，实现精准人才录用。通过数据回溯与数据拟合，对全年招聘整体复盘，通过总结过程问题、呈现数据特点、提出优化建议，形成次年招聘决策，为人才引进管理体系的升级发展提供有效输入，实现人才引进管理体系的持续优化。人才引进共享服务中心通过全流程监控引才流程，确保招聘工作规范统一。

（六）推行数据驱动型人才引进复盘，夯实人才引进精准管理

1. 以目标为导向开展结果评估，实现人才引进“靶向式”定位

人才引进复盘的首先要点是明确回顾目标，中电国睿将人才引进目标分为数量目标和质量目标，数量目标定义为不同招聘阶段的简历收集数量、人才录用数量、人才签约率、人才违约率等，质量目标定义为知名高校人才录用数量、专业高匹配度人数、获国家级奖学金人数、学生保研率等。人才引进结果与目标对比，通过人才引进工作过程叙述，形成完成、比预期好、比预期差、没有预期到的 4 种情况，滚动追溯历史人才衡量准确性，判断引进人才是否发挥作用，盘点引才制度吸引力度和效用，在发现出色做法的同时，发现差距和问题。

2. 以数据为资源开展量化分析，实现人才引进的科学决策

高校端数据库包含目标高校毕业生源数、重点专业毕业生源数、师资情况、基础知识和科研方向、国家级重点实验室分布等，学生端数据包含学生求职时间段、学生求职地域选择因素、学生求职行业因素、学生面试体验情况等，企业端数据包含面试流程各阶段通过率、面试流程各阶段时长等。采用多样分析方法开展人才引进工作分析，通过历史数据描述性分析高校生源变化情况、有效招聘候选情况等，通过面试流程数据、学生面试体验数据，诊断性分析人才招聘安排工作的潜在问题，通过学生求职意向数据预测性分析未来学生价值观变化方向，基于“自我剖析＋众人设问＋外部意见”的“360 度”访谈分析，探索多种可能性及其边界。

3. 以过程为核心开展经验总结，实现人才引进的修长补短

通过复盘的对标、分析，得出三个大方向结论：实施哪些人才引进新举措、继续实施哪些人才引进举措、叫停哪些人才引进举措。中电国睿以目标高校就业影响力矩阵模型为基础，针对第一类要持续挖潜的明星院校、第二类要深入挖潜的高潜院校、第三类要有侧重点挖潜的布局院校、第四类要实现基础对接的低潜院校，实施不同的人才引进举措，有针对性地创新实施重点实验室对接新举措，持续实施优化暑期调研活动，停止安排散点面试和部分高校秋季招聘会，按“靶向式”需求实施人才引进，以复盘结果为基础，建立动态化人才引进机制，提升实践效率。

（七）实施人才引进信息化平台建设，提高引才管理决策效率

1. 搭建全周期招聘数据库，实现数字化人才引进

中电国睿系统调研、梳理、分析外部关键人才的分布，围绕“总体规模、业务情况、人才质量”等指标对科技创新人才目标企业、高校、机构开展分析，细化到基础知识和科研方向，构建目标人才数据库、专业分布数据库、就业偏好数据库，形成外部人才地图。针对招聘全过程重要指标建立了人才专业知识储备数据库、人才专业方向技术掌握和工具应用数据库、人才能力素质和底层性格数据库、引进人才工作绩效数据库，将人才全周期积累的数据互联互通，将内部需求人才画像与外部供给人才画像相结合，使科技创新人才引进标准更加精准化。

2. 优化线上招聘流程，实现信息化人才引进

中电国睿的科技创新人才需求专业呈现出多样性、复杂性、精准性的特征，加之庞大的简历量，简历认定与定向推荐面临着较大困难，基于此建立了线上招聘系统，专业面试、综合面试等面试全流程多场景数据融合一体，设置线上测评一键触发功能，实现了招聘流程电子化、规范化、标准化、资源共享化的四大目标，降低招聘成本、优化招聘质量、提高招聘效率。打造"招聘平台 + HR 平台"，将人才引进数据库与人力资源管理信息化平台融合，提升人力资源管理效率，使科技创新人才信息得到安全保障，有效防控军工企业科技创新人才引进风险。

3. 构筑数智招聘决策平台，实现智慧化人才引进

中电国睿充分挖掘招聘全周期积累的数据，通过历史数据分析、预测数据拟合等，构筑了以动态数据分析为基础的数智化招聘决策平台，推动招聘决策精准化、合理化、智慧化，实现智慧化人才引进。基于招聘过程数据积累与外部大数据分析，充分拟合人才引进供求预测数据，利用信息化招聘手段，形成以数据为基础的智慧化招聘决策平台，对招聘时间、招聘学校、宣传手段、招聘形式等内容进行决策。中电国睿将招聘指标分解到内部推荐阶段、暑期调研阶段、秋季招聘阶段、春季招聘补充阶段，分阶段实施监控完成情况，以及对数据驱动阶段、渠道、形式设计的优化。通过数据回溯与数据拟合，对全年招聘整体复盘，通过总结过程问题、呈现数据特点、提出优化建议，形成次年招聘决策。

三、军工企业科技创新人才"靶向式"引进管理效果

（一）人才引进管理质效提升，持续注入企业人才源头活水

中电国睿吸引了一大批科技领军人才和优秀青年人才，简历获取量每年平均涨幅 40%，近年引进国内"985 工程"重点高校硕博毕业生 1000 余人，人才引进质量保持行业优秀水平。在高端人才方面，引进或达成意向的高端成熟人才和海外优秀人才多名，为科技创新提供了坚实的人才保障。中电国睿被评为 2019 年度第一届江苏省引才用才成效显著单位 A 档。

（二）企业科技人才结构优化，助力企业经济盈利持续增长

中电国睿科技创新人才结构进一步优化，博士占比提升 36%，硕博占比提升 12%，近 3 年科技创新人才获得地市级以上人才工程及荣誉的数量逐年上升（约 20%），2020 年获奖近百项。科技创新人才队伍的壮大，有效助推国家预警探测事业的发展，为加快建设成为世界一流的科技创新型企业打下坚实的人才基础，为地方经济的高质量发展提供了积极的人才支撑和保障。近两年销售（营业）收入分别为 207 亿元、218 亿元，2020 年全员劳动生产率年增长率约 12%。

（三）引进人才科技成果突出，忠实履行强军兴军使命责任

近年引进人才承担重点项目负责人占比达到 60%，组建的创新团队中 35 岁以下的青年占比达 70% 以上，博士占比近 70%，多项关键技术显著提升在研在役装备性能，率先突破多项国际最前沿的颠覆性技术，在多项前沿技术研究方面实现了群体突破，实现了新兴技术领域的布局，最大限度地把科技成果转化为军队战斗力和社会生产力，不断开创科技强军、科技制胜的新局面，忠实履行军工企业强军兴军的使命责任。

（成果创造人：袁　刚、刘　佳、杨剑飞、高　朋、张　靖、严垚垚、李月鹏、李　勤、孙　磊、陈芸芸、陈　强、向　星）

钢铁企业依托技能大师工作室的产业工人队伍建设

唐山钢铁集团有限责任公司

唐山钢铁集团有限责任公司（以下简称河钢唐钢）是河钢集团有限公司（以下简称河钢）的核心骨干企业，始建于1943年，是我国碱性侧吹转炉的发祥地。多年来，河钢唐钢在工艺、装备、技术、管理等各方面实现一系列重大进步，现已成为国内外具有重要影响力的汽车板、家电板生产商和综合服务商。截至2020年，河钢唐钢钢铁主业人员约有2.6万人，产业工人约占60%左右。随着本部钢铁产能关停，河钢唐钢新区（2018年开工建设）正式投产，标志河钢唐钢退城搬迁和区位调整取得关键性突破。河钢唐钢先后获得“全国五一劳动奖状”“全国用户满意企业”“全国绿化模范单位”“全国生态文明示范企业”“中国钢铁工业清洁生产环境友好企业”“全国清洁生产示范企业”等多项荣誉称号，被工业和信息化部命名为全国第一批绿色工厂。

一、钢铁企业依托技能大师工作室的产业工人队伍建设背景

（一）产业工人队伍建设是我国实施制造强国战略的需要

2017年2月，中央全面深化改革领导小组第三十二次会议指出，要从巩固党的执政基础的高度，从促进我国经济社会持续健康发展的高度，加快产业工人队伍建设改革，坚持全心全意依靠工人阶级的方针，按照“政治上保证、制度上落实、素质上提高、权益上维护”的总体思路，针对影响产业工人队伍发展的突出问题，创新体制机制，提高产业工人素质，畅通发展通道，依法保障权益，造就一支有理想守信念、懂技术会创新、敢担当讲奉献的宏大的产业工人队伍。2017年，中共中央、国务院印发的《新时期产业工人队伍建设改革方案》提出，要把产业工人队伍建设作为实施科教兴国战略、人才强国战略、创新驱动发展战略的重要支撑和基础保障，纳入国家和地方经济社会发展规划。因此，推进产业工人队伍建设意义重大，势在必行。

（二）产业工人队伍建设是钢铁行业做大做强的需要

钢铁行业是传统的制造业，随着我国经济由增量式发展向集约化发展的转变，钢铁企业的发展已经进入转型升级时期，转型升级的目标是做优做强。钢铁企业已经做大，在做强中国钢铁工业的诸多要素中，把人力资本做强是必需的。在资源、环境已经成为制约发展瓶颈的情况下，以资源环境为代价的粗放发展方式不可持续，驱动发展的动力主要依靠科技创新和管理创新，实现创新驱动发展主要靠人。钢铁企业是国家制造业的重要组成部分，需要提高一线员工整体技术素质，依托典型带动，共同进步，产品是一线员工在现场生产出来的，一线员工技术素质的高低直接影响产品的质量，影响企业产品的市场竞争力。因此，如何打造一支高职业素养、高专业技能的稳定的产业工人队伍，是当前钢铁企业队伍建设的重要任务。

（三）产业工人队伍建设是河钢唐钢区位调整转型升级的需要

钢铁企业转型升级中重要的一环就是一线员工技术素质的提升，需要一支有理想、守信念、技术精、会创新的一线员工队伍。党的十八大以来，得益于供给侧结构性改革的宏观环境和高质量发展的客观要求，河钢唐钢积极践行新发展理念，深入落实河钢的战略部署，着力打造以沿海新区（位于唐山市乐亭区）为牵引，以多个钢铁子公司和战略性新兴产业为支撑的，极具盈利能力、品牌价值、管理水平、发展活力的新唐钢，致力于在区位调整中拓展竞争优势、打造钢铁强企，交出创新发展、绿色发展、高质量发展的优异答卷。河钢唐钢钢铁主业人员中产业工人约占60%左右，他们奋斗在生产的最

前线，他们的敬业精神、旺盛的投入、专精的技能和高度的负责是企业生存和发展的中坚因素，产业工人队伍的整体素质是决定企业转型升级、获得更大发展的关键要素。只有稳定地拥有高素质的产业工人队伍，加强产业工人队伍管理，正确引导高技能人才流向，建设知识型、技能型、高效型、创新型产业工人队伍，保证操作技术的传承与发展，才能推动河钢唐钢的转型升级和永续发展。

二、钢铁企业依托技能大师工作室的产业工人队伍建设主要做法

（一）明确产业工人队伍建设的指导思想、目标和搭建组织体系

1. 明确产业工人队伍建设指导思想和目标

河钢唐钢坚持深入学习贯彻关于产业工人队伍建设改革的重要指示精神，全面落实党中央和河北省委的决策部署，进一步解放思想、激发动力，按照政治上保证、制度上落实、素质上提高、权益上维护的总体思路，充分调动一线工人的积极性、主动性和创造性，积极深入推进产业工人队伍建设。河钢唐钢通过营造尊重劳动、崇尚技能、鼓励创新的浓厚氛围，努力造就一支有理想守信念、懂技术会创新、敢担当讲奉献的宏大的产业工人队伍，为企业发展提供重要支撑和基础保障，更好地发挥产业工人队伍在推动企业高质量发展中的主力军作用，为企业建设最具竞争力钢铁企业贡献力量。

2. 搭建产业工人队伍建设的组织体系

河钢唐钢就产业工人队伍建设专门进行谋划和部署，成立以董事长、总经理为总指挥，以党委副书记、工会主席为副总指挥，工会、运营改善部、人力资源部等专业部门为支撑，各生产单位为主要实施主体的产业工人队伍建设组织体系，各生产单位积极落实企业战略部署。

（二）构建员工多元发展职业路线，为产业工人提供晋升通道

1. 为普通产业工人打通晋升渠道

普通工人入职后伴随技术水平提高、工作年限的增长，职级也会得到相应的提升。六级作业员是指未取得专业资格的操作技能操作人员，这一级别的操作人员在相应操作岗位工作满 1 年，取得初级工职业资格等级证书，即可聘任为五级作业师。五级作业师在相应的操作岗位工作，取得中级工职业资格或技术等级证书的，可聘任四级作业师。四级作业师在相应的操作岗位工作，取得高级工职业资格、助理技师或助理工程师职业资格证书的，可聘任三级作业师。三级作业师在相应的操作岗位工作，年度绩效排序居操作维护序列人员前 50% 且取得技师或工程师职业资格的，可聘任二级作业师。二级作业师在相应的操作岗位工作，年度绩效考核结果为优秀且取得高级技师或高级工程师职业资格的，可聘任一级作业师。一级作业师连续聘任满 3 年或取得高级工程师资格证书 3 年以上，年度工作考核结果为优秀的可聘任专业作业师。为实现产业工人横向互通的职业发展路线，打破产业工人和干部身份界限，破解行政管理序列、专业技术序列、操作维护序列之间的身份壁垒，满足相应的任职条件，即可以实现跨序列任职。操作维护序列的职工取得相关岗位高级工职业资格、取得《作业长资格证书》且具有 3 年以上产线相关工作经历的，可具备聘任四级作业长的资格；在相关专业作业长岗位连续工作满 5 年或年度考核连续 2 年为优秀的，可从作业长选聘为专业作业师。

2. 鼓励大学生员工扎根一线，加入产业工人队伍

针对大学生员工，河钢唐钢通过改革人事管理体制和薪酬激励办法，先后出台《岗位津贴管理办法》《关键岗位、特殊岗位津贴管理办法》《操作序列人员管理办法》《大学生扎根产线津贴管理办法》《大学生三星计划培养管理办法》等管理制度，鼓励大学生扎根产线，加入产业工人队伍。取得助理级职称的大学生员工在操作岗位可以聘任为四级作业师，若调任至技术岗位可以直接聘任为协理，若调任至管理序列可以直接聘任为四级作业长。取得中级职称的大学生员工可以聘任三级作业师，若调任至技术岗位可以直接聘任为专业师，若调任至管理序列可以直接聘任为三级作业长。取得副高级职称的大学生员工可以聘任二级作业师，若调任至技术岗位可以直接聘任为主管师，若调任至管理序列可以直接聘

任为二级作业长或副科长。取得高级职称的大学生员工可以聘任一级作业师，若调任至技术岗位可以直接聘任为主任师，若调任至管理序列可以直接聘任为一级作业长或科长。优秀大学生员工在满足一定条件下可以向上高聘一格；同时，出台《大学生三星计划培养管理办法》，为特别优秀的大学生晋升提供快速成才的渠道，不受职称及工作年限限制，“岗位之星”可直接聘任三级作业师或专业师或三级作业长，“岗位银星”可直接聘任二级作业师或主管师或二级作业长，“岗位金星”可直接聘任一级作业师或主任师或副科长。

（三）在产业工人队伍中选树培养技能大师

1. 大力开展技术比武，筛选操作技能大师

河钢唐钢围绕提升职工技能素质、增强企业核心竞争力，为职工成长成才、建功立业搭建平台，把技术比赛作为检验练兵成效的重要平台，依托每年一届的职工技术大赛，大力开展岗位练兵活动。每年组织参加行业、省、市和集团等各级各类技能竞赛，出台技能大赛获奖选手奖励办法和岗位工资薪级晋升办法，为职工学本领、练技能、比技能搭建平台，对取得各个级别的技术比武状元誉为相应级别的技能大师。

2. 选树劳模坚持面向操作技能大师的原则

河钢唐钢高度重视劳模选树工作，坚持面向基层，面向生产一线，面向操作技能大师，在数量上做“精”、在质量上做“优”。在劳模评选过程中，严格按照民主原则，逐级推荐评选，经纪检监察部门审核，召开专项会议讨论通过。严格的评选程序充分体现河钢唐钢对劳模选树的严谨和重视，对取得各级比赛状元的各级操作技能大师优先评选劳模，鼓励产业工人人人争做技能大师。

3. 全方位多角度提高技能大师待遇

河钢唐钢在大力弘扬劳模精神的同时，始终不忘技能大师的奉献，高度重视技能大师的工作、学习和生活，做到政治上重视、生活上关爱、待遇上落实，以扎实有效的工作将关心技能大师、爱护技能大师、帮助技能大师落到实处。河钢唐钢不仅注重技能大师的精神奖励，更注重在物质上、经济上给予技能大师更多的实惠。为更好地为技能大师服务，建立全覆盖、多层次、动态化的技能大师动态管理信息库，对个人基本情况、健康情况、享受劳模待遇情况及家庭成员生活状况等信息全面掌握，使得工作更加科学、规范，让技能大师体会到在岗奉献无上光荣、离岗退休倍感温暖。

4. 注重提高技能大师劳模自身素质

河钢唐钢在宣传技能大师事迹、大力弘扬技能大师的劳模精神的同时，十分注重技能大师自身素质的提高，除给予技能大师高校深造（如支持部门技能大师参加成人高考，进入大学继续深造；组织部分技能大师进入清华大学学习）、专业技术培训（聘请部门专家为技能大师讲授理论知识）、外出考察交流等方面的优惠和照顾外，还把提高技能大师素质同开展劳动竞赛、岗位练兵、技术比武等活动有机地结合起来。

（四）成立技能大师创新工作室，发挥技能大师引领示范作用

1. 确定技能大师创新工作室人员组成及命名原则

河钢唐钢制订《技能大师创新工作室管理办法》，以具有较强技术创新能力的劳动模范、专业专家、技能操作专家、技术能手及其他高技能人才为带头人，在干好本职工作的基础上，组织具有一定工作经验和创新能力的优秀职工形成创新团队，围绕生产经营重点和难点开展经济技术创新活动。创新工作室在人员配备上遵循专业搭配合理、年龄搭配合理的原则，在分工上有专人负责创新成果的总结、归纳、转化和推广。条件较好、人员较多的工作室下设职工创新小组，结合实际开展创新活动。创新工作室的名称以带头人名字结合技术创新方向命名。

2. 技能大师创新工作室主要功能

技能大师创新工作室本着党政主导、工会推动、多方协同的原则，以出人才、出成果、出典型、出经验为目标，围绕重点工作，确立年度、季度或月度工作计划并按时间节点完成。主要有以下八大功能：一是研究创造功能，创新工作室成员结合生产实际，在工作中勇于变革、敢于创造、善于突破，以创新思维颠覆传统理念，研究并创造新技术、新工艺、新设备、新产品；二是示范带动功能，发挥技术尖子和创新人才的典型示范作用和模范带头作用，以“导师带徒”“结对子”“一帮一”等形式引领越来越多的一线职工提升技术水平、开展创新活动；三是成果转化功能，推广普及先进的创新理念、技术和方法，加快创新成果转化，解决本工种、本岗位技术难题；四是课题攻关功能，承担企业重点攻关课题的操作实践等基础性工作，围绕产品创效、成本降低、节能减排、技术改造、安全生产等内容开展课题攻关活动；五是学习培训功能，围绕技术提升、技术创新定期开展技术培训、专题研究、专项学习等活动；六是技术比武功能，发挥高技能人才团队的优势，在评判、教练、场地、设备、技术方案等方面对各级技术比赛进行支持和指导，在工作室内部全员定期开展技术比赛活动，促进整体技术水平持续提升；七是研讨交流功能，发挥工作室成员的专业特长，定期开展技术对标、技术研讨、技术交流活动，激励职工成长为复合型、创新型高技能人才，培养造就一批“专利能人”“金点子大王”和“工人发明家”；八是协同创新功能，以创新工作室为平台，各工作室之间加强协作、共同创新，专业专家团队、生产一线高技能人才团队加强协作、共同创新，技术研发人员、技能操作人员、技术管理人员、创新成果鉴定转化人员加强协作、共同创新。

（五）成立技能大师创新联盟，提升产业工人创新意识

1. 通过岗位创新解决生产经营中的难点问题

在技能大师创新联盟的指导下，各创新工作室主动承担企业重点攻关课题和操作实践等工作，重点围绕产品创效、成本降低、节能减排、技术改造、安全生产等内容开展课题攻关活动，推广普及先进的创新理念、技术和方法，加快创新成果转化，解决本工种、本岗位技术难题。

2. 深入整合创新工作室资源

创新工作室是优秀人才组成的跨专业、跨岗位、跨单位的创新组织，联盟的成立就是要充分整合现有工作室资源，搭建各创新工作室之间学习交流的工作渠道，更好地发挥创新工作室在企业改革创新中的引领带动作用，着力提升企业技术创新能力及产品创效能力，为企业技术进步搭建有效平台。

3. 持续提升成员素质和创新能力

技能大师创新联盟将根据不同时期的重点工作，围绕技术提升、技术创新定期开展技术培训、专题研究、专项学习等活动，对创新工作室成员进行集中培训。择机选送优秀创新工作室带头人及成员学习考察，学习借鉴先进经验与管理理念，开阔视野，提高水平。

4. 组织成员进行创新工作经验交流

进一步加大各创新工作室之间的交流、沟通，扩宽创新工作室间的资源共享渠道，发挥工作室成员的专业特长，定期开展技术对标、技术研讨、技术交流活动，激励职工成长为复合型、创新型高技能人才，培养造就一批“专利能人”“金点子大王”和“工人发明家”。

5. 选树和培养技能大师创新工作室的先进典型

技能大师创新联盟将根据各创新工作室工作开展情况，加大先进典型模式推广，发挥技术尖子和创新人才的典型示范作用和模范带头作用，以“导师带徒”“结对子”“一帮一”等形式引领越来越多的一线职工提升技术水平，开展创新活动。

6. 督导落实各创新工作室（站、组）全年承担的创新项目

根据实际情况，定期组织技能大师创新联盟内专家团队对项目完成情况跟踪指导，确保创新工作落

到实处。河钢唐钢以各单位优秀技能大师创新团队带头人为主要力量，兼顾专业领域和单位覆盖范围。以郑久强国家级示范创新工作室为中心的高素质的创新联盟管理队伍，整合河钢唐钢各级创新团队资源，拓宽产业工人创新学习交流渠道，使产业工人创新工作得以扎实开展、稳步推进。技能大师创新联盟的成立，把分散在不同产线上的创新团队有效连接起来，加强产业工人创新工作的组织与协调，拓展各技能大师团队之间相互学习交流的渠道，为各技能大师团队联合创新提供了有效的平台。经过5年的探索实践与科学运转，技能大师创新联盟覆盖河钢唐钢所有310个创新团队，形成以郑久强国家级示范创新工作室为核心的国家级创新工作室2个及全国冶金行业级6个、省级18个、市级33个、公司级以上创新工作室41个（其中先后有2个创新工作室获得“全国机械冶金建材行业示范性创新工作室”荣誉称号，10个创新工作室获得“河北省劳模和工匠人才创新工作室”荣誉称号，4个创新工作室获得“河钢优秀职工创新工作室”荣誉称号），作业区、科室级创新工作站123个，产线、班组级创新工作小组146个，覆盖河钢唐钢各产线、各专业的产业工人创新团队。

（六）营造人人争做“久强式”员工的企业文化氛围

郑久强同志参加工作来，把立足岗位、争创一流作为自己的人生追求，从炼钢末助手做起，逐步成长为钢铁行业知名的操作技能大师和一线技术创新带头人，不仅用自己的青春和智慧推动转炉炼钢操作工艺改进和技术进步，而且以创新工作室为平台把自己长期总结积累的经验无私传授给工友，形成具有强大正能量和持久影响力的“久强效应”，培养出一批集知识与技能于一身的优秀炼钢工。技校毕业的郑久强带领着由近百名博士生、研究生、本科生组成的国家级技能大师工作室、全国示范性劳模创新工作室，从新工艺、新技术应用到重要课题攻关，从先进操作法的创造到实用专利发明，精诚团结、开拓进取，与时俱进、争创一流，形成强大的“久强效应”。

2015年，河钢号召全体干部职工积极向郑久强同志学习，自觉以郑久强同志为榜样，牢固树立正确的世界观、人生观和价值观，树立辛勤劳动、诚实劳动、创造性劳动的理念，保持立志高远、坚定信念及积极向上、奋发进取的良好状态，争做“有理想、有智慧、技术精、会创新”的“久强式”员工。河钢唐钢以劳模精神、工匠精神、创新精神、奋斗精神为引领，采取多种形式教育引导广大职工尊敬大师、学习大师劳模、争做大师劳模，当好职工的带头人和引领者。河钢唐钢将弘扬劳模精神融入企业文化建设之中，积极倡导“学习劳模、争当劳模”的文化风尚，使劳模始终成为企业关爱的焦点、职工学习的榜样。

三、钢铁企业依托技能大师工作室的产业工人队伍建设效果

（一）产业工人队伍素质迅速提升，劳模不断涌现

河钢唐钢先后培养出多项殊荣在身的郑久强、徐伟、石晓伟等一大批当代钢铁行业的先进代表，培养出世界模拟炼钢总冠军1人，世界模拟炼钢第二名、第三名各1人，全国技术能手10人，全国钢铁行业技术能手26人，河北省技术状元8人，河钢技能竞赛状元（金牌工人）33人，唐山市技术状元21人，高技能人才储备达到行业领先水平，产业工人队伍素质迅速提升。截至2021年6月，河钢唐钢先后培养出全国劳动模范6人，全国钢铁工业劳动模范8人，河北省劳动模范30人，唐山市劳动模范137人，公司劳动模范681人，“全国五一劳动奖章”获得者8人，“河北省五一劳动奖章”获得者11人，河北省金牌工人、能工巧匠13人，唐山市金牌工人、能工巧匠11人，产业工人队伍劳模不断涌现。

（二）创造了可观的经济效益

河钢唐钢通过充分调动一线工人的积极性、主动性和创造性，各产线工艺不断改进，产量逐年提升、成本逐年降低。仅仅“郑久强国家级技能大师工作室”申报国家发明专利15项，创新先进操作方法12项，申报职工岗位创新成果28项，开展技术攻关100多项，各类刊物发表论文10余篇，为企业创造直接经济效益上亿元。

（三）员工的归属感大大增强

河钢唐钢通过营造尊重劳动、崇尚技能、鼓励创新的浓厚氛围，充分调动一线工人的积极性、主动性和创造性，造就了一支有理想守信念、懂技术会创新、敢担当讲奉献的宏大的“久强式”产业工人队伍。随着越来越多的产业工人通过自身的努力成为技能大师和“久强式”产业工人，河钢唐钢形成了人人争做“久强式”产业工人的氛围。充分解放了产业工人的思想、释放了产业工人的活力、激发了产业工人的创造力，产业工人在自身不断提高中创造价值、感受幸福，广大职工切身感受到了在企业工作的成就感、幸福感和归属感。

（成果创造人：王兰玉、田　欣、王文德、于子庆、刘洪斌、郑久强、刘　洋、范媛媛、张书欣、吴　凌、刘　杰）

适应企业高质量发展的“三通道”人才培训体系建设

邯郸钢铁集团有限责任公司

邯郸钢铁集团有限责任公司（以下简称河钢邯钢）始建于1958年，现有总资产1130亿元，具备年产1300万吨优质钢综合生产能力，是国家重要的精品板材和优特钢生产基地及河钢集团有限公司（以下简称河钢）的核心企业。截至2020年，河钢邯钢人均钢产量1027吨。汽车用钢实现“整车造”，是国内第二家具备第三代汽车用钢QP1180生产能力的企业。家电用钢实现“全覆盖”，品种规格覆盖“黑白”家电领域。优特钢挺进高端，重轨产品河北省独家生产，取得CRCC认证，是国内唯一一家通过欧标认证的企业。先后获得“全国创新型企业”“全国质量奖”“全国绿色工厂”“全国文明单位”“全国节能先进集体”“全国绿化模范单位”“全国先进基层党组织”等荣誉称号，连续13年保持“全国模范劳动关系和谐企业”称号。

一、适应企业高质量发展的“三通道”人才培训体系建设背景

（一）新时代钢铁企业转型升级的必然趋势

党的十九大报告提出了高质量发展的新时代要求。河钢邯钢作为国有大型钢铁制造企业，以产业报国为己任，围绕河钢“建设最具竞争力钢铁企业”的战略部署，大力实施产品转型升级和产业结构调整，具备生产高强钢、汽车板、管线钢、家电板、重轨及优质型棒材等高端系列产品的能力，产品涵盖汽车、家电、建筑、造船、航天、机械、石化等国民经济各个领域，形成了集钢铁深加工、高效节能环保为一体的全流程现代化装备集群，整体装备达到“国内领先、国际一流”水平。

（二）企业实现自身高质量发展的成长需要

高端装备为企业高质量发展奠定了坚实的物质基础，同时也面临着高新技术与产品的严峻挑战。河钢邯钢急需一支掌握现代企业管理理论、熟悉企业运营、具有全球视野和战略眼光的经营管理人才队伍；急需一支具有扎实专业知识、较强创新研发能力、不断推进和引领技术进步的技术业务人才队伍；急需一支数量充足、能够熟练掌握大型设备维护和操控、技能精湛的操作技能人才队伍。依托人才充分挖掘装备优势，助推企业从一个以中端产品为主及产品技术含量不高、市场产品重复率高的普钢企业全面转向技术要求高、产品价值高的现代化钢铁企业。

（三）培养高素质人才队伍是企业发展的必然选择

提高发展质量和效益，核心是人才。企业人才来源主要有外部招聘和自主培养两个渠道。结合钢铁企业产品高端化发展，如汽车板、家电板、重轨等产品，不仅要求生产技术人员专业性强、技术高，而且对人才素质提出新的要求。核心人才主要集中在业内少数企业，由于知识产权保护等因素，人才几乎不流动。因此，只有创新人才培养机制，加快培养一批高素质人才队伍，才能助推企业高质量发展。

二、适应企业高质量发展的“三通道”人才培训体系建设主要做法

（一）立足顶层设计，确定人才培养整体解决方案

河钢邯钢立足完善人才培养体系，开展顶层设计、建立和创新，聚焦“市场、产品”，将客户端对产品的要求衍射到对经营管理、技术业务、操作技能三大通道的人才素质要求，形成培养目标、培训质量、考核评价、使用激励等新的内容，构建与市场需求相适应的人才培养、使用、考评和激励机制，切实提高人才培养质量。河钢邯钢运用系统工程原理，实施人才培养体系总体设计规划，以标准化方法将职业发展通道设计、培训体系建设、培训平台构建、人才分类培养、人才考核评价等进行固化，形成统

一、协调、平衡的河钢邯钢人才培养整体解决方案。

（二）健全人才成长晋升通道，激发人才成长活力

一是技术业务人才。技术业务人才成长晋升通道从低到高分为8级，依次为四档技术主管、三档技术主管、二档技术主管、一档技术主管和四级技术专家、三级技术专家、二级技术专家、一级技术专家。等级最高的一级技术专家可享受公司副职待遇。二是操作技能人才。操作技能人才成长晋升通道从低到高分为5级，依次为助理技师、技师、高级技师、二级技能专家、一级技能专家。人才成长晋升通道齐头并进，让优秀人才晋升不再挤“独木桥”，有效激发技术业务人才和操作技能人才提升能力、奋力有为的积极性和主动性。

（三）构建现代职业培训体系，提升培训质量和效益

1. 加强规范化、标准化培训体系建设

一是建立两级管理四级办班责任体系。按照“统一规划，统一标准，归口管理，分级负责，通力协作”的原则，建立公司人力资源部和厂培训领导小组两级管理组织，明确社会（赴外）、公司、分厂、车间四级办班主体。人力资源部负责公司培训制度和标准的统一制订，负责社会和公司级培训。各厂培训领导小组负责厂级和车间级培训。两级管理四级办班的责任体系保证培训工作层层有人管、处处有落实，管理效率明显提升。二是建立5个培训制度，明确办班8项标准记录。按照以制度促管理、以制度促规范的工作思路，先后出台《员工教育培训管理程序》《员工资格性岗位培训管理规定》等5个管理程序和规定。对培训班明确《培训班实施审批表》《课件》《成效调查表》等8项标准记录。保证培训管理有制度、实施操作有程序、办班记录有标准。三是分类实施递进式培训课程。建立“335”课程体系，结合岗位素质要求，以能力建设为中心，按照经营管理、技术业务、操作技能3个序列，分别建立岗前基础、上岗资格、在岗提升3级递进式培训，每级培训都设有5个模块系列专题课程。例如，经营管理序列中层处级的培训，岗前培训5个模块为政治形势、管理技能、职业素养、管理体系、人力资源与财务管理，上岗资格5个模块为政治经济、公司治理、战略与决策、生产经营、安全管理，在岗位培训5个模块为政治经济形势、国际化经营、企业运营与供应链、金融与风险控制、创新与互联网思维。培训内容呈现递进式、系统化、整体化的特点。四是建立分级晋升内部培训师队伍。出台《内部培训师管理办法》，规范内部培训师评聘管理，健全授课考核评估机制。结合生产工艺流程、工种及岗位人员情况，在各生产厂分别成立培训教研室，教研室下设专业组，每个专业组配备1～2名教师。通过自荐或推荐的方式，单位考核，择优聘用，分三级五类56个专业，成立了一支85名专职教师和472名兼职教师组成的内训师队伍。按照兼职教师专业建立与课程一对一的负责制。多次聘请外部专家对兼职教师进行内训师专业能力培训，有效提高兼职教师课程开发、授课技巧和课件制作等能力，推进内训师队伍专业化建设。五是实施培训牵头部门和员工个人双层面量化评估。推行部门培训工作量化考评机制。对各级培训管理从培训体系建设、计划管理、实施管理、培训绩效、重点工作、基础工作、创新工作等7个方面制订22项考评指标，明确量化考评标准；同时，强化培训体系建设、突出中心工作、注重培训实效、引导创新创效，推行员工教育培训量化考评机制。

2. 实施深度链接市场需求的培训闭环管理

一是充分调研市场对人才素质需求。为满足市场对人力资源规划要求，通过同行走访、客户访谈、信息检索等途径深入了解行业发展、技术发展、产品升级，结合公司战略发展、绩效改进、员工职业发展需求、新项目建设等，分析、对比并确定培训需求。二是科学制订培训计划。根据培训需求，从政治教育、经营管理、工程技术、操作维护、市场营销、学历教育、岗前教育、高技能等九大方面制订教育培训计划。年度培训计划有公司年度培训计划、厂年度培训计划、项目培训计划，分别由公司、分厂培训领导小组、专业系统管理部门、项目组实施管理和监控，确保培训效果。自主开发培训管理系统，培

训计划、实施、记录、审批全部网上办理，将员工培训档案、特种作业档案、资格证档案、人才库统一到公司计算机网络管理，培训管理更加高效规范。三是健全科学评估体系。培训效果评估从课前、课中和课后3个阶段建立反应、学习、行为、成果4个层次的科学规范评估体系。所有培训要求课前通过座谈、问卷等方式对学员在反应层进行评估，课中通过问卷、考核等方式在学习层进行评估，课后2个月通过实践、调研等方式在行为层和成果层进行评估。对成果层评估，以现场指标改善为抓手，每个培训班都要制订量化的指标改善目标。没有工作指标改善的培训一票否决，纳入教师考核之中，学员不记课时。四是持续完善和改进。在对各培训班评价的基础上，二级单位每季度对整体培训情况进行评估，公司每半年对公司培训整体情况进行评估，不定期召开培训访谈会。年终结合公司培训工作会议、公司培训满意度调查情况与各培训班培训效果，对教育培训的有效性、适用性进行综合评价并制订实施改进措施，不断提高培训质量和效果。

（四）分类实施培训

1. 以提升管理能力和精细化管理水平为目标，实施经营管理人员轮训

一是开展处级干部、科级干部轮训。紧紧围绕国家方针政策，从现代企业管理、冶金前沿技术、大数据与智能制造、管理创新等方面着力培养高素质的干部队伍，对200余名处级干部和1000余名科级干部进行培训，有力促进干部队伍政治素质和专业管理水平的持续提高。二是以“星期六党校”为平台，围绕国家宏观经济及钢铁行业发展的前瞻性问题和热点问题，分别邀请国家发展改革委顾问、中国工程院院士、中国金属学会名誉理事长、中钢协名誉会长、宝钢管理专家等来公司讲座。使领导干部更好地了解和把握国家经济改革和产业政策，及时跟踪国际、国内冶金前沿技术和研究动态，为公司提升科学发展能力和水平、深耕两个结构再优化及加快企业发展奠定基础。共培训3000余人次。三是举办青年干部培训班。认真落实加强高素质青年干部培养的要求，以提升政治素质、管理能力、创新能力、高效执行力为目标，组织举办青年干部培训班3期，培训145人，助力青年干部快速成长。

2. 以提升科技创新能力和业务创新水平为目标，开展技术业务人员培训

一是组织工程师研修班。以影响效益的重点、焦点问题为切入点，强化创新方法、先进工具和前沿技术应用，理论与实践相结合开展工程师专业能力提升。分别与铁研院、东北大学、北京科技大学、西门子公司等单位联合举办重轨研发与质量控制、轧制工艺对产品性能的影响、洁净钢冶炼技术、冶金全流程质量分析及检测技术等研修班，突出提升解决实际问题能力。共培训934人。二是加强专业系统培训。各职能管理部门充分发挥专业职能优势，积极开展系统培训。组织IATF16949体系、备件寿命周期管理、“8D”质量管理，绩效管理与KPI、管理现代化创新成果项目、会计管理等多项专业系统培训。共举办培训班62个，培训5235人次，有效提高各系统人员的履职能力。三是建立三级质量工程师队伍。深化特钢理念，加强质量管理队伍素质建设。以培养质量工程师为目标，分9期对钢轧系统厂、车间、班组467名三级质量管理人员进行系统的质量管理知识和工具轮训。通过前期深入调研、培训班严格管理、强化师资评估、实践应用交流，学员对特钢理念有了更深刻的认识，更加全面、系统地掌握了质量管理的内容、要素和方法，为加强质量管理、全面提升产品质量水平奠定了基础。四是开办专家直播大讲堂。为积极发挥技术引领作用，公司要求专家、技术主管积极开展技术培训，专家每年授课不低于64课时，技术主管每年授课不低于40课时。每名专家和一档技术主管还要结合专业前沿技术发展，每年举办一堂公开课。公开课通过钉钉直播，职工结合自身时间选择手机或在单位直播教室参加培训；同时，同步将课程录成视频，放在公司培训网上供职工线上学习。每年举办50余期，培训30000余人次。五是实施产学研联合培养。依托河钢东大产业技术研究院、河钢北科大钢铁绿色制造协同创新中心、河钢重大西南研究院等战略平台，借助钢研总院、铁科院研发平台，在优特钢开发、汽车用钢开发与控制、重轨淬火工艺开发等方面的产品研发、质量攻关、新技术研究及装备能力提升等多个合作项

目，通过产学研结合获取实践知识，培养创新能力，一大批工程技术人员快速成长。

3. 以提高岗位操作能力和设备运维水平为目标，开展操作技能人员岗位培训

一是建设高技能实训基地。注重职工实战能力培养，相继建设机电一体化、金属焊接、钢铁冶金仿真等多个实训基地，按照全国技能大赛标准建设全国首家 VR 模拟仿真冷轧工实训基地、钳工实训基地、内燃机车实训基地等。配备模拟仿真冶炼、轧制软硬件 150 余台（套），VR 实景仿真设备 4 套，内燃机车动能、电气、制动等实验装备 30 余台（套），夯实技能人才实训硬件条件。先后培训高技能人才 42600 余人次。二是推进标准化作业持证上岗培训。针对管线钢、重轨等重点品种涉及的 233 个关键岗位，推行标准化作业持证上岗培训。出台《岗位标准化作业持证上岗培训管理规定》，从培训内容、时间、要求、职责等进行明确，每半年重复一次。同步开发完成 233 个岗位标准化培训教材。通过一年培训，职工标准化操作水平得到很大提升。三是加强高技能人才培训。以打造“工匠”、全面提升技能人才队伍素质为目标，制订下发《岗位技能人才培训实施方案》，启动全员技能提升培训。对 14 个重点工种和关键岗位人员及二级单位先组织培训，选拔出 1237 名优秀人员到培训中心脱产培训一个月，120 名突出人才先后外送到河北工业职业技术大学、重庆科技学院等机构培训。聘请获得国家科技进步奖的技能大师到河钢邯钢授课，传授岗位创新理念、方法和技巧，提升职工岗位创新能力。四是创新开展厂际间质量控制培训。组织下游工序单位到上游工序单位上质量控制课，让上游工序单位充分了解“原料”指标不达标或有缺陷会给下游造成怎样的质量问题，提升厂际间质量服务意识和质量控制能力。五是大力实施“师带徒”机制，多渠道丰富技能人才培训载体。出台《“师带徒”管理办法》，深入开展“师带徒”活动。每年选择 500 名工作年限在 5 年内的职工与老师傅组织实施“以老带新、共同提升”的“结对子”“师徒帮带”活动，设定培养目标，签订培养责任书，每年考核，完成目标双向奖励，形成学知识有导师教授、解难题有导师指引的“一帮一，一对红”的“师带徒”模式，加快知识传递和技能提升。

（五）搭建多样化学习实践平台，提升员工整体素质

1. 充分利用移动互联网进行培训

一是开创性地实施“网上练兵”工程。在全国首创开发职工“网上练兵”学习系统，涵盖生产经营、企业管理、工艺技术、岗位知识等 300 多个专业和领域，共有“学前班”“小学生”直到“研究生”“博士”等 21 个虚拟等级，实施“得积分、拿奖金”，获得“博士”的职工可晋升技术等级等。组织开展全员学知识、提素质、强本领、增效益“网上练兵”活动，职工参与率超过 80%，网站累计点击率超过 2320 万次。二是建立 E－learning 学习平台。充分发挥“网络＋”培训优势，搭建职工在线学习平台，实现学习、“练兵”、考试、交流、调研等五大功能。自主开发课程大纲 3760 个、视频课程 852 个、培训课件 1016 个。2020 年，应对疫情防控常态化，组织开发 526 门新网课，创新开发 55 个关键岗位标准化作业视频课程，引入邯郸市质量发展大讲堂 5000 余集精品课程、中国钢铁培训网 1500 余门优质课程，搭建丰富的网上学习平台，参加网上学习的职工达 71000 余人次，“网上练兵”突破 20 万人次。

2. 创建“菜单式”培训模式

构建依需定学、按需施教的“菜单式”培训新机制，职工可以根据自身实际情况并结合现场实际，自由选择老师和课程，自主确定上课时间和地点。累计开发课程菜单 9746 项、课程教材 8712 篇、题库 276424 道，覆盖焦化、炼铁、炼钢、轧钢、电气等所有操作岗位工种，基本实现职工“点菜”学习，极大提升职工参与培训的积极性和主动性。以岗位为单元，完成 1008 个岗位资格培训标准化课程，已形成以岗位说明书、标准化作业指导书、课程教材、岗位规程为系列的岗位培训课程体系，为培训工作标准化、模块化奠定基础，从而让操作人员上岗培训标准化、规范化。

3. 引进外部优质教育资源

一是创新推行“校企双制、工学一体”的技能人才培养模式。出台《河钢邯钢新型学徒制工作实施方案》，对新进人员全部推行“招工即招生、入企即入校、企校双师联合培养”的新型学徒制。与高级技工学校建立人才联合培养新模式，即由公司指定现场师傅，负责岗位操作技能培养；学校指定教学导师，负责理论知识和实践培养，学员工、学交替进行，加快人才培养速度。4 年间，已培养出一支 500 余人的知识型、技能型、创新型的技术技能人才队伍。二是实施校企合作。按照管理、技术、技能不同专业，选派优秀年轻骨干到昆士兰商学院、德高公司等进行国际化学习锻炼。与东北大学、北京科技大学、武汉科技大学、华北理工大学、河北工业职业技术大学等建立长期合作关系，组织员工开展 MBA、研究生、本科等层次的学习提升，约 4600 名职工实现学习提升。8 名高技能人才参加“河钢工匠”清华大学高技能人才培训班。选送 1186 名技能骨干到重庆科技学院、河北工业职业技术大学等进行综合素质提升培训。

4. 开展“星期五课堂”活动

每年年初，围绕管理、体系、生产、质量、技术、营销等公司中心工作，在全公司征集课程需求，形成课程目录，结合课程内容选取授课人员、制订授课计划。每周五下午，在培训中心举办一期讲座活动。至 2020 年底已举办大讲堂 132 期，为公司重点工作推进奠定人才基础。

5. 打造职工创新培育基地

创建河北省内首家职工创新基地，建设职工创新工作室 21 个。其中，国家级技能大师工作室 3 个，省级职工创新工作室 5 个，市级职工创新工作室 13 个。各二级单位创建职工创新工作室 66 个，基层职工创新小组 721 个。形成以职工创新基地、职工创新工作室、职工创新小组构成的“三位一体”职工创新体系。

6. 积极开展以赛促学活动

按照企业发展要求，围绕岗位创新、素质提升、现场问题解决等，开展多种形式的职工技能竞赛活动，坚持举办职工、青工技能比武，促进技能水平不断提升。重点围绕炼钢工、轧钢工、电工、钳工等主体工种，河钢邯钢已经成功举办 27 届职工技能比赛和 33 届青工技能比赛，每年有 5000 余名技能职工参与比赛。

（六）建立注重能力、突出业绩的人才评价体系和使用激励机制

1. 切准企业战略发展关键指标，科学实施人才评价

一是经营管理人才。坚持“德才兼备、以德为先”的原则，对照“信念坚定、为民服务、勤政务实、敢于担当、清正廉洁”的好干部评价标准，重点评价经营管理人才工作作风和工作业绩。主要评价实干担当的工作态度和生产成本、经营利润等经济技术指标的完成情况；同时，兼顾学历、职称和工作履历等评价因素。二是技术业务人才。主要的评价内容包括：知识结构（学历、专业等）、专业经历（年限、职称等）、专业水平（成果、论文等）、工作业绩（创新创效、课题等）、知识管理（授课、带徒）等。三是操作技能人才。在评价操作技能人才时，重点评价技能水平。在传统职业资格（职业技能等级）鉴定的基础上，主要评价内容包括：工作业绩（产量、质量等）、安全生产（违规、事故等）、创新荣誉（获奖、成果专利等）、绝技绝活、带徒授课等方面。

2. 横向畅通三个人才通道，营造人才成长良好环境

在纵向贯通三个人才成长通道的基础上，打破三个人才通道壁垒，横向畅通三个人才通道，人才成长可在三个通道互相切换，让员工个人职业生涯无缝衔接。一是三个人才通道上同一级别层次可相互转移，如四级技术专家可担任副厂长、技师可担任二档技术主管等。二是一个通道某同层级人才可竞聘另一个通道高一层级人才。

3. 健全人才使用激励体系，确保“留得住、用得好”

在薪酬激励方面，通过建立市场化薪酬分配机制，进一步激发各类人才成长成才活力和创新创效热情。经营管理人才待遇与所在单位绩效水平挂钩，主要随单位利润水平浮动。技术业务人才待遇与创新创效业绩挂钩。技术业务人才坚持课题制管理，每年每名技术业务人才都要结合生产经营中心工作和岗位要求，承担攻关课题，着力优化生产工艺和管理流程，提升产线产量，优化产品结构，促进产线效能释放和效益增长。操作技能人才待遇与岗位职责完成情况挂钩，重点是与产品合格率、班产产量等指标挂钩，同时建立岗位津贴。在荣誉激励方面，建立先进人才表彰制度，表彰各类先进集体和优秀人才，主要包括评科技标兵、操作能手、岗位操作先进个人、职工先进操作法、优秀技术改造和合理化建议项目等十一大类。通过选树优秀典型和先进代表，激发各类人才刻苦钻研、勇于创新的积极性和主动性。

三、适应企业高质量发展的“三通道”人才培训体系建设效果

（一）形成了一支精干高效的员工队伍

截至2020年，经营管理人员中，520人有高级职称，411人有中级职称，中级以上职称占比85%。技术业务人员中、高级工程师551人，工程师1101人，工程师以上职称占比71%。操作技能人员中，高级技师547人，技师1307人，高级工6010人，高技能人才占比70.33%。经营管理、技术业务、操作技能人才比例为1∶13∶66。2017—2020年，企业职工从22621人减为18179人，年人均劳效却从880吨提升到1027吨，企业创效能力持续提升。

（二）成功造就一批高端专业核心人才

近年来，河钢邯钢加大人才培养力度，涌现出一大批创新创效人才。杨洪荣获“全国技术能手”称号，杨洪大型设备精密点检工作室被人力资源社会保障部授予“国家级技能大师工作室”称号。45名职工在国际、全国、省、市及河钢技能大赛中获奖。周文涛、唐笑宇分别摘得第十一届、第十二届世界模拟炼钢挑战赛总决赛冠军。有国务院特殊津贴专家3人，10人荣获“河北省突出贡献技师”称号，3人荣获“河北大工匠”称号，11人荣获“省部级技术能手”称号，15人入选河北省“三三三人才工程”。

（三）助力产品迈入产业链高阶

通过大力培养人才，河钢邯钢创新引领能力逐步增强，成为河北省首家、国内第五家通过工业和信息化部国家技术创新示范企业认定的钢铁企业和国内第二家具备第三代汽车用钢QP1180生产能力的企业。31个产品填补国内空白，161个产品填补河北省空白，20余个产品被评为冶金产品实物质量品牌培育认定产品。独家开发的1100兆帕级压路机振轮耐磨钢，关键技术指标达到国内领先水平。成功轧制世界运行最高时速350千米的高速轨，重轨生产技术达到国内领先水平。新一代轻量化高疲劳寿命车轮钢DP680打破浦项制铁长期垄断局面。通过全方位的管理提升，河钢邯钢对接市场效率明显提高，高端客户集群不断壮大，其中高端直供客户从2017年的217家提升至2020年的338家。品种钢比例从2017年的75.5%提升至2020年的88%，高端产品产量从2017年的507万吨提升至2020年的773万吨。河钢邯钢实现了从中低端市场向高端市场的迈进，品牌竞争力和影响力显著提升。

（成果创造人：李炳军、邓建军、张宪政、石宝伟、王瑞兴、蒲春雷、冀爱平、刘　荣、曹有生、刘迎宾、唐品军、杨　潇）

军工科研院所以岗位价值创造为导向的绩效管理

中国电子科技集团公司第十一研究所

中国电子科技集团公司第十一研究所（以下简称电科11所）创建于1956年，是中国电子科技集团有限公司（以下简称中国电科）管理的二级成员单位。电科11所的技术和产品广泛应用于陆军、海军、空军、火箭军、战支等各军种，以及国家应急管理、智慧交通、智慧医疗等民用领域。现有职工1800余人，拥有以中国工程院院士周寿桓为代表的行业领军带头人。累计获得国家发明奖6项，国家科技进步奖40余项，省部级科技进步奖200余项。

一、军工科研院所以岗位价值创造为导向的绩效管理背景

（一）贯彻国家关于分配体制机制改革战略部署的需要

作为央企，电科11所有责任有义务深入贯彻中央深化人才发展体制机制改革部署，健全与劳动力市场基本适应、与经济效益和劳动生产率挂钩的工资分配机制；优化业绩考核评估，完善收入分配激励约束机制，激发全体员工积极性、创造性，以实际行动贯彻落实党中央战略部署，为国有企业深化人才发展体制机制改革探索实施路径。

（二）全面落实中国电科新时代使命引领型创新人才工作体系的需要

为进一步实现人才工作体系和效能的现代化，中国电科启动实施了新时代使命引领型创新人才工作体系工程，通过推进薪酬激励体系建设，促进新时代使命引领型创新人才工作体系落实落地，秉承科技兴军初心，肩负网络强国使命，支撑中国电科实现世界一流企业的战略目标和总体发展规划。在国企三项制度改革中，对分配制度改革提出“实行按劳分配为主、效率优先、兼顾公平”的整体思路，要求“合理的拉开分配档次”“收入能高能低”，这就对分配考核制度的公平公正性提出了更高的要求，迫切需要完善绩效分配考核管理，公平公正地评价员工绩效，以激励员工提升工作积极性。电科11所有责任有义务响应国家、中国电科有关激励管理的战略部署，完善绩效考核和薪酬分配体系，激发员工活力，推动价值的创造和提升，为国有军工科研院所的持续健康发展做出突出贡献。

（三）优化内部绩效考核体系与薪酬分配结构、激发员工持续投入的内在需要

科研生产任务的圆满完成是电科11所价值创造的主要方向。因此，建立科学的激励机制，鼓励员工投身科研生产，激励员工开拓创新、多做贡献，是关系电科11所科研生产任务是否圆满完成、推动未来业务发展和充分履行强军首责的关键所在。然而，现有绩效考核和薪酬激励机制导向作用发挥不明显，考核不够科学，体系不够健全，指标不够量化、不好衡量，没有聚焦价值，拉动作用不强，而且薪酬激励方式较为单一，激励与约束不强，业绩创造未能充分体现，存在“好人主义”“平均主义”“拍脑袋”现象，岗位之间的价值差异未能充分体现，岗位职责之外的其他贡献未能体现，无法有效调动员工的积极性，迫切需要建立一套适应现代科研生产管理模式，准确反映价值创造贡献的绩效考评和薪酬分配体系。

二、军工科研院所以岗位价值创造为导向的绩效管理主要做法

2016年以来，电科11所突出以知识、管理、劳动为要素评价员工价值贡献，重新构建以价值和贡献为导向的绩效考核与薪酬分配体系，通过把组织绩效目标转化为个人绩效目标，客观识别和评价岗位价值和业绩贡献，给予员工相应的薪酬回报，使员工得到有效激励，为组织创造更大价值，从而形成一个自闭环激励机制，使组织产生持续发展的自驱力，实现了快速发展。在绩效考核方面，为能够有效识

别和评价岗位价值与业绩贡献，建立了适用于“多专业集成、多产品并行、科研生产一体”业务模式的分层次、分类别、多维度的差异化考核体系，通过考核有效识别和评价岗位价值与业绩贡献。在薪酬分配方面，采取“倾斜核心、激励中坚、稳定基层，按要素和贡献进行分配”的薪酬策略，建立了基于“岗位价值＋业绩创造”双约束的“217矩阵式”绩效工资计算模型，有效建立起了“岗位价值、业绩创造、绩效工资”三者间的量化关系，真正实现绩效工资是算出来的，提高分配的科学性、合理性，提高薪酬满意度。

（一）顶层设计、系统策划绩效考核和薪酬分配体系

1. 围绕战略目标，确定绩效考核、薪酬分配导向及策略

在绩效考核方面，确定绩效考核的目标是通过正确的指导强化员工已有的正确行为，克服考核中发现的低效率行为或扣分行为，不断提高员工的工作执行能力和工作绩效。建立了以“岗位价值＋业绩创造”为导向的分层次、分类别、多维度的差异化考核体系，通过考核有效识别和评价岗位价值与业绩贡献，使得考核更精准、更客观。在薪酬分配方面，明确薪酬分配的目标是充分发挥薪酬分配的激励导向作用，以达到吸引人才、保留人才、激励人才和支撑组织整体发展战略的目的，实现“保任务、提士气、促发展”，制订“倾斜核心、激励中坚、稳定基层，按要素和贡献进行分配”的薪酬分配策略，实施“基本工资、岗位工资、绩效工资、津补贴、中长期激励”的五元薪酬结构，秉承“优才优遇、优劳优酬，按贡献付酬”的薪酬管理宗旨，坚持价值和贡献创造的总体原则。

2. 成立组织机构，顶层策划绩效考核和薪酬分配体系

成立绩效考核和薪酬管理委员会，负责考核体系、薪酬体系的设计与调整、绩效工资及专项奖金的分配、特殊情况的决策及薪酬申诉的调查和处理；设立绩效考核和薪酬管理办公室，负责制订、修订管理制度，拟定员工岗位工资方案，按期组织绩效考核并进行考核结果汇总，收集专项奖励基础数据并根据绩效分配体系进行绩效工资的初步计算，供薪酬委员会决策。

（二）建立以“岗位价值＋业绩创造”为导向的分层次、分类别、多维度绩效考核体系

1. 建立与组织职责相匹配的“三纵四横”矩阵式岗位体系

一是梳理组织结构，构建岗位体系。以电科11所A事业部为例，A事业部主要职责包括经营管理与保障（管理平台）、技术研发与生产（专业平台）、产品设计开发与交付（产品平台）等三大职责，相应设置了4个职能办公室、6个专业中心和4个产品中心，共14个二级组织来承接三大职责，构成了A事业部的组织结构，具有多专业集成、多产品并行、科研生产一体化的特点。在此基础上，通过组织分析和工作分析，设置若干岗位，保障组织目标、组织职责的落地实施。根据岗位属性和岗位层级建立起“三纵四横”矩阵式岗位体系。其中，“三纵”指的是岗位属性分为三类，经营管理、专业技术、专门技能；“四横”指的是岗位层级分为四层，核心层、关键层、骨干层、基础层。经营管理序列从低到高设置有管理专员、组长、班长、主管、副主任、主任等，专业技术序列从低到高设置有设计师（工艺师）、主管设计师（工艺师）、副主任设计师（工艺师）、主任设计师（工艺师）、集团专家、集团高级专家，专门技能序列从低到高设置有技师、工艺点负责人、工艺平台调度、高级技师、技能专家等，最终建立起与组织职责、结构相匹配的“三纵四横”的矩阵式岗位体系。二是明确岗位职责，制订绩效目标。明确各个岗位的职责，编制岗位说明书、岗位知识体系表、技术素质分级表，确定各个岗位设置的目标、工作关系、岗位具体职责与工作任务、任职资格、岗位权限、工作条件等；同时，进行多次的上下级、上下游的双向沟通，实现部门上下对各岗位职责的一致性理解，使员工本人对工作职责、工作目标、权利义务等更加明晰，从而明确其绩效考核目标及要求。

2. 建立以岗位职责为基础的分层次、分类别、多维度的差异化考核评价体系

一是明确考核维度。不同序列岗位，考核维度不同，管理序列考核维度主要包括直接上级、间接上

级、协作方，技术序列考核维度主要包括专业中心、产品中心和协作方。同一序列不同层级，考核维度也不尽相同，要根据岗位职责来确定。二是设计基于 OKR（目标与关键成果法）的考核指标结构。将岗位指标设计为个人绩效指标、组织绩效指标、协作绩效指标三大类，根据岗位层级、岗位序列赋予每个岗位不同的绩效考核指标。对于某个具体的岗位，这三类指标所占的权重是不同的。一般来讲，岗位层级越高，岗位责任和权限就越大，对组织绩效目标实现的影响度就越大，组织绩效指标所占的权重越大；同时，对协作性的要求也越高，协作绩效指标所占的权重越大。核心层和关键层的岗位，不但要完成本岗位工作、协助配合相关方，对组织绩效的影响程度也非常大，因此，岗位要考核“个人绩效指标＋组织绩效指标＋协作绩效指标”。骨干层的岗位，不但要完成本岗位的工作，还需要协助配合相关方共同实现绩效目标，因此，岗位要考核“个人绩效指标＋协作绩效指标”。基础层的岗位，因其主要职责是完成直接上级交办的工作，对组织绩效和其他岗位绩效的影响很小，所以，岗位只考核个人绩效指标即可。此外，由于经营管理、专业技术、专门技能三类岗位性质不同，即使处于同一岗位层级，个人绩效指标、组织绩效指标、协作绩效指标所占的权重也是不同的，所占权重可以根据实际情况进行调整。综上所述，员工最终绩效考核得分＝ω1 个人绩效指标考核得分＋ ω2 组织绩效指标考核得分＋ ω3 协作绩效指标考核得分。三是设计基于岗位类别和业务属性的关键绩效指标（KPI）。对于个人绩效指标设计，可以从两个维度考虑，一个维度是岗位类别，包括经营管理、专业技术、专门技能；另一个维度是业务属性，即项目（产品）属性、专业技术属性、管理属性。根据组织结构及运行模式，以岗位目标和职责为依据提炼关键绩效考核指标，确保考核指标与业务高度匹配。四是设计考核等级。有了考核指标体系，制订了明确的考评标准，考核就可以顺利进行了。考核如果能做到客观、量化，就可以对考核等级进行细化，将考核结果划分为卓越、优秀、“良好＋”、良好、称职、基本称职、不称职 7 个等级，拉开考核档差，各等级的比例根据组织的发展阶段及管理需求按照正态强制分布的方式确定，这样就可以对人员考核结果进行分级和定性，让优秀员工显得出来、落后员工“藏不住”。五是建立以绩效改进为目标的考核反馈机制。考核后，各级管理者将考核结果如实反馈给每名员工，使员工能够明确知道自己的工作业绩和表现在组织中获得的评价，同时清楚知道自身存在的不足和努力的方向。对于获得“基本称职”“不称职”的员工，会将其列入绩效辅导期，帮助员工正视绩效偏差，为员工制订绩效辅导期改进计划，由直接上级帮助员工整改；同时，会为不适合岗位的员工提供调岗的机会，规定期限内仍未改进的将末位淘汰。

（三）建立以“岗位价值＋业绩创造”为导向的薪酬分配体系

1. 以战略目标为牵引，顶层设计薪酬分配体系

薪酬管理委员会根据发展现状、战略规划、经济效益等因素，从岗位价值评估、绩效考核、个人素质水平、组织总体效益四大方面进行薪酬分配体系的设计，确定薪酬策略、总体原则及薪酬结构。采取“倾斜核心、激励中坚、稳定基层、按要素和贡献进行分配”的薪酬策略，实施“基本工资、岗位工资、绩效工资、津补贴、中长期激励”的五元薪酬结构，秉承“优才优遇、优劳优酬、按贡献付酬”的薪酬管理宗旨，坚持价值和贡献创造的总体原则，形成重岗位、重实绩、重贡献且向科研生产一线、关键岗位和骨干人才倾斜的薪酬分配体系。

2. 聚焦岗位价值，开展岗位价值评估，建立岗位工资体系

对岗位的重要程度、职责大小、工作强度、工作难度、任职条件、工作环境等特性进行评价，以确定岗位的相对价值，据此确立与职责相匹配的岗位序列价值等级体系。根据岗位确定岗位工资薪级，根据职称、工作经验、过往绩效、胜任能力和工作态度等因素确定岗位工资薪档。最终，根据岗位薪级和岗位薪档，对照岗位工资宽带表，进而确定岗位工资。

3. 建立基于“绩效类别 + 考评评级”双约束的“217 矩阵式”绩效工资计算模型

以岗位价值和业绩创造为导向，绘制 21 横 7 纵的矩阵式绩效系数表，横轴为不同岗位等级，纵轴为绩效考评评级，岗位等级分为经营管理 A ~ J 档、专业技术 A ~ J 档、专门技能 A ~ J 档共 21 档，绩效考核评级分为卓越、优秀、“良好 +”、良好、称职、基本称职、不称职 7 档。岗位等级与绩效考评评级的交点即为绩效工资系数，绩效工资系数每年通过测算岗位薪酬水平和增长率，以及综合考虑外部对标、发展战略等因素确定及适当调整。按照岗位等级越高、考核评级越高、绩效工资系数越高的原则，赋予每个交点具体的绩效工资系数值，系数的大小与岗位价值、考核结果强关联，直接影响季度（月度）绩效工资的数额，使绩效工资充分体现出因岗位价值和业绩贡献不同形成的差异化。根据不同岗位的职责、岗位价值、贡献度等因素对岗位价值进行评估，进而确定不同岗位对应的岗位等级，根据季度（年度）考核得分确定绩效考核评级，由岗位等级（x）和绩效考核评级（y）对照绩效工资系数表确定每名员工的绩效工资系数，进而计算出每名员工的绩效工资。通过该绩效计算模型的实施，将绩效工资与岗位价值、业绩创造进行强关联。

4. 实施基于价值创造和赋能的多元化补充激励机制

为进一步弥补薪酬分配盲点，探索实施多元化补充激励机制，即员工最终绩效工资由“217 模型”计算出的绩效工资 + 中心（研究室）二级激励奖金 + 专项奖金构成。一是设置多元化的二级激励。二级激励指 A 事业部根据下属中心（研究室）的目标完成情况给予的集体性奖励，由各中心（研究室）二次分配给所属员工，一方面引导员工在提升个人绩效的同时提升组织绩效，将个人利益与组织利益绑定；二是填补绩效工资分配中的盲点，包括调整同档考核评级中的细微差异、体现临时性的工作贡献、补贴不同工种间劳动条件和强度差异等，让薪酬分配更加科学合理。二是设置多元化的专项奖励。员工对于组织的贡献是多方面的，不仅限于岗位职责范围。专项奖励是指用来奖励员工做出的岗位职责以外的有助于提升组织绩效的间接性的贡献。主要包括：市场开拓类、创新创效类、企业文化类、风险防控类四大类，市场开拓奖励、项目竞标奖励、学术成果奖励、专项技术攻关奖励、评先评优奖励、人才培养奖励、全勤奖励、质量安全保密奖励、违规违纪处罚 9 类，以及审价奖励、能力建设奖励、培训奖励、党工团委员奖励、回款奖励等 39 项。主要用于奖励为市场开拓、项目争取、科技创新、能力建设、管理创新、成品率提升和降低生产成本等方面做出突出贡献的相关人员。专项奖励为一次性奖励，贡献越大、收入越多，多劳多得。二级激励、专项奖励与绩效工资既相互区别，又互为补充，可再次校准薪酬偏差，进一步将个人独特价值贡献显性化，将员工所得与劳动价值、业绩创造再次进行关联，实现按绩取酬。

（四）构建保障体系，确保绩效考核和薪酬分配管理落地

1. 构建考核考评反馈机制，强化考核结果应用

一是创建上下沟通反馈渠道、构建考核考评反馈机制。建立积极、有效的员工沟通渠道，考核前加大考核办法及规则的宣贯；考核工作结束后将考核结果反馈给员工本人，可以提醒其发现自身存在的不足之处并及时改进，从而强化绩效考核工作的激励和约束效能。对于那些绩效考核结果突出的员工，在荣誉奖励、培养支持、评先评优等方面优先考虑，提供提升机会，同时绩效薪酬也随着考核结果有所提升；对于那些绩效考核结果落后的员工，安排进入一个季度的绩效辅导期，就绩效情况、成功与不足的原因分析等情况与员工充分沟通，达成共识，帮助员工正视绩效偏差，与员工共同制订改进措施，实现绩效的持续改进，并为其安排相应的技能培训或进行岗位调换、留岗查看，促进个人能力提升，进一步优化人力资源配置。强化考核结果的应用，以绩效考核为牵引，采用“月度小考 + 季度大考”的考核方式，将员工的价值贡献与薪酬直接挂钩，同时考核结果将为任职资格、培训发展、职称评定、岗位晋升、调岗、辞退等工作提供决策依据。二是建立绩效分配监督机制，确保公平公正。每季度将绩效发放

明细表及工资明细反馈至每名员工，支持员工及时反馈分配过程中的困惑、疑问和问题，确保绩效分配公平公正。对于专项奖励，以张贴公示的方式进行。

2. 建立制度体系，形成长效机制

制订并优化形成《薪酬管理办法》《员工绩效考核管理办法》《中心及管理办公室目标考核管理办法》《项目负责人考核办法》《分项目负责人考核办法》《二级激励分配办法》《项目奖励办法》《质量管理奖惩办法》《安全生产量化考核奖惩标准》《保密工作量化考核奖惩标准》等，及时宣贯，做到考核和奖惩有依据，形成长效机制。

（五）自主设计绩效管理信息化系统，推动新时期管理转型升级

在计算年终绩效工资时，由于绩效分配涉及多元化专项奖励种类多，不可避免出现基础数据统计误差现象；同时，绩效系数需对标外部市场情况、员工个人薪酬年增长情况、特殊人员情况等多重约束条件进行调整，需确保多种绩效系数方案下绩效工资总额不变，以往基于 excel 公式的计算模式，一个环节的疏忽可能造成整体绩效计算的错误，为保障绩效分配的合理性、准确性，需占用大量的时间精力反复核对。绩效分配工具的便利性将直接影响分配效率及准确性，在此背景下，自主设计开发了绩效管理信息化系统，促进管理提升。通过该系统的应用，可实现绩效管理的全流程化、规范化，软件开发了数据分析、数据透视功能，极大提高了工作效率，实现了管理过程、管理载体、信息数据的显性化记录，推动新时期管理转型升级。

三、军工科研院所以岗位价值创造为导向的绩效管理效果

（一）构建起“价值创造→价值评价→价值分配→价值再造”的闭环激励机制

构建了“价值创造→价值评价→价值分配→价值再造”的闭环式激励机制，该机制通过把组织绩效目标转化为个人绩效目标，客观评价绩效目标实现过程中的员工价值和贡献，给予相应的薪酬回报，使员工得到有效激励，进而改进自身绩效，为组织创造更大价值，使组织产生持续发展的自驱力。通过该机制的构建，可实现薪酬与考核评级、岗位价值相匹配，使得绩效考核更加规范，薪酬分配更加科学，可真正实现激励员工价值再创造的作用，具有较强的可操作性和推广价值，可供有工资总额限制的企事业单位广泛学习、复制和借鉴。

（二）员工积极性明显改善，工作效率大幅提升，取得显著的经济效益

2020 年，较该成果实施基年（2015 年），电科 11 所全员劳动生产率增长了 81.20%，营业收入增长了 142.05%；利润增长了 197.06%，成果实施效果显著，员工工作积极性明显改善，工作效率大幅提升。

“十三五”期间，获得国防科技一等奖 3 项、二等奖 4 项、三等奖 6 项；获得中国电科科技进步奖共 22 项，其中特等奖 2 项、一等奖 7 项、二等奖 5 项；获得专利授权 199 项，其中发明专利授权 113 项；取得国际领先或国内领先、国际先进技术成果共 27 项。2017—2020 年，连续 4 年取得中国电科成员单位业绩考核 A 级评价的成绩。

（三）强化了价值导向，促进了公平与效率，提升了员工薪酬满意度

通过该成果实施，使以“岗位价值与业绩创造”为核心的价值观深入人心，员工更加注重承担责任、做出业绩；考核与薪酬分配有据可依，更加透明，杜绝了人情管理，增加了公信力，薪酬水平合理拉开，打破“平均主义”，核心岗位、骨干员工收入大幅提升，增强了制度的激励性，员工薪酬满意度明显提升。该成果已正式应用 5 年，在实践中不断丰富完善，形成了可复制、可持续、可推广的实践经验，为更大范围、更广深度的薪酬改革打好了样板。

（成果创造人：于　宏、王成刚、刘园园、黄维清、聂　媛、张　磊、王亚妮、王　露、王　葳、胡颖涛、强　宇、陈晓东）

汽车企业基于全过程动态平衡的精益化人力资源配置管理

东风本田汽车有限公司

东风本田汽车有限公司（以下简称东风本田）是由东风汽车集团股份有限公司出资50%、本田技研工业（中国）投资有限公司出资10%、日本本田技研工业株式会社出资40%共同组建的整车生产经营企业。东风本田成立于2003年，注册资本9.5亿美元，通过坚持“一次规划、分步实施、滚动发展”的建设理念，目前在武汉市经济技术开发区完成3个生产工厂的产业布局。其中，第三工厂一期项目已于2019年4月建成投产，二期项目已于2020年8月建成投产，总设计产能已达成72万辆/年。截至2020年，东风本田累计销售整车609.2万辆，累计上缴税金1240.7亿元。

一、汽车企业基于全过程动态平衡的精益化人力资源配置管理背景

在近年来国际政治经济各种错综复杂因素的影响下，国内乘用车市场继续下滑，市场形势严峻，而东风本田经过近17年的发展，目前已经形成了3个整车工厂并驾齐驱的发展格局。2018年以51.2万辆的产能挑战完成72万辆以上的产销目标，2019年以63.2万辆的产能强势突破80万辆产销目标，实现了汽车行业罕有的逆势增长，产能利用率超过140%，人均劳动效率超过64辆/人，实际用工总量低于行业平均值13%，人事关键指标保持行业领先水平。但是，未来面对汽车行业严峻复杂的内外部环境，有必要探索从传统的“有需必应、有余必退”的单一服务支持型人力资源配置思维向战略性人力资源体系转变，支撑企业可持续发展目标的达成。

二、汽车企业基于全过程动态平衡的精益化人力资源配置管理主要做法

（一）基于全生命周期要员配置，建立全领域的业务伙伴关系

按照“体质精简”的发展战略，东风本田建立供需联动机制，构建“柔性引进、赋能活用、灵活退出”的要员配置体系。

构建机制，实现目标融合化及沟通立体化。以构建战略性人力资源配置体系为导向，东风本田建立完善了组织保障机制，确保体系方案执行落地。一是融合组织目标。通过年初推动各部门编制共同要员管理目标的年度事业计划，奠定了要员灵活配置“部长负责制”的组织目标基础。二是建立组织机制。建立了以达成要员配置最佳目标供需联动的“项目制”管理组织。三是拓宽沟通渠道。通过公司级战略研讨会、部门级供需交流会建立了“立体化”的沟通交流机制，打造制造领域与人力资源领域“双向奔赴”的要员配置供需联动机制。四是明确合作分工。制造部门根据排产计划、工位测算分析机种差带来不同时段要员需求波动，实现要员招录需求提出的最小化。人力资源部门根据离职预测、新人培训周期的无缝衔接，实现要员招录进度控制的最大化。

要员引进，实现配置多元化及储备扩容化。产能扩张时，以前瞻性的思路规划合理改善劳动用工模式，将以合同制为主的用工方式转变为以协同工、劳务工、实习生、业务外包等多样化用工方式。一是为了提升企业用工体制的灵活性和弹性用工，2018年以来，进一步采用劳务派遣、协同支援、业务外包相结合的多种用工方式，协同制造领域根据法规管控、岗位特性、品质要求等因素，充分挖掘梳理弹性用工岗位。二是拓宽人才引进渠道，深入开展保全班、模修班等大中专院校定向合作，进一步开拓湖北省外优质院校资源，扩容作业员“储备池”，持续激发整个组织的创造精神和人才活力，形成整体向上的人才输送通道，做好技能人才储备，保证技能人才队伍的延续性及未来企业持续发展能力。2018—2019年累计新增弹性用工岗位229个，较2017年增长98%，累计招录实习生1191人，占整体要员招

录总数的96%。

要员赋能，实现活用最大化及结构均衡化。在市场波动、产能调整时，打通各工厂间要员调配业务链条，实现工厂间要员活用最大化、总量最小化、配置均衡化。一是要员衔接精准化，根据工厂投产目标及生产体制切换时间，与制造管理部、几大工厂协同，整合要员供需、培训计划、生产准备等，确定最佳要员导入时机，实现生产体制切换富余要员与几大工厂要员需求无缝衔接。二是人岗匹配最优化，打破技能人才配置的“楚河汉界”，畅通各工厂间要员调配业务链条。确定了同工种优先、同工厂不同工种次之、不同工厂不同工种再次之的大原则，推进实施工厂间的要员活用。三是要员配备均衡化，为了保持组织内生活力与动能，实现人力资源均衡化配置，3个工厂建立了以用工结构、年龄（工龄）结构、学历结构、地缘结构等“四维”均衡的要员配置原则。四是技能提升增值化，通过“一岗多能”“导师带徒”等方式为技能员工赋能以快速适应多个岗位，通过现场改善、技能竞赛等多种形式强化技能训练、提升专业技术水平，打造可快速适应同工艺、多岗位的高素质高技能“多能工人才造血库”。2018—2020年，东风本田平均每年培养制造领域多能工609人，累计工厂间调配活用2094人，实现第三工厂投产目标的同时，较上年末要员总量达成了总量净减少。

要员退出，实现风险预控化及影响最小化。在市场波动或生产体制切换要员富余时，为了维护良好商誉，提前识别与管控潜在的批量解约风险，实现负面影响最小化。一是统筹预置合理的弹性用工目标，人力资源与制造部门协同，不断扩充弹性用工岗位总量。二是明确劳务工退出预案，在与劳务公司签订合作意向合同时，协议中建立完善劳务工转聘制度及退出机制，实现劳务工退出对企业商誉影响的最小化。截至2020年，弹性用工岗位规模由2017年的235个扩大至668个，整体增加184%，实现弹性用工总量覆盖现有“5+1”生产体制的600余人。

（二）构筑生产数字化稼动模型，打造“业务+数据驱动”双引擎

面对“VUCA时代”下的汽车市场，基于东风本田战略发展要求，人力资源联合制造领域建立能够应对各类突发要求，以及适应产销联动快速响应的要员配置模型，驱动业务资源优化配置。

建立“最小化要员需求数字模型”，精准配置生产线开动要员。以生产工艺为框架，以职种序列为单元，通过对工厂节拍、开动率等数据分析测算，建立各工艺生产线开动“最小要员需求模型”，以应对各类突发状况。基于几大工厂原有单班标准体制要员，按照工艺流程、职种分类、要员技能等，结合生产节拍、开动率设定，测算生产线开动需要的要员数。2020年伊始，面对来势汹汹的新冠肺炎疫情，在抓好疫情防控的基础上，为了尽早复工复产，如总装领域以装配岗、搬运岗、设备岗、检查岗、返修岗等职种为单元，以外装、内饰、电装、底盘、分装等工艺线路为流程，确定最小化“矩阵式”要员配置模型，与具备返岗条件员工及其所在岗位进行对照匹配，在政府允许复工的前提下，第一时间实现生产线“最小化”开动。

建立“敏捷化生产体制切换模型”，快速应对汽车市场波动。为了快速响应对汽车市场“冰与火”的考验，打造产销联动、高效灵活的生产体制，面对标准设计产能及不同工厂车型生产不同的局面，东风本田自2017年起设置了“3班2倒”“5+1”“加班体制”“单班530”“双班500”等多种生产体制，形成了单个工厂在年产12万辆→24万辆→32万辆→38万辆产能区间灵活切换，以应对市场波动对生产产能要求的增减变化，最大化保障公司收益目标。人力资源联合制造管理部、3个整车工厂在整合不同产能设计前提下的各职种要员配置需求，建立起“体制切换要员配置模型”，满足产销联动时3个工厂可以按照要员配置需求快速调配工厂间要员的要求，实现生产对市场波动的快速反应。

导入JPMH劳动效率管控，持续推动劳动效率改善。近几年来，东风本田高速发展，各项经营指标逆势增长，为了进一步促进劳动效率提升，按照劳动效率管控方针，在制造领域导入、建立JPMH劳动效率管控指标，设定年度劳动效率提升4%的目标。通过对各工厂生产节拍、稼动率、实际产出等统

计，结合要员数、出勤工时、加班等核算 JPMH 值，开展工厂间、行业内横向纵向对标，查找差距并不断 PDCA 改善。非制造领域通过业务流程改善、制度体制优化、信息数据共享等工具，促进管理效率与服务质量提升。通过部门出勤工时实现可视化数据共享，实时同期跟踪，强化加班预实管控，保证用工工时的合法性、合规性，提升人工成本投入产出效率。

（三）搭建动态平衡用工平台，打造可视化人力资源“驾驶舱”。

面对汽车市场“寒冬”，开创东风本田与集团内兄弟单位劳动用工协同平台，建立公司内工厂间要员调配平台，构建人力资源数据管理“驾驶舱”，打造多层次的动态平衡用工平台。

构建集团内协同用工平台，开创东风“合作多赢”的新篇章。2020 年，面对疫情不利影响，在过往协同经验的基础上，基于东风本田与神龙公司双方人力资源配置现状，共同构建人员协同战略体系，搭建协同用工常态化平台，协同用工 200 余人，达成了集团整体要员削减、用人单位要员高效补充、协同单位成本下降的多赢局面。

构建公司内要员调配平台，串联工厂间要员供给信息链。基于产销联动带来的生产体制切换，建立公司内部要员调配协同平台，将要员需求与供给信息的实时在线显示，串联工厂间用工供给信息链，掌握各工厂人员差异，实现用工需求的动态平衡，促进要员合理流动，实现多个工厂要员最优配置。实时共享要员动态、人工成本、关键指标趋势等信息，为部门人力资源管理提供参考依据。

构建人力资源管理“驾驶舱”，为管理决策提供“一站式”支持。随着大数据、云计算等新技术的发展，数据价值化成为大数据技术体系的核心，基于人力资源系统原始数据建立了高质量数据池。一期按照人力资源业务分析思路，建立了人员概况、人员预实、招聘分析、离职分析等 6 个模块，实时展现多维度的要员结构、人员预实、离职同期比较、招聘需求满足等业务图表；二期建立关键指标、加班管控等 5 个模块，展现 KPI 指标、趋势预测、加班预实等分析图表，构建可视化人力资源“驾驶舱”，为业务决策提供“一站式”支持。

（四）打好提质增效“组合拳”，“赘肉”变“肌肉”

为了实现精益要员体制，以自然削减为主、柔性削减为辅，联合各部门联动开展“瘦身行动”，“赘肉”变“肌肉”。

自动化导入，工位替代优化要员。为了降本增效、削减要员、降低要员劳动强度，打造智能工厂，各业务领域近几年来提出了“挑战焊装 363 + 11”“智能涂装 435”等 40 余项自动化项目。具体项目包括冲压装箱自动化、焊装尾箱盖焊点自动化、导入清漆内喷机器人、增加涂天窗、涂胶完成玻璃的自动移载机构等，通过自动化设备导入累计削减、活用现场要员 168 人。

业务外委，工位撤销优化要员。为了进一步降低内作成本，在合理投入产出分析的前提下，通过业务外委削减要员。2018 年以来，人力资源部门提供的成本核算等信息，制造部门从 5 个方面检证本部门业务外委工作的可行性与投入产出合理性，人力资源部门与制造部门协同推进非核心、非技术低附加值业务外委工作，通过业务外委累计削减 212 人。

工程优化，工位合并优化要员。随着精益工厂管理理念的不断深入，制造领域对生产工艺编程的不断优化，提升作业员的有效作业时间，进一步削减要员。涂装领域利用 2018 年高温假期，通过岗位编程优化吸收、施工中采用工位合并和 U 段延长吸收等方式，减少了 4 个工位。几大工厂通过工艺编程优化累计削减 86 人。

业务整合，管理优化要员削减。通过开展业务整合、现场管理改善、组织机构精简等方式，控制要员增长。一是合理整合业务分工，减少新业务带来的增员。二是推动现场管理优化，实现要员最大化活用。例如，铸造领域针对现有保全“4 班 3 倒”的管理体制，通过采用技术保全值班、维修保全活用、保全现场“师带徒”等多种方式，保全倒班系统削减 1 个班的勤务人员。三是组织设计精简化，实现组织发展时管理人员最优配置。通过管理优化、业务整合等方式累计削减要员352人。

（五）多元化用工模式合规管控，构筑前瞻性的风险“防火墙”。

在合同工、劳务工、实习生、协同工等多种混合模式下，以显性人工成本与法律成本（风险成本）相结合的管理思维，建立“预警、预测、预控”的劳动用工风险管控体系。一是定期对各项业务进行合法合规检证，严格按照相关法律法规要求对劳务工、实习生总量规模进行上限控制，一次性通过湖北省及集团年度用工审查。二是按照有关规定对有毒有害岗位性质严格分级分类管理，有计划、有针对性地对有毒有害岗位员工进行轮岗，无一例职业病确诊。三是建立完善的入职前、在职中、离职前的职业健康体检机制，保障了员工权益，也规避了企业风险，无一例因此而产生的争议。四是对存在劳动关系风险的重点人群，按照工伤、健康、违纪等分类跟踪，做到“早知晓、早准备、早处理”，无一例发展为争议。五是针对协同工协议专项定置，灵活转变用工方式，平稳完成了由协同工至合同工的过度，在规避违法用工风险的同时满足了公司要员的需求。未来，将以前瞻性的战略视角，应对未来发展及风险防控。

三、汽车企业基于全过程动态平衡的精益化人力资源配置管理效果

构建了“柔性引进、赋能活用、灵活退出”的人员精益化管理配置体系，为业务决策提供“一站式”支持。以劳动效率提升为中心，建立基于全生命周期动态平衡的人力资源配置体系，从招聘流程再造、要员需求整合、引进渠道分析、配置活用原则、退出预案制订等全生命周期角度，实现核心骨干人员精准管理的目标。引入东风本田借助互联网创新人力资源数据治理的理念，首次将人力资源领域引入可视化“管理驾驶舱”，构筑生产数字化稼动模型，驱动业务资源优化配置，分析测算工厂节拍、开动率等数据，建立各工艺生产线开动“最小要员需求模型”，满足产销联动和生产对市场波动的快速反应。

打造集团内跨企业的全领域业务伙伴关系。搭建集团与兄弟单位及公司内部组织协同常态化用工平台，构建人员协同战略体系，建立要员供需调配平台和供给信息链，实现用工需求的动态平衡，促进要员合理流动，有效推动集团内部协同用工。

通过构建基于全生命周期动态平衡的精益化人力资源配置体系，促进企业“体质精简”降本增效，“赘肉”变“肌肉”。2018—2020年，累计削减要员1018人，以第三工厂投产及能扩要员需求为契机，充分活用第一、第二工厂“3班2倒”与“5+1”生产体制要员2094人，累计节约人工成本1.77亿元，人均工业增加值处于行业75分以上，人工成本利润率居行业前列，人事费用率水平处于行业领先水平。

（成果创造人：郑纯楷、陈小莉、黄　梅、刘　君、付令银、黄　晶、
程良栋、王树澍、田黎明、朱　果、任　潘、周　琳）

以科研项目价值量化为基础的员工绩效管理体系构建与实施

中国兵器工业第二〇三研究所

中国兵器工业第二〇三研究所（以下简称203所）是我国“制导兵器技术开发中心”“弹药技术研究开发中心”和中国兵器工业集团有限公司（以下简称中国兵器）“制导火箭研发中心”，现形成科研开发、弹药装配、工艺与环境试验、外场综合试验“一所四区”布局。建所以来，研制出导弹、火箭和智能弹药等武器装备30多种，已分别装备到陆军、陆航、空军等部队并形成了战斗力。累计获得科技成果1500余项，获得国家科技进步特等奖1项、一等奖5项、二等奖6项。现有员工1600余人，其中有中国工程院院士3人、中国兵器首席科学家5人、国家及省部级有突出贡献专家3人、享受政府特殊津贴专家14人。

一、以科研项目价值量化为基础的员工绩效管理体系构建与实施背景

（一）实施创新驱动发展战略和贯彻强军思想的根本要求

围绕武器装备机械化信息化智能化融合发展，加快实施国防领域重大工程，发展各军兵种新一代作战装备体系，全面推进装备智能化建设，努力实现武器装备由跟跑向并跑领跑的跨越，是我军提升“三个战略能力”的重要支撑。时代赋予使命，责任呼唤担当，新阶段的使命责任给绩效管理提出了新课题。203所紧扣发展主题，围绕科技创新积极探索绩效管理模式转型，积极服务国家发展战略，着眼长远建体系强创新，增强自主创新能力，更好履行强军首责。

（二）适应装备竞争性采购和研发模式转型的迫切需求

随着我军装备竞争性采购与军品定价方式改革的深入推进，军品采购由部件层面的竞争性采购过渡到总体层面的竞争性采购，全方位、多领域的军品科研生产竞争格局正在逐步形成；进一步推动军品市场开放和军民技术互动、能力互补、信息互通、资源共享，使军品竞争更加常态化、多元化。面对竞争空前的市场，203所积极转变研发模式，强化行业竞争力培育，争做研发产业“链核”，持续提升领域地位和话语权。推进落实核心关键技术自主可控，提高专业化能力，在发展理念、管理逻辑上紧跟时代步伐。以创新的绩效管理模式促进专业能力提升，提高研发质量和效率，促进研发模式向有质量、有效益、可持续发展的精益研发模式的转型。

（三）引领和带动集团公司某方面发展的切实需要

随着科研任务日益繁重，203所装备研发仍以技术推动为主，实战需求牵引较弱，装备体系建设亟待加强；同时，研发管理模式也逐步表现出“缺乏目标管理、科技创新活力不强、人才潜能激发不足、缺乏敏锐的市场意识”等不足，造成项目团队规模逐年膨胀、人力资源效率不高。203所围绕更好地服务于装备研发体系和技术研究体系，以绩效管理体系改革为切入点，持续加大科技创新力度，统筹推进集团公司重大工程和重点项目，协调平衡项目研制和专业建设体系化发展，助力集团公司可持续高质量发展。

二、以科研项目价值量化为基础的员工绩效管理体系构建与实施主要做法

203所围绕战略目标，采取“量化评估、目标考核、科学激励”的发展策略，创造性地形成了具有“创新引领、价值量化、精简高效、持续改进”等具有鲜明特色的绩效管理体系。在传统绩效管理基本流程的基础上，提出了绩效评估前置的理念并推动实施，构建了科研项目价值量化评估和专业岗位价值评估模式，形成了“任务＋预期绩效薪酬”的双目标管理；建立了全周期多维度创新激励体系，强化

过程监控和绩效跟踪；完善了 PDCA 管理闭环和目标刚性考核机制，强化任务履约和完成品质，卓有成效地树立多劳多得、早劳早得、优劳多得的考核激励导向。通过基于价值量化的科技创新型绩效管理体系构建与实施，对装备科研生产和专业技术研究任务高质量完成起到了积极促进作用，进一步提升了员工的创新活力和干事创业积极性。

（一）以目标考核为导向，构建精简高效的绩效管理体系

1. 设置预期绩效薪酬目标，提升科技创新动能

203 所围绕科研项目和专业岗位，实施预期绩效评估，在保质保量完成当期任务的前提下，科学合理的对项目研制团队和部门专业岗位的工作绩效量化，以此为基础设置预期绩效薪酬目标，提升员工干事创业积极性，营造多劳多得、早劳早得的工作氛围。

2. 取消考核评价横向排队，树立目标考核导向

203 所对绩效评价指标归纳，将评价指标分为责任指标和综合管理指标。其中，责任指标包括工作量、工作难度、创新性、影响度等，综合管理指标包括完成情况、成本控制、质量、安全、保密情况等。把责任指标纳入预期绩效评估，而综合管理指标在事后进行评价，大幅降低了考核评价的工作量和难度，提升了绩效考核的客观性和合理性，实现了绩效考核“自己和自己比”。

3. 健全绩效管理制度体系，完善考核工作机制

203 所建立、健全绩效管理制度体系，包括 4 个维度和 10 个制度。该体系不仅涵盖了绩效目标、绩效辅导、绩效考核、绩效评价与反馈机制四大环节，也明确了部门考核、任务考核、员工考核和奖励激励四大板块的制度架构，将创新导向、价值导向、效率导向、结果导向融入绩效管理的各个环节。此外，通过制订相应的实施细则，强化制度落实的指导性和可操作性，为装备科研生产和专业建设提供坚实保障。

（二）以科技创新为引领，构建统一的项目价值评估模式

1. 构建评估体系总体框架，强化系统工程思维

一是突出科技创新引领，关注重点，解决主要问题。对国家重大专项、重大工程项目及关键自主可控技术、基础预研项目、竞标项目等给予重点支持，在项目评估中予以倾斜。针对项目研制拖期问题，在考核评价中制订相应措施，加大进度拖期的考核力度。二是评估模型力求量化统一。203 所日常承担的科研项目数量较大，研制内容、经费来源、研制周期、技术难度等各不相同，分类建立评估模型较难把握不同类型项目间的平衡，也提高了评估管理工作的复杂性和难度。三是在评估体系中体现不同类别项目的差异。指标设置既要抓共性，也要体现个性。明确了科研项目“评估 - 预分配 - 考核 - 再分配”的管理流程。

2. 建立科研项目评估模型，量化项目价值贡献

一是明确科研项目分类和信息梳理。二是简化归纳，确定项目评估指标。三是建立评估模型并进行模拟测算：科研项目评估分 = 当期价值 + 远期价值 = 经费贡献 + 基本工作量贡献系数。其中：经费贡献 = 净流入经费 +0.1（总经费 - 净流入经费）；基本工作量 = 影响度配套层级系数计划科研周期；贡献系数 = 领域（项目）发展 + 专业（技术）推动。通过反复推演、测算，进一步完善各项指标内涵和定义，明确取值和量化打分区间。四是先行先试，在实施过程中立行立改，不断完善科研项目评估模式。

3. 细化评估指标分值区间，保障打分公正客观

采取“先进档，再打分”的策略，将评估打分区间“微分量化”，细分为若干档位，明确各档位内涵和取值，提高了项目评估打分的可操作性和合理性，降低主观印象对评估结果造成的偏差。影响度按项目在国家、集团公司及 203 所层面的地位、影响力和重要程度进行打分，将每类项目依据项目来源、研制内容、技术成熟度等级等属性，确定不同的分档并细化打分区间。领域（项目）发展依据项目研

制过程及结束后对拓展新领域、巩固现有领域、助推或牵引新项目立项、产品系列化和改型立项等方面的贡献，将每类项目领域（项目）发展打分分为 5 档。专业（技术）推动依据项目研制过程及结束后带动新技术的开发或应用、增强核心关键技术能力、突破技术瓶颈、推动专业发展等方面的贡献，将每类项目专业（技术）推动打分分为 5 档。为保证评估打分的权威和公正，成立了评估小组，负责对新立科研项目进行评估打分。打分时由各科研项目提供项目基本情况信息、汇报材料、研制合同等，作为评估打分的依据。

4. 实施评估分值动态管控，提高项目研制效率

科研项目立项并完成评估后，实施全周期评估分值分配管理。一方面结合项目研制阶段进度工作安排，将全周期评估分值按工作量分配至年度；另一方面，项目年度评估分值确定后，组织进行评估分值的预分配，将项目年度任务和评估分值分解（分配）至各承研部门。在项目研制过程中，由不可抗力或非自身因素造成任务延期，延期任务对应的评估分值随任务结转至下一年度，确保科研项目全周期评估分值恒定。通过实施全周期评估分值分配管理，倡导多劳多得、早劳早得、优劳多得的绩效考核导向，激励项目人员按期、超期完成研制任务，改善项目拖期现象，提高资源使用效率。

5. 采取评估考核分步实施，推进目标任务完成

在科研项目评估的基础上，将科研项目责任指标（任务量、创新性、资源投入等）和综合管理指标（完成情况、完成品质等）分开评价，实现项目考核“自己和自己比”。一是通过项目评估将科研项目责任指标量化，确定目标绩效，鼓励项目团队利用最少资源保质保量按时（提前）完成任务目标；二是实施目标考核，签订项目任务书；三是注重成本管控和任务完成品质考核。

6. 强化评估考核数据管理，挖掘数据利用价值

建立科研项目评估数据库，针对全部科研项目，梳理汇总评估打分、合同定量指标、全周期评估分、年度分配分值等数据，根据新立项目评估、项目年度考核及分配、项目变更等情况动态更新维护数据库。203 所根据实施情况开展体系持续改善，改进项目评估规则。领导班子可根据年度承研项目数量和总评估分值，宏观进行管理调控，全面提高资源利用效率。项目管理部门结合主管项目年度分值情况，主动推进项目研制进度，积极开展项目争取和市场拓展。技术部门围绕承研任务和年度绩效目标，合理优化人力资源配置，实现项目研制与专业发展并重。

（三）以能力提升为目标，打造有力的专业发展绩效体系

1. 设置专业建设绩效激励，压实专业发展责任

绩效管理体系层面设置了专业建设绩效和专业岗位绩效。其中，专业建设绩效主要是针对技术部门承担的技术研究和专业发展任务，包括专业规划、年度专业建设任务、技术突破、项目促进、“三化”推进、项目把关、能力建设、人才培养等多个方面。

2. 建立专业技术架构体系，明确专业技术等级

建立“三级”专业技术架构，明确同一领域或专业有隶属关系，不同领域或专业间不交叉、不存在隶属关系的设置原则。根据专业技术架构，由技术部门进行专业梳理，按照三个层级，明确专业内容。根据项目领域、专业发展、规模、能力和人员等因素进行审核评定，确立专业等级，将各领域和专业分为一级领域、二级领域、三级领域和一级专业、二级专业、三级专业。最终，确定了项目领域与专业架构体系，形成技术专业共 310 个，其中一级专业 32 个、二级专业 77 个、三级专业 201 个。

3. 组建专业技术研究队伍，夯实持续发展根基

按照装备领域或专业架构明确专业岗位的设置原则和比例。总体部设置一级、二级、三级领域师及主管师、设计师、见习师，其他技术部门设置一级、二级、三级专业师及主管师、设计师、见习师。各级领域师（专业师）按部门工程岗人数的一定比例进行配置。依据各级专业岗位对人员能力及专业水平的要求（如学历、职称/职务、任职年限等），明确各专业岗位的任职资格，以此为依据组建专业师

队伍。通过建议、提名、审核、审批等环节，建立了专业师队伍，实现工程技术人员全覆盖，夯实了专业建设的发展根基。

（四）以多维协同为抓手，推动项目与专业全面协同创新

1. 推进专业发展激励机制变革，提升专业研究动力

203 所以项目与专业并举为目标，优化科研人员的绩效结构，建立了科研人员任职绩效“双挂钩”机制。一是提高专业技术研究待遇，改变科研人员绩效与项目任职唯一挂钩的现状，建立项目任职与专业师任职并重的双挂钩机制。科研人员按照个人项目任职和专业师任职的等级及档次所对应的待遇，就高取一，保障专业技术研究人员待遇。在绩效体系中向专业技术研究发展倾斜，高等级的专业师任职岗位绩效高于同级项目任职岗位绩效。二是设立专项奖励，充分激发科研人员开展项目与专业研究的动力。对科研人员的技术研究成果、项目开发成果进行奖励。一方面制订项目争取和论证奖励制度，鼓励科研人员积极开展技术研究项目争取和技术产品化发展，实现以项目带动技术研究、以技术研究支撑项目开展的良性循环；另一方面制订专利、论文、标准规范等技术研究成果奖励制度，鼓励科研人员积极开展技术成果总结提炼，便于项目研发应用。

2. 推进顶层体系论证能力变革，促进项目专业融合

一是建立装备体系研究团队，强化科技发展战略研究。二是制订两级科技发展规划，促进项目专业融合，包括制订所级科技发展规划、研究形成科技发展路线图、实现装备与核心关键技术发展的深度融合；各技术部门根据所级科技发展规划和科技发展路线图，组织专业师团队确定部门主要专业领域技术路线图与产品路线图，按照技术和产品规划有序开展研发设计工作，确保科技发展规划落地。

3. 推进目标计划管理体系变革，加强项目专业协同

一是拓展目标计划管理，在部门目标责任书中同时明确项目研制任务、专业建设任务和其他任务。二是制订专项计划，协调项目研制和专业研究对资源的需求，推进产品与技术的均衡发展，包括：根据任务的特点建立合理的任务准入和退出机制；建立起双向反馈预警机制，实时掌握资源利用情况；建立常态化管理机制，建立资源使用数据库，定期开展利用分析；建立日常和专题调度机制，计划管理部门制订资源月/周计划；对资源使用进行模拟核算，树立成本的核心意识。

4. 推进技术部门分配模式变革，平衡项目专业发展

将传统的项目研制纵向管理转变为总设计师组对接承研部门，强化专业发展对项目研制的推进作用。项目研制任务由总设计师组分解后指派到各相关技术部门，根据技术部门在项目研制中承担的任务量、创新性、难度等综合贡献核定技术部门绩效工资。203 所给技术部门领导充分授权，做到责权利匹配。技术部员工承担的任务（包括项目研制任务、专业建设任务、其他任务等）和绩效工资分配均由各部门主导，各部门在统一指导下结合自身实际制订内部绩效考核与分配制度并组织实施。项目研制人员绩效激励不再由设计师系统直接分配，有助于技术部门领导统筹协调资源配置，集中力量解决专业疑难问题和瓶颈问题，进而促进项目研制和专业协同发展。

（五）以提质增效为目标，实现良性的绩效考核闭环管理

1. 定制差别个性考核指标，加强部门考核导向

在设计考核指标体系时，确定了“四性”原则：一是全面性，选择范围广、统筹性强的指标；二是重点性，统筹大局的同时要突出指标的代表性和工作的重难点，起到一定引导和侧重作用；三是针对性，对于不同层次和岗位，要有所区分和重点对待；四是操作性，制订的指标要结合实际情况，具有较强操作性，尽量避免人为复杂化。结合部门业务工作特点，将基层部门分为技术部、工艺部、技术中心、运营发展部门、管理服务部门、支撑保障部门六大类。以目标与任务、综合管理、服务与评价、扣分事项与加分事项为总体框架（一级指标），个性化设置二级指标和考核权重，最后将指标细化明确。

2. 分解落实关键绩效指标，保障年度目标完成

以责任书的形式逐级分解所级年度工作目标及 KPI，层层落实。对重大专项工作、重点项目推进、重要市场开拓方面的任务提炼聚焦，明确责任部门和协同部门。针对重点工作，加大考核力度和考核权重；结合部门业务实际，个性化设置部门级 KPI。以科研项目评估和岗位价值评估为基础，做到绩效目标与任务目标挂钩，充分激发员工积极性，鼓励多劳多得。

3. 落实考核检查刚性要求，确保考核不打折扣

考核分五个步骤进行：部门→考核部门审核→所级现场考核→服务与评价→公示与反馈。为加强绩效考核的严肃性，切实保障任务目标的完成，在考核检查时严格执行刚性考核。一是追究落实考核责任。任务未完成，任务管理部门和牵头部门负主要责任，其他协同部门负次要责任。二是分类制订考核认定规则。定量任务按完成值和目标值的比例确定得分，定性任务按完成程度分 5 档确定得分比例。三是严格管理部门典型任务认定标准。四是考核结果与绩效工资直接挂钩，部门绩效目标能兑现率按部门考核结果确定。

4. 实施绩效管理闭合循环，促进持续改进提升

采用 PDCA 管理循环，促使员工持续产生更高的工作效率。在制订计划阶段，结合上一考核周期绩效考核结果，找出科研生产和管理活动中存在的问题，把导致问题产生的原因梳理出来并制订解决方案和措施，明确时间节点和成果形式，结合其他相关工作列入目标责任书中。在执行阶段，各部门、各项目组按预定的计划、标准，设计具体的实施方法和方案并分解落实至二级计划中。由具体员工负责落实，确保工作任务能够按进度实施。在检查验证阶段，对目标执行情况以月度计划、季度计划等形式进行持续追踪检查及督促整改，检查考核结果纳入部门年终绩效考核。在处理阶段，及时进行绩效激励，固化、标准化现有成果，开展问题总结并及时反馈相关责任部门，将遗留问题转入下一个 PDCA 循环。

（六）以科技创新为主线，实施精准的全周期多维度激励

1. 实施多维绩效工资激励，强化考核结果应用

围绕项目和专业，将绩效工资分为任务绩效（项目绩效等）、岗位绩效、专业建设绩效和综合绩效。其中，专业建设绩效用于奖励工程岗位人员在专业建设工作中做出的贡献，综合绩效用于兑现工程项目研制人员的部门综合考评结果。绩效工资采用两级分配激励形式。一是依据科研项目考核、专业建设考核、岗位考核结果，203 所统一核算科研项目绩效、岗位绩效、专业建设绩效和综合绩效并核算分配至各部门。二是各部门依据内部考核结果将绩效激励分配至员工。以基层单位为抓手，规范绩效激励分配，合理拉开人员绩效差距。

2. 开展全价值链精准激励，提升科技创新活力

聚焦日益激烈的军品竞争新常态下的高质量可持续发展要求，203 所围绕主责主业，全面梳理全价值链各个创新环节，总结提炼了共 15 项激励点（涵盖科研、生产、综合管理三大主线），精准制订个性化的正向激励措施，形成了“市场拓展奖励 + 特殊奖励”的奖励激励体系。一是鼓励竞争与任务争取，即时兑现市场拓展奖励。二是强化过程管控和结果导向，对各类创新成果加大激励。203 所深化正向激励的引领作用，设置高标准奖励金额，持续提升科技人才薪酬市场竞争力，突出以创新、质量、贡献为导向的科技人才评价和价值分享机制。其中，市场拓展奖励最高 150 万元，技术创新、装备研制奖励最高 200 万元，科技成果最高奖励 500 万元（国家科技进步特等奖）。

3. 规范评优表彰管理体系，发挥荣誉激励作用

以严控总量、标准规范、公开公正、激励先进为原则，建立了覆盖面齐全、聚焦主责主业的荣誉表彰体系。一是将 203 所荣誉表彰项目进行梳理，按标准归口情况分为行政、党委、工会、团委四大类，实行归口管理，由党群管理部门负责荣誉表彰工作归口管理，制订全面的荣誉清单。二是建立荣誉表彰清单管理制。清单主要包括表彰的名称、类别、周期和名额等，由党群管理部门管理和更新。在清单外

新增表彰项目或对清单内表彰项目进行调整、废止，由建议部门提出申请，报党委审批。三是精简荣誉表彰数量。依照荣誉表彰评优表彰、参评单位和参评职工总数情况严格控制表彰规模，充分体现激励先进的导向作用。

三、以科研项目价值量化为基础的员工绩效管理体系构建与实施效果

（一）装备研制过程管控成效显著，更好践行强军首责

科研项目评估模式的实施，实现了全周期动态绩效管理，203 所在科研任务逐年增多的背景下，高质量完成了“十三五”承担的各项装备科研生产任务。科研项目研制履约能力持续提升，项目任务完成率逐年提高。实施 3 年来，项目任务完成率分别达到 87.6%、90.0%、96.21%。科研项目绩效目标更加明确，人力资源效率显著提升，基型装备的研制周期已由过去的 10 年左右缩短至 3～4 年，同等规模下能够承担的任务量大大增加，在科研人员基本维持不变的情况下，2020 年各类科研任务由该成果实施前的 120 余项迅速增长到近 250 项。项目过程管理更加精益，权责更加清晰，项目成本意识显著增强，目标成本分解已在新立型号项目中实施。项目研制履约率稳步提升，2019 年完成装备定型 7 项，2020 年完成装备定型 6 项，更好践行强军首责。

（二）市场拓展技术突破成果斐然，保障持续高质发展

全周期多元化绩效管理改革以来，市场拓展和技术突破稳步提升，在市场全面开放竞争的形势下，在重点领域拓展、重大项目竞标中取得了令人瞩目的成绩，提升了 203 所的战略地位。“十三五”期间累计争取各类科研项目 310 余项，合同经费近 50 亿元，参与竞标项目的成功率 90% 以上。近两年，实施市场拓展奖励 90 余项，累计奖励金额近 700 万元；实施各类特殊奖励 40 余项，累计奖励金额近 3000 万元；各技术部门立足自主可控，以项目研制为背景，积极开展各类技术攻关，近两年年均完成技术突破数量 240 余项，促进了型号立项和市场拓展。

（三）员工科技创新活力全面提升，推动创新引领发展

全员参与创新，“十三五”期间，承担各类技术创新课题 127 项，相比“十二五”期间的课题总量提高 76%。各类创新成果涌现，近 3 年获集团级以上科技进步奖 18 项，其中国家科技进步一等奖 2 项，管理创新成果 6 项，授权专利 230 余项，全员劳动生产率平均增幅 10%。通过该管理体系的实施，科学全面地强化了各类岗位的绩效激励，畅通了发展提升通道，显著提升了员工干事创业的积极性和创新活力，体现了“以人为本”的思想，实现了 203 所和员工的同步成长，促进了 203 所科研管理各个环节管理方式的革新，显著提升了各价值链的价值创造能力。

（成果创造人：王　东、赵建斌、杨　涛、唐敦义、李　瑶、张　杰、王　建、彭关伟、胡　珂、陈悦平、陈效全、马　晨）

航空公司“五位一体”组织绩效考核指标体系建设与实施

山东航空股份有限公司

山东航空股份有限公司（以下简称公司）成立于1994年，2000年在深圳B股上市，经过20余年的发展，在济南、青岛、烟台、厦门、重庆、北京、乌鲁木齐、贵阳等地设有分公司和飞行基地，形成了以山东省和厦门市及重庆市为支点，“东西串联、南北贯通”的航线网络布局。目前经营国内、国际、地区航线共290多条，每周4300多个航班飞往全国80多个大中城市，开通韩国、日本、泰国、印度、柬埔寨等周边国家的国际航线及中国台湾、中国香港等地的地区航线。公司保持了连续26年的安全飞行纪录。

一、航空公司“五位一体”组织绩效考核指标体系建设与实施背景

随着公司规模的不断扩大，抓考核、促管理成为很多管理者的共识。因此，在原有组织绩效考核指标体系下，各种类型的考核如“雨后出笋般生长”，如安保绩效考核、战略管理点考核、五大管控方案考核、重点任务督办考核等。在实施过程中逐渐暴露出考核指标多、调度部门多、扣分处罚多、部门抱怨多等一系列问题，由于多头调度、多头指挥、多头反馈，业务部门疲于应付，组织绩效考核指标体系的核心引导作用被冲淡，正向激励作用也未能有效发挥，组织绩效考核指标体系急需系统性的整合和优化。

（一）调度部门多，系统关联少

公司各部门除了组织绩效指标的考核之外，还有战略管理点、五大中心工作管控、党群工作合约、综合治理、纪检监察等多种考核项目，各考核项目之间按照各自职能条线管理，各自独立，各扫门前雪，系统性不够、兼容性不强，同一问题重复考、同一问题多头反馈。“上面多条线，下面一根针”，各部门只能疲于应付。

（二）定性指标多，定量指标少

公司原有的组织绩效考核指标体系中定性指标偏多，占比近40%。因定性指标无法精准衡量，对定性指标的考核更多是凭考核者（公司高管）对相关业务的近期主观印象，导致考核结果易出现偏差，考核不能真实反映被考核部门的实际业绩情况。定性指标设置数量（权重）越多，造成的结果将是部门对考核结果的不接受、不信任，不能起到“激励先进，鞭策后进”的作用。评与不评一个样、评好评坏一个样，定性指标考评逐渐丧失考核本应发挥的激励作用。

（三）扣分处罚多，正向激励少

公司在设定原有的部门组织绩效考核指标目标值时比较保守，所有管理职能部门及大部分一线生产部门和分公司的组织绩效考核指标基本上只设置T2值（达标值，考核得分为100分），只有少数个别部门设置T3值（卓越值，考核得分为115分）。上述规则的设置，一是大部分部门考核得分小于等于100分，使员工误以为绩效考核就是差错考核、扣分处罚，进而产生反感和抵触情绪，不利于调动员工的工作积极性；二是仅限于部分考核部门设置T3值，大部分部门不设置T3值，同类型部门权重设置不均衡，导致部门之间攀比和相互抱怨。

（四）重视结果多，管控过程少

公司虽然制订了年度考核指标，对各业务指标实行结果管控，但考核周期相对较长，在考核周期内未建立有效的绩效考核指标完成情况预警机制，不能及时对出现连续性下滑或者趋势走坏的指标进行提

醒，督促业务部门及时进行整改。面对“VUCA时代”快速多变的环境，对业务和环境的变化认知比较迟缓，组织绩效考核指标的导向作用易发生偏差。

（五）强调执行多，宣贯解读少

公司原有组织绩效考核指标体系只是少数职能部门人员或部分公司高层讨论确定，缺少必要的制度宣贯或指标体系解读，各相关部门对考核指标认知不足，不能够准确领会绩效考核指标设置的重要意义，绩效指标考核成了少数人掌握的“加减乘除”，公司上下未能就考核指标及目标值设置等因素达成真正意义上的共识和“上下同欲”，在一定程度上影响到绩效考核指标考核执行效果。

二、航空公司“五位一体”组织绩效考核指标体系建设与实施主要做法

（一）构建“五位一体”组织绩效考核指标体系

1. 整合多个考核项目，构建考核系统

对标学习行业内先进经验，打破原来多头调度、多头指挥、多头考核的管理困境，系统整合组织绩效考核、战略管理点、五大中心工作管控、安保绩效考核等多个考核项目，多个考核项目通过设置合理的规则将其链接成一个考核系统，使各个考核项目有机地“聚到一起”。创新性建立了以关键指标为中心的“五位一体”的全新组织绩效考核指标体系，对各类指标的定义、范围、评分办法进行详细描述，有效解决了各业务部门“婆婆太多”“各管一摊”的问题。

2. 强化定量考核，优化定性考核

“五位一体”组织绩效考核指标体系设计时坚持以定量考核为主、定性考核为辅的基本原则，既便于统计，又使评价更加客观。

对于定量指标，主要围绕安全、运行、服务、效益、管理等维度展开，通过时间、成本、次数、分数、百分比等形式呈现。突出量化指标占比，2017—2021年的期间定量指标占比平均值为92%，如2021年共设置安全、运行、服务、效益、管理五大板块绩效指标301项，定量指标279项——占比92.7%。对于定性指标，则进一步明确任务分解办法，将不能直接量化的定性指标细化分解，使其“阶段化”“步骤化”，强调完成时限和交付物，对其加强过程管控和督导，规范定性指标成绩核定程序，使定性指标考核结果相对公平公正。一是实施定性指标任务分解。各部门根据组织绩效定性指标的定义，对定性指标细化分解，明确阶段性的工作成果、交付物、衡量标准。在此基础上，填写定性指标分解任务书，经公司分管领导确认后，将定性指标分解任务书录入OA督查系统，发起督办。二是实施定性指标过程督导。为确保各项定性指标顺利推进，定期开展定性指标督导工作，不定期地对定性指标完成情况进行现场督导和验证。新季度当月5日前，定性指标项目负责人根据指标要求和年度分解计划，登录个人OA督查系统反馈上季度指标推进完成情况信息；新季度当月10日前，绩效管理工作办公室对定性指标季度推进和信息维护情况进行督导并及时反馈部门。三是开展定性指标年度评估。在对各部门定性指标充分调研的基础之上，由绩效管理工作办公室拟定专题评估报告，公司主要领导、部门分管领导根据各定性指标的实际完成情况进行评估打分。其中，公司主要领导打分占比为90%，部门分管领导打分占比为10%。从指标完成的时限和质量两个维度量化考核标准，便于考核者和被考核部门正确评价、有效反馈、持续改进。

3. 明确卓越值设置规则，引导各部门主动提升

全新的“五位一体”组织绩效考核指标体系，根据量化考核指标达成的难易程度，设置T1值（门槛值）、T2值（达标值）和T3值（卓越值）三档目标值，达成目标后分别得分为85分、100分、115分。为鼓励、引导各部门打破舒适区，挑战卓越值，进一步明确T3值设置原则，兼顾公平的同时激励各部门自我加压，主动超越。绩效指标T3值设置原则如下：每个部门选取关键核心指标设置T3值；原则上同类型部门T3值权重相等；不低于近3年实际完成情况的最高值；部门通过努力“蹦起来”可以

接近或完成。

4. 强化正向激励，调动业务部门积极性

“五位一体”组织绩效考核指标体系更加强化正向激励机制的重要作用，为有效引导部门增收节支、提质增效，调动全体员工工作积极性，设置了专项指标，考核的主导思想由原来的以扣罚为主调整为更侧重正向激励，鼓励各业务部门创新求变、降本增效，协同共赢。一是专项提成激励。专项指标分为收入、成本、其他3类，其中收入和成本类专项指标根据增收、节支数额进行奖励，其他专项类根据指标的完成情况在部门组织绩效成绩上加减分。其中，收入专项指标包括公司除主营收入之外的其他大项辅助收入（逾重行李收入、附加业务收入）、补贴收入（支线、特殊国际、节能、新技术、安全能力、奖励返还等）；成本专项指标包括目前公司大项的可控成本费用（不正常航班费用、驻组费、餐食机供品、工程技术公司生产性成本），以财务预算值为基准，按照节支幅度进行奖励（奖励金额上限封顶）；其他专项指标包括除收入、成本专项指标外的其他指标，定量指标设置T1、T2、T3值，定性指标根据完成情况评分。二是管理协同激励。为了加强部门间的协同，将战略管理点和五大中心工作管控两项工作纳入“重要任务”指标。对于推进完成较好的主办、协办部门进行加分奖励。战略管理点正向激励考核规则如下：为进一步推进战略管理点的落实，根据战略管理点的完成情况对主办、协办部门进行加分，协办部门由主办部门对其进行打分，原则上协办部门得分不超过主办部门加分的50%。五大中心工作管控方案正向激励考核规则如下：为进一步推进落实好五大中心管控，各管控牵头部门由公司分管领导和主要领导进行打分考核（权重分别为30%和70%）；各管控牵头部门对各协同部门推进落实情况实施考核，原则上协办部门加分之和不超过主办部门加分；协办部门最高加分不得超过主办部门加分的30%。

5. 夯实管理基础，关注趋势变化

“五位一体”组织绩效考核指标体系将各部门共性的、需要遵守的约束性指标进行了归纳、总结，将其纳入基础指标考核范畴，如综合治理、疫情防控、办公秩序管理、品牌管理、法律事务管理、网络安全与数字化、诚信管理等共计15项指标。基础指标不设置权重，根据其实际完成情况直接扣减部门年度绩效总分。对于部分考核时机暂不成熟的指标纳入监控指标考核范畴，如航空安全一般差错万时率、平均航材送修周期、重复性维修差错控制等。监控指标暂时作为考核观察项，统计指标的完成情况，关注其趋势变化，暂不纳入部门年度绩效考核总成绩。

（二）加强组织绩效指标的过程管控

为更好地加强组织绩效指标的过程管控，创新绩效管理工作简报机制，每月对组织绩效考核指标完成情况进行定期分析，建立红黄牌预警机制。对于指标完成情况连续两个月下滑或连续两个月未达到T1值的亮黄牌；对于指标完成情况连续3个月下滑或连续3个月未达到TI值的亮红牌，对于亮红牌的指标，责任部门必须按照要求分析原因，明确下一阶段的整改措施。

（三）强化组织绩效指标考核结果的应用

一是将部门组织绩效考核结果与部门全员绩效工资挂钩，组织绩效得分高，二次分配的部门绩效工资总量则多，反之亦然；二是将部门组织绩效考核结果与年度先进集体评选相结合，对于年度在同类型部门考核成绩排名靠前的，可以获得公司内部先进集体评选资格。

（四）持续优化调整组织绩效考核指标体系

为保持组织绩效考核指标体系的敏感性，公司从“战略要求调整”“相关方需求变化”“对标改进需要”三大维度并通过外部顾客满意度测评、专题分析例会等方式，对指标体系有效性进行评价。通过对指标设置、考评办法等方面的及时优化调整，确保指标体系适应发展方向及业务需要。

（五）及时宣贯解读组织绩效考核指标体系

为帮助各部门准确解读指标体系，公司人力资源部统筹各板块牵头部门共同编制了《绩效考核实施细则总册》。一是规范绩效考核相关业务流程；二是明确考核指标定义及评分办法；三是建立有效的沟通机制；四是确保考核结果客观、公平、公正。

（六）推动组织绩效考核指标体系的可视化建设

2020年，公司人力资源部联合信息管理部自主研发了高管看板，将人力资源各类数据汇总、整理、分析、呈现。看板包含人员概况、人员结构、管理人员、人工成本、人均效能、组织绩效六大模块，目前已实现PC端、手机端双端呈现，实时展示人力资源关键数据。其中，组织绩效模块可实时展示公司、部门组织绩效达成、指标趋势预警等情况，为管理者高效、准确地提供公司人力资源运行数据，为业务人员构建便捷的数据共享平台。

三、航空公司"五位一体"组织绩效考核指标体系建设与实施效果

"五位一体"的组织绩效考核指标体系经过近5年的实践，在提升公司安全运行品质、提升服务质量、提升管理效能、降低公司成本支出方面发挥了积极作用，产生了良好的管理效益、经济效益和社会效益。

（一）关键核心指标行业领先

通过科学合理的组织绩效指标引领，公司在安全、运行、服务、效益方面的核心指标完成值方面均处于行业领先地位。

安全方面，公司事故发生率近5年持续保持为零，安全品质评价指数呈现上升趋势，整体安全过程指标在民航局公布的滚动值中一直处于行业领先水平。

运行方面，公司的运行正常率指标处于行业领先水平。尤其是2019年，公司跻身亚太地区大型航司到港准点率前十名，而且为亚太地区中国最准点的大型航空公司；2020年正常率为91.69%，同比上升6.41个百分点，列民航业主要航空公司正常率第一名。

服务方面，连续6年荣获CAPSE"国内最佳航空公司"称号，获得"亚洲服务奖"荣誉称号，鲁雁精品航线和95369客户服务中心分别获评中国质量协会"五星服务现场"和"四星服务现场"，顾客满意度指标持续提升，服务水平权威机构排名始终保持在行业前列。

效益方面，努力提高市场响应效率，把握市场趋势。推出"客改货"国际定期货运航班，打造客货联动新格局，全力挖潜成本节支潜力。积极防范资金风险，各类融资成本控制在2.96%。直销比例连年提升，2020全年达到54.42%，销售费用占比持续下降，营销过程有效性持续提升。

（二）增收节支成效显著

通过专项指标的设置，充分调动起全员的生产积极性，特别在附加业务收入、重要航线资源获取、人员利用效率提升等方面成效显著。

在增收方面，公司2017年设立"附加业务收入"专项指标，对开展附加业务增收的直接相关人员给予一定提成奖励。该指标的设立不但激发了产品开发人员积极研发营销产品，相继推出"飞享升舱""贵宾休息室""鲁雁行"等增值产品，同时还提高了公司全员营销的热情，两年时间附加业务收入额提高了60%。

在节支方面，航材成本一直是航空公司成本费用的重头，通过指标对大项可控成本的精细化管控，公司的B737机型航材单机库存较同等规模航空公司保持较大的优势，航材资产管控能力强于同等规模的航空公司。

在提质增效方面，2018年设置"薪酬预算管控"指标，通过建立薪酬预算考核指标，引导部门理性增编、合理增员、优化排班、提高劳动生产效率和规范薪酬支出，将薪酬总量结余部分的70%奖励

给部门，真正实现“三个人干五个人的活，拿四个人的钱”。该指标实施3年来，节约人工成本近4000万元，公司人机比达到85∶1，处于行业领先地位。

2020年，受新冠肺炎疫情影响，行业经营面临严峻的考验，公司积极发挥绩效指标引领作用，快速响应业务和环境变化，通过打造预售产品，推进“客改货”业务，挖掘成本节支潜力，实现效益增收4.3亿元；通过留存油管控、驻组费用管控等指标牵引，实现成本节支5.43亿元。

（三）社会效益、生态效益凸显

公司不断完善基础指标、监控指标体系，将公司道德责任、财务责任、公共责任融入指标体系当中。

公司在基础指标中设置疫情防控、综合治理、环境事务管理、内控整改落实等考核指标，强化监督管控，近5年保持廉政案件零发生、内控重大缺陷零发生、纳税信用等级A级、银行征信信用等级AAA级、环保达标率100%。2017年获得“山东省节能先进单位”荣誉称号，2018年获得济南市高新区节能减排奖励10万元，2019年获得济南市高新区节能降耗支持项目。

在监控指标中围绕旅客乘机体验的痛点，挖掘过程监控指标，设置“首件行李交付时间符合率”“旅客漏乘、误机、走失数量”“行李不正常率”等指标，公司旅客满意度、投诉率指标在民航局公布的行业排名中持续领先。围绕员工关怀、提升员工满意度，设置“飞行人员疲劳管理”“体检合格率”“员工满意度”等指标，空勤人员体检合格率持续保持98%以上，员工满意度逐年上升。

（成果创造人：苗留斌、李攀峰、王书锋、周雪莲、王　维、安　源）

科研院所以激发人才活力为导向的多元化薪酬体系构建

中国直升机设计研究所

中国直升机设计研究所（以下简称研究所）创建于1969年，隶属于中国航空工业集团有限公司。研究所秉承“航空报国、航空强国”初心使命，设计、试验手段达到世界先进水平，先后成功研制了多个系列多种型号的军用、民用和无人直升机，形成了“装备一代、研制一代、预研一代、探索一代”的研发格局。研究所现有职工3000余人，其中专业技术人员2000余人，有国家级人才17人、省部级人才36人、研究员180余人、高级工程师760余人，培养造就了一支规模相当、结构优化、素质优良的人才队伍，为支撑世界一流军队建设、打造世界一流直升机研发机构提供了坚强的人才保证。

一、科研院所以激发人才活力为导向的多元化薪酬体系构建背景

（一）履行强军强国创新使命，推动直升机事业可持续发展的需要

当前，民族直升机事业的发展既面临着百年难得的发展机遇，也面临着严峻挑战，机遇与挑战并存。为推进我国直升机产业健康可持续发展，早日屹立于世界航空强国之林，关键是看能不能打造一支以“高精尖缺”人才为核心的高素质人才队伍，构筑“人才高地”，关键是看能不能建立一套适应新时代直升机人才队伍发展需要的薪酬激励体系。

（二）深化收入分配制度改革，实现直升机所高质量发展的需要

深化收入分配制度改革是全面深化国有企业改革的重要内容。为深入推进研究所的改革发展，充分调动员工的积极性、主动性和创造性，进一步激发研究所的创造力并提高市场核心竞争力，必须要坚持按劳分配原则、完善按要素分配的体制机制，在充分考虑研究所发展规划、产业特点和分配现状的基础上，建立、健全与行业劳动力市场相适应、外部竞争力和内部公平性相统一的薪酬激励体系，助推研究所实现由粗放型发展到集约型发展、由高速发展到高质量发展的转变。

（三）建立、健全薪酬激励体系，激发人才创新创造活力的需要

近年来，受传统事业单位工资结构的影响和国有企业工资总额的限制，人才激励机制仍然亟须进一步完善。一是整体薪酬水平不高，员工薪酬获得感不强，核心技术骨干流失的问题时有发生，骨干人才队伍稳定性有待提高。二是薪酬分配制度不够科学，薪酬结构不够合理，一定程度上还存在“该高的高不上去，该低的低不下来”的大锅饭现象，不利于激发员工积极性和倒逼冗员退出。三是“高精尖缺”人才的薪酬待遇不具备市场竞争力，难以吸引海内外高端人才、高素质的博士人才和供不应求的紧缺专业人才，高层次人才规模远远不能满足直升机事业快速发展的需要。四是技术专家薪酬水平与领导干部仍存在较大差距，“长家分设”机制不够健全，官本位思想流行，导致很多技术专家往干部岗位“过独木桥”的情况，不能一心一意干专业，对组织整体绩效水平的提升和直升机事业的创新发展造成了不利的影响。为改变以上现状，亟须建立一套科学有效、能够激发各类人才创新创造活力的薪酬激励体系。

二、科研院所以激发人才活力为导向的多元化薪酬体系构建主要做法

（一）拓宽职业发展通道，构建基于绩效积分晋级制的岗位工资体系

1. 推进岗位体系改革

在科研部门实施“三线合一”改革，整合职称、型号师、专家等体系；在管理部门开展岗位测评，进行岗位价值评估和定岗定编，建立了“TMSA”岗位体系。员工岗位等级由职类和职级组成，职类是

指对研究所岗位进行价值评估，把岗位价值相近的集合成为一个职类；职级是指同一职类，按其专业素质、技能要求、工作深度的不同而设置的级别。“TMSA”岗位体系将技术、管理人员晋升通道由6级拓宽到18级，专业技能人员由5级拓宽到15级，一般技能人员由4级拓宽到13级。

2. 建立基于绩效积分的岗位晋升机制

推行员工绩效积分制度，将员工绩效考核结果作为员工岗位晋级的唯一依据。员工年度考核等级为A、B、“C+”、C、D、E级分别获得绩效积分8分、5分、4分、3分、1分、0分。根据员工历史绩效积分累积情况，每年及时调整岗位职级。技术、管理序列人员5级及以下每晋升一级需6分，6级及以上每晋升一级需10分；技能序列3级及以下每晋升一级需6分，4级及以上每晋升一级需10分。对技术、管理人员进行测算，整个职业生涯总体上考核为A（约前10%）的员工可以在45~47岁到达18级；考核为B（约前10%~30%）的员工可以在54~56岁到达18级；考核为“C+”（约前30%~60%）的员工在退休时能达到14~16级；考核为C（约后40%）的员工在退休时能达到10~12级。坚持绩效导向和创新导向，职级10级及以上的员工晋级，在晋级分数符合要求的前提下，还需满足以下条件之一：一是晋级期内考核等级至少达到1个A级或2个B级或3个“C+”级；二是晋级期内作为创新成果主创人或核心参与人员，在创新成果、发明专利、学术论文等方面取得良好成绩。

3. 构建矩阵式岗位工资体系

岗位工资主要体现员工的岗位价值，由员工所在职类和职级共同确定。根据“TMSA”岗位体系的11个职类和18个职级，建立了与之相匹配的矩阵式岗位工资体系。“TMSA”岗位体系极大拓宽了员工职业发展通道，成功打破了传统事业单位员工的职业天花板；实行基于绩效积分的岗位晋升机制，真正做实了绩效管理，强化了价值创造导向，基本消除了资历、年龄、关系等因素在岗位晋级中的影响，加大了对实绩突出的核心骨干的激励力度，有利于推动优秀年轻人才脱颖而出，有利于深化“长家分设”，鼓励专家人才一心一意干专业，有利于推进“三能机制”，畅通人员出口关。

（二）强化全员绩效管理，优化绩效工资分配机制

1. 强化能力业绩导向

承接组织绩效，以价值创造为核心，建立了基于“工作绩效、工作态度、工作能力”的员工考核指标体系，要求各部门在此基础上结合实际建立定性评价与定量评价相结合的评分细则。根据“业务谁主管，考核谁负责”的原则，实行直线经理负责制，明确直接上级为绩效经理人，负责员工的绩效考核和绩效辅导。为避免绩效经理人考核失实与偏差，建立三级制约机制，设置隔级上级为绩效调控者，赋予其考核过程监督和考核结果审核的权力，保证考核结果的公平性。

2. 强化绩效过程管控

在绩效评价方面，将关键事件作为评价员工绩效表现的主要依据，有效解决了以往绩效经理人因晕轮效应、近因误差或溢出误差而导致的考核偏差问题，提高了评价准确性。建立关键事件填报与审核机制，员工每季度填写关键事件，主要内容为当季度重要工作、学习和奖惩情况，需要各级绩效经理人对其进行审批认可。在绩效辅导方面，建立过程辅导机制，要求绩效经理人持续跟进员工计划执行过程，就绩效问题与员工保持常态化沟通，每月与员工至少进行一次计划执行情况回顾和讨论，帮助员工分析、解决计划执行中存在或潜在的问题。在绩效反馈方面，构建员工与班组长、班组长与中层领导、中层领导与高层领导的三级绩效面谈机制，每季度开展一次。绩效面谈既肯定业绩，也指出不足，重点在于帮助员工制订有针对性的改进措施，持续提升其绩效水平和能力素质。

3. 强化绩效结果运用

在部门层面，每季度开展经营业绩考核，部门业绩直接决定部门季度绩效“蛋糕”的大小，建立了基于部门战略系数和部门考核系数的绩效工资分配机制。部门战略系数体现主业导向，绩效工资分配重点向主价值链部门倾斜；部门考核系数体现绩效导向，考核系数设6档，最大差距超过30%。通过

强化部门考核结果运用，研究所各部门的经营意识、市场意识和竞争意识明显增强，初步实现了由“派活干”到“抢活干、找活干”的生动转变。在员工层面，建立A、B、“C+”、C、D、E 6级考核等级体系，根据员工考核结果按照一定比例进行强制分布，将绩效考核结果与员工的绩效工资分配紧密挂钩。考核A级与C级的员工，绩效分配系数差距一般在一倍以上，有效拉开了优秀员工与一般员工的收入差距。通过全员绩效考核，使薪酬天平向价值创造者倾斜，打破平均主义，推动员工收入“能高能低”。近年来，一大批绩优的技术专家和青年骨干脱颖而出，薪酬待遇得到快速提升；同时，部分绩劣的员工因薪酬增长缓慢甚至降低而选择主动离职。

（三）面向重点群体，实施多元化即期激励制度

1. 建立特殊人才津贴激励机制

为进一步吸引和激励核心骨干人才，激发核心骨干人才工作积极性和主动性，建立特殊人才津贴激励机制。一是突出重点群体。激励对象为对单位整体发展和型号研制生产起到关键作用的技术技能骨干和重要经营管理人员，重点向关键岗位和骨干人才倾斜，主要包括省部级及以上专家、重点型号研制团队成员、中层领导人员、骨干员工、创新成果主创人、高潜质青年员工等6类人员。二是严格激励条件。坚持津贴分配与考核结果和创新成果挂钩，实行激励人员的动态管理，每年考核调整一次。明确各类激励对象的激励条件，如省部级及以上专家考核结果至少为合格，中层领导人员考核排名前80%，骨干员工连续两年考核至少1个A级或2个B级等。为加大对创新工作的激励力度，将上年度创新成果、发明专利、学术论文的主创人和核心参与人纳入激励范围。重视高潜质青年员工的培养和激励，由各部门在指标范围内根据员工绩效表现自主选拔。三是提高激励成效。为加大特殊人才津贴激励力度，近两年特殊人才津贴激励额度占单位工资总额的比例均超过12%。综合考虑激励对象的岗位价值和业绩贡献，合理设定特殊人才津贴标准，共分为8个等级，激励额度为3万~18万元。建立基于部门战略系数和绩效考核系数的津贴分配机制，拉开差距，杜绝“大锅饭”，实施期间人均激励4.9万元，最高激励18万元，最低激励2.1万元，极大提高了核心骨干人才和高潜质青年员工的工作积极性。

2. 实施高端人才激励制度

一是实施海外人才激励制度。近年来，加大海外高层次人才引进力度，成功引进国外知名专家和优秀海归博士，实行工资总额单列，实现国际化高端人才的薪酬与国外同行业标杆企业接轨，充分发挥海外高端人才技术和管理引领作用，推动直升机技术高速发展。二是实施博士激励制度。深入贯彻航空工业“千人博士引进工程”，明确博士“五大定位”，落实博士培养“十大专项措施”，实现了从“零星引进”到“批量引进”、从“个别专业”到“全面开花”的转变。全面对标沿海发达地区和同行业领先单位，大幅提高博士的薪酬待遇和安家费，特别优秀博士实行谈判工资制。博士前3年实行集中考核模式，由科技发展部门牵头、人力资源部门配合，考核结果与年薪兑现和岗位晋级直接挂钩，有效激发博士人才的工作热情和创新活力。

3. 落实优秀毕业生激励制度

为进一步优化人才队伍结构和提高人才整体层次，大力引进世界一流大学优秀毕业生，落实工资总额单列制度，提供富有市场竞争力的薪酬待遇。建立优秀毕业生标准，既要符合教育部明确的42所世界一流大学的条件，又要符合在校期间综合成绩排名前30%且满足以下5项条件之一的条件：获得省部级以上奖学金的；在创新创业等相关竞赛中获三等奖以上奖励的；在校学生会担任副主席以上职务的；获得省部级以上科技奖项的；在国内、国际核心刊物发表论文的。

4. 提高特殊专业人才待遇

根据直升机重点型号研制和重大技术创新的需要，加大对特殊专业人才的引进培养力度，提高薪酬市场竞争力。一是对于智能化、信息化等市场紧缺专业的大学毕业生，实行差异化薪酬制度，与其他专业毕业生合理拉开年薪差距3万~5万元，显著提高了招聘吸引力。二是加强试飞工程师队伍建设，为

其提供广阔的事业平台和具有市场竞争力的薪酬待遇，近 3 年共有 5 名科研人员主动申请参加直升机私用驾驶员执照课程训练并取得执照。三是加强无人机“飞手”队伍建设，在同等薪酬制度的基础上，额外单列 5 万元/年的岗位津贴，既提升了校园招聘吸引力，又鼓励了现有骨干积极参加“飞手”培训认证并加入“飞手”队伍。

（四）引导贴身经营，建立、健全中长期激励约束机制

1. 建立单位实施条件

坚持岗位分红激励实施与研究所的经营业绩挂钩的原则，制订各年度的业绩考核指标，未达到年度考核要求的，终止实施或扣减激励额度，主要包括 3 类：一是效益类指标，年度净利润增长率原则上不低于实施岗位分红激励近 3 年平均增长水平；二是管理类指标，劳动生产率原则上每年不低于 8% 的增长；三是科技创新类指标，专利数量每年实现 10% 以上的增长。

2. 建立激励对象选取条件

激励对象为对单位整体业绩和持续发展有直接影响的重要技术岗位、关键经营管理岗位和部分核心技能岗位，主要包括中层领导人员、核心骨干员工和创新成果主创人这 3 类人员。从岗位条件、业绩考核和创新成果等方面合理设定激励条件，激励人员总数不超过员工总数的 15%。

3. 构建激励分配机制

激励基金按照研究所当年净利润和净利润增加值的相应比例进行核算和提取，同时控制在当年净利润的 15% 和工资总额的 5% 以内。综合考虑激励对象的岗位价值和业绩贡献，公平合理地分配激励基金。

（五）创新项目管理模式，建立创新团队薪酬激励机制

1. 实行模拟合同年薪制

创新团队成员实行模拟合同年薪制。团队成员第一年的年薪标准依据项目价值、项目难度、市场薪酬水平等因素在上年度年收入上浮 20% ~50% 的范围内确定；项目工作满一年的团队成员年薪标准的增幅不低于上年度科研部门中的最高涨幅。为营造宽松自由的创新环境，创新团队实行年度考核制，主要考核依据为项目里程碑节点，不进行季度考核。团队成员薪酬发放采取“日常预发 + 年终结算”的模式，其中日常预发约占 70%，年终根据年度考核结果进行年薪结算。

2. 设置项目完成奖

项目立项时，设定项目完成奖，奖金额度由科技创新中心和项目经理根据项目类型、项目价值、项目规模等计算并按照项目经费的一定比例计提。由项目经理根据团队成员的绩效表现分配金额，人均激励不低于 10 万元。项目完成时，一次性发放给项目团队。

3. 建立基础和预先研究团队奖励机制

为激发广大科研人员的创新热情，针对在基础研究和预先研究工作中有突出贡献的团队实施专项激励，实行工资总额单列。坚持以提升核心技术能力和经济效益为导向，重点激励两个方面的研究成果：一是取得重要技术突破，显著提升直升机武器装备性能或技术能力；二是能够解决科研生产瓶颈、强化关键基础自主可控、提高装备质量、产生显著效益等。坚持创新项目激励与项目经费紧密结合，项目奖励总额根据项目经费的一定比例计提，5000 万元及以下部分按 3% 计提，5000 万 ~1 亿元部分按 2% 计提，1 亿 ~3 亿元部分按 1% 计提，3 亿元以上部分按 0.5% 计提。根据项目团队成员在项目中的贡献大小，由项目负责人进行奖励分配。

4. 建立虚拟股权激励机制

对于适合产品孵化的创新项目，采用股权投资模式，由研究所直接投资或引入外部战略投资，团队成员跟投。为加大对团队成员激励力度，团队成员个人持股比例不低于 5%，团队成员总持股比例不低于 50%。坚持以岗定股、动态调整的原则，员工持股与岗位和业绩挂钩，持股员工与项目团队共享创

新成果，共担市场竞争风险。通过建立虚拟股权激励机制，有效激励了创新型人才从事创新工作的热情，逐步实现从“打工者”向“创业者”角色的转变。

（六）落实“以人为本”理念，建立与工资分配相协调的福利体系

1. 建立、健全福利管理体系

加强对员工福利管理工作的组织领导，所务会是最高决策机构，下设福利管理办公室，负责福利项目的具体实施。建立、健全福利管理体系，由员工福利制度及各项福利的专项管理规定组成，其中员工福利制度是福利管理体系的基本制度、各专项管理规定是具体实施细则。落实职责分工，采用二级管理模式，人力资源部门履行归口管理职责，各福利主管部门履行相应福利的具体管理职责。

2. 加强福利项目管理

员工福利由法定福利和自主福利组成。法定福利是指按照国家法律法规的强制性规定而为员工提供的福利，主要包括“五险一金”等。自主福利是指研究所根据自身经营效益情况自主建立的福利项目，主要包括补充保险类、住房支持类、交通服务类、通信服务类、劳动保护类、健康服务类、困难帮扶类等。员工福利管理遵循“公平性、合理性、必要性、计划性、动态性”原则，坚持福利制度公平、结果公正、程序公开；坚持福利项目根据国家相关政策和员工实际需要每年做动态调整；坚持福利项目纳入预算、统筹规划、归口管理、成本受控，福利资源效用最大化。

3. 推进重点福利项目建设

一是建立补充养老保险制度。为保障和提高员工退休后的待遇水平，在基本养老保险的基础上，为事业编和企业编员工分别建立职业年金制度和企业年金制度。积极维护内部公平性，职业年金与企业年金在缴费基数、缴费比例上保持一致，打破传统事业编管理思维。实行“单位和员工共同缴费”的缴费模式，员工年金缴费基数为个人上年度实际收入，缴费基数范围为上年度当地社平工资的60%～300%，个人缴费比例为缴费基数的4%，单位缴费比例为缴费基数的8%。实行“委托管理模式”，职业年金基金委托省级社会保险经办机构管理，企业年金基金委托专业机构管理，有效保证了年金基金的保值增值。二是健全补充医疗保险制度。为减轻员工因生病带来的经济负担，构建了“社会统筹医保为基础、补充医疗保险和职工医疗互助基金为补充”的“三位一体”职工医疗保障体系。建立补充医疗保险，按上年度员工工资总额的4%提取，实行“统一报销标准，自行核算报销”的管理模式；参保人员经统筹医保报销结算后，应由个人自负的医疗费纳入补充医疗保险报销，报销比例为60%～80%。建立职工医疗互助基金，员工根据“自愿”原则参加互助基金，并缴纳会费50元/年，单位按照1∶1比例进行配比拨款；会员经补充医疗保险报销结算后，个人自负额超过2000元的部分纳入互助基金报销，报销比例为50%～70%，最高救助额为50000元。为救助发生重大疾病的员工，防止员工因病致贫，同时为员工购买了意外伤害险和重大疾病险。

三、科研院所以激发人才活力为导向的多元化薪酬体系构建效果

（一）完善了市场化薪酬激励机制，激发人才创新创造活力

通过深化收入分配制度改革，建立了以“按劳分配为主，按要素分配为辅”的多元化薪酬体系，显著提升了骨干人才的薪酬市场竞争力。对标竞争性民营企业，技术骨干收入实现了从“望尘莫及”到“望其项背”的转变；对标行业内领先的科研院所，实现了从“望其项背”到“并驾齐驱”的转变。薪酬分配初步实现了“国际化高端人才薪酬与国际标杆企业接轨，核心岗位人员的薪酬与发达地区劳动力市场价位接轨”的目标。“长家分设”机制取得显著成效，集团首席专家收入接近甚至超过研究所党政主要领导，集团特级专家收入接近甚至超过副所级领导，年收入超过30万元的技术专家人数超过中层领导干部的人数，有效激发了科研人才干专业的积极性和创新创造活力。

（二）优化了人才队伍结构，吸引和稳定了一支高素质人才队伍

一是科研人才队伍整体素质显著提升。成果实施以来，省部级专家增加了10人，成功引进1名海

外技术总监和 1 名海外优秀博士，实现了引进海外高层次人才从无到有的突破，3 年内引进博士人才数量创造了超过历史总和的奇迹，博士人才数量由不到 40 人增加到 80 余人，科研人才队伍中硕博士学历人员占比由 50% 提高到 68%。二是科研人才队伍日趋稳定。成果实施前 3 年科研人员年平均流失人数 40 人，成果实施期间科研人员年平均流失人数降至 20 人，降幅达 50%。其中，科研骨干人才流失人数大幅降低，由原年平均 8 人降低到目前的 3 人，降幅超过 60%。科研人才的使命感和责任感显著增强，初步构建了以“高精尖缺”人才为核心的“人才高地”，为研究所履行“航空报国、航空强国”使命、推动重大武器装备建设和实现健康可持续发展提供了坚实的人才保障。

（三）提高了自主创新能力，提升了组织的核心竞争力

一是自主创新能力显著增强。成果实施以来，科研人才主动性和创造性得到了大幅提升，推动我国直升机跨越式发展。聚焦高速化、无人化、智能化和绿色舒适环保等未来直升机发展方向，开展关键技术攻关，实现了前沿技术与世界先进直升机公司的同步发展。二是团队设计效率显著提升。三是创新成果硕果累累，实现了常规构型直升机与国外先进直升机的“并驾齐驱”。以打造“领先创新力”为目标，大力推进基础研究和预先研究工作，“十三五”期间预研项目增长 4 倍，经费增长 3 倍，科研人员申报国防专利的热情高涨，专利数量年均增长率超过 15%，一系列科技成果实现了产业孵化，成功推向市场。

（成果创造人：洪　蛟、赵伟华、徐顺飞、冯　伟、肖金芳、夏卫国、李文星、朱红波、汪璐璐、张宙金、邱玲珊、刘远征）

电网企业推动个体先进迈向群体先进的全员能力提升管理

国网天津市电力公司

国网天津市电力公司（以下简称天津电力）是国家电网有限公司（以下简称国网公司）的子公司，负责天津电网规划、建设和运营，致力于为天津经济社会发展提供清洁低碳、安全高效的电力能源供应。供电面积1.19万平方千米，供电服务人口超过1562万人。业绩考核连续9年保持国网公司A级评价成绩，党建工作考核保持国网公司系统前列，获评国务院国资委创建世界一流企业管理提升标杆单位。

一、电网企业推动个体先进迈向群体先进的全员能力提升管理背景

（一）落实党中央对国有企业队伍建设要求的重要举措

先进典型聚魂、凝力、固本的导向示范作用对于员工队伍建设具有十分重要的意义，可以带动队伍整体素质的提高。天津电力基于“个体先进迈向群体先进”全员能力提升，以具体化、人格化、实效化的工作模式，诠释了“什么是先进典型、怎样培育先进典型”“建设什么样的队伍、怎样建设队伍”“企业实现什么样的发展、怎样发展”等新时代国有企业发展的命题，是进一步落实国有企业责任和使命，积极探索一条新时代国有企业队伍建设的新路径的重要举措。

（二）实现国网公司战略目标落地的必然选择

国网公司在推进新时代中国特色社会主义伟大事业新征程中承担着重要的政治责任、经济责任和社会责任，站在实现“两个一百年”奋斗目标的历史交汇点，提出“建设具有中国特色国际领先的能源互联网企业”的战略目标。天津电力员工张黎明先后获评“时代楷模”“改革先锋”“最美奋斗者”“全国道德模范”等诸多荣誉称号。天津电力以张黎明同志为引领，在最需要高度自觉的服务一线、最需要创新动力的热点领域、最需要坚守精神的基层班组挖掘培育先进个人，以榜样的力量示范带动全员能力提升，让每一名员工立足岗位、践行战略、建功立业，为率先形成实现国网公司战略目标的“天津范式”提供了坚强的人才支撑。

（三）推动高质量发展的迫切需要

天津电力坚定不移传承国有企业优良传统，针对“十二五”期间局部地区供电能力不足、网架结构薄弱、外受电通道不足、城乡电网发展不均衡等问题，寻找关键突破，提升发展质量。把个体先进向群体先进拓展升级作为重要抓手，以高素质高水平员工队伍加快推进智能电网建设和电网转型升级。以先进典型为示范标杆，构筑集体人格，提升全员能力，以个体先进推动群体先进，打造新时代国有企业队伍，使他们成为公司落实新发展理念、适应新发展格局、迈入新发展阶段的中坚力量，把员工队伍优势转化为企业发展优势和行业竞争优势，契合需求、推动发展。

基于上述情况，从2018年起，天津电力实施基于个体先进迈向群体先进的全员能力提升管理工作。

二、电网企业推动个体先进迈向群体先进的全员能力提升管理主要做法

（一）明确工作思路和组织机构

1. 找准改革方向，明确工作思路

聚焦“深化国有企业改革，培育具有全球竞争力的世界一流企业”的新时代国有企业改革目标，开展对标世界一流管理提升行动，把握国网公司战略落地和天津市能源革命先锋城市建设两大机遇，将世界一流企业建设作为干部员工干事创业的共同目标，作为支撑战略落地、统领各项领域工作的关键抓

手，加强对标管理、强化队伍锻炼，构建以战略为引领的对标一流管理提升路径模式，以队伍的“梯队式”成长推动管理的“螺旋式”提升。创新实施基于个体先进迈向群体先进的全员能力提升，以时代楷模、改革先锋张黎明为引领，构建“1123”工作体系，培育满足新时代国际领先省级电网企业发展需求的国有企业队伍。“1个标杆”，通过对先进个体张黎明特质的分析画像，挖掘先进个体所具备的独特能力素质，为全体员工树立能力提升的标杆示范。“1个模型”，抓住先进个体特质的核心内涵，层层剥茧构建全体员工能力提升的关键要素，推演构建先进群体必须具备的“四层四维”胜任力模型。即关键核心层——忠诚、担当、奉献、创新，内在素质层——政治品格、敬业精神、高尚情操、进取意识，外在能力层——把控能力、业务能力、服务能力、创新能力；个人特征层——学历、年龄、工龄等。“双向驱动”，建立员工个体层面、团队层面“双层”指标，以员工自主对标、企业系统培养为内外“双向”驱动力。“3类激励”，健全精神、物质、文化3类激励机制，通过先进个体的示范带动，促进全员能力的动态提升，从而推动先进群体的不断产生，建设形成满足新时代高质量发展要求的电网企业高素质员工队伍。

2. 践行国网公司战略，明确提升目标

战略成功重在执行，人才成长贵在实践。以国网公司战略为纲，明确战略路径，把战略目标细化落实到每一个领域和每一项工作。构建“能力框架－战略地图－任务集群－执行保障”一整套战略管理工作体系，对标国际标准，研究制订省级电网企业能力框架并转化为干部员工队伍必须具备的能力要素，细化为以“价值”为核心的4层级12个维度，加速干部员工队伍“硬实力”与“软实力”升级。

3. 坚持党建引领，构建组织体系

坚持党建引领、战略统领，突出党管人才的工作原则，健全人才管理机制，成立公司人才工作领导小组及技能人才评价委员会，打造“党委领导、专业主导”的人才管理模式，发挥各级党组织和各专业力量优势，搭建人才成长与典型涌现的载体平台。

（二）聚焦榜样引领，挖掘品质特征和能力特征

1. 选取先进个体的典型代表

梳理人才资源库。系统梳理获得各层级、各类别先进典型，汇总形成人才资源库，实施分类管理，建立先进典型梯次队伍。为获得省部级及以上荣誉的先进典型建立“时光档案”，跟踪成长历程，开展综合评判，确定先进个体的成长路径及发展方向，找准全体员工对标学习的对象。挖掘各业务领域、各专业线条的先进典型代表，为全员能力提升提供“标杆样板”。检验人才先进性。在重大工程、重点任务中检验人才队伍的先进性，以“变革强企工程”“1001工程”“9100行动计划”等创新实践，在全国两会、世界智能大会等重要保电任务中，在事故抢修、应急抢险等急难险重任务中，考验人才队伍的政治信仰、精神品质、业务能力等，选取工作能力强、群众认可度高的先进个体成为全员学习的“样板示范”。确立榜样标杆。持续挖掘“时代楷模”“改革先锋”“最美奋斗者”“全国道德模范”张黎明同志先进事迹背后的深层次因素和价值规律，明确标杆示范关键领域。制订下发《关于开展向张黎明同志学习活动的决定》。

2. 挖掘先进个体的内在品质

榜样价值观。发挥先进个体张黎明的榜样示范作用，开展“楷模精神”画像，明确社会主义核心价值观对榜样成长成才的引领作用，找到全员学习先进、提升能力的正确方向。成长“动机”。深入挖掘张黎明四个维度的优秀品质，即不忘初心、牢记使命的政治品格，扎根基层、埋头苦干的敬业精神，勇于探索、矢志创新的进取意识，甘愿奉献、为民服务的高尚情操，形成全员学习对标的核心要素。人格特质。对照张黎明核心品质，总结形成先进个体“忠诚、奉献、担当、创新”的人格特质，构建以“肯干、能干、实干”为导向的工作标准，以“楷模精神”引领全员提升能力、争创卓越。

3. 推演先进个体的能力特征

找准定位。全员能力提升的重点在于最广大一线员工队伍素质的整体提升，榜样标杆张黎明的能力特征源自于中宣部对张黎明“创新型一线劳动者的优秀代表”的评价定位，必须符合一线员工的发展需求，使可学习、可提升、可推广具有一定的普遍性和代表性。分析特征。以人力资源大数据为依托，跟踪张黎明的基础信息、工作经历和主要业绩，结合岗位培训、竞赛调考参与情况及技术资格、技能等级提升情况并拓展至各级各类荣誉取得情况，迭代完善一线岗位从业人员主要特征。明确要素。聚焦张黎明的工作实践、创新实践，综合考虑一线岗位从业人员特征，对先进个体能力进行归纳推演，形成以下“四种能力”：先进个体对个人成长和工作方向的清醒认知，表现为较强的“把控能力”；对工作任务的游刃有余和对客户的热情服务，表现为过硬的“业务能力”和“服务能力”；在完成本职工作的基础上，通过创新寻求更优的劳动模式和工作措施，表现为“创新能力”。

（三）着眼企业需求，建立全员胜任力模型

1. 构建能力关联

基于对国际通用管理标准和国际领先电网企业的对标研究，将中国特色社会主义的制度优势与国际领先管理经验有机结合，构建国际领先省级电网企业能力框架，包括 12 个一级要素、34 个二级要素。各关键要素内涵和外延界定清晰，能够涵盖国际领先企业的普遍特征。聚焦企业能力框架，抓住“价值”核心，以先进个体内在品质为“媒介”，对接企业能力与全员能力，找准能力“关联”因素。企业能力框架的第二个层级“价值实现”所展现的“央企属性、经营实力、品牌价值”，聚焦先进个体则为基于践行社会主义核心价值观的“政治品格”，延伸至全员能力则为对个人成长和工作方向的“把控能力”。企业能力框架的第三个层级“价值创造”所包含的“绿色能源、规划发展、生产运行、模式创新、服务品质”，可划分为“内部运营”“客户层面”两个维度，聚焦先进个体则为基于扎根岗位实践的“敬业精神”和“高尚情操”，延伸至全员能力则为“业务能力”“服务能力”。所包含的“核心技术、数字智能”，聚焦先进个体则为基于创新创造的“进取意识”，拓展至全员能力则为“创新能力”。

2. 绘制“洋葱”模型

分析企业能力框架、先进个体成长“动机”的关联性，推演形成员工胜任力模型。以“洋葱”模型为蓝本，找到模型的关键核心即为“忠诚、奉献、担当、创新”的人格特质，以此四大维度形成辐射，构成难于培养与评价的内在素质，不忘初心、牢记使命，扎根基层、埋头苦干，甘愿奉献、为民服务，勇于探索、矢志创新；形成易于培养与评价的外在素质，把控能力、业务能力、创新能力、拓展能力。

3. 模型动态应用

细化能力要素。基于人力资源价值评估、人力资本计量与应用、人才盘点等研究成果，将员工胜任力模型的能力要素进一步量化为可计量、可研究的基础指标和成长系数。基础指标是指员工客观存在的一系列个人特征，包括学历、性别、政治面貌、年龄、工龄等；成长系数是指受组织资源配置情况影响，经过个人努力可改变的一系列特征，包括把控能力（荣誉称号、职务职级等）、业务能力和服务能力（专业技术资格、技能等级、执业资格、专家人才）、创新能力（项目成果、发表论文专利），以及其他（培训积分、岗位适配程度等）等特征。纳入计量模型。根据基础指标和成长系数的不同特性，赋予一定分值。例如，学历、性别、政治面貌、年龄、工龄等得分通过线性调整，达到0.8～1.2分值区间；从业能力的技能等级按照高级技师、技师、高级工、中级工、初级工等不同级别，分别赋予1.3～0.4的分值。将基础指标各项分值相加作为人力资本值的基础指标值，将成长系数各项分值作为系数与基础指标值相乘，得到人力资本值。将人力资本值作为推演能力要素变化趋势的重要依据。找准提升重点。选取不同部门、不同单位班组站所为研究对象，将该对象人员作为样本代入人力资本计量基础模型进行系数测试，针对不同研究对象人力资本值的变化趋势，分析变化原因，从而得出能力要素的薄弱环节，明确能力提升的关键点和突破点。将自主对标和企业培养作为全员能力提升的内外部动力，通过先进个体示范带动，实现个体先进迈向群体先进，促进全员能力螺旋式提升。

（四）鼓励主动争先，构建全员对标体系

1. 制订对标指标内容

将张黎明事迹纳入员工行为规范，形成共同遵守的行为标准。开展对标活动，聚焦先进个体的内在品质，以全体员工的四大能力提升为重点，从政治品质、岗位技能、创新意识、为民服务等维度建立个人层面对标指标 33 项，从示范作用、本领能力、争先意识、为民解忧等维度建立团队层面对标指标 25 项。编制对标手册，组织干部员工经常性查找差距不足，做到持续改进提升，让国企“人”的标准在每个员工身上都看得见、摸得着。个人指标层面，包括基础指标、先进指标和加分指标，共计 6 个一级指标、18 个二级指标和 33 个三级指标。聚焦先进个体成长“动机”，形成基础指标，细化对员工工作、学习、生活等方面的要求，鼓励一线员工立足本岗、建功立业。拓展形成“先进指标”和“加分指标”，多维度、全方位加强先进典型梯队建设。团队指标层面，深层次提炼黎明共产党员服务队的特质和成功经验，共计 5 个一级指标、13 个二级指标和 25 个三级指标。细化服务队文化传承、厚植培育、先行示范、辐射传播、矢志为民等方面的要求，为共产党员服务队彰显新作为、建功国网公司战略目标指明方向。

2. 规划对标实施路径

规范指导对标。制订《指标体系指导参考》，实施“半开放”的对标指导。从指标构成、指标赋值、计算方式三大维度加强对各单位的参考性指导。明确指标分为个人对标指标、团队对标指标两个层面，赋予基础指标、先进指标一定分值，规定加分指标加分上限；规范季度开展的对标周期和年度报送的考评周期，根据自评、互评、组织评定的不同比例进行评价、获得积分。对于荣誉级别的附加分值进行规定，激励全体员工在动态对标中实现能力提升。鼓励自主实施。鼓励各单位、班组、站所，对照对标指标体系，结合自身工作实际，采取定性与定量相结合的方式，进一步细化指标内容、完善评价方式、丰富载体活动，形成具有可比性、可参照、可操作的细化方案。注重对标机制建设，注重阶段性成果产出，注重阶梯式典型队伍培育，以常态化、规范化的先进培养模式，促进员工队伍整体能力提升。定期检验结果。编制下发《对标手册》，建立常态对标模式。各单位结合工作实际，在党支部学习、活动中统筹考虑对标评价工作。员工个人在对标过程中，查找差距短板，制订整改措施，做到立行立改、持续提升。依托每年共产党员服务队竞赛活动开展对标工作，通过“自评与互评”“自建与互鉴”相结合的方式，从队内管理、团队文化、优质服务、创新实践、攻坚成效等几个维度以赛促改、动态提升，推动服务队竞赛开展常态化，加强全员能力提升的针对性和有效性。

3. 推动人才培养建设

搭建常态对标平台。在岗位实践中对标先进，整合岗位练兵、技能比武、创新工作室等培养资源，构建技能人才赋能平台；建立常态岗位练兵机制，比技能、强素质、展风采；广泛开展技能比武和技能竞赛，以赛促学、以赛促培。优先安排技能人才担任兼职培训师，参与课件案例开发，担任新员工导师，发挥技能人才的引领带动作用。建立柔性攻关团队。在创新实践中对标先进，搭建技能人才创新平台，成立科技创新中心和发展研究中心；与天津市科技局设立电力联合项目，创新内外联动机制。在重大科技项目实施过程中推行“揭榜制”，针对配网带电作业机器人等重点技术创新项目，组建专项技能人才支撑团队。遴选技能人才骨干。在成长实践中对标先进，充分发挥专业部室、基层单位人才培养的主体责任。综合应用技能实操、理论考试、专业答辩、业绩评审、个人述职、民主测评等方式，按照 20% 的差额进阶比例逐级遴选技能骨干、技能标兵、技能工匠，打造数量充足、结构合理、技艺精湛的

“黎明式”技能人才梯队。

（五）强化能力提升，实施企业联动培养

1. 培育内在驱动力

品格塑造。搭建思想教育平台与岗位践行平台，丰富道德讲堂、志愿服务队、遵德守礼牌、文明餐桌和网络志愿者等文明建设载体，全面增进干部职工对社会主义核心价值观的自觉认同与常态践行。选树践行社会主义核心价值观的先进典型，深入开展员工帮助计划，凝聚起推动发展的强大精神动力。能力拓展。将全员能力提升融入公司改革发展的全过程，拓展能力要素的内涵外延。创新驱动。尊重首创精神，深化职工技术创新“四轮驱动”机制，培育更多“黎明式”蓝领创客。优化创新顶层设计，系统内首批召开科技创新大会，明确“争做理念创新的策源地，‘卡脖子’技术攻关的攻坚者，城市能源变革、电力融合创新的领跑者”的目标定位，努力做国网公司闯关探路的创新先锋。配套推出升级版“双八举措”，激发全员创新意识。

2. 培养岗位胜任力

优化机制整合资源。优化整合培训资源、打造精品培训项目、升级培训管理模式，多措并举提升教育培训针对性和实效性。天津电力以打造国网公司系统内一流党校和华北地区标杆技能培训基地为目标，对党校（培训中心）校区功能环境进行优化提升。聚焦“碳达峰、碳中和”等关键领域，开展重点课题研究；创新“行动学习＋仿真模拟＋实训实测”“课堂讲授＋实践锻炼”等新模式，支撑各专业人员技能提升。搭建竞赛比武平台。从不同层面深入开展系列主题劳动竞赛和技能比武，积极承办高等级技能竞赛，成功推荐“电力系统运营与维护”作为第二届全国技能大赛天津特色项目（仅3个），拓展员工技能竞技平台，从更高、更广维度促进员工锻炼岗位技能、提升技术水平。连续7年组织入职3年青年员工技能比武活动，人才队伍现已实现全层级、全专业、全单位覆盖。拓宽人才发展通道。对科技人才、一线员工、青年员工，有针对性地实施人才培养“三大工程”，打造“三类工匠”（白领工匠、蓝领工匠、青年工匠），畅通各类人才成长通道。以科技创新人才为突破，实施高端人才引领工程，构建“项目＋人才”双培养模式，打造具有技术影响力的“白领工匠”；聚焦一线人员，实施技能人才培养工程，逐级选拔技能骨干、技能标兵和技能工匠，打通技能人才成长通道，选拔技艺精湛的“蓝领工匠”；注重青年储备，实施青年人才托举工程，常态举办入职3年青年员工技能比武活动，选拔优秀青年人才，开展跟踪培养、多维激励，打造“青年工匠”。

3. 培植核心竞争力

优化制度机制，激发全员创新活力。深化科创“放管服”，建立为科研单位赋能、为科研人员减负、为项目负责人授权等机制，设立科技奖励专项资金、年度科技人物奖，完善业绩导向评价体系，30%以上项目推行“揭榜挂帅制”和“项目总师制”。把科技创新作为第一动力，优化创新机制和工作体系。打造服务平台，推动资源协同共享和成果转化运营一体化实施。实施科技创新升级版“双八举措”，全面对接国网公司“新跨越行动计划”，加强科技创新工作的组织领导、战略布局、示范引领及实用导向，通过建设科技专项示范工程、组建成果转化经理人队伍等举措，进一步破除制约科技创新的体制机制障碍。创新人才年度考核，围绕榜样作用发挥、工作实绩、岗位贡献等方面开展年度考核评价。选拔突出人才，提升全员创新能力。围绕扎根基层、为民服务、矢志创新三大方面，构建以“肯干”“能干”“实干”为核心的人才选拔标准。基于技能人才选拔标准，创新选拔方式，按照20%的差额进阶比例，逐级遴选技能骨干、技能标兵、技能工匠，打造技能水平高、创新能力强、服务水平高的技能人才队伍。构建柔性项目团队机制，实现“反应迅速、支撑有力”。成立科技创新中心、发展研究中心，在重大科技项目实施过程中推行“揭榜制”，组建专项技能人才团队攻坚配网带电作业机器人等重点技术创新项目，发挥技能人才创新引领作用。畅通载体渠道，完善全员创新保障。将先进生态系统的构建与公司改革发展实际相结合，激发员工内生动力，组建职工创新联盟，优化劳模创新工作室、大师工作室、职工创新实践基地、创新成果孵化基地等多样化的工作阵地，由楷模、劳模、工匠任技术带头人，围绕公司改革发展中的重难点问题，以革新生产工艺、改善生产方式、提高工作效率等为目标开展创新活动。

（六）促进行为养成，开展多维有效激励

1. 强化精神激励

学习张黎明事迹。开展弘扬“时代楷模”精神的学习张黎明“立心·立行·立形”三项行动，以及“看旗争优·对标黎明”等活动，深入挖掘影响力强、示范性佳的个体与群体，以更加卓越的队伍推动先进带员工、先进带团队的螺旋式上升发展，在全体员工中产生示范、形成合力。加强典型选树。确立党委领导、行政支持、工会配合、团委参与及党建部门主推、专业部门协同的领导机构和管理体制，持续开展优秀共产党员、“黎明式”员工、十大杰出青年等各类先进评选表彰，通过“群众推、基层育、专业评、公司选”逐级推荐、层层选拔，建立了各级各类人才储备库，形成先进典型的“种苗圃”和“人才池”。鼓励基层单位建立科学规范的典型培树机制，使先进典型从职工群众中“走”出来。通过构建培育、宣传、引导、保障“四个体系”，实施全过程跟踪、全流程管理，探索建立梯次先进培树机制。加大成长关爱。畅通“能上能下”通道，在处级干部试行聘任制，以契约管理为核心指导基层单位全面开展中层干部岗位聘任；健全“能进能出”机制，市场化单位通过社会招聘引进业务拓展、资质建设等亟须的高端人才，工资总额增幅、企业负责人薪酬与经营目标、人工成本投入产出效率直接挂钩；创新“能增能减”途径，聚焦效益挖潜，建立电量增供扩销、子公司利润贡献等专项任务考核，结果直接与工资总额增幅联动，最大影响±25%，激发员工从“要我干”向“我要干”转变。

2. 优化物质激励

定制化配岗发挥个性特长。结合企业发展需要、专业需求，实现岗位适配持续优化，建立源头培养、跟踪培养、全程培养的素质培养体系。差异化待遇常态激励争先。注重解决先进工作者实际困难和后顾之忧，通过整合多种激励资源、丰富激励手段，着力构建“事业层面、待遇层面、关怀层面”的三层级立体化全面薪酬体系，满足员工差异化、多样化的激励诉求。科学化评价拓宽成长渠道。积极推进产业工人队伍建设，优化企业内对工人工作与工作技能的评价体系，构建维持标准与尊重差异的评价方式。

3. 深化文化激励

突出政治引领，推动员工提振信心。将政治立场、政治纪律和政治要求贯穿全过程，始终做到旗帜鲜明讲政治，确保先进群体“根红苗正”。通过培育弘扬先进文化，进一步强化国网公司企业价值理念的落地，在坚持“人民电业为人民”的企业宗旨、弘扬“努力超越、追求卓越”的企业精神的基础上，近年来锻造凝练出“走在前列、干在实处”“推土机精神”等一系列具有天津电力特色的精神符号，针对不同员工群体，分层分众宣贯价值理念，打造一批企业文化示范点，提炼一批专项文化建设案例，选树一批“最美国网人”等先进典型，以国网公司战略体系和价值理念体系引领卓越员工队伍不断成长。突出入心化行，激发员工干事热情。构建公司企业文化建设领导小组统一顶层设计、各专业部门牵头组织实施、各专业线条全面贯彻执行的专项文化建设管理体系，结合公司生产经营实际，统筹部署和有序推进安全、质量、服务、廉洁、法治等专项文化建设，创新开展“党支部文化先锋创建”“企业文化示范点”等一批实践品牌。突出形式多样，保障员工健康成长。用过硬技术培养造就硬核队伍，用优秀文化培养传承优良作风，聚力打造知识型、技能型、创新型产业工人队伍。大力弘扬劳模精神、劳动精神、工匠精神，通过劳模事迹报告会、网络宣传等方式广泛宣扬劳模事迹，激励广大职工对标先进，营造学习先进、争当先进的浓厚氛围。

三、电网企业推动个体先进迈向群体先进的全员能力提升管理效果

（一）队伍能力实现新提升

一是培育了一种独特精神。广大干部员工以“推土机”精神为天津市发展提供强劲能源动力，树立了改革创新、奋发奋斗的样板。二是锻造了一支过硬队伍。在“个体先进”向“群体先进”再向“企业先进”拓展升级的过程中，一批“肩膀宽”、作风硬的干部脱颖而出，两年来选人用人满意率、新提拔人员认同率大幅提升 15.05 和 12.58 个百分点，多名同志被国网公司党组重用，天津市领导多次要求推荐优秀干部到天津市里更高平台工作。三是选树了一批优秀人才。2020 年，18 名职工获国家级、国网公司级、天津市级劳动模范，是 2018 年的两倍多。首次入选天津市“131”创新型人才团队培养计划，高技能人才提升 3.26%。

（二）战略落地取得新成效

一是智慧能源发展创新示范。建成首批智慧能源小镇、首个省级综合能源服务中心、城市能源大数据中心、津门湖新能源车综合服务中心等一批示范项目，推出“电力看经济”、集中蓄热式电采暖、“供电 + 综合能源”等一批典型模式。二是供电服务水平持续优化。深入践行“人民电业为人民”，提前一年完成“煤改电”和农网改造升级，农网互联互通率达到 100%，供电能力整体提升 90%。三是创建世界一流取得突破。增量配电、综合能源等领域率先混改，战略落地、“放管服”承诺制、“小站模式”等一批模式得到推广，入选创建世界一流示范企业典型引领单位。

（三）公司发展实现新跨越

一是天津电网加速向能源互联网转型升级。促成天津市与国网公司 6 次会谈、3 次签署战略协议，全体员工上下齐心、携手共进，助力打造能源革命先锋城市。完成天津电网史上最大规模投资建设，“1001 工程”历时 3 年全面竣工，开创了天津电网史上投资规模最大、政府支持最大、发展速度最快、社会反响最好的一个时期。二是一批历史遗留问题得到有效解决。推动天津市出台电网建设“一会五函”等 50 余项支持政策，板中、板万等一大批受阻近 10 年的工程取得突破。三是“十四五”电网蓝图全面绘制。共产党员服务队助力乡村振兴，实施农网巩固提升工程，完成 3000 个老旧台区配变升级改造。全力推进乡村电气化，打造 200 个全电驱动示范村。成立全国首个“双碳”产业联盟，技术创新骨干加盟，服务“双碳”大局，与各区政府及重点上下游企业签署战略协议，落实国网公司新型电力系统行动方案，实施津碳“3060”电力行动。

（成果创造人：赵　亮、施学谦、杨永成、周　群、及　明、李统焕、刘德田、杨子平、张冠男、赵　璐、王　媛）

特种制造企业基于工匠技艺传承的技能人才培养管理

吉林江机特种工业有限公司

吉林江机特种工业有限公司（以下简称吉林江机）始建于1949年，2016年重组进入中兵红箭股份有限公司。吉林江机资产总额25.44亿元，从业人员1778人。吉林江机经过70多年的发展，技术领域覆盖了机械、电子、光学、力学等专业，专门从事军用机电产品及零部件的科研、加工、制造。1980年以来，获得科学技术奖国家级奖项15项、省部级奖项59项、军工集团级奖项28项。

一、特种制造企业基于工匠技艺传承的技能人才培养管理背景

（一）打造传承工匠技艺的技能人才队伍是工业强国的需要

工匠始终是中国制造业的中坚力量。但是，随着互联网行业的发展与进步，很多年轻人不再将成为工匠当作自己的职业理想目标，而是立志于“开网店”“当网红”，在多数制造型企业走上转型升级的关键时刻，熟练技术工人短缺、工匠技艺得不到传承成了制约工业企业发展的主要因素。在这种形式下，亟待建立一整套与工业化大规模生产相适应的管理体系，将“工匠精神”作为一种职业精神和工作态度、将工匠技艺传承作为一项系统工程来建设。

（二）打造传承工匠技艺的技能人才队伍是履行好强军首责的需要

要生产制造出质量过硬、性能卓越的武器装备，必须要有一大批具有“工匠精神”和工匠技艺的人才作为保障和支撑。因此，集团明确提出：“要履行好强军首责，首先要建设有一支高素质的技能人才队伍，要健全技能人才培养、使用、评价、激励制度，注重提高技能人才的政治待遇、经济待遇，为技能人才发挥作用搭建宽广舞台，使他们在经济上有保障、发展上有空间。”

（三）打造传承工匠技艺的技能人才队伍是支撑企业高质量发展的需要

近几年，吉林江机加快了转型升级步伐，涌现出一大批知识与时俱进、技能拔尖的技能人才。但是，这些人才分布还比较分散，没有形成“人才团队”，还存在着“短缺”和“过剩”并存的问题，即：技能拔尖、技艺精湛并具有较强创新能力和社会影响力的高技能人才凤毛麟角，既懂知识又有较高操作技能的人才数量和比例偏低，而只具备单一技能的一线员工却占了多数，“工匠精神”还没有入脑入心，工匠技艺在公司还没有形成影响力，这些问题的存在已经成为企业高速发展、提质增效的重要瓶颈。如何加快促进高素质技能人才与企业共同发展，让已有的“工匠精神”、工匠技艺得到传承和发扬，对于企业高质量发展具有重要意义。

二、特种制造企业基于工匠技艺传承的技能人才培养管理主要做法

（一）加强技能人才队伍建设顶层设计，系统推进技能人才传承培育

1. 构建层次分明的培训体系

吉林江机建立技能水平与岗位准入相衔接、基层单位整体技能水平与单位绩效考核相衔接及个人职业技能水平与个人收入待遇相衔接的技能人才管理体系。对于已经纳入国家职业资格体系的岗位，鼓励员工参加职业技能等级认定培训、考试（认定），提升个人技能等级；对于社会化培训已较为成熟的通用岗位，引入社会化培训；对于专业性较强的岗位，组建内训师队伍，开展有针对性的内部培训。在培训层次上，建立公司级、部门级、班组级三级培训层次；在培训形式上，采取企业文化引领、技术项目驱动、大师工作室传承、技能创新大赛历练、校企联合培养、政府支持保障、制度激励等7个方面的融合联动，提升员工岗位技能。

2. 畅通技能人才职业生涯通道

吉林江机建立一般技能岗位（班组长）、公司专业领域关键技能带头人、公司关键技能带头人、子

集团关键技能带头人、集团关键技能带头人和集团首席技师的技能人才发展通道，明确职级关系、晋升程序、晋升资格条件、岗位待遇，组织宣贯，对标培养，建立培养档案。全面建立技能岗位素质模型，明确各岗位主要工作职责、内外部协调关系，应具备的专业、学历和职业资格。从通用能力、管理能力、素质、知识等四大方面，每个方面选取2~3条重要因素，每个因素按照1~3级分类对此岗位进行素质模型辨别。通过职业评估科学合理地分析员工的个人能力，从而选择具备公司所需的技能大师型、知识智能型、通用职业型的培养人选，找出目标能力和实际能力的差距，分析共性需求和个性需求，结合需求构建技能人才培训课程体系，围绕公司发展战略、岗位能力需求，从职业素养、知识、技能三大方面设计课程并组织培训，建立技能人才培养档案。

（二）依托企业文化弘扬"工匠精神"，塑造传承创新的职业操守

1. 开展厂史教育，增强员工的荣誉感和归属感

吉林江机每年由人力资源部、党群工作部牵头组织，定期开展分层分类的厂史参观学习教育。通过参观学习厂史陈列馆中吉林江机发展历程的精彩时刻和高光瞬间，让技能人员切身地感受了解吉林江机自己的故事，深刻领悟吉林江机对"工匠精神"矢志不渝的传承和践行，提升技能人员的荣誉感和归属感。

2. 强化企业文化的宣贯和学习，增强员工的使命感

一是借助外力，聘请外部专家宣讲。二是依靠主力，组建企业文化宣讲团到基层宣讲。三是内生动力，宣传技能人才典型事迹。四是形成合力，利用各种会议宣讲。

3. 倡导"工匠精神"，培养创新意识

一是把"党员创新工程"作为技能人员攻坚克难的主战场。二是把劳模创新工作室作为传道授业的场所。三是紧密结合全员综合素养提升工程建立复合型人才队伍。

（三）依托科研生产项目，精心打磨技能人才的独具匠心

1. 依托项目驱动，培养钻研专注精神

围绕影响生产效率和成本的典型工艺技术难题及提升公司核心制造能力、提高节能减排能力等方面立项并组织研究，成立工艺科研项目组，运用项目计划管理工具，合理分配项目角色，开展计划管理、技术管理、进度管理并分层监控，保障项目完成。在项目组织各环节中，通过高端技术技能人才的示范引领，培养团队成员钻研专注精神，使技能人才得到锻炼和提升。

2. 开展精益改善活动，培树精益精神

在装备生产过程中，坚持问题导向，聚焦效率、质量、成本、工艺等开展精益改善活动，在活动中推行精益精神，培养技能人员注重细节、追求完美、精益求精，持续改进持续提升。公司平均每年立项精益改善项目200余项，精益理念在公司得到普遍认同。

3. 开展技术与工艺协同创新活动，培树创新精神

围绕协同研发、协同工艺、技能创新、技能创效等维度，开展创新活动，建立激励机制，运用管理工具，深入挖掘技能人员的创新意识、探索精神、求真务实的工作作风，消除消极思维定式，科学构建新思维新观念，总结提炼先进的协同创新措施和技能创新创效成果，培养了创新意识和创新精神。

4. 开展技术攻关活动，培养技能人才拼搏的品格

以问题为导向，开展攻关活动，确定攻关课题，成立攻关团队，确定攻关目标，按照节约价值对课题组成员予以奖励，在攻关中锻炼开发技能人员爱岗敬业、团结协作和敢于拼搏的品质。

（四）依托大师及劳模工作室师资力量，搭建起传授工匠技艺的平台

1. 整合师资力量，建设技能大师实训基地

技能大师实训基地作为技能人才提升技能、创新发展的摇篮，实现了研、产、学有效结合。

2. 加强学习交流，提升技能人才综合素养

建立微信学习平台，利用技能大师工作室平台，建立"公司数控技能竞赛理论知识学习群"，通过

微信的形式组织数控机床工艺编程与操作的理论学习，定期发布理论试题并组织线上答题。提炼总结特色操作法并定期组织分享交流，通过骨干技能人才的绝招绝技交流，技能人员在技能水平有了很大提升。通过引领前沿技术的学习、研究，将学习成果运用到技能创新、技能攻关之中。

3. 建立“大师带徒”机制，实现一对一精准培养

按照“专业对口、双向选择、目标明确、效果落地”原则，充分发挥技能大师、“吉林工匠”、各级各类带头人、高级职称及以上或技能等级中级及以上人员的技能引领作用，开展“大师带徒”活动，每人培养2~3名徒弟，与徒弟签订培养协议，师傅帮助徒弟规划职业发展路径、确定职业发展目标，对照各级关键技能带头人评选条件梳理短板，制订切实可行的培养计划，实施精准培养，公司人力资源部门每年对“导师带徒”的培养情况进行考核评定，徒弟在技能提升、创新等方面表现优异获得子集团以上荣誉的给予导师500~1000元的奖励。

（五）依托形式多样的技能创新大赛，锤炼提升技能人才的工匠技艺

1. 技能竞赛常态化

以提素质、增技能、树人才、建队伍为目标，建立完善协调的大赛体系和运行规范的大赛机制，按照人力资源部门规范管理、规范运作、规范考核、规范奖励的思路，坚持公开、公平、公正的原则，每年举办一届公司创新暨职业技能竞赛，竞赛前各分厂组织选拔赛；每两年组织员工参加一次子集团、集团举办的职业技能竞赛，通过组织各工种参加分厂赛、公司赛、子集团赛、集团赛（省级赛）、国家赛，建立了“由下至上、逐级拓展、网络拉伸”的竞赛组织模式。

2. 竞赛项目多样化

从公司产品焦点、管理难点、工艺瓶颈出发，结合新技术、新工艺、新材料的发展趋势，不断创新改善技能大赛的各个环节，在工种拓展上，按照“成熟一个开展一个，开展一个落实一个，落实一个提升一个”的思路，从关键重点工种向一般普通工种延伸，从一线技能岗位向辅助技能人员岗位延伸，从传统工种向新技术工种延伸，从工人岗位向技术管理岗位延伸，逐渐形成多样化、全覆盖的趋势。

3. 赛前培训多元化

利用公司内训师资源、大师工作室资源、外部培训机构资源，开展有针对性的理论知识培训，提高参赛选手的理论水平；开展实际操作培训，聘请行业知名大师传授比赛技能技巧和比赛经验；开展心理疏导，排解选手紧张压力。在公司级技能竞赛前，结合项目命题及考核要点开展普及性知识培训，吸纳更多的员工积极参与。如在2020年公司精益技能竞赛赛前，充分发挥精益内训师的传承引领作用，利用精益堂平台，从精益理念导入、各类精益工具使用入手，组织精益培训10余次，参加培训员工200余人次。

4. 开放性思维设置竞赛命题

一是针对传统赛项，增加命题难度。二是在问题中寻找课题，归纳课题合理命题。三是将命题重心由以往考核个人技能水平向考核团队技能水平转移。

5. 竞赛结果体现“四挂钩”

一是与各级关键技能带头人评定挂钩。二是与劳务用工转正挂钩。三是与员工薪酬进档挂钩。四是与员工奖励挂钩。

（六）依托开放式的校企合作培育方式，提升技能人才的综合工匠技艺

1. 实行有助于学习成长的新型学徒制

全面推行以“招工即招生、入企即入校、企校双师联合培养”为主要内容的企业新型学徒制。进一步发挥公司主体作用，通过校企合作、工学交替方式，组织公司近3年入厂的技能岗位员工参加企业新型学徒培训，促进公司技能人才培养，壮大发展技能人才队伍。学徒培养目标以符合公司岗位需求的中、高级技术工人为主，培养期限为1~2年，特殊情况可延长到3年。培养内容主要包括专业知识、

操作技能、安全生产规范和职业素养，特别是“工匠精神”的培育。实操技能主要通过“导师带徒”方式，以公司为主导确定具体培养任务。学徒培训期满，公司对学徒进行技能等级自主评价。

2. 制订有针对性的专项订单培养计划

与高职院校校企联合，开展订单式定向精准培养计划。根据公司年度人力资源人才需求预算，提前1~2年与高职院校签订人才培养协议。学校根据公司对学生的技能和素养需求，制订人才培养计划并进行培养，充分利用学校和企业的优势，共同组织教学“双元制”的校企合作，实现从招生、培养、考核、实训、就业等全过程、全方位的校企合作，从而培养既有专业理论又能够解决工作中实际问题的高素质技能人才，同时也解决了学生就业难和公司招聘难的问题。

3. 实行有助于全面快速适应的顶岗实习

与高职院校校企合作，企业接纳专业对口的高职院校学生到企业顶岗实习，指定专门的师傅负责学生的技能操作训练，让学生巩固和扩展所学专业知识、全面了解企业生产的全过程，培养学生热爱劳动、不怕苦、不怕累的工作作风，锻炼学生交流、沟通能力和团队精神，提前实现学生由学校向社会的转变。企业在其定岗实习期间进行跟踪考核，顶岗实习期满，择优录用。

（七）依托政府的人才政策支持，拓宽传承“工匠技能”的渠道

1. 开展技能职业等级认定

开展职业技能认定工作，关注技能人才个人成长。全面推进技能人才企业自主评价工作，吉林省人力资源社会保障厅批准了公司27个工种的技能等级自主认定资格。按照服务公司、服务员工的原则，紧密结合公司生产实际，以提高员工技术素质为目的，促进职业技能等级认定与员工培训、使用、待遇相结合。坚持客观公正的原则，保证认定的工作质量，实现认定公开、公平、公正，认定的结果应能客观准确地反映员工的实际技能水平。创新企业自主认定模式，一是考评结合。采取理论考核、实践操作、业绩评审、业绩展示等方式，对不同类型技能人才采取不同方式进行评价。评价要重点向解决生产问题和完成工作任务能力倾斜。二是过程化考核。采取理论考核、现场过程化考核替代实际操作的方式。三是竞赛选拔。对在经过备案的职业技能竞赛中取得的优异成绩可直接认定相应等级。四是工作业绩直接认定。对取得突出贡献员工，可以通过专家考核直接认定相应技能等级。

2. 强化“吉林省人才培养基地”建设

本着“政企共建的原则”，与吉林省人力资源社会保障厅共建“吉林省人才培养基地”项目。在总体目标的引领下，加强“吉林省人才培养基地”的基础建设和基础投入，完善人才培养、评价、使用、激励制度，制订项目实施管理办法和经费管理实施细则，加大自筹资金投入力度，用好匹配资金，促进建设项目顺利实施。自筹200万元，用于已有实训基地范围并向外延伸。将匹配资金全部用于师资和人才成长的奖励机制上，为人才培养提供保障和动力。

（八）依托人力资源相关制度建设，健全正向激励引导的长效机制

1. 建立有助于激发潜能的“发展空间”激励机制

为了解决公司级带头人门槛过高，让一些人员望而止步的问题，修订《公司带头人管理办法》，结合企业实际，在公司级带头人层级以下设置了专业领域带头人，明确了各级各类带头人评选资格、评选条件及评价退出，鼓励工艺技术人员通过学习掌握实际操作技能参评关键技能带头人，培养一批既有理论知识又有实际操作技能、既是工艺技术人员又是一线操作人员的多面手。通过他们来培养更多的一线操作人员补习工艺技术理论知识，形成取长补短、互帮互学的良好氛围。

2. 建立有助于激发潜能的“薪酬待遇”激励机制

按照薪酬待遇向一线技能员工倾斜的原则，修订完善《薪酬管理办法》，规定一线技能人员薪酬进档的条件，每年进行进档评定，形成长效机制。结合公司各岗位薪酬待遇，对各级各类带头人的薪酬待遇进行了规范和调整，激发技能人才学知识、学技能的热情。修订《多技能工管理办法》，对多技能工

进行岗位技能评估，通过评估，被确定为多技能工的年底发放一次性津贴。制订《班组长管理办法》，提高班组长津贴标准，设置脱产班长和大学生班长任职条件，鼓励大学生担任班长，提高班组管理水平。

3. 建立有助于激发潜能的“劳动用工”激励机制

制订《劳务用工管理办法》，公司人力资源部门每年根据公司一线技能队伍现状，特别是苦脏累岗位人员断档情况，结合公司科研生产实际情况，制订劳务工转合同工计划，从劳务人员日常工时、理论考试、实际操作考试等方面予以考核评定，给予转为合同制员工。对于在子集团以上技能竞赛上的部分获奖选手或在工作上业绩突出人员认定后，直接转为合同制员工，激励劳务人员学技能、精技艺的积极性。

4. 建立“物质为主、精神并举”的激励机制

建立技能人才荣誉奖励机制，对于表现突出的个人，设立“企业工匠”“技术能手”“创新标兵”“质量标兵”等荣誉奖；对于在技能人才培养方面做出突出贡献的部门或班组，设立团体荣誉奖。

三、特种制造企业基于工匠技艺传承的技能人才培养管理效果

（一）促进了企业科研生产任务高质量完成

通过技能人才队伍的建设，技能人员的技能水平、创新能力快速提升，极大地提高了生产效率和产品质量，解决了制约科研生产任务的诸多瓶颈问题。2017 年以来，吉林江机在从业人员总量保持平稳的前提下，销售收入、利润、全员劳动生产率等经营指标呈持续快速上升趋势，有 7 个产研并行产品转产，产品连续 44 批一次交验合格，出产工时提高 2. 27 倍。2020 年年产值比 2017 年增长 175%。

（二）壮大了高技能人才队伍规模

截至 2020 年，吉林江机有“全国劳模”2 人、“全国青年岗位能手”3 人、“吉林省工匠”1 人、“江城大工匠”1 人、“江城工匠”11 人、子集团关键技能带头人 6 人、公司关键技能带头人 10 人。有国家级技能大师工作室 1 个、吉林市劳模创新工作室 3 个。培养出了 82 名像宿华龙一样的技能拔尖、技艺精湛并具有较强创新能力和社会影响力的技能大师型人才、210 名以王洪征为代表的有较高专业知识和操作水平且能够创造性开展工作的知识智能型人才、575 名通用职业技能型人才，这些人才将作为公司的“种子人才”重用。通过他们言传身教的示范、“工匠精神”的传播和工匠技艺的传承，高技能人才队伍规模还将进一步扩大。

（三）形成了传承“工匠精神”和工匠技艺的良好氛围

通过“创新暨职业技能竞赛”“特色操作法分享”等系列活动的开展，形成了“比、学、赶、帮、超”的良好氛围，树立了一批以宿华龙为代表的素质过硬、技艺高超的技能人才典型，通过广泛宣传典型人物的先进事迹，形成了先进典型的示范效应，让更多的技能人才学有方向、赶有目标。

（四）提高了企业在行业中的知名度

2018 年，公司选手获得中国兵器工业集团公司第八届职业技能竞赛相关赛事第三名的佳绩。2020 年，公司选手在中国兵器工业集团公司第九届职业技能竞赛相关赛事获得第一名和第六名的佳绩，实现了公司在该项赛事上金牌的突破；在另一项赛事中，选手在 69 个代表队中分别获得第四名和第六名的好成绩。这些成绩的取得提高了吉林江机在行业中的知名度。吉林江机作为众多高校的实习基地，每年为各院校提供实习场地和培训师资，校企联合为企业、社会培养应用型技能人才 800 余人。

（成果创造人：扈乃祥、石　瑛、别晓野、张伟军、刘科伟、王宝坤、张丽娜、王广福、宿华龙、李庆奎、吴越超、付　饶）

国有资本投资公司以分类考核为基础的差异化薪酬分配管理

河北建设投资集团有限责任公司

河北建设投资集团有限责任公司（以下简称河北建投集团），前身为河北省建设投资公司，成立于1988年。2009年，经河北省政府批准，改制为国有独资有限责任公司，是河北省政府聚合、融通、引导社会资本和金融资本及支持河北省经济发展的投融资平台、基础设施建设平台和金融服务业平台，是由河北省国资委履行监管职责的国有资本运营机构和投资主体，以及河北省国有资本投资公司的改革试点单位，注册资本150亿元。截至2020年，合并总资产2163亿元，净资产981亿元，利润总额47.36亿元。企业员工约11860人，控股建投能源、新天绿能两家上市公司，参股华能、大唐等多家上市公司。投资电厂、铁路、港口及重大支撑项目，拉动社会投资6500亿元，形成以能源、交通、水务、城镇化等基础设施及战略性新兴产业为主的业务板块。火电控股装机容量915万千瓦，风电控股装机容量547万千瓦。拥有天然气长输管线958千米，城市管道5544千米。投资参与建设邯黄、朔黄、黄骅港等34个交通项目，铁路通车里程6213千米，港口吞吐能力8.5亿吨，水务供水规模占河北省的40%。此外，还投资基础设施、金融服务、矿产开发等多个行业，为促进河北省经济发展做出重要贡献。

一、国有资本投资公司以分类考核为基础的差异化薪酬分配管理背景

（一）顺应政策环境，抓住改革机遇的需要

党的十八届三中全会做出全面深化改革的部署，提出到2020年年底在重要领域和关键环节改革上取得决定性成果的目标。2015年，国务院国资委、国家发展改革委和财政部联合颁布相关文件，明确应根据不同国有企业的功能定位，实施差异化考核标准。参照中央“1+N”国有企业改革政策体系，结合河北省国有企业实际，河北省出台了系列改革文件，形成“1+19”的国有企业改革政策体系，明晰国有企业改革总体目标、主要任务和时间表路线图，细化改革配套举措。上述政策的陆续出台，营造出实施分类考核、差异化薪酬分配改革的良好政策环境。

（二）突破机制束缚，谋求创新发展的需要

传统的国有企业绩效考核和经营者薪酬存在一些历史形成的根深蒂固和难以破除的思维定式与习惯做法，这与市场化、法制化、国际化的新发展思路相冲突，不利于被考核单位树立市场化竞争新理念，不利于打破制度牢笼的羁绊，不利于激发内生动力新源泉。与大多数国有企业类似，改革前的河北建投集团激励约束导向不明确、经营者薪酬差异不大、中长期激励机制缺位，具体表现在以下4个方面。一是考核导向不明确。考核体系不精准，考核维度较少，反应不同企业阶段性的特色指标缺失。考核目标取决于预算目标，博弈预算目标成常态，出现“会干的不如会谈的”的现象。二是对标管理考核的引领作用未能充分发挥。标杆选择范围不准确，可比性较差，对标企业不具体，对标覆盖面不全，对标方法不科学，考核刚性不够。三是经营者薪酬差异化程度和激励作用不明显。薪酬基准看身份、看级别多，看岗位、看贡献少。薪酬与经营成果挂钩方法不尽合理，挂钩利润总额等绝对数量指标多，挂钩经济增加值、净资产收益率等反应资本效率的相对指标少。四是战略执行存在弱化、软化的情况，对事关全局、涉及结构调整的重点板块考核未有效跟进且激励力度不足，对新兴业态的中长期激励约束缺位等。

（三）肩负试点责任，探索改革路径的需要

按照河北省国资委党委的统一部署，2016年，河北建投集团承担直管公司负责人差异化薪酬分配

改革试点工作，成为河北省深化国有经济体制改革的10项试点之一并列入全省党的建设重点工作。河北建投集团具有明显跨行业特点，各板块行业状况、发展阶段、竞争程度、承担政策性任务方面存在明显差异，从而产生对考核分配差异化的内在需求。自党的十八届三中全会以来，河北建投集团改变以预算为目标的考核方式，开始分阶段推行以“赛马机制”为核心的基于业绩的薪酬差异化改革。通过分类考核、差异化薪酬分配改革的进一步实践探索，能充分发挥试点的示范、突破和带动作用。

二、国有资本投资公司以分类考核为基础的差异化薪酬分配管理主要做法

（一）加强组织领导，确保改革取得实效

为推进试点改革，河北建投集团领导班子分工负责，统筹安排和及时调度与协调，重大事项分别提交党委会、董事会、总经理办公会集体研究。根据河北省国资委的各项改革要求和试点方案内容，河北建投集团对各项改革任务进行分解，明确责任部门、配合部门和时间进度要求。在集团党委领导下，成立专项工作组，由党委常委、分管领导担任组长，办公室设在管理考核部，具体负责分类考核、差异化薪酬分配改革方案的起草、论证、报批和分阶段实施。按照改革要求，河北省国资委负责试点工作的领导和政策把握，在试点关键环节和重点难点问题上给予指导；河北建投集团负责组织实施，对企业负责人分类考核、差异化薪酬分配改革体系进行研究，审议有关方案。各职能部门、直管公司指定有关人员协调涉及本单位职责事项，并将责任落实到人，确保分类考核、差异化薪酬分配改革的每一个设计方案、每一个改革步骤都具有合理性、逻辑性和有效性。

（二）精准分类，夯实考核分配差异化的微观基础

河北建投集团实施法人治理和管控体系改革后，管理半径已大幅收缩，但出于保障国计民生、服务河北省发展大局等方面需要，仍保留六大板块及12家直管公司。根据市场经济的内在要求，遵循行业发展规律，结合直管公司定位，制订3项分类标准：一是是否属于竞争类业务，即资产、营业收入、净利润和从业人员4项指标占比均超过51%；二是以前期（基建期）、运营培育期、稳定发展期划分企业所处发展阶段；三是企业承担功能性、政策性任务的占比，即20%以下、20%～50%和50%以上。根据国有资本战略定位和发展目标，对不同类别企业突出不同管理重点，实施分类考核、分类定薪。结合实际，河北建投集团将企业分为商业Ⅰ类、商业Ⅱ类和专项类3种。

1. 商业Ⅰ类充分市场化

商业Ⅰ类是指主业处于充分竞争行业和领域的企业，考核主要以价值创造为导向，重点考核企业经济效益、资本回报水平和市场竞争能力，引导企业优化资本布局，提高资本运营效率，提升价值创造能力。包括两家上市公司和茂天资本公司。

2. 商业Ⅱ类兼顾功能性

商业Ⅱ类是指主业处于重要基础行业和领域的企业，承担重大专项任务或为战略转型提供支撑。以支持企业可持续发展和服务整体战略为导向，在保证合理回报的基础上适度降低经济效益指标考核权重，增加分类考核指标，合理确定经济增加值的资本成本率。包括交通、水务、城镇化、财务公司等。

3. 专项类体现阶段性、政策性

专项类是指支撑多元化发展战略的企业，以提供功能性服务、完成阶段性工作为导向，坚持经济效益和社会效益相结合，发挥内部协同效应，强化对保障类任务、成本控制、重要节点的考核。

此外，企业分类具有阶段性特点，根据3项标准的变化可以进行动态调整。专项类中，有的公司按行业特点应归于商业类，但目前处于项目开发前期，待其正常运营后再调整分类。商业Ⅱ类的企业中也存在功能性、政策性任务结束后调整到商业Ⅰ类的可能。

（三）以价值管理为核心构建经营者年度业绩考核评价模型

根据集团发展规划确定直管公司战略定位，以此构建年度经营业绩考核体系。年度考核与战略考核

相结合，强化对战略执行力的考核，将重要板块战略考核从单纯的“推动”变为“引导+推动”。经多年实践，河北建投集团逐步构建较为成熟的经营者年度业绩考核评价模型，适用于商业Ⅰ类、商业Ⅱ类公司，专项类公司采用年度预算及重点工作考核。在指标选择上以战略为引领，突出价值导向和高质量发展要求，提炼核心指标，对标行业标杆，考核指标层层分解，全面穿透，做到压力和激励均能同步传导。模型由年度发展质量评价因子与年度资本效率评价因子组成，考核结果由两因子相乘而得，年度资本效率评价因子在商业Ⅰ类、Ⅱ类中保持一致，评分方法相同。

1. 商业Ⅰ类年度发展质量评价因子的构成

由“历史对标+行业对标+党建+绩效评价”4部分组成。河北建投集团在年度考核中加大对经济增加值、利润总额等指标的考核力度，商业Ⅰ类企业效益效率类定量指标权重占85%。对两家上市公司采用一套考核体系“一把尺子量到底”，但在具体对标指标上体现差异化，通过历史和行业对标，科学合理设置反映高质量发展、对标一流和提高企业运营质量的通用指标，如净资产收益率、营业收入增长率等。一是基本指标重增量（总权重55%）。经营目标不低于历史数据，推动企业高质量发展。其中，经济增加值（EVA）权重35%、利润总额权重20%。从历史纵向维度对比EVA、利润总额分别与考核期前两年均值对比，上下幅度为10%。二是对标指标重质量（总权重30%）。从横向维度对比，选效益、增长、技经3个维度设置对标指标，与沪深港上市公司前三名的均值对标，波动上限为20%、下限为40%，奖罚不均衡设置，适当拉开差距。三是党建考核重融合（总权重10%）。党建与中心工作深度融合，齐抓共管，破解难题。公司党委提出“建制度、定规则、搭平台、重考核、强问责”，破解党建与中心工作融合不足、党建考核与经营业绩考核结果联动不够的问题。党建考核嵌入经营业绩考核，“急难险重”工作通过党委“挂帅”，抓党建促经营。其中，基础党建、党风廉政建设考核，权重4%；党建促经营考核，权重6%。党建考核结果成为经营者薪酬的调整因素，实现党建责任制考核与经营业绩考核的有效衔接、双向联动。四是绩效评价重内涵（总权重5%）。对直管公司财务、投资、审计与风险等管理方面进行评价，最高得基本分。

2. 商业Ⅱ类年度发展质量评价因子的构成

由“系统内贡献+行业对标+分类指标+党建+绩效评价”5部分组成。根据承担政策性、功能性任务的多少，将商业Ⅱ类公司进行再分类，基本类型为“5：3：2”，商业Ⅱ类效益效率类定量指标权重占比60%～80%。在通用类指标基础上，设差异化指标，针对企业所处的阶段及决定成长的瓶颈要素，较商业Ⅰ类企业增加分类指标，一企一策设置，激励经营者破解发展瓶颈，抓住业绩提升的重难点。一是基本指标系统内“赛马”（总权重50%），其中经济增加值权重30%、利润总额权重20%。采用插值法计分，分别在系统内排队，看业绩、比贡献，波动上下限为10%。二是对标指标外部“赛马”（总权重10%～30%），从效益、增长、技经3个维度选合适指标，将市场化程度较高的企业与上市公司优秀企业对标，其他企业与河北省国资委绩效评价标准值中优秀值对标，波动上限为20%、下限为40%。三是分类考核补短板（总权重10%～20%），根据企业发展与经营管理的短板，设置有针对性的考核指标，激励企业破解发展瓶颈。四是党建考核（总权重10%）、绩效评价（总权重10%），考核原则、方法与商业Ⅰ类企业相同。

3. 年度资本效率评价因子评分方法

以考核期净资产收益率（ROE）与基期ROE的差取值，并与1相加，波动范围为0.8～1.2之间。其中，基期ROE为上一任期ROE的平均值且不低于本公司差异化权益资本成本率。

（四）以对标一流为抓手推动企业不断增比进位

推进对标管理，对标考核体系分层、分类、分级同步建设、同步推进，建立层次分明、梯次传导的对标工作格局，实施三同选标、三维对标并设立“标杆池”。强化对标时效性与精准度。根据企业发展阶段、业务结构和规模大小，以国内一流企业为目标，选取各行业国内最优企业作为学习、赶超对象，补短强弱、增比进位。

1. 建立“标杆池”谋创新

强化对标时效性与精准度。从深沪港上市公司中选取同业务、同规模、同区域地方企业及同业务央企，一并纳入对标“标杆池”。净资产收益率排名前三名的企业对应的财务指标、技术经济指标的均值即标杆值。

2. 市场对标找差距

以关键核心指标为切入点，找差距、补短板、强弱项。为商业类企业选取三维指标，主要有净资产收益率、营业收入增长率和核心竞争力指标，根据行业特点“一企一策”确定。按照与先进标杆的差距分档定级，促进增比进位。火电企业选取沪深股市中华能国际、大唐发电、浙能电力等企业作标杆；风电企业选取沪深港股市中龙源电力、大唐新能源、节能风电等央企控股企业作标杆。

3. 聚焦技经指标见真功

商业Ⅰ类、Ⅱ类企业对标差异化，技术经济指标根据行业特点“一企一策”确定。例如，火电行业为供电煤耗，风电行业为度电利润、利用小时数，水务行业为供水产销差率。

（五）建立与企业分类相适应的差异化薪酬基准

坚持正确业绩导向，取消等级差别，体现“业绩升、薪酬升，业绩降、薪酬降”，引入薪酬与业绩双对标，适当拉开差距，增加薪酬弹性。差异化薪酬分配改革核心在于功能分类，不同类别企业经营者承担责任不同。按照责权利统一原则，强化薪酬与责任、风险相匹配，更好地发挥薪酬的激励约束作用。根据企业的类别，制订不同考核体系，对应不同薪酬策略，采取不同薪酬基准和差异化定薪。

1. 差异化薪酬以分类为前提

系统内不再围绕经营者的身份、级别定薪，而是以岗位、贡献定薪。根据市场化程度、价值贡献、发展阶段划分企业类别。通过分类定薪，使市场化程度高、价值贡献大、竞争能力强的企业经营者薪酬高于市场化程度低、价值贡献小、竞争能力弱的企业经营者。

2. 商业Ⅰ类薪酬市场化

实行薪酬与业绩双对标，商业Ⅰ类企业比照同行业上市企业或行业市场化水平“一企一策”制订薪酬基准。以“标杆池”企业负责人薪酬均值为标杆，根据企业业绩分位调整设定薪酬基准值，力求经营者薪酬在同行业国有企业中具有竞争力。

3. 其他两类分别统一薪酬基准

商业Ⅱ类企业不再区分规模大小，薪酬水平统一为一个基准，较本部同职级高约15%，通过业绩考核，按价值贡献进行调整。专项类比照本部同职级略高，考核中定性定量相结合，以定性考核为主，薪酬波动幅度较小。

（六）以战略考核为试点建立经营者中长期奖惩机制

为具备挑战性战略目标企业量身定做考核奖惩机制，将任期考核调整为5年战略目标考核。积极响应国家发展可再生能源的方针政策，大力推动新增投资从传统产业转向绿色低碳产业，为清洁能源板块量身定制考核奖惩机制，按照目标具有挑战性、刚性考核、有奖有罚三原则制订考核制度。

1. 确定有挑战性的战略目标

以增量效益、结构调整为重点，以利润总额10亿元、风电装机规模500万千瓦作为兑现奖励及返还抵押金的业绩门槛，实行差异化激励。规划目标远高于2015年新天公司利润总额2亿元，风电装机规模209万千瓦的发展基础。

2. 设置战略目标抵押金

实现利益绑定、共创共享，以经营者薪酬总收入的16.67%作为抵押金，以考核期累计总收入的40%设定奖励，依据战略目标完成情况决定奖励的兑现及抵押金是否返还。

3. 分阶段实施，总体兑现

一是战略目标考核分为年度分解目标考核和期末考核两个阶段，分别对应节点奖和达成奖。节点奖包含在达成奖总额内，实现过程中的及时激励，同时强化过程控制和纠偏。二是经年度分解目标考核，全部完成时，兑现当年节点奖。三是经期末考核，未全部完成战略目标的，不兑现达成奖，抵押金不再返还。

（七）以新业态为切入点探索市场化薪酬基准和中长期激励

按照河北省系统推进石保廊区域全面创新改革领导小组的安排部署，持续推进下属基金公司经营者薪酬和中长期激励机制改革。2016年成立的茂天公司属基金业，其行业市场化程度高、运营规则清晰、关键人才稀缺，平台资源、优秀人才和市场机制构成基金公司发展的三大支撑。在广泛调研国开投、招商资本等央企经验的基础上，重点推进相关改革和机制建设。

1. 确定经营者的市场化薪酬标准

参照同类公司薪酬水平，制订基金公司经营者薪酬基准，将跟投作为实施中长期激励的有效形式，实现股东与经营者利益、风险的同步绑定。

2. 完成河北省中长期激励机制试点改革任务

按照河北省国资委要求，河北建投集团指导企业董事会聘请专业机构，按照行业规则制订茂天公司及基金公司跟投、超额收益分成两项制度。依据行业统计数据，按照责权利一致的原则，在激励方式上做了差异化创新。一是中长期激励兼顾市场化和非市场化。茂天公司存在市场化和政策性业务并存的情况。核心人员有组织委派和市场化选聘两种身份，在管理和激励设计上进行差异化区分。二是分类分档确定中长期激励力度。确定跟投金额采用累进递减法，募集1亿元以内跟投比例为1%，跟投比例随着募集金额增加而分档递减。超额收益分成为年化收益率达到门槛收益率以上的部分，按照超额部分的20%比例提取，市场化经营者可以结合募资比例进行分享，最高可达超额收益分成的50%。三是根据前台与中后台的功能作用，适时调整中长期激励范围和比例。茂天公司本部中后台服务功能尚在逐步完善中，在经营者及核心骨干市场化身份尚未确立前，超额收益分成制度设计中暂不考虑本部人员分享。跟投是基金行业通行规则，对防控投资风险起到强约束作用。因此，强制跟投范围覆盖茂天公司体系中核心岗位人员，包括市场化和非市场化身份人员。

三、国有资本投资公司以分类考核为基础的差异化薪酬分配管理效果

（一）探索出一条深化考核分配改革的新路径

破除了国有企业经营者薪酬低水平的“大锅饭”现象，建立了基于业绩的差异化薪酬体系。7年来，完成了绩效考核体系和差异化薪酬的4次跨越，改革与国有企业改革三年行动相互呼应、根脉传承，实现放出活力、管出公平、提升效率的效果。改革线条明晰、循序渐进、运行平稳、效果显著。河北建投集团改革经验可复制，社会影响较大。2017年，河北省国资委在听取河北省属企业十大改革试点情况汇报后，将差异化薪酬分配改革评价为最成功改革试点之一。2018年，案例《河北建投集团创建“对标赛马”考核机制推动跨行业分类考核、差异化薪酬分配改革工作取得明显成效》入选国务院国资委改革办编撰的《国企改革探索与实践——地方企业100例》，经验在全国推广，河北省国资委发文要求各监管企业学习借鉴。中国投资协会国有投资公司专业委员会会长在2019年年会讲话中予以表扬，陕西、青海、海南、黑龙江等省级投资公司专程赴冀调研分类考核、差异化薪酬分配改革经验，河北省有20多家大型国有企业进行专题调研学习，在国有投资业产生重大影响。

（二）激发了企业的内生动力，增强了企业活力

创造价值、分享收益理念深入人心，由重规模、重速度向重质量、重效率转变，基本消除了考核目标博弈现象，形成对国有资本负责、对价值创造负责、对决策结果负责的责任传导机制。极大地调动了经营者的积极性、主动性和创造性。经营者薪酬差异化及由此引发并传导的全员薪酬的差异化，对于提升全系统发展质量和效率起到了决定性作用。

（三）取得良好经济社会效益，推动了企业高质量发展

清洁能源板块在河北建设集团的资产总额、利润总额占比大幅提高，“十三五”期间，风电装机由209.4万千瓦提高到547万千瓦，增加162%，较全国同期风电装机增速提高68个百分点。清洁能源板块利润总额由2亿元提高到22.6亿元，增加10.3倍，占整体利润总额比例由4%提高到48%，2021年上半年提高到73%。按责任书约定，一次性给予经营班子规划期内薪酬总额33%的奖励。火电板块供电煤耗从2015年的317.7克/千瓦时降低到2020年的305.5克/千瓦时；风电利用小时数在中电联统计的主要发电集团中连续排名第一，风电度电利润、天然气售气量增长率均高于上市公司标杆水平。水务板块供水产销差率从2015年的16.3%降到2020年的12.8%，保持河北省内区域领先。通过采取发展风电替代火电及降低火电供电煤耗等措施，2018—2020年共节省标煤约208万吨，折算减排二氧化碳545万吨。交通板块在实施运量、减亏考核后，邯黄铁路从2016年运量225万吨、亏损8.95亿元转变为2020年运量3206万吨、盈利2023万元。

（成果创造人：常润平、曹　欣、孙　敏、赵献国、孙东红、李美叶、陈　丽、常恒清、范文彦、崔云龙、常奇超、张海晏）

电网企业服务乡村振兴的农电技能人才培养管理

国网江苏省电力有限公司

国网江苏省电力有限公司（以下简称江苏电力）是国家电网有限公司（以下简称国网公司）最大的省级电网公司，现有13个市、56个县（市）供电分公司和14个科研、检修、施工等单位，职工7.7万余人，从事技术技能工作的人员占比89.2%，农电技能人才占比43.2%，服务江苏省4634万电力客户。江苏电网拥有35千伏及以上变电站3285个、输电线路10.26万千米，建成±800千伏雁淮、锡泰直流和1000千伏淮南－南京－上海交流工程，初步形成以“一交三直”特高压混联电网为骨干网架、各级电网协调发展的坚强智能电网。2020年，完成售电量5529亿千瓦时，增长1.98%；最高用电负荷达到1.204亿千瓦，为国网公司系统首个用电负荷连续5年突破1亿千瓦的省级电网；连续20年开展优质服务主题活动，客户满意率保持在99%以上。

一、电网企业服务乡村振兴的农电技能人才培养管理背景

（一）服务国家乡村振兴战略的需要

随着我国脱贫攻坚战取得全面胜利，“三农”工作重心实现从脱贫攻坚向全面推进乡村振兴的历史性转移。着力解决发展不平衡不充分问题，缩小城乡区域发展差距和实现共同富裕仍然任重道远。作为关系国计民生和国家能源安全的大型国有重点骨干企业，电网企业服务千家万户，各项工作与人民群众生产生活息息相关。江苏电力服务59个县（区）2500万农村用户，发挥电网支撑、服务和拉动作用，助力乡村振兴是电网企业的职责所在、使命所在、价值所在。对照新任务、新要求、新部署，江苏电力还有很多工作要做，还有很长的路要走。充分发挥电网企业“大国重器”“顶梁柱”作用，以更高的站位、更严的标准、更实的举措，实施农电技能人才培养管理，全力做好巩固拓展脱贫攻坚成果与乡村振兴战略有效衔接各项工作，在建设社会主义现代化国家新征程中再立新功，具有十分重要的意义。

（二）提升乡村供电服务水平的需要

随着乡村振兴战略的深入推进，农村电力需求快速增长，用电结构和用电特性发生较大变化。与江苏地方经济社会发展需要相比，特别是与农村地区用户日益增长的美好生活用电期望相比，江苏电力在乡镇地区供电服务质量和水平仍有一定差距，农村户均容量4.45千伏安，农网供电可靠性99.8892%，户均停电时间9.71个小时；个别农电技能人员主动服务意识有待加强，全方位、全过程供电服务管理体系尚未有效建立，专业协同、流程精简、高效运转的供电服务机制仍有待完善。电网基础仍有待夯实，农网低电压、供电能力不足等现象时有发生，老旧设备、外力破坏、自然灾害等因素造成的故障数量有待降低。乡镇供电所是供电企业面对电力用户的重要窗口，承载着助力乡村振兴、提升基层乡镇供电服务能力的重要职责。着眼于满足人民群众对美好生活日益增长的用电需求，构建农电技能人才培养管理体系，将适应电网企业高质量发展、不断创新超越的要求作为农电技能人才培训的重要内容，不断提高基层供电所技能人员技能水平，促进基层技能人员新技术、新设备应用，提升乡村供电服务质量与效率，让广大人民群众的获得感、幸福感、安全感更加充实、更有保障。

（三）提高农电人员服务能力的需要

基层乡镇供电所技能人员直接面对广大农村，是供电服务的“最后一千米”、服务的最前端，其能力素质直接关系着乡村振兴重任的落实。对照乡村振兴发展的新目标、新要求，江苏电力现有乡镇供电所人员能力素质存在差距，农电技能人员培养管理的短板与不足逐渐凸显。主要体现在：一是现有技能

人才培养方式难以满足服务乡村振兴要求；二是现有农电技能人才评价的科学性有待加强；三是对基层乡镇供电所技能人员服务能力要求理解不足，导致培训缺乏针对性，不能提供满足一专多能的模块式培训方法，无法有效达到提升末端服务能力的目的。面对新目标、新任务，结合江苏电力发展实际情况，量身设计一套可实践、有效果的农电技能人才培养体系，加快培养一批与电力新技术相适应相配套及“精、气、神”十足的基层乡镇供电所技能人才队伍，在支撑江苏电力高质量发展的同时全面促进江苏地区农业高质高效、乡村宜居宜业、农民富裕富足，具有很强的紧迫性。

基于上述情况，从2018年开始，江苏电力实施了服务乡村振兴的农电技能人才培养管理工作。

二、电网企业服务乡村振兴的农电技能人才培养管理主要做法

（一）开展顶层设计，明确农电技能人才培养目标和整体思路

1. 明确农电技能人才培养指导思想

坚持党管人才、服务战略、精准施策、分级管理原则，深入贯彻高质量发展和人才是第一资源的理念，推进实施人才强企和创新驱动战略，聚焦前沿科学技术、电网攻坚领域、生产经营一线，在省和市、县农电公司两个层面培养农电技能人才队伍，全面打通选用农电人才选育链，拓展成长宽度、提升集聚高度、加快成长速度，开创农电技能人才辈出、各尽其能的新局面，打造一批“精业务、能创新、懂管理”的农电技能人才队伍，提升末端供电服务能力，服务乡村振兴。

2. 提出农电技能人才培养整体思路

江苏电力通过访谈、调研等方式，对农电技能人员工作任务、能力要求及能力现状进行深入分析，进一步从战略层面、组织层面、个人层面深入剖析农电技能人员需要具备的核心能力。着眼培养一批“精业务、能创新、懂管理”的农电技能骨干人才，江苏电力坚持以技能人员为中心的培养原则，将岗位胜任能力和技能等级标准贯穿始终，基于岗位胜任能力的培评一体化等培养理念，创新采用“测评式诊断＋模块化培训＋跟踪式培养”的方式，创新培养思维，强化培养效果。通过构建岗位核心任务模型，形成“技能模型”与“业务模型”的“双模”标准，导入全域数字化环境，覆盖“学、练、考、评、析、用”等各个环节，实现技能等级评价流程信息流和业务流的一体化贯通；依托数字化评价反馈结果，进一步开展细化到评价点的技能人才个人能力画像，形成基于数据驱动决策的人才选拔、培养及合理化流动等人才管理模式，精准提升技能人员能力，提高基层供电所技能人员的业务素质，实现农电技能人员个性化培养与职业发展科学引导，为乡村振兴提供坚强人才保障。

3. 建立高效运转的人才培养组织体系

江苏电力成立以主要领导为组长的农电技能人才工作领导小组，负责农电技能人才队伍建设的统一领导，以及人才队伍规划、管理办法和选拔、考核结果的审批工作，定期听取汇报、安排部署、督查落实，研究解决农电技能人才队伍助力乡村振兴工作中面临的重大问题。农电技能人才工作领导小组下设专业工作组，负责本专业优秀人才队伍建设和管理办法、标准的制订，负责本专业优秀人才选拔、考核工作。各市、县农电公司成立相关的工作领导小组和专业工作组，负责本单位农电技能人才队伍建设、规划的制订，以及本单位优秀技能人才的培养、选拔、推荐和考核工作，接受各市、县供电公司相关专业部门的指导和审核。

（二）应用新兴技术，开展技能人才全域数字化评价

1. 构建核心岗位数字化评价模型

利用数字化手段，为技能人才等级评价提供数字驱动，实现核心岗位能力评价模型的可视化展示。一是建立技能等级评价标准，包括技能等级、核心工作及描述、工作任务项、评价点、培训学时、培训方式等相关内容；二是打造核心岗位数字化评价模型及协同平台，以任务流的形式实现51个技能工种核心岗位评价模型的在线协同集中管控；三是构建双向矩阵式核心岗位评价模型展示平台，实现核心岗

位评价模型要素的点阵式覆盖。

2. 搭建试题评价资源标准化平台

推动试题资源结构化、标准化建设，打造培训资源征集制作平台，实现评价资源的高效率建设和精益化管理。一是建设试题资源结构标准化建设平台，基于评价颗粒度为专家提供可视化、标准化的试题资源建设服务，确保所有评价点的试题资源按需和按比例全覆盖建设；二是打造培训资源“OGC－UGC”（组织产生内容－用户产生内容）分配征集平台，实现评价培训资源专业部门建设及众筹建设的并线运行；三是根据51个技能工种岗位核心任务，将各技能工种所有技能工作分解提炼，编制各工种、各等级的评价题库，设置初级工、中级工、高级工、技师、高级技师5个等级的题库。

3. 打造客观公正的评价考核系统

一是建设客观题在线机考平台，可有效支撑江苏省上万名农电技能人员同时在线参与客观题机考、过程监控及智能判卷；二是上马主观题试卷智能扫描阅卷系统，利用图像识别等技术实现笔试纸质试卷的智能扫描、识别切割及评卷专家的试题定向推送及在线评审，大幅提升纸质试卷的评卷效率和安全性；三是采用实操PAD考评系统，通过PAD设备代替纸质考核表，实现实操考试全过程的电子化打分、录像取证及成绩评判，提升实操评价的精准性及可追溯性；四是打造国网公司系统内首个远程智能答辩考评系统，利用分布式多通道远程直播、音像模糊处理等技术手段，有效替代传统答辩考生与考官真人面对面，降低考官因人评分的风险，确保答辩过程的公平公正。

4. 进行数字化评价结果公开反馈

基于农电技能人员评价考核结果，江苏电力进一步运用人工智能等手段，构建全景数字化技能人员职业发展平台，实现技能等级评价结果的穿透式应用。技能人员职业发展平台通过“可视化”展示所有职业发展路径，帮助引导技能人员确立职业生涯发展目标；通过“数字化”量化员工工作业绩，以及通过“比学赶超”活动、发挥正向激励引导作用，促进个人业绩持续成长。采用大数据技术全面量化各级技能人员成长指数，为企业提供技能人员成长“宏观分析”及决策支撑。

（三）实施精益管理，进行农电技能人才能力画像

1. 构建核心岗位技能画像

围绕不同类型员工核心工作，创新构建核心岗位的技能画像。一是确定核心岗位工种目录及等级。结合国家职业分类大典，以及企业自身实际业务和岗位设置情况，设置江苏电力51个技能评价工种，每个技能评价工种设初级工、中级工、高级工、技师、高级技师5个等级。二是归纳提炼岗位工作任务。将各工种所有技能核心任务进行分解，根据相关性进行分类归并，按频度、重要性、难度、经验程度及标准化要求程度分析排序，提炼出核心工作内容。三是设置工种岗位评价点。根据工作任务项，分析各类工种岗位必须掌握的具体知识和技能，结合可评价性、可考核性的原则，设计成为出题的评价点。各工种评价点均在1000个左右，其中“实操必考”的评价点必须通过实操方式进行考核。在此基础上，对农电技能人员进行画像，确定相应技能等级。

2. 开展农电技能人才培养画像

创新开展农电技能人员全面精益化管理，依托数字化评价结果反馈，形成细化到评价点的个人能力画像，实现农电技能人员个性化培养与职业发展引导，形成技能人才选拔、培养及合理化流动等人才管理的数据支撑。在实践中，将农电技能人员核心岗位能力分析评价结果得出的能力知识画像与技能人员所处培养阶段目标岗位能力知识画像科学比对，定位找出差距与短板不足，围绕岗位业务场景充分匹配技能人员的学习需求，进一步明确满足岗位能力培养目标所需要的胜任能力、技能人员成长空间及下一阶段学习规划，为员工提供精准化、差异化的知识引导，构建策略化和有针对性的培训内容和培训形式。以此循环，不断提升农电技能人员岗位能力水平，推动技能人才精益化管理进一步落地。

3. 建立积分量化业绩评价画像

构建涵盖农电技能人员履职绩效、工作业绩和工作成果的业绩评价画像。其中，履职绩效对应技能人员年度绩效考核结果；工作业绩针对岗位工作，从成效、重要性、难度、角色4个方面进行评估赋分；工作成果基于量化标准，对创新成果、课题研究、制度标准建设、学术成果、荣誉表彰、竞赛调考、人才培养等方面进行赋分。在此基础上，对农电技能人员实施个人积分、培养积分和单位看板积分管理，进行“学习积分台账”细化统计。个人积分通过对农电技能人员获得管理创新、科技项目、技艺革新、论文专著等成果奖项综合折算积分，为农电技能人员开展职称申报、职业技能鉴定、优秀人才选拔、岗位变动、职务晋升等活动提供有效支撑；培养情况积分通过对技能人员参加的各类培训、竞赛、“三跨”实习、双导师制培养等情况进行记载，为技能人才培养数据分析提供支撑；单位看板则是对各单位农电技能人员培养过程和培养结果的综合展示，培养过程展示包括各单位“三跨”培养开展比例、双导师制配置率等；培养结果展示的是根据农电技能人员取得职（执）业资格和专业技术资格及成为专家人才、班组长、管理技术人员等的数量。通过建立农电技能人才的日常表现和专项活动表现进行详细记录，同时建立个人行为观测档案，加强对农电技能人员的量化管理，实现农电技能人员培养管理的精细化。

（四）开展模块化培训，深化技能人才跟踪式培养

1. 搭建全覆盖、立体化的培养资源体系

着眼构建农电技能人才核心岗位任务模型，江苏电力以培养课程、题库、培养基地等培训资源为核心，建立全覆盖、立体化的一体化培养资源体系并推动其规范高效运转。

遵循梯次培养路径，完善课程体系设置。基于基层供电所技能人员能力素质要求，有针对性地搭建课程体系，丰富培养内容，遵循“循序渐进”原则，结合供电所技能人员自身特点、岗位工作特征、知识背景，分3个阶段从培训内容、培训方式、培训时长、评估方式4个维度科学设计供电所技能人才梯次培养路径。根据岗位核心任务模型对以往技能评价教材进行全面修订。以课程体系为依据，完善形成各级教材大纲，引入“众筹”管理理念，各专业部门、培训中心根据“谁使用、谁培养、谁建设”的思路开展课件资源建设。在课件开发过程中，严格遵守开发标准，紧密关联评价点、机考题、实操题，促成各类课件资源与评价标准、评价题库的网状交织关系，实现培训和评价资源的无缝对接、全要素匹配的浸润式学习网格。

紧密结合工作实践，科学开发题库资源。严格按照岗位核心任务模型中的工作任务项和评价点出题，确保每个工种机考题库量为3000～10000题，实操题库量为100～300题，切实做到有点必有题、有题必应点。规范化管控题库结构，机考题按照单选题、多选题、判断题、识图题、计算题等严格规定每种类型最少题量，保证各种类型题目的分布合理、难易比例适当。累计开发机考题近20万题、实操题近8000题，为农电技能人才评价工作的顺利开展提供有效支撑。

合理统筹培训资源，营造良好培训环境。江苏电力按照“统一规划、分工实施、共享共用”的建设原则，合理统筹培训资源，根据68个技能评价基地合理分布，面向江苏省各基层单位、专业技能工种开放共享使用。根据51个工种岗位核心任务模型，编制各工种、各等级的评价基地建设标准，对相应工种等级的设备大类、设备中类、设备细类、型号（参数）、数量等内容做出详细规定。对照建设标准，进一步盘点现存实训资源，部署基地建设规划，明确各工种的评价基地的新增、升级、扩容等工作安排。累计建成19个省级评价基地，实现51个工种全覆盖，有207个实训室，占地面积近10万平方米，工位数3067个，年培训评价量达17万人/天。

2. 立足实践，创新农电技能人才培训方法

建立测评式诊断。结合测评工具，对农电技能人才开展行为风格测评和学习潜能测评。针对“冰

山之下”的部分，即一般认知能力（逻辑思维、文字、数字能力、反应速度等）及行为习惯、性格、动机等人格特质进行测评，深入了解技能人才队伍现状，发现各类人才的优劣势，为人才的针对性提升培养和下一阶段人才选拔提供参考依据。在实践中，一方面，组织开展行为风格测评。从支配力、影响力、稳定性、遵从性4个维度探究农电技能人才行为偏好及行为风格。结合集中培训进行前测，通过行为风格测试，明确受测者的行为特质，鼓励员工更好地认知自我、明确改进点，为日后工作行为改善提供参考。另一方面，组织开展学习潜能测评。从知觉速度、逻辑推理能力、数字运算能力和精确度、工作记忆能力及空间想象能力等维度出发，测量员工个体的学习能力及其对培训项目的反应和速度，以此判断员工是否能够深入周全考虑问题、应对职位要求、推动解决问题，为下阶段优秀技能人才的选拔、培养奠定基础。

开展模块化培训。深入开发应用模块化培训，学习课程包含通用类课程和专业类课程两大类型，重点从开学教育、体验式学习、自我认知、政治素养、拓宽视野、专业能力、管理能力、系统研究等八大模块进行课程设计和安排。着眼保证培训效果和质量，采用“线上课堂讲授理论知识、线下培训学习操作技能、模块化单元制组合”的方式进行培训，综合运用互动问答、随堂演练、分享展示、团队共创、圆桌会议等多种培训形式。面向农村地区、贫困家庭高考考生招录培养乡镇供电所技能人员，开展定向“培养+就业”的乡村振兴技能人员集中培训，开展全科技能实训，增强技能人员对供电服务全业务、全流程的认知，加快乡镇供电所定向招聘新员工专业技能的提升。以岗位能力标准为依据，对初级工、中级工需掌握的核心工作和评价点提炼、整合、优化，确定模块化培训课程。

深化跟踪式培养。科学设计农电技能人员成长成才跟踪指标，制订跟踪培养方案，培训结束后再进行3~5年的持续跟踪培养。跟踪培养期间，技能人才必须申报至少两项在岗实践项目和实践计划，主导或参与各类项目，包括但不限于：一是主导或参与省级或地市公司级调研课题，攻关技术难题；二是主导或参与省级或地市公司级管理创新、科技创新项目，利用自身专业优势，结合管理创新、科技创新工具和方法，探索和实践专业管理理念、方法和体系创新并形成可复制、可推广的管理创新成果；三是主导或参与劳模创新工作室创建活动，组建创新团队，对企业关键技术难题进行攻关和创新；四是主导或参与群众创新、青年人才创新、“五小”创新项目；五是主导或参与QC项目，促进实用工具方法的实践应用。跟踪培养过程中，由技能培训中心根据技能人才提交的在岗实践计划跟踪岗位实践进度；在岗实践项目结束后，由技能人才提报在岗实践项目结项报告及在岗实践心得体会，总结在岗实践收获及反思。在公司层面则由人力资源部牵头，专业部门和技能培训中心共同参与，对人才跟踪培养过程和结果进行考核和评估，结合集中培训考核、培养期业绩评价等，进行人才培养期评定，明确前20%为优秀、前21%~前60%为良好、前61%~前80%为合格、后20%为不合格。通过这一系列举措，有效推动各类农电人才的培养。

（五）完善人才激励机制，激发技能人才主动性创造性

一是结合江苏电力农电岗位序列设置和专业实际，制订每个岗位的任职资格、应知应会内容及适岗评价标准，清晰设置每个岗位序列对应的学习内容、晋级条件和轮岗需要的能力，逐步构建全专业、全层级、全方位的学习路径图。二是完善培训积分管理办法，优化积分规则，建立培训积分机制，强化积分应用，将员工培训结果与岗位竞聘、职级晋升、薪酬调整、人才选拔等挂钩，提升牵引作用。三是完善农电技能人才素质能力提升工作的考核激励机制。加大对培训成绩的考核激励力度，加大班组长、管理和技术类岗位、优秀专家人才后备等候选推荐力度，优先推荐履职表现优异的技能人才参加各类各级人才选拔等；将人才业绩提升工作情况纳入考核评价体系，强化业绩考核与人才待遇挂钩，有效激发广大农电技能人才的积极性、主动性、创造性。

（六）完善保障措施，畅通农电技能人才职业发展通道

1. 强化制度标准保障

江苏电力结合农电技能人才培养管理工作实际，制订《关于加快人才高质量发展的实施意见》《乡镇供电所班组及岗位职责》《江苏省农电优秀人才管理办法》等制度，建立涵盖评价组织制度、评价标准制度、评级资源制度、评价方法制度的系统性的技能人员岗位能力评价制度保障，通过建章立制，实现各层级职责的明确规范，明确制度的流程和执行机制。

2. 制订职业发展指引

明确农电技能人员职业发展每个阶段必须达到的资格条件、具备的技能素质及应该完成的学习内容，引导农电技能人员科学规划、系统学习、主动学习。出台《培训评价工种实训室建设标准》《技能等级评价标准》等一系列标准，注重发挥标准的规范引领作用，推动农电技能人才诊断、培训、评价等工作的有序开展，促进农电技能人才队伍的快速成长。

三、电网企业服务乡村振兴的农电技能人才培养管理效果

（一）农电人员服务能力得到显著加强

江苏电力通过实施服务乡村振兴的农电技能人才培养管理，形成农电技能人才管理的“培养－评价－使用”良性循环。对35000余名各级农电技能人员开展培训，培育形成农电技能人才队伍技师2000余名、高级工11000余名，高级工及以上占比达40%以上，高技能人才比例超过80%，形成综合、配电、营销等优秀人才梯队，显著提升了乡村供电服务能力，促进了员工成长与企业发展。通过开展“培养＋就业”推进乡村振兴工作，定点招录培养乡镇供电所技能人员2000余人，有效服务重点区域的乡村振兴工作。累计培养形成国网公司、江苏电力各级“工匠”342名，涌现出一批上能攻克科技难题、下能扎根乡村供电所解决生产疑难的“能工巧匠”。2020年，被江苏省总工会和江苏省人力资源社会保障厅评为“江苏省高技能人才专项公共实训基地”，被国网公司评为“技能人才培养先进单位”。

（二）乡村供电服务质量效率显著提升

江苏电力通过实施服务乡村振兴的农电技能人才培养管理，打通农电人才选育链，拓展成长宽度、加快成长速度，打造了一批“精业务、能创新、懂管理”的农电技能人才队伍，推动乡村供电服务水平上了一个新台阶。深入农村田间地头，对农业生产线路、设备进行细致排查维护，及时消除安全隐患，有力保障了电力安全可靠供应和优质服务。“十三五”期间，累计投入农村电网改造资金超过690亿元，新增农村配电变压器7.7万台，新建改造10千伏线路22万千米，农村户均容量提升至4.8千伏安，农网供电可靠性提升至99.96%，户均停电时间减少2.66小时，综合电压合格率提升到99.987%，农村供电能力全国领先，群众获得感和满意度不断提高。2020年，江苏省农村售电量同比增加293865万千瓦时，低压线损率同比降低0.11%，有力支撑了乡村经济快速发展。

（三）服务乡村振兴战略取得积极成效

江苏电力通过实施服务乡村振兴的农电技能人才培养管理，积极引导农电技能人员投入服务“三农”、乡村振兴，全力推动乡村农产品加工等富民产业发展及乡村旅游和农村电商等新兴产业发展，为群众增收创造了有利条件。在实现自身农电技能人员从资格认证到能力评价方式有益拓展的同时，面向全国电力行业、江苏省相关行业、上下游外部企业的数百万技能人员提供评价与培训服务，进一步推动江苏省电力行业劳动力质量提升和人才管理水平提升。近3年，开展社会电工就业服务培训均超过5.3万人次，为稳岗扩就业、实现乡村振兴提供了有力支撑；开展全国电力行业评价服务21.8万人次，取得了显著的社会效益，得到地方党委政府和社会各界的广泛好评。

（成果创造人：张　强、赵　军、赵　聂、査显光、吴　俊、徐　滔、
朱　伟、朱立位、胡　林、戴　威、赵慧生、沈宇强）

煤炭服务企业差异化薪酬分配体系建设

陕煤集团神南产业发展有限公司

陕煤集团神南产业发展公司（以下简称神南产业公司）是陕西煤业化工集团有限责任公司（以下简称陕煤集团）为在榆林神府南区所辖原煤生产矿井实现专业化、集约化的矿井生产辅助配套模式而成立的大型生产服务性国有股份制企业，成立于2008年，注册资本金13.78亿元，其中陕煤集团占有97%的股权，目前服务区域覆盖周边晋、陕、蒙等3个省、自治区的360多家矿井。截至2020年，累计实现营收179.11亿元，利润3.95亿元，上缴税费7.08亿元。截至2021年4月，拥有职工1636人，其中各类专业技术人员270人。

一、煤炭服务企业差异化薪酬分配体系建设背景

（一）深化国有企业分配制度改革的选择

2018年，国务院出台相关文件，明确提出以增强国有企业活力、提升国有企业效率为中心，建立健全与劳动力市场基本适应、与国有企业经济效益和劳动生产率挂钩的工资决定和正常增长机制，完善国有企业工资分配监管体制，充分调动国有企业职工的积极性、主动性、创造性，激发国有企业创造力和提高市场竞争力，推动国有资本做强做优做大，促进收入分配更加合理、有序。同期，国有企业改革“双百”行动启动，包括混合所有制改革、员工持股、完善现代企业制度、薪酬制度改革等诸多关键事项进入梯次展开、纵深推进、全面落地阶段，建立与当前市场经济制度相适应、与国有企业实际功能定位相配套的收入分配体系，是所有国有企业进一步激发与释放企业发展引领力、深化国有企业制度改革实践内容的核心要素。

（二）提升企业职工工作积极性的迫切需要

大量调研显示，作为国家经济发展的支柱产业，煤炭产业链中的核心企业从劳动强度大小、技能复杂程度高低、工作环境优劣等因素综合考虑，较其他行业相比，基层工人的薪资水平只有处于社会平均工资中上游才更具有适应性和竞争力。如果长期保持低速增长，在同一地区对人才的吸引力只会降低，人才流失现象也会越来越明显，不利于企业职工队伍发展。伴随国有企业改革的深入推进，煤炭领域行业知识资本重要性日益提高，以及人才价值渐进式提升和疫情防控常态化的影响，加速完善与优化改革薪资总额决策机制、管理方式及不断健全薪资分配监管体制机制，将更加有利于煤炭行业内职工持续关注自身绩效，提高工作积极性。

（三）有效支撑企业持续发展的直接要求

神南产业公司多年来一直实行单一的以岗定薪的基本薪资制度，执行过程中分配调节缺乏灵活性，难以合理平衡各类人员收入，尤其同一职级不同岗位之间很难反映人员劳动价值。基层管理者岗效工资多按职务与职称两者取高执行，极易出现倒挂现象，无职务高级职称人员收入低于无职称管理人员。中层管理人员薪资按行政级别确定，核定基数未与工作难易、管理幅度、责任贡献等因素挂钩，并不直接承担绩效指标，难以体现关键岗位价值。从2017年经过煤炭寒冬期起，神南产业公司完成自身生存保卫战后的发展进入高速阶段，管理缺陷也在不断凸显，企业整体用工总量与管理方式偏松，创新团队、领军人才、科技骨干等核心竞争人才短缺，人员薪酬分配相对平均化，与市场竞争环境中的新情况、新要求不匹配，如何针对内部各类人才建立起一整套适合神南产业公司可持续发展的科学、合理、完整的薪资分配管理模式，成为企业经营管理改革工作成效的重要方向。

二、煤炭服务企业差异化薪酬分配体系建设主要做法

（一）确立职责清晰、分级分类的薪酬分配改革思路

通过聚焦内部管理制度全面改革的激励标杆作用的发挥，利用问卷调查、访谈交流、现状分析、理论研究等形式，按照职工薪酬与内部经济效益、劳动效率两同步原则，神南产业公司确立了“聚焦组织与职工价值创造，不断推进差异化薪酬分配”的改革要求，建立起职责清晰、分级分类的核心改革方案与推进路径。按照分级分类管理思路，实施差异化薪酬管理改革工作，既对增量工资实行差异化分配，也对存量实行结构优化。改革涵盖人员对象差异化，激励对象包括企业经营管理、专业技术、技能操作岗位，按 20%、30%、20% 的比例确定关键人才与骨干员工。分配内容差异化，依据不同岗位业务特点采取不同分配方式；绩效考核差异化，要求系统构建全员绩效考核评价体系，科学评价各级各类岗位价值与业绩贡献；中长期激励和福利保障差异化，重点以效益增量作为激励来源，探索多种形式的激励方式。2018 年，神南产业公司成立深化薪酬分配制度改革研究专门领导小组（以下简称领导小组），由党委书记、董事长、总经理“挂帅”，担任领导小组组长，其他主要领导参与。下设薪酬改革管理办公室，抽调核心职能部门的专业骨干人员组成，负责薪酬改革工作的全面实施。领导小组负责企业内部薪酬改革工作的制度研究与方案审定，人力资源部等相关职能部门参与实施。其他部门负责人为本单位薪酬管理第一责任人，全面负责本单位薪酬管理工作，按照企业整体制订的薪酬管理方案或办法，结合自身情况制订本组织内部薪酬分配方案和员工考核指标。

（二）搭建两级付薪模式，完善薪酬管理结构设计

按照客观公正和注重实效的原则，强化高管薪酬与经营业绩挂钩、中层管理者与部门及本人考核挂钩，职工薪酬与个人考核挂钩的全员绩效考核分配管理机制。

1. 创新组织薪酬兑现制度，构建“二维点阵”考核体系

神南产业公司坚持内部考核把握住关键少数人与关键少数事，通过聚焦组织价值创造导向，创新性构建实施“二维点阵”组织绩效考核模式。“二维点阵”绩效考核体系是由横轴与纵轴两个维度组成。横轴衡量结果性指标，包括利润、收入、安全环保、技术机电、库存控制、客户满意度、核心业务、安全生产标准化 8 项量化指标，关注预算价值创造结果；纵轴衡量组织执行力，包括生产类重要事项、非生产类重要事项、制度流程、挂账、回款、党群业务 6 项过程指标，聚焦预算价值创造过程及组织长期持续发展，各项指标考核权重、考核周期、考核范围依据被考核组织的不同经营特点区分设置。考核模式充分考虑到各层级职工责权利对等关系，摒弃以往考核过程中对组织“一刀切”粗放式考核方式，采用差异化结果运用，即横轴考核结果运用于被考核组织生产经营管理层以下人员当期薪酬总额结算，综合考核得分运用于被考核组织生产经营管理层人员当期薪酬总额结算，各组织横轴考核得分可以无上限，纵轴考核得分可以为零分，两个维度均不作为唯一考核结果，以乘数关系放大或缩小最终考核结果，放大是被考核组织两个维度都实现较好目标情况下的考核得分，缩小是两个或单个维度目标实现不理想情况下的考核得分。两个维度结果同优时，被考核组织生产经营管理层人员可享受乘数关系激励，不佳时则承担相应乘数关系处罚。考核体系将组织管理的执行力与创新性上升到与经营价值结果同等重要位置，兼顾短期利益与长远发展质量，将生产经营管理职能向少数关键人与关键事集中，真正发挥组织价值创造的潜力与动能。

2. 丰富职工薪酬激励手段，实施四类考核方法

神南产业公司充分考虑并分析影响人力资源价值的多重因素，既有职工本身的知识、能力、技能及其他因素，也包括企业自身提供的工作环境、工作流程、工作内容、工作标准等影响，主动实施具有内部竞争优势和针对不同基层职工绩效的四类考核方式，进一步推动薪酬分配向突出贡献人才与一线关键岗位倾斜，与“二维点阵”组织绩效考核形成有效衔接。

岗位层级付薪。针对操作技能岗位职工，建立以岗位付薪为核心要素的薪资体系，即以岗位等级作

为支付薪资的基础与依据，要求客观反映一线操作岗位职工的劳动强度、能力、责任及工作环境条件等多方面现状。在该薪资体系中，岗位薪资是基础，取决于职工当期所在岗位性质、工作内容，突出劳动岗位关键要素，包括岗位职责、岗位技能、工作负荷、工作环境、物化计量指标等评价基准值，在工作分析与岗位评估基础上确定出9个岗薪等级，每个岗级分为初级工、中级工、高级工、技师、高级技师、首席技师6个档次。为了激发操作技能岗位职工的创业热情、创造能力，选择优化高技能人员技术津贴为切入点，内部聘用各层级技术技能职工，技术津贴直接体现于当期薪酬发放，奖励幅度依据贡献情况及能力大小从0.1万~1万元/月浮动兑现。对于陕煤集团未予以认定技能等级的工种，神南产业公司每年不定期开展内部自我职业技能鉴定，确保只要职工技能水平提升，薪资水平同步提升，职工的职业生涯通道不再只是按等级层次垂直向上发展，可随岗位技能的提高横向流动，有效打破一线操作技能岗位激励时效性的困局。

职工能力付薪。针对专业技术岗位职工，按照人岗匹配基本要求，以及岗位能力模型的实际分析，有针对性进行分级划分，包括技术员、技术主管、中级技术主管、高级技术主管、教授级技术主管、副总工程师6个纵向层级，对每个层级能力素质进行模型化评估，将专业职称、学历、技术工作年限、参与企业重要课题研究及取得经济效益等关键指标作为评价核心要点，最终确定每一岗级能力素质模型基准值。在设定能力薪资模型后，同步建立以能力评价为导向的考核确认表，通过对关键技术创新成果、理论提升与沉淀、教育培训、工作业绩等核心指标的测评，筛选出最终符合要求的各级专业技术骨干人才。

参照市场付薪。对于紧缺型、特殊型人才，重点针对内部一些专业性较强、市场化程度较高的岗位，打破原有薪酬体系的局限性，制订协议或谈判薪酬制。

依据绩效付薪。对于内部各组织基层管理人员，在管理职务、岗位设定基础上，综合运用工作业绩考核的平衡计分卡、KPI等工具方法，建立以绩效付薪为原则的薪酬兑现机制，通过月度、季度、年度绩效综合考评，重点考核经营业绩和个人工作绩效完成情况，同步与组织年终奖励直接挂钩。月度、季度考核一方面直接影响当期薪资额度，另一方面通过对职工荣辱感的影响，改进绩效行为。年度考核直接影响年终奖励，依据内部各组织对应业绩指标完成情况设置0%、80%、100%3个档次的激励。

（三）建立创新性工作激励机制，提升价值创造动力

神南产业公司在内部全面推行创新性工作激励制度，薪资年度预算总额为企业全年工资总额的5%，包括市场开发工资、科研成果工资、知识成果工资、高端人才工资、双创工资、创业兜底工资及特殊贡献奖励等。市场开发工资是指企业内部各基层生产中心外部市场取得利润的10%，可用于激励相关业绩人员。科研成果工资是鼓励科技研发人员重视技术创新工作，激励标准为：专利方面，发明专利2万元/项，实用新型专利0.5万元/项；科技进步方面，国家级依据国家、陕西省、集团有关规定进行激励，省部级一等奖30万元/项、二等奖20万元/项、三等奖15万元/项，集团级一等奖20万元/项、二等奖12万元/项、三等奖8万元/项。同一项目取得多项荣誉者，激励标准按就高执行。知识成果工资是指充分激励员工在知识学习、知识交流和知识传递中做出的贡献，其中专业著作方面（公开出版物），公开出版发行的专业著作5万字以上奖励5万元/部，5万字以下奖励2万元/部；专业教材方面，经评审、认定为行业级适用性专业教材，6万字以上奖励3万元/部，4万~6万字奖励2万元/部、4万字以下奖励1万元/部；专业论文方面，收录全国中文核心期刊，激励0.3万元/篇，在其他专业期刊（公开出版物）发表，奖励0.1万元/篇。高端人才绩效工资面向“工匠”、技能大师、技术能手等对象激励，获得“工匠”荣誉，国家级5万元/人、省部级3万元/人、集团级2万元/人；评定为技能大师工作室，国家级10万元/个、省部级6万元/个；获得技能大师、技术能手称号，国家级2万元/人、省部级1万元/人、集团级0.8万元/人；技能大师工作室领办人，省部级0.1万元/月、集团级0.08万元/月。高学历人才激励，引进博士享受安置津贴5万元（服务期5年以上），职工取得博

士学位奖励3万元/人。上述各类人才实行任期考核兑现制，每年考核一次，考核为优秀方可聘任。双创工资是为了激励员工创新创业，挖掘内生动力，按照不低于年度工资总额的3%设置双创工资，每季度按照内部各组织全员参与率、项目申报评审、项目转化、双创工作推进等进行考评，兑现双创工资。创业兜底工资是指在岗职工创业项目经审核同意后可离岗自主创业，可为其保留劳动关系，发放最低生活保障，2年后可返回原单位安排适当岗位工作，3年后创业职工可与企业解除劳动关系或返回原单位安排一般性岗位工作。特殊贡献奖励是指对企业或社会在提高安全生产管理、降本增效、提高社会影响力、抢险救灾等方面做出突出贡献的职工给予绩效工资激励。

（四）建立三维动态应用模型，构建多元化激励机制

1. 建立"三包"机制，打破薪资分配增长瓶颈

聚焦"如何提升内部组织的经营价值与职工工作原动力，在更大范围内拓宽一般性劳动强度岗位绩效增长渠道，提升劳动用工效率"，神南产业公司鼓励内部各组织对于岗位用工灵活、业务协同性高、业绩容易量化的团队或人员，按照"354"原则（即3个人承担5个人的工作量挣4个人的薪资），采取包工、包岗、包薪等灵活用工与薪酬分配方式，对增量薪资实行差异化分配，对存量薪资结构优化。其中，包工制是通过量化工作量来提高工作效率，核心是创造任务工时定额的最优值；包岗制是通过明确责任主体与考核对象来强化职工责任感，核心是核定岗位人员配备的最准值；包薪制是通过量化劳动价值来提高职工公平感知，核心是体现岗位价值创造的贡献值。现阶段，神南产业公司已在工作量、劳动强度、安全影响较小的物业保安岗位、后勤服务岗位、设备维护岗位等推行"三包"机制，达到激活绩效增长渠道的杠杆作用。

2. 人工定额，助力薪酬改革持续优化

神南产业公司主动借鉴同行业在生产标准化管理中形成的先进经验，通过收集、整理、统计、分析、修订、优化，自主编制完成适合企业自身发展需要的人工定额，全面投入到基层区队、车间、班组的生产经营管理中，作为指导生产、核算成本、组织劳动、薪酬分配的重要依据，如企业内部搬家中心按照区队月度工作量完成情况、定额人数与综合评估结果进行薪酬再分配，每月初由中心生产调度室负责统计各项目部、各区队人工定额总数，当月完成各项目工程进度，按照进度比例核算当期应分配给各区队人工定额数量，在进行薪资分配时将人工定额应用其中，结合人工定额数量及区队权重系数核算人工单价，通过人工单价、定额工数进而对各生产区队进行薪资总额结算。由此，生产任务完成情况、人工工效采集数据成为薪资考核的重点，薪资总额直接体现出各区队工作效率的高低。

3. 调控"蓄水池"，解除薪酬管理后顾之忧

遵循薪酬管理战略性原则，神南产业公司实施薪酬总额"年初预算、年中核算、年底清算"的管理标准，构建起战略规划、年度目标、月度预算及实时调控的联动机制。通过建立薪酬总额储备金制度，用于进一步强化职工个人收入与公司经济效益、劳动效率的同步提高，发挥以丰补歉作用或用于中长期激励，同时规定储备金提取额度累计不超过当年实发工资总额的20%，年限不超过3年。通过对薪酬的计划管理，包括工资总额归口管理、支出专户管理及严格执行财务核算制度等，企业实现薪资总额的自主约束与有效控制，建立起总额调控"蓄水池"，解除了长期性发展的后顾之忧。

（五）实行双重激励兑现路径，拓宽价值创造渠道

神南产业公司以效益增量作为激励来源，建立差异化的中长期激励机制，对符合条件的优秀组织或骨干人员实施不同形式的中长期激励方式。

1. 超额激励，激活团队潜在经营能量

秉持"以要素市场化配置为导向，体现生产要素由市场评价贡献，按贡献决定报酬"的经营思路，神南产业公司划小内部经济单元，区分运营模式，鼓励内部各生产组织单元进行以创造利润增量为基础、以增量价值分配为核心内容的"保底不封顶，超额利润分享"的内部经营承包，以期进一步提升

一线组织经营潜力。企业综合考虑内部各组织的战略规划、业绩考核指标、历史经营数据和本行业平均利润水平，合理设定目标利润，以各组织实际利润超出目标利润部分作为超额利润，按照约定比例提取超额利润分享额，其中目标利润是各组织特定年度需要完成的设定预期利润值。实际执行过程中，对于超额利润部分分配，神南产业公司按照50%～65%的不同比例予以兑现，即承包单位在完成既定利润后，存在超额利润情况时，按照相应规定进行返还奖励：超额利润≤10%，按照超额利润数值的50%奖励；10%＜超额利润≤20%，按照超额利润数值的55%奖励；20%＜超额利润≤30%，按照超额利润数值的60%奖励；超额利润＞30%，按照超额利润数值的65%奖励。为了平衡激励时效性与较长周期才能审计确定的经营结果之间的矛盾，神南产业公司将超额利润分配兑现期分为月度、季度及年度3个周期。其中，月度兑现不超当期应激励总额的30%；季度兑现累计不超年度应激励总额的50%，剩余50%依据年度经营审计结果给予统一核算兑现并实行激励递延支付制，以2年周期滚动为限，每年支付比例为25%，用于特殊情况保证。企业规定基层各组织在分配超额利润激励时相应管理层人员人均兑现值不得高于基层操作职工人均兑现值2.5倍，且管理层人员超额利润激励兑现预扣至年底，依据所属组织年度经营业绩情况进行最终兑现。企业高层同步聚焦关键岗位人员的工作动力与工作价值发挥，设立经营承包机制下的市场回款激励制度，即依据预付款到账时间先后顺序给予一定比例薪酬奖励，激励承包组织最大限度争取工程项目回款主动性，奖励规定工程项目开工前（依据企业内部生产调度确定时间点）存在预付款，按照预付款额度0.5%给予奖励；工程项目开工后至挂账前存在预付款，按照预付款额度0.3%给予奖励；工程项目为现金预付款，按照预付款额度1%给予奖励。

2. 经营对赌，实现管理业绩同担共享

为了更进一步打破薪酬激励框架的天花板，让业绩突出的骨干职工得到好处、尝到甜头，让基层管理人员提高履职尽责意识，神南产业公司在一线生产单元试行“设置业绩对赌目标，绩效目标风险抵押”的经营目标对赌管理方案。对经营目标实行以利润为核心的基线考核与卓越考核机制，兼顾安全管理目标考核兑现，即在完成基线经营考核目标后，全额返还经营风险抵押本金，存在超额完成经营考核目标情况时，按照超额比例（区间）进行递进式兑现，反之按照相同比例（区间）进行递进式抵扣。对在实际生产经营过程中出现的不同情况下的安全责任事故，给予0%～100%不同比例的抵押本金抵扣处罚，视事故情况给予相应的责任追究。对具体参与经营对赌人员的选取，依据被考核方经营管理特点、人员岗位设置及生产实际情况，针对性编制考核兑现实施细则，要求激励对象的选取是与企业签订劳动合同、在核心岗位连续工作2年以上、对被考核组织经营业绩与持续发展有直接或重要影响的管理、技术、营销等核心骨干人才，而且一般每一期激励人数不超过被考核组织在岗职工总数的30%。依据激励对象在组织中所处岗位不同、责任不同、贡献不同的原则，设定不同额度的经营风险抵押本金。神南产业公司实施的内部经营承包与经营目标对赌考核指标数据均来源于年初制订、下达的全面预算指标及年度经营审计结果。

（六）完善薪酬考核机制，规范薪酬分配

为了不断提升职工薪酬分配工作的管理成效，实现职工与组织和企业共同发展的长期目标，神南产业公司建立起规范的职工薪酬考核机制，为差异化薪酬分配体系的有效落地提供保障。一是考核覆盖面从企业领导班子到普通职工，人人参与考核。二是考核目标设定从“需要什么，考核什么；考核什么，得到什么”出发。三是考核执行原则坚持组织绩效公平、公正、公开，注重职工薪酬考核监控与追踪和改进与提升，帮助职工提升自我绩效，推动实现整个组织绩效目标。四是考核方式除在企业层面构建有效的组织绩效管理外，在普通职工层面建立实施以按劳取酬为核心要义的“ABC岗位作业卡”考核机制，实现“三工”动态转换（“三工”动态转换是指依据“ABC岗位作业卡”的日常考评结果，将职工分为优秀职工、合格职工和潜力职工3个等级，奖励优秀职工，激励合格职工和潜力职工，实现潜力职工努力向合格职工、合格职工向优秀职工转化的激励机制）。五是考核结果运用于职工当期薪酬兑现，考核升薪资增，考核降薪资减，达到考核结果奖优罚劣的直接效果。

（七）落实长效激励制度，提升薪酬分配管理成效

神南产业公司在构建差异化薪酬分配体系过程中，始终坚持“以职工发展为根本，以统筹管理为目标”的实施理念。一是从制度管理层面，相继出台《单项奖励设置与管理规定（暂行）》、《职称、职（执）业资格津补贴管理办法》等薪酬配套改革制度，多措并举，协同推进。二是从制度执行层面，按照刚性执行原则，保证相关制度执行无偏差。三是从制度宣贯层面，通过小讲堂、专员会等各类形式，为职工讲解企业薪酬架构体系、福利制度、中长期激励制度等相关内容，树立能者多劳、劳者多得理念。通过积极搭建沟通交流平台，为职工职业生涯发展指出方向，改变只有晋升才是加薪的独木桥思想，鼓励职工通过提高自身业务能力与职业素养获得更多劳动报酬。四是从制度改进层面，针对薪酬分配执行过程中面临的特殊情况、个例问题，不断总结与优化、研究与部署，夯实差异化薪酬分配体系建设力度与深度。

三、煤炭服务企业差异化薪酬分配体系建设效果

（一）企业薪酬分配制度更加趋于合理、公平

神南产业公司通过构建与实施差异化薪酬分配体系，使企业全体职工参与到深化薪酬分配改革的具体工作中，做到不漏人、不少人，职工与企业形成责任共同体，保证薪酬改革工作全面实施，保证区域市场竞争能力提升，实现靠制度吸引人才、靠机制激活人才、靠环境留住人才的发展目标。企业用工总量于2020年突破1600人，大专以上学历达到1010人——占职工总数61.7%，职工队伍素质结构日趋优化合理。人员劳动效率在2019年、2020年分别提升3.6%与2.4%；职工薪资收入同步实现稳步增长，2019年、2020年职工年人均薪资增幅分别为1.4万元、1.9万元。薪资优化后的直接效果是提高了一线职工的收入水平，薪资附加缴纳基数也在同步增加；间接增强薪酬长期激励效应，使得薪酬短期及中长期激励均得以改进，企业发展红利不断惠及职工。

（二）企业经营管理能力提升显著

神南产业公司对于薪酬分配模式的改革实践，使得内部不同单元体的生产经营效力得到最大限度的改变，企业整体经营业绩得到稳步提升，2019年全年计划完成营业收入指标16.5亿元，实际完成18.65亿元，完成年计划113%；计划完成利润指标1.3亿元，实际完成1.56亿元，完成年计划120%。2020年，顺利完成上级公司下达的稳增长经营目标，实现营业收入38.39亿元，利润1.41亿元，对区域经济发展的促进作用得以进一步彰显。

（三）企业内在发展活力得到充分激发

经过短短3年时间实践，神南产业公司构建的差异化薪酬分配模式也为企业高质量发展增添了蓬勃活力与强大动力，企业人才队伍建设明显更加稳定，以职工技能水平提升为例，在操作技能岗位，近1/3的职工积极参与不同层级组织的技能认定工作。截至2020年，具有职业技能等级资格证书的员工多达754人，占企业用工总量的46.09%。截至2020年，具备职称资格的人员多达270人，其中高级职称37人、中级职称119人、初级职称114人。拥有“全国优秀企业家”1名、“全国三八红旗手”1名、“大国工匠”1名、煤炭行业技能大师7名、省级及以上技术能手7名，真正意义为企业培育出一批具有敬业精神和专业品质的经营管理团队及一大批具有“工匠精神”的高素质技能员工队伍，推动企业在高质量发展的进程中行稳致远。

（成果创造人：乔少波、李建东、李亚安、杨　林、刘　健、陈　峰、高　翔、折成霞）

促进双循环的供应链体系建设与物流管理

以安全可控为目标的首都农产品现代供应链建设

北京首农食品集团有限公司

北京首农食品集团有限公司（以下简称首农食品集团），是经北京市委、市政府批准，于2017年由原首农集团、京粮集团、二商集团3家北京市属国有企业联合重组成立。2018年，经北京市政府批准改组为国有资本投资公司。2019年，对北京菜篮子集团实施托管。现有员工近6万人，所属独立核算企业500余家，上市公司2家，持有15个中国驰名商标，拥有六必居、王致和、月盛斋等13个中华老字号，以及三元、古船、八喜、白玉等众多深受消费者青睐的知名品牌。产业覆盖米面油、肉蛋奶、酱醋茶、糖酒菜等全品类食品，涉及种植、养殖、仓储、加工、贸易、配送、销售等各个环节，形成从田间到餐桌的全产业链条和第一、第二、第三产业融合发展的全产业格局，承担着首都市民菜篮子、米袋子、奶瓶子、肉案子的光荣职责。

一、以安全可控为目标的首都农产品现代供应链建设背景

（一）落实国家要求、保证首都农产品供给自主可控的需要

农产品是与人民生活和经济社会发展密切相关的重要商品，推进农产品供应链现代化、确保农产品供应链自主可控是建设现代供应链的重要组成部分。北京作为我国首都、特大型消费城市，常住人口达2200万人，具有人口众多、消费需求多元等特征，但同时又存在本地农业产业占比较低、鲜活农产品自给率偏低、80%依赖外部调入，以及农产品供给以传统批发市场为主、效率不高、可控性不强等问题。作为北京市属唯一大型国有农业食品企业，首农食品集团承担着保障首都食品安全供给的重大责任。建设自主可控的农产品现代供应链体系，提升菜篮子、米袋子、奶瓶子、肉案子的综合保障能力，确保北京市农产品供给安全，满足首都人民对美好生活的需求，是首农食品集团义不容辞的政治责任和社会责任，任务艰巨、意义重大。

（二）实现战略目标、做强做优做大国有企业的需要

首农食品集团的成立，肩负着北京市委、市政府做强做优做大首都食品产业的重托。联合重组后，首农食品集团立足新起点，抓紧制订发展战略，确立“具有国际竞争力、引领健康美好生活现代食品集团”的企业愿景和“收入利润翻一番，跻身世界500强”的战略目标，明确构建以食品产业为“一体”，以现代服务与物产经营为“两翼”，以科技、金融、数据为“三平台”的“一体两翼三平台”开放型产业体系。明确提出将构建农产品现代供应链体系作为发展战略的核心主线，主要目的就是以供应链的优化整合带动产业调整、产业整合、产业培育，优化供应链、提升价值链、延伸产业链，构建从田间到餐桌的全产业链条和第一、第二、第三产业融合发展的全产业格局，推动“一体两翼三平台”的协调发展与协同放大。这是首农食品集团迈向发展愿景、实现战略目标，以及做强做优做大首都农业食品产业的重要战略选择和重要发展路径。

（三）整合产业资源、提升供应链现代化水平的需要

联合重组前，原首农集团、京粮集团、二商集团分别在畜禽、粮油、副食和种植养殖、生产加工、商贸流通等农业食品产业领域和环节具有一定的优势。联合重组后，首农食品集团集食品生产商、供应商、销售商于一体，拥有种业、现代农业、粮食、油脂、乳业、肉类及水产品、糖酒及副食调味品等产业，但各产业板块均有独立的经销体系，产销两端未能高效链接和统一共享。首农食品集团拥有北京农产品流通中心、中央农批市场、北水嘉伦市场等多个批发市场，拥有200多万平方米的仓储资源、2000

余辆的配送车辆等核心资产，但同时存在物流资源分散、销售终端不足、经营模式传统、信息化水平低等一系列问题，农产品流通的聚合优势没能充分发挥。加快构建自主可控的现代农产品供应链，强化各领域、各环节既有优势的协同整合，是首农食品集团对原有产销体系进行创新赋能、整合资源、协同共享和提升供应链现代化水平的重要举措。

二、以安全可控为目标的首都农产品现代供应链建设主要做法

（一）确立“控两端、带一链、三共享”的总体架构

重组以来，首农食品集团主要领导高度重视产业发展和供应链建设，紧紧围绕首都“四个中心”战略定位、提升“四个服务”水平要求，结合首农食品集团产业基础和发展需求，聘请麦肯锡等国内外知名咨询机构，采取“内脑＋外脑”的形式，开展企业发展战略研究，历时一年时间，形成《首农食品集团2019—2025年发展战略》，明确提出构建以“控两端、带一链、三共享”为核心的自主可控的首都农产品现代供应链，作为贯穿发展战略的一条核心主线。控两端，即掌控采买端和消费端，围绕供应链管理运营，健全完善“自有生产＋全球集采”双源头体系，构建一站式全品类销售体系，实现供应链采销两端的有效掌控，奠定构建供应链的坚实基础。带一链，即利用交易市场、区域配送中心、社区毛细零售、大客户等关键资产和核心物流资源，打造“物流地网”，以广泛覆盖、高效便捷的物流体系贯通供应链，带动对采买、销售两端的高效链接。三共享，即共享客户资源、渠道资源和物流资源，运用人工智能、物联网、大数据、云计算等技术，建设“信息天网”，整合分析商流、货流、客流，指导线下仓储物流资产进行全面通盘规划，实现客户、渠道、物流资源的信息共通和联通共享，通过信息共享提升流通效率、提高服务水平、发挥协同效应，构建更安全、更高效的供应链体系。通过“控两端、带一链、三共享”，一方面加强供应链关键环节建设，不断强化采买、销售、物流、信息4个环节的控制能力；另一方面健全供应链三大运行机制，通过制订首农标准健全农产品认证准入机制，通过完善安全溯源体系健全供应链产品追溯机制，通过构建应急保障体系健全紧急时刻农产品应急保障机制，从而实现供应链自主可控能力和现代化水平全面提升。

（二）筑牢自有生产和全球集采双平台，提升采买端自主控制能力

1. 完善自有生产平台

首农食品集团按照农业、食品产业发展方向，将首农食品集团产业梳理为种业、现代农业、粮食、油脂、乳业、肉类及水产品、糖酒及副食调味品、生物科技、现代物流等主业板块，在国内资源禀赋富集地区、大型销区，布局一批种植、养殖基地和农副产品、食品加工产业园区，形成从田间到餐桌且遍布东北、华北、华南、西北等全国近30个省、自治区、直辖市的全产业链布局。在种业环节，首农食品集团强化种业攻关，突破一批关键核心“卡脖子”技术，打好种业“翻身仗”，从源头上提升供应链自主可控能力。加快建设科技研发平台、共性技术平台和科研总部创新创业平台，形成贯通基础研究、应用研究、技术创新、成果转化的全过程研发创新生态。在种植环节，首农食品集团深入实施藏粮于地、藏粮于技的战略，实施耕地质量保护和提升行动，按照不同地域资源禀赋差异化完善种植布局。在养殖环节，首农食品集团采取“自育自繁自养”“自建示范性养殖场”“公司＋农户”等多种模式发展畜禽养殖业，在确保畜禽产品质量和食品安全的同时快速形成全国范围的规模化生产。目前，在全国建设肉牛、奶牛、生猪、肉鸡、蛋鸡、樱桃谷鸭等养殖基地127个。在加工环节，首农食品集团结合现代都市对绿色品质、方便快捷、休闲创意、健康养生食品等消费需求，着力发展以农产品精深加工为核心的都市食品产业，打造了古船、大红门、月盛斋、金星鸭业、华都食品、王致和、白玉豆腐等一批首都粮油食品加工基地。同时，加大海外并购力度，成功收购加拿大百年高端有机奶生产企业克劳利公司、法国健康食品品牌企业圣休伯特，在新西兰建设艾莱发喜公司第一家海外工厂。目前，首农食品集团粮油加工产能达到800万吨，生猪屠宰能力位居全国第二位，玉米深加工能力位居全国前三名，乳业、调

味品、休闲食品等产业加工能力均位居全国前列，形成较为完备的食品加工体系。

2. 打造全球集采平台

针对高需求、高品质、高效益的进口农产品、海产品、加工食品，首农食品集团不断加强与国内、国外上游生产基地、大型农产品生产商、供应商、物流商的长期稳定合作关系，优化产地、全国乃至全球供应链布局。首农食品集团所属20余家企业在上海、天津、大连、盘锦、曹妃甸、黄骅、兰州等海空港进行国际贸易布局，采取现货和期货、线上和线下相结合的方式，积极拓展合作伙伴，扩展流通产品范围，与全球50余个国家和地区的客户开展业务往来，吸引集聚首农食品集团内外、京内京外、国内国外优质产品，形成全球优质特色农产品有效聚集的新格局。2020年，首农食品集团整体国际贸易经营量187.9万吨，贸易金额204.4亿元。

（三）加强经销体系与一站式供应的协同，提升销售端自主可控能力

在加快线上、线下经销体系融合的同时，首农食品集团充分发挥供应链链主企业优势，全力打造一站式全品类食材供应商，形成集合一站式供应服务和商超系统、机关团体、部队院校、餐饮特渠、批发市场、直播带货、直营电商、社区营销、第三方电子商务等为一体的全渠道农产品销售格局，实现对供应链采买端的有力掌控。

1. 完善线上、线下营销体系

首农食品集团围绕全渠道农产品销售格局建设，以自主品牌为重点，以终端网络建设为突破口，坚持品牌推广与产品销售相融合，加快推进产品品牌向企业品牌和服务品牌转型，打造“线上+线下+社群”的全融合模式，以点连线，接线成网，逐步形成广泛覆盖各类B端、C端客户的营销体系。创新经销商体系机制，压缩经销商层级，拓展分销渠道，加大品牌商品代理数量和规模，实现经营产品品牌化、品牌营销规模化，经销体系覆盖北京全域和全国近30个省、自治区、直辖市。加快农批市场转型升级，实行卖家注册制、买家会员制，引入农产品拍卖等交易模式，强化农批市场在农产品供给体系中的作用。围绕“一刻钟便民服务圈”建设，采取自建、加盟、合作等方式，加强与物美、罗森等知名终端零售企业合作，加快社区生活服务店建设，增加社区生活服务售卖直通车数量，突破终端建设难点。加快线上营销平台和直播融合平台建设，与京东、天猫、美团买菜、叮咚买菜等知名电商合作，深化融媒体、短视频运用，强化话题营销；推出“点到网”“篮丰小厨”和“京粮生活汇”微店等自有线上平台，强化电商销售，打造社区驿站，满足市民日常采买需求。

2. 打造一站式全品类食材供应商

首农食品集团遵循“全链优化与资源共享”的原则，组建东方供应链公司，整合“自有品牌+外部品牌”与“国内资源+国外资源”，全新推出“首农大厨房”，打造农产品供应链体系的主要平台和销售端口。“首农大厨房”的功能定位为全球食品集采的大平台、食品供应的大窗口、满足人民美好生活的大厨房，打造一站式全品类食材供应商。利用“首农大厨房”平台，整合首农食品集团现有客户和渠道资源，做好增量市场开发，全面对接机关食堂、大型商超、电商渠道、农贸市场等供应链下游B端客户，准确掌握客户需求，实现全品类、点对点对接。建设“中央厨房”，提升产品处置加工能力，扩大预制菜、定制产品等供货品类，对客户多样化、个性化、差异化需求进行有效集成，协同采买、生产、加工环节匹配客户需求，打造多样化服务能力，为客户提供一揽子食材供应解决方案，实现“一个窗口对接、一站式配齐、一条龙服务”，打造首都生活服务业标志性品牌。目前，服务机关团体、连锁餐饮、军队、医院等B端客户1200余家。

（四）打造一链贯通的“物流地网”，提升物流环节自主可控能力

在掌控采买端和销售端的基础上，首农食品集团围绕北京农产品供应流通规划，发挥自有关键节点的仓储与核心物流资产资源作用，逐步形成“核心仓储物流中心+区域物流配送中心+社区物流综合

服务节点”的“1 + 3 + N”（一核三区多节点）物流服务体系，打造一链贯通的“物流地网”，实现对农产品流通环节的自主可控。

1. 一核

依托北京鲜活农产品流通中心（以下简称流通中心）打造供应链物流体系的核心仓储物流中心。流通中心是经北京市政府批准建设的重点民生工程，与新发地市场共同构成北京市农产品供应的双核保障。位于朝阳区黑庄户乡，主营鲜活水产、冷冻食品、蔬菜水果、粮油食品、鲜肉五大重点业态，涉及批发、交易、展示、体验和仓储物流，以“数字交易中心、标准制订中心、价格指数中心”为目标，实现产品高端化、运营智慧化。

2. 三区

在北京市东部、北部、南部建设三大区域物流配送中心。东部区域物流配送中心，在流通中心附近，利用首农食品集团位于朝阳区的双桥农场地块，建设辐射北京东部地区的物流配送中心，主要承担农产品展示、交易、配送等业态，全面提升流通中心的物流配送能力，形成对核心市场的业态补充和功能支撑。北部区域物流配送中心，利用首农食品集团位于昌平区的南口农场地块，建设辐射北京北部地区的物流配送中心，承接北方合作农业生产基地农产品和牛羊肉的仓储、分拣、加工、配送职能，服务于北京市西北区域民生“菜篮子”保障需求。南部区域物流配送中心，利用首农食品集团位于大兴区的北京食品应急保障中心物流资源，建设辐射北京南部地区的物流配送中心，面向大兴机场和正南方向进京农产品集散，承担东南 - 西南交通通道的中转枢纽职责，承接南部进京蔬果的集中净菜处理、仓储、分拣、配送职能，打造大客户集采集配中心。

3. N 节点

以自有食品加工和商业服务网点为支撑，联手京东、物美、罗森等专业零售运营企业，形成近 200 个广泛覆盖城市配送末端的三级物流节点，利用信息平台与社区商业实体店，实现在线交易、线下配送的精准化服务，推动市场终端的物流服务升级与模式创新。

（五）打造协同共享的“信息天网”，提升全链信息自主可控能力

首农食品集团引入人工智能、物联网、大数据、云计算等技术，构建数据信息平台、交易信息平台和物流信息平台，打造“信息天网”，融合商流、物流、信息流和资金流，强化客户、渠道、物流资源协同共享，实现全链信息的自主可控。

协同共享客户资源。通过数据信息平台，首农食品集团进一步放大产业链和供应链集合优势，强化供应链各个企业之间、产业链上下游之间的合作，加强业务联动、数据流转，推动机关团体、餐饮供应、商超系统、批发市场等终端信息共享，实现跨品牌、跨企业客户资源共享。目前，首农食品集团供给的 1.5 万余个 SKU 商品全部实现统筹调度。

协同共享渠道资源。通过交易信息平台，接入乳业、粮食、油脂、肉类、副食调味等产业板块，从共享集团系统内部渠道资源着手，对原有产销体系进行创新赋能，完成资源整合调配。积极加强“信息天网”与京东、阿里巴巴等成熟电商平台、专业零售运营第三方的链接，对接供需两端商流信息、共建社区零售体系建设，推动跨品销售渠道类共享，实现客户服务品质最优化、供应链利用效率最大化。

协同共享物流资源。通过物流信息平台，集商品交易、追溯信息和储运信息为一体，统筹集团 13 个京内物流园区、210 万平方米全温层仓储资源、2000 余辆配送车辆，整合广大社会货源和车源，打通线上、线下，实现物流资源的统一调度，形成覆盖北京市域的物流配送能力和通达全国主要物流节点城市的干线配送体系，实现全域销售商品的共同配送，将原本小散乱的配送形式转变成为以规模优势为核心的高效、有序的新型城市配送体系，全方位提升农产品流通的资源使用效率和配送时效。

（六）健全认证准入、产品追溯、应急保障三大机制，提升农产品供应链现代化水平

通过建立“首农标准”，完善“安全溯源体系”，构建“三道应急保障圈”，健全创新追溯准入、协同共享、应急保障三大机制，提升供应链现代化水平。

1. 建立“首农标准”，健全认证准入机制

标准化程度较低是制约农产品供应链现代化的重要因素之一。首农食品集团制订高于国家标准和行业标准及代表安全、品质、健康的“首农标准”，实行农产品进入供应链体系的追溯机制和认证机制，强化准入背书，确保“高品质、高质量、高标准”食品方可进入供应链体系，打造全程可控的食品安全链。标准体系。围绕产业链、供应链和价值链中的关键标准化要素，选择、集成、制订、应用、实施一系列标准和规范，构建覆盖农产品种植养殖户、食品生产制造商、供应商、经销商等供应链各环节主体的“首农标准”。其中，既包括自有产品标准、外部采买标准、供应商评价标准、基地准入标准、进出口贸易标准，也包括终端市场准入及消费者满意和评价标准等，形成供应链全方位的标准评价体系。认证机制。以品控和价格联动体系为抓手，监控采买端和需求端的商品信息。在采买端，对于农业生产环节和为各品类产品设计分级方法，明确分级认证，采用“过程管控＋结果管控”的方法，实施差别化标准管控；对于批发贸易环节，以批发市场为关键节点，实施分级包装运输，打通商流与信息流，完成产品认证工作。在需求端，重点针对团餐、商超、食堂、连锁超市等 B 端客户，推行产品实名制和分级产品贴标，在消费者心目中树立起对“首农标准”的认同。

2. 完善“安全溯源体系”，健全产品追溯机制

首农食品集团不断完善食品安全可追溯体系建设，深化产品追溯机制，加强溯源管理，从源头保障全产业链食品安全。追溯体系。首农食品集团以农产品生产档案记录和信息化管理为基础，加强现代区块链技术在农产品供应链和食品追溯领域的应用，建立和实施各类农产品公共信息平台和信息管理标准，建立和实施包括农产品名称、规格、编码规则、产地来源、生产日期、销售、流通等全过程的档案记录要求等方面的标准，形成贯穿全链的安全溯源体系。追溯管理。从农产品种植、养殖源头环节标准入手，实施全过程的档案记录标准，建立可扫描追溯查阅的电子档案和二维码，加强对原料采购、种植与养殖、生产加工、储存运输、销售过程的相关信息的记录、保存及传递，形成从生产管理、采购管理、商品管理到仓储管理、配送管理全过程、全时段、可追溯的食品安全管控体系，“全程有记录、信息可查询、流向可跟踪、质量可追溯”，切实保障从农田到餐桌的食品安全。

3. 构建“三道应急保障圈”，健全应急保障机制

首农食品集团通过深化供应链对接协作，强化上下游联动，构建首都食品“三道应急保障圈”，有效保障首都农产品日常供应充足、紧急状态高效运转。环北京 1 小时应急保障圈，在京内建设均匀分布北京各个区域的 50 多个粮食储备库、99 个总面积为 100 万平方米的冷库和常温库，建设古船、白玉、大红门等一批粮油、食品加工基地；建设 3 个生猪养殖基地、翠湖智慧农业创新工场等农业项目，确保应急状态下农产品、食品储备充足、加工及时、反应迅速。京津冀 3 小时应急保障圈。在津冀，建设年产种猪和商品猪 10 万头的大红门生猪养殖基地、年屠宰加工 1000 万只肉鸡的华都养殖基地、占地 160 多公顷的蔬菜种植基地、日处理鲜奶能力 1000 多吨的河北三元工业园、年处理大豆 150 万吨的天津油脂产业园等一批项目，以天津港、黄骅港及多条进京高速快速物流通道为依托，实现 3 小时进京目标。环渤海 6 小时应急保障圈。在环渤海地区乃至全国，建设吉林榆树稻谷加工物流基地、内蒙古肉牛养殖基地、黑龙江双河生猪养殖基地等一批产业基地。通过“三道应急保障圈”统筹布局，形成京内外快速反应、京津冀积极响应、环渤海合理布局、东北华中应急吸虹的应急保障体系，切实担负起首都食品供应服务保障的核心主体责任。

三、以安全可控为目标的首都农产品现代供应链建设效果

（一）保障首都农产品供给安全

2018 年爆发的非洲猪瘟重大疫情，对猪肉产业链产生深远影响，猪肉短缺现象普遍存在。由于严禁生猪跨省调运政策的实施，面对首都“无猪可宰”的难点和“猪不断供”“安全增产”的重点任务，首农食品集团旗下二商大红门肉食公司发挥 10 余个外埠屠宰基地优势，将企业屠宰产能全面向产地转移，确保猪肉源源不断地供应北京市场，市场份额不降反升，有力保障了北京猪肉市场供应。2020 年，新发地新冠肺炎疫情期间，在河北省高碑店和廊坊及北京市平谷区马坊三地成立 3 个“首农应急蔬菜进京协调办公室”，全力推进应急蔬菜进京货源组织、物资中转、物流保障，当天即协调首批 150 多车应急蔬菜进京，实践了蔬菜保供新模式。自 2020 年 1 月 25 日以来，首农食品集团连续 600 余天不间断监测产品库存、产能和销售情况。截至 2020 年，首农食品集团主要产品累计销售 175 万吨，日均销售超过 5000 吨，库存净增加 183 万吨，在关键时刻发挥了国有企业“顶梁柱”和“压舱石”的作用。

（二）服务首都农产品需求的能力全面提升

通过农产品现代供应链建设和运营，首农食品集团“四个服务”水平不断提高，生产供应的肉、蛋、菜、奶大多占北京市场 50% 以上的份额，北京市场覆盖率达 90% 以上，成为首都人民名副其实的菜篮子、米袋子、奶瓶子、肉案子。在为中央党政军领导机关服务、为市民的工作和生活服务方面，承担着重要商品储备、重大活动保障职责，储备种类覆盖粮油、肉类、奶粉、食糖、鸡蛋、蔬菜等，储备数量近 400 万吨，圆满完成“中非合作论坛”“全国两会”、世界园艺博览会、国庆 70 周年等会议、活动的食品供应服务保障任务，展示了首都国有企业的担当。

（三）助力企业效益持续增长

首农食品集团通过农产品现代供应链建设和运营，不断优化供应链、延伸产业链、提升价值链，经济效益实现重组以来 3 年三连增。截至 2020 年，首农食品集团资产总额 1538 亿元，实现营业收入 1571 亿元，利润总额 45.77 亿元，分别比 2017 年联合重组时增长 36%、37% 和 34%，3 年三连增。位列中国企业 500 强 146 位（食品类企业第四名），中国农业产业化龙头企业 100 强第三名；首农、三元、古船、大红门品牌价值分别达到 720 亿元、366 亿元、231 亿元、117 亿元，较重组前均增长 1 倍以上。

（成果创造人：王国丰、李少陵、邢德江、贾先保、聂徐春、刘　荣、胡建军、王红霞、喻　东）

服务国内国际双循环的大宗商品多式联运物流服务体系建设

厦门象屿集团有限公司

厦门象屿集团有限公司（以下简称象屿集团）是厦门市属国有企业，成立于1995年。象屿集团秉持“计利天下，相与有成”的使命，践行产业化投资与专业化经营，业务涵盖大宗商品供应链、城市开发运营、综合金融服务、创新孵化等领域，致力于成为具有全球竞争力、以供应链为核心的综合性投资控股集团。成立20多年，象屿集团经营业绩高速增长，运营效率和运营质量持续提升，营业收入年平均增长率为32%，净利润年平均增长率为21%。2020年，总营业收入3748多亿元，位居世界500强189位、中国企业500强60位、中国服务业企业500强33位、中国500最具价值品牌131名、中国物流企业50强第二位。

一、服务国内国际双循环的大宗商品多式联运物流服务体系建设背景

（一）畅通国民经济循环的有力支撑

粮食、煤炭、钢铁等关系着国计民生的重要大宗商品稳定供应，是国民经济和社会发展稳定的重要保障。在当前的新发展格局中，保持产业链供应链稳定，切实保障大宗商品供给、促进大宗商品流通，优化资源配置，确保大宗商品行业的畅通循环，已成为畅通国民经济循环的重要基础。而打造大宗商品现代流通体系，加快畅通物流大通道，推动物流与我国优势生产制造业、国际贸易产业链及服务链嵌入式融合发展，多式联运的作用更加凸显。发挥供应链优势，整合公路、铁路、水运多种运输资源，大力发展多式联运，形成陆海联动、内外互济的双向物流发展新格局，发挥多式联运产业链条长、资源利用率高、综合效率好的优势，推动物流业与农业、制造业、商贸业、金融业等相关产业的高效联动发展，畅通大宗商品产业循环，促进大宗商品产业可持续发展，是整合“双循环”纵横交错的“经济线”的重要抓手，是畅通国民经济循环的有力支撑。

（二）助推中国物流业发展的迫切需求

物流业是协调生产到消费且贯通第一、第二、第三产业及促进区域产业协同发展、培育地方经济发展新动能的重要联结。随着全球经济一体化和企业发展多国化进程的深入推进，物流市场呈现庞大的增长需求。中国作为全球第一大大宗商品消费大国，铁矿石、镍、煤炭等大宗商品需求量位居全球首位，大宗商品物流需求随之迅速攀升。传统物流模式侧重点到点或线到线的服务，存在运输工具单一、物流配置资源效率低下、流程衔接与管理不够流畅、数据流通性有待提升等现象，使传统物流行业存在成本高、效率低、环境污染等突出问题，不能有效满足经济高质量发展的要求。因为可在长距离运输中无缝衔接多种运输方式，满足客户定制化运输需求，提升运输效率和质量，多式联运逐渐在全球成为一种高级运输组织形式。中国地大物博，主要矿产资源位于中西部地区，东北地区是重要的粮食主产区，先进制造类企业倾向于沿东南沿海布局，以先进的多式联运模式为支撑带动产业链企业协同联动，将在引领传统产业转型升级和向价值链高端延伸中发挥积极作用。随着自动化技术和信息技术在多领域的持续应用和国内“碳达峰、碳中和”等生态环境政策逐渐实施，统筹整合社会运输资源，构建标准化、信息化的多式联运系统，提升运输链的节点效率和综合效率，成为我国现代供应链企业生存与竞争的可靠保证，是物流企业向现代运输经营型企业方向进化的必经之路。2017年，由交通运输部等18个部委联合下发相关文件，首次将多式联运提升至国家战略层面进行布局。加快推进多式联运发展，构建高效顺畅的多式联运系统，提供全程一体化组织的货物运输服务，成为推动物流业降本增效和交通运输绿色低碳

发展的必然趋势。

（三）顺应数字化驱动下的加速发展

大宗商品主要涉及煤炭、矿石、化工、电力等国家基础性能化产业，其核心特点是体量庞大，以吨计位。由于经营模式陈旧留下效率、安全、成本等诸多难以回避的痛点问题，有效利用数字信息技术，实现公路、铁路、水运“精准对接”“结点成网”，推动技术融合，推动网络融合，做好各种运输方式的有机衔接，成为推动大宗商品多式联运的重中之重。数字技术为大宗商品流通赋予了更多的可能。通过数据的连接、流动、应用与优化组合，将整个大宗商品多式联运链条数字化，重构大宗商品运输流通领域中线路规划、车货匹配、在途运输等环节，打通公路、铁路、水运运输方式与矿、厂、站、港等供应链节点的物流平台，逐步实现运力和货物的精准匹配连接、智能线路规划、在途监控、无人驾驶等智能解决方案，进而形成强大的供应链信息系统，实现大宗商品物流资源与生产要素的流动高效配置和良性互动，为产业链条各角色提供更好的服务体验，创造出更高价值的产业形态。

二、服务国内国际双循环的大宗商品多式联运物流服务体系建设主要做法

（一）以中转枢纽为核心，构建轴辐式多式联运物流网络

大宗商品流通过程中存在“物流量大、运输距离长、运输成本低、时效性要求低”的特点，对仓储、转运、加工、贸易一体化要求较高。物流网络关键节点的中转枢纽作为多式联运的核心，是商品集散、分类、仓储等综合服务的基础设施，也是公路、铁路、水运运输方式的重要衔接点。象屿集团强化关键性、稀缺性物流枢纽节点把控，布局掌控大宗商品仓储、堆场等物流核心节点，加强仓储、堆场的基础物流能力建设，为实现多式联运规模化、集约化和网络化运营奠定基础。以中转枢纽为关键节点的多式联运网络将辐射象屿集团物流通道沿线地区，更大范围服务区域经济发展。

1. 合理布局仓储节点，串联物流链、产业链双链条

仓储节点作为大宗商品物流重要的环节之一，象屿集团充分把握产业链上下游重要节点和具有显著区位优势的地点，在产业链中的资源地、生产地、消费地及流通地推进仓储节点布局，针对物流体量大、稀缺性资产的枢纽节点推进重资产布局。选择仓储节点时，重点围绕稳定的终端业务展开，沿运输网络布局，考虑区域仓储供需关系，串联公路、铁路、水运和仓库，盘活物流仓储体系。象屿集团立足国内贯通东西和串联南北的铁路运输网络、辐射全国的公路运输网络及沿海口岸，通过自有与对外协作相结合的方式不断拓展仓储物流网络布局，已形成覆盖东部沿海、中西部大宗商品集散区域的仓储集群，成功衔接多式联运网络。象屿集团在业内率先成功构建公路、铁路、水运和仓库的网络化物流服务体系。截至 2020 年，在中西部及东部沿海布局自营仓储节点 41 个，仓储面积超过 300 万平方米，仓库容量超过 280 万吨，合作仓库约 2000 家。国内领先的仓储体系，有效服务大宗商品集采分销网络，为给客户提供全流程、定制化多式联运解决方案奠定了基础，使提供门到门全程物流、库存管理等大宗商品供应链服务成为可能。确认仓储类型时，象屿集团强化高周转、加工等增值服务或其他特殊属性，并以仓储节点为中心，实现产业链延伸，创造增值收益。象屿集团的采购分销和综合物流服务也由单一环节的服务向产业链各个环节延伸拓展，产业链延伸的服务增值收益成为企业新的增长点。特别是在粮食大宗商品领域，象屿集团以仓储节点为中心，推动产业延伸，从粮食仓储向上游种植、下游分销和深加工领域延伸，通过采销渠道整合、物流体系优化、资金周转效率提升等方式，打造全产业链、一体化物流的综合服务能力，将粮源持续、稳定运输至销区仓库，延伸服务链条，显著提升供应链效益。在东北地区建立七大粮食基地，具备超过 1500 万吨的仓库资源和超过 160 万吨的港区仓库容量，辐射周边粮源 2500 万吨，仓储节点年均为国家管理粮食临时储备约 1000 万吨，有效服务国家粮食安全战略。

2. 深化堆场节点的资源对接与整合，服务国内、国际大宗商品双循环

堆场节点布局时，重点深化与港口、铁路站点的资源对接，以内部贸易兑换港口资源的长协或战略

合作，提高关键资源可控性。对于业务协同型堆场，强调匹配服务，打通合作渠道，通过港铁联动、港口识别、一站式服务及布局航运等策略，发展与港口的合作关系。强化港铁联动，配套建设堆场枢纽，加强与港口的腹地战略合作，深化铁路与港口的联动，满足国内地区大宗商品集散需求。在中西部地区大宗商品集散区域，配套布局大宗商品集散枢纽 17 个，象屿集团自有及租赁铁路货运场站 22 个、拥有集装箱堆场和仓库超过 240 万平方米和 5 万多个自备集装箱，满足“山东、河南 - 新疆”“陕西 - 云贵川”等大宗商品运输线路的集散需求，为铁路运输网络的年均超过 1600 万吨的发运能力保驾护航。布局航运，优选港口堆场节点布局，提升一站式服务能力，满足国际化多式联运发展需求。优选港口方面，战略性选择优先发展目标，聚焦吞吐量不足港口，集中货源提升货量，换取港口优质服务，达成长期合作协议；一站式服务方面，提供信息、通关、保险等服务，帮助港口摆脱过往同质化竞争，即以多式联运的方式协同港口一起打造差异化竞争优势；布局航运方面，与招商系港口、日青连港口群、北部湾港、广州港等港口企业积极建立战略合作关系，提升航运关键物流节点密度。象屿集团积极推进港口、码头等堆场节点资源布局的行动，有效满足集装箱交接和保管需求，为印尼、越南、泰国、俄罗斯等国家提供高品质、全流程的多式联运网络提供支撑。

（二）稳定运力，畅通公路、铁路、海运运输渠道

象屿集团的多式联运物流模式主要依靠公路、铁路、海运 3 种模式支撑。不同的货物运输需求将会寻求不同的运输路线和运输方式，时间、成本与风险是物流路径选择的主要因素。畅通多式联运物流通道，保障物流流通效率随之成为象屿集团的必然选择。象屿集团依托旗下象道物流布局，持续打通以水运、铁路为核心的物流干线通路和网络，在国内构筑贯通东西、串联南北的多式联运物流体系，形成三横三纵的国内物流通道；在国际通过公路、铁路、海运多式联运，构建畅通产销地区的物流通路。

1. “三横三纵物流通道”贯通东西、串联南北

在国内，通过构建三横三纵为核心的多式联运物流通道，全面提升大宗商品物流服务能力。象屿集团以铁路资源为核心，配套沿海、沿江“T 型水域”的布局成果，进一步打通国内核心物流干线通路和网络，在国内构筑起贯通东西、串联南北并链接国际的多式联运物流体系。通过集成公路、铁路、水运及仓库的功能，全面提升大宗商品物流服务能力。象屿集团从公路、铁路、水运及仓库 4 个方面出发持续整合资源，加强自有物流体系与优质港口链接能力。公路方面，整合市场资源，发挥智运平台智慧物流的能力。铁路方面，结合中欧中亚物流线路的构建，完善内陆节点物流疏运能力。水运方面，依托产业货物流量，构建灵活机动的“运力池”。仓库方面，围绕产业集群及核心枢纽，构建实体节点、牌照资源（交割库等）及数字化能力。

“三横三纵物流通道”全面提升了服务农副产品、铝产品、煤炭和有色金属的产销地区之间流通的能力，更大范围服务区域经济发展。“东西向物流通道”构建了铝产品、化工、煤炭、棉纱、矿材物流线路。“长江通道”是“整合资源 + 自有运力”的综合服务能力突破的代表。“珠江通道”实现了粤、桂的铝厂、电厂、合金厂的产业型客户的原料成品流通。“沿海通道”形成了“北粮南运”“北煤南运”等精品航线，在激烈的市场竞争中实现突破。“南北向物流通道”则围绕煤炭产品的跨省运输进行探索。中欧班列西部通道/西部陆海新通道，以成都、重庆、西安等中欧班列支点和北部湾港口进行布局，辐射更大产业集群。

2. 水陆物流网络布局全球、链接海外

连通公路、铁路网络，以国内主要口岸为基点，通过自有布局和与海外物流企业深度合作，强化多式联运能力。象屿集团大力拓展国际化物流业务，重点围绕俄罗斯及东南亚、中亚等国家和地区构建国际多式联运物流通道服务能力，积极尝试探索大洋洲、南美洲、非洲等国际线路。在全球范围内构建国际多式联运物流通道服务能力，加速国际化业务拓展。象屿集团立足沿海、沿江“T 型水域”运输干线

布局的分支机构（天津、青岛、上海、宁波、武汉、重庆等核心口岸），连接印尼、越南、泰国、新加坡、美国、新西兰的物流节点。水路运输网络与东南沿海、华中地区、东北地区和西北地区公路运输网络及贯通东西南北的铁路运输无缝衔接，强化了国内、国外从原材料与半成品的采购直至产成品的分拨配送之间的全价值流通服务能力。依托象屿集装箱运营平台，不断发挥进出口箱源调拨优势，加速国际化业务拓展。象屿集团为海外客户提供集装箱定制化运营服务方案，满足俄罗斯及欧洲和中亚五国客户在“国际物流通路”中的业务需求。象屿集团当前已形成中印尼物流通道服务能力、中越及中泰物流通道服务能力、中欧班列双向运输通道服务能力、全球大宗干散货国际租船服务能力。在中欧班列国际铁路运输业务中，国际出口多式联运物流运营能力成功链接上游资源地与下游消费地，形成来回循环铁路线路，为客户提供更多样化、更便利、更安全、更具运输效率的物流组合方式。在中越及中泰多式联运物流通道中，大力构建中越之间往返对流航线，积极拓展中泰多式联运物流通道，致力于提供中泰全程物流服务。

（三）打造区域智慧供应链服务体系，实现智能管理

大宗商品多式联运物流活动规模大、范围广，为打破各环节信息壁垒，有效提升信息交互的效率，做好各种运输方式的有机衔接，象屿集团充分运用物联网、大数据和区块链等智能科技，围绕在各地产业集群及物流枢纽布局的40余个仓储节点和多条国际多式联运物流线路，推进智慧物流服务。通过每个工作环节数据的储存、传输、连接，实现全局高度上对整个运输网络的规划、调度、管理和运作，加速处理繁杂业务场景和海量信息，优化协调运输方式、合理分配运输资源、增强各参与方协同，实现智能化决策，真正发挥多式联运的优势，从而打造更高效的供应链服务体系，提高供应链服务水平。

1. 智能控制，信息可视

象屿集团积极探索、推进仓储设备智能化改造和仓储流程优化，集成智能终端、电子签章、人脸识别、线上支付、视频采集、RPA、AI等技术，升级数字化仓库，实现仓储可视化管理、无纸化作业，可签发电子仓单，保障货权安全，提升服务效率。智能作业。将物联网设备应用于仓库进场、称重、收费、存储等环节，基本已实现无纸化操作的全覆盖，操作人员只需利用手持移动设备扫码进行数据录入，就可实现智能入库、盘货、出库等操作。利用物联网先进技术RFID实现终端与系统的良好对接，提高仓库作业效率。可视仓储。持续探索并完善智能技术对仓储端的高效应用，尝试落地无人机查仓、视频监控识别、红外光栅等技术，通过云端技术对查仓过程及数据进行存储，可通过电脑或移动端登录App进行实时或往期查询，实现对货物更加精准的管理和风险管控。电子仓单。将智慧物流平台与电子签名技术相结合，融合区块链、加密算法、场景式保全等多种数字安全技术，将传统纸质进仓单转移至线上，从物流源头的提单及运单生成和入库指令下达、入库开箱到货物照片拍摄、现场收货、实物盘点等推广电子仓单，为客户提供更安全、高效、便捷的智慧仓储服务。

2. 智慧物流，互联互通

象屿集团持续关注物流环节的智能化、线上化改造，通过数据接口、抓取技术，与相关物流信息平台合作，加强内外部资源整合，解决多物流环节的数据集成问题，打通产业链上下游信息渠道，与客户、船东、船代、码头、仓库、车队、海关等实现数据实时共享、上下游互联互通，形成产业链上下游一体化协同效应，提升产业链供应链现代化水平。构建智慧供应链服务平台。为提升物流整合效率，实现信息流与物质流快速、高效、通畅地融合与运转，象屿集团着力构建以用户数据分析为支撑，以及公路、铁路、水运和仓库的物流操作、控制为核心的智慧供应链服务平台，通过物联网、大数据、区块链等技术逐步构建了涵盖决策分析、职能保障、业务运营在内的智能化信息科技体系，为产业链上下游生产、贸易、物流企业提供下单、接单、库存查询、报关跟踪、运输监控等高效、透明的智慧物流线上服务，通过业务环节可视化、内部运营管控精细化、数据挖掘分析深度化、产业链上下游用户服务个性

化，提升多式联运综合物流服务水平，为产业链上下游企业赋能，促进产业结构调整。链动智运网络货运平台。象屿集团建设智运网络货运平台——全国性智慧物流数字化运营平台，充分利用大数据、云计算、人工智能等先进技术，把现有的零散及小型企业、大型物流企业的货源、车辆等公路运输流量进行有机的系统整合，实现托运方与承运方的无缝衔接，解决目前货运物流行业普遍存在的运力空驶、长时间待货等突出问题。同步协同水运、铁路及仓储物流服务，其在为用户提供充裕货源和运力的同时还能使整个运输过程和驾驶行为变得可感知、可对话、可决策，优化物流链条，完善和拓展象屿集团的多式联运物流服务网络。智运网络货运平台智能化的高效运营模式，快速打通供应链上下游物资流通，为确保产业链供应链稳定、实现经济循环发挥着越来越重要的作用。目前，该平台已整合近1万名司机和1万多辆货车。

（四）面向产业链，打造综合性物流服务能力

象屿集团坚持“立足供应链、服务产业链、创造价值链”的战略思维，加强与供应链上下游企业的协同和整合，引入关联产业，发挥平台基础设施优势，逐步完善面向大宗商品产业链的多式联运物流体系，实现平台联动，打造综合性物流服务能力和垂直产业链服务能力，以供应链服务促进产业链做强做大，以产业链需求推动供应链做深做长，促进物流资源的集聚和产业的发展，大力推动供应链向价值链高端提升。

构建产业链优势运输路线。围绕农产品、化工、铝产品、煤炭、矿产品、钢材等核心产品，构建大宗物资多式联运战略大通道。加快海外资源布局，设立多家海外子公司，构建国际化、产业化、平台化的格局，提升全球供应链物流服务能力。打造集装箱运营平台。面对外贸企业的困境，象屿集团将集装箱资源优势与国际物流线路运营能力结合，打造集装箱运营平台，为广大客户提供国内外箱源调拨服务，为海运船务公司、铁路物流公司等客户提供定制化集装箱服务方案，保障箱源稳定供应。打造精品国际物流线路，通过来回程“重去重回”的运营模式，使货物“满箱去、满箱回”，解决箱源回流受阻难题，为客户提供安全高效的综合物流“一揽子”解决方案。

（五）延伸拓展增值服务，打造供应链综合解决方案

象屿集团充分利用一体化流通服务和强大的资源支撑，以“沿产业链布局”的思路，延伸拓展增值服务，搭建物流链条上下游信息渠道，对全环节服务能力背后的资源进行整合、连接，“以流促贸、以贸促流”，持续推动“物流、贸易联动”，实现物流综合服务能力的闭环建设，为产业集群及流通提供综合物流服务和供应链解决方案。

立足采销，创新制造业全供应链服务。结合黑色金属、铝产品等原料资源端及市场格局进行物流布局，打造上下游综合供应平台，通过配套相关物流基础服务并引入创新业务模式，形成全产业链服务能力。煤炭产业链方面，持续挖掘煤炭供应链上下游资源，整合从国内外煤炭主产区至国内各消费区的主要物流资源，构建陕、蒙、晋、新等煤炭产区物流集散中心，串联印尼、俄罗斯、菲律宾、蒙古与国内主要口岸及终端，搭建“西煤东运”“北煤南运”与“国际煤炭进口”等物流大通道，由“黑色”物流向“绿色”物流转变。打造内蒙古焦煤供应链服务平台，构建榆林-内蒙古能化产业生态圈，集煤炭供应、运输配送、仓储与初加工、煤炭交易等服务于一体。

仓储切入，推动粮食产业两端延伸。完善粮食产业链布局，从粮食仓储切入，依托产区基地、北港仓库集群及华南终到港3个物流核心布局基础，推动粮食产业从仓储向上游种植、下游分销及深加工延伸，通过采销渠道整合、物流体系优化、资金周转效率提升等方式，打造全产业链、一体化物流的综合服务能力，同步引入“点价保供”等模式创新，将集团粮源持续、稳定运输至销区仓库，通过到货体量和到货品类吸引更多客户至仓库进行点价购买，进一步提升供应链效益。

三、服务国内国际双循环的大宗商品多式联运物流服务体系建设效果

（一）稳定产业链供应链，助力“双循环”

有效优化物流运输结构，破除制约经济发展的强大阻力。整合公路、港口、铁路等物流资源，优化物流服务，构筑和完善多式联运体系，促进不同运输方式之间的无缝衔接，推进了运输结构调整、物流供给侧结构性改革，提高了资源配置效率和运输效能，保障了疫情、能源危机等情况下的应急物资和民生物资运输供应的顺畅有序和不间断，对于维护社会大局稳定、促进经济发展具有重要意义。

助力制造业产业转型升级，提升产业链供应链稳定性。制造业产业链上下游联通和协同，提高了供给与需求的适配性，解决了制造业产业链客户的痛点和需求，形成了显著的综合配套优势，助力钢铁制造业企业开工率由30%提升到70%、净利率由微利甚至亏损提升到10%以上、产销率由60%提升到85%以上。有效促进生产制造业和现代服务业的联动融合，协同上下游发展，助力中国制造业转型升级，保障产业链供应链稳定，实现制造业产业链可持续发展。

深化产业链供应链协同，助力构建“双循环”新发展格局。物流线路运营优势与产业链上下游企业的结合，带来了国内外合作格局及物流通道和产业空间布局的优化，实现了互联互通和协作共赢，促进了物流资源的集聚和产业的发展，引领带动产业链供应链的系统性大循环，助力构建“双循环”新发展格局。2021年上半年，以公路、铁路、水运及仓库为核心的网络化物流服务体系不断完善，“物贸联动”持续深化，多式联运服务能力不断提升，“北粮南运”实现运量约140万吨，铝产品跨省运输实现运量约100万吨，“北煤南运”实现运量约530万吨，全力保障大宗商品供应链安全稳定，为“双循环”做出积极贡献。

（二）实现物流成本优化及运输效率提升

提升物流规模效应，节能环保成果显著。在中、长途运输中，象屿集团以铁路和水运为主导的规模化、集装化运输具有巨大的成本优势和环境优势。象屿集团在发展多式联运物流体系中，扎实推进由“水运为主，公路为辅”向“铁路、水运联运，公路短运”的运输格局转变，实现了“铁路、水运联运，公路短运”突破，显著降低物流环节综合能耗和污染物排放。据悉，铁路运输能耗和污染物排放仅是公路运输的15%和8%，水路运输能耗和污染物排放更低。象屿集团利用自有铁路专用线优势，以“绿色化”为核心特征，充分发挥敞顶箱运输独特优势，拓展水泥熟料、高岭土等多个品类实现“公路转铁路”运输，进一步巩固了象屿集团物流环节的“绿色”转变成果。

打通物流通道，有效整合物流资源，稳步提升物流运营效率，全面优化物流成本。粮食运输方面，主动布局并串联北方产地、港口集群及南方销区等关键物流节点，搭建“北粮南运”通道，使公路、铁路与港口无缝连接，打造具有象屿集团特色的公路、铁路、水运多式联运体系，实现粮食内贸运输的降本增效。通过铁路、水运为主及公路为辅的运输模式，将粮食通过铁路、水运的运输方式从产区运至港区，再从港区运至销区，公路运输比重不到全程的1/10，运输成本大大降低，2020年“北粮南运”运量达470万吨。

（三）实现业务模式的优化升级

有效提高业务运营效率。象屿集团创新业务模式，多式联运物流体系已初具规模，依托海量的业务数据、庞大的客户资源、丰富的应用场景，在现代人工智能、信息技术的加持下，物流网络管理能力、辐射能力进一步提升，批量货物在矿山、工厂、铁路集运站、港口等大宗商品特有的供应链节点流转时，内外部主体的信息协同问题和批量运力的组织管理、统计结算问题得到解决，实现了业务模式的优化升级。稳定的上下游渠道、丰富的运输方式、智能的物流平台，有效提高了业务运营效率，提升了物流板块运营和风险管控能力，提高了物流系统的安全性和稳定性，提升了综合物流服务质量和水平。

加速扩张业务规模。象屿集团通过“发挥规模效应、提高服务效率、释放物流效益、优选客户和

商品”，解决供应链上下游企业的问题，不断扩大综合物流服务规模，提升市场话语权、客户黏性和盈利能力，树立行业口碑。2021 年上半年，大宗商品物流服务板块实现营业收入 35.51 亿元，“中国 – 印尼（越南、泰国）”的国际物流线路运量 200 万吨，长江及沿海“T 型水域”运量 749 万吨，进口清关量 142 万吨，仓储业务量 427 万吨。象屿集团旗下大宗商品供应链的核心企业象屿股份在 2020 年从 266 家试点企业中脱颖而出，入围第一批“全国供应链创新与应用示范企业”公示名单，2021 年作为协办方积极协同中国物流与采购联合会举办中国供应链管理大会及全国供应链管理优秀成果展，多年来稳居中国物流企业 50 强第二位，是全国物流行业先进集体、中国物流杰出企业、中国仓储示范企业，还是中国物流与采购联合会认定的中国 5A 级物流企业，持续在行业内发挥带头示范和引领作用。

（成果创造人：张水利、陈　方、邵蕰默、邓启东、许振龙、吴　捷）

家电企业以“三优”为导向的供应链管理优化

珠海格力电器股份有限公司

珠海格力电器股份有限公司（以下简称格力）成立于1991年，1996年在深交所挂牌上市，现已发展成为多元化、科技型的全球工业集团，产业覆盖家用消费品和工业装备两大领域，产品远销160多个国家和地区。2019年全年实现营业总收入2005.08亿元，实现归母净利润246.97亿元，税收贡献157.90亿元，连续13年位居家电行业纳税第一。自2005年起，格力空调连续14年稳居全球销量第一。格力现有近9万名员工，其中有近1.5万名研发人员和3万多名技术工人。现有15个研究院，共有126个研究所、1045个实验室、1个院士工作站（电机与控制），拥有国家重点实验室、国家工程技术研究中心、国家级工业设计中心、国家认定企业技术中心、机器人工程技术研发中心各1个。目前，累计申请国内专利81988项，其中发明专利41804项；累计授权专利46415项，其中发明专利11036项。申请国际专利3940项，其中PCT申请2116项。在2020年国家知识产权局排行榜中，排名全国第六，家电行业第一。现拥有31项“国际领先”技术，获得国家科技进步奖2项、国家技术发明奖2项、中国专利奖金奖4项。

一、家电企业以“三优”为导向的供应链管理优化背景

（一）落实国家的高质量发展计划

我国拥有全球门类最齐全的产业体系和配套，220多种工业品产量位居世界第一，但仍处在价值链的中低端。党的十九大提出我国经济已经由高速增长阶段转向高质量发展阶段，推动经济实现高质量发展是适应我国发展新变化的必然。2019年，中央经济工作会议将“着力推动高质量发展”作为六大重点工作之一，提出“推进传统制造业优化升级”“打造一批有国际竞争力的先进制造业集群”。

（二）适应家电行业竞争日益激烈和高质量发展的迫切需要

身处市场竞争最为激烈的家电行业，大宗原材料价格居高不下，人工成本不断上升，能效标准逐步提高，这些都使得家电行业的竞争环境更加恶劣。格力一方面继续面对日益激烈的市场竞争，另一方面致力于推动中国制造业的高质量发展，确定了“让世界爱上中国造”的企业愿景与使命。格力持续推进自身的高质量发展，一直在研究和优化供应链管理，也在为推动供应链端的中国制造业走向“质好价优、合作共赢、优胜劣汰”的高质量发展之路而努力。

（三）克服传统供应链管理中存在的问题

传统的供应链管理中存在诸多不足。例如，供方评价的各个维度的完整性、系统性不够充分，质量、价格、供应在日常管理中存在不能兼顾情况，质量方面调控要求在采购上有落地困难的情况，供应链的评价到实际的管理没有充分公开，供应链竞争方向不够清晰，无法有效推进制造业产业链的高质量发展，与供方关系主要是单向的供应关系，缺乏深度的合作保障。

二、家电企业以“三优”为导向的供应链管理优化主要做法

（一）明确克服传统供应链管理不足的解决思路

基于“让世界爱上中国造”的企业愿景和使命，努力帮助供应链端制造业摆脱陷入“低质低价”“劣币驱逐良币”的恶性循环，走向“质好价优、合作共赢、优胜劣汰”的高质量发展之路，格力一直在研究和优化供应链管理。针对传统的供应链管理中的不足，探讨如下解决思路。第一，建立全面而系统的评价体系，关于系统性评价方面，充分考虑质量、价格、供货等方面合作情况并形成一个综合性、

系统性的评价体系，避免分裂式评价。第二，坚持质量优先的基本方针，建立监督坚持机制，关于质量与价格、供应冲突方面，明确并始终坚持质量优先的原则，因为没有质量的价格缺乏实际意义，没有质量的供货是损失。针对质量方面的评价和调控要求，要求采购优先执行落地、质量同步监督采购执行情况。第三，建立公平公正、公开透明的管理规则和优胜劣汰的机制，在不泄露商业秘密的前提下，在管理范围内充分公开相关数据和评价方式，将供应商评价和管理原则透明化、标准化，向供应商明确供应链评价的规则和处理的原则，确保供应链的优胜劣汰、持续向好。第四，建立双边支持、合作共赢。供需双方之间不仅仅是供需关系，双方在产品方面通过战略合作、技术交流、使用产品等相互支持的方式，实现双边的质量提升和互利共赢。建立相互支持、合作共赢的关系，推进双方共同进步。

近年在“质好价优、良性发展、合作共赢”指导思想下，经历传统供应链管理后，格力探索出“按质、按价、按时、按量”的管理模式。通过不断实践、持续改善，最终形成“3 优 +1”的供应链管理方式，目的在于引导供应商朝着优质、优价、有序竞争方向发展，带动全产业链高质量发展。

“优质、优价、优供和支持”供应链管理创新简称“3 优 +1”供应链管理创新和“Q－C－D－S 供应链评价系统”，以质量优先为前提，有机整合了质量、价格、交付、支持，形成四位一体的评价系统。结合评价结果确定对供应商的管理、订单分配、项目合作、专家团队支援等程度。为了保障供应链优胜劣汰、高质量发展的管理思想落地，确定了“评价应用指南”。“评价应用指南”以“三管四则五个流”（三重监管、四个准则、五个流程）的管理机制规范供应链的管理，最终形成公开、透明、客观、系统、务实的供方管理，避免供应链进入“低质低价”“劣币驱逐良币”的恶性循环，驱使整个供应链的结构持续优化和质量的持续提升，推进行业的“优胜劣汰”及制造业的高质量发展。

（二）搭建四位一体评价的供应链评价系统

Q－C－D－S 是 Quality evaluation Model、Cost evaluation Model、Delivery evaluation Model、Support evaluation Model 4 个评价模型英文词组首字母的缩写。Q－C－D－S 供应链评价系统是以质量评价模型（Q）、价格评价模型（C）、供货评价模型（D）、支持评价模型（S）4 个评价模型为核心，以质量优先为前提、深度融合为基础，进行四位一体评价的供应链评价系统。

1. 质量评价模型

质量评价模型（Quality evaluation Model）是一套设定了物料各类质量评价项目、项目目标、项目比重等可调的算法模型，用于评价物料质量水平。

2. 价格评价模型

价格评价模型（Cost evaluation Model）是包含了物料价格评价、商务定价评价的算法模型，用于评价物料的价格竞争力。

3. 供货保障评价模型

供货保障评价模型（Delivery evaluation Model）是包含了供货及时性、供货难度、供应支持等维度的算法模型，用于评价物料对生产的保障情况。

4. 支持评价模型

支持评价模型（Support evaluation Model）又称双边支持评价模型，双方在产品方面通过战略合作、技术交流、使用产品等相互支持的方式，实现双边的质量提升和互利共赢，用于评价双边支持情况。

5. 评价应用指南

为了保障供应链优胜劣汰、高质量发展，以及评价结果的切实落地，确定了“评价应用指南（Evaluation application guide）”的执行方法。其以“三管四则五个流”（三重监管、四个准则、五个流程）的管理机制规范供应链的管理，严格落实质量优先，确保廉洁公正的环境，提倡合作共赢，推进供应链优胜劣汰，驱使整个供应链结构的持续优化、质量的持续提升。

“三管四则五个流”管理机制分别是三重监管、四个准则、五个流程。一是三重监管：权利分立、评审小组、监督预警。第一重监管：权利分立。公司级设定了采购中心、外管部、筛选分厂的三权分立架构，采购内部商务、业务、计划、开发四权分立的架构，构成了独立运作、互相监督的组织结构，确保清正廉洁、防止腐败。第二重监管：评审小组。成立了以质量、采购商务、计划、业务组成的订单评审小组，确保结果的公平公正、实事求是，严格落实“3 优 +1”的供应链管理。第三重监管：监督预警。对于所有流程执行情况增加了执行监督和预警机制，透明化的同时避免了执行偏差。二是四个准则：质量可一票否决、公开透明、基于事实的决策、过程流程化。三是五个流程：供应商评价、质量优先的采购订单管理三步法、供方优待特权、劣质供方整改、专家团支持。

（三）分步实施“3 优 +1”供应链管理

“3 优 +1”供应链管理创新实践中有 4 个原则要求，即质量优先、廉洁公正、合作共赢、优胜劣汰。结合 Q－C－D－S 供应链评价系统的评比结果，以“三管四则五个流”的管理机制规范供应链管理，确保严格按照管理要求执行、落地，供应链管理开展过程主要概括为 5 个流程，共计 9 个步骤。

1. 供应商评价模型的建立与评价

按照“Q－C－D－S”的评价系统进行建模，确保数据的准确性、客观性，以系统、第三方单位数据为主，录入档期数据，生产相关评价结果。

2. 采购订单分配

按照质量优先准则，以质量模型评价为前提，排名末位的在下季度不能增加且要下调供货比例，质量排名首位的在下季度适当增加比例；综合评价优秀的供方可在下季度增加供货比例和供应种类，评价末位的供方下季度下调供货量，连续评价末位的供方除下调供货比例外，可以暂停或取消供货资格。按照“质量优先的采购订单管理三步法”，分配计划制订、订单评审小组、结果会审工作。采购业务组专人负责对分配结果执行情况进行监督和预警。

3. 供方优待权益

对于评级 A 级的供应商，具有一定优待权益，如优先定价付款、新品优先开发、定期技术交流和高层会晤、日常业务享受服务卡等。

4. 劣质供方整改

季度评为 C、D 级的供应商，在半个月内提供《供方分析整改报告》，由供方质量高层来做专项整改报告，双方就存在的问题进行讨论交流，以此提高供方领导参与度和重视程度，一同推进质量整改工作。

5. 专家团队支援

供方遇到质量、技术、管理等瓶颈，可申请格力专家团队进行质量、技术、管理支持。优秀供应商可以优先安排技术交互和专家团队支援。

（四）开发系统平台，实现自动化、系统化、透明化、客观化供应链管理

为满足“3 优 +1”供应链管理创新的高效应用，供应链平台以保密性、完整性、可用性为基础，融入“Q－C－D－S”供应链评价系统模型和供应链评价应用指南要求，实现了供方自动评价、订单自动分配、比例自动监督和预警等综合应用，在采购商务保密性前提下，也确保了供方管理系统化、透明化、客观化的要求。

1. 质量评价模型的建立与评价

确定质量项目、项目目标、项目比重，建立评价模型：按照公司级的质量目标分解来制订目标，每个物料类的质量评价项目的目标可能有差异，具体以质控部、筛选分厂分析分解的目标为参考，按照物料类的特点，各个项目的权重有轻微调整，整体上以绝对、客观的质量项目的权重占比较高。相关的质量评价模型内部各单位讨论完成后，同步发放各个供方。

质量评价模型得分：结合当期数据，根据确定的项目、项目目标、相关权重，按照质量模型的算法

公式进行系统计算得分并排名。

2. 价格评价模型的建立与评价

确定物料价格评价模型：根据现阶段情况确定物料价格、定价满足度的权重系数。

计算价格评价模型得分：按系统流程下发相关竞价通知，供方进行报价，系统审核、批准、录入等。物料价格评价模型得分按照满分100分设定并采用价格评价的算法公式计算。

3. 供货保障评价模型的建立与评价

确定供货保障评价模型的权重系数：根据基本评价模型“D=交货满足率评价得分×难度系数+应急支持评价得分”确定。交货满足率评价得分=系数×（齐套次数/送货通知总数）－常数。难度系数=供货编码覆盖率×权重+供货量占比×权重+基地覆盖率×权重。应急支持评价累计得分。供应商在测评时段内采取紧急和积极措施保障紧急情况下来货，属于应急支持，如对于采取空运、插单等方法缩短采购周期及行业资源紧缺时给予格力倾斜支持等。根据确定的模型目标和系数，在系统上建立评价模型。根据确定的系数和算法，得出供货保障分数：供货保障评价模型满分按照100分设定，采用价格评价的算法公式计算得分。

4. 支持评价模型的建立与评价

首先，确定支持评价模型的权重系数：S =创新降本得分+质量提升得分+产品合作得分。创新降本得分=降本金额×系数。由供应商对自身产品进行工艺革新或结构更改等的创新降本，每个创新降本项目需对比前后成本差异，核算项目降本金额（万元）。质量提升得分=不良下降幅度×系数+（标准化、通用化）单数×系数。供应商通过对自身产品进行更改，完成格力通用化使用要求，或者对现有产品提出有效的标准化改善建议，帮助格力改进产品质量。质量提升项目按照最终关闭时不良下降幅度及采纳的标准化、通用化单数，得出最终得分。产品合作得分=合作金额×系数。产品合作得分是产品合作双方相互认可和相互支持的一种体现。例如，通过格力智能装备公司与供应方合作，双方根据产品特性制订设备自动化方案，以达到产品自动化生产的目的，提升产品一致性。通过此种合作可以提高供应商工业自动化水平，达到共赢的目的。其次，根据确定的系数和算法，得出支持评价分数。支持评价模型满分按照100分设定，录入数据，采用价格评价的算法公式计算。

5. 供应商评价

确定供方评价排名等级：按照Q－C－D－S评价结果，参考质量模型给出的要求，确定本期供方排名等级。

公示质量评价结果和处理要求：输出的质量评价结果将在公司范围内公示，同时明确处理要求。基于质量评价模型的结果对排名末位的供方下调供货比例，如供方排名末位，由采购下调其供货比例5%，有效期3个月；对于排名靠前的供方适当增加供货比例。

6. 采购订单分配

根据质量评价模型的要求，对于季度评为质量末位的供应商，现有供货比例基础上至少下调5%。对于连续两个季度均被评为末位的供应商，将评估暂停其供货或直接取消其供货资格。把“3优+1”的管理内容形成公司体系文件《物资采购中心集中采购计划供货比例管理办法》，简称“质量优先的采购订单管理三步法”。

采购计划供货比例制订：按照《物资采购中心集中采购计划供货比例管理办法》进行计划订单的系统分配。

订单评审小组：进行生产系统分配订单工作，以质量、采购业务、采购商务、采购计划为核心组建订单评审小组，结合评价结果，按照《物资采购中心集中采购计划供货比例管理办法》核实相关比例调整情况。

结果会审：三级评审机制，由质量、采购业务、采购商务、采购计划组成评审小组确定比例分配结果后，外管部部长和采购部部长将就此在公司主管领导处进行会审，由公司主管领导审批，最终结果由采购专人负责对执行情况进行监督和预警，信息化系统中可以实现比例的及时监控和预警。

7. 劣质供方整改

季度评末位的供应商，在半个月内提供《供应链分析整改报告》，由供方高层来做质量整改报告，双方就存在的问题进行讨论交流，以此提高供方领导参与度和重视程度，一同推进质量整改。要求其切实跟进系统性质量整改的要求整改，在其供货比例下调开始的 1 个月内由相关责任人择情组织现场验收。对于不配合整改或整改不能达到整改效果的供方，将评估暂停相关物料板块的供货资格、停产整顿或取消供货资格。

8. 供方优待权益

对于评级优秀的供应商，具有一定优待权益，如优先定价付款、新品优先开发、定期技术交流和高层会晤、日常业务享受服务卡等。

9. 专家团队支援

供方如果遇到质量、技术、管理等问题，可申请格力外管专家团队进行质量、技术、管理支持。优秀供应商可以优先安排技术交互和专家团队支援。

三、家电企业以“三优”为导向的供应链管理优化效果

目前，“3 优 +1”的供应链管理已经全面推广应用到格力的各个空调基地并同步、持续推广于其他产品领域，取得了一系列显著的管理效果、经济效益。

（一）完善管理制度，推动信息化建设，提高管理水平

自该成果推进以来，完善了相关的供方管理、订单评审等一系列管理制度，确立了以“三管四则五个流”（三重监管、四个准则、五个流程）的监督、管理规范。建立或完善了“供方评价系统”“订单评审系统”。近 3 年来，物料质量异常导致的封存返包单数下降 73%，物料质量异常导致的停线时间下降了 81%，大幅度降低了质量损失和管理费用。推进“3 优 +1”的供应链管理以来，2018—2020 年，采购中心累计非原材料完成不含税节约支出金额 5. 99 亿元。

（二）构建供应链管理创新，推动优胜劣汰、合作共赢

构建了“3 优 +1”供应链管理创新，可以避免供应链陷入“低质低价”“劣币驱逐良币”的恶性循环，驱使整个供应链的结构持续优化和质量的持续提升，推进行业的“优胜劣汰”、制造业的“高质量发展”，实现各方合作共赢。专家团队支援供方攻克一系列的质量技术难题，如“陶瓷 PTC 电加热器表面敦化处理技术研究与应用”“国产瓷粉在高容 MLCC 上的研究及应用”“包装箱供方视觉设备的研发与推广”“SCCP 含量超标的质量整改项目”“洗衣机水泵噪音改善项目”“空调遥控器液晶偏光片失效的分析”等，其中多个项目输出多篇专业技术论文并发表于国内核心期刊。期间，格力已取得专利超过 10 项，还有多项专利处于审核受理中。

（三）促进行业健康发展

实施“3 优 +1”供应链管理以来，建立、完善了供应链管理及评价体系。通过开发信息化平台，实现了供方评价、订单分配、比例监督和预警等综合应用。对制造业供应链管理水平提升，驱使整个供应链的结构持续优化和质量的持续提升具有重大的意义。

对制造业供应商来讲，该创新的供应链管理可以客观、公正、系统地进行供方评价并将供应商评价和管理原则透明化、标准化，有效推进供应链的“优胜劣汰”。既保证了供应商之间的良性竞争，也促使了制造业的可持续发展。

（成果创造人：董明珠、方祥建、黄才笋、董　晨、王　亮、李姗姗、
魏炳林、黄妙云、付道明、朱文瑞、任文君）

产业链核心企业基于信息化技术的供应链金融服务平台构建

三一集团有限公司

三一集团有限公司（以下简称三一集团）创建于1989年，是中国最大的工程机械制造厂商。旗下拥有两家上市公司，分别是在上交所上市的三一重工和在港交所上市的三一国际。自创立以来，三一集团便立下以“品质改变世界”为使命，致力于“创建一流企业，造就一流人才，做出一流贡献”，为中华民族贡献一个世界级品牌。2019年，三一集团荣获中诚信评级有限公司授予的AAA主体信用评级，为湖南省内第一家AAA评级民营企业。三一集团的主营业务是装备制造业，覆盖混凝土机械、挖掘机械、起重机械、桩工机械、筑路机械等全系列产品，其中混凝土机械为全球第一品牌、挖掘机市场占有率连续10年位居国内首位。三一集团建有长沙、北京及长三角三大产业集群，以及新疆和沈阳、珠海三大产业园区；在海外，三一集团建有印度、美国、巴西及欧洲四大研发、制造基地，业务覆盖全球150多个国家和地区，产品出口到110多个国家和地区。2020年实现销售收入1133.39亿元，利润总额202.87亿元，再创历史新高。在全国工商联发布的“2021年中国企业500强”榜单中位列182位，稳居工程机械行业第一名。

一、产业链核心企业基于信息化技术的供应链金融服务平台构建背景

（一）响应国家推进供应链金融创新与应用战略的需要

党的十九大以来，国家大力发展供应链金融，强调要以供应链金融为抓手，促进经济结构转型。通过供应链金融创新，实现物流、商流、资金流和信息流的协同整合，尤其是畅通资金流后可以进一步促进企业研发创新，不断发展并改造传统产业，实现新、旧产业并重，推进产业结构优化，降低产业供应链关键环节的对外依赖性，加速生产具有高附加值、技术密集型产品，提升国内供给水平，有力促进供给侧改革。

三一集团作为国内工程机械制造行业的骨干企业，积极响应国家号召大力发展供应链金融。通过创新供应链管理模式，整合资源，充分发挥行业龙头企业的示范作用，推动供应链生态协调发展。因此，基于信息化技术构建供应链金融服务平台不仅是满足企业自身供应链发展的管理需要，更是响应党和国家号召的需要。

（二）解决中小企业融资难、融资贵问题及实现核心企业赋能产业链的需要

工程机械行业属于典型的“资金密集型”行业，其供应链上游供应商通常采用“现款现货”的结算方式向大型钢材企业采购原材料并使用“赊销”的结算方式向其下游核心企业销售货物。这种资金期限不匹配的采购销售模式导致上游供应商经常面临较大的资金压力。三一集团的上游供应商中，中小型零部件生产企业占比65%，由于内部管理和金融信息不对称等原因导致其融资渠道匮乏，融资成本较高。上游供应商一方面迫切需要流动资金维持生产经营，另一方面缺乏有效的融资渠道，其资金压力也将通过采购价格反噬整个供应链，影响供应链协同发展。在此背景下，三一集团通过运用云计算、区块链、大数据等前沿技术，自建供应链金融平台解决供应商的资金难题。依托供应链金融平台和大数据模型，可以将三一集团与产业链上下游企业深度绑定，通过交易数据的收集、清洗、整合、加工、分析，对供应链上下游的中小微企业进行风险画像，建立全生命周期的信用体系，将三一集团的优质信用传递到供应链上游，为中小微企业提供基于真实贸易背景的在线金融服务，解决中小微供应商融资难、融资贵的资金痛点。因此，基于信息化技术构建供应链金融服务平台，整合产业供应链上的物流、现金

流及信息流，是核心企业赋能产业链上的中小企业，以及解决其融资难、融资贵痛点的重要举措。

（三）提升企业数字化管理水平、重构流程实现降本增效的需要

数字化是企业高质量发展的重要引擎，在全球数字经济的浪潮下，数字化转型已成为各企业持续发展的重要战略目标。然而，在三一集团的商务采购付款中，传统的银票、商票等线下结算方式仍占据主导地位（2019 年，票据支付占比 78%），线下开立票据成本高、效率低。在此背景下，三一集团需要一种全新的付款模式来解决以上问题，虽然通过使用金融机构等第三方开发的供应链金融平台（以下统称第三方平台）签发的电子票据可以替代传统的线下票据付款，实现贸易结算线上化，有效降低财务成本和管理难度，但也存在一系列新的问题。从财务管理层面而言，第三方平台未与三一集团的 ERP 系统直连，导致签发、兑付等业务流程需通过线下手工完成，不仅与数字化转型的战略相违背，而且极易出现错付、重付、漏付等操作风险。从商务层面而言，通过第三方平台签发的电子票据属于新兴供应链贸易结算方式，市场认可度有待提高，推广难度较大，难以实现大规模替代传统票据结算。此外，使用第三方平台需将贸易数据和采购合同上传至外部平台，容易导致商业机密泄露。因此，为提升企业自身数字化管理水平，实现内部系统之间互联互通，达成集团付款线上化的目标，全面落实数字化转型战略，三一集团决定打造全新的供应链金融服务平台，重构结算付款流程。

二、产业链核心企业基于信息化技术的供应链金融服务平台构建主要做法

（一）明确总体思路和指导原则，设计供应链金融服务平台商业模式

通过调研传统供应链贸易场景中存在的痛点问题，将互联网、区块链、微服务架构、容器技术等现代化信息技术与供应链业务场景深度融合，与外部金融机构深入开展线上化业务合作。按照交易数字化、服务供应链的指导思想，建立一个信息互通、资源共享、信用互认的全新供应链金融服务平台，创新供应链金融新模式。以此平台为依托，通过与内部财务系统和商务系统的深入整合，实现交易结算的全流程线上化管理。

1. 运用信息技术，促进供应链数字化转型

三一集团通过运用信息技术构建供应链金融平台，不仅在企业内部实现支付计算的数字化转型，也将数字化的管理模式输出到整个供应链。在供应链金融平台的构建和运营过程中，对于线下业务流程保持“零容忍”的态度，但凡能用现代信息化技术解决的问题，坚决不用人工的形式去解决。将原有的线下业务流程全部再造重组并转移至线上，实现业务流程线上化革新。

2. 坚持需求导向，帮助全链条企业协同发展

通过供应链金融平台整合供应链上的物流、信息流和现金流形成协调发展的供应链体系，提高供应链整体运行的效率，降低供应商的融资成本，最终提升供应链竞争力。此外，随着普惠金融战略的全面开展，金融机构越来越重视供应链上下游的长尾市场，通过搭建服务于自身产业链的供应链平台可以将资本市场的“金融活水”引入到供应链上下游企业，实现“金融服务产业，产业带动创新”的良性循环。因此，供应链金融平台不是三一集团产业链上新的成本节点，而是产业链利润的“路由器”。通过建立开发、共享、互通的产业互联网供应链金融服务体系，实现供应链上的收益再分配，帮助全产业链协同发展。

3. 创新商业模式，打造“N + 1 + N”供应链金融服务平台

三一集团打造的是“N 家银行 + 1 家核心企业 + N 家上下游企业”的全线上化“N + 1 + N 供应链金融平台模式”。一是核心企业可以根据自身业务需求定制化开发对应的系统模块，实现业务系统真正服务于真实场景。二是核心企业可以利用自身的信用优势与金融机构展开谈判，在资金成本定价方面获得一定的话语权。三是可以将开发经验延伸到其他信息化建设，以点带面促进企业良性发展。此外，相较于交易银行供应链金融模式，虽然银行在资金渠道、支付结算、金融业务专业性上有优势，但银行自建

银企平台固有的排他性导致其他金融机构无法加入，而且核心企业容易面临授信限制和定价垄断所导致的流动性风险。三一集团立足于实践，为供应链数字化转型量身打造全新贸易结算模式，将割裂、低效的线下贸易结算方式转变为透明、高效的线上贸易结算方式，使供应链上各企业既能享受高效结算带来的优质体验，又能获得金融创新带来的经济收益。

（二）落实组织架构，整合资源，充分授权

1. 明确权责，建立扁平组织架构

根据“明确权责目标，抓好责任落实”的原则，三一集团在财务总部框架下新成立了湖南三一金票科技有限公司（以下简称金票公司），负责供应链金融平台的运营和管理。金票公司设置技术服务组、市场推广组、单据审核组及客服运营组，分别负责不同模块的工作。技术服务组负责构建供应链金融平台的信息架构并为平台运营提供科技支持。市场推广组负责业务流程设计和平台产品的推广普及。单据审核组负责审核业务单据，保障业务运行效率。客服运营组负责协调用户关系，发布新闻公告。各小组精确监管、压实责任，形成精细化管理的工作局面。构建以“总部监督、公司管控、小组负责”的项目管理模式，充分发挥三一集团的项目经验优势，为平台的建设提供宏观指导。通过“三级联动”的机制，建立精干高效的管理体系，最大限度发挥企业内部资源优势，为供应链金融平台的构建奠定架构基础。

2. 充分授权，采用灵活决策机制

供应链金融平台由三一集团财务总部牵头，下属的资金管理部负责具体实施。项目的立项经董事会审批通过后，在具体的开发和实施中沿用财务体系现有的审批机制，充分授权给项目组决策。这种授权式的项目管理机制，使平台能在项目开发过程中可以根据业务场景和实际需求迅速做出调整，以目标为导向，灵活处理各种业务场景。

3. 整合资源，跨越部门统筹协调

三一集团通过积极向各管理部门宣贯构建供应链金融平台所产生的管理效益，整合各管理体系的诉求和期望，有效调动各部门参与项目建设的积极性。建立以财务总部为主、商务总部和信息化总部为辅的项目开发运营模式。各部门分工明确、各司其职，确保供应链金融平台的顺利运行，由财务总部负责供应链金融平台的整体开发和运营工作，商务总部负责项目推广和宣传工作，信息化总部负责协助梳理流程。通过共同构建供应链金融平台，不同管理体系的业务诉求都得到了满足，企业综合管理能力得到进一步提升。

（三）打造信息化贸易结算平台，推动供应链金融新模式

1. 开发供应链金融平台，建立信息化结算方式

依托自主研发的供应链金融平台（以下简称金票平台），三一集团各子公司可以通过该平台向供应商签发体现双方真实贸易合同之间债权债务关系的电子付款承诺函（以下简称金票）。金票本质是三一集团签发的互联网化的应付账款确权凭证，每张金票均由三一集团提供担保，承担无条件付款责任。金票可以在平台用户之间自由拆分流转，持票人也可向平台提交融资申请将金票提前变现，金票签发人到期无条件向持票人支付金票中约定的款项。金票平台将记录每一张金票的全生命周期数据，从债务人签发金票到金票在平台各角色之间流通至最终完成清偿期间的全流程在线公示，生成债权确认、拆分、流转、清偿的相关电子记录。确保每张金票路径清晰，便于核验、追溯其来源和真实性，保障每一笔资金高效、安全、低成本流转。金票平台、核心企业、供应商及资金方之间通过法律协议约定各自的权利和义务，金票平台采用区块链技术保证业务信息的不可篡改和真实性。在现有业务逻辑下，各参与方债权债务关系清晰，可以有效规避因信息不对称导致的债权债务纠纷。

2. 优化商业信用模式，助力供应链周转

第一，统一主体，提升采购信用 。三一集团旗下拥有许多分（子）公司，由于各分（子）公司所属行业或经营情况存在差异，各分（子）公司的商业信用等级并非完全一致。在金票平台业务模式下，三一集团对每一张金票均承担连带责任付款担保，如果分（子）公司不能及时履约兑付，将由三一集团代为支付货款。通过集团统一担保的方式，将信用生产主体由各分（子）公司转变为母公司自身，从而使各分（子）公司在商业结算中信用等级变高，供应商的债权得到更好的保障，集团整体商务采购成本得到优化。第二，科技助力，完善信用传递。得益于区块链技术的防篡改、可追溯等特点，金票可以实现任意金额拆分，各级供应商在收到金票后均可根据业务需求将金票拆分成一定的金额向下一级供应商支付货款。这样，三一集团开立的金票将被不断拆分成无数个小金票，延伸至供应链末端。此外，传统的票据市场存在价格不透明、“萝卜章”、票据造假等诸多业务痛点，供应商既要防止商票造假带来的经济损失，又要面对票贩子坐地起价的市场现象，票据市场信用传递效率低下。金票平台通过金融科技确保每笔金票都是唯一且不可篡改的，有效规避票据造假的现象。金票平台还建立统一透明的定价机制，保证供应商均能享受到公允的资金价格。三一集团通过构建金票平台，有效解决票据流转中存在的业务问题，帮助供应商节省采购成本，促进供应链共同发展。第三，普惠共赢，落实供给侧改革。在国内供给则改革深入推进、产业转型升级与金融压抑、金融短板突出的博弈进程中，供应链金融的创新通过整合产业链上下游资源，可以产生协同发展效应，增强产业的整体实力。三一集团通过构建金票平台，打通产业链上下游之间的商流、物流及信息流，构建了产品从设计到生产和销售服务的全过程高效协同生态。通过区块链、OCR 等技术手段确保产业链贸易数据的真实性，有效解决传统供应链金融场景中存在的信息不对称、交易数据造假、确权困难等业务难点，从而为金融机构落实供给侧结构性改革、发展供应链金融提供了有力抓手。依托三一集团的供应链数据管控体系，金融机构可以实时跟踪核心企业与上下游链条企业的交易情况，分析供应链历史交易数据，有效加强供应链金融风险管理能力，创新设计供应链金融解决方案，可以通过应收账款保理融资的形式为中小企业提供信贷支持，推动供应链金融健康稳定发展。

（四）平台与内外部系统直连，实现全流程线上化

三一集团自主研发和优化多个核心业务系统，集团内部之间各个核心系统权责分明。例如，商务部门的全球供应商门户系统（Global Supplier Portal，以下简称 GSP 系统），主要用于管理供应商数据、采购合同、采购订单等信息；财务部门的应付管理系统（Account Payable System，以下简称 AP 系统），主要用于报账、对账、直连税务系统等；而 SAP 系统（systems applications and products in data processing，以下简称 SAP 系统）是三一集团购入后自主改造的 ERP 软件，主要有付款、记账、清账等功能。基于对供应商的付款效率、付款安全性及降低集团财务成本等多方面考虑，三一集团将金票平台与集团各个内部系统打通，实现核心企业从付款到兑付的全流程线上化，从而提高三一集团的付款效率，进一步优化付款流程。考虑到供应商账期内的资金需求，金票平台也积极对接外部金融机构系统，助力金融普惠政策精准落实到中小微企业。

1. 自动签发模块与财务应付管理系统直连

在“金票”签发环节中，金票系统集成打通三一集团的 GSP 系统、AP 系统及 SAP 系统，在付款会计推送付款建议后，系统会自动核对 AP 系统中的报账明细并与付款建议明细进行匹配，校验完成后推送至金票系统生成付款明细，再由资金结算会计和资金主管进行一级、二级复核后签出。例如，供应商对三一集团开出发票后，三一集团将发票扫描录入 AP 系统，AP 系统随即生成相应报账明细，之后 AP 系统将根据报账明细中的付款时间向 SAP 系统同步生成付款建议，SAP 系统自动核对无误后，付款会计将在指定时间推送付款明细至金票平台，金票平台资金会计复核无误后签出，即可完成付款。

2. 在线融资模块与供应商管理系统直连

为加强金票融资的便捷性和高效性，金票平台又做出如下创新：一是 SAP 系统与 GSP 系统互通，实现供应商主数据、合同及发票信息的同步获取；二是 SAP 系统与 AP 系统的影像系统对接，在供应商申请融资时自动调取相应合同、发票影像信息；三是打通金票融资通道，与外部金融机构业务系统直连，实现融资材料在线推送、融资合同在线签署、融资申请在线放款处理等流程。通过上述三大举措，金票平台实现了供应商从签收到融资的全线上化处理。在系统材料齐全的情况下，无须再人工上传任何融资材料，供应商只需点击界面“融资”按钮，确认融资金额和资金方，在线签署融资合同后，系统将会自动匹配并调取该笔金票对应的贸易材料，通过系统直连的方式传输给外部金融机构。全线上化的处理方式，让供应商从融资申请到资金入账的整个流程最快能够在 1 小时内完成。

3. 自动兑付模块与财务付款系统直连

每一张金票签发出去之后，平台会全程动态监控其状态，无论是转让、拆分还是融资，每一张金票都将在距离到期日 14 天时自动校验状态，包括是否已融资、是否流转、拆分次数及持票人的兑付账户等，然后根据时点情况锁定成“待收款”状态。此时，该金票进入兑付等待期，所有的操作将被禁止。根据金票的状态，系统将每日自动生成全集团的付款明细表并传输至 SAP 付款系统，再由三一集团支付共享中心通过银企直连统一付款，实现兑付自动化。

（五）建立完善的风险管理机制，确保业务合规性

为平台建立了严谨的风控合规体系和管理制度，通过人脸识别、区块链等技术手段，确保每一笔保理业务权属清晰、合法合规。运用“技术 + 制度”的双重保险，为供应链的资金安全保驾护航。

1. 严控“供应商准入条件”

根据三一集团商务总部供应商管理制度要求，金票平台实行严格的供应商准入机制，平台用户注册采用白名单机制，将供应商区分为一级供应商和非一级供应商。其中，一级供应商系与三一集团有直接贸易往来的企业，具体贸易资料存放在三一集团的 GSP 系统，由于 GSP 系统已与金票系统直连，可自动同步生成材料，故一级供应商默认在白名单内。非一级供应商也可称为 N 级供应商，系一级供应商的供应商或递延至 N－1 级供应商的供应商，是与三一集团无直接贸易往来的非集团供应商，需在金票系统上传与上级贸易企业的真实贸易凭证后，才可申请加入白名单。已进入金票平台白名单的企业可进行正式注册，注册时需提供企业实名认证材料等。为了防范操作风险，金票平台的企业注册还加入法人人脸识别机制。每家企业的注册都需公司法人录制人脸识别视频，该系统与国家公安部身份信息库互联，可判断注册是否代表法人的真实意图。金票平台也与国家工信系统互联，对注册的供应商都会进行工商信息查验，保证入驻的企业均为合法合规经营。

2. 确保“交易身份真实性”

根据三一集团信息化总部的信息安全制度要求，金票平台为每家注册企业提供中国金融认证中心（China Financial Certification Authority，简称 CFCA）数字证书、电子签章、安全认证等服务，CFCA 基于区块链的签章电子文件均有不可篡改、印章与证书绑定验证等功能，系统都以当事人公钥加密的密文形式通过加密通道传输，除当事人外第三方无法解密破译，再通过设置经办和主管双重 Ukey，实现权责分离的双重安全保障。

3. 坚持“贸易背景真实性”

真实的贸易背景是供应链金融场景中最核心的风控点，根据三一集团财务总部对外付款制度要求，金票平台严禁开立不具备真实贸易背景的金票，其通过发票验真、OCR、生物识别等技术手段高效验证数据的真实性。为严格审查贸易背景真实性及融资材料的合规性，减少融资过程中的金融风险，三一集团通过咨询专业外部金融机构审核部门，编制了《金票融资业务审核标准》手册。对每笔金票的融资

申请，平台都将审核其贸易真实性，包括在税务系统进行贸易发票验真、贸易合同的签章验真、发票物料明细和合同物料明细核对、发票是否在合同有效期内等。其次，要查验发票是否重复融资使用、金额是否与融资金额匹配等细节。最后，审核附件材料是否完整、内容有无残缺等，待全部审核达标后，平台才会推送全部材料给金融机构进行资金方审核。每笔融资都需要在中国人民银行征信中心的中登网公示登记，平台通过一键中登技术，实现中登网自动录入和自动登记功能。应收账款以登记的方式进行公示，可以透明交易关系，避免同一笔应收账款先转让后质押或先质押后转让产生的权利冲突，保障交易安全。

4. 坚持“平台不碰资金”

为保证金票平台的独立性，平台仅为入驻的核心企业、供应商及金融机构提供技术支持和信息数据交互，确保每家注册会员数据的安全性和私密性。在金票融资环节，对于每笔供应商融资的资金都由外部金融机构直接支付至供应商在平台预留的银行账户，平台不以任何形式滞留或占用资金。在金票到期兑付时，金票平台直接根据持票人在平台预留的银行账户生成兑付台账，金票签发人依据此兑付台账直接支付给金票持有人。金票平台已通过公安部国家信息安全等级保护制度第三级安全测评认证，保障用户的账户安全、通信安全及数据安全。

（六）借力第三方专业机构，提升运营效率

在充分评估自营和外包两种情况的优劣势后，决定借力第三方专业服务公司解决部分平台运营难题，提升项目运营效率。

1. 借力外部专业机构

从专业性、合规性及经济性 3 方面考虑，三一集团外聘第三方专业机构代理审核金票融资材料并负责在线客服及电话客服服务。为及时跟踪第三方机构的审核质量及服务情况，三一集团根据企业自身情况制订了《金票融资业务审核标准》，然后经系统管理员设置岗位权限给第三方专业机构，岗位设置具体到人，每个岗位采取实名制认证，从而使金票平台可实时监控各个审核员的具体审核情况。

2. 建立外协考核机制

在金票平台融资审核中，为了规范审核标准，便于管理，做好风险把控，金票平台根据实际业务需求制订《审核业务考核制度》，从审核速度和审核质量两方面来规范业务审核。首先，三一集团设置专人作为风控专员，根据《金票融资业务审核标准》定期抽查融资材料是否符合融资标准，如出现不符合标准的融资材料作为重大工作失误处理。其次，考核外部金融机构复审的融资材料退回率，即平台审核不符合外部金融机构要求作为一般工作失误处理，若某审核员被退回比例超过 5% 作为重大工作失误处理。最后，考核融资审核速度，每天 12 时之前收到的融资申请需在当天审核完毕，18 时之前收到的融资申请需在次日 12 时之前审核完毕。

三、产业链核心企业基于信息化技术的供应链金融服务平台构建效果

（一）建立数字化管理新模式，提质降本效益显著

通过自主研发金票平台，三一集团无须将贸易数据和采购合同等商务信息上传到第三方平台，有效规避敏感信息外泄，进一步完善了信息系统的数据安全。基于金票平台进行管理创新，将其与三一集团核心 ERP 系统直连，实现金票的签发、兑付流程全线上化操作，简化支付结算审批流程，大幅提升财务管理效率。三一集团 54 家子公司原有基础财务人员 40 人，通过应用金票平台降低至 2 人；同时，付款效率提升 90%，因人工原因导致的错付、漏付问题已杜绝。截至 2020 年 12 月，三一金票平台已累计完成 71641 笔金票付款、34928 笔金票兑付，无一笔错付漏付。

金票平台的金票支付推广和应用，大幅减少线下票据类付款。截至 2020 年 12 月，已累计签发金票 192.65 亿元，金票付款约占年度采购付款总额的 41%，占票据类付款总额的 71%。金票支付替代传统

银票和商票支付的效果显著，有效减少手续费支出和保证金资金沉淀。2020 年通过结算方式的变更，三一集团间接节省财务费用约 0.7 亿元，提质增效效果明显。

（二）拓宽中小企业融资渠道，落实普惠金融政策

依托自建的金票平台，将核心企业的优质信用沿着真实的贸易链条传递，有效缓解供应商“融资难、融资贵”的资金问题。截至 2020 年 12 月，金票平台已注册供应商 2231 家，其中小微企业占比达 73%，累计融资放款 109.21 亿元，均融资成本仅为 4.5%/年。金票平台已先后接入建设银行、工商银行、交通银行等 9 家金融机构，同时通过与人民银行征信中心建设的应收账款登记平台对接，积极发展线上应收账款融资等供应链金融模式。将“金融活水”引入供应链，拓宽中小企业的融资渠道，确保资金流向实体经济，从而推动供给侧结构性改革的全面深化。2020 年 3—5 月疫情期间，通过金票平台在线完成 5705 笔融资，累计投放 10.44 亿元，帮助 224 家供应商解决了复工复产中的资金难题。

金票平台为产业链上的企业和金融机构之间搭建了信息交互的高速公路，促进了资金链与产业链的深度融合。各合作金融机构依托平台的贸易信息和业务数据，创新设计供应链金融解决方案，建立完善的信用评级和风控模型，提升贷前、贷中、贷后的风险管理水平，有效防范供应链金融风险，推动供应链金融健康发展，落实国家普惠金融政策。

（三）建立供应链金融生态圈，促进产业链协同发展

在经济全球化、数字化发展越来越明显的背景下，企业核心竞争力已由个体上升至供应链乃至整个产业生态链的竞争，共建健康的产业生态已成为全产业链发展的共识。供应链金融的创新实践，实现了资金流的畅通，进一步加深了产业链中各企业之间的共生关系，从而增强了产业链联结起来的产业集群竞争力。从核心企业角度而言，围绕行业服务打造产业生态，利用网络平台形成行业企业集聚，为其提供全方位的供应链金融服务，解决中小企业融资问题，推动产业供应链的发展；从供应链上的中心企业的角度而言，借助供应链上核心企业的优势地位，背靠整条供应链的信用保证和稳定的资金流，借助金融科技等手段完成信用嫁接，增强自身经营能力。

（成果创造人：刘　华、秦致好、刘瀚文、肖炳任、唐勇翔、甘　佳、罗梦迪、李大松、卢　溟）

军工科研院所基于流程优化的敏捷供应链管理

中国电子科技集团公司第三十八研究所

中国电子科技集团公司第三十八研究所（以下简称 38 所）于 1965 年成立，现有员工 3300 余人，平均年龄 35 岁，是国家一类研究所。建所 50 多年来，共取得 1600 多项科研成果，其中国家级、省部级科技进步奖 150 余项，多项成果填补国内空白、居于国际领先地位。38 所研制出一大批明星装备。38 所汇聚了大批高层次人才，其中有博士 700 余人、硕士 1500 余人、海外人才 60 余人，尤其是涌现出了以 2012 年国家最高科学技术奖获得者、中国工程院王小谟院士、吴曼青院士和陆军院士为代表的一大批优秀科技工作者。38 所坚持以创新求发展，建所以来，在自主创新方面创下多项国内第一，在多型产品和技术上保持国际领先水平，先后获得“全国先进基层党组织”“全国文明单位”“全国五一劳动奖状”等系列光荣称号。

一、军工科研院所基于流程优化的敏捷供应链管理背景

（一）落实国家重大决策部署的根本需要

面对复杂的国际竞争形势，党的十九大报告中指出“要培育具有全球竞争力的世界一流企业”，国务院国资委适时做出开展国企改革三年行动和对标世界一流管理提升行动的重大决策部署。世界一流的企业需要世界一流的供应链支撑。长期以来，受计划经济和事业单位体制影响，传统军工科研院所的供应链管理相对薄弱，能力和水平与世界一流企业存在较大差距，战略地位不突出、人才队伍不强等问题尤为突出，因此，开展供应链对标管理、建设世界一流供应链管理体系是建设世界一流企业、落实国家重大战略部署的根本需要。

（二）实现长期发展战略目标的关键举措

经过 50 余年的发展，38 所的产品覆盖航天、航空、地面和水下探测等多个业务领域；同时，承担研制、批产、预研和创新等多种不同类型的项目。不同的产品、领域、项目对质量、成本、技术和周期的要求各不相同，供应链涉及的品类广、配套层级多、交期错综复杂，传统的供应链管理模式相对粗放，难以满足新时期科研生产的需要，因此，转变供应链管理模式、提高供应链先进性与可靠性是勇担“大国重器”使命、支撑企业长期战略目标实现的关键举措。

（三）提升企业核心竞争力的迫切要求

随着国家军民融合战略的持续推进，军工电子行业竞争日趋激烈。为了能够快速占领市场，武器装备的研制周期通常被大幅缩短，这对供应链的敏捷性水平提出了很高的要求。供应链管理的目标是要在极短的时间内适应市场的变化，对客户的需求做出正确反应并提供优质的服务。优质的供应链管理实际上已成为企业最重要的核心竞争力之一。38 所以往的供应链管理规范化、专业化和信息化水平相对较低，离敏捷、高效的要求还有不小的差距，因此，加强供应链流程化、规范化管理并提高供应链敏捷化水平是提高企业核心竞争力、实现高质量发展的迫切要求。

基于上述背景，2018 年，38 所提出并实施基于流程优化的敏捷供应链管理。

二、军工科研院所基于流程优化的敏捷供应链管理主要做法

（一）确定敏捷供应链管理总体目标和工作思路

1. 确立敏捷供应链管理总体目标

以坚持“支撑战略、客户满意、精简高效、依法合规”为原则，在对原有供应链管理进行全面诊

断的基础上，38 所对标世界一流供应链管理实践，确立如下敏捷供应链管理目标：一是战略定位从被动配套向主动服务转变，发挥供应链信息和专业优势，推动外部客户、需求部门、供应部门和外部供方之间形成更紧密的生态协同，推动信息互联互通，支撑更加透彻的需求感知和客户满意；二是运行模式向更加敏捷的供应链过程管理转变，以“需求准确、执行高效、供应可靠”为目标，打通管理链条，突破信息孤岛，提升专业能力，发挥供应链管理的价值增值作用；三是工作方式从人工为主向自动化、智能化升级，将人力从事务性工作中解放出来，降低成本、提高效益。

2. 明确敏捷供应链管理工作思路

充分借鉴流程管理思想，确立以构建管理体系和提升系统管理能力为主体的供应链管理思路。一是构建敏捷供应链管理体系，以“流程统一、职责明确、界面清晰、机制健全”为目标，从优化业务流程、成立组织机构、完善规章制度、建立协同机制等 4 个方面开展工作。其中，流程是供应链管理的主线和核心，组织是流程执行的基础，制度是流程执行的保障，机制是提升流程效率的关键，4 个方面相互促进、相辅相成，缺一不可。二是针对需求端、实施端、供应端“三端”具体工作，优化管理工具、提升管理能力。需求端以业务部门为主导，以跨职能项目团队为支撑，以透彻的需求感知为目标，提升需求管理能力；实施端以物资采购部门为主导，以专业分工团队为支撑，以高效执行为目标，提升招采及履约管理能力；供应端以供方管理部门为主导，以全流程管控团队为支撑，以保障可靠供应为目标，提升供方管理能力。三是构建数据贯通的信息化平台，实现供应链全业务流程的协同一体化。

（二）以流程优化为核心，构建敏捷供应链管理体系

1. 重构业务流程，明确流程标准

为解决制度冲突、流程割裂、透明度低等制约供应链发展的突出问题，对标优秀供应链管理实践，按照“流程连续、业务专业”的标准，将原供应链以部门为切分依据的业务流程体系重构，分为 3 个“端到端”一级流程：一是需求端，包括从项目立项到投产指令下达全过程，涉及器材选用、采购计划、项目投产等主要流程；二是实施端，包括从投产指令接收到器材齐套的过程，涉及库存信息比对、招标采购、仓储配送等主要流程；三是供应端，包括从市场信息获取到供方全生命周期管理全过程，涉及供应寻源、供方动态管理、供方绩效管理等主要流程。以“三端”过程的边界界定和职责优化为基础，以“ESIA”（清除、简化、整合、自动化）等方法为工具，以流程责任部门为主体，针对需求评审、招标比价、合同管理、验收入库、供方管理等 13 个重点流程、65 个关键活动系统梳理、澄清和优化。为沉淀工作成果，推动持续提升，组织编制 38 所供应链管理流程手册，明确流程的责任人，通过核心活动的输入标准、输出标准、流程入口、工作节点、主要工具（含文档模板）、节点要求，提高流程文件的可读性和操作性；根据过往经验，梳理流程运行中的典型案例，总结形成常见问题“Q&A”，降低流程参与人员错误操作概率。

2. 成立管理组织，强化流程执行

一是成立供应链管理决策团队，包含所级采购管理委员会和 9 个供应链管理小组。采购管理委员会负责全所采购管理相关工作的决策、监督和检查。9 个管理小组设在各业务领域，主要职责是结合本业务领域产品和应用特点，如地面、航空、航天等，对供方、选型、招采工作进行专业指导。明确供方管理机构为质量管理部门；成立独立的物资管理部门和招标部门作为供应链执行机构，招采分离，降低采购风险。二是建立需求端跨职能动态团队。需求端跨职能管理团队以实现从需求提出到需求满足的全过程管理为目标，以集成产品开发（IPD）研发管理体系为基础，基于项目范围组织团队成员，包括项目经理、设计师、项目采购经理、项目市场经理、项目财务经理、项目质量经理。其中，项目采购经理是物资管理部门的代表，对项目采购过程负责，包括统筹项目物料采购进度，参与外购、外协项目评审、物料选用评审、组织招投标、组织对项目投产前器材的成本、采购周期进行评估，为项目组的采购风险控制提供支持，以及向项目组定期反馈项目器材采购进度等工作。三是建立实施端跨职能动态团队。实

施端跨职能管理团队以实现采购执行过程中从市场分析到送检入库的全过程管理为目标，以物资部门项目采购经理为中心，基于业务过程建立动态团队，成员包括专业器材主管、采购员、采购助理、质检员、库房管理员等。其中，项目采购经理负责统筹项目物料采购进度，专业器材主管负责本专业物料市场信息分析、供应商开发与绩效考核，采购员负责招投标、询比价、签订采购订单，采购助理负责跟单、报账、入库送检等其他工作。四是建立供应端跨职能动态团队。供应端跨职能团队以实现市场信息获取、供方开发、供方评价的全过程管理为目标，以供方管理部门专业器材主管为中心，基于器材品类全生命周期建立动态团队，成员包括项目经理（或业务部门主管）、质量部门主管、售后服务主管、项目采购经理、供方市场人员等，其中售后服务主管负责提供产品交付后器材质量信息的收集与处理。

3. 完善规章制度，保障流程落地

一是建立供应链业务管理基本制度、管理办法、操作细则（程序文件）三层制度体系。发布《三十八所采购招投标基本制度》，从顶层明确实物、服务、技术等不同标的物采购招标的组织框架、责任分工、决策程序，解决执行过程中存在的渠道交叉问题，明晰各流程入口和归口管理责任。按照GJB质量体系要求及业务领域、技术成熟度的要求，分别规定申请、投产、定价、执行、库存等过程的要求、责任及总体流程，为流程执行提供坚实的制度依据。二是完善供应链绩效管理制度。针对“三端”，结合业务特点分别建立差异化的考核机制，制订《项目绩效（PA）考核评价办法》《物资中心考核管理办法》和《供应商绩效考核管理办法》，实现对3个模块的全覆盖。

4. 建立协同机制，提高流程效率

一是构建供需对接机制，包括：以IPD相关决策流程为基础，针对业务领域提出的预采购计划（物料清单）进行可采购性前置审核；定期召开协调会，提醒和处理异常采购计划和风险信息；滚动发布停产清单及其他风险提示信息。二是建立执行督办机制，包括：业务领域项目经理及时将设计错误、器材替代等待办信息反馈至相关设计师并督促执行；采购经理带领执行团队对采购QCD指标负责，定期向项目经理和核心成员汇报采购工作进展，减少需求部门跟催工作。三是建立流程“125”处理机制，即：材料完整性、规范性审核节点，处理周期不超过1个工作日；业务合理性、合规性审批节点，处理周期不超过2个工作日；需所级领导处理的节点不超过5个工作日，提高流转效率。

（三）以信息准确为目标，提高需求端管理能力

1. 规范器材选用管理

器材选型管理是供应链的源头，只有实现器材库的统一规范、直观呈现，才能避免设计阶段的错误或混乱选择，达到“源头治理”的目标。一是加强器材质量信息管理，提高选用信息可信度。38所突破传统内部管理限制，在加强元器件选用、研制、交付、信息管理等传统内部管理的基础上，将管控要求延伸到供应端，针对重要元器件编制地面、航空、航天等3个领域各26个大类（共计78个大类）元器件的质量控制模板，明确元器件的控制环节，通过模板完整正确地传递到上游供应商，使质量控制贯穿于企业研制生产及上游供应链的全过程，形成元器件管理制度化、标准化、系统化、集成化的管理框架，提高器材的质量信息可靠性，为设计师选用奠定基础。二是加强器材选用状态管理，降低选用复杂度。根据元器件全生命周期信息，对纳入选用库的元器件实施选用状态动态管理，选用状态共有“试用”“可用”“优选”“保留”和“禁用”5种，针对5种状态明确界定标准和工作流程。针对器材状态信息更新不及时、器材规格信息检索复杂等问题，开发上线元器件综合选用信息平台，实现海量元器件信息和所内产品元器件选用库的综合管理，建立完整的元器件入库、升级、淘汰的管理制度与业务流程，实现器材选用“一窗通办”。

2. 完善需求计划管理

供应链需求计划是供应链实施的根本遵循，而且军工产品需求具有“单台（套）、定制化、周期紧”等特点，因此，更需要项目团队联合攻坚，避免计划错误带来的返工、补采等问题。一是提升基于

需求预测的主动式计划预测能力。针对批产项目等需求较为稳定的项目，嵌入研发相关阶段 DCP 评审流程，物资管理部门从立项阶段就开始深入项目团队，结合项目 WBS 计划进度，分步骤开展需求预测，确定年度计划、季度计划、月度计划，有条不紊的保障项目 WBS 物料需求。二是突破主需求驱动的传统物料计划管理模式，实施多样化的计划管理。针对创新、课题等需求不确定项目，以及基于产品边设计边投产的方式和开发预测订单需求或长周期请购等流程，将物料的采购决策提前到设计出图过程中，详细设计和采购执行并行开展，为后端执行争取时间。三是实施项目计划管理与物料统筹计划管理。针对项目的专用物资，实施项目计划管理，以项目为基本维度单独运行 MRP 运算，其他项目供需不参与本项目运算；针对项目通用物资、生产公用物资，开发统筹物资计划管理流程，以物料消耗历史数据为支撑，通过设置物料的安全库存，结合物料状态、供货情况等因素，实施统筹物料计划管理。

3. 实施差异化投产管理

投产流程的输入是经评审确定的系列 BOM 信息和计划信息，经项目团队各方共同协商，输出采购方案，因此，采购方案是需求端提供给实施端的最终交付物。为提高流程评审效率，针对批产、课题、创新项目，分别优化投产评审流程。一是增加投产前预审核节点，针对装备研制、再生产间隔周期比较长的产品，部分原设计选用物资可能存在停产、禁运、升级换代等情况，物资部门借助产品工程实施方案评审等节点，提前对关键重要物资进行可采购性预审，避免流程返工，为采购实施争取时间。二是优化军工批产、课题产品投产审批流程。针对批产产品开发 WBS 投产流程，实现整机一键投产、一次性审批，减少投产工作量，避免错投、误投现象。针对科研项目开发投产工作平台，充分考虑“整件投产”的需求，设计师可以根据需要选取部分整件投产，条目清晰，实现“所投即所得”；同时，将审批权下放至项目经理，提高投产效率。三是精简创新类项目投产流程。为了支持和加快创新，颁布科技创新人才创新活动配套保障办法和实施细则，对创新项目分档给予 100 万～1000 万元的科研经费支持，限额范围内的事项由科技创新项目团队主导询比价、招标采购过程，项目负责人审批后即可执行，采购部门根据审批结果负责完成履约等事务性工作，实现流程最简化、高效化。

（四）以执行高效为目标，提高实施端管理能力

1. 推行库存匹配管理

库存匹配是制订采购计划的基础，而且 38 所部分项目物资施行“锁库”管理，因此，需要及时跟进库存动态，准确识别冗余库存，加强在库物资管理，降低库存积压。一是完善在库物资分类管理。元器件品种繁多、批量较小、备料频次较多，在库管理耗费大量人力。38 所通过将 ABC 分类法与大数据平台相结合的方式，基于物料价值开展分类管理，在关键物料的盘点、防护等方面发挥重要作用。针对 ABC 3 类物资，结合企业物流管理在计划、采购、仓储等不同环节的管理要求，采取不同的控制管理方法。二是采取多种手段，及时化解库存。按照库龄和库存出库的频次，筛选出积压库存，对于其中属于项目备料的由项目组及时领用或释放到公用库存供其他项目选用；对于积压库存中不属于任何项目备料的公用库存，则需要采用数据库分析和查找技术，对 ERP 系统中的原始需求和现有库存进行比对，找出相应的需求项目和制单人；对于明确主体责任的积压库存进行销售、报废等并将减值成本计入相应的责任项目或部门。

2. 推动“多通道”采购管理

一是制订差异化采购策略。针对不同种类的采购器材，制订不同的采购策略，如：选型试验器材的采购策略以周期（快速交付）为主；长周期器材采购策略以周期和费用的综合平衡为主，对工程实施方案中状态已确认的长周期器材，通过工程管理评审后，可实施预先采购；正常投产器材采购策略在满足进度计划的前提下以费用控制为主。针对不同类型项目的器材采购采取不同的采购策略，如：战略合作类项目，与其他单位（厂商）联合开拓市场的产品，强调风险共担、共同投入，共同分享；战略投入类项目，为避免唯一性采购，选取多家供应商，进行适当的战略投入，择优选取。二是均衡批次，按

需到货。对于需求分布时间较长的物料，为减少资金占用，采用一次合同、分批到货的管理方式，根据生产、采购周期倒排计算交货日期。采购合同签订后，供应商可以根据交货计划均衡生产，按照生产计划小批量发货。对供应商实施考核奖惩，以减少过早或延迟到货，保持库存周转的高效率。三是实施分级分类管理。按照合同金额、采购间隔期等要素，对采购审批流程实施分级分类管理。例如，针对半年内执行过的货架商品采购合同，在不超过原价格的情况下，经采购部门内部审批即可直接执行采购；针对其他物资实施预算管理，在质量、交期满足需求的前提下，如采购价格不超过领域部门提供的预算价，经采购部门审批后即可实施采购，超预算物资仍需供需双方审批方可执行采购。

3. 推进精益配送管理

贯彻“将必要量的物料在必要的时间送到必要的地点”的精益配送理念，制订“三个必要”的作业规范。一是稳定“必要量”，实现配送均衡化。为了使物料配送量处于相对稳定的水平（即均衡化），物资管理部门与生产部门加强沟通，提前了解物料的需求使用量计划。生产部门基于生产计划稳定性情况向物资中心提供批产任务的 BOM 清单及单次领用量，物资管理部门据此进行出库配送任务的准备工作。二是确定“必要时”，实现配送准时化。必要时，即物料到达生产线的时间不早也不晚。不早，能够减少物料等待时间和暂存所需的空间；不晚，能够保证生产计划按时执行。按精益生产计划确定的时间，将生产部门需使用的物料齐套配送至生产现场。三是统一“必要点”，实现配送整流化。配送流程的终点是生产现场的线边仓，线边仓也是物流与生产连接的桥梁。为了实现物流与生产现场的顺畅衔接，38 所将所有生产现场的线边仓划归物资部门统一管理，优化线边仓的设置与布局，实现基于生产订单的整流化配送。

（五）以保障可靠为目标，提高供应端管理能力

1. 拓展供应寻源渠道

一是针对军工课题、批产类项目，优化军品供方寻源流程。军工领域，38 所主要负责配合系统总体单位承担整机、分系统或载荷研制生产任务。因此，在项目供方选择过程中，通常按总体单位要求选择其认可的合格供方且对供货范围、技术能力、质量等级、保密等级有严格要求。38 所将原串行供方筛选流程改为并行流程，成立供方联合评审团队，开展考察、评定、引进相关优秀供应商资源的工作，满足项目研发、生产需求。二是针对创新类项目，以项目团队为主，优化供方寻源流程。为了支持和加快创新，颁布科技创新人才创新活动配套保障办法和实施细则。对创新项目“人、财、物”授权，由项目团队根据需要选择后备供方，供方管理部门仅对资质、征信等静态指标进行考察后即可列入试用供方，实现流程最简化和高效化。

2. 健全供应商分类管理

将供应商细分为一般型、杠杆型、战略型和瓶颈型 4 类并制订与之相适应的采购策略。针对战略型供应商，形成战略合作伙伴，通过利润共享、风险共担，实现合作共赢。目前，已先后与数十家国内一流的掌握核心技术的供应商形成战略伙伴关系。针对瓶颈供应商，通过供应商开发、培养，实现瓶颈物料以每年 10% 的速度递减。针对杠杆型和一般型供应商，充分营造良性竞争环境，发挥市场的成本控制杠杆作用。为了有效组织利用现有内外部资源，引入供应商管理库存（VMI），突破企业内外部协同的障碍，帮助企业实时发布采购数据和信息，实时接收供应商的信息反馈，进而实现企业内部供应链与外部供应链的无缝整合。

3. 优化供应商绩效管理

一是建立供应商绩效动态评价机制。供应商绩效分为静态指标和动态指标，静态指标从经营、资质、生产 3 个方面设立详细指标；动态指标包括送检合格率、按期交货率、承诺交付率、响应及时性和成本控制贡献率。设立关键事项和红线管理，进行加减分。二是加强绩效结果应用。绩效每个月考核一次，将供应商绩效与供货范围、采购规模、付款条件等挂钩，及时淘汰绩效差的供应商。绩效分数越

高，供应商供货范围越大、供应规模越大、付款条件越优惠。将供应商绩效得分直接应用在下一次的招采过程中，促进供需双方协同提升。

（六）以数据贯通为目标，构建一体化信息平台

以 PDM、ERP、MES 等主信息平台为依托，集成开发元器件综合信息平台、供应链协同平台和智慧物流平台，对内实现与设计选型“可见即可得”的信息整合，对外实现与供应商的实时信息互通，以信息全流程贯通为基础，达到从设计选型、需求计划到询比价、下单、到货、配送等供应链全业务流程的协同一体化。

1. 搭建前端设计选型平台

建设元器件综合信息平台，依托 ERP 应用系统并与 PDM、CAPP 等应用系统实现信息同步、数据共享，实施动态管理，为项目型号元器件设计选用提供统一的数据源。其中，综合信息平台主要实现电路设计时元器件信息的检索；PDM 系统主要实现元器件选用清单的审核、设计归档和相应元器件选用控制功能。综合信息平台可以实现对元器件采购、监制验收、筛选、检验复验、电装调试、环境试验、使用维护过程的质量信息收集，实现元器件全过程管理。目前，信息库已覆盖六大业务领域，涉及 36 个大类共 10 万余条数据。

2. 搭建中端供应链履约平台

建设供应链协同平台，以 ERP 系统的采购计划为输入，支持电子采购、合同管理、合同执行、协同收货、物料管理等核心实施活动，覆盖采购业务全流程场景。供应链协同平台通过设置边界条件，优化决策流程，实现采购订单自动生成、供方订单实时接收、物流信息实时呈现。为支撑全面供方管理，系统可以对供应商履约全过程数据进行记录和跟踪，应用客观、透明的供方考核评价，能够有效提高供应商合作的积极性，提升供应绩效和供应商能力。为满足移动办公需求，开发轻量级业务处理移动 App，可以实现业务信息的快速查询、数据分析结果的展示、消息待办提醒等功能，提高工作效率。

3. 搭建后端物流供应平台

建设物料二维码管理平台，通过对物料进行统一的二维码管理，涵盖从上游供应商到 38 所所内收货、检验、入库、出库、报账各环节，物流中转全流程均在二维码信息系统中运作，实现信息流与物流的同步。系统可以实时跟踪了解物流状态，为物流布局优化提供数据基础，大幅提高中转效率，降低物流成本，提高企业利润。针对种类繁多的电子元器件，建设智能仓库，与生产线紧密衔接，实现部分物料流转的自动化、智能化。

三、军工科研院所基于流程优化的敏捷供应链管理效果

（一）构建了敏捷供应链管理体系，管理水平明显提升

通过实施基于流程优化的敏捷供应链管理，38 所的供应链敏捷管理水平明显提升。供应链效率大幅提高，针对批产、预研和创新类项目的采购流程节点最多减少 47%，定制器材齐套周期缩短 35%，技术创新器材齐套周期缩短接近 50%；相比行业竞争对手，平均供货周期快 8% 左右，为抢占市场先机赢得了时间。供应链质量有效增强，1/3 的采购事务性工作被信息化工具替代。瓶颈物料由 7210 种压缩到不足 1000 种。供应商绩效年均提升 7 个百分点。供应链质量事故平均每年下降 3%，供应链稳定性、可靠性显著提升。

（二）支撑了企业高质量发展，经济效益稳步增长

通过系统性的供应链流程优化和“三端”管理能力提升，支撑了 38 所的高质量发展。在多种重大产品中，通过积极拓展供应渠道，解决了多种关键器材“卡脖子”的问题，为研发设计提供了重要支持，在满足质量、交期的基础上，价格平均下降 20%，年均节省预算 2 亿元，实现了经济效益提升。支撑 38 所营业收入、净利润、营业利润率、全员劳动生产率 3 年间复合增长率分别达到 31%、62%、25% 和 61% 并连续获得集团公司经营绩效 A 级评价，实现了既定的战略目标。

（三）培养了供应链专业管理队伍，核心能力有效增强

通过实施“三端”跨职能动态团队专业化建设，有效促进了人才队伍结构改善和素质提升。通过定期开展学习和培训，使员工业务能力、创新能力显著提升，员工中高级职称数量由不足30%提升到60%；人才队伍思想状态实现了由“等、靠、要”的被动执行向“主动牵引、专业规划、高效运转”的主动管理转变，供应链投诉数量每年降低20%以上；全方位促进了项目投产、制造、采购、仓储等阶段的效率改善，为38所任务的全面完成提供了有力支撑。

（成果创造人：王　璐、茆　磊、孔　元、贾守斌、梁　贵、徐怡斐、戴　伟、刘梦娴、曹俊峰、葛　京、石　磊、何宏平）

国有物流贸易企业以“三网一链”为核心的供应链管理

枣矿物产集团有限公司

枣矿物产集团有限公司（以下简称枣矿物产）隶属于山东能源集团（以下简称山能集团），系山东能源枣庄矿业集团（以下简称枣矿集团）全资子公司，于2017年在上海自贸区正式成立。总部位于上海浦东世博园CBD核心区域，注册资金10亿元，是集大宗商品贸易、物流、金融、投资于一体多元化发展的国有企业集团。枣矿物产紧紧围绕“内联”“外拓”“产融结合”三大战略开发业务，实现“物贸金融一体化”的发展格局，立志成为中国大宗工业品供应链领域的领军企业。

一、国有物流贸易企业以“三网一链”为核心的供应链管理背景

（一）新发展格局给国有煤炭行业发展带来新要求

2020年，受新冠肺炎疫情影响，国内经济受到了较大的冲击。但是，疫情的高效控制，以及快速恢复并逆势增长的宏观经济形势为物流贸易的快速发展提供了坚实的经济基础。长期来看，煤炭产业作为基础性产业的地位并未动摇，产业发展的基础动力依然强劲。从进口来看，2020年全国共进口煤炭30399.1万吨，创2014年以来新高，同比增长1.5%，煤炭的对外依存度进一步提高。煤炭产业要重点破解产业“双循环”发展的短板问题，构建完善的煤炭产业供应链，提升煤炭产业供应链的稳定性与自主化。物流贸易的发展能够帮助煤炭企业优化从采购、生产到销售的整个供应链效能，从而帮助煤炭企业构建国内煤炭资源的大循环，以国内供应目标为主体、国际供应为补充，加强国内与国际生产供应的动态协调，从而帮助煤炭企业实现煤炭产业的“双循环”发展。

（二）煤炭企业转型升级激发物流贸易新发展

近几年来，随着我国经济的不断发展，消费市场对煤炭产品的需求量与日俱增。与此同时，由于煤炭行业的市场机制尚未完善，各种各样的煤炭销售和生产问题也随之而来，严重阻碍了煤炭产业的发展。物流贸易的发展是传统国有煤炭企业应对煤炭资源枯竭、煤炭资源获取困难和生态环保限制等问题的最佳选择。国有煤炭企业发展物流贸易具有先天的优势，如背靠煤炭产业的巨幅产能与资源，坐拥下游优质的电厂、钢厂等用户，物流贸易企业可以实现轻资产运营，国有煤炭集团能够给予充足的资金支持与保障等，这些都是煤炭企业物流贸易发展的现实基础与可行条件。可以说，物流贸易的发展为传统国有煤炭企业实现转型升级提供了一条崭新的路径。

（三）枣矿集团转型发展亟待探索寻找新空间

枣矿集团煤炭生产面临着艰巨的转型升级任务，同样存在着传统煤炭产业发展遇到的一些问题，如本部煤炭资源逐步枯竭、外部煤炭资源获取困难、产业转型困难重重、企业负担较重等。这些问题成为困扰枣矿集团转型升级发展的瓶颈。为积极发展实体经济，寻找企业转型升级的突破口，枣矿集团选择了积极发展物流贸易产业。枣矿集团落实山能集团产业协同、市场协同、区域协同、资源协同、人员协同、管理协同等“六大协同”工作理念，就是要实现内部资源的协同使用、开发与合作，这与供应链管理中的系统化运作、同步化运作、合作共享、资源横向集成等理念不谋而合。雄厚的发展基础助推了枣矿集团物流贸易的快速发展。枣矿集团在探索转型发展之路将物流贸易板块作为重点突破方向，实现了规模与效益的双重快速发展。

二、国有物流贸易企业以“三网一链”为核心的供应链管理主要做法

（一）创建“三网一链”物流贸易发展体系

枣矿物产“三网一链”物流贸易发展体系是充分运用供应链管理理论，依据枣矿集团传统煤炭生产面临的转型升级任务，以实体产业为基础，以一体化的供应链服务解决方案为主线，以“智慧物流”和“产业金融”为助推，打通“煤－焦－钢－建”产业链，用专业的供应链服务致力于为全球客户提供从集采、运输、仓储、金融等一揽子的供应链解决方案，打通和构造了智慧物流生态圈，实现了新旧动能转换模式下的飞速发展。“三网一链”发展体系包括：“天网”——电商平台运营；“地网”——智慧物流运营；“金网”——产业金融运营；“一链”——一体化的供应链服务解决方案。

（二）建设“天网”电商运营平台

针对传统物流贸易交易及运营中存在的各类问题，枣矿物产结合自身业务实际及运营管控需要，充分运用“云计算”理念，在现有的企业 ERP 信息系统基础上通过顶层设计来搭建一个功能完善的“云信息平台”，通过严密的权限管理和安全机制及集中式管理系统，建立了完善的交易数据体系和信息共享机制。一是构建信息共享机制。实现对物流贸易交易信息的实时监控、共享与可追溯。业务人员在信息平台中操作并实现业务信息的自动上传与流转，单证人员、货权管理人员在信息平台中审核并监控业务及货权信息，财务人员在信息平台中监控并实现资金流转、收付款、发票管理等，风控人员在信息平台中实现对客商的管控、授信的审批和风险提示等。二是实时监控货物的运输、仓储、货权转移情况等。货权管理人员通过利用该信息平台实时查询货物的物流状态，通过货物存储地的视频监控系统实现对货物的实时盘点和监管，为各类货权手续的办理提供了信息技术支持，大大提高了货权管理的效率。三是提供一体化的信息管理服务平台。“云信息平台”通过对 ERP 系统、财务管理系统、OA 系统等管理信息系统的整合，根据不同职能部门的不同管理需求，帮助职能部门摆脱烦琐的日常重复业务操作，实现对关键管理信息的统一自动抓取。四是构建关联商品的内外部市场价格数据库，包括库存、开工率等数据的调研，逐步完善商品数据内部比价机制，为以后开展运营业务做准备。利用布局在各地的集运站、洗煤厂、仓储中心，引进银行、担保公司等金融服务机构，提供金融解决方案，构建煤炭超市、焦炭超市、钢材超市、资金超市等一系列信息时代的新型交易模式，为合作客户提供信息查询、仓储、运输配送、网上下单订制产品、金融服务等高附加值服务。

（三）打造“地网”智慧物流体系

1. 建设物流云管理体系

针对传统物流贸易企业物流体系存在的各类问题，枣矿物产结合企业自身特点和业务需求，通过构建物流云管理体系，提升物流管理效率，获取物流体系的附加值。一是建立内部物流信息平台，实现各物流板块运营可视化，重点掌握各仓储单位的库存水平、各运输公司的可调配资源、重要货品的实时状态、各订单的执行情况等信息，相互支撑形成协同合力，高效服务客户。二是建立公共物流信息平台，租赁社会闲置物流力量，整合社会物流资源，提供信息交换渠道与行业研究平台，扩大品牌影响力。为物流资源提供方与物流需求方搭建合作平台，提升整个物流行业的效率。三是通过物流信息平台，提供行业研究平台资源，紧跟行业变革趋势。与政府交通部门、物流协会、高校对接，发布产业最新动态、发展趋势和成功案例。为行业研究提供素材与实践平台，在强化了自身学习能力和政策把握能力的同时，也促进了物流行业的产业升级向集约化、专业化、精益化发展转变。四是积极建设大宗仓储智能管理系统，对仓库货物重量和状态的变化准确感知，实时感知操作机具的作业情况并能够检测非授权人员的机械操作，以及实施检测追踪货物物理状态变化等。利用 App 将货物的作业数据及时传递并根据异常情况及时报警，实现了对动产存货的识别、定位、跟踪、监控等系统化、智能化的管理，使客户、监管方和银行等各方参与者均可以从时间、空间两个维度全面感知和监督动产存续的状态和发生的变化。

枣矿物产发展的智能仓储物流体系可以解决金融机构面临的重复抵质押、押品不足值、押品不能特定化、货权不清晰、监管过程不透明、监管方道德风险、预警不及时等一系列风险。

2. 打造多式联运业务模式

紧抓国家推进“公转铁”“散改集”的政策机遇，通过与中铁集装箱总公司签订战略协议，获取稀缺的铁路运输资源，争取运费下浮，用运力去吸引上游资源和下游市场的聚集，与中远海、满帮及业内头部的无车承运企业合作，打造了“公路、铁路、水运、海运”多式联运模式。结合业务区域部署、存量业务和优质客户情况，逐步开展布局区域储配煤基地，广泛开展代储代销辐射区域服务，通过公路、铁路、水运联运的方式，形成系统性的资源网络，低成本和安全高效地进行煤炭发运工作，按照运河进江、海进江的流向规划业务。

3. 打造集装箱往返物流运输

依托战略合作伙伴——中铁联合国际集装箱有限公司（以下简称中铁联集公司）的优势，开通了枣庄官桥站到河南省铜冶镇（河南鑫磊集团）的煤炭、焦炭铁路集装箱定点班列，将焦炭等产品通过集装箱在内河港口码头下水销售，实现了煤炭集装箱的铁路、水运联运；通过集装箱定点班列实现空箱配货及重去重回的钟摆式运输，实现了运费下浮优势，有效降低了货值损耗。

4. 优化西北区域物流节点布局

与五大电力集团合作，通过铁路班列、海铁联运、铁水联运等方式，将晋、陕、蒙等西部省、自治区的煤炭运输至五大电力集团的有关电厂。在蒙、新、晋、陕等省、自治区关键物流节点和口岸地区，借助与中铁联集公司站外站的合作优势，布局了一些关键的煤炭集装箱发运铁路站场，形成了西部煤炭节点通向东部沿海区域的物流大通道。

5. 围绕洗煤厂、发运货台及煤矿密集区进行布局

协调当地煤炭、集运站、洗煤厂等资源，助力枣矿集团完善在煤矿、物流基地、储配煤基地等产业的布局，推进了鄂尔多斯呼铁友邦物流公司新街煤炭物流园铁路专用线项目，以及河北石家庄井陉县北正物流园井陉站项目的落地。利用北方五港下水煤资源，在曹妃甸建设了智能集装箱场站和煤炭掺配加工基地，争取申请设立煤炭期货交割库。

（四）构建“金网”产业金融体系

1. 争取传统银行融资，打造交易银行模式

枣矿物产积极挖掘集团公司的信用优势，争取银行授信额度，提高授信总额，增加低成本资金。合理调剂流贷、银行承兑、信用证等不同授信比例，尽量减少信用保证金占用，加大融资杠杆。依托集团作为枣庄银行第一大股东的背景，将枣庄银行由传统的信贷模式向交易银行转型，与海南大宗商品现货交易中心结合，大力开展投行业务，向供应链金融（包括信贷、保理、反向保理、订单融资等）业务领域拓展，依托创新技术服务产业供应链生态圈。通过贸易业务的扶植及加大开证、开票业务的保证金存入，增加了枣庄银行的二级资本充足率；同时，介入到基金的结算和监管业务及交易所结算和托管业务，帮助银行资产、效益“双提升”，将枣庄银行的资产规模快速做大，最终将枣庄银行打造为中国第一家真正意义上的交易银行。

2. 开展供应链金融创新，创新拓展了融资模式

为积极拓展新的融资渠道与融资模式，枣矿物产在大宗货物可实现全程监控和管控的基础上，基于在库或在途的大宗货物支持，让动产具备金融属性，产生大量具有高信用等级的供应链金融产品。依托现代供应链中的“核心客户和优质资产”，开展闭环式、自偿式、一体化贸易融资服务，实现物权、信用、风险的动态匹配，提升物流供应链的运行效率，推动跨供应链集成智能制造网络和产融一体智慧新金融的发展。通过供应链金融手段对应收账款、预付款和存货等流动资产进行融资。

3. 建立云票据和信用管理体系

枣矿物产大力发展智慧物流仓储，通过物联网、区块链技术实现“透明化供应链平台服务”，使得大宗货物与其对应的资金形成可信的对应关系，对企业的信用评价由“主体信用”向“交易信用”升级。通过区块链技术对供应链项下的优质基础资产单元化、碎片化处理，在支付端运用云信打通支付清算环节，实现与票交所互金协会的供应链票据系统对接，为企业提供电子商业汇票的签发、承兑、背书、到期处理、信息服务等功能，实现可拆分、全闭环、定价权三大创新，为优化结算管理提供了流动资金支持，降低了成本，提高了效率，为上下游企业融资服务提供创新渠道。

4. 对接高端资本，做强金融云平台

在基金投融资和供应链金融业务的基础上，枣矿物产积极整合国有集团旗下金融资源，进一步盘活枣矿物产、枣矿集团、山能集团及参投项目地区和特色产业的现有金融存量，通过金融平台对接项目资源，基于地方特色、区位优势、优质资产端，把握投资项目地区发展的战略机遇，形成资源、业务、布局“三位一体”的架构，实现内部各主体、资源、信息的协同共享，降低内部交易成本，形成内部的金融生态圈，助推产业整合，释放内部协同完成资产端业务开发，促进产融协同发展。积极建立与高端资本的常态对接机制，加强与国内外知名企业、知名投资机构、央企、世界500强企业、高新技术企业的联系和对接，促进枣矿物产、枣矿集团、山能集团与战略投资者的合资合作，完成“资本增量、技术增量、管理增量、品牌增量、人才增量”，搭建金融云平台。

（五）提供“一链”一体化的供应链服务解决方案

1. 采购端：集中采购降本增效

枣矿物产通过发挥集采的优势，改变原来的分散采购模式，帮助企业降本增效。在供应链加持下的集中采购模式，可以充分发挥集团采购的规模、价格优势，节约采购成本，降本增效；可以优化采购渠道，规范产品标准，提升产品质量，确保使用单位安全生产；对供应商的统一集中管理，淘汰劣质供应商，选择国内外优质供应商合作并清理中间商、代理商，实现厂矿直供。从枣矿集团来看，自2017年以来，在钢材、钢丝绳、运输带、润滑油、电缆、防爆电机、轴承等大宗材料，以及采煤机、液压支架、刮板运输机、转载机、破碎机、掘进机、耙斗装岩机、罐笼等设备方面已经进行了统一集中采购，每年能够节约采购成本8000万元以上。通过ERP系统的推行和矿区驻矿供应站的设立，逐步建立了物资供应的垂直管理体系，实现了山能国贸、物流中心、生产矿井的纵向贯通和物资、财务、业务一体化的横向集成，形成了具有枣矿集团特色的物资统一采供管理模式。

2. 物流端：智慧物联让智能化物流落地

枣矿物产充分利用智慧物流体系，物流端通过采取“物联网+”的智慧物流技术，充分利用二维码、射频识别技术、全球定位系统、传感器、条形码等先进的物联网技术，通过信息化的处理和物流电商平台应用于煤炭物流包装、仓储、运输、配送、装卸等各个环节，实现货物运输过程的自动化与系统化运作，提高煤炭物流行业的智能水平，降低物流成本，减少物流损耗。通过智慧物流实现煤炭智能物流的信息化、智能化、自动化、透明化及系统化运作，帮助国有煤炭企业实现货物识别、地点跟踪、产品溯源、货物监控及实时响应并最终实现物流过程的数据智慧化、网络协同化和决策智能化。

3. 生产端：智慧矿山让煤炭智能生产

枣矿物产为帮助枣矿集团实现智慧矿山生产的目的，为枣矿集团的煤炭生产量身定制了智慧生产系统。通过充分利用各种物联网技术和各类传感器，帮助生产单位实时获取煤炭生产中的地质、测量、设备运转、物资调运、人员流动等状况，实现可视化的生产和远程监管控制；通过物联网智慧设备系统了实现设备的全生命周期管理；通过智能化技术与装备的应用，实现“机械化换人、自动化减人”，用新技术为矿山生产插上“智慧”的翅膀；通过各种智能化应用设备、系统之间数据的深度共享，实现煤炭生产经营的智能化决策与分析，从而实现人与人、人与物的深度互联互通。智慧生产系统为枣矿集团的煤炭生产提供了精准全面的井下生产环境感知能力、强大的网络互联能力及人性化的智能应用服务，形成了管控智能、安全可靠、经济高效、绿色环保和可持续发展的新型矿山生产模式。

4. 销售端：智慧销售搭建智能化的煤炭销售网链

枣矿物产针对传统煤炭销售中存在的信息不对称、不共享，以及各类信用风险、拖欠账款等各种痛点问题，围绕煤炭核心企业，以客户为中心，采用物流电商、云信支付、全球定位、射频识别、数据分析决策等技术，对采购、生产、仓储、运输、销售全流程进行资源的计划、集成、协同与优化，将各环节参与企业链成一个整体并形成利益共享的功能网链结构。帮助国有煤炭企业及时掌握煤炭销售市场信息的动态与变化，了解煤炭销售上下游需求与状态，帮助煤炭企业及时准确的进行销售决策。充分运用物流电商、仓储监管等技术实现对煤炭物流状态的实时监控，确保货物安全。运用云信支付技术实现资金的线上安全流转，解决价格变动、账款拖欠等难题。运用数据库及信息网络技术，帮助国有煤炭企业实现物流、仓储、销售等数据的信息共享与集成，帮助企业及时处理各种问题。枣矿物产智能化的煤炭销售网络实现了煤炭的智慧销售，大大提升了煤炭销售的质量与效率。

5. 支付端：云信支付实现供应链金融新突破

枣矿物产通过云信支付技术开展供应链金融创新，围绕预付账款融资、应收账款融资、存货类融资三大类业务模式开展工作，切实解决物流贸易融资问题。一是采用云信支付技术，使得企业可以通过云信支付平台随时、随地、循环地取得融资额度；二是运用大数据征信，将数据提供方从原来的交易企业拓展到物流公司、电商平台、ERP 厂商等，使物流贸易企业能够监控供应链的物流、信息流和资金流情况，从而保证交易的真实性；三是各方能够在云信支付平台上以电子方式核实、确认和交付融资交易并以区块链技术作为交易安全的保障；四是引入商业保理公司、担保公司、保险公司等机构，综合运用担保、风险保证金、购买保险、承诺回购等方法减少经营风险和信用风险。云信支付使国有煤炭企业在煤炭供应链金融上实现了融资、担保、支付技术等方面新的突破。

（六）完善制度支持与人力、资金保障

山能集团及枣矿集团为枣矿物产“三网一链”的发展提供了制度、资金及人力方面的大力支持，为枣矿物产“三网一链”的实施、拓展与成功落地提供了有力保障。制度支持方面，重点在薪酬考核方面给予了枣矿物产市场化的经营考核运作方式。在强化风险防控的基础上，对于创造效益的企业及其业务给予市场化的薪酬绩效支持，有效激发了企业活力，也增强了企业的市场竞争力。人力资源方面，物流贸易的发展需要大量的法律、物流、贸易、经营、风控、管理等方面的专业人才，上级公司除了在内部给予相应的人才支持外，同时给予枣矿物产进行市场化招聘的权力，尤其是在职业经理人等高层次人才的招聘、使用、培养方面给予了制度和绩效支持，满足了枣矿物产的人力资源需求。资金保障方面，物流贸易业务的发展需要大量的、高效率的资金支持，上级公司给予枣矿物产授信支持超过 20 亿元，融资支持超过 50 亿元，为枣矿物产的贸易业务的发展奠定了充足的资金基础。上级公司的支持与保障是枣矿物产物流贸易快速发展的坚实基础。

三、国有物流贸易企业以“三网一链”为核心的供应链管理效果

（一）创造了千亿元级别的国有物流贸易企业

枣矿物产在山能集团和枣矿集团的支持下，通过运用和实践“三网一链”的物流贸易发展模式，从 2018 年开始，经过 3 年多的时间，企业营收和利润稳步、大幅增长。枣矿物产从最初的年营收 23 亿元、利润为 0 的规模、品种单一的煤炭集团内部物流企业，发展成为年营收过千亿元、利润过亿元、贸易品种横跨“煤－焦－钢－建”的现代化大宗商品供应链物流贸易企业，成了转型升级的排头兵、效益创造的领头人和零风险运作的实施者，创造了优良的经济效益。良好的经济效益也说明，国有煤炭企

业将发展物流贸易作为传统煤炭企业转型升级路径的正确性，证明了发展物流贸易是国有煤炭企业整合资源、转型升级、突破发展的正确选择。

（二）实现了国有煤炭企业的战略转型

"三网一链"物流贸易发展模式帮助枣矿物产成了物流贸易产业的整合者、价值的创造者、科技的创新者、服务的提供者与人才的聚集着，为上级公司战略转型提供了新的路径和坚实的支撑。"三网一链"物流贸易发展模式推动了枣矿集团百年煤炭企业的转型升级发展，实现了上级公司新旧动能的转换，在煤炭绿色智慧物流和能源枯竭型企业环保转型两个领域实现了新的突破。

（三）打造了大宗商品供应链产业生态圈

枣矿物产通过构建"三网一链"物流贸易发展模式，开展了"基金 + 平台 + 园区"的商业模式创新，实现了整个物流贸易体系成本的下降和效率的提升。通过供应链触角的延伸，实现了在业务当中寻找优势产业和优质的企业标的，通过供应链手段进行了股权孵化，为山能集团培育了新的动能，帮助上级公司重新塑造了一个大宗工业品的信用体系，打造了一个和谐共赢的供应链产业生态圈。这种良性运转的信用体系和产业生态圈，使得枣矿物产能够在煤炭、钢材、石油焦、木材及有色金属领域吸引大量的优质客户（如大型央企、国有企业及上市公司达50多家），帮助枣矿物产与客户建立了稳定的长期合作关系。

（成果创造人：侯宇刚、夏　竞、李　文、王　翔、徐国政、吕保刚、李寅琪）

适应数字化转型的采购标准化体系建设与实施

江南造船（集团）有限责任公司

江南造船（集团）有限责任公司（以下简称江南造船）隶属于中国船舶集团有限公司（以下简称中船集团），是国家特大型重点军工企业。江南造船的前身是创建于1865年的江南机器制造总局，是中国近代工业的起点、民族工业的发源地和中国工人阶级的摇篮，曾经创造了上百个中国第一，被称为“中国第一厂”。江南造船总投资超过140亿元，有员工20000余人，形成军民融合的现代化总装建造生产线，能建造和修理各类军用、民用船舶，年造船能力超过250万载重吨。江南造船一直以“强盛民族工业，铸造海上长城”为使命，多年来为我国海军走向深蓝及海洋强国战略做出了重要贡献。

一、适应数字化转型的采购标准化体系建设与实施背景

（一）落实国家战略，推动现代供应链转型发展

随着全球经济与科技的发展，供应链已发展到与互联网、物联网深度融合的新阶段，推进供应链创新、促进产业跨界与协同发展，加强供应链布局已上升为国家战略。5G、工业互联网、人工智能、区块链等新技术的应用，给船舶行业供应链的升级提供了技术支撑；供应链全球布局的战略要求，给船舶行业供应链的跨越式提升带来了机遇。坚持自主可控、安全高效，分行业做好供应链战略设计和精准施策，有助于推动全产业链优化升级。

（二）践行使命，推进高质量发展的重要途径

海洋战略需求、经济贸易需求与日俱增，海洋装备有着巨大的发展空间，加强管理体系和管理能力建设，全面提升核心竞争力，加快实现发展动力由依靠要素投入向依靠技术投入转变。供应链以顾客需求为导向，以提高质量与效率为目标，以整合资源为手段，研究和打造涵盖供应商、院所、船企、船东等一批高质量的行业联盟、应用链及生态圈，形成船舶供应链框架体系。中船集团是中国船舶工业的主要力量，肩负着服务国家战略、支持国防建设、引领行业发展的使命，江南造船作为其子公司积极践行集团使命，全面深化改革，全面贯彻创新驱动发展战略，进一步提高自主创新能力、协同创新能力和科技成果转化能力，响应国家“两化”深度融合和智能制造要求，加快企业转型升级步伐，建立现代造船模式，形成供应链整体提升与协同并进。

（三）创新引领，突破传统采购推动供应链的建设发展

江南造船高质量转型发展驱动业务体量逐年攀升、建造节奏加快，对物资供应提出了前所未有的挑战，对供应链的稳定性和抗干扰性提出更高需求。船舶供应链在全球供应链和全球局势变化等因素的干扰下，对物资供应节奏会产生较大的影响，特别是大宗材料市场波动造成的成本上涨和基于生产的安装托盘齐套（物资完整到货和及时配送）存在差异。数据断层管理及多平台应用，不能有效支撑成本大数据分析。从产业经济角度看，随着智能制造、工业互联网等技术的成熟应用，创新驱动新增长与服务价值链延伸的发展模式已成为高端装备制造业发展的新动能和转型升级的方向。重视产品质量、技术等方面的创新，是实现高端装备制造业升级的关键。供应链建设过程中，通过创新思维、运用先进的管理理念、结合科学的方法，可以提升产业链供应链现代化建设，更好地服务于海洋装备的建造，提升国际市场的竞争力。

二、适应数字化转型的采购标准化体系建设与实施主要做法

（一）总体规划，重塑体系架构

船舶产品定制化程度高、建造周期长、生产节奏快、物料品种多，传统的采购管理模式无法有效支

撑船舶产品的现代化建造和接船竞争。船舶制造行业必须以现代供应链发展模式为思考方向，引用先进的技术创新思维，以一个核心（供应链总持有成本最优——TCO）、两个重点（单一数据源管理、计划与供应链协同）的总体实施策略，协同推进数字化采购管理建设，构建单一数据源、成本最优的供应链管理体系，形成设计数据可采购、可结算、可物流的标准。通过信息化手段对业务流程进行固化，形成端到端流程组织建设。

1. 重塑业务架构和流程组织建设

江南造船以供应链为对象，以采购业务为场景，以优化、创新重构采购管理流程突破原有的采购管理固有模式，以流程化管理解构场景驱动、打造端到端的流程组织建设。在采购管理体系中，以业务流程（设计管理、计划管理、需求管理、询价管理、审价管理、合同管理、物流管理、仓储管理、配送管理、财务核算、成本工程等）为主线，基于单一数据源、系统化、标准化、规范化、结构化的原则，统一业务要求、标准与管理模式，规避业务过程中的数据不统一、各业务环节标准不统一，对业务架构和业务流程进行分类整合、重塑。新架构下的采购管理体系，以推进采购业务行动的一致性为准绳，实现信息数据管理扁平化、采购全过程管控透明化、风险及异常业务有效规避化、数据积累与分析可视化。纵向贯通供应链上下游，与供应商实现相互协作的双赢；横向拓展供应链的设计、采购、质量、仓储、配送、财务核算、供应商管理等模块化管理。新架构的纵横交错形成网格化的大框架体系，实现设计、采购、物流、仓储、生产、财务、成本等供应链各环节全方位的决策、控制、执行、信息集成、共享、协同，从单一的模块化管理向链路式集成化管理的转变，从而建立起适用于船舶制造行业的高效供应链管理体系，实现了管理效率大幅提升。新的业务架构和业务流程在多种产品上全面实施应用。

2. 健全采购制度体系

制度建设是企业采购行为的顶层设计及行为标准，不仅要遵守相关法律法规，符合企业自身发展需求，还要规范决策管理、明确操作流程，对业务起到规范和指导的作用。在中船集团的大框架体系下，江南造船通过制度分解和责任主体落实，规范物资采购领域管理要求，开展物资采购标准化建设，建立科学、高效、健全的物资采购管理体系，制订统一的采购业务标准，打造统一的数字化管理平台，固化物资采购业务工作标准。

3. 打造合作共赢的供应商生态体系

江南造船持续强化采购与供应商管理，优化供应商合作模式，加强供应链外延式管控，带动供方共同成长。供应商管理实现由竞争关系模式向双赢关系模式的转变。与战略供应商开展全方位协同与合作，充分发挥供应链的增值作用。根据供应商所提供产品的属性，对供应商进行分层管理。通过建立供应商管理工作组（由采购、设计、质检等专业部门组成）对合格供应商的产品质量、交货速度、新技术开发及降低成本等各方面进行综合评价，将供方分为战略供应商、瓶颈供应商、优先供应商及长期合作供应商。实行供应商全周期动态管理，初步建立合作共赢的、稳健的供应链体系，实现稳链、强链、补链。对于战略供应商，江南造船与独立性较强，提供产品在行业领域处于领先或者市场份额较大的符合要求的供应商（大宗原材料供方）建立战略联盟，将其纳入到中长期战略计划中，实现双方的共同发展。对于瓶颈供应商，执行层面保障货源供给，对外，紧密保持对接各供货厂商（过程中跟踪生产进度、发货日期等）；对内，江南造船定期召开专项协调会，保障物资供应。尝试更改设计，开发替代产品的供应商资源，保障稳定供货渠道。对于优先供应商，通过体系化采购流程降低采购资源投入，如标准化采购流程、供应商选择过程中更注重价格的因素及供货周期等。对于长期合作供应商，通过有效管理实现成本优势最大化，将订单相对集中，在保证供货水平的前提下，通过规模效益实现成本的降低。

（二）推进品类管理，优化采购模式

在船舶建造过程中，采购成本要占产品总成本的60%～70%，是企业成本控制中的主体核心部分。

因此，合理的采购模式将有效降低企业采购成本，直接增加企业的利润，帮助企业在行业竞争中赢得优势。江南造船结合物资属性并依托国有企业“四类八型”的采购方式，结合业务流程、内控管理、标准化管理，实施采购品类标准化管理。根据物资的分类管理、合规要求，为每一品类制订有针对性的采购策略，提升采购效率，降低采购成本。目前，已实现集团民品集中采购率 70%、网上平台采购率 100%。

1. 战略合作下的大宗钢材降本与自主可控

通过集中采购的优势，以量换价，取得优惠价，与钢厂建立战略合作关系批量锁价，签订长期锁价协议，与其建立长期合作关系，获得最优定价条件，通过研判行情提前锁定钢坯资源。以订单为先导，钢厂提前排产，按计划需求进行配送，在保证按时供应的前提下最大限度降低库存，提升库存周转率，换取更好的质量管控合作和技术支持。通过实施战略采购，钢板采购成本与市场价格平均降低 145 元/吨。以往低温板都是日本 JFE 供应，而现在船型多、需求量多，受 JFE 产能产量的限制，江南造船于 2018 年开展国内市场寻源，与国内钢厂合作开发国产新型低温钢板、低温型钢，打破垄断。2019 年实现宝钢低温钢板在产品上的应用，为后续的连续承接创造资源保障。通过开拓国内资源替代，革新国内低温钢材的生产技术，提升市场竞争力。

2. 以服务生产为主导的多元化采购

围绕生产的安装托盘配送管理，按照生产工艺、生产阶段、生产节奏结合物资品类管理，实施多元化采购管理。对于关键重要设备采购及采取接船阶段提前商务介入，固化成本在新船合同生效前，采用集中订货会订货，与供方建立长期战略伙伴关系。对于船舶内装的集成设备采购，通过整合供应商资源，培育有技术能力的供方推进物资类别整合、成组订货、托盘化配送管理。对于舾装件采购，整合供应商、培育长期合作供方，实施供方 VMI 库存管理、按计划配送；结合市场与需求实施年度审价、季度调整浮动式锁定价管理，使采购均价低于市场均价 125 元/吨。对于长期协议采购，非船物资通用性强、标准件、需求量大及采购频次高的物资，实施长期协议锁定价格，按需配送。非船合同签订量从 2019 年的 3540 份降到 2020 年的 1500 份，效率提升 40%，实现供应链总持有成本 TCO 最优化管理。

（三）聚焦采购增值，提升船舶产业链配套服务能力

江南造船着力优化供应链管理，与供方启动“全价值链”合作，聚焦采购增值，把双方的共同利益放在第一位，从而在企业内部管理上做到控制和融合，实现采购优质优价和全生命周期总持有成本最优。

1. 打造钢板全链路供应链协同

全链路供应链协同是江南造船保持竞争力的重要策略。船舶物资中的钢材在采购成本及物量方面都占具较大比重，特别是船舶产品多样化及受建造周期快、仓库场地资源有限等情况的影响，对钢板供应链路的能力提升迫在眉睫，江南造船以内部业务链路贯通为契机，拓展钢板供应链协同发展。江南造船与供应商协同将库存降低、成本控制和供应链周期的缩短定为管理目标。一方面，联合钢厂，结合钢板生产及使用经济性做整体板规优化，将钢板生产与工艺特性融入船舶设计阶段；另一方面，与钢厂在数据上进行对接，通过计划联动，做到风险预警，将船板供应链向上延伸至钢厂生产端和物流端，通过与供应商信息交互，监控 MES 生产状态，提前实现风险预判和全链路可视、可控，实现钢板库存周转周期自 65 天降至 35 天。

2. 打造设备三维模型“江南云”平台

江南造船秉承可持续发展的理念，在数字化经济快速发展的今天，着力打造可持续推广的供应链数据管理平台，为船舶行业营造可发展的共同生态圈。江南造船以供应链协同发展为方向、产品设计为原点，基于数字化设计模型为基础，打造设备三维模型“江南云”平台（以下简称江南云），支撑新船型开发，缩短图纸设计周期，打造可持续推广的供应链生态。

江南造船围绕采购与设计共同推动生产准备设计阶段前移。首先，明确推进范围，结合江南造船历

史船型及设计优势，通过采购与设计专业性的深入研究讨论，江南云首期阶段 1.0 版本工作的战略方向，力争加快储备自身设备数模量。其次，确定推进设备清单及厂商名单并编制操作手册，制订江南云上线实施计划。最后，为保证供应链协同的共同利益，与参与设计储备的供应商签订江南云技术储备合作协议。在模型的质量管控方面采取实船设计评估与实船采购评估数模的储备率与选用率带来的实际效益，进而不断合作优化，提升数字模型质量，优化设计过程中舱容布置，减少设计过程的修改，提升江南造船整体运营效率。支撑江南造船打造集合研发设计、市场营销、成本工程、采购战略、物流集配等于一体的江南数字供应链生态网，从而构建新的供应链商务经营模式，打造可持续推广的市场化信息交互生态网。

3. 打造舾装件供应链“生态圈”

舾装件厂家是江南造船的长期合作供应商，舾装件生产商在国家环境保护政策的大背景下，逐步淘汰不符合环保要求的供应商，行业间的竞争也日益激烈，生产形势严峻。在船舶建造过程中，舾装件虽然不是关键性物资，但也是不可缺少的。在市场经济的驱动下，舾装件厂家与江南造船为稳定长期合作关系，双方从质量及保障供应等角度去挖掘行业共性问题，补齐供应链短板，协同发展构建联合库存管理。通过管理运筹学的原理，建立物量与供应商分配模型，利用供应商产能、评分、综合评判等综合能力得分与物量相结合实施物量分配，过程中验证分配的合理性，营造公平公正的竞争环境。以数据驱动，采取过程精细化管控，开展视频远程质量检验，通过理论和实际情况相结合提前预判供货风险、平衡库存，真正意义上做到 JIT 的配送，使实际需求与到货差异只在 3 天内，在高负荷运作的情况下也能做到正常运营。

（四）将信息技术与业务管理融合，建设数字化采购管理平台

江南造船将信息技术与业务管理融合，发挥信息技术、智能技术的赋能作用，形成轻量化、协同化的业务新模式，以多维度的技术理念及技术手段，全流程管理业务框架设计，动态响应用户个性化需求，服务生产管理，提升价值体系能力建设。通过数字化管理平台模式打通业务“堵点”“难点”“痛点”，协同设计、计划、质量、生产、财务流程组织架构建设。打造“从业务中来、到业务中去”的应用业务链，实现数字采购全过程管理。采购的全过程数字化管理重点在于数据的集合、分析、管理，使用维度建模方法，将通用维度与度量组成数据模型，为管理者决策提供丰富的数据基础。因此，需要建立一个面向主题的、集成的、相对稳定的、通过数据的积累反映历史变化的数据集合，也就是大型数据仓库。消除了时间和空间对管理的限制，管理决策的及时性和灵活性就能得到提高，管理“中枢神经”系统的作用得以凸显，管理者对全局掌控的能力将得到提高。以采购管理数据价值为基础，通过企业全局数据平台和智能分析系统，对供应链运营管理的所有环节分析洞察，从分析运营结果向预测未来发展并转化为智慧大脑的战略。江南造船通过对业务数据分析、数据服务的方式替换传统模式，通过构建适应业务数字化系统提升采购管理敏捷的反应能力，把握客户供应商和外部市场的迅速变化，对内满足内部客户与企业管理要求。以设计数据的发布为源头，进行敏捷能力的建设，从业务模式、IT 架构、服务客户等方面实现敏捷管理运营。从技术实现（要素维）、管理保障（管理维）、过程管理（过程维）3 个方面统筹考虑，体系化、全局化进行数字化平台能力的建设，涉及技术融合应用、管理模式变革、数据价值挖掘、业务创新转型等一系列工作。

1. 优化结构，深挖数据应用价值

江南造船围绕数据驱动，促进供应链的采购管理产生价值，建设涵盖了船舶产品及非船产品的项目数据、技术、流程、组织的系统性数据链。将船舶种类繁多的物资系统及庞大的工程建设体系产生的海量信息，通过以采购管理及协同管理为导向系统性的梳理，将传统的文档形式、图纸等无法实现相互之间的关联、流动性很差的知识体系转化为数字化模型设计的数据体系。通过数据、技术、流程和组织 4 个核心要素的互动创新和持续优化，推动采购管理业务创新转型的持续运行和不断改进。江南造船采购

管理数据的共享服务管理，将船舶产品与非船产品的多来源的数据以单一数据源为管理核心，统一实施数据系统化应用。以物料编码为载体，船舶产品以设计为中心，结合数据的物资属性、用途等分类管理，基于数字化模型采集，形成结构化的船舶采购数据；非船产品以集成多源数据的方式形成采购数据。开展设计、采购、仓储、物流配送、质量、财务等各采购管理业务环节的应用与流程控制，形成了链路式的延伸管理。以下一个环节的需求的核心业务数据，在前端的各环节中进行结构化和信息精细化管控，形成上下游业务的对接，实现了数据共享与无纸化管理。

2. 基于明细审价创新管理

江南造船是行业内首家基于设计单一数据源 POR 明细项物资数据实施审价管理的企业。传统行业大多数企业在物资采购审价管理时，主要将文档形式描述和记录、图纸、电子文档等作为审价数据与依据及明细价格数据存储在附件中，这些都是静态、分散和割裂的。随着系统工程数据规模和复杂程度的不断提高，基于文档的系统工程呈现了颗粒度太大的现象，缺乏语义的连接，如信息表示不准确造成歧义、难以从海量文档中查找所需信息、无法与其他工程领域相衔接，导致数据被收藏起来，无法高效重复使用，缺乏数据的联动应用与分析，造成积累后的数据查找效率低现象时有发生。江南造船根据业务模式、产品特点、生产情况等实际状态，实施审价数据分类管理，基于设计明细项物资数据实施精细化管理，建立了与供应商协同、系统应用统一的标准化管理模式，实现采购数据与供应商可进行交互管理，通过交互数据转为系统应用数据，形成江南造船物资价格库，为业务过程管控、价格趋势分析、大宗物资提前批量锁价、接船成本分析等提供数据支撑。审价过程资料实施标准化类别管理，建立审价附件的标准目录，提升对审价附件信息的识别效率，以系统审价通过数据由系统自动形成会议纪要，永久性留档，提升审价数据的可追溯性，实现前期成本约束、中期财务监控及后期完工分析的全过程监控，提升工作效率。

3. 电子合同创新应用

江南造船是行业内首家基于设计单一数据源 POR 明细项物资数据实施电子合同应用管理的企业。传统行业大多数企业合同签订管理基本实施以系统生成文档、线下纸面合同管理为主的管理模式，数据与纸面合同缺乏语义的连接、缺乏数据的联动应用与分析，积累后的数据查找效率低。江南造船通过数据驱动，以各项数字技术作为工具实施合同数据化管理。通过引用设计数据明细与审价明细形成合同明细数据，以合同类型建立系统标准合同模板与结构化合同条款模型，实现一键生成 PDF 版合同文本。通过标准系统审批流程为审批通过的合同加注电子签章（授权人签字章与合同章增加数字认证），形成防伪、防篡改的电子合同（与纸面合同具有同等法律效力）并与供应商进行纯电子合同的数据交互应用管理，便捷、安全、妥善地进行电子化收发，实现了无纸化的合同签约与归档，减少了人工，克服了线下传统合同管理的弊端。

4. 数据驱动，RPA（机器自动化）效率提升

江南造船以数字化平台的构建及以人工智能为发展方向，推动实施业务 RPA（机器自动化），通过机器代替人工完成一些固化、统一、重复的业务工作。由于船舶工程的应用较为复杂，传统的设计数据在流转到业务员时需要采取分配管理，通过以非船产品数据为试点，建立专业化分配管理机制，实施非船产品数据系统依照产品分类、业务分工与系统定时自动化进行任务分配的应用管理，实现了非船低值物资系统自动化派单管理。无延迟的数据传递应用，实现了敏捷能力的提升。根据国家有关税务政策，高新产品中的部分物资可以享受税务保护，需要企业开展涉及的税务业务流程。通常，财务是实施业务管理窗口，但数据来源是采购管理端产生，利用数字化系统平台实现采购与财务业务数据贯通应用与数据共享，加上 RPA 技术手段的支撑，实施了进项税务系统自动化操作替代人工，实现了采购管理与财务管理间业务的无人化管理，将原来人工进行操作的烦琐业务变更为系统自动化运行管理。

5. “三码合一”成本一体化应用

江南造船以成本管控为导向，基于“三码合一”（成本码、财务科目码、物料编码）融入数字化管理平台实施一体化管控。通过设计 POR 订货数据的发布、采购管理、仓储管理、财务管理等全流程数据一体化应用，构建以成本工程管控为主导，全局出发从目标成本、采购成本、入库成本及实际成本多维度数据分析体系，通过洞察成本的过程轨迹与组成依据形成自动化数据的统计汇总；同时，可按需进行采购成本数据的深度穿透分析，实现船舶成本精细化管理、过程控制、预警与实时归集。

三、适应数字化转型的采购标准化体系建设与实施效果

（一）数字化采购管理体系建设全面实施应用，效率显著提升

江南造船实施数字化采购管理以来，取得明显成效。采购全链路运营指标方面，江南造船物量翻番，采购管理人员下降34%。采购管理指标单位器材配套费用率方面，从2.6%下降到1.99%，采购管理费用下降1200万元。

在外部供应链协同方面，通过钢板战略合作及全链路实施应用，钢板采购均价较市场均价下浮145元/吨，3年累计降本8847万元，钢板库存周转周期由65天降至35天。通过江南云的推进，支撑了新船型开发，缩短图纸设计周期60天，较之前设计工时单船节约10%。通过舾装件长期合作及“生态圈”建设，以及整合供应商、培育长期合作关系，采购均价较市场均价下浮125元/吨，3年累计降本285万元。通过提前对生产计划预判供货风险，以及 VMI 库存管理平衡，真正意义上做到 JIT 配送，使实际需求与到货差异控制在3天内。

在数字化采购管理平台效率提升方面，实现围绕单一数据源的一体化管控标准。“三码合一”的应用实现单船成本管理，以及过程控制、预警，实时归集，为船舶成本分析及接船策划提供数据支撑。通过审价与合同精细化管理到明细，实现数据映射，形成了历史价格分析应用，一键生成会议纪要。通过电子合同全生命周期管理，以及电子签章应用和系统审批，实现了合同文本一键生成及系统自动校验归档，合同管理效率提升50%。通过财务 RPA 的应用，进项税管理由原6人操作1440分钟的工作转为100%自动化后10分钟完成，效率提升144倍。

（二）数字化采购管理全流程应用，形成供应链数据资产

江南造船以数字采购管理为主线，建立船舶数字化供应链新体系，有效提升船舶产品研发、精准设计、数字化物流和成本精细化管理能力。通过数据和模型双驱动的仿真、预测、监控、优化和控制，实现了供应链服务的持续创新、需求的即时响应和产业的升级优化。基于模型、数据和服务等各方面的优势，数据成为提高质量、增加效率、降低成本、减少损失、保障安全、节能减排的关键点，逐步延伸拓展到更多的供应链应用场景中，有效提升了供应链产业链整体的现代化水平与核心竞争力。

（三）引领船舶行业采购管理模式，提升品牌效应

江南造船将采购管理业务优化与先进数字化技术、信息技术相结合，推动业务管理创新驱动落地实施，实现了行业内首家基于明细审价创新管理及电子合同签章应用管理。创新成果在中船集团与行业内充分承担了示范作用，得到中船集团、行业内兄弟单位的高度评价，各行业单位先后到江南造船开展学习交流活动，共同促进船舶行业供应链体系的协同发展。与此同时，在国务院国资委对军工单位供应链建设评估时，得到专家组的一致认可。江南造船以造船业务为核心，推动数字化转型，为船舶智能制造奠定了重要基础，对后续智慧供应链的探索与建设提供了基础支撑。

（成果创造人：伍朝晖、邹永毅、沈宝源、罗　松、徐卫新、曹　为、
肖　军、秦　博、杨佳佳、张世臻、元　静、邓军古）

航空工业企业提高柔性生产效率的零部件智能配送管理

昌河飞机工业（集团）有限责任公司

昌河飞机工业（集团）有限责任公司（以下简称昌飞）始建于1969年，隶属中国航空工业集团有限公司，是中国直升机科研生产基地和航空工业骨干企业。现有职工6000余名，具有中高级技术职称的专业人才1400多名，享受国务院政府特殊津贴的人才10名，航空工业首席技术技能专家7名、特级技术技能专家24名。昌飞具有雄厚的科研生产和技术实力，与清华大学合作成立了直升机先进制造研究院，设有博士后科研工作站，是国家企业技术中心、工业和信息化部首批“智能制造试点示范单位”、国防科技工业高效数控加工研究应用中心。

一、航空工业企业提高柔性生产效率的零部件智能配送管理背景

（一）多品种、小批量的柔性生产环境对零部件配送提出了更高要求

随着直升机需求的快速发展，不同用户对直升机产品的使用场景不尽相同，这就决定了昌飞将长期面临多品种、小批量、科研与批产高度交叉的柔性生产环境。以前，昌飞物流设备的自动化程度较低、数字化业务串联率不高，零部件的配送调度对人的主观依赖性依然严重，“口口相传”的传统调度信息的传递方式造成信息准确率大打折扣，顶层指挥安排的响应节奏与生产现场安排出现矛盾，经常造成装配业务流程上下游的投诉抱怨，而且不能实时对现场生产准备情况进行充足的掌握，无法满足及时修正生产计划上偏差的要求。

（二）构建零部件智能配送管理是提升企业运营效率的必然需求

按职能分工模式下，生产业务环节信息接收的不均衡造成流程末端成为生产配送问题的矛盾集中接收点，车间需要投入成倍的管理成本来疏导业务上下游之间的协同关系，致使部分车间内部在体制结构上形成了“做大做全”的局面，造成信息孤岛，增加管理与制造成本。由于零部件仓储单位管理协调整体水平低，严重影响了柔性生产的组织效率的提高，车间为保证零部件满足生产节奏的需求，还需扮演配套责任主体单位的角色，拉动上游的零部件配套交付，带来非自身专业任务过载负担。

二、航空工业企业提高柔性生产效率的零部件智能配送管理主要做法

（一）开展需求分析，形成零部件智能配送管理的构建思路

1. 分析业务主流程的主要矛盾

构建提高柔性生产效率的零部件智能配送管理，需要在信息上快速采集零部件库存和物流状态，在计划上对柔性生产的需求进行动态掌握，建立比较关系，形成可准确执行的配送决策并实现循环；需要在实物流转上建立匹配信息高速流转的能力，包括自动化仓储设备、流水分拣线等，通过零部件智能配送和线下操作能力的升级，解决提高柔性生产效率问题，实现效率、质量、成本运营效益的最大化。

2. 确定智能化升级的关键要素

在集成装配阶段对所需零部件进行统一编码规范，对实物进行条码标识。在零部件的存储与配送过程中，通过货位、条码、流程三者间的交叉绑定关系，“动态感知”零部件的位置与物流状态；通过昌飞制造系统（CPS）抓取装配指令的需求状态和生产系统分解的生产计划节点，在“动态感知”的数据基础上实现生产需求及库存资源的“实时分析”；将工艺知识和管理要素转化为系统的逻辑算法，对分析结果“自主决策”，形成准确度高、实施性强的作业指令，把管理人员的工作重心从简单的统计分

析调整为运行管控；按流程重构仓储和配送管理的工艺布局，形成多人协作的流水线，将自主决策的结果按工序推送到作业现场，通过人与设备的协同、工序信息的交互，准确反馈执行结果，实现“精准执行”的循环作业。这些做法旨在形成具备“动态感知、实时分析、自主决策、精准执行”4 个要素为特征的智能化升级。

（二）先行架构设计，搭建“采、储、配”综合协同的智能化平台

1. 设计开放兼容的配送管理系统

软件平台的设计是在信息安全的前提下，通过服务器数据的交换，搭建决策管理、运行控制和设备执行多系统联动的局域网络，形成信息共享平台；通过开放设备执行层的软件设计代码，建立统一数据接口关系，为以表单和流程为载体的各系统任务指令和数据传递提供了条件。软件设计主要包含计划管理层和运行监控层两方面。计划管理层承接昌飞制造系统（CPS）的宏观计划决策并具备对计划分解转化成作业指令的功能，通过对设计更改、现场排故、返修、报废、试验等异常计划输入格式的规范设计，解决过程留痕和统一作业指令的问题；运行监控层的架构是通过管理规则的创建，形成监控标准，再通过抓取设备运行的结果，分析并解决问题。通过对设备执行终端控制程序的模块化设计，最大限度把作业动作分类分解，预留设备管理系统的再编辑和升级能力，为后续昌飞制造系统（CPS）的升级换代、管理改善和流程重组提供了基础条件。

2. 构建提高柔性生产全流程的智能配送硬件布局

在柔性生产过程中，生产准备与装配生产的紧密协同决定了生产组织效率的水平。作为价值流创造的两个重要环节，生产资料在物理上的分离容易带来协作关系的疏远，在气候环境恶劣的情况下还存在因配送的等待造成的装配生产停工的现象。构建提高柔性生产全流程的硬件布局，通过地下物流轨道将仓库与装配现场建立物理连接，将部装生产线、总装生产线和零部件配送中心有机整合，形成整体，保证超过 90% 的零部件通过地下物流通道，不受外界环境干扰地准时配送生产现场。按业务流程专业化分工来规划仓储物流设备的布局，把主线作业流程按验收、入库、分拣出库、配送上线和返修分成 5 个部分，形成作业区一层入库、二层分拣出库和地下一层配送的独立单元，通过辊道、环形穿梭车、堆垛机将立体仓库与验收、入库、出库操作工位连通，在分工协作的基础上形成流水线作业。通过技改引入无人值守的立体仓、升降库、回转库、密集架和传统的平库，建立现代化综合立体存储系统。通过射频识别技术、数据挖掘技术、智能传递技术、智能处理技术、条形码、传感器等先进的物流技术对零部件存货进行读取，反馈物流状态，整体运作模式由“人找货”升级为“货到人”，实现人、机与信息指令的高效协同，形成智能配送体系要求的硬件基础。

（三）实施流程重构，多工具融合适应零部件智能配送管理要求

1. 前置配套需求，优化入库流程

传统配送一般在零部件出库阶段，根据生产线的需求进行分拣配套，往往给生产线配套缺件预警、配套问题处理预留的周期不够。对入库流程的优化，是将生产线需求的初步配套的工作前置到入库阶段，让保管工在入库操作时对相同计划需求、装配顺序和使用用户的零部件进行组合存放，通过目视化管理很容易识别配套的缺件，拉动问题的快速协调解决，提升出库阶段的配套效率。前置配套需求有效解决出库配送效率的问题，硬件设备解决的是专业化、自动化的问题，软件系统是将技术、管理流程的理解转化为系统指令再反馈到设备执行层面，从而赋予了硬件智慧。通过对 2.8 万余项零部件数模及其装配关系分析比对，确定了零部件的组套定置关系，入库的定置尽可能将同一时间出库的零组件放在一起，将一次分拣出库作业的效率提升了 3.4 倍。入库流程的优化，在管理上以配套需求准确控制零部件的交付节点，以装配的消耗拉动下一批次的交付，防止上游生产环节和采购环节的过度交付。

2. 推拉计划结合，优化出库流程

通过“推式计划”和“拉式计划”为牵引的作业流程组合，将传统仓库出库计划的被动出库变为主动出库。“推式计划”也叫“预配套计划”，是通过以 APS（高级计划与排程系统）为代表的排程模型计算，对下一阶段装配生产计划进行预测，提前对库存资源分配组套并缓存在立体仓库配送区，实现 80% 以上的出库工作量提前做好准备。针对生产进行中的缺料到货或生产计划调整产生的新出库需求，通过车间实际排产的日计划升级为“拉式计划”，触发启动“越库出库”流程，即对紧急入库的关键缺件采取非常规操作，直接越过进出库过程开展配送工作，实现 20% 左右的非常规出库工作量快速运转。

3. 工具融合使用，实现过程防错

一是融合操作指令与管理。将各类技术规范要求、管理规定要点、注意事项集成融入系统操作指令中，形成可编辑的点检表，统一数据的采集标准，规范零部件与采购计划符合性检查过程，留下操作痕迹，用于信息共享。二是建立交叉互检机制。在仓储管理与分拣配送专业分工的基础上，将零部件的到货验收、入库上架、分拣组套及配送上线按流程拆分，形成独立的操作单元，各单元之间的操作人员需对上一单元的工作结果稽核盘点，确保工作过程中每一步操作的准确。三是创新目视化技防机制。将分拣出库的操作图示化，结合信息系统定置的托盘存储位置目视化标识和实物条码，指导操作人员的分拣出库工作。系统结合自主决策的运算结果，将配送任务推送到人，将零部件存货推送到人，将分拣出库的结果推送到人，大大降低对员工专业素质的依赖，提高了配送的准确性。

（四）部署资源，完成零部件智能配送管理的运行准备

1. 重构组织结构与职能分工

组织结构上，首先分离采购部门的总库业务，回归部门管理协调属性。分离了装配车间的分库业务与配送职能，回归装配集成生产主业。其次，通过部门总库与车间分库的合并，组建零部件配送中心，将原来重复两次的仓储进出库过程合并为一次，减少不增值的动作浪费，缩短流程路径。最后，在信息交互上，将零部件配送中心定义为服务性质的车间，将传统上下级的资源审批模式调整为以现场需求为中心的主动式配送模式，直接从机制上解决信息交互效率的问题。主管部门、装配车间、配送中心等单位的业务职能调整后，对重构后的组织分工进行适应性定义，初步形成车间一线工人按工序流水作业和车间二线管理者承接计划，以及管控执行和主管部门按技术、质量、采购、生产业务域分工支持的良性互动机制。

2. 按流程部署人力资源

按流程部署人力资源，首先是将分散在各仓库的计划员、保管员、配送工等人员收编。在组织结构调整的基础上，装配车间已不再保留分库职能，采购部门已不再保留库房管理职能，原配置的相应人员随职能的划分统一划拨到新组建的配送中心统一管理。其次是调整按专业分工配置人力资源的方法，改为按流程需求配置相应人力资源。飞机制造生产过程中，一般遵循设计专业的特点，可以分为机械、仪表、液压、航电、电器、动力部件等，库存零部件的管理也沿袭了这些分工部署的做法。飞机研制阶段，在实物管理不够精细的情况下，通过管理者积累的经验举一反三，能有效防止仓储管理的错误。然而，由于专业个性化的差异及由此造成对管理者个人的过度依赖，经验难以快速复制传承。在科研批产高度交叉和用户交付需求快速增长的情况下，每一个专业管理人员能力的大小决定了每日准时配送能力的大小，而且不容易通过专业细化分工、简单人员增加来扩展能力，容易造成物流堵塞，形成排队等待的现象。按流程调整人力资源的部署，是以作业流量大小来配置响应的作业能力，将收编的人力资源按照验收入库、分拣出库、配送、返修 4 个方面分班组，将人力资源配置到位，用班组的组织合力解决个人能力不足造成的瓶颈。最后，将流程涉及的表单、操作动作细化，形成专业技能矩阵并按照人员初始

化的能力情况进行初步班组人员分工。建立动态的人力资源考评和培训机制，在业务磨合期内不断优化调整班组人员组合，快速形成合力。

3. 用统一标准初始化库存资源

昌飞传统模式的仓库管理水平参差不齐，部分已经全面实现信息化，部分还停留在手工记账管理的阶段，仓库管理的零部件在编码、型号写法上也不尽相同。要实现库存零部件资源的统筹管理，需用统一的标准对库存资源进行初始化，主要包括以下几个方面。首先，建立零部件编码数据库，统一识别标准。基于军工行业的特性，零部件没有形成全国统一的编码体系，为了实现对零部件的快速识别，需要建立统一的编码规则。昌飞在已经成熟的零部件编码规则基础上，依托设计 BOM、技术协议及实物交付状态，对所有零部件建立数据库，统一写法规则，形成物料代码。对零部件及其附件的组套关系进行信息反向重构，用零部件编码标识组套关系，独立形成了一套可快速识别零部件的编码系统。其次，在保证生产持续运行的前提下，采用数据迭代法，对各仓库的零部件资源进行移库。移库过程中，以生产车间需求为主，自留可维持生产的资源，对多余的库存资源以计划用途为索引，办理与零部件配送中心的移交工作。外购零部件部分，以合同执行情况为主，核清交付状态，办理与零部件配送中心的移交工作。移交过程同时按系统新的数据规则采集和补齐基础信息。最后，对移交过程中存在问题的零部件资源分类隔离，按“拉条挂账”的方式设置责任单位与责任者，限期处理归零。库存资源的初始化的过程，也是对昌飞库存资产彻底排查的过程，是昌飞“瘦身健体”项目和“两金”专项清理的重要组成部分。

（五）监控运行，确保零部件智能配送管理的执行落地

1. 确定运行过程关键监控指标

基于 SMART 原则，对智能配送体系试运行过程中的主流程和分支流程发现的问题、产生的数据进行分析，寻找等待的浪费、搬运的浪费、故障品的浪费、动作的浪费、生产的浪费、库存的浪费、交付过早的浪费。对以上 7 种浪费产生的根源问题逐一细化，制订具体可量化、与运行效率密切相关的、有时间限制、影响配送目标可实现的 22 项关键监控指标，内容涵盖了从物流配送的起始端到货验收入库再到指令分拣配送、计划配送上线及至末端的站位配送交接。

2. 用 SQCDP 管理工具暴露问题

运用 SQCDP 管理工具思想，结合确定的关键监控指标，在智能配送系统的流程中嵌入问题发现和提升的操作功能，给现场所有工位开放问题录入权限，将问题的处理过程和结果同步到现场电子 SQCDP 看板。在问题的发现阶段，及时记录和提升问题是解决问题的关键。对纸质 SQCDP 看板的信息化升级，有效解决多个问题载体信息共享的问题，对快速响应和拉动问题的解决至关重要。

3. 用绩效考核减少过程浪费

绩效考核是减少过程中各类浪费的有效手段，通过绩效考核的引导作用，实现所有仓库管理、过程操作、行政服务向准时、准确完成配送指令聚焦。通过改变传统的综合奖考核模式向计件制为主、配套协作为辅的考核模式，充分体现多劳多得，提升员工的工作积极性，减少各环节的等待浪费。采用倒计时看板，对零部件入库计时核算，形成压迫感。通过对历史入库的时间和系统规划能力进行对比测算，设置 24 小时入库为考核目标，从零部件到货登记开始，过程包含了清点验收、车辆调度、周转运输、入库上架，制订出各环节的响应周期及奖惩规则并常态化地开展考评工作。每年设置达标和提升目标，倒逼过程管理的不断改善。目前，已从试运行初期的 1.24 天提升到当前的 0.86 天。采用“定量 + 增量”结合的计件考核方法，提升各环节的作业效率。以试运行阶段实际每人完成的任务平均值作为初始考核的定量并作为基本奖的达标条件；以当年任务分解到个人的平均值的超出定量部分作为考核的增量；以不同种类零部件物流配送的实做工时的差异作为计件考核的难易系数，充分考虑设备运行故障、

员工工作负荷、协作关系、零部件尺寸与价值等综合因素，形成综合的考核办法。考核参数的设定不仅可以帮助车间班组合理调整人员安排，而且可以有效调动员工的工作积极性，增强员工之间的相互协作配合。采用限时刷单考核配送的准时率。过去物流配送人员的工作完成情况主要是通过人工统计进行，具有一定的滞后性，不能及时反映任务的完成情况，有时还存在人为虚报情况发生，造成用户的投诉抱怨。通过调整配送工作的完工标准，以配送单的现场签收和条码的扫描上传作为任务完成的有效记录。管理人员通过考核各类计划配送标准时长与实际时长的差异，形成对配送人员的绩效考核。

（六）改进体系，形成零部件智能配送管理改善的长效机制

1. 导入综合内审，发现管理短板

通过导入质量管理内审、综合管理内审、企业文化建设内审，对影响零部件配送工作的技术、质量、生产、采购供应、设备管理、基础管理等各个方面进行全面的自我体检，按评价标准进行打分，评定分为合格、铜牌、银牌、金牌 4 个等级。对体检暴露的薄弱环节和发现的管理问题分类，采取“一把手创新工程”、昌飞重点项目管控平台、品质提升和“B 流程”改善等多种手段，建立专项 KPI 项目，拉动昌飞业务域关联的资源，完成管理的闭环升级。对零部件的精细化配送，改变了传统成附件采购交付的模式。当指令工作量细化到天的时候，不再局限于要求供应商全状态交付（零部件、接插件、随机备件、随机工具等），在符合装配指令工作顺序要求的情况下，允许供应商提前交付接插件，提前用于机上线缆的铺设制作，其他功能性的零部件可以延迟到通电联试阶段交付，降低了供应配套的难度，将有限的精力聚焦到真正影响装配生产的缺件上。传统的“传真 + 电话”跟踪成附件交付状态的模式已然落后，供应商也很难准确掌握主机厂的真实装配需求，尤其是在小批量、多品种、科研生产高度交叉的柔性环境下，信息共享的效率造成了大量管理浪费。通过开发供应商信息交互 App，准确地传递合同变化的需求，供应商在 App 上报告成附件生产状态，实现主机与供应商信息的共享，已成为数智航空未来发展的趋势。

2. 形成规范标准，打造改善生态

完善编制了《零部件仓储与配送管理制度》《需求计划与库存平衡管理制度》《成附件 BOM 管理制度》等 43 份制度文件，理顺配送业务域各环节的各车间之间、车间与部门之间、部门与部门之间的关系，形成并固化管理标准。通过现场实地采集图样和产品信息，编制图文并茂的《零部件配送作业指导书》和《仓储物流设备 TPM 指导书》，不断强化员工的专业技能水平，不断提升仓储专业化分工的合理性，拓宽独立作业和设备维护的覆盖范围，提高了工作素养。持续坚持“三项制度”改革，在用人、分配和激励 3 个方面强化管理改善的权重和份额，打造可持续发展的改善生态。给人创造公平公正的环境，通过问题刺激人的“惰性”，发挥主观能动性，将“要我干”变成“我要干”，最终解决如何提升工作绩效的问题。

三、航空工业企业提高柔性生产效率的零部件智能配送管理效果

（一）打破了传统配送管理发展僵局，为昌飞迈入智能工厂跨出重要一步

配送管理通过智能配送体系的升级改造，适应了多品种、小批量、科研批产高度交叉的柔性生产。昌飞凭借智能大数据等先进技术加快改造了整个配送链，将多维、实时的智能大数据叠加在物流场景中，形成了一幅以“数据、设备、系统、产品、人员”多维度并行的数据拼图，由此开展了多元化的数据应用服务，打破了过去传统的配送管理体系的发展僵局，是昌飞迈入智能工厂重要的一步。

（二）大幅度降低了运营成本，完成昌飞“两金压控”要求

通过智能配送系统的构建，大幅度降低了人工成本。在配送工作频次增加近 1 倍、工作内容增加 3 倍以上的情况下，管理人员的资源配置缩减 40% 以上，一线工人加班工作时长同比降低 25%。通过发挥系统的“理前端、管过程、出结果”的作用，不断减少过程中的 7 种浪费，库存存货总额同比下降

27.5%，库存周转效率提升 25.8%，库存准确率提升 8% 以上，降低了昌飞的运营成本，提升了仓储管理水平，顺利完成“两金压控”的管理目标。

（三）提高了生产组织效率，助推企业完成生产目标

2019—2020 年，昌飞生产组织效率大幅度提升，在任务增加超过 40% 的情况下，提前超额完成了年度各项生产任务，实现了集团公司“2332”的均衡生产目标，收到了集团公司领导的联名贺信。组织生产效率提升近 22.69%，生产准备效率提升 91%，综合准时配送率提高到 97.3%，装配车间人均工作负荷降低 11%，各项指标再创历史新高。

（成果创造人：吴小文、邵剑锋、万　焕、罗贤明、童周强、周　俊、唐贵阳、张红彤、熊培彬、程会祥、涂建平、吴奎发）

军工采购企业实现全流程、多元化协同的供应链安全管理

中电科技（南京）电子信息发展有限公司

中电科技（南京）电子信息发展有限公司（简称中电科技）创立于2003年，主业从事军工电子行业专业化供应链管理运营。近年来，中电科技已经逐步发展成为行业优秀的供应链集成服务商，现已成为各军工院所采购核心平台，供应链管理与服务能力稳居军工电子行业前列。2015年，中电科技获得工业和信息化部"'两化'融合示范企业"荣誉称号，成为全国首批通过"两化"融合管理体系贯标评定企业；2016年，中电科技被评为"江苏省管理创新优秀企业"。

一、军工采购企业实现全流程、多元化协同的供应链安全管理背景

（一）响应国家供应链战略，应对全球复杂局势

近年来，国际环境日益复杂，部分供应链关键技术封锁和断供对社会发展和经济安全造成威胁，我国供应链安全体系建设尚不完善，形势较为严峻。党中央明确提出要提升供应链现代化水平，防范供应链风险，做好供应链战略设计及精准施策，坚持自主可控、安全高效。因此，供应链建设要尽快补齐短板，加大重要产品和关键核心技术攻关力度，推动产业链供应链多元化，形成具有更强创新力、更高附加值、更安全可靠的产业链供应链。

（二）适应军工行业发展趋势，提升装备保障能力

近几年，西方国家对我国科技军工企业的制裁呈现密集化、多元化、纵深化的趋势；与此同时，军工行业还具有"装备复杂度高，质量可靠性要求高，计划管理难度高，供方管理复杂度高"的特点，军工行业发展需要更安全、完善的供应链系统支撑，以抵御供应资源不足的风险、提升供应资源整合能力及供应链的穿透性，获取装备完全自主可控的主动权。

（三）保障企业高质量发展，实现供应链核心价值

当前，军工企业普遍存在的供应链安全问题主要包括：对供应链安全问题系统策划手段及应急处置方案不完善；设计选型环节对外部技术约束带来的安全隐患不敏感，与采购协同不充分；供应链全流程智能化信息手段，以及供应链安全问题分析信息化手段不足；供应商资源不足，次级安全管理不到位；交付、质量、物流、存货等供应过程安全问题监控手段不足。为实现军工企业生存发展，维护国家安全的核心价值，完成极限条件下的装备保障任务，必须明确供应链安全的工作要求，再造供应链安全体系，提升企业核心竞争力。

二、军工采购企业实现全流程、多元化协同的供应链安全管理主要做法

（一）顶层规划战略目标，建立、健全供应链安全体系

1. 确定供应链发展战略，推进供应链安全体系建设

中电科技以确保装备科研生产物资供应不断链、不掉链及实现装备全级次自主可控为目标，制订了"安全稳固、多元协同、精准施策、高效运行"的供应链发展战略，建立了装备全级次、全流程供应链安全管理体系，覆盖需求管理、采购策划、采购实施、仓储配送及售后服务等供应链全流程。建立了供应链安全保障组织机构，由总经理"挂帅"，下设供应链管理团队和物资专家团队。供应链管理团队由采购部门牵头，包括渠道安全管理、风控管理、采购管理、供应商管理方面的专家，物资专家团队包括选型管理、国产化管理、质量管理方面的专家。中电科技在不断完善供应链管理制度和流程的基础上，以理念创新推动管理方式的变革，近几年不断提升供应链安全管理，包括完善供应链安全制度建设、优

化选型流程、加强单一来源过程控制、建立供方储备池机制、增加供应商穿透管理的要求、重塑物资采购产品交付全流程、制订供方质量改进计划等。

2. 系统分析供应瓶颈问题，建立供应链安全风险矩阵

面对供应链风险的复杂性，中电科技全面梳理全级次、全流程供应链安全问题。与大客户深度协同，横向从设计研发、供应过程、生产制造、质量安全、仓储及售后等供应链全流程，纵向从产品全级次，两个维度结合分析，形成供应链安全风险矩阵。从全局高度系统定位装备科研、生产、交付过程供应链安全问题，挖掘科研生产与供应保障协同过程中的内在隐患，引导前端设计将供应链安全的理念融入技术升级的过程，为开展整体保障策划与专项任务部署提供重要依据。

3. 依据未来需求任务，整体策划供应链安全保障方案

中电科技长期以来协同大客户，坚持供应链年度策划工作机制，每年年初制订“1+3”保障方案，根据大客户当年及未来3年的产品任务，制订年度物资保障大纲。分析“供应链安全风险矩阵”中的问题，开展产品、供方、物资3个维度的策划。其中，产品策划包括自身产能、外部断供、国内资源获取能力等因素的分析与解决；供方策划包括供方供应链安全、稳定能力及渠道安全和供方资源拓展性的分析与解决；物资选用策划包括技术、质量、成本和可采购性、自主可控水平及单一来源情况的分析与解决，相关工作在智能供应链系统跟踪落实。基于整体策划方案，对于重点供应困难要素，开展供应链安全专项任务的落实，主要包括国产化专项、物资储备专项、质量管理专项、供方穿透专项。

（二）打造供应链一体化平台，提升供应链协作效率

1. 建立物资智能选型平台，提升选型效率与质量

中电科技作为集团公司集采平台及供应链服务平台，面对庞大的基础物资数据，必须提升技术选型源头选型效率，改变长期依据技术经验的选型思维。通过智能信息平台引导，中电科技建立了基于物料供应链安全、技术规格模板、指标搜索的智能物资选型平台。为支撑装备国产化，通过源头控制进口物资、单一来源选用的物资全生命周期管理，实现按产品维度进行选型可视化分析。由物资专家团队牵头建立结构化的规格模板，协同供方与第三方基础元器件单位，按类别建立物资基础数据库，依据产品领域的特征和历史使用状态建立优质推荐库。通过高效选型目录管理和便捷查询界面，以及建立基于性能参数的智能搜索比选引擎，提高物资选型效率。为实现智能系统对行业内优质厂家、优势资源的牵引，将供方优势产品、国产化替代清单纳入数据库。项目负责人可通过国产化应用分析模块，掌握产品整体国产化率，支撑产品自主可控决策。

2. 建立采购决策管理系统，实现供应交付风险的智能预警

中电科技以产品稳定交付为目标，基于对产品科研生产需求的准确分析，建立基于采购物料清单的采购决策管理系统。导入采购全过程数据，对分散在多信息平台的数据信息进行资源数据融合，通过算法完成物资调配、全级次装备物资配套分析，实现对项目、子系统、物资交付供应风险的快速定位，以及对各层级计划偏离度的统计及可视化智能预警。采购决策管理系统为各角色创建了一个统一问题处理平台，各角色发挥各自的职能，聚焦整个项目要求，分清层次，关注问题的紧急程度，建立可视化的流程处理机制，引入管理层的决策协调功能，实现统一平台的高效处理。

3. 打造全流程供应链信息平台，实现业务流程全覆盖

中电科技聚焦供应链安全保障，为解决信息流转滞后、分散的基础数据缺乏整合及关键数据缺乏挖掘的问题，重塑关键节点的信息化系统，不断丰富对供应链复杂业务场景的算法，实现对供应链中研发选型、采购、交付、供方、质量、客户服务管理等各信息化平台供应链数据进行高度集成，通过对数据全流程、全对象智能分析，快速定位供应链安全问题点并实现可视化管理，支撑管理决策。目前，供应链信息化覆盖对象已由中电科技内部向客户与供方延伸，实现从客户、本单位、供方三位一体化协同平

台。供方端，通过供应链管理平台及其数字接口完成与供方内部系统对接；客户端，通过服务保障信息系统形成军地一体化保障数字化通道，实现装备健康状态实时采集分析；内部系统，由智能选型平台支撑选型决策，由采购决策管理系统及采购业务平台实现采购决策，以全数字化供方综合评价系统提升供方管理效能，以生产制造与质量管理系统强化内部过程控制。

（三）实施多元化选型管理，源头保障供应链安全

1. 开展物资标准化统型工作，完善产品选型控制流程

中电科技作为集团公司供应链管理及集中采购平台，对编码通用型及统型管理方面提出了更高的要求。在物资选型阶段，技术团队为保证指标的合理性和一定范围内的通用性，充分依据国标、军标，通过智能选型平台规范选用标准，选用通用物料，降低定制属性。对于选用供方范围，从流程及考核上引导设计师物资选用在行业领先、技术先进、质量稳定、绩效优良的多家供方范围进行，保证质量的稳定性、一致性及互换通用性。为解决在选型过程中品种分散、新增型号多及复选率低等问题，根据行业发展趋势及未来物资选用情况，与大客户的设计部门协同开展部分物资统型工作，制订了统型的标准，要求兼顾技术、质量、成本、采购规模、国产化、供货渠道、供货能力、采购周期等因素综合考虑，缩减差异化定制需求，既要方便设计师选用，又能有效控制新增物资的数量。在总体及分系统方案评审阶段，对物资选用清单进行评审，评审内容主要包括性能指标的合理性、适用性，成本是否最优，是否可采购并满足进度要求，是否只能使用进口物资或只能有单一供方来源，是否有多家意向供方及型号可选等。

2. 建立单一来源管控流程，减少设计源头单一问题

为限制单一来源物资选用及采购，中电科技制订了单一来源采购管理办法及实施细则，明确了单一来源定义及分类，建立单一来源的分类分级审批流程，规范单一来源采购谈判及结果公示要求。在选用前端，如依照研发、工艺、技术需要，选用了不可替代的专利、专有技术唯一供应商，应通过选型的标准化工作引入多供方竞争，开展行业调研及市场供方资源拓展，以需求为牵引引导具备实力供方开展相关领域能力建设。每年组织供方培育策划、制订计划、落实责任，引进社会优质生产资源，逐步消除单一供方。在采购过程中，通过大宗物资采购评审对单一来源采购进行管控，大宗评审过程中涉及单一来源的项目，要求需求部门提供单一来源说明，由需求部门领导和相关专家进行审核确认。在完成单一来源采购后，应实施单一来源的公示，接受异议并形成问题处置机制，接受相关方的监督。

3. 严控进口物资选用，全面应用国产化专项成果

进口物资选用是军工企业选型控制面临的重点问题，需要在全面控制进口物资选用和保证装备性能可靠性上综合评估和抉择。物资专家团队对进口物资的风险等级进行梳理与评审，结合评审结果进行分类处置，对供应困难、技术封锁或有安全隐患的厂家产品禁止选用，对长周期、有成本风险的在课题产品中限制选用并通过智能选型平台对风险物资进行标识及控制。在规范、控制进口物资选用的同时，加强国产化替代成果的推广应用，对本单位、供方、第三方已形成国产化成果的数据纳入智能选型平台，在设计师团队全面推广应用。

（四）实施多元化供方管理，夯实供应链安全基石

1. 实施供应链备链管理，建立供方储备池

中电科技依据多级次、分类别、多元化的供方策略，在合格供方的基础上不断拓展备选供方范围，开展供方储备池建设，以避免突发质量、产能、安全、封锁、自然灾害等事件造成供货冲击，保持竞争机制，避免一家独大造成定价强势。相关储备供方进入供方储备池后，按类别划分标识技术、质量、成本等优势，允许参与预研产品、国产化替代项目。相关储备供方工作由专人负责供方资源拓展工作和专人审核，建立储备标准及流程。需要增加储备供方因素主要包括：现有合格供方无法满足所需产品，产

品领域缺乏多供方竞争，未来发展方向的新材料、新技术、新工艺领域，存在供应困难、产地集中、存在物流风险等。储备供方的挖掘、引用的途径包括：在现有合格供方中发掘，因中电科技合格供方实施供货类别管控，随着供应商发展及类别拓展，可从中挖掘新的供货类别；对历史合作供方中虽长期未合作已移除合格供方范围的，部分供方仍具备较强的产品力可延续合作；外部供方资源拓展包括与行业协会、机关推荐、网络搜寻及集团公司内或其他军工单位推荐渠道，可纳入储备供方池。

2. 实施供应链强链管理，突出优选供方作用

为充分发挥供应商联盟及优秀供方在科研生产中的作用，实现合作共赢及整体利益的最大化，保障物资选型工作在行业领先、技术先进、质量稳定的供方范围内进行，不断突出优秀供方的作用。自2012年开始，中电科技开展了优选供方的体系建设工作，组成了优选供方专家团，按物资分类进行甄选，制订优选供方的评判标准，共对46个大类近200个小类进行供方调研，通过全数字化供方评价系统，对参评优选供方资质、能力、技术、质量、行业地位等指标进行评价，通过供应链专家组成员会议评审确认，最终对每类物资选出3~5家优选供方，作为该类物资的推荐供方，鼓励研发部门优先选用，引领选型工作开展，大幅提升采购集中度。

3. 全级次供应链安全穿透管理，形成抵御风险合力

中电科技为发现供方实际研发、生产过程中的风险，采取了以下方式对供方进行穿透延伸管理。开展供应链安全穿透分析工作，将供应链安全延续到供应商及次级供应商，从元器件、原材料、生产加工设备、仪器仪表、设计软件五大范围对供应商研发、生产自主可控能力排查供应商采购安全风险，排查供应商对配套厂家停产禁运、物流安全、物资储备、渠道安全、海外流片的情况，对存在风险的供应商启动应急备选厂家方案，因在物资选用初期的多供方策略，为备选厂家落地创造了条件。调研考察供方产能分配情况，签订保障协议，要求供方调配资源，提升中电科技在供应商端的供应优先级，保障计划的落实。

（五）实施多元化采购管理，提升过程控制能力

1. 建立供方资源保障机制，提升齐套过程控制能力

供方产能问题是目前最主要的供应交付风险来源，为解决新形势下供方产能问题，中电科技基于长期以来产研合作、共同发展的理念，基于与核心供方建立的紧密型战略合作关系，重塑关键物资交付流程。一是通过与联盟供方、优选供方签订战略合作协议，支持供方加大前端技术牵引并要求供方提升常规及紧急状态下对中电科技供货资源的优先级；二是开展核心供方跟产证据化管理，从人员、设备、生产资料、制度与环境5个维度进行资源保障策划；三是采购部门按月对供方保障要素进行分类处理，明确厂家在5个维度资源保障的关键证据，包括关键物料采购合同、入库单、随工单等，通过供应链协同平台对关键证据进行传递；四是应用采购决策管理系统，实施智能齐套分析，及时识别分析，根据风险等级实现分级决策；五是对协议落实、履行效果进行监督评价，落实激励与处罚措施。

2. 实施采购质量全风险管理，提升质量过程控制能力

供应质量风险管控贯穿于供应链全过程，中电科技实施质量全风险管理，通过识别各环节质量风险点，形成质量风险清单全要素控制图并在质量管理系统中落实闭环管理。供应链质量风险点主要有：设计选型过程验证不充分，造成的选型安全漏洞和质量隐患；供方资质审核不严，质量要求传递不到位，经销商无代理资质造成的原厂配合不到位，质量问题处理不及时；物资基础管理中信息不完整，造成采购实物与资料不一致；技术状态变更流程不规范，造成定型产品发生批次质量问题；收货环节质量问题传递、分析及处理不及时；质量数据分析过程数据不完整、内外部原因识别分析、举一反三不到位等。相关质量风险均进行了分类并评级，明确风险控制薄弱环节，以及各风险点控制措施，确定各团队在质量风险管控中的职责、协同要素及闭环交付物。

3. 强化供应链安全监测，提升过程风险应对能力

中电科技强化对供方供应链安全问题的过程监视测量。主要举措包括：加强对供方经营风险监测，在常规能力审核的基础上定期分析财务报表或审计报告，分析供方经营风险及业务持续能力；强化供应过程异动的预警，如通过交付异动分析产能储备、上游供货异常、人员流失等问题，开展动态备产、国产化及竞争性替代，通过价格异动分析原材料、人力价格、渠道变化等原因，开展成本组成确认、市场研判和物资储备；建立突发事件应急处置预案，在应急动员、资金调拨、紧急流程等方面采取应对措施。

（六）建立供应链安全评价体系，推动供应链安全工作落地

1. 建立供应链安全评价标准，完善供应链安全评价手段

中电科技为落实全流程、系统化的评价工作，通过对供应链安全工作的实践与经验的提炼，不断完善评价机制，明确评价指标，量化数据来源，整合评价算法，规范结果处置措施，实现了相关评价工作贯穿设计研发、供应过程、供方管理、生产制造等供应链全流程，通过 PDCA 循环的方式落实评价工作。关注供应链安全要素的各个环节，对评价要素、指标分级分类梳理，实现从定性评价向量化评价的转变，明确各评价指标、评价要素数据信息获取的来源，实现对多信息系统的数据整合，避免人为因素评价产生的干扰与歧义；通过物资专家团队及供应链管理团队科学分析评审，确认每个评价要素的算法及异常数据处理规则，保障评价的结果可以科学、准确的反应供应链安全存在的问题；最后，形成对评价结果建立有效的改进措施，实现供应链安全问题的闭环。

2. 建立全数字化的供方评价标准，量化供应商评价要素

为对供方综合能力、绩效进行全面有效评估，以培养“供应稳定、质量可靠、服务优质”的供应商为目标，中电科技梳理供应链全流程关键环节，建立了全数字化供方综合评价系统，借助多平台数据融合，实现全面、完整的过程绩效数据统计。根据不同指标关注程度计算权重，建立基于事实的评估标准化模型。明确量化数据采集的手段、方法、周期，明确评估模型及指标权重设定的理论依据，聚焦质量、成本、交货、服务主要绩效指标，加强其技术、资产/资质、流程/人力资源的综合评价，近两年增加对供方核心技术能力、外协外包风险、渠道分析方面的供应链安全的考核，形成对供应商全方位、多维度的准确分析，实现由定性评价向数字化、系统化、全量化评价转变。

3. 完善供应链安全工作考核，加强过程监督与激励机制

中电科技全面开展供应链安全评价工作的落地，协同大客户在物资选型、供方管理、采购管理方面制订供应链安全的考核指标，落实管控要求，推动供应链安全工作的落地。针对前端选型，评价整机、分系统单元指标的合理性，考核使用部门进口物资选用率、装备型号国产化率，国产化完成计划节点完成率、元器件型号复选率；对于供方管理方面，考核优选供方物资的选用率、重点产品供方供货产品穿透国产化率、对进口供方及编码的关闭完成率；对于采购过程，落实年度战略供方合作协议签订，考核对风险物资储备的完成情况，基于供应链管理平台考核供方质量及交付数据证据报送情况，动态分析跟踪采购产品价格波动率，开展异常价格分析及跟踪处置；通过质量管理系统，考核供方质量验收环节质量数据、归零数据、生产环节及交付外场后非偶然因素质量情况，重点考核因供方质量管控不到位发生的技术状态变更问题；供应过程阶段，对供方生产能力安全情况进行评价，包括对科研生产设备、仪器供货渠道、服务保障风险分级评估；生产制造阶段，按不同外部环境，模拟评估极限环境下的加工能力。相关工作与绩效挂钩，实现将供应链安全全流程关键要素的评价落实于具体工作的要求中。

三、军工采购企业实现全流程、多元化协同的供应链安全管理效果

（一）强化供应链安全管控，稳步提升任务保障能力

中电科技通过全流程、多元化协同供应链安全管理的实施，保障了大客户近几年装备及科研生产任

务的顺利完成，物资供应资源、渠道、过程安全性显著提升，在研发、生产、交付、售后内外部协同稳定性方面进一步加强，装备客户满意度进一步提升。

（二）增强企业核心竞争力，加速企业利润持续增长

通过该创新成果的实施，降低了大客户装备物资的采购成本。直接成本方面，2020 年中电科技营业额增长 14.49%，利润增长 19.11%，2019—2020 年国产化收益超过 7000 万元，通过储备工作消除了因外部原因造成涨价带来的成本影响，实现降本收益超过 5000 万元；间接成本方面，全面提升了大客户国产化能力及核心竞争力，成本策划及成本控制能力进一步加强，在产品竞标过程中技术与商务优势进一步显现。

（三）推广供应链安全管理经验，树立行业品牌标杆地位

通过该创新成果的实施，支撑集团公司出台供应链安全的指导意见，建立了具有军工特色、可复制、系统化的供应链安全管理方案。中电科技多次在集团公司内部单位、国防企协、集团公司管理创新及供应链交流会议上推广相关做法，获集团公司管理创新一等奖、集团公司二等奖、全国管理创新二等奖，在中电科技建设自主可控的供应链方面及通过金融手段扶持供应链上下游企业良性发展方面产生重大社会效益，逐步确立了军工供应链管理标杆地位，极大提升了中电科技的美誉度和行业地位。

（成果创造人：邱国华、李春晓、史建东、汪星宇、王　涛、田　琦、沈湘林、颜礼松、张建国、高少冲、刘泓辰、孙艾嘉）

电网企业基于大数据的全产业链一体化信用管理

国网冀北电力有限公司、国网浙江省电力有限公司

国网冀北电力有限公司（以下简称冀北电力）是国家电网有限公司（以下简称国网公司）系统最年轻的省级电网企业，由于独特的地理区位和历史沿革，肩负“一保两服务”的特殊职责使命，下属供电、施工、培训等基层单位22家及合资公司3家。“一保”是保障首都供电安全，承担首都70%的电力供应重任，“两服务”是服务冀北地区经济社会发展和服务国家新能源发展。截至2020年年底，冀北电网统调装机容量为4287万千瓦，其中新能源装机占64.5%——位居国网系统第一。近年来，先后获得“全国工人先锋号”“中央企业先进集体”“全国五一劳动奖状”“全面质量管理推进40周年杰出推进单位”“中国标准创新贡献奖”等荣誉称号。

国网浙江省电力有限公司（以下简称浙江电力）是浙江省能源领域的核心企业，下辖11家地市供电公司、19家直属单位和68家县级供电公司；拥有110千伏及以上输电线路6万千米、变电容量4.71亿千伏安；已建成1000千伏变电站3个、变电容量1800万千伏安，±800千伏直流换流站2个，换流容量1600万千瓦；供电服务人口超过5800万。2020年完成固定资产投资291.2亿元；售电量4187亿千瓦时，营业收入2436.4亿元。近年来，先后获得“全国文明单位”“中国一流电力公司”“全国五一劳动奖状”“电力行业AAA级信用企业”“全国电力供应行业排头兵企业”“浙江省工业大奖金奖”等荣誉称号。

一、电网企业基于大数据的全产业链一体化信用管理背景

（一）响应国家和社会信用体系建设要求的需要

党中央、国务院高度重视社会信用体系建设。十九届四中全会提出“完善诚信建设长效机制”。社会信用体系建设是营商环境评价的核心和基础，对全面提升“获得电力”服务水平至关重要。电网企业是我国关系国民经济命脉和国家能源安全的国有重点骨干企业，应先行先试、开拓创新，带头做好企业信用管理，为我国在能源行业探索出以信用管理为基础的新型国企治理现代化路径发挥示范表率作用。

（二）支撑“信用国网”数字生态体系建设的需要

为落实党中央诚信建设的决策部署，国网公司立足政治本色、行业特色和发展角色，确立了建设“具有中国特色国际领先的能源互联网企业”的战略目标，率先启动了“信用国网”数字生态体系建设，要求构建贯穿事前、事中、事后全过程的信用管理和风险防范体系，明确要以“育”为手段，育新机、育动能、育优势，增强价值创造和抗风险能力，以“开”为结果，开辟新空间、开拓新领域、开创新局面，实现更高质量、更可持续的发展。信用体系建设不仅可以提高抗风险能力，更可以应用信用大数据在数字经济时代开辟新的发展空间。国网公司从整体部署出发，选取冀北电力和浙江电力分别作为北方和南方地区的代表，率先在省级电网企业中试点探索实践基于大数据的一体化信用管理，支撑“信用国网”数字生态体系建设。

（三）加强省级电网企业自身信用管理的需要

长期以来，省级电网企业在产业链信用管理中存在着很多问题。在电网企业内部，存在着失信事件发现不及时、处置效率低、预防手段少、专业协同不强等问题；在上游供应商管理方面，存在着招投标时筛选时间长、交易信用风险大、设备质量检查效率低等问题，部分供应商因应收款时间较长而出现一

定程度上的资金信贷压力，进而导致交易违约等问题；在下游电力用户管理方面，存在着电力公共服务效率有待提升，对窃电、违约用电等电力失信行为管控滞后，对其市场社会失信行为预警不到位等问题。这些问题的核心在于企业内部信用数据获取的不及时、不通畅，外部信用数据难以掌握，数据分析工具应用较少。因此，迫切需要以省级电网企业为核心，建立起具有电网特色的、基于大数据的、对自身及上下游相关方实施科学、高效、协同的一体化信用管理体系。

二、电网企业基于大数据的全产业链一体化信用管理主要做法

（一）开展电网企业信用管理顶层设计

1. 实施内外部多维调研分析

在对外调研方面，对国内外主流的企业信用管理理论、大数据前沿技术、国内信用管理实践情况进行充分调研和学习，从中选择出适合中国国情、适应电网特征的相关理论和技术，作为开展电网企业信用管理的基础支撑，加强信用管理体系建设的科学性、先进性。在对内调研方面，对各业务部门、各基层单位信用管理难点、痛点、盲点和电力信用大数据情况进行充分研究和梳理，一方面，以解决业务部门、基层单位实际问题为导向，明确信用管理的核心风险点和关键业务场景；另一方面，摸底电网企业内部电力信用大数据的基本情况，为开展基于大数据的信用管理奠定基础。

2. 确定企业信用管理整体思路

根据内外部多维调研分析讨论结果，最终确定信用管理体系建设的整体思路，主要包括以下 4 个方面。一是开展电网一体化信用管理。电网企业传统的信用管理只关注电网企业自身的信用，在我国能源转型升级的背景下，各类相关主体之间日益深入的紧密联系使得电网企业经营的复杂性、不确定性显著增加，因此，电网企业作为产业链的核心企业，不仅应聚焦自身内部的信用管理，更应该加强对上下游关联企业的外部信用管理，避免发生失信连带影响；同时，对电网企业、上游供应商、下游电力用户开展信用管理，发挥在电网产业链的信用带动作用，积极履行电网企业社会责任，通过发挥信用在资源配置中的作用，推动打造电力行业诚信生态圈。二是基于电力信用大数据开展信用管理。打造电网企业信用管理“311”体系，通过 3 类信用评价模型、1 个电网信用全景数据库和 1 个一体化信用管理平台，建立“用数据说话、用数据决策、用数据管理、用数据创新”的信用管理机制，实现基于信用数据的智能分析和科学决策，推动电网企业信用管理理念和企业治理模式进步，实现电网企业信用管理能力现代化。三是以三维信用理论为理论基础开展信用管理。目前，国家发展改革委、国家能源局等部委广泛应用三维信用理论对企业的公共信用进行评价。三维信用理论由诚信度、合规度、践约度 3 个维度构成。诚信度是从企业获得一般信任的维度评价企业基础素质、文化理念、行为准则等内容；合规度是从企业获得管理者信任的维度评价企业在社会活动中遵守社会行政管理规定、行业规则的水平与能力；践约度是从企业获得交易对手信任的维度评价企业在经济交易活动中遵守交易规则的能力。四是因地制宜设计信用管理应用场景。冀北电力和浙江电力作为开展信用管理的试点企业，相关业务和实际需求具有一定差异性和地方特色，在信用管理的具体落地应用上应有所侧重，满足企业自身不同的管理需求，共同推动实现对电网企业、上游供应商、下游电力用户的“三精管理”，即精细管理、精准管理、精益管理。

3. 建立三方联动的信用管理组织

按照“管业务同时管信用”的原则，以企管部牵头，物资部、营销部为责任部门，以人力资源部、安监部、设备部、发展部等为配合部门，以各供电公司和其他单位为支撑单位，构建三方联动的一体化信用管理组织。在前期调研阶段，从责任部门了解信用风险管控难点和需求，从配合部门了解业务数据产生和存储的关键环节，从支撑单位了解具体业务流程和操作规则，实现对省级电网企业信用管理需求、数据、业务的全方位梳理。在中后期管理阶段，将信用评价与分析结果推送至相关业务部门和基层

单位，实现立体式信用管理策略，优化省级电网企业信用管理体系。各业务部门及单位可以自主选择应用环节与场景，将信用评价结果在信用主体的事前、事中、事后全流程信用管理中进行应用，也可根据具体情况在推送结果基础上进行特色定制，实现差异化、有针对性的信用管理。

（二）构建具有电网特色的一体化信用评价模型

1. 打造具有电网特色的信用评价指标体系

在模型指标体系构建过程中，以国网公司顶层指标框架为指导，以数据自动收集为原则，辅以一定的维度拓展和数据拓展，确保整个模型体系既兼顾统一性和可比性，又突出侧重点和差异性，特色化打造电网产业链信用管理的一体化管理模式。在一级指标的设计上，采用对所有企业共通的基础维度：诚信度、合规度和践约度；在二级指标的设计上则突出行业特殊性，电网企业模型重点关注诚信管理、诚信形象、社会责任、产品服务等基础素质情况，上游供应商模型重点关注交易行为、交易评价、交易业绩等商业交易情况，下游电力用户模型重点关注缴费和用电行为情况。电网企业信用评价模型分供电企业和非供电企业两类主体进行分别评价，供电企业是以供电业务为主业的各地市和县供电单位；非供电企业是辅助电网企业供电主业的相关支撑单位，如经研院、电科院、检修公司、信通公司等。由于供电企业和非供电企业的主营业务、内部管理等均具有较大区别，因此，在构建电网企业信用评价模型时应构建不同的评价指标。供应商信用评价模型以预测发生不良行为风险作为模型目标值。供应商指为电网企业生产运营提供各类物资供应和服务的制造商、贸易商、施工方等，如电缆公司、电力器材制造公司、送变电工程公司等。电力用户信用评价模型以预测发生用电失信行为作为模型目标值。电力用户主要以企业电力用户为主，指电网企业为其提供电力供应服务的对象，如钢铁公司、水泥公司、玻璃公司等。

2. 集成应用信用评价技术方法

综合集成应用多维度频次量化法、模糊综合评价法、有监督的机器学习法等具有独创性和先进性的模型方法论，结合三维信用理论支持，从诚信度、合规度、践约度 3 个维度构建适应电力信用大数据特点的、具有电网特色的一体化信用评价模型。多维度频次量化法是一种综合性的、多维度的频次量化方法，是从多个维度客观、综合地对多类型数据的评估量化，已在 28 万余家企业样本中进行应用和验证。模糊综合评价法是一种基于模糊数学的综合评价方法，可根据模糊数学的隶属度理论把定性评价转化为定量评价。有监督的机器学习法是把一种应用标记的数据作为输入和输出从而创建函数模型的方法。3 个模型分别以预测电网企业发生违规行为风险、供应商发生不良行为风险、电力用户发生用电失信行为风险为目标，运用电力信用大数据进行自动学习构建模型，实现对电网产业链信用风险的有效分析与管理。

（三）整合内外部数据搭建电网企业信用全景数据库

1. 汇聚整合企业内部管理数据

以电网企业现有数据中台作为基础设施，将各业务系统的数据梳理、整合，共享应用于不同的业务场景，实现基于信用大数据的电网一体化信用管理。在电网企业模型构建方面，从同业对标评价、安全工作奖惩、营销考核等主要管理指标中提取出具有一定客观性且能够反映供电公司内部合规情况的指标，进一步回溯到原始业务系统数据，筛选出 SG186 营销业务应用系统、电能质量监测系统、供电电压采集系统及国网数据中台的财务管控系统、电子商务平台、国网 95598 系统等 10 余个信息系统数据，作为电网企业信用评价的数据支持。在上游供应商模型和下游电力用户模型方面，对数据中台上电子商务平台（ECP）的 858 个数据表、21845 个数据字段，ERP 系统的 793 个数据表、19985 个数据字段，营销业务应用系统（SGPMS）的 926 个数据表、13750 个数据字段等海量信息资源详细分析，涵盖供应商投标、中标、合同、履约、评价等各环节的数据和电力用户报装、用电、缴费等各阶段的数据，从中抽取上百个数据字段作为上游供应商模型和下游电力用户模型的信用数据支持。

2. 拓展接入企业外部信用数据

根据模型评价的需要和数据的可得性，电网企业通过数据接口的方式接入“信用中国”和“信用能源”网站并拓展收集最高人民法院及国家税务总局、生态环境部、人力资源社会保障部、财政部、工业和信息化部、审计署等国家部委的公共信用数据，覆盖市场监管、税务、能源、生态环境、应急管理、卫生健康等40余个行政管理领域，30多个省、自治区、直辖市的外部信用数据。数据维度包括严重失信黑名单、重点关注名单、行政处罚、异常名录、质量抽检、政府信用评价等级、欠税纳税、司法执行、民事诉讼等多方面的社会信用表现。外部信用数据作为电网内部系统数据的重要补充，综合实现对电网产业链中核心电网企业、上游供应商、下游电力用户的综合式全景信用画像与评价。

3. 构建电网企业信用全景数据库

通过对电网企业内部管理数据和外部信用数据的分析，以电力信用大数据清单的形式，设计电网信用全景数据库。全景数据库包含3个数据清单，分别是内部信用数据清单、外部信用数据清单和模型输出结果清单，其中内部信用数据又细分为面向电网企业、供应商、电力用户3类主体的子清单。全套清单共计62个数据表和418个数据项字段。其中，内部信用数据清单包括44个数据表和257个数据项字段，涵盖电网企业的财务数据、供电指标、安全工作奖惩情况、相关事故、管理创新获奖等信息，供应商的历史合同、抽检问题、履约评价、获得奖项等信息，电力用户的历史用电、违约金、违规违约用电等信息；外部信用数据清单包括15个数据表和99个数据项字段，涵盖知识产权、资质认证、行政处罚、失信黑名单、经营异常名录、拖欠税款、司法执行等信息；模型输出结果清单包括3个数据表和62个数据项字段，涵盖综合信用评价等级与分数、诚信度等级与分数、合规度等级与分数、践约度等级与分数、各子维度等级等信息。清单用于明确数据分类、数据表名称、数据项字段、数据项说明、来源数据表、来源字段、所属系统等内容，支持信用评价模型的自动运行和动态更新，降低人为干预，实现信用评价自动化、智能化。

（四）开发应用一体化信用管理平台

1. 设计平台整体架构

一体化信用管理平台分为基础数据服务层、数据中台支撑层、业务应用层。基础数据服务层实现针对信用原始数据的采集。数据中台支撑层实现将内外部信用基础数据动态接入汇聚，形成信用评价分析的中心共享数据库。业务应用层实现平台面向用户开发的应用功能，以微应用的方式实现电网企业信用评价、供应商信用评价、电力用户信用评价、信用在线监测、预警及多维分析等管理功能。

2. 打通数据处理分析流程

数据中台是能源互联网企业的数据枢纽，是横向跨专业、纵向跨层级的各类电力数据资源汇聚中心。结合公司数据战略，将信用评价模型的算法实现在数据中台进行落地，采用基于数据中台的DataWorks一站式开发工场进行数据开发，快速完成数据集成、开发、治理、质量、安全等全套数据研发工作，可极大提高数据开发的工作效率。首先，通过外部信用数据采集平台将企业相关的外部信用基础数据采集到内网，与SG186营销业务应用系统、电能质量监测系统及国网数据中台的财务管控系统、电子商务平台等形成信用评价基础数据源。其次，通过数据中台将模型需要的基础数据自动汇聚在统一存储层，形成信用业务基础数据表，利用数据中台的自动抽取、转换、推送等功能，将相关数据推送到模型数据预备表中。再次，信用评价模型训练平台基于模型数据预备表中的数据开展模型训练，直至形成质量良好符合预期的相应对象类型的信用评价模型。最后，信用评价系统定期调用信用评价模型服务及数据中台实时推送的不同类型的企业动态信用评价结果，进而自动生成相应的信用评价报告，从总体上对电网企业及上下游企业进行综合多维分析，为准确量化把握产业链的信用生态提供全局性的决策依据。

3. 实施信用一站式查询与分析

对单个信用主体，平台提供不同类型的主体信用报告查询功能，既可以概览式查看信用主体在当前日期的信用等级、评分及变化趋势情况，又可以详细查看每个具体数据项的信用表现明细。对信用群体，平台提供对不同类型群体的多维分析功能，既可以对整个电网产业链企业群体进行综合多维分析，也可以对单个行业的信用群体进行行业特征分析。电网企业将基于大数据的一体化信用管理经验进行总结提炼，明确每类信用事件和信用风险点的关键特征、重点环节、最优管理流程等典型经验，在信用管理平台开辟典型经验知识库专区，供各业务部门及下属单位学习借鉴。在发生同类型信用事件时，做到心中有数、行动有路，大幅提升信用事件处置效率，在电网系统内部实现信用风险管理内循环。

（五）制订针对性措施，实施“三精”信用管理

1. 电网企业信用管理的精准化

依托一体化信用管理平台，提供可灵活定制的信用风险提示，实现信用事件动态预警。以信用评价为抓手，实现省级公司、地市公司、县公司、业务单位及产业单位等所属单位的生产、建设、运营各环节信用管控的全覆盖，做到信用状况一键查询和定制分析。各级信用管控人员可一键查询本企业及下属企业的相关信用报告，按信用风控需求灵活定制风险提示模块、设置风险提示阈值，一旦触发相关条件即自动报警提示并留存风险点备查。每月定期生成信用综合多维分析报告，立体式挖掘和分析失信事件发生的内控薄弱环节，从源头提供信用风险管控解决方案，实现电网系统精准管理，推动电网企业治理水平领先。在各地市和县公司建立信用专责制度，设立专门的人员负责牵头处理信用事件。基于信用评价结果，借助一体化信用管理平台，协助信用专责人员实现识别、预警、建档安排、事件处置、综合评价的全过程闭环管理。对信用风险事件实行全方位在线自动监测，一旦触发风险提示阈值，由平台按照既定的预警策略，自动将预警短信发送至相关信用专责。信用专责根据事件特征、所属专业等信息在平台中进行建档安排，指定事件处置的牵头部门、辅助部门、要求办结期限和具体处置负责人，将事件处置任务单下发给相应的专业负责人。专业负责人收到任务后，迅速展开事件处置工作并填报完成时间、处置工作内容、相关材料票据、责任人等事件处置关键信息。专业负责人确认事件处置完毕后，提交给信用专责进行综合评价。信用专责收到专业负责人的事件处置信息后，进行信用综合质量评价，对于不满足信用质量要求的提出反馈意见要求，专业负责人补充处置，直至满足管理要求和评价通过为止。

2. 上游物资供应信用管理的精细化

以供应商交易信用为核心，在物资供应的全流程实行精细化管理，对每年上万家参与物资采购投标的企业和千余家提供相关物资供应服务的供应商进行事前、事中、事后全流程信用管理，助力国网公司现代智慧供应链建设，促进经营实力领先。事前，根据供应商信用评价结果进行投标企业预筛查，同等条件下对信用状况良好的供应商优先考虑，对信用状况不良的供应商从严审查，对信用状况严重不良的供应商一票否决，从源头上净化与电网企业进行交易的供应商群体信用状况，引导供应商后续物资供应行为向诚实守信转变。事中，除了实现物资品类、供应商、生产批次抽检“三个百分之百全覆盖”外，在日常随机抽查中根据供应商信用状况实行差别化抽检，对 A 级企业选用最低抽查比例，对 B 级企业适当降低抽查比例，对 C 级企业适当提高抽查比例，对 D 级企业大幅提高抽查比例（必要时全面覆盖），提高质量检查力量的分配效率。事后，以供应商信用评价结果为基础，与银行、保险公司等金融机构合作，开展以电网企业为核心、基于区块链技术的供应链金融服务，助力供应商“以信用换融资”，以金融手段反向引导供应商管理提质增效。将供应商信用评价结果推送至供应链金融服务平台后，供应商企业凭借在国网供应链上的应收凭证，既可以获得优惠利率的融资，也可以传递给上游供应商抵销账款，减轻资金压力。各级供应商无须开户和还款，无须变更账户，凭证到期后，金融机构直接

从核心企业获得回款。金融机构在线上受让电子凭证，为各级供应商提供融资服务。资金清分机构直接对接清分机构系统，在核心企业付款后，对持有应收凭证方进行自动清分。通过精细化的信用管理，供应商融资效率得到极大提升，融资周期由传统的线下1周至3个月缩短为线上的1个小时以内。

3. 下游营销服务信用管理的精益化

紧抓主要矛盾，以用电和缴费行为信用风险较高的企业电力用户为关键对象，建立电力用户信用风险预判模型，将营销系统中的用电和缴费数据与外部数据相融合，开展营销服务精益管理，推进服务品质领先。在营销服务方面，对电力信用等级较高的电力用户提供绿色通道、专属用电方案等电力增值服务，优先为信用良好的用户提供更加便捷的电力服务，提高用户满意度，为打造全国一流、卓越服务的电力营商环境贡献力量。在电费回收方面，通过电力用户的动态评价，为各级供电公司及时预警电费回收风险，促进企业电费回收，尤其是结合工商信息、税务信息、司法履约等外部数据和用户电量、电费、容量等电网内部数据，准确识别外部风险源，输出风险防控评级报告。电网企业以转供电主体为突破口，在电力用户信用综合评价结果的基础上，开展电力信用数据智能分析，实现转供电主体电费执行信用精益智慧监管。依托“网上国网”App线上服务平台，以“转供电费码”为载体，联合相关管理部门，通过对转供电主体电价数据的分析，采用时下熟悉的“红黄绿”三色码，确定电费减免是否执行到位，实现转供电主体电费落实信用风险透明化和可视化。形成“客户码上查、政府码上管、供电公司码上帮”的机制，打造“政府主导、客户主体、供电企业主动”的格局，进一步支持政府相关部门和终端客户对转供电主体违规加价失信风险的控制。此外，为协助生态环境部门对企业环境管理水平和环境安全风险状况进行监测，还将产污企业的设备用电情况纳入数据分析范围，结合已建立的电力用户信用评价模型中关于用户的合规度和践约度的评价数据进行综合分析判断，生成企业“环保健康码”，采用“红黄绿”三色码，将企业的综合环保信用情况进行综合标识，服务企业自律守法、分级管控精准执法、公众参与社会监督等场景。

三、电网企业基于大数据的全产业链一体化信用管理效果

（一）构建一体化信用管理机制

电网企业依托“大数据+信用”，构建了新型信用管理机制，通过电力信用大数据的整合与应用，挖掘了传统技术方式难以展现的信用关联关系，极大提升了电网企业整体信用数据分析能力，实现了一体化智能信用管理，在提高信用风险管控效率、增强抗风险能力的同时，提升了电网企业在电力公共服务方面的效率与能力。

在电网企业管理方面，核实、甄别了近5年的历史信用风险信息2268条，提前预警、有效化解失信高风险事件9起，按照“黑名单”“重点关注名单”和“行政处罚”全口径事件统计，2018年监测消除了30起事件，2019年监测消除了20起事件，2020年监测消除了8起事件，系统内失信事件发生数量逐年降低，信用风险防控能力和信用管控水平逐年提升。

在供应商管理方面，以信用手段对供应商进行全流程管理，降低了供应商筛选所需的人力和时间，有效提高了物资抽检效率，搭建的供应链金融服务平台已经在杭州、宁波、绍兴、台州、温州、金华等6家地市供电公司试点应用，有800余家供应商在该平台完成注册，其中一级供应商451家、二级供应商301家、三级供应商47家、四级供应商6家；平台累计确权数字凭证431笔，确权金额11.83亿元；融资企业累计已有139家，融资金额达到6.09亿元。

在客户管理方面，通过建立电力用户信用评价模型，实现了对窃电、违约用电等电力失信行为的动态预警，对不同信用状况的用户采取了差异化的服务策略和电费回收策略，促进了电费100%回收，提高了客户服务满意率和电力公共服务效率，有效助力“获得电力”指数提升和营商环境优化，为全面推进“信用国网”建设提供了有力支撑。杭州市富阳区公司在2020年度实现电费回收率100%、客户

服务满意率 99.8%、客户服务数字化指数 100%，“获得电力”内部评价杭州市排名第三，优化营商环境电力服务“六举措”入围富阳区 2020 年“最多跑一次”改革十大亮点。

（二）带动基于电力大数据的信用数字生态体系建设

电网企业的一体化信用管理带动了基于电力大数据的信用数字生态体系建设，对内优化了电力数据资源应用，实现了信用数据的多向赋能；对外支撑了各级政府相关部门的行政管理，发挥了信用数据在数字化社会治理体系中的作用。

对内优化电力数据资源应用方面，一体化信用管理平台目前已整合应用了电力信用大数据 28 亿余条，是进行电力信用大数据采集、挖掘、存储和分析的新一代信息技术和服务综合平台，将分散在财务、营销、物资工程建设等专业管理领域的电力信用数据资源整合，实现了对电网企业及上下游相关方信用大数据的智能应用，优化了能源互联网企业信用数据资源，实现了信用数据的多向赋能。

对外支撑政府相关部门行政管理方面，一是实现了对转供电主体违规加价行为的智慧监管。浙江电力配合政府监管部门做好转供电主体的核查、电价治理工作，为协助政府清理转供电加价行为提供了有效数据支撑。“转供电费码”功能上线运行半年后，仅杭州市就有 6.83 万家小微企业登录“网上国网”App 查询，累计查出违规电费金额 1.41 亿元。二是实现了对企业环保失信行为的联合监管和惩戒。2020 年，杭州市富阳区已有 131 家环保管控企业安装应用“电力大数据 + 环保”监测系统，萧山、余杭等周边区县已有 49 家企业安装应用，配合生态环境部门促进了“环保健康码”的推广应用。

（三）履行央企信用管理示范表率的社会责任

发挥了电网企业在信用管理领域的示范表率作用，履行了电网企业积极响应国家社会信用体系建设的社会责任，维护了电力市场秩序，促进了营商环境优化，更彰显了电网企业在国家治理体系、治理能力现代化与社会信用体系建设中的责任担当和引领作用，为国网公司加快形成新发展格局、加快建设“具有中国特色国际领先的能源互联网企业”提供了必要保障。

冀北电力与中国人民银行等机构签署信用数据共享相关合作协议，以《电网企业信用大数据管理与评价应用》为题编撰成书，为能源企业、行业研究人员、信用管理工作者等提供实践借鉴与参考，向国内外输出电网企业信用管理先进经验。浙江电力从政企联合推进失信联合惩戒方面入手，会同地方发展改革委等单位联合印发了《电力用户信用管理办法（试行）》，建立了以电力用户信用等级与评价管理为核心的信用档案系统，加强了电力信用数据交互，已完成 7473 家企业 88 万条数据推送。

（成果创造人：宋　伟、钟　晖、王冬松、李　研、盛　民、张胜鹏、黄　波、叶　辛、王丹妮、陈　彪、徐　悦、刘一琛）

建筑企业以总成本领先战略为导向的供应链管理

中铁四局集团有限公司

中国中铁四局集团有限公司（以下简称中铁四局）是中国中铁股份有限公司（以下简称中国中铁）旗下标杆企业，拥有铁路工程、建筑工程、市政公用、公路工程 4 项特级资质，以及铁道行业甲二级、建筑行业、市政行业、公路行业、测绘行业 5 项甲级设计资质，是全国为数不多、安徽省及中国中铁系统首家“4 特 5 甲”企业。除国内外基础设施工程建设外，业务范围还包括建筑勘察设计、新型材料制造、铁路运营服务、大型施工机械租赁、设备及材料出口、房地产开发、国家基础建设投资和运营维护、交通园林绿化、文化旅游等多个领域。2020 年实现新签合同额 2096 亿元，完成营业额 1130 亿元，位列中国中铁、中国铁建两大建筑央企二级公司第一；累计 29 次荣膺铁路施工企业信用评价 A 类，全国领先；被列为国务院国资委“国有重点企业管理标杆创建行动标杆企业”。

一、建筑企业以总成本领先战略为导向的供应链管理背景

（一）落实国家高质量发展战略的重要举措

党的十九大报告明确提出“要培育具有全球竞争力的世界一流企业，推进落实国家高质量发展战略”；国务院国资委适时做出开展国企改革三年行动和对标世界一流管理提升行动等重大决策部署，作为加快发展现代产业体系、推动经济体系优化升级、推进国资国企高质量发展的重点任务。一流的企业需要一流的供应链管理体系，传统大型建筑企业受长期计划经济和国资国企体制机制影响，物资供应链管理与世界一流企业有较大差距，存在模式体系较落后、战略地位不明显、价值凸显度不高等突出问题，迫切需要加强对标、建设世界一流的供应链管理体系；紧密围绕供应链的质量变革、效率变革和动力变革，推动建筑业供应链管理向更高质量、更有效率、更具活力方向迈进，已成为建筑行业共同面对的重大课题和大型建筑企业的责任使命，有利于提高我国建筑产业国际竞争力，塑造我国建筑企业参与国际合作和竞争新优势。作为主业属于国民经济支柱产业和传统制造行业，并被列为国务院国资委“国有重点企业管理标杆创建行动标杆企业”的中铁四局，新形势下要对标世界一流企业，提升企业供应链现代化水平，形成具有更强创新力、更高附加值、更安全可靠的企业供应链，以此实现企业高质量发展。

（二）适应建筑行业竞争趋势的必然选择

近年来，国内建筑市场逐渐趋于饱和，准入壁垒减少，同质化竞争日益严重，产能过剩问题突出；加之投融资体制改革、营改增的实施等，建筑企业面临融资压力增大、利润空间压缩、债务风险增大等诸多挑战。随着建筑业存量竞争、专业竞争的时代到来，过去的低水平、粗放式的增长模式已不可持续，建筑企业间的竞争逐步转向综合实力、管理能力的竞争，而供应链管理能力实质上已上升为大型建筑企业最重要的核心竞争力因素。面对大型建筑企业物资“采供分散、价格杂乱、成本失控、保障不力”等突出问题，通过持续推动物资供应链管理创新以提高管理水平，提升供应链竞争能力，已成为大型建筑企业保持竞争优势的必然选择。作为累计 29 次荣膺铁路施工企业信用评价 A 类、全国领先的大型建筑企业，中铁四局需强化供应链管理，实现供应链管理价值增值，提升企业管理质量和效益，进而增强企业在市场上的竞争力。

（三）实现企业总成本领先战略的现实要求

中铁四局工程项目的材料物资成本约占总成本的60%～70%，加强物资供应链管理对企业经营效益提升起着非常重要的作用。自20世纪末推行鲁布革项目法施工模式以来，中铁四局实行“公司－项目部”两级责任模式，公司负责物资的计划、协调等工作，项目是采购的主体，主要采取“一物一议”模式，利用招标、竞争性谈判、询价等方式进行直接采购，这种模式容易造成规模效益流失、物资供应难以保障、质量无法事前控制等问题，给相关工作人员增加大量重复性工作，而且会导致监督监管执行不到位的现象发生，存在较大廉洁风险，给企业合规经营带来隐患。因此，“十二五”期间，中铁四局实施了物资集中采购，以实现规模效应、降低采购成本，集中采购率逐渐达到90%以上。但是，无论是传统直接采购模式，还是集中采购模式，中铁四局都是将采购活动当成一项短期活动，忽视供应链管理的战略地位及供应链管理对企业降低成本的重要作用，导致企业在促进提质增效方面仍存在许多瓶颈和问题。鉴于此，中铁四局需要建立先进、可靠的供应链管理体系，通过供应链管理，与供应商在物流、信息流、资金流等方面进行全面对接，推动物资采供从“降低成本”向“控制成本”“增加价值”转变，支撑企业总成本领先战略落地。

二、建筑企业以总成本领先战略为导向的供应链管理主要做法

（一）依据总成本领先战略，建立供应链管理体系

1. 确定供应链管理策略

为有效解决行业内竞争日趋激烈、各种成本居高不下、企业净利润偏低等现实问题，中铁四局从企业的整体宏观成本到单个项目部的个体微观成本，从项目部的总体成本控制到安全、施工、劳务、设备、物资等单项成本控制，从决定企业经济效益的直接成本到影响企业市场滚动发展、体现央企社会责任的隐性成本等多方位全维度统筹考虑，在中铁四局发展规划中明确提出将总成本领先战略作为应对激烈市场竞争、引领企业高质量发展的指导战略思想，树立全员成本意识，坚持效益优先，突出价值导向；提高全要素生产率，消除非必要、非增值业务，强化内部专业协同、社会资源整合和战略合作；加大物资供应链管理提升力度，使企业全部成本低于主要竞争对手和行业平均水平。中铁四局工程项目的材料成本占比大，供应链管理水平直接决定企业低成本竞争成败。鉴于此，中铁四局将供应链管理提升至企业首要战略地位，明确将建设总成本领先的供应链管理体系作为企业实现发展规划目标的重要战略支撑，包括：重构组织管理体系，完善制度保障机制，集成建筑业供应链，优化供应链管理流程，充分利用供应链金融，加强供应链风险防控，提升信息化管理水平，延伸供应链管理价值，发挥供应链管理服务主业发展、保障供应安全、防范化解风险的作用，实现优化资源配置、拓展价值空间、促进产业协同，助力企业全面提升核心竞争优势。供应链管理系统的框架：在全局范围内形成以采购、加工、配送一体化为抓手，在管理层面上以组织体系、制度体系、金融资源等为保障，在业务层面上畅通优化供应链物流、资金流、信息流，以信息化管理平台、专项资金池、差异化支付方案、双清变更管理、考核评价等为支撑的全链条、全过程供应链管理，形成上下畅通、内外协同的供应链管理体系。

2. 重构组织管理体系

2020年，中铁四局以机构改革为契机，大力实施组织机构调整，在要求机构压减、人员压减的情况下，下定决心，将多年未变的物资设备管理职能定位从辅助支持提升到战略层面，局、公司、项目经理部分别设立了物资设备领导小组和物资设备部，各自负责体系机制的有效运行，形成上下畅通、内外协同的管理体系。赋予局物资公司为供应链实施主体，要求局物资公司全面调整采供组织机构，承担供应链管理体系中采供主体责任，从而快速构建职责清晰、分工明确、协调顺畅的供应链管理系统。局供

应链管理领导小组统筹推进供应链管理中的重大决策工作，包括签署战略合作协议，协调解决供应链管理重大事项等。领导小组办公室组织开展日常工作，局物资设备部、法律合规部、财务部、资金管理部等职能部门共同推进供应链有序运转。局、子（分）公司、项目部三级机构共同保障供应链管理体系有效落地。局物资公司负责供应链管理的实施，设上海（华东）、武汉（华中）、天津（华北）、广州（华南）、成都（西南）、西安（西北）等6个区域分公司（集采中心）。集采中心下设本部、省级供应服务站、重点项目供应服务组，按照职能范围及地理位置，负责所管辖区域内项目物资集中采购、加工、供应、结算等管理工作，最终实现供应链管理“三个覆盖”，即全国覆盖、省内覆盖、项目覆盖。

3. 完善制度保障体系

为实现需求准确、执行高效、供应可靠的供应链管理，中铁四局以制度建设为抓手，配套开展规章制度建设、体制机制创新，保障流程可执行。一是局层面配套管理制度。按照局推进供应链管理的统一部署，局相关职能部门分别配套制订相关管理办法，包括《中铁四局集团有限公司供应链采购供应管理办法（试行）》和《中铁四局集团有限公司供应链战略采购资金支付管理办法（试行）》等，规范供应链管理业务流程和业务标准，明确参与各方的管理职责，尤其是建立各子（分）公司及项目部资金自主筹划和刚性兑付机制并配套相应的责任追究制度，保障全局供应链管理业务顺利实施。二是局物资公司配套管理措施。局物资公司在局管理办法框架下制订《中铁四局集团物资工贸有限公司供应链战略采购供应实施细则》和《中铁四局集团物资工贸有限公司供应链战略采购资金管理办法》，分别从业务管理和财务管理两个方面加强供应链管理制度体系建设。不仅明确各级工作职责，对计划、供应、加工、结算、质量及工作考评等方面进行规范，同时针对供应链管理物流、资金流、信息流等各个环节设计相应的管理流程和统计报表，形成科学、规范、细致、严谨的操作规程和工作标准。从资金安全、资金效率和资金成本等方面入手，严肃资金纪律，防范资金风险。此外，对供应链采购业务前端的资源市场调查、供应链厂商选择、价格经济比选、合同评审、供应商管理等进行相应规范，确保供应链运作依法合规。

（二）选择优质供应商资源，以价值共享促进增值

1. 整合最佳供应资源

中铁四局秉持供应链管理从一般性的管理方法提升到统筹整合思维的管理方法，强调和突出从供应链整体最优的目标出发寻求最佳市场资源整合的模式。中铁四局通过对市场资源的整合，基本完成建筑钢材、水泥、钢绞线、锚具等主要资源渠道的建设和布局。截至2020年，已与32家钢厂、27家水泥集团、8家钢绞线厂家签署战略合作协议，建立互访机制；同时，通过定期抽检、制订质量处罚条款等措施加强了质量管理。

2. 优势资源相互合作

供应链管理的对象是一个企业群，其中的每一个企业都有各自的核心业务和核心能力，将合作企业的能力整合在一起形成合力，是关系到能否实现供应链整体目标的关键。中铁四局以互利共赢的态度与合作伙伴全面开展合作，不断扩大合作领域和深化合作层次，实现优势互补和资源共享，以优质合作伙伴进一步增强全局供应链管理能力，实现多方合作共赢。比如，利用资金实力雄厚和金融资源集中管理优势，在合同中明确资金支付条件，到期按时支付货款，解决了供应商货款拖欠问题；集中由局物资公司一方与供应商合作，减少了供应商对应多头的难题，提升了供应商运营效率；拓展供应商业务范围，将水泥置换供应到商品混凝土搅拌站，“以物换物”“以物还款”，扩大了供应链采购规模和效益；推广与战略合作钢厂直接进行废旧物资处置模式，净化了回收渠道，优化了处置机制，提升了收售效率 。

3. 双向评价交互提升

建立供应链上下内外协调机制，定期进行相互评价，确保供应链条顺畅、供应链上下游企业共同成长。中铁四局全面加强各级物资管理部门履职能力，包括：项目部加强市场调查，提高验收水平，及时反馈供应链物资质量状况；区域集采中心通过建立信息沟通反馈机制，对物资采供实施全过程跟踪管理，及时解决物资采供中存在的问题；局物资设备部定期与各供应商进行会商，收集需要中铁四局解决的问题，沟通需要供应商解决的问题，持续改进，营造良好的合作环境。建立以供应能力、服务水平、财务能力、质量控制等为指标的多维度供应商评价体系，对供应商实现分类管理、动态评价、择优汰劣，不断强化供应商绩效管理，从而促进供应链上下游企业交互提升。

4. 利益共享促进增值

中铁四局始终以“公开透明、利益共享”为原则，打造合作共赢的供应链价值生态。一是对内实行利润共享。在与资源厂家谈判过程中，中铁四局秉承“公开透明”的原则，局物资设备部、局物资公司、子（分）公司全程参与谈判，发挥集体智慧和力量，取得了较大的优惠幅度。在优惠幅度范围内，首先最大限度地惠及项目，促使项目自觉、自愿融入供应链管理体系；局物资公司仅收取少量服务费，但由于供应量的提高，局物资公司总体营收水平不降反升，实现互利共赢的目的。二是对外实现合作共赢。厂家直销到项目工地，中间物流成本理论上可降低50%左右，从而促进厂家提升规模、利润，实现各方高质量发展。

（三）优化供应链管理流程，纵向横向一体化管控

1. 优化业务管理流程

在供应链管理中，涉及寻源、计划、采购、加工、配送、核算、支付、售后各环节，中铁四局以制度办法、操作流程、程序文件为支撑，解决执行过程中存在的渠道交叉问题，明晰各流程入口和归口管理责任。以战略采购为例，中铁四局与生产厂家签订战略采购协议→子（分）公司提报总需求计划（项目经理、公司物资部门、财务部门、分管物资领导、总会计师、局物资设备部和财务部签字）→局物资公司与项目部共同对生产厂家进行经济比选→与生产厂家签订采购合同→与项目部签订供应合同→项目部月度采购计划→每周发货通知→每月21日对账办理结算。

2. 优化资金管理流程

资金是保证供应链顺畅的必备条件，为此，中铁四局对供应链资金提供了金融支持。以战略采购资金为例，由局物资公司提报年度融资需求→子（分）公司提报项目总需求计划，明确资金回笼方案（项目经理、公司物资部门、财务部门、分管物资领导、总会计师、局物资设备部和财务部签字）→局物资公司汇总月度采购计划向中铁四局申请融资→局物资公司按计划支付货款→局物资公司按月办理采购和供应结算→局物资公司每月通知用料项目和子（分）公司按合同支付货款并抄报局财务部→局财务部督促子（分）公司按期足额回款→项目逾期回款转列上级子（分）公司并加收逾期资金占用费→子（分）公司逾期回款由中铁四局拨付专项融资并辅以考核奖惩措施。

（四）合理利用供应链金融，充分释放资金价值

1. 引入供应链金融产品

充分发挥中铁四局作为供应链核心企业的信用优势，拓展合作金融机构和产品品种，促进供应链金融产品资金成本的不断降低。中铁四局现有资金存量管理、金融资源获取等方面优势明显，处于中国中铁系统内前列。2020年，中铁四局货币资金存量充足，资金集中度达85%以上，各类金融机构总授信超过730亿元，其中供应链金融授信超过200亿元。在不考虑项目亏损、业主支付比例低、项目清欠不

力等因素影响下，按供应链规模的预测峰值，金融资源完全能支撑供应链管理需求。目前，中铁四局使用的1年期及以内的金融产品有银行承兑汇票、云信、建信、中铁E信等产品，1~3年期金融产品有中铁保理公司和招商银行的“反向保理”业务，授信额度可满足全局各单位金融资源需求，开展“反向保理”业务亦可解决低支付比例项目的金融资源期限匹配问题。为延缓现金流出，减轻垫资压力，目前中铁四局主要使用6个月银行承兑汇票支付供应链采供款，银行承兑汇票支付占付款总额的比例控制在70%以内，在降低采购成本的同时扩大采购规模，充分释放资金价值。

2. 加强供应链融资管理

由于供应链所需资金由中铁四局先行垫付，由子（分）公司及项目部分期还款，资金成为中铁四局供应链管理最核心约束因素。为此，一是严格供应链资金纪律，建立资金动态月统计、日报告制度，按月核定资金拨付额度，分日控制占用资金余额，严格控制生产厂家提货账户资金余额，避免资金大额沉淀，提高资金使用效率。二是提高供应链融资的准确性，实行专项资金分批次拨付，在实际向生产厂家支付货款时，原则上不超过3天提货量，按计划使用供应链金融工具，延缓现金流出。三是强化供应链融资保障力，中铁四局规定对供应链融资使用控制比例为70%，2020年预算安排供应链融资总额156.4亿元，其中下达可周转性的供应链融资配置额度45.55亿元。

（五）加强供应链风险防控，确保链条稳健运营

1. 资金风险防控

局物资公司严格按照中铁四局的文件规定，根据各项目结算情况于每月10日前编制“付款通知书”，按月通知项目，抄送子（分）公司财务部，提醒用料单位按时足额履约付款；每月月末将各项目资金支付实际情况及时反馈各子（分）公司财务部和总会计师，抄报局财务部，以便子（分）公司和局相关部门及时掌握项目供应采购及付款动态。为提高各子（分）公司和项目的分期还款资金偿付及筹划能力，第一，建立“供应链专用资金池”，子（分）公司、局物资公司均开立供应链采购资金专户，根据项目类型和施工生产进度统筹资金支付条款并开展资金整体筹划和集中管理工作，平衡好各项目供应全周期的资金收支，缓解项目后期资金支付压力，杜绝资金支付“前松后紧”现象的发生；第二，根据项目付款能力设置差异化回款方案，加大资金较好项目提前回款力度，适当放宽在建及收尾项目支付条件，缓解其存量债务支付压力，确保物资采购模式平稳过渡；第三，子（分）公司压实项目双清和变更索赔工作责任，严格考核奖惩，实现项目资金自平衡，避免项目因供应链采购资金环境相对宽松而对清收清欠工作产生懈怠思想。

2. 需求错配风险防控

第一，提高项目经理部施工组织水平，保障物资申购计划准确及时，力求月度申请计划和周发货计划准确无误。第二，不断完善区域资源渠道建设，引入优质厂家，从源头上保证货源多渠道、可调剂。第三，加强与供应链商对接，及时调整计划，及时协调库存，及时组织运输和卸车。第四，通过框架协议采购，引入链外优质资源，作为供应链内的有效补充，提高应急采购配货能力，实现“全规格、全天候、全区域”供应。

3. 价格风险防控

第一，紧盯市场价格波动行情走势，准确掌握资源厂家对不同客户群体的销售价格，做好横向对比。第二，加大与资源厂家的沟通协调力度，确保采购价格不高于同行业同等规模水平。第三，针对不同情况采取不同的定价机制，如参照网价或厂家的挂牌价，采取过磅交货或理算交货，最大化降低运输费用，确保价格成本受控。第四，研究市场价格变化和需求规律，做好低储高控工作，尽可能对冲市场

价格上涨成本。

4. 质量风险防控

第一，签好与供应商的合作协议和采购合同，明确质量责任和生产厂家的地址、品牌、工艺、屈服强度、尺寸偏差等质量管控要素，防止“穿水”“瘦身”“翻新”“贴牌”物资进场。第二，加强检查和监督，督促项目经理部严格落实验收验证制度。未经检验或检验不合格的材料，一律单独存放，严禁使用，做好不合格物资的处置工作。第三，加强对供应商的绩效静态、动态评价考核，推动项目部、局物资公司、供应商之间形成更紧密的生态协同，发生质量事件的终止合作。

（六）提升信息化管理水平，链通数据支持决策

1. 打通信息平台壁垒

开发打通全业务的“四局智慧云”一站式门户平台，重新将物资供应链系统融入平台。新平台录入上万种物资目录库，通过组织机构、客商信息、人员信息等数据，运用移动物联、5G通信、大数据和云计算等先进技术“牵线搭桥”，一体化打通计划采购、物流运输、库存管理、生产管控、设备管理、安全环保和财务信息等所有核心业务，实现物资供应链中供应商信息、项目信息、采购计划、采购合同、收发材料、结算支付、质量状况等数据与其他业务的互联互通，在行业率先实现“一键输入、全程智控”的管理模式。

2. 链通数据服务

打造“一体化集中管控、智能化高效协同、可视化高度融合”的协同供应链采购指挥智能化平台，有效提升智慧化水平。一是开发系统科学决策、智能调控、全面分析的功能，让供应链更优、调度决策更准、绩效预测更细、风险预警预控更快。二是建立“运营指数”模型，实施以“计划模型驱动、采购智能协同、执行智能监控”为支撑的供应链采购管控方式，有效提升业务融合水平。三是设立耦合逻辑和评判标准，对各业务流程的运营状态和发展变化实时感知，及时掌握市场行情、经济效益、一体化产运销储用等情况，从而实现供应链智能调度与供应链智慧管控。

（七）拓展物流仓储业务，延伸供应链管理价值

1. 延伸供应链全过程价值

通过有效的资源配置，使供应链中各企业之间的物料得到最充分的利用，保证供应链实时的物料供应、整个供应链的同步优化及价值延伸创造。以建筑钢筋为例，中铁四局自有合肥仓储物流基地可做到对江、浙、沪、皖地区近50%工程项目的全覆盖，在此区位优势基础上引入中铁四局智慧仓储物流，将供应链管理和仓储物流深度融合，把建筑钢筋的仓储、运输装卸、物流配送和钢材交易信息、数据整合管理，使生产过程可视化、调度指挥智能化、收发计量精准化、物资进出无纸化。在实现建筑钢筋从生产钢厂到合肥仓储物流基地再到终端施工项目的物流全过程管理的同时，提升了合肥仓储物流基地经济效益及中铁四局供应链的整体竞争力。此外，中铁四局在做好物资常规管理的基础上，充分利用现有条件，统一开展小型机具生产加工、工地配电箱标准化量产、防护梯笼和防护栏杆标准化加工、钢结构预制加工等，充分利用大型项目的有利条件，大力自建砂石料加工厂，每年将隧道施工出碴加工成砂石料，年创效益几千万元。

2. 创新供应链商业模式

中铁四局在合肥、天津、苏州等地成立区域钢筋集中加工配送中心，将直采直供、集中加工、集中配送、集中管理等先进方式融为一体，实行集约化现代化钢筋加工，缓解现场用地紧张，减少租赁用地，降低临建费用，避免厂房建设和成套设备重复投入，特别是将零散的用量实行集中生产，降低加工

成本，提高加工质量。构建废旧物资管理新模式，实现废旧物资处置集约化管理，发挥物资管理提质增效作用。中铁四局与南钢集团盛达实业有限公司率先签订废旧物资处置合作协议，为形成采、供、管全价值链的物资管理模式提供先行样板。通过钢厂与项目部之间“点对点”的回收，去除传统废旧物资处置的中间商环节，处置价格依据当日市场价格而定，使整个处置流程规范化和透明化。对于废旧物资处置，实行出厂过磅与进厂过磅双向卡控计量方法，并且在运输车辆方面拥有自主选择权，确保数量成本和价格成本双双受控，颗粒归仓。简化传统废旧物资处置“一事一报”的审批和备案程序，提升处置效率，并且废旧物资过磅确认后即可实行“公对公”回款，有效规避过程中可能存在的廉洁风险。再如，因中铁四局大部分市政、房建、轨道交通等项目需大量使用商品混凝土，针对商品混凝土受运输半径、项目单体需求量较少等现实因素影响，中铁四局积极开展商品混凝土战略合作、水泥置换、外加剂置换、骨料置换等 4 种方案的商品混凝土置换模式，成功在安徽省淮南区域试点实施。以不改变原商混合同的付款模式，月度结算后次月按合同约定金额同等置换为水泥供应给商混站，以不影响原商混价格为前提，就水泥置换商品混凝土模式、置换数量、供应单价、供应方式、结算方式等与水泥厂、商混站达成一致意见并签订三方协议。仅按照淮南区域 45 万吨水泥推算，通过商品混凝土置换，中铁四局整体效益可达 1800 万元。

三、建筑企业以总成本领先战略为导向的供应链管理效果

（一）顺利完成物资采购任务，保障了项目需求

目前，中铁四局共 407 个项目融入供应链体系，钢材累计采购 183 万吨、水泥累计采购 157 万吨，供应链采购步入规模化、全覆盖的“快车道”，加之砂石料加工、钢筋集中制作配送、废旧物资联合处置等，提高了项目需求管理能力，供应链变得更快。提升了合同履约能力，供应链变得更强。提升了供方管理能力，供应链变得更好。一是从根本上解决了传统采购未按合同付款造成项目现场停供、断供的难题，保证了施工生产的顺利推进。二是简化采供程序，减轻了项目人员的负担，物资管理效率更高，促进项目施工生产效率的提高。三是切实降低了项目采购单价，平抑了项目采购价格，避免了项目间内部哄抢资源。四是解放了各级管理力量，有效降低了采购环节中的廉洁风险，为企业合规经营提供坚实保障，进一步释放了施工生产动力。通过供应链管理，顺利完成物资采购，保障了项目施工生产需求，2020 年，中铁四局实现企业营业额 1130 亿元，同比增长 11%；2021 年前三个季度，实现企业营业额 940 亿元，同比增长 112%。

（二）实现了企业供应链总成本领先

一是降低了资金成本，中铁四局供应链金融采取对资源厂家实行“现款现货或先货后款”的付款条件，争取了最大价格优惠；对项目实行“首付款最低 60%、余款最长付款期限为供货后 23 个月”的付款制度，解决了项目因施工过程资金紧张而不得不以高资金成本进行采购的难题。资源厂家付款和项目结算付款之间的资金差额由中铁四局统一引入供应链金融并在项目结算时将资金成本计入供应结算单价，实现了“资金成本的显性化”。根据调查，一般供应商社会融资成本年利率在 10% ~15%，而中铁四局现阶段引入的供应链金融融资成本年利率仅 4.35%，远低于社会融资成本。二是降低了采购成本。自 2020 年推行供应链管理以来，中铁四局钢材采购单价较以往平均每吨降低 220 元，累计节约采购成本 4.02 亿元，平均降本率达 4.3%；水泥采购单价较以往平均每吨降低 50 元，累计节约采购成本 0.78 亿元，平均降本率达 10.4%。三是降低了运营成本，供应链管理统一了供应链全链条工作标准和操作流程，消除了低价值重复性劳动，沟通协调效率显著提升。四是降低了隐性成本，由于传统采购模式下的断供和诉讼纠纷减少，降低了因断供、停工、诉讼等造成的项目管理中无法计算的隐性成本。

（三）实现了与供应商价值共享、共赢

一方面，中铁四局的供应链实现了“一个稳固”（稳步推进钢材、水泥供应链管理）、“一个延伸”（向建筑业上下游延伸）、“两个拓展”（拓展物流、加工环节），促进了新兴企业、细分市场资源体系建设。建立供应链信息化平台，健全价格比对分析机制，供应商伙伴队伍遍布全国，形成了规模达上百家的直接生产厂商和高端供应商产业链，实现了供求双方的互利共赢。另一方面，供需双方换位思考、沟通顺畅，效率显著提升，用客观、透明的双向考核评估取代以往的“印象分”“人情分”，以履约结果来促进新的、更好的合作，有效提高了供应商合作的积极性，提升了供应绩效和供应商能力，促进了供应链各方的高质量发展。

（成果创造人：刘　勃、韩永刚、魏成富、朱晓勇、李　峰、张汉一、杜俊模、余守存、陈春林、柯尊伟、刘克保、经宏启）

畅通国内国际双循环的铁路口岸现代物流体系构建

中国铁路呼和浩特局集团有限公司

2017 年，按照中国铁路总公司的统一部署，铁路局实施公司制改革，呼哈浩特铁路局更名为中国铁路呼和浩特局集团有限公司（以下简称呼和局集团公司）。管内现有京包、包兰、集二 3 条国铁干线和乌吉、包石、包环 3 条国铁支线，以及临哈、唐呼等 24 条合资铁路，联络线 30 条，疏解线 2 条，总营业里程 6908 千米（其中电气化铁路 2918 千米，复线铁路 3087 千米）。有运输站段 35 个，非运输一级企业 10 家，合资铁路公司 10 家，职工 66083 人。配属机车 966 辆、客车 2150 辆、CRH5 型动车组 13 组。固定资产原值 2115. 5 亿元，净值 1712. 9 亿元。近年来，先后获得国家 5A 级物流企业资质、“全国五一劳动奖状”等荣誉称号。

一、畅通国内国际双循环的铁路口岸现代物流体系构建背景

（一）服务“双循环”新发展格局的迫切需要

铁路作为国民经济大动脉和关键基础设施，是综合交通运输体系的骨干和主要运输方式，在推动我国经济社会发展中发挥着重要作用，铁路运输已成为发挥我国超大规模市场优势和内需潜力、助力构建“双循环”新发展格局的重要抓手。作为关系国计民生的国有重点骨干企业，呼和局集团公司从服务党和国家发展的全局出发，发挥国际大通道的战略优势，科学规划运输生产布局，合理配置全局客、货运资源，形成以二连浩特口岸为枢纽的现代化物流体系“双循环”架构，着力畅通铁路物流大通道、打造对外合作大走廊，实现国际货运的直通直达，切实承担起畅通东联西出、内联外出的运输枢纽责任，具有十分重要的意义。

（二）落实“一带一路”的关键举措

伴随实体经济的日益活跃和“一带一路”的蓬勃发展，外贸产业链上增长势头强劲的跨境电子商务发展前景更加广阔。铁路运输是陆上跨境电商的主要物流途径，加快构建铁路口岸现代化物流体系，强化跨国、跨区域物资交换，促进区域联动与协调发展，对进一步提高我国对外开放水平和国际竞争力发挥着重要的战略支撑作用。二连浩特口岸作为中欧班列中部通道和 11 条物流大通道中“二连浩特至北部湾大通道”的陆路沿边口岸枢纽，具有重要区位优势，是“一带一路”六大经济走廊战略节点。实施铁路口岸现代化物流体系建设，依托集二、京包、包兰、包西、唐包、集通、浩吉等干线铁路的辐射能力，提升通道贯通内外、高效衔接的能力，丰富对外开放载体和提升对外开放层次，打造内陆开放和沿边开放高地，为国家中部地区资源和能源南北运输，以及中蒙、中俄和蒙、晋、陕、豫等地区间货物交流提供坚强保障，服务“一带一路”，具有重要的现实意义。

（三）提高铁路运输管理质量效率的必然选择

与长远发展需要相比，物流业存在基础设施衔接不畅、运输结构不合理、枢纽辐射带动作用不够、物流服务集约化程度不高及跨区域、跨行业、跨部门协同不足等问题，亟须立足市场化定位，发挥物流体系中铁路的骨干地位优势。呼和局集团公司积极响应物流大通道建设要求，以构建实施铁路口岸现代化物流体系为施力方向，致力从源头提高铁路运输效益，努力提升铁路集装箱联运水平和货运组织水平，推动铁路运输从设施供给为主向建设与服务并重转变，以此带动提升通道综合运输整体效能和服务水平，进而降低社会物流成本，畅通产业循环、市场循环、经济社会循环，具有很强的紧迫性。

二、畅通国内国际双循环的铁路口岸现代物流体系构建主要做法

（一）立足“双循环”，优化物流管理体系

1. 明确目标思路，完善物流管理体系

呼和局集团公司坚定落实国家“稳外贸外资基本盘”和“畅通国际国内双循环”的部署要求，充分利用“中部通道”路网区位优势和功能定位，结合企业内外部形势变化和物流体系建设管理现状，通过系统调研、深入论证，科学确立服务“双循环”发展格局的现代化物流体系构建总体思路。这一总体思路是：实施“面向蒙古、俄罗斯”的发展战略，持续打造“中蒙俄跨境运输大通道”，通过完善服务机制、推动基础设施升级、提升运输作业效率、优化运输组织、拓展货物品类，多维度构建面向未来长远发展、助力“双循环”发展格局的铁路口岸现代化物流体系，提升口岸集疏运管理效能，支撑国家战略落地实施。一是聚焦铁路路网体系，通过完善铁路路网结构，加快铁路通道建设和环网建设点线能力匹配，确立“中蒙俄跨境运输大通道”的枢纽地位；二是聚焦货运经营管理体系，推进货运系统生产布局优化和管理结构调整，建立与市场营销匹配的运行机制，更好适应畅通“双循环”口岸物流快速发展的新常态；三是聚焦提升运输组织效率与效益，搭建与市场环境相适应的动态调整机制，建立更加顺应市场的管理机制、用人机制，实现管理架构再升级。

2. 明晰市场定位，优化内部管控模式

呼和局集团公司着眼建立面向国内外市场、反应灵活、界面清晰的市场化管理架构，进一步明晰货运系统各部门市场定位、职责分工，确立货运中心在畅通国内国际市场营销中的主体地位。开展物流市场调查、分析、研究、预测和市场价格监测分析，设计运输物流及服务产品，提供营销组织、物流业务洽谈及服务质量跟踪、分析一体化解决方案，持续改善物流运作模式，与利益相关方及客户维护良好关系，拓展物流增值业务，强化物流经营项目开发管理。统筹货运营销、服务、管理、运输生产，按照国内外市场供求关系搭建货运营销管理平台，建立符合市场运作的工作流程、管理标准、职责体系，有效规划和管理物流货运链上发生的营销、运输动作，推进各相关方之间的协调与合作。

3. 统一运营标准，明确工作职责流程

在现有管理制度的基础上，呼和局集团公司结合铁路口岸现代化物流体系创建需求，进一步优化技术标准体系、管理标准体系和工作标准体系。以技术标准为主体，适配管理标准，完善具体管理要求，进一步明确岗位规定。在实施过程中，以技术标准为核心依据，指导生产工作的方向和方法；以管理标准为关键支撑，规范每一事项的工作方式；以工作标准为重点保障，规范每个岗位的具体行为。针对管理标准和工作标准体系，统一纳入铁路口岸现代化物流管理体系范畴，推动业务流程架构逐层落地。

（二）大通关一站式服务，完善服务机制

1. 完善外事协调机制，推动工作协同

聚焦集团公司、管辖车站、生产车间3个层级，完善外事协调机制。一是充分利用年度中蒙俄铁路会议暨国境铁路例会，先后修订国境站间行车组织办法，商定货运组织及商务工作条件，完善客运组织、清算、车辆交接和通信信号等工作流程，为口岸铁路集疏运合作完善工作框架。二是充分发挥国境口岸站日常联席会议机制，定期召开站长级会晤，根据双方场站能力合理安排生产计划，优化计划衔接，共同制订交接方案，确保阶段工作目标一致、计划同步。三是建立中方值班员与蒙方交接员每日联系机制，保证每日至少两次通话，督促蒙方边检压缩查验时间，配合中欧班列前置票据翻译工作，提高蒙方车辆检查和票据传递效率，做到生产环节问题随时协商、随时解决。通过多层次和常态化协调，使二连浩特口岸宽轨到达列车编组质量、进口货物结构、准轨出交列车组织效率得到有效提升。

2. 完善区域协调机制，推动跨行业工作协同

以二连浩特口岸为核心，在市域范围内建立起与二连浩特市政府和海关、边检等部门及相关企业的

统筹协调保障机制，加速货物通关。一是与地方政府和海关建立保障机制，通过指定专人与二连浩特市政府、海关进行联系沟通，与货代公司合署办公，促请海关将原先的24小时预约机制调整为全天候通关制，提高夜间通关效率，加速车辆周转。二是协调边检优化人员配置，压缩非作业时间，将货物列车边检平均查验时间由以往的重车平均每列60分钟、空车平均每列40分钟，压缩至目前的每列30分钟以内，为提高进出口运量创造有利条件。三是建立与货代公司的协调机制，通过不定期召开座谈会，适时约谈客户，研究讨论各类货物在接运、取送、换装、制票等方面的问题，协商制订措施提高运输效率，督促货代公司及时提报回空车运单，提高交接效率。借助积极的区域协调机制，确保了二连浩特口岸畅通，实现了口岸大出大入、快出快入。

3. 完善内部协调机制，推动跨单位工作协同

强化横向协同、纵向贯通，打通集团公司、业务部门和车站各环节配合链条。一是成立由集团公司分管运输工作的副总经理任组长、总调度长任副组长、各相关系统负责人对口负责的专项工作领导小组，统筹专业合力，组织协调口岸各系统工作有序推进；二是发挥对外合作部专业总牵头和总协调的作用，组织运输、货运、机务、车辆等业务部门持续加强专业管理，指派专人驻站指导，听取各单位每日生产汇报，跟班调研每日作业情况，将运输生产遇到的困难及时反馈给集团公司，帮助一线优质高效解决问题；三是由二连浩特站站区牵头，施行“早交班、晚对话”，联合机务、车辆、货运、外经等部门单位，结合现场情况就地解决实际问题，将有效措施固化为长效机制，为口岸运输组织畅通创造条件。

（三）优化货运生产布局，推动基础设施升级

1. 升级物流设施装备，打造口岸铁路“吞吐港”

着重缓解集装箱仓储作业场地不足，从4个方面着手。一是施行堆场升级。二是施行堆场扩容。三是扩能改造木五线。四是匹配装卸装备。规划新建集装箱集结中心，进一步提升集装箱吞吐量，满足中欧班列日益增长的运输需求。

2. 提高物资周转效率，建设物流集散“产业园”

呼和局集团公司努力提高二连浩特口岸粮食装卸作业效率，一是对既有粮食接卸区进行机械化升级。二是新增粮食接卸区。为合理利用二连浩特站站区内仓储场地，提升木材及铁矿石装卸作业效率，一方面迁移木材作业区，另一方面扩展铁矿石作业区、仓储区。在浩通物流园东侧空地开辟6万平方米散堆装货区，辅助办理集装箱作业，有效盘活作业场地。

3. 推进铁路扩能改造，构建铁路运输“新高地”

重点实施集二线扩能改造，针对二连浩特口岸后方通道集二铁路信号设备超期服役、设备性能下降等情况，分年度更新到期车站（车场）信号设备。同步推进集二铁路扩能改造工程，实施集通线电化和扩能改造，以保障生产安全，确保通道顺畅，满足口岸后方通道运输需求。完善沙良物流园功能，开辟临河、鄂尔多斯等现代物流园，为口岸物流自持发展提供支撑。

（四）深化口岸精益运营，提升运输作业效率

1. 优化调度指挥作业，提高列车周转效率

聚焦减少3个“非必要”持续发力。一是车流双层调整，疏解口岸非必要作业。对下行到达二连浩特站的列车，在集宁站改善列车编组质量，在赛红站进行检修车、坏关车挑选和空重成组编挂，释放二连浩特站调车能力。二是信息流双向协调，消除口岸非必要等待。调度所每日下达日（班）计划前，与二连浩特站对接，根据站存情况、重车交车及空车需求，及时下达上行始发加开班列、敞车装载集装箱的调度命令，实现运能储备和车型匹配，做到请车“随请随批”。车站下达调车作业计划前，与货运员、企业运输员对接，及时掌握列车到发、制票、装卸车的进度，确保取送车和解编计划符合实际，消除调车机非作业的等待时间。三是车货存储双约束，压减口岸非必要占用。压缩免费仓储时间，加速仓

储货位周转，压缩自备车在站停留时间，确保宽轨返空列车交接顺畅。

2. 优化口岸技术作业，缩短整备作业时间

围绕提升“全列、全场、全时”能力下功夫。一是提高全列作业能力。推行不摘车故障修理，实现大宗品类货物按同品、同人整列移交。二是提高全场作业能力。结合口岸站场设备特点，实施“一库多用、一线多用、一场多用”等措施，利用宽轨调车场进行非到发线接发列车作业，与蒙铁开展“空箱宽轨出境 + 重箱宽轨入境”敞顶箱运输试验，减少中欧班列运输通道能力占用，避免宽轨空车运行能力浪费，最大限度释放场线能力。三是提高全时作业能力。将运输用具通关由 24 小时预约机制改为 24 小时通关制，同步优化班组班制班时，全面开展平行作业，压缩各流程作业时间，实现夜间通关、全时通畅。此外，结合中蒙疫情防控总体要求，将口岸进出境列车、货物、车辆商务技术交接作业全部改由线上办理，实现口岸作业人员“零接触”，全力保证口岸作业不中断。

3. 优化中欧班列作业，畅通外贸进出通道

一是建立中欧班列技术质量联控机制，安排人员逐列查询到达中欧班列的全路联网故障，现场重点检查，强化隐患治理能力，防范突发性质量问题。二是将中欧班列整备地点由调车场改为到发场，取消时速 120 千米中欧集装箱班列装车前试风整备，解决因调车机试风影响机车作业效率的问题。三是将整备作业时利用调车机试验制动机，调整为始发技检作业时利用本务机进行，缩短整备作业时间。

（五）突出市场需求导向，提升口岸经济效益

1. 丰富物流运输品类，提高通道边际收益

蒙、俄森林矿产资源丰富，呼和局集团公司依托这一优势将煤炭、铁矿石等货品延拓至腹地。一是积极开展煤炭经营业务，成立煤炭经营专项小组，制订煤炭经营风险防控方案，陆续启动二连 – 大官屯（新邱、长春东、开鲁、福巨）等的煤炭增量项目。二是探索开展集装箱发运铁矿石业务，利用内蒙古环瑞物流公司敞口集装箱的优势，将蒙古国的铁矿石拉运至管内合作企业包钢集团，通过矿产冶炼加工，实现产成品附加值提升，进而提高再运出货物的运输附加值，实现增运增收。三是开展汽车专用车换轮运输，开通中国到蒙古国乌兰巴托的 JSQ 型汽车专用车换轮运输，以“只换轮、不换装、不解编”的方式实现专列进出境运输，目前已实现常态化开行，全年共计 13 列 240 车，标志着中国铁路货车从技术上完全与邻国宽轨铁路实现无缝衔接，促进了中国铁路 JSQ 型商品汽车专用车首次走出国门。

2. 纵深开拓口岸经济，挖掘价值增长潜力

呼和局集团公司立足边境口岸长远发展，进一步延伸口岸经济服务，以提供国际化的大宗商品交易、经贸技术合作等服务，扩张产业纵深领域，完善产业体系，打造国际新口岸经济。一是积极与东新国际科技发展公司合作，充分利用进口粮油换装仓储基地，采取“资产使用 + 装卸换装业务”的模式，开展进口粮油换装业务，实现增运增收。二是利用二连国际运输代理公司积极与二连浩特市海关、检验检疫部门协调联系，通过为客户提供专业化优质服务，降低客户报关成本，提升客户满意度，增加市场份额。三是探索疫情影响下的电商班列运行新模式。受疫情影响，经二连浩特市口岸的国际列车全部停运，为解决疫情影响下电商产品出境运输需求，与蒙铁研究利用口岸站间图，探索客车运行线开行到蒙古国的电商班列，及时总结到蒙电商班列常态化开行的经验，根据客户需求，深入开展前瞻性研究，进一步将线路推进延伸至俄罗斯及更远的欧洲各国。

3. 拓展国际运输通道

依托“一带一路”，积极满足蒙、俄等“一带一路”沿线国家的消费需求，通过加密、提速和高效组织开行国际班列，着力打造“立得住、叫得响、走得远”的国际物流品牌，积极营销呼、包、鄂地区进出口的机械设备、卷钢、抽油杆、农畜产品、化工产品、生活用品等货源，组织开行呼和浩特、乌兰察布、包头、临河、乌海和到发中欧、中亚班列“一带一路”共计 3 条通道 10 条线路。去程通道有：乌兰察

布－二连浩特－莫斯科/叶卡捷琳堡；西通道乌兰察布－霍尔果斯－塔什干/伊朗；包头－阿拉山口－努尔苏丹；呼和浩特－霍尔果斯－伊朗；临河－霍尔果斯－伊朗。返程线路有：莫斯科/叶卡捷琳堡－二连浩特－乌兰察布；伊尔库茨克－二连浩特－乌海。3 条通道货源均衡稳定、重去重回，形成“五定”班列产品，具备了一定的市场影响力，2020 年管内中欧班列累计开行 114 列，其中去程 73 列、回程 41 列。

（六）以优质高效为标准，优化完善保障机制

1. 搭建管理协作平台，集结优势管理资源

二连浩特站牵头组织专人全面梳理进出口货物作业流程，优化货运资源配置，推进区域化货运收货“一站式服务”“一口价管理”，建设现代化物流集结中心，形成优势互补、货物集结通行的经营模式，不断加强运输组织。着眼解决区域经营存在的业务交叉竞争等现实问题，通过管理协作，集中优势资源抢抓大宗货源运输。查定列车接发、票据交接、车辆取送、货物装卸、技术检查、机车运用等关键作业环节的时间标准，日常对标写实，分析运输生产过程中的各项重点环节，查找影响运输效率的问题；同时，上面这些工作纳入站区考核，每日对责任单位通报，建立科学合理的绩效激励机制，确保影响运输效率的节点问题及时整治，保障各项措施有效落实。

2. 研发管理信息系统，促进信息贯通融合

为打破系统间、组织内部及组织间的业务孤岛、信息孤岛，全面掌握货运链实时状态、各类活动和各类管理运营主体，呼和局集团公司在学习满洲里口岸信息交换系统先进经验的基础上，组织专业技术人员研发“二连浩特站联运票据管理系统”，将联运票据“扣票、放票、落地”等环节的纸质簿册抄记作业全部转为电子化操作，实现电子数据精准推送，有效压缩联运票据作业时间 60% 以上。通过加快口岸信息化建设，利用大数据赋能，打通与客户沟通的渠道，实现运营可视化、组织生态化、要素集成化，全面掌握口岸物流货运信息，提高交接效率和通关效率。

3. 完善客户服务体系，动态改进持续提升

呼和局集团公司在路局层面，成立大客户服务部，与战略大客户建立“一对一”的服务关系，重点推进大客户的关系维护、营销组织、物流业务洽谈及服务质量跟踪等全流程服务，进一步拓展经营合作空间。在口岸货运中心推进事业部管理模式，由相关责任部门负责区域内客户关系的管理，协助货运营销中心做好相对应的客户服务、需求兑现等工作，畅通同客户的沟通渠道。在日常指导的基础上，每月组织管理和专业技术人员，共同深入二连浩特口岸现场进行实地调研，针对规章制度执行、岗位责任落实，以及作业计划与生产调度、设备、劳动组织、定额调整等方面，深入查找现场生产管理存在的突出问题，开展定量和定性分析，深挖溯源，制订、实施具体可行的改善方案，确保现场管理处于持续改进和优化提升的良性循环之中。

三、畅通国内国际双循环的铁路口岸现代物流体系构建效果

（一）巩固强化交通枢纽地位，促进了“双循环”

呼和局集团公司通过构建实施铁路口岸现代化物流体系，推进口岸物流快进快出的“大通关”建设，优化二连浩特口岸铁路集疏运管理，充分发挥铁路在物流大通道中的重要作用，有力促进“双循环”发展格局，推动“口岸经济”红利有效释放，带动了区域经济发展。依托“一带一路”，构建了以二连浩特站为核心、集二线为主轴，硬件基础设施和软件协同发展的二连浩特口岸现代化物流体系，进一步强化了二连浩特口岸的货物集散功能，集货、存货和配货能力显著提升。通过强化基础设施、改善运营管理方式、引入市场机制，加速生产结构调整，促进了口岸物流服务优质高效发展。通过推进铁路和地方、企业的联合经营，二连浩特口岸物流业务逐步向规模化、集约化方向发展，实现了口岸物流资源高效整合，最大限度发挥了口岸物流的潜在综合优势，推动二连浩特口岸更加适应现代口岸物流服务市场。

（二）建成口岸现代物流体系，提升了铁路运输管理效率

呼和局集团公司按照市场化、网络化、信息化的管理架构，建立畅通“双循环”的铁路口岸现代物流体系，搭建了与市场相适应的动态调整机制，确保了职能、职责界定更加清晰明确，货运营销网络、生产组织体系、管理指挥体系更加扁平化，生产效率大幅提升。通过构建符合市场需要的货运经营架构，理清了口岸区域各部门、各单位的管理职能，消除了管理重叠、交叉、断档等问题，实现了生产资源优化配置，推动了生产作业要素、作业流程的有机衔接，促进了运输组织生产过程的连续、协调和均衡，使二连浩特口岸真正面向市场、加快发展，保证了中蒙俄经济走廊中部通道畅通。2020 年，二连浩特站宽轨日均交接 14.1 对，单月最高纪录 14.8 对，单日最高接重 16 列；准轨日均交接 5.1 对，单月最高 5.9 对，单日最高交重 7 列。宽准轨日均“14 +6”满图交接成为常态，多次实现超图交接。

（三）经济效益和社会效益显著，树立了良好的品牌形象

二连浩特口岸通关率明显提高，2020 年，二连浩特口岸进出口货物运量再创新高，累计完成 1615.72 万吨，同比增长 10%，屡创自 1956 年中蒙俄铁路接轨通车、开办国际联运业务以来二连浩特口岸的历史纪录，取得了显著的经济效益，进一步增强了运输市场的国际竞争力，有效发挥了口岸站对沿路经济带的拉动和辐射作用，促进了国内外贸易发展。通过口岸管理升级，为物流大通道建立提供了强有力的支撑，有效促进了中蒙两国的政策沟通、设施联通、贸易畅通、资金融通、民心相通。二连浩特口岸逐步成为日本和东南亚其他邻国开展对蒙古、俄罗斯及东欧各国转口贸易的理想通道，为服务“一带一路”、彰显大国形象担当、促进沿线经济社会发展发挥了重要作用。

（成果创造人：戴　弘、杨　斌、李玉平、王　斌、胡　波、杨　军、王志明、王恒利、王　刚、张瑞平、张中平、万　超）

纺织企业基于大数据应用的国际贸易供应链服务管理

东方国际（集团）有限公司

东方国际（集团）有限公司（以下简称东方国际）由具有150年历史的上海纺织集团和具有近70年外贸历史的原东方国际集团联合重组而成，是一家拥有先进制造业与现代服务业，以时尚产业、健康产业和供应链服务为核心主业，以科技实业、产业地产、金融投资为支撑的大型综合性企业集团，是中国最大的纺织服装集团和最大的纺织品服装出口企业，名列中国企业500强167位、中国服务业企业500强67位、中国对外贸易500强26位、中国100大跨国公司83位，以及中国纺织服装企业竞争力百强企业第三位。拥有总资产665亿元，员工8.7万人（海外员工占比68%），2019年实现营业收入1032亿元，实现进出口额78亿美元（出口54.7亿美元、进口23.3亿美元）。所属企业365家，上市公司4家（东方创业、申达股份、龙头股份、香港联泰控股）。在海外拥有96家业务机构，分布在五大洲29个国家和地区，已在世界170多个国家或地区拓展了业务，与众多著名跨国公司开展了合作，拥有“三枪”“Lily”“Prolivon”“衣架”“银河”等著名品牌和里奥竹等自主知识产权高新纤维。东方国际承办的“上海时装周”影响力亚洲第一，跻身世界五大时装周行列。

一、纺织企业基于大数据应用的国际贸易供应链服务管理背景

在国际形势日趋动荡的大背景下，东方国际在国际贸易供应链合作中遇到了一系列的风险和挑战，协议违约情况屡有发生，贸易风险持续上升。如何在如此大的国际贸易体量下保证风险可控，如何实现业务转型成了东方国际实现新一轮改革发展的核心突破口。为更好地应对全球日益复杂的贸易形势，东方国际提出基于集团国际贸易供应链服务的传统经验和管理创新，结合新兴互联网和大数据技术，全力打造集团一体化国际贸易供应链服务平台“云尚数贸通”，通过业务转型和管理创新，加快整合存量业务，促进业务协同高效发展，推动贸易方式和模式的转型升级，深耕上下游渠道建设，形成新时期国际贸易核心优势能力。

（一）业务发展面临的问题

经过数十年的发展，东方国际的贸易板块已经开始从简单的货物贸易转向服务贸易，从单纯的纺织品贸易逐步转向纺织品与非纺产品并重发展，从一次性的商品贸易服务开始进入整合供应链贸易的集成服务。然而，长期的快速粗放式发展也积累了不少的管理问题，相关人员对于风险规避和精细化管理的意识不足，成为制约进一步发展的瓶颈。国际贸易环境不断恶化的情况下，如何通过有效手段指导管理人员加强合同管理、管控资金往来、复核贸易真实性、核对合同盈利情况、细化财务核算维度、完善业绩考评标准；如何通过具体平台帮助业务人员规避风险客商和产品，提升业务流转效率，规范操作执行步骤，实时查看合同盈亏和资金占用情况，获取合同全流程风险预警提示，这些将成为企业国际贸易供应链业务转型的重要支撑。

（二）国际贸易业务转型和升级的需要

东方国际传统的业务模式过于依靠个人和部门的资源进行进出口贸易，业务的盈利率不高，无法发挥整体的品牌、资源和资本优势。通过“云尚数贸通”的平台建设，促使业务从单一模式向多元化整合模式过渡，从部门贸易向外贸公司和集团贸易演变，最终将实现利用外贸公司和东方国际的整体优势开展新业务的拓展，加快贸易业务的转型升级。

（三）实现跨业务、跨地区的协同经营和全球化布局的需要

东方国际已经在非洲建立了原材料生产基地，在东南亚建立了服装加工基地，在欧美成熟市场建立了贸易和营销网络，这些全球化的资源都需要一个强大的国际贸易供应链服务平台作为业务运营和管理的基础。“云尚数贸通”以国际贸易供应链服务平台为主体，以LDAP、统一身份认证系统、主数据系统、数据中台、敏捷型报表系统等作为支撑，通过大型ERP平台作为业务基础，集成数据中台技术实现对风险的集中管控并对各类数据开展分析和预警，以商务智能门户作为最终信息展现和发布的界面，为东方国际的国际贸易板块构建全产业链的业务创新和管理变革提供持续的支撑。

二、纺织企业基于大数据应用的国际贸易供应链服务管理主要做法

（一）落实组织保障，促进平台成功落地

“云尚数贸通”的推进过程是东方国际管理理念和实践不断深化和落地的过程。东方国际提出，各级单位负责人、贸易管理人员、业务人员都要参与到这一过程中来。从贸易订单的项目录入和风控事项的背景审核、评审、委外加工及财务成本的结算、事后分析，每个环节不仅改变各企业原有工作的业务操作习惯和管理模式，也对贸易管理的精细化程度提出更高的要求。

1. “一把手挂帅”，落实组织保障

东方国际的党政领导高度重视项目的推进工作。特别成立以集团董事长牵头的项目领导小组及由一位分管信息技术部的副总裁和一位分管国际贸易业务的副总裁组成的项目工作小组，由一名长期从事国际贸易领域的某二级公司“一把手”担任项目负责人。鉴于部分下属企业缺乏全局性和系统性考虑，特别是过于强调自我意识的存在，对贸易过程中的财务和客商等商业敏感数据进入集团统一的管理平台在主观上存有较多的抗拒心理，担心以后操作流程会增加麻烦，以及担心各自利益会否受到损害，使得项目在推进的各阶段始终存在或多或少的阻力。对此，领导高度重视，在思想引导、项目推进、责任考核等方面采取强有力的措施。在日常推进中，领导积极协调相关职能部门的工作联系，充分调动企业各类资源，及时解决项目推进的瓶颈问题，确保项目进度，最终使项目建设得以按计划实施推进，顺利达到预期效果。

2. 明确责任，层层签约

为了加强各企业对于项目建设的重视程度，东方国际将项目任务纳入二级签约单位负责人的《年度资产经营责任书》中，明确考核工作目标，考核结果直接和工作评价、收入分配挂钩并落实本企业项目实施的相关部门及其负责人。

3. 规划先行，全员参与

东方国际提出，要勇于对标“最高标准、一流水平”，项目从启动开始就对国际贸易板块的未来业务格局进行整体规划。在项目启动建设后，各级领导和员工都积极参与各类专题调研，从业务管理架构、流程、数据标准等多维度进行统一的顶层设计，建立一套符合东方国际现阶段和未来国际贸易供应链服务相适应的管理体系。

（二）构建客商风险管理体系，有效降低风险成本

在“云尚数贸通”的客商管理上，集团层面增加了统一的背景调查审核节点，通过引入第三方外部市场数据，从基本信息、股东信息、投资信息、司法信息及风险信息等多维度建立起集团客商背景调查审核风控模型。

客商申请进入“云尚数贸通”后，根据境内、境外维度调用第三方数据，获取基本信息、股东信息、投资信息、诉讼信息、抽查检查、行政处罚、严重违法和开庭公告等相关数据、信息，同时结合集

团内部业务经营数据和财务数据作为自动审核模型的输入，对申请对象分别从境内 35 个维度、境外 14 个维度进行背景调查自动审核。经系统自动审核后，出具背景调查报告，标识风险事项，评定风险等级，把审核结果传递给各下游系统，使其在合同评审、采购订单、销售订单、出库执行和收款付款等业务开展的各个环节和操作界面进行风险提示和业务控制，作为业务开展的前置审核程序。整个审核过程由系统自动完成，无须人工参与复核，审核效率从 29.47 小时/个提升至 5.42 秒/个。在保障审批质量的前提下，显著提升了审核效率，切实提高了客商风险管理能级。

在客商背景调查审核基础上，进一步整合集团各系统数据资源，从业务经营、财务管理和背景调查等方面建立包含基础信用、合作信用、历史评价和板块附加 4 个维度共 64 个指标，对客商进行全方位的信用等级评价，使其为客商背景调查审核的升级版，初步建立集团客商信用等级评价体系，为业务开展提供事前的信用风险提示，对客商风险分析和经营管理有一定的参考和指导作用。

“云尚数贸通”的客商信用等级评价和背景调查自动审核，不仅为集团内部企业提供信用评价和风险提示，也为行业关于风险审核评价树立标杆。上线后，上下游部分企业主动与集团洽谈合作意向，提出购买评价服务，为其公司业务客商进行评价和风险评估。

（三）从价值链分析入手分析关键节点和关键流程，对业务流程梳理并重新设计

为实现国际贸易供应链业务转型的集团转型目标，“云尚数贸通”依据国际贸易的业务特性，从价值链分析入手分析其业务的关键节点和关键流程，对业务流程梳理并重新设计，旨在通过强化对业务风险的管控，实现对业务的精细化管理，提高不同企业和业务板块的协同效应，从而达到业务经营的稳健运行和高效发展。

在传统的业务管理模式中，对于合同风险管控、资金风险管控、出运准确性控制较弱，无法实时查询业务的执行情况。“云尚数贸通”通过管理模式进一步细化，从单一维度单证管理模式转型为以合同为主线的进销存管理的多维度管理，实时管理和跟踪交易方的资信变化、商品流转情况、业务单证状态、资金往来情况、业务盈亏平衡、风险控制提示。财务上通过以合同管理为主线的统一的单票核算维度，实现进口/内贸以项目号为单票维度核算、出口以外销发票号为单票维度核算，业务的执行情况可以在任意阶段得到多维度的追踪和体现。一是统一业务整体解决方案。在整体推进过程中，“云尚数贸通”以整体解决方案为基础，在适当满足各二级单位的内部管控和核算要求的基础上，在主要的业务环节实现了流程的统一。在总体业务流程上，平台保证了立项评审、采购合同、采购入库、进项到票登记、销售合同、销售出库、出口关单匹配、销售确认或开票申请、出口退税的主干业务流程的统一，基本形成了代理、自营两种业务模式下出口业务的管理流程、进口业务的管理流程、内贸业务的管理流程。在业务操作模式上，根据东方国际贸易板块的管控要求进行了统一和优化，将管理愿景、风险管控点、财务核算要求固化在业务操作流程中，建立了一套更精细规范的业务操作模式。二是统一集团化财务体系。财务核算上，采用多账簿、多组织体系，针对已上线公司按法人维度设置核算账套，通过多层级核算账套与合并账套的设置，构建集团、各板块、各公司的集团化财务架构体系，实现各业务类型统一由集团制订的外贸事业部会计科目结算，科目上损益类、收入成本类、往来类核算颗粒度统一，业务上内销、外销明细维度统一。设置多段式会计科目结构，实现集团与各公司之间会计核算机制的一致性。目前，已上线的各外贸公司均使用统一的会计科目。

（四）开展全方位、全周期风险管控

针对日益严峻的国际贸易形势，东方国际不断加强防范重大国际贸易风险的危机意识，建立和优化东方国际贸易板块的全周期风险控制体系，从交易方准入和定期复核、敏感商品和口岸的设定、合同的

审批和执行、收付资金风险、国际汇率波动和金融风险等方面进行整体管控。

合同签订前，对交易方进行信用资质审核，设立交易方黑/灰名单，评审合格通过后，各外贸公司对合同的法务情况和经营情况进行审核，超出一定金额将提级至集团进行审核。若合同中涉及集团设定的敏感口岸和敏感商品，将对应进行警示。

合同执行过程中，系统实时监控合同执行情况，增加风控检查节点，并且同步跟踪收入成本配比、收付资金情况、额度占用情况、国际汇率波动可能造成的利润降低或亏损情况。

合同完成后，结合企业的业务经营指标要求，从单笔业务的维度和整个交易方维度，用业务开始前的预估指标与实际确认销售时的结算信息来做预决算对比。

“三敏”管理。通过敏感工厂、敏感商品、敏感港口的信息收集与标记，在准入节点与业务节点进行风险预警提示与审批层级控制。

（五）搭建大数据应用体系，深度挖掘数据价值

客商“360 度”展示平台：基于内外部数据，结合客商基本信息、行为信息及动态属性等信息，将客商信息深度整合，形成了客商“360 度”视图，将财务信息、交易信息、工商登记信息及风控信息等内容进行多维度的呈现和分析，为集团客商群建立画像，实现客商细分客群的精准营销，助推业务模式创新。

运营数据决策与分析：“云尚数贸通”通过数据分析，挖掘企业经营数据价值，为东方国际运营管理提供决策支持。

业务风险主动预警：通过对经营数据的分析和挖掘，有效掌控业务全过程，及时发现日常运营中存在的问题和风险。“云尚数贸通”平台会根据指标体系触发机制自动向各项指标的相关人员发送有效预警和提示，为推动东方国际加快调整业务模式、拓展新业务、防控业务风险提供了强有力的决策支撑。定义风险预警指标体系进行风险分析，梳理规范风险预警方式、预警节点、预警内容、指标算法、范围阈值、提醒责任人等风险详细信息。搭建风控平台，构建从风控指标触发预警、风险分析、风险管理、工作流程跟踪处理、处理记录留痕、预警异常关闭……最后一直到事后统计分析的业务风险主动预警的全生命周期闭环管理。

三、纺织企业基于大数据应用的国际贸易供应链服务管理效果

“云尚数贸通”平台首次在业界实现了纺织贸易、纺织制造和研发体系在业务上的集成。国际贸易、订单下达、产品研发和生产制造这些业务分布在不同的企业之内，通过平台建设，这些分散的业务资源实现了有机地整合，构建起一个国际贸易供应链的生态圈。此外，结合数据管理的理论和实践，将不同企业、业务模块间的资源集成、共享，提高了内部资源运转的效率，也提升了各业务条线的运营绩效。

数据分析系统首次将国际贸易企业内部系统的经营数据同外部保险企业及海关、市场的数据进行了有效集成，通过构建数据模型实现了异构数据结构下的智能化分析。利用大数据技术建立客商风险管理体系、信用等级评价体系和背景调查自动审核模型，挖掘客商信息，进行事前风险预警与提示，有效降低业务风险，对各公司贸易业务客商实现细分管理和精准营销，初步建立了贸易行业的大数据客商分析和应用模型。

“云尚数贸通”平台的建设为实现东方国际国际贸易业务的高质量发展、转型升级奠定了坚实的基础。通过信息化平台的建设，东方国际形成了对供应商和客户等资源的集约化管理和信用等级评价机制，加快推动粗放的、低效的代理贸易为主逐步转为精细化的、高盈利的自营业务为主的进程。通过信

息化平台的应用，实现了将业务员个人的客户和供应商资源转变为公司和集团的业务信息资源，加快了从服务单体客户业务为主转变为以集团型大客户服务为主的业务模式转型进程。

"云尚数贸通"平台在通用数据层面规范合同管理、把控交易方准入、统一财务核算维度，确保了业务的合规性、交易方的可靠性和统计分析的准确性；在操作层面规范业务流程分类、限定数据访问权限、增设数据关联验证、校验风险管控逻辑，规范了业务操作执行步骤，避免了错误信息录入；在数据分析层面形成了业、财一体的数据资源归集，将原本分散的数据资产统一集中管理与应用，实现了集团对业务信息、财务信息和风险预警信息的集中掌控。从业务运营事前、事中、事后有效降低了相关业务的潜在风险约 25%。

（成果创造人：童继生、季胜君、朱　勇、封亚培、朱继东、袁　炜、黄　杰、沈　兵）

深化改革与管控模式优化

特大型企业集团促进高质量发展的多维度能力评价与管理诊断提升

中国石油天然气股份有限公司

中国石油天然气股份有限公司（以下简称中国石油）是国有重要骨干企业和中国主要的油气生产商和供应商之一，是集油气勘探开发、炼油化工、销售贸易、工程技术、工程建设、装备制造、金融服务于一体的综合性国际能源公司，在国内油气勘探开发中居主导地位，在全球35个国家和地区开展油气业务。截至2020年，资产总额40887亿元，营业总收入20871亿元，利润总额875亿元；现有从业人员130多万人，各类企业146家，其中生产经营类企业110多家；国内外油气当量产量3.06亿吨，国内外原油加工量1.9亿吨，国内成品油销量1.07亿吨。2020年，中国石油在世界50家大石油公司综合排名中位居第三，在《财富》世界500强排名中位居第四。

一、特大型企业集团促进高质量发展的多维度能力评价与管理诊断提升背景

（一）落实中央高质量发展要求、建设世界一流企业的需要

为适应新常态，中央提出了创新、协调、绿色、开放、共享的新发展理念，要求加快推进供给侧结构性改革，突出抓重点、补短板、强弱项，增强国有经济的竞争力、创新力、控制力、影响力和抗风险能力，推动我国经济发展方式从规模速度型转向质量效益型，同时要求加快形成推动高质量发展的指标体系、标准体系、统计体系和绩效评价体系，对中央企业加快转变发展方式、推进高质量发展提出了新要求。中国石油发展目标是建设世界一流综合型国际能源公司，又被国务院国资委选为首批创建世界一流示范企业。但从现实情况来看，尽管中国石油在资产总量、油气储量产量、炼油能力、销售收入等规模类指标方面已基本达到世界一流水平，但在管理效率效益、技术研发等软实力指标方面距世界一流水平仍有一定差距。为对标世界先进水平、找准问题差距，迫切需要建立一套具体、可量化的评价指标体系来查弱项、补短板、促提升，实现多个生产经营管理目标协同，加快创建世界一流企业。

（二）促进企业持续健康发展的客观需要

中国石油产业链条长、业务结构复杂、产品品种多、企业数量多，经营效益和管理水平参差不齐，对所属企业评价考核主要按管理职能开展，较为分散，在考核内容上主要侧重评价企业当年的预算和生产经营指标的完成情况，存在诸多考核剔除因素，很难全面真实反映企业发展能力和成长性，对企业中长期发展指导性不强。目前，国内外相关研究和企业实践中尚没有满足上述要求的通用性评价体系，因此有必要建立一套既兼顾当前又考虑长远，既覆盖油气全产业链又体现各业务特点的发展能力综合评价体系，以全面反映企业经营管理现状和价值贡献及未来的发展潜力并揭示问题短板。通过企业排名，打造排名靠前的企业标杆，推动排名靠后的企业改进提升，形成崇尚先进的鲜明导向和“比学赶超”的良好氛围，促进企业持续健康发展。

二、特大型企业集团促进高质量发展的多维度能力评价与管理诊断提升主要做法

（一）构建评价模型，建立分类指标库

1. 兼顾短期和长期发展目标，构建评价模型

多目标决策－理想点评价法是当前主流的评价方法之一，具有简便、直观、客观、系统等特点，且评价标准限定在某一特定区间，对不同发展水平的企业评价具有天然的适用性。中国石油围绕有质量、有效益、可持续发展要求，以及“创新、资源、市场、国际化、绿色低碳”五大发展战略目标，利用多目标决策方法，兼顾当前和长远，构建了以盈利能力、竞争能力、可持续能力3个维度为核心的企业

发展能力评价框架。盈利能力主要考虑当前目标，是企业生存发展的基础，衡量企业发展的“效益性”。通过企业盈利能力评价，反映原油、天然气产业链各环节价值贡献和资源利用情况，引导投资结构、资产质量、业务布局的运营方向，挖掘比较优势，优化投资方向，提高资源配置效益，提升价值创造能力。竞争能力主要考虑培育比较优势，是企业发展的关键，衡量企业发展的“领先性”。通过企业竞争能力评价，反映产品结构、技术服务水平、市场地位、创新管理等方面的优势与短板，帮助企业寻找新的经济增长点和市场潜力，激发企业活力和创造力，切实增强企业核心竞争力。可持续能力主要考虑企业未来发展的潜力，是企业发展的长远目标，衡量企业发展“稳定性”。通过企业可持续能力评价，反映企业资源基础，评估企业获取优质资源、实现稳定经济增长、保护环境、服务社会的综合能力，力求维护企业经营安全，持续成长成熟，巩固企业可持续发展的价值基础。企业发展能力评价是上述 3 种能力的综合性评价，通过对短期和长期等多元目标的优先级设定，实现近期与远期的平衡发展，避免企业过度关注短期盈利而忽视长远发展，全面评价和反映公司产业链各业务类型的企业经营管理现状和存在问题，体现各业务、各企业的价值贡献，揭示企业的优势和短板，挖掘长期发展潜力。

2. 科学设置评价指标，建立评价指标库

按照统一标准与分类评价相结合的思路，根据产品与服务特点及功能定位，中国石油将所属企业划分为 22 个业务类型并建立差异化评价指标体系。对于勘探生产业务，侧重评价其综合运用知识、技术、资本获取油气资源的能力；对于炼油与化工业务，侧重评价其成本控制和产品增值的能力；对于销售业务，侧重评价其市场份额增长和产品价值实现的能力；对于国际贸易业务，侧重评价其贸易总量增长和客户开发的能力；对于油田技术服务、工程建设、装备制造等支持类业务，侧重评价其对油气产业链的服务支撑能力和市场竞争能力；对于金融业务，除了评价其对主营业务的服务支持能力外，还评价其风险管控能力。在指标设置和选取方面，遵循客观性、重要性、可量化原则，收集内外部评价指标，形成了具有千余项指标的指标库，从中选取、确定了 120 余项核心指标进行评价并随着评价工作的开展不断修订完善。指标选取标准：一是均选用量化指标，提升评价结果的科学性；二是多选用相对指标，提升评价结果的可比性；三是多选用账面数据，提升评价结果的客观性。具体来看，盈利能力主要包括人均获利、自有资本获利、营业收入获利 3 类指标；竞争能力主要包括创新、产品（服务）、市场 3 类指标；可持续能力主要包括资源、经济、环境 3 类指标。其中盈利能力、创新能力、经济及环境可持续能力指标基本通用，产品（服务）、市场竞争能力、资源、可持续能力指标按业务类型差异化设置。

3. 合理确定优先目标，科学设置指标权重

按照多目标决策方法的实施步骤，构建发展能力的目标层次结构，建立目标函数和约束条件，明确模型参数确定方法。总目标是提升企业的发展能力，通过提高盈利能力、竞争能力、可持续能力这 3 个目标来实现。其中，提高盈利能力目标通过提高人均获利、自有资本获利、营业收入获利 3 个分目标实现，提高竞争能力目标通过提高创新水平、产品（服务）竞争力、市场竞争力 3 个分目标实现，提高可持续能力目标通过合理配置资源能力、激发经济增长、实现环境和谐 3 个分目标实现。用相应三级指标分别度量分目标，建立目标函数。在此基础上，区分不同三级指标的补偿性特征。对于具有完全可补偿性的指标，采用一般加权和法计算盈利能力评价指数。对于不具有完全可补偿性的指标，采用加权几何平均法计算竞争能力和可持续能力评价指数。在度量总目标时，由于盈利能力、竞争能力、可持续能力 3 个目标不具有完全可补偿性，同样采用加权几何平均法计算综合评价指数并以评价值最大化为目标设定目标函数。计算时，为保证可操作性，将各项三级指标原始值进行无量纲化处理，按目标优先级设置盈利能力、竞争能力、可持续能力 3 个目标的偏好参数。引入层次分析法作为设定约束条件的参考依据。按照能力维度及指标分别形成权重分配矩阵，根据能力及指标的相对重要程度测算得出各指标的权重，进行相关性和一致性数据模拟检验。在指标权重计算工具输出结果的基础上，经过多轮征求专家意

见，形成企业发展能力评价各指标权重的多个方案，结合专家评判并根据样本数据之间的相关性或变异系数来确定最终权重方案。经测算并综合平衡后，将盈利能力、竞争能力和可持续能力3项能力的权重设置为30%、30%和40%，各层级内部权重也采取类似方式确定。

（二）量化评价标准，搭建高效信息系统平台

1. 确定评价工作程序，开展数据采集

集团公司确定评价工作牵头部门和配合部门，由牵头部门确定评价所需数据，明确数据采集渠道，发起数据采集工作。评价数据主要包括财务和业务两类，主要来自财务管理系统、总部部门、专业公司和相关企业及同业公司年报等。考虑到各类信息系统数据口径存在差异，采取多项措施规范数据采集渠道和口径，确保各年度数据可比。一是开展数据盘点，基于评价框架和指标，从支撑评价计算及满足评价分析入手，对分散在各个系统或部门的业务、财务数据盘点，理顺评价数据关系和来源。二是进行数据规范，通过规范数据含义、明确数据颗粒度、统一数据口径，获得安全可信、标准统一、业财融合的评价基础数据。财务数据均为账面数，未剔除油价变动、资产减值损失等任何因素，确保了评价结果的客观性。三是进行数据维护，遵循数据同源性原则，基于“一数一源、一源多用”的思路，对评价数据统一维护，确保数据源头清晰可追溯，减少数据重复造成的资源浪费和数据冗余。标准化后的数据口径、颗粒度满足精细化的评价分析需求，为开展评价分析工作提供数据支撑。建立评价数据池，累计收集整理2014—2020年评价基础数据200余万条并进行分类整理，构建了自上而下5个层级的数据结构。通过数据标准化与整合，沉淀形成可复用的标准数据，支持多层次、多维度的计算分析，为提升评价深度和广度奠定基础。

2. 确定约束参数，进行综合量化评价和排名

利用功效系数法等量化方法，参考国家标准值、行业对标值、内部企业标杆值等设置评价标准值，按照多目标决策－理想点评价法，限定评价标准的特定区间，对每一项评价指标确定一个满意值和不允许值，以满意值为上限、不允许值为下限，计算各指标实现满意值的程度并以此确定各指标的分数。企业评价标准值选取时遵循以下原则。一是对于有国家或行业标准的指标，取相应标准作为满意值和不允许值。二是对于有外部同业企业参考的指标，统计相关企业的历史值，选择其中的最优值作为满意值，最差值作为不允许值。三是对于无外部参考且集团公司内部有多家企业适用的指标，统计所有企业该指标的历史值，选择实际最优值、统计分布最优值作为满意值，以实际最差值、统计分布最差值作为不允许值。四是对于外部监管和公司要求达到某一目标值的或仅单家企业适用的指标，首先确定一个指标目标值作为基准值，有目标要求的以该指标的目标值为基准值，单家企业适用的指标选择该指标的历史均值为基准值。按以上量化方法和参数设置，计算评价指标分值、各维度能力分值及企业发展能力综合评价分值，按评价分值将参评企业划分为优秀、良好、一般、较差、落后5个等级并公布同类企业排名。

3. 开发评价系统，搭建信息平台

企业发展能力评价工作数据分析及处理要求高，为确保系统搭建后具备可操作性、可扩展性并最大限度提升效率，设计系统功能需求时遵循了“两易三多”的原则：易操作性是从使用者应用角度出发，设计系统界面展示、布局，确保与评价工作内容紧密结合且容易操作；易扩展性是从长远使用角度出发，设计系统逻辑结构、数据存储结构，最大限度保证系统的全面性、延展性；多维计算模型是首次建立基于数理统计方法的评价模型，嵌入评价方法、逻辑；多情景试算是将主数据、评价参数等设置模板化，一次设置多次使用，支持按不同评价目的、范围设定评价参数，进行多情景试算；多维度分析是利用分析平台科学分析评价数据，清晰呈现人工无法挖掘的隐藏数据价值。企业发展能力评价信息系统包括基础数据管理、评价主数据维护、数据采集、评价计算、评价分析及结果展示、评价报告编制等核心功能模块，支持集团公司总部及所属企业利用系统对下属企业开展评价。总部层面可基于系统开展评价

框架搭建、指标设计、评价计算、结果查询及基本报告导出；地区公司层面可基于系统配合年度评价数据采集上报、查询总部发布的年度评价结果和报告，也可基于总部发布的评价框架进行评价结果试算。

（三）开展多维度分析，实现多场景展示

1. 按照管理需求设计分析框架，开展多维度评价分析

按金字塔原则，以全业务视角构建完整的评价分析体系，结合组织结构，分别从公司整体视角、专业公司业务视角、评价企业个体视角来展示评价结果，层层展开，形成场景化的评价分析体系。充分利用数据分析技术，结合聚类、粗糙集、关联规则等数理统计方法，以及杜邦分析、趋势分析、对标分析、因素分析等多种分析方法，多维度、多期间剖析评价结果及原因，揭示问题短板，挖掘发展潜力，引导改革创新及资源配置方向。

2. 按不同分析场景需求，设计数据可视化呈现方式

考虑不同分析视角，将纵向历史分析与横向对标有机结合，开展评价结果分析，按不同分析场景设计可视化方式，直观展示分析结果。场景化分析包括：一是结合宏观环境、油气行业相关数据，对公司整体表现进行对比分析；二是按盈利能力、竞争能力及可持续能力 3 个维度进行趋势性和对标分析；三是结合各业务获利水平、成本管控、市场竞争格局及供需情况等，分析各业务领域及所属企业表现；四是分析各类企业排名及等级情况，对排名靠后的企业进行管理提示。基于评价分析结果，按照总分结构编制发展能力评价总报告和评价企业分户报告，满足各层级管理者的需要。评价总报告覆盖所有业务，反映主要指标变化及同业对标情况，揭示存在问题，为推进专项改革明确工作重心；反映产业链各环节价值贡献，为理顺内部管理、优化资源配置提供支持；反映所属企业管理水平、改革发展成果、发展趋势、排名情况，揭示发展优势和短板，选树管理标杆，促进企业“比学赶帮超”。分户报告一对一发布给所属企业，反映每一户企业的能力得分及主要指标变化趋势并对差距较大的指标进行预警提示，让企业了解其在集团公司同类企业中所处位置，掌握自身的优势与不足，推动企业补短板、强弱项、促提升。

（四）实施管理诊断，有效应用评价结果

1. 深入开展诊断分析，制订改进提升方案

中国石油将发展能力评价作为破瓶颈、补短板、强弱项的重要抓手和实现世界一流综合性国际能源公司战略目标的重要手段。集团总部每年上半年开展企业发展能力评价工作，与国际大型石油企业深度对标，揭示集团公司各项能力及主要指标的比较优势和短板弱项，印发评价总报告和分户报告，公布各类企业排名及评价等级，指导企业制订能力提升举措，促进改进提升。集团公司领导将评价报告作为决策依据和赴企业调研检查的备查参考。总部各部门结合评价结果，研究编制集团公司“十四五”发展规划，引导产业布局和绿色低碳发展。各专业公司和企业认真研读评价报告，对号入座，明晰本单位所处位置及存在的问题，深入开展发展能力自我诊断分析，查找短板弱项，分析差距原因，制订改进提升方案，将具体措施纳入发展规划和年度重点工作计划，确保措施落实、落地。各企业还利用企业发展能力评价工具开展对下级单位能力评价的工作，全面诊断基层单位存在的问题，指导基层单位补短板、强弱项，自下而上逐级推动企业向精细管理和精益管理转变。

2. 专门出台支持措施，指导落后企业提升发展能力

对于发展能力排名落后企业存在的仅依靠企业自身确实难以解决的问题，总部进行专题研究和分析，出台专门措施，帮助企业提升发展能力。针对历史遗留问题多、富余人员多、安置难度大的企业，集团公司出台人员分流安置制度，提出内部退养、离岗歇业、内部转岗等 8 种分流安置措施，加大富余人员安置力度；考虑到企业经营困难、现金流紧张的局面，对于企业发生的人员分流安置费用，采取总部和企业各担一半的支持措施，帮助企业降低人工成本，促进企业解困扭亏。针对多次重组整合导致历

史债务负担重但具有发展前景的企业，集团公司指导企业制订切实可行的解困扭亏方案并研究出台注资减债、挂账停息等资金扶持措施，帮助企业减轻债务负担，助力企业轻装上阵、减负前行。针对资产质量差、创效能力弱的企业，集团公司出台资产结构优化调整措施，加强内部企业间资产调剂调拨，加大不良资产处置报废力度，提高内部审批备案效率，帮助企业加快资产处置、改善资产质量。针对评价排名靠后、管理机制不活的企业，集团公司有针对性实施简政放权，推动实施 14 家企业扩大经营自主权、5 家装备制造企业“五自”经营改革试点，下发投资成本一体化、物资采购等业务权限，取得了一定成效，企业活力动力不断增强，效益逐步好转。将扩权企业发展能力评价结果纳入企业领导人员年度绩效考核，用以检验扩权企业改革成效及存在的问题，促进扩权和“五自”经营改革取得实效。通过开展企业发展能力评价，持续优化授权管理工作，完善集团公司对企业的授权清单，加大对基层企业的授权力度，逐步提升企业的发展能力和创效动力。

3. 科学运用评价结果，健全完善考核机制和“僵困”企业标准

一是将企业发展能力评价作为企业领导人员任职期考核依据之一，通过评价结果，反映一定时期内企业的发展能力改善情况，科学检验任期内企业领导人员的履职效果。二是将企业发展能力评价作为企业分类分级的依据之一，通过评价综合反映企业价值贡献和发展质量，确定企业级别，促进科学分类，提升考核评价客观性。三是将企业发展能力评价作为“僵尸特困”企业评判标准之一，依据企业发展能力评价结果，结合国务院国资委“僵尸特困”企业认定标准，筛查确定 79 户“僵尸特困”企业，后续通过多种方式综合施策，79 户“僵尸特困”企业全部达到完成标准，企业亏损面和亏损额大幅缩减，有效止住了效益出血点，中国石油“处僵治困”和亏损治理工作得到了国务院国资委的充分肯定。

（五）促进企业深化改革，提升企业经营管理能力

1. 促进业务结构调整和重组整合，提升企业创效能力

针对评价发现的盈利能力较弱、资产创效能力不高问题，积极调整投资、业务和产品结构，压减高成本产能，关停低效无效装置，提出“重组整合一批、强化管理一批、转让移交一批、关停退出一批”的“四个一批”改革措施，指导企业“一企一策”，分类推进改革。一是对于业务相关性强、互补性强、协同性高的企业，以业务归核化为方向，通过内部整合、专业化重组、并购等方式，重组整合一批企业；二是对于符合国家和集团公司发展战略要求，技术创新能力强、发展前景好、市场潜力大的企业，通过改革挖潜、业务拓展、转型发展，强化管理一批企业；三是对于社会化、市场化程度高且符合国家相关转让移交政策的业务，通过对外移交、对外转让和混改等方式，转让移交一批企业；四是对于不具备优势的非主营业务和低效无效资产，通过关闭注销、破产清算等方式，关停退出一批企业。

2. 促进开源节流降本增效，提升企业竞争力

针对评价发现的竞争能力不强、成本费用较高等问题，中国石油实施了降本增效工程，2020 年面对新冠肺炎疫情冲击和国际油价断崖式暴跌叠加影响，以超常规思维、采取革命性举措努力消化油价下跌等影响，实现油气产量“双增长”，守住净利润、自由现金流“双正”底线，原油完全成本同比下降 7%、连续 4 年“硬下降”，天然气完全成本同比下降 8%，操作成本创 2012 年以来最低，全年实现降本增效 320 亿元，充分彰显了“高油价能做大贡献、低油价要有大作为”的责任担当。

3. 促进矿权流转，提升资源配置效率

针对评价发现的一些企业可持续发展能力不足、资源接替困难、企业活力不够等问题，中国石油积极推进各企业间探矿权区块流转，进一步盘活矿权区块，激活内部勘探开发市场，不仅有利于加大油气勘探开发力度、提高储量利用率，更有效解决了老油田资源接替和扭亏的问题，夯实了老油田长期发展的基础。通过矿权流转也传播推广了先进成熟的勘探技术，有助于促进高效勘探和低成本开发，整体促进了油气田企业高质量可持续发展。

4. 促进三项制度改革和科技体制改革，提升人才活力

针对评价发现的用工总量大、人力资源结构性矛盾突出、劳动生产率不高、动力不足等问题，深化人事劳动分配三项制度改革，完善干部选拔任用制度，加大工效挂钩力度，开展工资总额预算制试点，逐步形成“能上能下、能进能出、能增能减”的机制。针对评价发现的自主创新能力不足、成果转化机制不顺、激励机制不完善等问题，深化科技体制机制改革，修订完善科技奖励办法，在科研院所开展综合改革试点、完全项目制试点，推行专业技术岗位序列改革，调动了科技人员的创新创造积极性。

三、特大型企业集团促进高质量发展的多维度能力评价与管理诊断提升效果

（一）探索形成了企业多维度能力评价体系，有效促进了企业高质量发展

企业多维度能力评价体系经过 7 年来的探索与实践，指导并推动企业深入查找弱项短板、剖析差距原因、不断改进提升，科学合理配置有限资源，谋求长期价值最大化，促进形成了创优争先的企业文化，使其不仅仅是一个企业评价工具，也成为中国石油提高企业管理水平、实现高质量发展的重要抓手，破解了企业管理效果难以进行量化评价的难题。2021 年，中国石油在总结企业发展能力评价多年工作实践经验的基础上，提炼形成了企业管理标准。通过建立企业发展能力评价标准，规范了工作程序、指标体系、数据采集、计算分析方法、评价报告编制及应用等内容，通过组织开展专题培训指导企业掌握评价程序和方法，为企业充分发挥比较优势、深入查找短板弱项、制订改进提升措施提供了一套经过实践检验且行之有效的管理工具。目前，已有 100 多家所属企业利用本评价体系开展对下级单位的评价工作，有力推动了中国石油各级次企业高质量发展。这是中央企业首次对所属企业进行综合评价的管理创新成果，为各类企业集团开展评价工作提供了有益借鉴，得到了国务院国资委国企绩效评价中心的充分肯定。

（二）为推动企业深化改革和提质增效发挥到了重要作用

自 2017 年开始，连续 5 年发布中国石油企业发展能力评价总报告和 110 多家企业分户报告，综合反映中国石油各项能力和主要指标趋势性变化及同业对标情况，以及各企业评价等级及同类业务内排名的情况，揭示存在的差距和问题，为中国石油掌握企业价值贡献、引领改革发展方向、编制“十四五”规划、优化调整资源配置发挥了重要的决策参谋作用，得到了中国石油主要领导充分肯定，评价报告主要结论纳入中国石油 2020 年领导干部会议主题报告并印发全体会议代表学习参阅。利用企业发展能力评价对企业进行全面的经营管理诊断，为集团公司提质增效发挥了重要作用，排名靠后企业的亏损面和亏损额大幅缩减，可持续发展基础不断夯实，企业动力活力不断激发，取得了实实在在的成效。

（成果创造人：姜力孚、周国芳、李　敏、罗卓辉、曲传祥、赵　前、
冯淑萍、万　鹏、袁亚骞、方　健、崔光宇、王　威）

大型企业集团管控体系优化管理

中国核工业集团有限公司

中国核工业集团有限公司（以下简称中核集团）是中央管理的国有重要骨干企业，是国家核科技工业的主体、国家战略核力量的核心、国家核电发展的主力军、核燃料专营供应商和核技术应用的骨干，肩负着强核强国、造福人类的使命。2018 年，按照党中央、国务院的决策，原中核集团和原中核建集团成功实施战略性联合重组，原中核建集团整体无偿划转进中核集团。重组后，中核集团总资产超过 8000 亿元，有职工 15 万人，企业户数超过 1300 户，形成了从科研设计、生产制造到工程建设完整的核科技工业产业链和创新链。

一、大型企业集团管控体系优化管理背景

（一）深化国资授权经营改革的需要

按照党中央、国务院关于深化国资国企改革的决策部署，国有资本授权经营机制加快改革，中央企业要进一步加强行权能力建设和授权经营体制改革。中核集团已建立了管理架构和相应的制度体系，但在集团管控过程中，还需要通过深化与优化管控模式，进一步推进国有资本授权经营机制改革，进一步完善总部功能定位和集团管控模式，做到层层“松绑”，全面激发各级子企业活力，促进企业高质量发展。

（二）优化核工业国有资本布局结构的客观需要

我国正在加快推动国有经济布局优化和结构调整，要推动国有经济更好服务国家战略目标、更好适应推动高质量发展和构建新发展格局。中核集团是我国核科技工业体系的主体，承担着“强核强国、造福人类”的企业使命，但还存在产业体系有短板弱项、企业市场化程度不高等问题。通过深化与优化管控模式，有利于增强核工业的资产整合和产业聚集能力，促进资源更多向核工业主业、关键领域和重点基础设施集中，向核工业前瞻性、战略性产业集中，向核工业产业链、供应链、价值链的中高端集中；有利于进一步理顺母子企业关系，使子企业真正拥有生产经营的主导权，建立更加市场化、更加高效、更加有利于高质量发展的经营管理体制机制，培育一批领军龙头企业。

（三）核工业战略性重组后整合、融合的需要

2018 年，原中核集团和原中核建集团成功实施战略性联合重组。两个集团重组之前资产规模、主营业务、管理机制、制度体系、总部设置、企业数量、职工人数等方面存在差异，战略重组采取合并重组的方式，两个集团的总部进行整合、融合，原中核建集团的二级单位作为重组后中核集团的二级、三级单位管理，重组后的公司数量由原来的 400 多户增至 700 多户。由于重组后整合、融合工作时间紧、任务重，需要尽快对资产、业务、机构、人员、管理等方面进行整合、融合，需要深入推进工程建设、核电与新能源等领域的资源整合。因此，必须尽快对管控体系完成深化与优化，避免存在管理失控、管理真空、管理无规可循等现象，确保重组后尽快建章立制，各项业务工作能够在新的总部管控下顺畅运行，实现平稳过渡。

二、大型企业集团管控体系优化管理主要做法

（一）做好组织架构设计，提高集团管控能力

中核集团出台新时代发展战略，明确“三位一体”战略目标，在战略框架下指导二级子企业基本建立董事会，向二级子企业授权放权，逐步完善对二级单位的管理。重组后第一时间，中核集团即重塑

了总部功能定位和产业架构，后续不断调整完善，形成运转有效的管控组织架构。

1. 明确总部功能定位，作为管控模式建立的重要前提

总部机构职责要与总部功能定位、管理职能匹配。按照精干高效、简政放权、管理科学、相对稳定的原则，在总部职责设置上充分结合核工业特点和产业集团的管控要求，总部主要负责宏观指导、战略规划、资源配置、监督检查、考核激励。一是总部采取“大部制”构架，适应管控模式需要。总部仅设 13 个部门，其中 9 个为职能部门，主要管战略计划、预算考核、资源配置和党建、监督管理等两头，将中间决策过程下放，不具体参与子企业生产经营。针对核工业全产业链经营运行的特点，设置系统工程部、科技质量与信息化部、安全环保部等 4 个业务管理部门，对国家指令性业务进行运营管理，总部对部分重大项目进行直接管理，确保万无一失。二是总部职能设置充分体现核工业管理特色。针对核工业为战略性产业需要强化顶层设计与战略管控的特点，统筹制度研究、战略研究、规划管理、改革管理、改制重组、资本运营等职责，由战略规划部归口管理。战略规划部协调指导新组建成立的战略规划总院，全面参与和支撑战略规划研究与管理工作，总部每年定向安排 5000 万元作为战略规则总院的研究运行经费。针对核工业重大项目管理特点和需求，调整设立系统工程部，将部门排序提至前列，将重大项目的计划、项目管理职责统筹至部门归口管理，配以专人专项开展督察管理，实现项目建设全过程闭环管理、一管到底，促进部门管控强化和能力提升。三是建立总部参谋咨询和管理支撑机制，强化总部战略管控能力。完善科学技术委员会的功能和运行机制，更好地发挥在支持创新驱动发展战略中的引领作用。采取年度重大课题研究、前置咨询等方式，为重大战略及经营管理等问题提供决策咨询，提升战略能力和软实力。设立财务、资本运营、信息、人力 4 个共享中心，减少总部事务性工作，以聚焦战略及其他重大事项管理。四是建立总部职责动态调整机制，不断增强管控的系统性、集约性、权威性。中核集团重组以来，对总部机构职责进行了 2 次系统梳理、8 次动态调整，针对 13 个部门提出共 519 条职责、新增 11 条职责，对 21 条职责需调整、17 条职责交叉、10 条职责接口不清晰逐一予以明确；先后发布两版《总部机构职责》，作为总部管理的根本依据。

2. 设计管控架构，打造管控体系的组织支撑

针对核工业链式产业特点和管控需求，中核集团重新明确了产业组织体系和三级管控架构，确定了集团公司直接管理的各二级单位的专业分工和业务界面，打造支撑管控体系的产业组织体系基础。一是合理界定各层级管控范围，搭建管控体系基础。将集团公司直接管理的二级单位分为专业化公司和直属单位两类。专业化公司主要负责主导一个产业经营发展。根据该产业的业务范围，界定每个专业化公司管理的企业业务、数量、层级等，确保纵向管控链条清晰、横向业务边界清晰。确立 9 家专业化公司，覆盖天然铀、核燃料、核电、核工程、核环保、核技术应用等全产业链各环节；确立 14 家直属单位，包括为全行业、全系统提供专业化服务的科研院所、重点单位、支持服务机构等。二是强化专业经营，确保专业化管控。针对同质化业务，积极优化资源配置，促进各类业务的专业化管理。推进核电、核燃料、工程建设、装备制造等领域同类业务整合，进一步提高主业集中度；推进资产管理、金融等领域同类业务整合，积极服务保障主业发展。对原中核建集团下属二级公司进行整合调整，新设中国核建作为工程建设专业化公司；将原中核建集团下属从事资产投资、物业管理的中核投资、华建资产管理公司整合至中核集团中国宝原公司，形成资产投资管理专业化平台；将两个集团下属金融类企业整合，新设中核资本作为金融专业化公司，重组基金公司、融资租赁公司；保留中核能源能科技、新华发电作为直属单位。三是系统梳理优化，持续解决管控问题。结合国家对国有经济布局优化和结构调整的要求，每年对产业组织进行一次系统梳理，针对部分产业相对分散、难以形成经营管理和发展合力的问题，以及根据产业发展形势新出现的、突出的问题，定期通过专题调研、座谈交流、务虚研究、课题论证等方式，从各层面广泛听取意见，系统开展梳理研究，充分分析论证利弊，制订业务关系和管理关系明确的方

案。四是鼓励市场化经营，促进管控主要目标实现。总部在授权经营管控体系下，一般不干预各二级单位的生产经营，对于三级及以下单位授权二级单位管理。但是，考虑到核工业全产业链特点、产业链各环节环环相扣的关系，各二级单位涉及核心资源配置、重大项目合作、上下游重大交易等方面，必要时由总部统筹协调，以集团利益最大化为目标导向，加强战略协同，形成全集团合力。

（二）设计管控模式，建立模型分类管控

1. 立足产业特点和发展实际，开展分类管控模式制订和选择

管控模式核心是解决权力划分问题，关键是权力的集中与分散，企业根据自身条件和外部环境寻求集权和分权的有机结合。中核集团对管控模式的制订和选择，主要在3个方面统筹考虑。第一，要符合国家和集团战略的需要，满足集团利益最大化并能够推进集团战略的贯彻实施。对于核工业主业企业管控，都必须首要符合国家对国有经济布局结构及改革发展的要求，符合国家对核工业发展的决策部署，符合集团公司的战略需要，因此，对核工业主要二级单位都必须做好战略管控。第二，要能够充分发挥集团全产业链优势，促进产业链各环节企业协同发展。中核集团主业领域有军有民，既有面向市场充分竞争的企业，又有承担科研任务并受国家委托管理的事业单位，各二级单位的战略地位、发展阶段、产权关系、主营业务、空间布局等情况不同，因此，对主要二级单位除战略管控之外，还需要根据实际情况叠加运营管控和财务管控的不同模式，分类促进改革发展。第三，要能够充分调动子企业的积极性和创造性，激发市场活力。对于充分市场化且与为主业提供服务或与主业关联度不大的二级单位，打破"一把尺子量到底"的旧有体制，为企业松绑，将更多的自主决策权交回给企业，可以采取财务管控这种更为灵活的管控方式管理。基于上述考虑，中核集团更适合采用战略管控、财务管控和运营管控相结合的分类管控模式，3种管控模式可以混合使用，集团公司下属不同的产业和业务模式适用于不同的管控模式。

2. 建立评估模型，定量确定分类管控模式

为确定具体企业的分类管控模式，中核集团组织开展"二级单位管控模式研究"，对二级单位进行行权能力体系性评价，根据该管的管到位、不该管的尽量放开的基本原则，在专家评分法、德尔菲法的基础上建立模型，通过多轮次调查专家打分意见和实际经营数据提取打分，定量判断对不同单位的管控强度。

根据管控强度S值高低排名，明确对各二级单位采用战略管控、财务管控、运营管控相结合的不同管控模式。管控强度得分越高，越需要强管控、集权控制；反之，要加大分权。结合各二级单位实际情况进行分类管控，选取 $S>1$ 的单位作为"战略+运营管控"类型，$0<S<1$ 作为"战略+财务管控"类型，$S<0$ 作为财务管控类型。对二级单位管控总体以"战略+财务管控"为主，总部作为战略决策和投资决策中心，以追求集团企业总体战略目标和协同效应为基础而进行管理，利用控股权主导下属公司的重大决策和经营活动，总部一般不介入具体经营管理行为；同时，对企业财务情况进行考核控制，以更好地履行军工产业集团公司职责，完成国有资本保值增值任务。对承担国家指令性重大任务、核科技创新、核安全等领域的二级单位，采取"战略+运营管控"，对重大项目垂直管理、一管到底，切实履行强军首责，加快创新驱动发展，确保安全高效发展。对少数从事非核心主业、充分市场化、金融财务类的二级单位，采取"财务管控"，总部更关注资产是否保值增值，在业务上更多地加大授权放权力度，由企业自主决策，在业绩考核上主要关注财务指标。确定管控模式后，可对有关企业管控事项进行差异化调整，分类优化授权，该管的绝不缺位，不该管的依法放权。

（三）设计权力清单，厘清分级管控界面

权力清单的核心是在管控体系下对总部和二级单位的管理权限厘定，明确各层级之间的命令链和汇报关系，解决总部与子公司的职责和权力分配问题。

1. 突出管控重点和特点设计权力清单

先后发布两版《集团公司对二级单位的权力清单》，系统梳理出战略规划、改革调整、计划管理、投资与项目管理、绩效考核与薪酬管理、融资与担保管理、财务与预算管理、干部管理、科技创新与成果转化、外事与国际合作、党建管理等12个类别共90项与经营管理相关度高的重要权力事项，作为核心管控事项分类列出，明确总部行权方式和授权内容。对于未在权力清单中明确的事项，按现行制度进行管理。针对核工业战略性支柱产业的特点，国家对核工业行业管理要求较多，核电等重大项目需要国务院审批，集团公司需要转报上级部委审批的事项较多，在权力清单中的行权方式分类中单列出需要转报、审核转报事项并视为未授权。其中，投资计划、重大投资项目等重要事项由二级单位上报、集团公司审核后转报上级部委；如事业单位日常管理等转报事项，将审核权下放至二级单位，总部负责转报。

2. 做好统筹平衡，发挥清单作用

依据“对接－评估－反馈－修订”4个步骤，研究提出需要授权放权事项、授权额度和授权范围。在业务对接环节，对现行放权事项进行系统梳理，确保各权力事项下放能够实现权力闭环，如在投资、融资、银行账户开设等方面的授权额度能够基本匹配等；在分析评估环节，由各部门对业务管理能力、其他部门相关事项的放权情况、二级单位承接能力进行评估；在反馈环节，由权力清单编制部门从全局角度统筹考虑，协调沟通各部门确定授权事项；在修订环节，修订权力清单及有关制度，将授权事项和业务流程固化。

3. 建立评估和动态完善机制，定期优化授权事项

定期评估授权放权的执行情况和实施效果，评估授权经营改革的成效，采取扩大、调整或收回等措施动态调整授权放权事项，持续优化对二级单位的授权经营管理。评估工作主要采取自下而上、自上而下相结合的方法。自上而下是根据相关文件，提出授权要求。自下而上是通过发文函询、组织研讨、实地调研等形式，多次收集二级单位对授权放权的意见，累计超过40条。在“权力清单A版”基础上进一步更新迭代、调整补充，形成“权力清单B版”，其中根据国资监管要求收回授权1项、新增授权11项、优化授权4项，新增及优化授权项增加30%，62项审批审核事项优化率达到18%，授权比例超过50%。

4. 明确核心授权放权事项，适应管控模式要求

一是适应战略管控需求，强化战略管理机制。集团公司总部负责制订集团公司总体战略规划、主业范围、调整改革方案，审批二级单位战略规划、重大改革改制方案、专业化重组和结构调整方案、年度经营计划和经营绩效考核，使集团公司的战略意图通过“战略－规划－计划－考核－绩效”体系得到贯彻执行，以战略为纲领、5年规划为蓝图、年度计划为主线、考核为抓手、激励为引导，确保实现集团公司战略管控的要求。二是适应分类管控要求，建立差异化授权机制。针对战略管控、财务管控和运营管控相结合的分类管控模式，进行差异化授权。在健全投资管理机制方面，针对核工业资产密集型、投资额度大、项目周期长的特点，结合分类管控模式充分考虑二级单位承接能力，对“战略＋财务管控”类二级单位加大固定资产投资授权额度，对“战略＋运营管控”类二级单位相应给予梯次递减的固定资产投资授权额度。对“战略＋财务管控”类中管理更为规范的上市公司授予更高的股权投资授权额度，对部分“财务管控”类单位授予更高的产业基金类项目投资额度，鼓励其围绕主业开展金融业务。在健全市场化企业差异化授权机制方面，重点针对新能源和核技术应用产业。这两个产业既符合中核集团高质量发展方向，又能够贡献新的经济增长点，但处于竞争较为激烈的市场环境中，需要加快抢占资源。对承担新能源和核技术应用产业发展的二级单位侧重“财务管控”，在进行行业对标和承接能力评估后，针对其较为成熟的业务领域，在固定资产和股权投资授权、资本金内部收益率、公司设立等方面分批梯次加大授权。如将主业范围内、管理层级范围内的公司设立审批权直接下放至从事新能源

开发业务的三级单位，以利于其加快产业布局和抢抓市场机遇。在健全干部管理授权机制方面，总部对成员单位干部管理进行差异化授权。根据中核集团建立的成员单位分类定级体系，一类单位为集团公司核心战略企业，具有主业相关、业绩好、战略性强等特点，全部二级单位和部分三级单位为一类单位。为提高管控效能，集团公司党组将部分一类单位、全部二类及以下单位领导班子和领导人员的管理授权二级单位管理，总部仅对50多个一类单位领导班子和领导人员进行管理，既保证了对二级单位管控到位，又加强了二级单位对所属企业的管控力。三是明确负面清单，厘清管控红线。对于国家、上级部委有监管要求的涉核及重大监管事项，严格按照要求管理，坚决管住。

（四）设计制度体系，持续优化管控模式

逐步建立“制度+清单”的模式，以科学确定的制度规范作为组织协作行为的基本机制，按照总部各部门、各层级单位权责，形成一个有序的指挥链或等级系统。实现分层分类制度体系与权力清单充分对接，配套编制“节点清晰、权责明确”的业务流程图，及时落实权力清单授放权要求。一是持续优化健全以章程为基础的制度体系。根据权力清单已对多项涉及审批备案的制度进行“立改废”，削减制度53项，形成集团公司金字塔型制度体系，包括24项基本制度、92项重要制度、276项一般制度。重组后，集团总部在3个月时间内集中发布近100项重要制度和40项核心业务流程，迅速形成适应管控实际的规章制度管理体系。建立三年强制修订制度机制，新编修制度超过现行制度80%，2021年实现重组后制度全部更新。坚持制度流程化要求，随制度同步发布管理流程150余项。二是完善制度管理机制。通过信息化管理手段，搭建OA规章制度管理模块，优化制度全生命周期管理机制，实行计划、起草、征求意见、审查、审批与发布、实施、自评与监督检查、修订的闭环管理。推动制度建设部门持续开展制度评估，确保制度之间有效衔接，不断完善日常管控依据。

（五）设计监督机制，规范权力阳光运行

按照事前制度规范、事中跟踪监控、事后监管问责的要求，不断健全监督检查长效机制。完善三层监督体系，确保授权放权放得下、接得住、托得稳。在监事监督上，充分发挥委派专职监事作用，依法监督。在业务监督上，加强业务制度宣贯和执行监督，以及将强化内控、合规、风控纳入统一体系建设，对关键风险环节实施合理控制，定期开展内部控制评价，确保内控体系有效。在专责监督上，建立大监督体系，实施监督工作联系会议机制，实现纪检、审计、巡视等协同监督。投资业务管理部门建立了投资年度监督检查机制，会同总部有关部门对成员单位投资情况开展年度监督检查，对于检查发现的违反法律法规和本规定的行为予以制止并责令限时整改，对情节严重的予以收回相关授权。如在公司设立方面，对未按权限履行决策程序、未批先设及未及时备案的多个企业进行通报批评。

三、大型企业集团管控体系优化管理效果

（一）有效提高了企业生产经营效率

中核集团总部通过完善管控体系，总部事务性工作大幅减少，“机关化”问题得到较大整改，总部得以集中力量谋划发展，做好对成员单位的宏观指导。总部决策效率大幅提高，审批决策事项有效减少，审批决策时间大幅缩短，对成员单位来文10个工作日办结答复。办文办会数量大幅压缩，2019年、2020年总部公文、会议同比均减少20%以上。总部机构编制得到有效控制，实现“只减不增”。各二级单位管理能力和体系得到加强，全部二级单位根据权力清单对现有管理制度体系进行适应性调整，对有关制度进行修改，对缺失制度进行补充，依法合规行权用权，管理更加规范。与此同时，部分二级单位对所属单位也建立了权力清单，在集团公司管控体系框架下进行规范授权放权，做到层层松绑，极大提升所属单位自主决策效率与经营活力。

（二）有力促进了企业市场化经营

通过管控体系深化与优化，有力促进了各二级单位成为市场经营的主体。如通过授权经营，集团公

司新能源产业加快发展，2019 年、2020 年风电装机容量分别增长 57%、27%，太阳能装机容量分别增长 369%、106%。从事新能源业务的中核汇能得益于集团公司在公司设立、固定资产投资和股权投资方面的充分授权，2019 年利润增长 30%；2020 年克服疫情影响，收入增长 11%。中国核建作为集团公司建安业务专业化公司，在合并重组后通过加大 PPP 项目、项目公司设立等授权，2018 年重组后每年保持收入、利润两位数快速增长，2018—2020 年营业收入分别增长 13.2%、23.8%、14.2%，净利润分别增长 12.6%、25.6%、12.7%，增长幅度明显高于重组前。

（三）有效提升了我国核工业发展质量

通过管控体系深化与优化，高效率落实“两核”重组整合，建立了更高水平的创新链、产业链和核科技工业体系，构建了运转高效的中国特色现代国有企业制度和管控、治理体系，形成强大合力推动核军工科研生产取得重大进展，推动核工业科技创新，提升自主可控发展水平，推动核工业产业经济保持高质量发展，核电产业安全平稳发展，自主三代核电机组全球首堆实现商运，标志着我国核电产业已经进入世界第一方阵。核燃料循环产业迈上新台阶，天然铀实现产供销储一体化，自主经营能力快速提升。核技术应用等市场化产业快速抢滩市场，加快发展。成功收购同方股份，为未来发展拓展了空间，为新时代加快建设核工业强国提供了重要支撑。

（四）得到社会各界的高度肯定

中核集团重组后两年多实际运行情况，以及与各行业中央企业交流结果显示，管控体系建设和授权经营改革力度较大、成效显著，充分满足了子企业高质量发展的需求，有力提高了子企业发展的质量、效益和水平。“两核”重组以来，中核集团营业收入和利润保持两位数快速增长，特别是 2020 年克服疫情不利影响，实现营业收入 2231 亿元，同比增长 24.35%；利润 208 亿元，同比增长 18.67%。连续 16 年获得国务院国资委中央企业负责人业绩考核 A 级评价，连续 5 个任期获评为“业绩优秀企业”，实现了“1 + 1 > 2”。2020 年，中核集团首次入选《财富》世界 500 强，成为全球首家跻身世界 500 强的核工业企业；2021 年再次入选《财富》世界 500 强并提升 122 位，打造具有全球竞争力的世界一流核工业集团取得实质性进展。中核集团改革发展有关工作多次获得党和国家领导人批示指示。重组整合管控优化和机构精简，多次作为中央企业典型经验进行书面和发言交流，为其他中央企业管控体系建设和授权经营改革提供了借鉴，也为中央企业并购重组提供了成功案例。

（成果创造人：李光亚、罗清平、许渊源、白云生、那保国、周超然、于晓龙、马　越、朱　鹏、许　诺）

国有大型集团参股企业分级分类监管体系构建与运行管理

鞍钢集团有限公司

鞍钢集团有限公司（以下简称鞍钢集团）于2010年5月由鞍山钢铁集团公司和攀钢集团有限公司联合重组而成，是国务院国资委监管的中央企业，总部坐落在辽宁省鞍山市。目前，鞍钢集团在中国东北、西南、华北、东南、华南等地拥有七大各具特色的生产基地，是中国最大的钢轨、船板生产企业，世界最大的产钒企业和中国最大的钛原料和重要的钛白粉生产基地。2020年，鞍钢集团的铁精矿、生铁、钢和钢材产量分别为4017万吨、3653万吨、3819万吨和3542万吨；实现营业收入314.68亿美元，在《财富》世界500强中排名400位；实现利润总额65.53亿元，同比增幅178.77%。

一、国有大型集团参股企业分级分类监管体系构建与运行管理背景

（一）国有企业深化改革的必然要求

近年来，各级国有企业认真贯彻落实党中央的决策部署，以参股等多种方式与各类所有制企业加强合资合作，积极发展混合所有制经济，有序开展参股投资，通过改制减持、出资新设、投资并购等方式，实现了国有经济与各类所有制经济加强合作、取长补短、共同发展。截至2019年，鞍钢集团共有参股企业126户，较2013年增长43.18%；参股投资总成本99.87亿元，较2013年增长58.07%。随着国有企业改革的不断深化，参股投资无论是数量还是比例都将持续增加，加强参股企业监管的重要性和紧迫性也更加凸显。特别是作为管控型国有大型集团，为防止出现“重投轻管”“只投不管”等问题，有效规避参股投资风险，必须建立、健全符合国有企业深化改革要求的监管体系，将参股企业管起来、管到位，做到参股参言、依法行权，有效维护国有股东的权益。

（二）落实国资监管要求的重要举措

党中央、国务院及国务院国资委高度重视中央企业参股投资监管工作，但从具体实践来看，中央企业在监管中存在一定的问题，直接影响了国有资本的运营效率。例如，布局不合理，不符合企业战略定位和发展主业要求；资产质量不高，投资回报率较低，有的多年不分红，有的长期处于非持续经营状态；对参股股权监管力度不大，有的甚至财务数据都难以掌握。鞍钢集团通过开展“子企业自查+集团检查”，发现涉及70户参股企业，涵盖股东权责、聚焦主业、财务运营、投资回报等6个方面共253项问题。主要原因是重视程度不够、监管机制不健全，导致监管责任不到位，造成国有资产流失，甚至成为国有资产“跑冒滴漏”的一个较大出血点。因此，中央企业必须提高政治站位，站在实现国有资产保值增值的高度，建立、健全符合国资监管要求的参股企业监管体系，持续提升国有资本运营效率。

（三）实现高质量发展的内在要求

近年来，面对日趋激烈的市场竞争形势和上下游产业的重大变化，作为国有大型集团，鞍钢集团积极践行新发展理念，提出了“7531”的战略目标：到2025年达到7000万吨级粗钢、超5000万吨级铁精矿、3000亿元级营业收入、百亿元级利润，成为国内钢铁行业高质量发展排头兵。对于参股企业监管而言，就是要通过创新体制机制，建立行之有效的监管体系，为鞍钢集团横向拓展产业面、纵向延伸产业链，做强做大钢铁主业发挥保障支撑作用。但是，从实际情况来看，鞍钢集团在参股企业监管方面还存在很多问题，还不能更好地满足发展战略目标的需要。原有的各级企业负责本级参股投资决策及监管、按权限对所属企业参股事项进行审批/备案的监管体系存在很多弊端，各投资主体各自为战，横向上没有做到监管对象全覆盖，纵向上没有实现监管通道上下贯通，导致监管效率不高。因此，鞍钢集团

必须建立、健全既满足国资监管要求，又能适应大型企业集团高质量发展需要的参股企业分级分类监管体系。

二、国有大型集团参股企业分级分类监管体系构建与运行管理主要做法

（一）坚持问题导向，明确监管体系构建的原则和总体框架

1. 进行总体设计，确定分级分类监管体系构建的基本原则

一是总体设计、系统推进。以战略目标为导向，加强顶层设计，完善监管制度，确定分级分类监管体系构建与运行的工作思路、工作方案和工作措施，统筹推进各级投资主体有效逐级承接，形成上下联动的工作机制。二是下管一级、逐级负责。通过加强考核评价在纵向上打通监管通道，推进投资主体逐级履行监管主体职责，增强监管的穿透力和执行力。三是全面实施、突出重点。依据战略符合性、投资回报和持股比例，以及运行质量等，对参股企业进行分类，通过分类监管在横向上实现监管对象全覆盖。四是巩固提升、持续推进。将构建与运行分级分类监管体系纳入《鞍钢集团改革三年行动实施方案》，确保形成监管长效机制。

2. 规范监管措施，确定分级分类监管体系构建的总体框架

坚持在现代企业制度框架下，按照市场化规则，以股东身份通过规范参股企业法人治理运行履行监管职责，构建既适应鞍钢集团管控架构需要又满足全面履行参股企业监管职责要求的分级分类监管体系。分级分类监管体系的特点主要表现在：在纵向上实现监管通道有效贯通，增强了监管的穿透力和执行力，提升了监管效率；在横向上实现监管对象全覆盖，既做到了全面实施，又做到了突出重点，提升了监管的针对性和实效性。监管体系中鞍钢集团居于主导地位，既通过规范法人治理运作逐级落实监管职责，又以派出专职董监事为抓手实施有效监管；各级投资主体居于承接落实地位，通过规范参股企业法人治理运作实施分类监管。

（二）强化顶层设计，完善监管制度，健全组织机构

1. 加强制度建设，确保依规有效实施监管

制订以参股企业监管为重点的《鞍钢集团合资企业监督管理办法》，在制度上明确了参股企业的监管体系为实施分级分类监管。鞍钢集团董事会办公室牵头抓总，做好顶层设计，统筹推进参股企业分级分类监管体系的构建与运行；总部职能部门按业务对口原则实施专业监管，确保监管工作的针对性和实效性；各级投资主体按照谁投资、谁监管的原则履行监管主体职责，有效行使对参股企业的决策权、监督权和收益权。按照构建分级分类监管体系的要求，重新修订了《鞍钢集团投资管理办法》《鞍钢集团投资项目后评价管理办法》《鞍钢集团全面风险及内部控制管理办法》《鞍钢集团违规经营投资责任追究实施意见》，补充完善了加强参股投资及参股企业监管的相关规定，形成了事前、事中、事后完整的监管制度体系，确保了对参股企业实现闭环管理。

2. 健全组织机构，强化监管工作的领导

强化监管工作组织领导，明确鞍钢集团总经理为参股企业监管的主要负责人，分管投资的副总经理负责组织推进实施。在董事会办公室下设公司治理模块，负责业务指导和监督检查等工作，统筹协调各职能部门逐级推动投资主体加强监管工作。每年年初制订年度监管工作计划，组织各部门推进监管措施有效落地，加强对参股投资收益监管，加快推进低效、无效参股企业处置退出工作。各级子企业逐级承接鞍钢集团的监管要求和监管制度，二级子企业专门成立了监管部门专门履行监管职责，三级及以下子企业明确了履行监管职能的主责部门。通过逐级健全组织机构，加强了对参股企业监管工作的领导，确保了鞍钢集团各项监管措施上下贯通、全面落实。

3. 建立专职董事、监事队伍，代表出资人履行监管职责

适应鞍钢集团管控架构的需要，以派出专职董事、监事为重要抓手，推动各级投资主体逐级履行监

管职责。鞍钢集团层面、两大区域公司鞍山钢铁和攀钢，以及在境外参股投资的鞍钢国贸公司都建立了专职董事、监事队伍。专职董事独立表决、个人负责，代表出资人在董事会上行使决策权，专职监事通过列席董事会、参加监事会有效行使监督权。通过向直接投资的参股企业派出专职董事、监事，确保参股企业的法人治理规范运作，有效保障投资主体的合法权益。通过向全资或控股企业派出专职董事、监事，推动其加强对所投资的参股企业实施有效监管。

（三）实施分级监管，推进监管流程再造，确保监管通道上下贯通

1. 按照母子公司权限，逐级落实监管责任

一是鞍钢集团总部职能部门依职履责。董事会办公室对鞍钢集团直接投资的参股企业实施监管，对各级投资主体履行监管职责进行监督、检查，每年1月完成年度评价，每季度对参股企业财务数据进行统计分析。总部其他部门按业务对口原则实施监管，对应由鞍钢集团审批/备案的事项，出具审批/备案意见，然后由派出董事在董事会上行使表决权。二是投资主体按权限逐级履行监管职责。以鞍钢集团战略目标为导向，对参股企业实施有效监管。每半年逐级上报参股企业运营情况报告。每年4月逐级对投资主体的监管情况进行评价，提出需要整改的事项并限期完成整改。制订参股投资或股权退出、转让方案，对于不符合鞍钢集团战略目标或低效、无效的参股股权加快推进处置退出。三是依法向参股企业派出股东代表、董事、监事和高管。通过及时调整因职务变动的派出人员，确保了对参股企业监管不出现真空。2020年，各级投资主体共调整18户参股企业派出董事及重要岗位36人，满足了对参股企业加强监管的需要。

2. 监管重心前移，加强参股投资决策监管

一是严把参股投资方向。坚持战略符合的原则，严控不熟悉或不擅长领域的参股投资。严格甄选合作对象，选择经营管理水平高、资质信誉好的国内外知名企业作为合作方。严控5%以下的参股投资，除战略性和财务性投资外，参股比例原则上不得低于34%。二是加强参股决策审核。严格执行“5 + X”联审制度，鞍钢集团战略规划部、财务部、管理与信息化部、法律合规部、审计部对参股投资项目出具专业意见，重大参股事项涉及的相关业务部门出具业务意见，确保参股投资的质量，有效规避和防范投资风险。三是加强退出保障管理。坚持收益优先，将确保分红作为参股投资的基础条件，在合资合作协议或参股企业章程中明确约定。将退出保障作为参股投资决策的重要因素，与合资合作方明确约定退出条款，确保能够“全身而退”。鞍山钢铁参股广州南沙钢铁物流有限公司时，在合资协议条款中明确了如企业连续3年亏损则解除协议。因该企业连续3年亏损，2021年5月解除了合资协议，目前正在清算注销。

3. 加强运营监管，及时掌握参股企业运营动态

一是加强财务运营监管。投资主体每季度通过监管平台更新参股企业财务数据，确保全面掌握参股企业运营情况。加强应收账款监管，2020年，各级投资主体共收回参股企业逾期超过1年的应收账款1653.4万元。对投资主体履行提供担保的决策程序进行严格审查，杜绝为参股企业提供超股权比例担保现象。二是加强国有权益监管。定期对参股企业的国有权益进行清查，通过加强价值管理，适时增持、减持或退出。三是加强国有产权监管。按照国有资产评估、国有产权进场交易等制度规定，办理参股企业国有股权的产权占有、变动、注销等手续。截至2020年，完成了全部产权登记办理工作。开展小法人“使用鞍钢系名称字号排查清理”专项整治，杜绝了不规范使用国有无形资产现象。四是将党的领导有效融入监管。按照“两个一以贯之”要求，将加强党的领导写入章程作为参股投资决策的先决条件。加强与合资合作方或参股企业沟通，宣传党的方针政策，推进党建入章。各投资主体按照相关文件规定，积极在参股企业宣传党的路线方针政策，团结凝聚职工群众，推进参股企业持续健康发展。对投资主体领导人员在参股企业越级兼职或兼“挂名”职务进行严格审批，任期届满需要连任的必须

重新履行报批程序。

4. 加强考核与评价，增强监管的穿透力和执行力

一是强化主责部门监管效果考核。在每年制订下年度总部部门绩效考核指标时，将参股企业监管完成情况纳入重点绩效指标，季度和年度的得分上限为120分、下限为80分，权重为30%。二是逐级开展年度考核评价。将履行参股企业监管职责作为评价子企业董事会的重要内容。年度评价意见中明确要求将参股企业运营中存在的问题作为董事会重点关注事项，并且要求制订整改措施限期完成。鞍钢集团对二级企业进行评价，二级企业对所属企业进行评价，将董事会评价结果纳入子企业负责人的年度绩效考核结果。三是加强内控和风险管控。把参股企业监管纳入内控风险管理的重要内容，开展任期经济责任审计时，重点对投资主体负责人任期内的参股投资、与参股企业关联交易、参股企业运营质量等情况进行审计。审计报告经鞍钢集团总经理和董事长审定后在全集团印发，同时将审计结果作为任期评价结果和选拔任用的重要依据，对于审计发现的违规违纪问题移交纪检监察部门查处。四是加强参股项目后评价管理。采取"鞍钢集团审计部+审计中心+子企业"的管控模式，建立内部专家队伍，在参股投资项目完成后的12~24个月内，从项目前期工作、实施过程、项目运营、投资与财务效益、影响与持续性等多维度进行评价，评价结果为完全成功、基本成功、部分成功、不成功、失败等5个标准，作为奖励或追责的重要依据。五是加强派出专职董事、监事考核评价。制订《鞍钢集团派出专职董事履职评价办法》，对专职董事实施日常履职与任职企业年度考核相结合、出资人评价与任职企业评价相结合的双评价模式。将履职评价结果作为专职董事、监事选拔任用的重要依据。

（四）实施分类监管，推进监管方式升级，确保监管对象全覆盖

1. 依据分类标准确定分类结果

依据投资主体的战略符合性、投资目的、投资回报及持股比例，以及参股企业运行质量、市场竞争力等因素，形成ABC分类标准。分类标准确定后，进行自下而上和自上而下两轮确认，最后形成A类企业64户，参股投资成本83.9亿元；B类企业10户，参股投资成本5.71亿元；C类企业52户，参股投资成本10.27亿元。根据国家监管政策、企业发展需要、参股企业运营等实际情况，健全分类监管的工作体系，确保参股企业的运营效率持续提升。

2. 加强A类企业实收分红监管，确保持续提升投资回报

一是加强章程管理，确保参股国有股东的权益。定期对参股企业章程中的加强党的领导、重大关联事项一票否决权、强制分红、异议股权收购、随售权等条款进行排查，对不符合鞍钢集团现行监管要求的条款进行甄别并及时完善，力争最大限度保障投资主体的合法权益。二是积极行使监督权，全面掌握参股企业运行情况。专职董事、监事积极履行出资人监管职责，通过参加董事会、监事会督促各级投资主体及时履行参股企业收益权。通过每季度到任职企业的参股企业开展调研，及时发现和提示问题并形成调研报告，如有重大问题形成独立报告直接上报鞍钢集团。三是依法行使收益权，要求参股企业实施分红。派出到参股企业的股东代表及董事、监事和高管通过参加股东会、董事会、监事会、经理会，对连续盈利2年以上的参股企业依法要求实施分红。对已形成分红决议的参股企业积极跟踪执行情况，确保分红按时到账。

3. 加强B类企业运营监控，及时进行动态调整

一是设定观察期限。B类企业的观察期限原则上为2年，对2年内无法达到预期目标的进行动态调整，能够达到预期目标的上调到A类企业，将监管重点调整为投资收益监管；无法达到预期目标的下调为C类企业，实施处置退出。二是实施差异化监管。对于分红率较低或不分红且持股比例较低的B类参股企业，通过联合其他参股股东一致行动，如2年内实施分红上调到A类企业。鞍钢矿业公司通过与本钢等其他国有股东联合，增强了对深圳冶矿联公司的影响力，2020年度实施了分红。对于严重

亏损且不符合战略需要的 B 类参股企业定期分析研判运营状况，如 2 年内没有明显改善下调到 C 类企业。攀钢参股的江油长联实业开发总公司因运营状况无明显改善下调到 C 类企业，直接处置退出。三是实施专人专管。采取“一企一人”的方式，指派专人负责 B 类参股企业的监管工作，及时全面了解运营动态，确保了 2 年内存量 B 类参股企业清零。攀钢通过专人专管，及时了解掌握青白江医院的运营情况，因青白江医院资质提升到三甲且因疫情防控要求业务量大幅提升已上调到 A 类企业。

4. 加强 C 类企业处置退出监管，盘活存量，夯实质量

C 类参股企业或由于经营困难，难以征集到受让方；或因历史原因相关资料不完整，导致处置工作进展缓慢。这也是大多数中央企业在监管中普遍存在的共性问题。一是挂牌转让或参股企业内部转让股权。二是依法推进清算注销。对于非持续经营或盈利能力较弱、不符合投资主体发展战略的，推进清算注销工作。三是依规实施财务核销。已注销或吊销的或停业多年的参股企业，因在清产核资时被认定为资产损失且已全额计提减值准备，不仅不会产生投资收益，还会造成企业参股投资数据不实。对于这类参股企业，按照相关文件，依据法律部门出具的损失鉴定意见和纪检、审计等部门出具的责任认定意见，履行决策程序并追究相关人员责任后实施财务核销。四是加强组织领导，强化工作考核。

（五）夯实监管基础，建立监管信息平台和大监督体系

1. 搭建监管信息平台，全方位履行监管职责

运用信息化手段，搭建参股企业监管信息平台，实现对各级投资主体及参股企业全方位监管，并且实现与国务院国资委的参股管理系统无缝对接，切实做到既符合国务院国资委的监管要求，又满足鞍钢集团加强监管工作的需要。各级投资主体可随时从监管平台获取参股企业章程、参股投资决策情况、参股企业运行情况等 11 个大类的 45 项数据信息，及时发现和揭示存在的风险和问题，推动投资主体有针对性地制订整改措施，切实发挥平台在监管方面的功能和作用，有效提升了监管效率。鞍钢集团各部门可根据监管需要对参股企业数据进行统计分析，既提高了工作效率，也做到了为基层单位减负。

2. 增强监管意识，建立大监督体系

在鞍钢集团党委领导下，统筹“出资人监督、业务履职监督、专责监督”三大监督资源，构建信息共享、整体联动的大监督体系。在出资人监督上，健全完善派出董事、监事队伍和董事会、经理层、监事会等议事决策制度，保障党的路线方针政策和鞍钢集团的监管要求全面贯彻落实，将参股投资及处置等作为“三重一大”决策事项，列入投资主体党委会前置研究讨论范围。在业务履职监督上，职能部门既是业务执行部门，更是监督责任部门，健全了专业职能领域的监督体系，加强本系统的监督指导，实现以监督促进管理、用规范提升管理。在专责监督上，落实纪检监察、巡视、审计等各方监督职能，聚焦内部控制评价、法律风险防范，强化责任追究和问责，有效提升监管效能。每季度召开总结推进会，每半年对相关部门工作人员进行培训，在全集团形成了加强参股企业监管的良好氛围，提高了履行监管职责的自觉意识。

三、国有大型集团参股企业分级分类监管体系构建与运行管理效果

（一）监管长效机制有效健全，企业的治理能力显著增强

一是国资监管要求得到有效落实。通过建立专职董事、监事队伍，加大了对参股企业的监管力度，真正做到派得进人、管得住事、防得住问题，国有股东权责得到有效落实，彻底转变了以往“只讲战略、不讲分红”“只讲投资、不讲监管”的思维模式，增强了当好积极股东的责任意识。二是监管长效机制有效健全。为了巩固分级分类监管体系构建取得的成效，确保持续提升监管能力和水平，将建立、健全分级分类监管长效机制纳入《鞍钢集团改革三年行动实施方案》，明确了规范国有企业参股投资、加强股权管理等监管措施，确保了已取得的成效得到进一步固化并持续提升。三是企业治理效能得到有效提升。通过完善参股企业相关监管制度，健全了参股投资决策和监管机制，决策的科学性、合规性得

到进一步增强，市场化运作能力进一步提升。通过实施分级分类监管，实现了履行监管职责横向到边、纵向到底，有效提升了监管效率。通过在现代企业制度框架下按照市场化规则履行股东职权，真正做到了参股参言、依法行权，推动了鞍钢集团治理体系和治理能力现代化。

（二）参股经营风险得到有效防范，实现国有资产保值增值

一是国有资产流失有效规避。通过加大 C 类参股企业处置工作，获得股权转让收入 7. 51 亿元，有效盘活了存量参股投资，避免了国有资产闲置问题。将与参股企业的关联交易、应收参股企业账款等纳入企业风险管控的重要内容，有效防止了国有资产“跑冒滴漏”现象。二是实现了从管资产向管资本的转变。通过构建参股企业分级分类监管体系，有效处理了鞍钢集团充分放权和各级企业有效行权之间的关系，从根本上解决了国有大型集团以往存在的“一收就死、一放就乱”问题，对中央企业特别是国有大型集团加强参股企业监管具有借鉴意义。三是分级分类监管体系构建与运行的做法得到国务院国资委的充分肯定，2020 年以来先后在国务院国资委网站、《国有企业改革动态》、国企改革微信公众号上报道，在中央企业范围内学习与交流。从 2021 年 4 月起，该体系在本钢全面推广应用，取得了良好的成效。

（三）投资回报能力显著增强，确保达到企业战略目标

一是参股企业运营质量明显提高。2020 年，参股企业营业收入 2552 亿元、净利润 101 亿元，同比分别增长 9. 52%、12. 34%；盈利户数 72 户，同比增幅 7. 46%。二是参股投资回报能力持续增强。2020 年，在实收鞍钢蒂森克虏伯汽车钢有限公司分红同比减少 0. 40 亿元的不利情况下，实现实收分红 2. 96 万元，同比增加 0. 39 亿元，增幅 15. 18%。2021 年上半年，实现实收分红 2. 81 亿元，实现了国有资产持续保值增值。三是国有资本运营效率进一步提升。通过加大 C 类参股企业处置力度，低效、无效参股股权的清理退出加快推进，进一步夯实了参股投资的质量，提升了国有资本的运营效率。截至 2021 年 6 月，共清理退出 C 类参股企业 38 户，接近 2014—2018 年的 3 倍。

（成果创造人：戴志浩、景奉儒、龙　强、刘炳宇、陈　军、阎　强、杨　亮、潘凯华、刘天祥、范泽刚、赵　林）

央企集团基于民用航空规范的“三位一体”适航管理体系构建与实施

中国航空工业集团有限公司

中国航空工业集团有限公司（以下简称航空工业集团）是由中央管理的国有特大型企业，设有航空武器装备、运输类飞机、直升机、机载系统、通用航空、航空研究、飞行试验、航空供应链与军贸、专用装备、汽车零部件、资产管理、金融、工程建设等产业，下辖100余家成员单位，员工超过45万人。2020年营业总收入4685亿元，利润总额215亿元，《财富》世界500强企业排名163位。

一、央企集团基于民用航空规范的“三位一体”适航管理体系构建与实施背景

（一）国内外适航管理法规的基本要求

通过适航管理局方的审定并取得适航证件是民用航空产品进入市场的准入条件。当前，以中、美及欧洲为代表的适航管理局方均在本国或地区民用航空规范中明确提出航空研制企业应建立适航管理体系。对标波音、空客等航空巨头，航空工业集团主动作为，结合航空工业集团适航管理的实际情况，按照民用航空规范主动推进企业内部适航管理体系建设，为各企业适航管理体系建设和持续改进提供支持，从全集团层面形成合力，整体提升航空工业集团的适航管理能力，有效支撑民机产业高质量发展。

（二）国产民机稳健发展的必要条件

中国是世界排名第二的民用航空运输大国，但我国民机产业发展仍处于培育阶段。此外，以美国波音公司和欧洲空客公司为代表的国际民机制造企业对我国航空产业的技术封锁和出口限制也日趋严峻。对标世界一流航空制造企业，国产民机研制基础相对薄弱，基础能力储备不足，航空工业集团下属企业适航管理水平参差不齐，存在一系列适航管理体系问题。例如，设计过程存在研制流程不规范、体系缺乏有效监督等问题；生产过程存在供应商适航管理薄弱、生产现场管控待加强等问题；运行过程存在关键人员能力不足、客户问题响应不及时等问题，制约国产民机快速发展。

（三）升级航空企业管理能力的迫切需求

航空工业集团下属各民机企业适航管理体系做法不一、兼容性差、匹配度低，严重影响民机主机与供应商、供应商与次级供应商、主机与审定局方之间的沟通协作，最终导致研制阶段民机产品取证周期长，交付飞机存在潜在质量缺陷；交付运行后民机机队运营成本高，客户满意度低，严重制约了民机型号的研制成功和商业成功。站在航空工业集团的角度剖析上述问题，适航管理体系不健全、不规范、不协调的主要原因是：缺少以法规和战略为引领的体系建设整体规划，缺少面向民机研制特点的体系建设要求，缺少科学有效的适航管理体系评价方法工具，缺少促进适航管理体系不断改进的持续监管机制。因此，从航空工业集团层面统一开展民机适航管理体系建设工作已成为航空企业管理能力升级的迫切需求。

二、央企集团基于民用航空规范的“三位一体”适航管理体系构建与实施主要做法

（一）明确目标，建立实施方案

1. 明确“三位一体”适航管理体系建设目标

以民用航空规范为根本遵循，深入理解适航管理体系的内涵与关联关系，通过开展“三位一体”适航管理体系建设确保适航要求充分落地，实现物理完整、气动正确、系统安全、动力有效、环境友好五大适航核心目标。设计阶段，通过建立设计保证模块确保设计充分满足适航要求，实现“适航由设计赋予”；生产阶段，通过建立生产质量控制模块确保生产符合经适航批准的设计，保证“适航由生产

实现”。在设计阶段早期启动运行支持模块建设，提前考虑产品运行要求并在产品交付后持续支持机队安全运行；同时，通过运行支持模块持续收集使用问题信息，通过设计保证模块与生产质量模块不断优化产品安全性能，实现“适航由运行支持持续保持”。通过“三位一体”适航管理体系的构建与实施，纵向打通适航属性产生-实现-保持的各个环节，实现适航过程一体化；同时，通过构建“三位一体”适航管理体系，横向规范集团上下游产业链适航管理体系建设要求，全面解决集团下属企业适航管理体系不统一、不协调的问题，实现适航组织一体化。

2. 确立指导原则，确保体系建设科学有序

按照“目标牵引、统筹规划、融会贯通、积极稳妥”的原则开展“三位一体”适航管理体系建设。目标牵引，即以建立运行有效的适航管理体系为目标，规范和完善设计、制造和持续适航过程中各项适航工作，充分发挥体系效能。统筹规划，根据产品层级、业务范畴，分类构建协调一致、内外一体的适航管理体系。融会贯通，充分总结和借鉴国内外航空器制造厂家适航管理体系建设做法，实现先进管理经验融合共享。积极稳妥，即按照分阶段、分步骤实施的原则，优先在主机和基础较好的部分机载产品设计制造单位开展试点建设并逐步在全集团范围内推广。

3. 确定实施方案，系统规划发展路径

制订“三位一体”适航管理体系“四步走”的实施方案。第一阶段以需求为导向，对接型号发展需要，统一研究确定适航管理体系建设要求。第二阶段推动民机设计、制造单位全面落实适航管理体系建设要求。第三阶段研究建立适航管理体系量化评价模型，定期组织实施体系评价，形成常态化监督评价机制。第四阶段为持续完善阶段，在持续优化适航管理监管机制的同时，基于量化评估结果推动下属企业体系持续完善升级，实现适航取证与客户服务能力整体跃升。

（二）由点及面，科学推进“三位一体”适航管理体系实施应用

1. 确立“三位一体”适航管理体系关键规范域

在对国内外民机研制企业适航管理体系综合摸底、系统研究的基础上，以适航法规要求为顶层依据，以打通法规规章与企业规范、提供企业适航体系建设指导为核心目标，围绕组织机构、职责、程序、资源四要素，结合国内民机研制企业适航体系薄弱环节，推演、归纳设计、生产、运行支持三大模块关键规范域。设计保证模块涵盖设计职能、适航职能、独立监督职能三大规范域。设计职能确保航空器、零部件设计及设计更改符合规章要求；适航职能确保适航规章和环境保护要求正确落实并得到充分验证；独立监督职能确保设计保证模块持续有效运行。生产质量模块包含一般要求、详细要求和补充要求三大规范域。一般要求主要概括体系顶层手册要求、更改处理及监督措施；详细要求则按照生产过程中的典型模块，融入质量管控和适航管控的要求，确定相关的指标细节；补充要求单独考虑民航管理局方的特殊要求，如对复合材料生产单位质量体系的特殊要求。按照体系化的思想，厘清规范域内在逻辑关系，确立运行支持模块包括一般要求、体系要求、工作要求三大规范域。一般要求主要规定模块顶层通用要求；体系要求主要规定职责、人员、体系文件及内部监督审核等基础保障要求；工作要求主要规定工作实施层面的具体方法和核心要素。

2. 识别核心要求，构建一体化体系建设规范

对照民机研制流程，系统识别“三位一体”的适航管理体系工作程序，通过文献检索、专家咨询、分析研究、现场调研等手段，分类确立程序、工作实施核心要求，打通法规规章落地路径，为集团下属企业适航管理体系构建提供具体指导。设计保证模块方面，识别提出组织机构、职责、人员、能力类程序、设施和设备类程序、设计类程序、适航类程序、独立监督类程序、文件记录和存档类程序、供应商设计保证模块适航程序、设计保证模块更改程序 8 类关键程序。其中，设计类程序、适航类程序、独立监督类程序是核心程序，对核心程序进一步分解，确立二级支撑程序，明确提出各程序实施要求。最

终，针对设计保证模块形成三大类 8 个方面 100 项要求，对集团下属企业设计保证模块构建进行全面规范。例如，通过分级分层明确高层、中层和基层适航人员的职责，解决各单位和各部门适航职能定位、责权利划分不明确等问题；通过规范型号设计更改分类和控制方法，解决各单位设计更改管理不一致、不统一的问题。生产质量模块方面，识别出制造单位民机项目适航工作、制造单位对质量系统的责任、质量手册、质量系统、质量系统的更改及对质量系统的监督等一般要求；组织管理、设计控制、软件质量控制、制造过程、制造控制、供应商控制等详细要求；复合材料工艺规范、原材料、制造、装配、接收、储存和搬运等补充要求。最终，生产质量模块形成三大类 13 个方面 163 项要求，对生产全过程统一规范管理。例如，以往各单位对供应商适航管理普遍重视不足，直接影响供应商产品质量和进度，在生产质量模块详细要求规范域供应商控制要求约束下，上级单位在供应商管理文件中按照关键等级、产品类别彻底明确供应商产品适航技术指标要求和管理要求，切实强化供应商适航管理。运行支持模块方面，识别出设计制造分离、运行支持基本任务等一般要求；飞行技术人员、维修工程师、飞行教员、地面教员 4 类关键人员工作职责、内部监督和审核、体系文件等体系要求；运行符合性设计、运行和持续适航文件、运行支持、人员训练、维修支持、使用信息的收集和处理及特殊支持和服务等七大核心任务工作要求。通过三大类 14 个方面 126 项核心要求的提出，从航空工业集团层面对标共性关键问题，规范集团下属企业运行支持模块建设。如针对各单位飞行技术人员普遍存在数量不足、兼职情况严重、培养规划不到位等问题，在建设规范中对其核心职责以及任职资格要求进行明确，有效指导各单位合理培养和使用飞行技术人员；针对使用信息收集渠道不畅通、客户响应不及时等问题，在建设规范中提出不安全事件、使用困难、用户反馈问题等使用信息收集和处理机制要求，鼓励各单位利用信息化手段构建快速响应中心，提升客服效率。

3. 面向典型用户开展小批试用工作

按照民机业务分布，面向运输类飞机、直升机、通用飞机、机电和航电系统四大主要业务领域，选取 6 家典型单位开展小批试用工作，全过程跟踪、采集试点单位体系建设状态与反馈问题，持续优化体系建设要求。在试点应用初期，部分单位对体系建设的重要性和内涵理解不到位，适航主管领导职责不清晰，人员岗位设置不符合体系要求，导致体系建设对产品研制及客户服务能力的促进作用无法显现。为有效解决上述问题，确保体系建设落到实处，航空工业集团专门组建了试点工作推进团队，并且策划开展了 3 轮高层访谈、8 次现场研讨、12 场经验交流，促使各单位逐步认识到“三位一体”的适航管理体系对产品研制和服务提升的积极作用。最终，试点工作顺利实施。试点单位为完善体系建设要求积极献言献策，试点期间，三大模块共采集 313 项完善建议并全部采纳落实。

4. 全面推广适航管理体系建设

将“三位一体”适航管理体系建设要求作为航空工业集团内部规章制度正式发布，在全集团全部 70 余家民机设计、制造单位正式实施与应用，通过采用多层次宣贯培训、多渠道交流研讨和多角度督导检查提升等手段，推动适航管理体系建设要求全面融入集团下属单位民机管理体系，为集团下属单位适航管理体系建设提供依据和具体指导，支撑下属单位逐步解决适航管理体系建设和运行中的难点、痛点。

（三）系统构建和实施“三位一体”适航管理体系量化评价体系

1. 创新提出适航管理体系量化评价模型

通过提炼、整合适航管理体系建设要求并根据其重要程度赋予适当分值形成量化评价模型。针对民机产品特点，按照分类构建的思路，首先建立面向主机单位的涵盖设计保证模块、生产质量模块、运行支持模块全要素的量化评价模型，在全要素评价模型基础上再针对机载供应商产品研制与适航取证的特点，通过适应性剪裁与调整，确立适用于机载单位的设计保证模块、生产质量模块评估模型（运行支持模块面向主机，不适用于机载单位）。

2. 试点评价，提高量化评价模型成熟度

按照运输类飞机、直升机、通用飞机全覆盖及配套机载产品抓典型的原则，选取航空工业集团下属 8 家单位组织开展两轮适航管理体系试点评价工作，重点验证评价模型的适用性、评价分值的合理性、评价流程的有效性，提高量化评价模型成熟度，为全面实施适航管理体系评价奠定基础。以流程和职责为重心，强化责任落实与过程保证，赋予设计方面程序、独立监督方面程序、制造过程、制造控制、飞行技术人员、维修工程师、运行和持续适航文件等核心要素及关键责任更高分值权重。

3. 全面实施体系评价，以评促改

按照点面结合的原则，全面实施适航管理体系评价。首先，启动航空工业集团民用飞机和零部件独立持证单位适航管理体系全面自评。2020 年，集团下属全部 40 家独立取证资质的单位完成了自评价。在适航管理体系自评价的基础上，按照“重点评价关键单位，检查督促树先进”的基本思路，选取所有主机单位开展设计、制造与运行支持三大适航管理模块现场评价，选取航空工业上电所、自控所等 6 家重点机载单位开展设计与制造模块现场评价。

4. 成立专业化体系审核队伍

分层次确定审核员资质条件，在全集团范围内通过严格遴选成立 61 人的适航管理体系审核员队伍，并且系统开展任前培训，全面规范、统一体系审核流程，有效保障适航管理体系现场评价顺利实施，同时也为体系改进与提升提供权威指导。

5. 固化评价机制，形成体系常态化监管模式

总结评价经验，发布《航空工业集团民机适航管理体系监督管理办法》《航空工业集团民机适航管理体系评估标准》等制度，正式固化“全面自评 + 现场抽查”定期评价模式，全面规范和统一评价流程、评分准则，率先在航空制造企业内建立适航管理体系常态化监管机制。

6. 开发适航信息管理系统，提供数字化支撑

搭建“三位一体”的适航信息管理系统，包括适航基础数据库、适航数据分析评价、适航信息发布等模块，实现适航人员和审核专家信息的全面采集和动态维护、体系评价过程中的数据信息的结构化管理和应用、体系审查过程中发现问题的记录与分析、最终评价结果的统计与发布，达到体系评价全过程在线管控效果，有效提高体系评价管理效率。

（四）多层次动态整改提升，推动全员自动自发改进

1. 全员参与，主动作为，流程再造

航空工业集团下属民机研制单位对标适航管理体系评价结果，积极制订整改措施，不断完善适航管理体系。围绕规范研制流程、建立独立监督职能、加强供应商适航管理和生产现场管控、健全关键人员配置等方面积极开展不符合项整改工作，举一反三，进一步识别体系薄弱环节并改进提升。通过整改，各单位逐渐建立了复杂系统研制流程相应的程序文件及作业文件，实现了流程优化，现场及库房管理更加规范，客服响应速度全面提高。

2. 持续检视、优化机制，不断提升管理实效

围绕建设要求、评估方法、评价流程三大方面，依托适航管理体系建设自查与现场检查数据信息，定期检视体系建设推进成效，持续提高管理成熟度。建设要求方面，结合体系建设薄弱环节新增需求开发与管理程序、维修工程等工作要求；评估方法方面，按照研制阶段进一步细分评价要素，形成证前与证后分阶段评价模型；评价流程方面，强化计划管理、不符合项确认、体系缺陷整改，规范评价全流程。通过持续检视、改进，形成体系推进 PDCA 良性循环，持续提高体系建设实效。

（五）调整考核激励机制，保障适航管理落实到位

1. 定期发布适航管理体系评估结果

建立适航管理体系评估结果发布机制，在全集团范围内按年度正式发布适航管理体系现场评价结果，公布被审核单位设计保证模块、生产质量模块、运行支持体系模块评价分数，系统总结适航管理体系实施过程中的普遍性、通用性问题，部署后续改进提升工作要点。通过定期发布适航管理体系评估考核结果，促使适航管理体系评价公开透明化，督促相关企业高层领导切实发挥主体责任，进一步强化全员、全过程、全产品的适航意识。

2. 改进民机科研生产任务考核激励机制

将“三位一体”适航管理体系量化评价结果全面、高占比纳入航空工业集团下属单位民机科研生产任务年度考核，科学完善民机考核维度，突破传统“重进度、重节点”的民机任务考核模式，极大提高民机研制单位适航责任意识、主体意识，提升民机设计、生产全体从业人员严格贯彻落实适航要求的工作理念，切实发挥设计保证模块、生产质量模块、运行支持模块对提升产品安全特性、提高生产质量、提升客户服务和运行保障能力的促进作用。将“三位一体”适航管理体系量化评价结果同步纳入航空工业集团适航工作突出贡献集体和个人奖评选条件，强化正向激励，对适航管理体系建设优秀单位给予表彰和奖励。在适航管理体系考核激励机制的引领下，航空工业集团下属民机单位对体系建设的重视程度再创新高，多家单位形成了总经理牵头、多名公司领导参与的体系建设新局面。

三、央企集团基于民用航空规范的“三位一体”适航管理体系构建与实施效果

（一）形成了系统完备的适航管理体系

航空工业集团“三位一体”民机适航管理制度体系已正式建立，针对直接影响飞机初始安全与持续安全的设计、生产和运行支持三大业务域模块，共建立规章制度 13 项，形成体系建设要求条款 389 项，形成体系监控评价点 370 个，有效保障了民用航空规范充分落地，促进了集团民机适航管理体系高效运行。航空工业集团建立适航管理体系的单位数量显著增多。2018 年，航空工业集团仅有 5 家下属单位拥有符合适航审定方要求的适航管理体系；实施成果后，上述单位数量逐年递增，截至 2020 年，航空工业集团具有独立取证资质的主机和机载单位（共 40 家）均建立了完整的适航管理体系。

（二）产生了一批标志性产品和成果，企业效益突出

航空工业集团民机产品设计、生产、运行质量得到显著提升。在设计方面，集团旗下民机机型的平均验证试验一次通过率由 2018 年的 78.4%逐步上升至 2020 年的 94.2%，提高 15.8 个百分点。在生产方面，集团旗下民机机型的平均单机适航检查问题数由 2018 年的 28 起下降至 2020 年的 18 起，降幅 36%。在运行支持方面，集团旗下民机机型的平均客户满意度由 2018 年的 82.1%逐步提升至 2020 年的 95.3%，提高 13.2 个百分点；平均响应时间由 2018 年的 3 小时逐步下降至 2020 年的 2 小时，下降 33.3%。2020 年，民航局统计航空工业集团交付机队运营过程中发生的不安全事件总数为 48 起，相比于 2018 年的 109 起，下降 56.0%。航空工业集团民机产品研制成效也得到显著提升。2020 年，集团旗下单位共有 140 项民机产品项目开展适航取证工作，相比 2018 年的 104 项，增加了 34.6%，其中适航证件获证数由 77 项上升至 101 项——增加 31.2%。

（三）集团民机研制管理水平迈入新阶段

航空工业集团民机组织、流程、技术等管理水平极大提升。各单位适航管理组织架构基本清晰、职责明确，适航典型业务过程均有规定，生产过程控制严格合理，生产现场管理规范有序，运行支持核心资源逐步健全，客户服务保障能力显著提升。本成果实施后，集团下属各单位适航管理体系评价得分从 2019 年试评价时的平均 70 分提升至 2020 年的平均 85.1 分，提高 21.6%。在本成果的推动下，集团下属民机单位适航管理机构迅速发展。航空工业集团适航工程应用技术中心即将挂牌于航空工业综合所，

航空工业直升机所、哈飞等主机单位建立了相对独立的适航部门，航空工业上电所、自控所、计算所、制动等机载单位专门成立了独立的民机研发部门，对其他单位组织机构改革起到引领和示范作用。另外，航空工业上电所依据本成果开展的“民机研发过程四要素适航管理实践”还屡获嘉奖。适航机构的发展壮大直接推动了适航管理能力的快速提升，为企业实现跨越式发展赋能增效，积极助力集团民机产业整体演进与竞争力的持续提升。

（成果创造人：朱　敏、赵铁英、李少君、苏　多、任文明、
官　綦、张　龙、卢　溢、史校川、王春生）

以打造世界一流能源企业为目标的市场化精益化融合管理

山东能源集团有限公司

山东能源集团有限公司（以下简称山东能源）以煤炭、煤电、煤化工、高端装备制造、新能源新材料、现代物流贸易为主导产业，是全国唯一一家拥有境内外四地上市平台的大型能源企业、我国国际化程度最高的能源企业之一。山东省委、省政府站在保障山东省能源安全的战略高度，将原兖矿集团和原山东能源集团两家世界500强企业联合重组，定位为山东省能源产业的国有资本投资公司。按照2020年的数据测算，新组建的山东能源预计位居全国煤炭企业前三位，资产总额6851亿元，营业收入6752亿元，利润总额170亿元，世界500强排名70位。获得国家科技进步特等奖等20余项国家科技奖项，获得“第二届中国工业大奖”“全国优秀企业（金马奖）”“全国‘走出去’先进企业”等荣誉称号。控股子公司兖州煤业荣获“全球卓越绩效奖”“中国上市公司金牛基业长青奖”等奖项。

一、以打造世界一流能源企业为目标的市场化精益化融合管理背景

（一）应对煤炭行业严峻经济形势的需要

“十四五”时期，煤炭能源企业面临的外部市场环境发生了深刻变化，面临着经济下行、能源结构变革和安全环保三大压力。一是传统能源需求持续疲软，结构性调整阵痛加剧。传统能源占比持续下降，全球去煤化趋势明显。2019年，煤炭消费量下滑0.6%，在一次能源消费中占比降至27%。二是国家相继出台煤炭行业限产限人有关政策，对煤炭企业生产组织和经济运行影响深远，煤炭行业进入过剩产能消化期、转型升级攻坚期，困难不容低估，挑战前所未有。三是安全环保监管形势越发严格。煤炭企业依靠产能扩张取得规模效益的优势不复存在。为应对外部市场威胁和严峻经济形势，煤炭企业只有通过强化内部管控，主动利用危机倒逼机制，提高全员市场意识、竞争意识，增强全员精益生产、市场经营能力，才能有效对冲外部市场风险。山东能源主动增强忧患意识、危机意识，将市场化、精益化管理作为强身健体、应对危机的重要载体，全面推进管理融合创新，不断提高运营质量，培育市场竞争优势。

（二）深化国企改革发展的工作要求

党的十八大以来，特别是党的十九届四中全会深刻阐述了新时期加强管理体系和管理能力建设的重要意义，对国有企业提升管理能力和水平提出了更高要求。2020年，国务院国资委印发相关文件，要求对标世界一流，全面提升企业精益运营、科学管控、价值创造等8项能力，全面推进精益化管理，做强做优做大国有经济，推动企业高质量发展。山东能源被列为国务院国资委国有重点企业管理标杆创建行动标杆企业，推进市场化、精益化融合管理是贯彻国企改革精神的工作需要，是对标一流、促进管理创新的具体落实。

（三）企业管理创新持续改善的需要

山东能源长期致力于企业管理创新。1993年，新矿集团华丰煤矿创新内部市场化管理，将内部行政管理主体视同外部市场主体，通过缩小核算单元，模拟市场运作，将各项成本费用、管理资源价格化，逐级核算到公司、车间、班组，岗位。利用市场机制，推动管理者驱动向市场驱动、人人都是经营者的转变，激发微观市场主体活力。历经20多年的深化实施，构建形成“6546”的内部市场化管理架构体系。自2006年起，部分权属公司试点推进精益化管理，持续强化现场“6S”、看板、TPM等管理基础，总结形成煤炭企业精益化管理模式。但是，在管理实施过程中，存在一些突出问题。一是管理资

源浪费。市场化、精益化管理分属不同部门管理，配置相应的管理机构和人员，增加了内部管理成本。二是管理职能、制度流程不系统、不顺畅。精益管理侧重生产过程管控，市场化管理侧重经营绩效，造成重生产、轻经营及生产、经营职能不统一的现象。同一管理要素分别制订市场化、精益化管理制度流程，管理效率和效益没有实现最大化。三是管理实施落地、改善提升上存在制约因素。固于市场化运作流程，各内部市场主体追求自身利益最大化的倾向上升，企业整体利益难以得到有效保障，市场经营质量难以进一步提升，需要导入精益理念，利用精益工具方法，消除内部壁垒，提升全员经营能力，促进企业整体优化。精益管理由于缺乏及时激励机制，管理责任难以有效落实，流于形式、难以落地，也需要利用市场化经济杠杆将精益管理绩效逐级落实到班组岗位、作业工序，及时得以兑现。因此，推进市场化精益化融合管理有利于整合管理资源，优化管理流程，提高管理效率，实现管理优势互补，发挥价值耦合作用，促进企业高质量发展。

基于上述情况，从 2019 年开始，山东能源选取试点单位实施市场化精益化融合管理。

二、以打造世界一流能源企业为目标的市场化精益化融合管理主要做法

（一）市场化精益化融合管理思路目标和组织实施

管理思路。坚持顶层设计，以山东能源发展战略为导向，以市场化管理为基础，以市场化经营机制为载体，保障精益管理扎实开展、有效落地；以精益思想植入和精益管理工具应用为手段，以消除一切浪费、整体效益最大化为目标，运用精益方法提升市场化经营质量。

管理目标。推进市场化、精益化管理相互支撑、有机融合，力争用 3 年时间，实现管理全员参与、全要素对接、全层级贯穿、全流程融入，构建形成“权责明晰、体系完善、机制健全、持续改善、运作精益、活力迸发”的市场化精益化融合管理卓越运营体系，助力山东能源打造全球清洁能源供应商和世界一流能源企业。

管理组织。山东能源将市场化精益化融合管理作为“一把手”工程，成立管理融合领导小组，主要负责人任组长，班子成员任副组长，部门单位负责人为成员。管理融合领导小组下设办公室，负责集团公司管理融合工作组织协调、指导督导、评价考核。各二级公司、三级公司成立领导小组和业务牵头部门，成立工作专班，明确职责分工，制订工作目标计划，层层签订经营责任书，确保工作责任落实到位。

遵循原则。遵循顶层设计、统筹推进的原则，科学规划、系统构建融合管理体系架构，统筹设计实施路径，实现差异化、协同化、整体化推进。遵循相互促进、融合提升的原则，以市场化为载体，保障精益管理扎实有效开展；以精益管理为推手，运用精益方法提升市场化运作质量。遵循全员参与、持续改进的原则，树立人本管理思想，增强全员精益思维和市场意识，提升全员经营素质和创新能力，实现市场化精益化全员参与、管理流程持续优化、经营机制不断完善。

实施阶段。融合管理实施分为宣贯导入、重点实施、全面推行 3 个阶段。宣贯导入阶段（2019 年 1—3 月），强化理念引导，充分利用手机 App 等多种形式，设立管理融合专栏，塑造浓厚的管理氛围。强化人才培养，编制市场化精益化管理知识手册，建立业务培训制度，构建以知识学习、能力培训、项目改善、案例分享为主要形式的能力提升平台，加快专业化人才队伍建设。组织开展诊断评价分析，研究制订融合管理实施方案。重点实施阶段（2019 年 4 月—2020 年 3 月），各二级公司分别选取管理基础较好的 1 ~ 2 家三级公司作为试点进行培育，山东能源进行重点指导，打造市场化精益化融合管理示范标杆。全面推行阶段（2020 年 4 月—2021 年 12 月），持续优化管理体系，总结提炼共性的操作模式和方法工具，固化运行机制，形成市场化精益化融合管理模板。以成熟模板的复制应用为手段，开展对标学习，推进权属单位市场化精益化融合管理全面覆盖运行。

实施流程。确定目标确立、问题诊断、标杆示范、全面实施、改善提升的实施流程，保障融合管理

科学有序、扎实有效推进。目标确立，以现有市场化管理团队为基础，组建由生产技术、机电设备、人力资源等专业参与的管理融合团队，制订系统性实施方案。问题诊断，诊断关键性问题，深入现场收集数据，查找产生浪费和损失的源头，明确改善的方向与关键点。标杆示范，选取单位进行重点突破，总结经验做法，固化形成管理模板。全面实施，由点到面，推动全方位、全价值链的改善，实现全面覆盖运行。持续改善，拓展市场运行领域，推进市场化精益化管理延伸至生产经营的每一个价值节点。持续开展全价值链的系统梳理、诊断分析，提高发现问题、分析问题、解决问题的能力，推进价值链条精益求精、经营业绩持续向好。

（二）推进产品市场与精益生产相融合

推进产品市场和精益生产融合，将精益生产、产品市场、交易结算等管理流程融合，构建形成制度规范、运行高效的精益生产价值流程，实现生产链、质量链、市场链的平向运行。通过实施生产诊断、优化生产设计，完善生产计划管理，以均衡高效的生产保障产品市场有效运行；通过产品量化结算、生产绩效考核，用市场激励作用激发精益生产的积极性和主动性。产品市场与精益生产融合管理能够解决生产经营脱节、生产计划不准、产品交付延期、定额标准不高、价格结算不准的突出问题。在融合管理实施上，主要开展以下8项工作。

一是实施生产诊断。从生产设计源头入手，利用价值流程分析、工序能力分析等工具，从矿处单位到班组岗位，分层级对生产（产品）设计、生产布局、生产方式、排产计划、工序损失、生产影响等生产管理的全流程进行诊断分析，全面查找生产影响因素，梳理改善点和降本增效点，制订改善方案。

二是优化生产方式。消除生产过程中不能带来价值增值的活动，建立、健全精益生产标准，构建精益生产运行系统。矿井生产单位推行准时化生产和标准化作业，突出采掘生产系统优化布局，强化生产计划管理，科学制订标准工序，提高人机生产效率。化工电力单位推行柔性生产和均衡排产方式，持续优化工艺参数，及时调整产品结构，实现生产系统“安稳长满优”。装备制造单位推行订单生产和拉动式准时生产（JIT）方式，优化生产现场布局，合理排定生产计划，完善编制生产看板，实现敏捷精准制造。现代服务等产业消除无价值服务流程，推广精准服务方式，提高顾客满意度。

三是完善生产计划管理。依据年度经营目标，分解制订年度、季度、月度生产计划，建立计划制订、执行、考核、分析管理流程，制订生产计划考核制度和奖惩标准，提高生产计划制订的准确性和科学性。将生产计划作为各级市场产品产量、定额价格化的依据，夯实市场化管理基础。

四是精细质量控制。持续优化质量控制措施，健全质量考核标准，建立产品质量零缺陷管控体系。利用鱼骨图、亲和图法等管理工具，分析查找质量缺陷的来源和根本原因，制订改进完善措施。利用矩阵图、关联热点图等工具，完善质量控制考核标准。

五是建立产品市场。制订产品市场管理制度流程，首先，明确产品项目，根据各市场主体所提供的产品及服务，按照市场层级，确定公司级、车间级、班组级产品项目；其次，规范产品交易，针对不同产品确定不同的计量结算方式，如岗位工序结算实行班清班结；最后，完善产品调解仲裁制度，各级主体之间发生经济纠纷或调解无效时，市场主体可提出仲裁申请，要求实行仲裁。

六是确定产品价格。采用历史水平、技术测定、定额标准等计算方法，按照成本可控性原则，将人工、材料、电费等成本项目测算后确定单一要素价格和综合价格，测算形成公司、矿处、车间、班组、岗位各级市场产品价格目录。

七是严格计量结算。明确计量管理部门职能职责，制订计量验收质量标准，依据精益生产、作业标准、质量标准，进行产品计量验收结算收入。建立质量考核追溯机制，形成索赔、索酬、索责的市场化交易机制。

八是完善业绩考核。对生产管理职能部门，实行精益生产业绩考核，将生产设计、计划完成、生产影响等纳入关键业绩指标，与工资收入联挂，推进收入与生产效率效益联动。

（三）推进要素市场与精益成本融合

要素市场是将企业管理资源和成本要素，通过建立市场化交易机制，逐级核算到班组岗位，依据市场实现资源的有效配置。精益物资、TPM、精益能耗等成本项目，通过导入精益工具方法，精细成本过程管控。将要素市场与精益成本融合，导入精益工具方法，延伸成本控制价值链，实现管理要素的全面对接，构建“精益化管控+市场化结算”的一体化管理制度流程，能够充分挖掘成本管控潜力，消除浪费行为，提升市场经营质量和效益。

1. 精益物资管理

推行物资全生命周期管理，提高物资综合利用价值，全面降低材料成本。利用精益工具，开展物资管理诊断，从需求计划、库存控制、修旧利废、闲置调剂等环节入手，查找管理空白点和材料浪费点，制订自主改善措施。深化物资采购管理，搭建开放式电商平台，实施“阳光采购”，扩大集中采购覆盖面，优化寄售代储模式，降低材料采购成本。强化存货优化治理，健全闲置物资调剂和废旧物资修复处置流程，降低材料库存成本。建立材料成本管理模型，制订材料单耗和定额标准，将材料成本逐级分解，形成各级市场材料单价，进行市场化结算，真正实现降成本、增加工资。实施材料成本可视化管理，利用看板等管理工具对预算指标、使用消耗、库存数量进行动态显示、预警监控，提高过程管控能力。

2. 精益设备管理

推行设备自主维护等管理方法，与设备租赁市场建设相结合，持续提升设备管理水平。完善设备及配件采购管理，实行设备与配件联合采购，跟踪关键备件使用情况，建立备件安全库存，降低采购及库存成本。推行设备综合效率（OEE）评价，建立设备性能评价体系和方法，保障设备与生产任务、生产效率合理匹配，减少设备超标准设计、投入和使用，提高设备有效利用率。推行全员生产维护和自主维护管理，建立、健全标准化设备故障处理流程、日常维护巡检标准、应急预案和故障分级管理考核机制，提高故障处理效率。完善设备租赁市场，制订设备租赁申请、发放、交接单据和流程，依据设备精益管理改善情况，持续完善设备租赁使用定额和价格体系。将设备运行效率、备用率、完好率、事故率、配件消耗等KPI指标考核纳入市场化结算，降低设备事故率、备用率和闲置率，减少设备投入和配件费用。

3. 精益能耗管理

利用能耗管理精益工具，系统性提升能源利用率，与电、水、汽等要素市场建设相结合，全面降低能耗成本。加强能耗计量管理，对关键场所配备必要的计量器具，能源消耗实现准确计量。开展能耗诊断分析，利用能源成本图、负载曲线、能耗桥等分析工具，进行能耗成本分析和损失分析，查找节能降耗的改善点和关键点，制订节能降耗措施，消除能源浪费与损失。统计分析历史数据，对标先进标准，确定能耗定额价格和能效标准并将其纳入市场化结算。开展能耗管理对标，利用能耗跟踪看板、电子图表等可视化管理工具对能耗进行预警监控，提升能耗管理水平。

（四）推进创新创效与自主改善相融合

创新创效需要精益工具方法和人才的保障，才能实现更大范围、更大深度的创新。自主改善是精益管理的精髓，但持续改善需要有改善的激励机制做支撑。否则，推进运转起来就不会那么顺畅。将创新创效与自主改善融合形成一体化管理，能够精简管理制度，搭建全层级、全方位、全流程的自主改善平台，建立灵活高效的改善激励机制，激活全员自主改善能力。

1. 实施改善诊断

开展自主改善管理理念和方法培训，坚持效益导向、问题导向，围绕消除浪费、降本降耗、提高效率，实施价值流分析和改善点诊断，挖掘存在的改善潜力，设定挑战性目标，选定短期速盈项目和长期持续实施项目。

2. 规范运作流程

搭建不同层级的改善平台，按照“项目选定、确立目标、速赢改善、优化提高、深化推广”的推进步骤，采用项目制管理方式，科学选定实施项目，组建项目改善团队，自上而下的推动项目实施和收益达成，及时总结改善成果，推广最佳实践案例。

3. 完善价格体系

建立自主改善评价考核制度和标准，对技术革新、工艺优化、小改小革、合理化建议等改善项目，依据创造的价值和效益，形成项目价格。

4. 交易结算兑现

建立改善创效项目交易平台，明确交易对象、交易流程和结算规则，对改善大项目年度结算兑现，对阶段性改善项目季度结算兑现，对群众性日常改善性项目即时奖励兑现。通过市场化激励机制，保障群众性创新创效活动深入开展，促进业绩自下而上提升。

（五）市场经营与精益运营相融合

浪费识别、“6S”管理、标准作业、看板可视化是被实践证明行之有效的精益管理方法，是精益管理实施的基础，具有广泛的适用性。将以上方法应用于市场经营的全过程，能够提升全员精益思维，培育形成精益行为。将以上精益方法应用到市场管理的各层级、各要素、各流程，将考核结果纳入市场化考核结算，能够促进精益基础管理的落地实施，避免“6S”管理、看板可视化等流于形式，解决长期以来精益管理难以落地的突出问题。

1. 推行浪费识别

开展浪费识别全员培训，对过量生产、运输浪费、库存浪费、等待浪费、过度加工、不良品、动作浪费等现场的七大浪费和等待、失职等管理的七大浪费进行全面识别分析，剖析问题根本原因，制订针对性措施，解决显性和隐性浪费点，优化价值流程，提高市场运行效益。与市场化结合，开展全员浪费识别征集活动，依据浪费识别创效价值及时奖励，推广浪费识别最佳实践。

2. 推行“6S”管理

制订“6S”管理制度和考核标准，按照整理整顿要求，区分现场必需品和非必需品，将必需品定量、定置摆放整齐。清扫消除污染源和隐患点，制订现场管理清洁标准并形成定期检查考核制度，固化制度，培育习惯。以“6S”标准作为经营行为考核的依据，将考核结果纳入市场化结算，当天兑现“6S”管理考核结果。通过“6S”管理有效降低作业风险，减少工作失误，改善现场环境，提升工作效率。

3. 推行标准作业

分系统、分专业、分岗位对工艺流程、岗位操作、安全、质量等制订作业标准，对无效作业工序进行取消、合并或重排简化工作，制订标准化作业卡。动态观察分析现场操作情况，及时查找浪费点和改善点，定期对作业标准梳理、修订。将标准作业作为岗位市场化考核结算的标准和依据，通过标准作业实现上下工序衔接顺畅、高效运转，简化市场运作，提高核算效率，不断提高市场精细化运作水平。

4. 推行目视管理

建立统一的目视化标准，对安全设施、现场牌板、材料设备等进行定置标示，对任务进度、成本控制、经营绩效等利用红黄绿图、优先矩阵图、区域警示线、信号灯等工具进行预警、监控，及时有效传递生产经营信息，动态对市场经营绩效进行监控，使各级主体及时看到生产、经营、管理绩效水平，促进改善提升。

（六）市场化精益化融合管理的支撑保障

市场化精益化管理有效实施的关键需要其他管理工作的支撑和保障。只有相互支撑，才能实现管理协同效应最大化。

1. 全面预算管理

把全面预算管理作为管理的基础，以预算指标作为市场化经营的目标，打造一体化预算管理体系，提高预算管理水平，夯实市场化管理基础。完善预算管控模型，运用精益方法工具，强化预算编制和执行的动态预警、考核分析，制订预算调节标准，完善“静态预算”与“动态预算”调节机制，确保预算目标和市场化经营结果的一致性。

2. 人力资源管理

市场化精益化管理的根本在于人。深入开展岗位设置、岗位评价和定编定员工作，把定编定员作为工资预算的依据，确保“增人不增资，减人不减资”制度执行到位。深化人力资源市场化建设，规范人力资源市场转入、培训、考核、转出的运作流程，建立人力资源共享平台，拓展自主“组阁”、岗位竞聘、人才共享等运作方式，利用人员矩阵图工具，及时公布人员需求及技能信息，完善市场竞争机制，优化人力资源配置。

3. 全员业绩管理

构建以岗位价值为基础、绩效贡献为依据的业绩管理制度，将安全、产量、利润、收入、成本、质量等作为关键业务指标，建立、健全绩效考核指标库，量化绩效关键指标和通用指标，推进绩效工资全浮动。利用PDCA、业绩对话和看板工具，依据市场化经营数据，设计可视化图表，提高业绩考核分配的公开性和透明性。定期开展业绩对话和经营分析，对指标执行情况进行动态显示、预警及监控。

4. 全面对标管理

以国际、国内及行业先进指标为重点，科学设定对标标杆，建立安全、生产、成本等全面对标体系。采取与历史先进水平对标、集团公司内部对标、集团公司外部对标等形式，开展全面对标活动，完善全方位对标指标体系。通过对标达标，实现升标创标，建立持续改进、不断完善的机制，提升市场化精益化管理水平。

5. 全面信息化管理

推动5G、人工智能、大数据、云计算等先进技术与煤矿智能化深度融合，实现生产系统“智能化、少人化”、辅助系统“连续化高效化”、机电装备控制“远程化、地面化”、灾害预警系统“动态化、实时化”。依托山东能源大数据平台，通过SAP作业类型精确成本核算，实现成本精益化管理。利用SAPMM物资管理与SRM管理系统，精益物资管理价值链。利用HR系统，优化人力资源配置。完善市场化精益化管理信息平台，实现互联互通、数据共享，报表自动生成、经营成果即时查询，切实提高管理效率。

6. 精准考核激励

实行工作调度、动态督导、专项评价、年度总考评的考核方式，对管理融合工作进行多维度督导考核。强化动态激励，建立市场化精益化管理创效奖励基金，创新实施即时激励、现场激励、悬赏激励等激励方式，加大激励力度，为管理融合提供有力物质保障。集团层面对二级公司、三级公司进行动态抽查评价和年度评价，对工作推进迟缓、落实不到位的二级公司、三级公司通报批评，对班子负责人进行经济处罚和工作约谈；对获得优秀和良好评价的单位进行奖励。

三、以打造世界一流能源企业为目标的市场化精益化融合管理效果

（一）经营理念实现新转变，内生活力全面激发

广泛组织开展管理培训工作，聘请外部精益咨询团队进驻指导，全员市场化、精益化经营意识、管

理能力、经营理念、竞争意识全面增强，形成“人人都是经营者、岗位都是利润源”的理念，融合管理文化初步形成，培育了市场化精益化经营人才队伍，全员降本增效、减人提效、挖潜创效的活力全面激发。自2019年以来，10家试点单位围绕制约生产经营的关键环节，实施自主改善大项目174项、车间级改善项目1236项、群众性自主改善项目18956项，实现“落袋”创效8.4亿元，累计减少井下作业人员9700余人。

（二）经营机制实现新突破，高质量发展持续发力

精益思维、工具方法得到全面导入。其中，浪费识别、“6S”管理、看板可视化管理等精益基础工作全面开展，价值流程图、鱼骨图等问题发现工具和问题改善工具全面应用，精益生产、精益设备等精益管理与市场要素对接融合，构建形成市场化精益化融合管理流程。精益思想和工具方法的应用，实现了市场授权精细、定额价格精准、计量结算精确、要素市场精益，市场化经营机制更加完善。市场化经营机制激励作用的发挥，将精益管理结果及时考核兑现到各级主体、各个环节，保障了精益管理的实施落地。各项管理有机融合、精益运行，最佳实践得到全面推广，为企业转型升级、创新发展提供了良好的机制平台，为企业高质量发展提供了有力支撑。

（三）经营效率实现新提升，经济效益持续改善

推行管理融合以来，山东能源经济效益和运行质量大幅提升，各项成本单耗持续降低，产业产品价值链实现全面优化提升。化工产业产品总产能超过1500万吨，甲醇协同产销量位居国内第一，高端聚甲醛产量位居全国第二。建成国内首套百万吨级煤间接液化工业示范装置，成为国内唯一一家掌握高温、低温费托合成技术的企业。主要指标连续多年保持行业一流水平，煤炭产量居全国第三、世界前五。2020年，营业收入6752亿元，比“十二五”末增长167.78%；“十三五”累计实现利税总额2169亿元，比“十二五”末增长38.34%。成为山东省首家资产、营收“双6000亿元”的企业，位列2021年世界500强70位、中国企业500强24位。率先完成国有资本投资公司试点改建，权属单位兖州煤业入选国务院国资委国企改革“双百企业”名单。

（成果创造人：李　伟、张宝才、周　鸿、徐文远、朱　昊、徐　煜、张　明、刘风平、陈正大、武玉华、刘建昆、夏俊生）

特大型油田企业实现蓄势赋能的现代基层管理体系建设

中国石油化工股份有限公司胜利油田分公司

中国石油化工股份有限公司胜利油田分公司（以下简称胜利油田）是我国重要的石油工业基地，是中国石化上游板块骨干企业，主要从事油气勘探开发、油气深加工等业务，用工 6.9 万人，固定（油气）资产原值3895.87 亿元、净值853.87 亿元，资产负债率72.1%。工作区域分为东部油区和西部油区，共发现油气田 81 个，探明石油地质储量 55.87 亿吨、天然气地质储量 2702.5 亿立方米，油气水井总数 4.6 万口。60 多年来，累计生产原油 12.46 亿吨，约占我国陆上原油产量的1/6。

一、特大型油田企业实现蓄势赋能的现代基层管理体系建设背景

（一）践行世界领先发展方略、保障国家能源基础安全的政治担当

能源安全是关系国家经济社会发展的全局性、战略性问题，对国家繁荣发展、人民生活改善、社会长治久安至关重要。胜利油田作为国家重要能源生产基地、中国石化上游板块的骨干力量，保障国家能源安全是核心职责也是政治责任。基层作为油气生产经营的主战场，是承担保障国家能源基础安全职责的顶梁柱和主力军，必须主动适应新发展阶段，全面贯彻新发展理念，积极融入新发展格局，聚焦中国石化世界领先发展方略，全面推进现代基层管理体系建设，持续提升管理效能，在石油行业发展新征程中扛起胜利担当。

（二）落实企业发展战略、打造“百年胜利”的客观需要

胜利油田作为东部老油田，经过60 多年的勘探开发建设，资源接替、原油稳产、提质增效等方面的矛盾日益凸显，生产经营压力越来越大。表现在优质资源接替不足，区块勘探程度越来越高，储量发现难度越来越大，新发现储量主要以特低渗、深层稠油等低品位为主，短期内难以形成有效储量、产能接替阵地；稳产难度非常大，随着油田进入开发中后期，高含水、高采油速度、高采出程度“三高”矛盾突出，自然递减、综合递减快，开发成本大幅攀升，经济效益降低。变革基层单位组织管理体系是提升创新创效能力的重要途径和有效措施，急需从以产量为中心向以效益为中心转变，由任务目标向自主经营转变，着力构建以油藏经营为核心的组织体系和运营机制，着力构建高效勘探、效益开发、优化运行工作机制，着力构建以价值创造、风险管控为核心的绩效考核方式，不断优化资源配置、降低经营成本、提高生产效率，全面提升发展质量、经营效益。

（三）做实油藏经营主业、激发基层创效活力、释放发展新动能的必由之路

随着国企改革持续深化，胜利油田作为集团公司上游最大企业，突出油公司建设、专业化发展、市场化运营、社会化创效，构建油藏经营管理的目标责任体系、业务运营体系和服务保障体系，推动实现管理体系和管理能力现代化。但是，以采油管理区为代表的基层单位，作为油藏经营管理责任主体，还没有完全从固化的机构设置、被动接受生产指令和工作任务的“老路”中走出来，基层没有按照油藏经营业务进行组织架构设计和规范，经营意识、市场观念等现代管理思想树得不牢，强调工作量、产量多，体现价值创造少。基层单位作为生产经营管理的基本单元、企业的利润中心，亟须构建形成一套以油藏经营为核心的现代基层组织管理体系，以管理变革推动质量变革、效率变革、动力变革。

从 2018 年开始，胜利油田大力推进以油藏经营为核心的油公司体制机制建设，聚焦基层、赋能基层，着力构建与油田发展相适应、生产经营管理运行高效、油气主业价值创造能力显著提升的新型油藏经营管理模式和运营机制。

二、特大型油田企业实现蓄势赋能的现代基层管理体系建设主要做法

（一）突出顶层设计，在管理体系变革中增强发展定力

胜利油田立足激活以采油管理区为主体的基层单位的价值创造活力，加快构建以油藏经营管理为核心的油公司组织体系和运营机制，全面创建新型采油管理区，不断增强基层活力、核心竞争力和发展引领力。始终坚持价值引领、效益导向，责权统一、分级负责，专业化管理、市场化运营，规范有序、标准统一的原则，持续不断推进机制创新，让基层在业务中创效，推动一切工作向价值创造聚焦，一切资源向创造价值流动。

（二）突出架构重塑，在优化组织设置中释放体制活力

1. 依据油藏经营核心业务，科学设置采油管理区

胜利油田充分考虑生产规模、地域分布、管理幅度和难度，坚持地面设施和地下油藏、管理幅度和管理效率、传统技术支撑和信息化应用、传统管理模式和信息化管理模式“四统一”，构建与油田改革管理发展相适应、生产经营管理运行高效、油气主业价值创造能力显著提升的新型油藏经营管理模式，全面创建以信息化为支撑、市场体系完善、油藏经营管理责任落实的采油管理区。把传统的“分公司－采油厂－采油矿－采油队”四级管理体制压扁为“分公司－采油厂－采油管理区”三级管理体制，将484个采油矿、采油队优化调整为117个聚焦油藏经营核心业务的采油管理区，机构减少75.8%，2000余名管理人员充实到基层一线，采油管理区管理干部比矿、队两级干部减少23.7%，运营质量和效率明显提升。

2. 依据主营业务创效，优化采油管理区内部架构

围绕油藏经营主营业务，提出“利润在业务中创造”的理念，将与利润创造直接相关的技术、经营、生产等明确为——业务，基于“端到端”梳理业务的创效方向和重点；将与利润创造不直接相关但对油藏经营具有重要支撑作用的综合协调等明确为——工作。通过对采油管理区现有150多项工作的梳理、优化、整合，共刻画确定采油管理区3项中类业务、1项重点工作及8项小类业务、2项主要工作。采油管理区既可以“顶格”对应中类业务设置“三室一中心”，即技术管理室、经营管理室、综合管理室和生产指挥中心，也可以根据生产经营实际、管理效能逐步提升和信息化能力逐步增强，自我优化设置“两室一中心”“一室一中心”，内部架构自我持续优化，进一步促进采油管理区高效运营。

3. 依据利于员工复合成长，推进大岗位建设

胜利油田依据小类业务标准化设置大岗位，兼顾岗位相近度、专业相关度、职责兼容度、流程紧密度、工作饱和度“五维融合”，将地质管理岗、经营分析岗、采油岗、化验岗等38个岗位，对应小类业务优化整合为单元管理岗、工程技术岗等10个大岗位。依据业务流程重塑组织架构后，采油管理区班子成员、班组、岗位种类数量分别压减35.7%、28.5%、73.7%。

4. 依据核心竞争优势发挥，剥离非核心业务

胜利油田为进一步精干主业力量，将集输、维修、测试、车辆、护卫等业务从采油管理区层面剥离，全面推进油田层面作业、维修、测试、车辆等15个业务的专业化重组，从生产运行、技术服务、教育培训、生产生活保障等方面充分发挥专业化单位规模效益优势、技术集成优势、系统运营优势，为采油管理区做实油藏经营创效提供专业优质服务。

（三）突出责任落实，在清晰职责界面中增强履职动力

1. 改变基层单一执行属性，明确采油管理区作为存量油藏经营管理的主体责任

采油管理区是油藏经营独立核算单元，聚焦油藏经营核心业务，落实好“三项责任”：首先是落实油藏经营管理责任，做实油气生产存量业务管理，把油藏开发好、管理好、经营好，实现创效能力逐年提升；其次是落实风险管控责任，实现安全绿色低碳发展、依法合规经营、队伍廉洁稳定；最后是落实

党建质量提升责任，把党的建设贯穿油藏经营管理和风险管控全过程，实现高质量发展。

2. 改变基层单元指令工作属性，明确室、班组的业务创效责任

采油管理区班组主要包括技术管理室、经营管理室、综合管理室、生产指挥中心和注采站。技术管理室是技术优化业务创效的责任主体，围绕技术优化业务落实经营管理、风险管控和党建质量提升责任，做实单元效益目标管理，精细油藏分类管理，做牢油藏稳产基础，做好油藏的能量保持、含水控制，强化一体化技术分析，持续提升技术创效能力，实现油藏经营价值最大化。注采站是油气生产现场业务创效的责任主体，按照“高标准、严要求、实管理”的工作要求，提高岗位标准化操作能力，抓实现场“三标”看板管理，提升油气水井及注水站、接转站的运行质量和效益，实现安全生产、清洁生产。

3. 改变岗位独立作战属性，明确岗位的全价值链创效责任

以“一人多岗、一岗多能”为原则，优化岗位人员配置，创新实施岗位“端到端”业务运行矩阵管理，始端是单元效益目标，末端是效益跟踪评价，体现业务价值创造链条完整。刻画主责岗位“泳道”，破解以往主体不明确、责任难落实、形不成体系等问题，明确主责岗位在业务全流程中的主责地位，压实主责岗位责任，主责岗位全权负责业务组织运行，对业务创效结果负总责。刻画协同合作“泳道”，根据业务流程节点梳理需要协同合作的岗位，明确协同方式和内容，便于主责岗位寻求横向支持，推动一切工作向价值创造聚焦。协作岗位根据业务需要，全力给予配套支撑，实现业务创效最大化。刻画风险控制“泳道”，这是全“泳道”管控的底线、红线，根据业务流程，梳理存在经营、廉洁等风险的重要节点，明确风险内容和控制岗位，采取对应防控措施，确保油藏经营过程依法合规、安全受控。刻画市场化运营“泳道”，结合业务流程节点，明确可以委托市场化服务的内容，加强市场化合作，提升方案实施运行质量和效率，促进实现业务创效。

4. 改变上级部门（单位）管理属性，明确采油厂和分公司承载的服务责任

为了促进采油管理区落实好油藏经营主体责任，采油厂承担“托”的平台责任，发挥“指导服务、协调保障、监督监控”的职能，切实为采油管理区服好务，推动采油管理区由生产型转变为经营型、由执行者转变为决策者，承担起将采油管理区培育成“油气生产存量业务经营管理者”的责任。油田机关为基层从“扶”到“服”，发挥“引领统筹、指导服务、监督监控”的职能，制订管理制度和标准，落实“抓采油厂管不了、管不好的事情”要求，从顶层设计的角度为采油管理区发展提供支持服务。

（四）突出放权赋能，在推进责权归位中挖掘创新潜力

1. 主营业务优化权

以油气生产为主营业务，围绕效益目标，具有产量成本优化权。在年度经营预算内，立足可持续发展，根据年度经营目标自主优化产量构成及运行，优化成本结构，保证考核周期内安全生产持续有效投入，油藏经营效益稳中有升。

2. 资源优化权

对于非主营业务，具有人力资源、设备设施、土地资源等优化权。优化调整岗位设置，充分挖掘人力资源潜力，支持开发单位培育外部市场合作项目。对存量资产具有自主优化权，将闲置资产上交开发单位处置，实现资产轻量化运行。优化土地资源，降低土地持有成本，增强经营创效能力，确保盈亏平衡点持续降低。

3. 内部考核自主权

以价值引领、效益导向为原则，按照“经营业绩 + 风险管控”体系自主制订考核办法，将价值创造、风险管控构建到班组及个人，充分调动干部员工积极性，激发创效活力，确保完成年度创效目标。

4. 组织架构优化权

结合生产规模、人员状况等实际情况，自主持续优化“三室一中心”组合及专业化班站数量，合理配置专业技术人员和技能操作人员，体现精干高效。

5. 服务队伍选择权

结合服务队伍的服务质量及队伍排名，具有服务队伍自主选择权。

6. 生产物资优选权

具有择优推选框架协议供应商的权限，对推选产品的质量进行责任追究、技术标准及廉洁自律负责。具有自购物资目录范围内的自购权限和中国石化易派客平台电子超市中低值易耗品的采购权限。

7. 投资优化权

对投资项目的现场适应性具有建议权，对零星设备更新和开发单位年度计划之内的地面管网更新具有投资自主权。

通过放权赋能，采油管理区的创新潜力得到充分挖掘，为采油管理区对油藏经营过程的投入、产出进行价值核算、独立核算提供硬核支撑，推动采油管理区在由“车间”转型为“公司”的过程中充分挖掘创新潜能，在生产经营、用工管理、队伍建设等方面发生根本性变革，经济效益、管理水平均明显提升。

（五）突出机制创新，在高质高效运行中汇聚创效合力

1. 建立“四位一体”的一体化技术分析决策机制

以油藏经营管理为核心，将经济效益评价贯穿技术分析全过程，从油藏开发的角度优化方案，从油藏经营的角度优选方案，最终形成最优的技术解决方案，实现技术决策效益最大化。潜力分析一体化，油藏、井筒、地面综合利用潜力一体化分析，技术集成挖潜；方案论证一体化，注重注采调整方案的工程技术适应性、配套性和经济性的一体化论证；长效投入一体化，兼顾当期效益目标完成和长期可持续发展；效益评价一体化，将安全生产、绿色低碳、节能降耗始终贯穿技术方案编制全过程。

2. 建立效益最大化的经营决策优化机制

采油管理区对下达的年度利润目标，从主营业务和非主营业务中挖潜增效，分解到专业技术业务和操作技能业务中，发挥各业务的潜力，明确基本目标和创效目标并构建到“三室一中心”、专业化班站及岗位，激励岗位价值创造，确保经营目标完成。采油管理区可将主营业务和非主营业务创效在月度运行上相互补充，努力保持全年利润目标运行平稳。经营管理室对采油管理区经营目标完成情况全面监控，对各类业务节点、组织节点的单耗、单位成本等经营指标动态跟踪，针对无效、低效工作现象及时制订整改或挖潜方案，确保经营目标完成。

3. 建立高质高效的生产运行与综合管控机制

强化日常生产协同管控，依靠信息化，改变以往问题逐级上报、指令层层传达的传统管理模式，实施多岗位、多专业的一体化综合管控，保障生产经营活动平稳运行。强化生产现场实时管控，利用远程视频等手段，实时监督检查生产现场情况，掌握生产动态施工、井站维护等现场工作量，明晰生产现场风险隐患，确保生产现场风险受控。强化生产异常精准管控，对于油水井工况、设备、电路、管网等突发异常情况，通过深化信息化应用，实现问题精准判断；通过生产指挥系统和移动端 PCS 平台，异常情况指挥到“单兵”、处置到单井。强化生产应急高效管控，对突发事件进行快速研判，确定事件等级并立即启动应急预案。对管线泄漏、电力故障、自然灾害等应急事件与专业化队伍应急响应联动，实现处置流程最优、效率最高。强化综合治理联动管控，构建“信息化＋班站＋护卫”的油区联动联防巡检机制。白天采取“信息化＋班站”的方式，夜间采取“信息化＋护卫”的方式，实现 24 小时不间断巡检，油区综治环境持续改善。强化风险全面管控，落实“风险分级管控和隐患排查治理”双重预防

机制，抓好直接作业环节和承包商监管，推进绿色基层提升，培育绿色文化，持续提高绿色发展水平。

4. 建立融入中心的党建思想文化引领推动机制

强化政治引领、组织建设，注重增强班子整体功能，选优配强班组长和党小组长，党小组长原则上由党员室经理（站长）担任，真正解决党建生产“两张皮”问题。充分发挥党支部战斗堡垒和党员先锋模范作用，提升党支部的引领力、组织力、凝聚力和战斗力。强化集体决策，按照民主集中制原则，明确议事决策内容、规范议事决策程序，提升科学决策、民主决策、依法决策水平。采油管理区党支部重在引领推动，强化集体领导，重大问题需经党支部委员会研究，形成决定或建议。采油管理区班子重在落实推进，强化集体研究，贯彻落实上级部署要求及采油管理部员区党支部推动事项，班子成员按照业务职责抓好落实，确保油藏经营管理目标实现。

5. 建立聚焦价值的激励与约束机制

以价值创造为核心，突出效益导向，建立“1+2+2”的绩效考核办法，划分小核算单元，以价值量化推动效益化考核，压实价值创造和风险管控责任，把油藏经营的效益观念、价值引领观念、市场观念、资源优化观念全方位覆盖、全层级穿透。采油管理区层面，完成月度阶段经营业绩基本目标，油田核发单位基本薪酬，超过经营业绩基本目标多创效益部分，按50%的比例考核奖励，不再考核工作量，而是考核价值量，引导一切工作都向价值创造聚焦，让每个采油管理区都成为利润中心、每个班站都成为创效单元，每名员工都能创造价值。“三室一中心”层面，技术管理室突出投入产出经营创效，重点对老井产量保持、措施效益优化、免修期延长、开发单元（井组）稳升等方面进行增效核算；经营管理室重点对主营业务创效、人力资源优化创效、外闯市场收入创效、管理费用降低等方面进行增效核算；生产指挥中心重点对主营业务创效、管理费用降低等方面进行增效核算。班站层面，明确班站业务创效考核内容和标准，构建到单井、落实到“单兵”，让班站成为创效单元，员工都能创造价值。探索实施吨油运维费考核，吨油运维费主要包括井站人工成本、能耗、耗材、车辆租赁等费用与产量的比值。通过全员参与制订全过程控制成本目标、全方位管理成本目标，不断优化油气生产运维成本、细化成本管理单元，同比、环比对标评价，形成持续有效的全员成本目标管理体系。

（六）突出平台建设，在加强配套支撑中提高保障能力

1. 构建信息化、数字化支撑平台

持续深化“两化”融合，大力推进“智能油田”建设。提升运行质效。充分利用信息化技术发展成果，按照“标准化设计、模块化建设、标准化采购、信息化提升”模式，对老油田进行信息化改造提升，实施精准管理，已经建成数字化油水井35387口、数字化站库494个，基本覆盖了油田新区老区、陆上海上、稠油稀油等不同油藏类型、不同开发方式的各类油气田，实现生产数据实时自动采集、生产现场远程实时监控、关键设备远程自动控制、关键参数自动预警报警、生产过程全面立体感知，劳动生产效率大大提高。保障安全绿色生产。搭建起视频集成平台，实现了直接作业环节全方位管控，关键生产设施、重点施工环节视频监控，重点污染源实时在线监测，危化品运输GPS全程跟踪。对重点污染源监控单位和污染物外排口进行实时监控、预警报警、超标处置及数据分析，实现环境监测数据在线分析和预警，污染物处置全生命周期监控管理，提升安全绿色信息化管理水平。

2. 构建市场化运营保障平台

构建以采油管理区为中心、专业化队伍和社会化队伍提供服务保障的市场化运行体系，实施“优质优价、优速优价、高端特价”的结算机制，建立运行高效、规范有序的市场运行关系，引导服务队伍在全油田范围内开展市场竞争。搭建油田内部市场运行管理平台，完善以合同协议为基础的内部市场管理体系，配套市场定额价格、激励约束机制，实行市场化运营、效益化考核，促进资源共享、风险共担、合作双赢。以招投标、竞价谈判等形式确立外部市场关系，以经济合同为纽带履行责任义务、维护

油田权益，细化落实负面清单、积分管理、末位淘汰等措施，初步构建形成互相促进、规范有序的市场化运行格局。

3. 构建全方位协调服务平台

采油厂具备平台属性和开放属性，内部搭建人力资源、经营共享、信息支撑、监督保障四大平台，为采油管理区提供承载服务，有利于采油管理区轻装上阵，有利于基层更加聚焦油藏经营核心业务。人力资源服务中心承担外闯项目、离岗人员管理服务，是采油管理区的人才“蓄水池”；经营共享服务中心为基层承担合同准备、招投标、财务管理、资产管理等支持服务；信息化服务中心为基层承担信息化建设、信息系统运维等支持服务；监督中心为基层承担质量、安全、环保等隐患问题督查支撑服务。分公司统筹区域资源力量，为采油管理区聚焦油藏经营提供更为广阔的平台服务：坚持系统优化、分步实施，创造条件加快推进矿区维修改造提升；发挥区域统筹管理协调和专业化服务支撑作用，建立标准化服务、契约化管理机制，推动后勤服务水平提升；推进开放型区域食堂建设，实现员工就近就餐等，解决采油管理区生产经营的后顾之忧。

4. 构建基础管理提升平台

一是以全局性思维组织编制党建“三基本”工作手册、基层管理“三册”。“三基本”手册突出阐述基本组织怎么建强、基本队伍怎么带好、基本制度怎么抓实的问题，对各层各类党组织的功能定位、职责任务、工作内容、工作要求进行全面梳理、系统阐述；基层管理“三册”（基层管理手册、班组管理手册、岗位工作手册）对业务流程进行固化，推进基层管理规范，提升基层管理效率、效能和效益。这两个手册成了油田基层党建和基层管理的“基本纲领”。二是以实用性思维全面推进基层减负。加强顶层管控，制订下发《关于精文简会和统筹规范检查考核评比表彰为基层减负的十四条措施》，从着力转职能转作风、着力精简文件简报、着力优化整合会议、着力规范检查考核评比表彰等方面制订具体减负措施。开展流程再造，落实马上就办，对各层级流程数量、流程步骤、审批环节全面瘦身，业务流程由 859 个（不含党政工团、纪检、审计等业务流程）缩减为 182 个，流转步骤由 8514 步缩减为 1274 步，审批环节由 3467 个缩减为 310 个，综合运行效率显著提升。推进基层资料规范精简，印发《胜利油田主要基层单位油田层面资料清单（试行）》，油田层面基层资料从 292 项 742 条精简为 38 类 92 项 217 条，减负率 60% 以上。三是以变革性思维制订《三基规范建设管理办法》。采取革命性措施，将基层管理建设达标情况与班子成员评先树优挂钩，坚持从达标单位中推荐评选先进，从直属单位、基层单位、班组 3 个层面持续强基础、补短板、控风险、提效能，全方位压实抓三基、强管理责任，为基层管理体系现代化建设强基固本。

三、特大型油田企业实现蓄势赋能的现代基层管理体系建设效果

（一）为实现企业战略和高质量发展夯实了基础

推动了油田提质增效升级，油田发展活力、核心竞争能力持续增强。资源基础持续巩固，由重储量规模向重质量效益转变，深化“四个重新认识”，取得 8 个千万吨级规模商业发现和 4 个油气新突破。开发形势保持平稳，坚持算清效益账、多干效益活、多产效益油，稀油自然递减率降至 9% 以内，明确了“三个 10 亿吨”潜力方向和 4 个百万吨产能建设阵地，效益稳产基础进一步夯实。员工队伍士气高昂，转变观念更新理念 160 条在基层得到了落实，基层的积极性、能动性得到了充分发挥，油藏经营、价值创造、市场化等意识显著增强，一切工作向价值创造聚焦、一切资源向价值创造流动的良好态势已经形成，汇聚了同心同向、干事创业的正能量。

（二）促进了企业全方位的价值创造、效益提升

生产经营稳中向好，2020 年生产原油 2340. 1 万吨，商品量超计划 13. 55 万吨，生产天然气 5. 68 亿立方米。持续扩大效益建产规模、优化产能结构，百万吨产能建设投资由 57. 5 亿元降至 50. 4 亿元，平

均钻井周期缩短 25.4%，质量效益显著提升。持续开展人力资源优化，2020 年盘活内部用工 1.14 万人，外闯市场 2.51 万人。外部市场签订合同额 22.7 亿元，分公司实现营业收入 530.07 亿元、税费 96 亿元，如期实现同口径条件下盈亏平衡点降至 50 美元/桶的目标。安全绿色发展纵深推进，强化安全风险动态管理和减量降级，投入专项资金 57.9 亿元，本质化安全水平进一步提升；能耗总量与强度分别降低 25.9%、14.9%，氮氧化物、二氧化硫主要污染物排放总量分别下降 6.29%、8.44%，提前完成绿色企业创建，有力推动了油田高质量发展。

（三）构建了一套全新的基层单位组织管理体系

深刻变革传统经营理念、生产运行方式、组织管理模式，以激活价值创造动能为导向的基层组织体系和运营机制构建完成，基层单位组织架构更加精干高效，职能定位更加清晰明确，业务流、管理流、监督流协调高效运转，核心业务经营管理责任在基层得到有效落实，基层单位资源资产配置效率、全要素生产率、价值创造能力显著增强。胜利油田被树立为中国石化管理提升标杆企业，蝉联中国石化“五项劳动竞赛”优秀单位，基层劳动生产率从变革前的 554 吨/人·年提高到 876 吨/人·年，提高 58.1%，劳动组织效率显著提升，油田发展生机活力更加旺盛。全新的基层单位组织管理体系获得中国石化第三十届管理现代化创新成果一等奖并在成果发布会上进行经验交流。

（成果创造人：孔凡群、牛栓文、肖国连、聂晓炜、冯志强、张学超、解济军、刘　涛、牛汝东、王振华、姜　军、袁晓鹏）

基建企业境外疫情防控“网格化”精准管理

中交一公局集团有限公司

中交一公局集团有限公司（以下简称一公局集团）隶属世界500强企业——中国交通建设集团有限公司（以下简称中交），是行业领先的集咨询规划、投资融资、设计建造、管理运营于一体的大型基础设施综合服务商。现有42余家各具专业特色的子分公司，员工2.3万余人，是中交唯一一家总资产、年新签合同额、营业收入均超千亿元的旗舰子集团。一公局集团是中国最早进入国际工程承包市场的国有企业，是“一带一路”的开路先锋和中非合作的领航者。尤其在“十三五”期间，累计新签合同额101亿美元，完成营业收入43亿美元，利润3.8亿美元。一公局集团参与了肯尼亚蒙内铁路、菲律宾马尼拉滨海新城等多个“一带一路”标杆工程建设。斯亚贝巴河岸绿色发展项目一举斩获ENR全球最佳环境奖，成为唯一入选全球环境奖的中国项目。目前，一公局集团海外业务已经横跨4个大洲的33个国家和地区，在非洲建立了国家级技术研发中心，项目覆盖公路、铁路、轨道、市政、建筑、机场、填海造田、油气能源、炼厂矿厂的设计、咨询、建筑、运营等全基础设施领域全产业链，成为全球基础设施建设行业的知名品牌。

一、基建企业境外疫情防控“网格化”精准管理背景

（一）应对疫情影响，稳定海外市场发展的需要

境外国家疫情防控意识淡薄，尤其非洲等发展较落后的国家的医疗卫生条件差，防控、检测、救治能力弱，加上当地民众防控意识、风险意识淡薄，把新冠肺炎仅当成普通流感防范，出入各种场合不戴口罩，聚会、聚集经常发生，加速了疫情的传播，给驻外人员的身体健康和生命安全造成严重的威胁。为了应对境外疫情的持续蔓延与之带来的破坏，稳固境外现有市场局面，稳定境外项目经营形势，保住市场占有份额，迫切需要高度适应境外客观条件、全面助力境外精准防控的管理体系和有效措施。

（二）推动工程建设，实现项目按期交付的需要

一公局集团境外在建项目75个，合同总额超过80亿美元，境外属地化雇员共计10257人，属地化合作单位108家。自境外疫情暴发以来，国际飞机停航、境外政府停摆、财政履约能力下降、员工情绪不稳定等严重阻碍了各项目正常施工，合同履约、按期完工和交付风险加剧，而延期交付势必给企业造成信誉和经济的双重损失，企业承受前所未有的压力。为确保项目顺利实施，一公局集团秉持对客户负责、对境外职工和属地雇员负责、对广大境外合作方负责的坚定信念，确保每一个项目、每一名境外职员都能在安全的环境中工作，为今后相当长一段时间“带疫复工”和“与疫同行”做好准备，必须做好疫情的精准防控，确保在合同工期内完成履约和交付，充分展示中国企业形象，树立品牌。

（三）借鉴国内经验，强化境外疫情防控的需要

受意识形态、宗教信仰和信息化技术的客观限制，国内抗疫成功经验不能直接照搬到国外，境外疫情发展的形势较之国内也更加严峻和复杂，因此，国务院国资委党委要求各央企及其他“走出去”的单位加强境外疫情防控，在借鉴国内防控手段基础上进一步提升境外疫情防控能力，迫切需要建立一整套迅捷、灵敏、高效的疫情防控体系和方法，实时关注中方、属地人员的体温、健康、出行路径状况，及时掌握境外各单位风险级别、物资储备、生产经营状况、医疗资源等情况，并且联结前后方，共同协商防疫之策、复工复产之策。

二、基建企业境外疫情防控“网格化”精准管理主要做法

（一）构建网络化疫情防控体系

1. 构建多层级组织体系

一是成立三级防控工作领导小组。在中交、一公局集团、海外事业部层面，相应成立由“一把手”担任组长、总经理担任常务副组长的应急领导小组及办公机构，全面指挥一公局集团的疫情防范应对工作。二是构建三级联动防控体系。构建了“总部总控＋区域保障＋项目网格”的三级联动海外疫情防控组织体系。一公局集团海外事业部总部作为一级防控组织设立总指挥长，下设综合协调组、生产保障组、物资保障组、外事组、舆论监测与督导组5个工作小组，按照各自职责分工落实各项疫情防控工作。区域总部、项目所在国家总项目部及区域中心作为二级防控组织，对本单位所辖单元格负责，设立疫情防控专职负责人。办事处、项目经理部作为三级防控组织，直接负责下属单元格的疫情防控工作，设立防疫专员。三是坚持“网格化”管理理念。将管理辖区按照一定的标准划分成单元网格，把人、地、物、事、组织等内容全部纳入其中，实施精细化、信息化、动态化管理。“网格化”管理有利于问题发现及时、协调有序、处置有力、监督有效、责任落实、服务到位。通过对重点人员的动态监测、对重点区域的实时监控、对隐患矛盾的及时化解，有效提升防控管理水平和应急能力。

2. 落实“网格化”防控管理

一是明确单元格划分原则。按照国务院国资委和中交的“四类人员”“四类场景”管理要求，一公局集团把境外10个区域33个国别75个项目的中方人员、属地雇员分成339个单元格，每个单元格人数原则上不超过50人。二是实施单元格风险评估。单元格风险设为三级，分别是高风险、中风险和低风险。系统建立初期，单元格的风险按照所在感染情况、人员聚集度、对外交流度、当地治愈能力、重点修正5个维度16个评分点进行评估分级，1～35分为低风险，36～100分为中风险，100分以上为高风险。单元格的数量、人员构成、风险等级会根据疫情发展形势、工作内容、工作场景的变化进行动态调整。三是严格落实单元格管控。单元格设立“格长”，负责单元格的人员健康管理、出行管控、物资发放、班前讲话、安全生产、教育培训、应急处置等工作。在单独隔离14天且核酸检测结果为阴性的基础上，单元格内的人员可进、可出、可调节。防疫专员对本单位所有单元格进行不定期巡视监督，发现问题及时纠偏，整改不合格的按罚款处理。

（二）开发数字化疫情防控平台

1. 自主研发疫情防控系统

数字化疫情防控系统实现了界面灵活、全景展示、精准采集和智能分析与处置4个功能。一是操作交互层，包括PC端、移动端的小程序和交建通（内部即时通信系统）之间的界面转换交换。二是信息展示层，分别体现首页视图、格子视图、报表/仪表盘。三是数据采集层，包括人员动态＆出行轨迹、人员隔离＆疫情确认、国别防疫政策＆医疗资源、物资需求与跟踪、项目生产动态、风险预案等内容。四是信息分析处理层，包括信息预警和简报。

2. 智能的“网格化”监控管理

根据“网格化”管理的理念、划分方式及风险定义，通过信息化手段的助力，多角度量化风险等级。在系统平台中设置风险算法，通过大数据自动判别、显示单元格动态风险等级。一是实时监测和风险识别。对单元格内的人员、物资储备、疫情对生产经营影响实时监测，包括人员状态、物质状态、疫情对生产经营的影响3个维度。系统同时自动识别风险等级，通过数据分析，对重点单元格组织巡视，研判风险源。二是“穿透式”管理。利用疫情防控系统大数据，对高风险人员、单元格、项目进行全覆盖大检查。三是视频汇报主题会议。系统按需自动汇总区域、国别、项目及单元格各类与疫情有关的数据，各类防疫报表及疫情防控工作简报线上自动生成，一数一源，一源多用。

3. 实现防控系统的迭代优化

该系统已完成三期的迭代建设，第三期重点迭代风险算法，即分别从国别感染情况、项目所在地感染情况、员工异常情况、人员组成 & 居住、作业场所、治疗能力、药品储备、重点修正 8 个维度 38 个评分点，建立更优、更科学、更灵敏的疫情风险算法、评级原则，及时给职工预警和风险提示，及时做好个人防护。针对前方项目反馈的应用问题进行系统应用优化，提升信息共享功能和界面登录的优化，实现手机移动端便捷填报功能，提高了填报效率。

（三）推动防控信息收集和共享

1. 建立疫情风险监测体系

一是监测官方与非官方疫情风险。该疫情防控系统设立官方与非官方疫情风险监测模块，自动嵌入各类官方数据，每日按时更新；同时，由一公局集团各区域中心成立非官方疫情信息收集小组并负责收集信息填报。二是提供疫情风险展示地图预警。在电子地图上立体展示各项目所在地的疫情发展数据，及时提醒各驻外机构（项目）识别风险，提醒员工合理规划出行路线，做好全套个人防护措施。三是实施全员健康与活动轨迹扫描。按照单元格的分布排列，系统建立全员档案，一人一档，单元格“格长”每日更新填报和确认格内人员体温、出行轨迹，一旦出行异常体温或异常出行路径，就会触发预警，系统自动通知到一公局集团总部疫情防控小组，阻断病毒的大面积传播。

2. 按风险等级制订应急举措

按照单元格风险等级，分别制订针对性疫情防控措施，高风险单元格，严隔离严控制，落实销号管理。一旦转成高风险，将自动系统报警，迅速启动专项应急预案。

3. 提升防控精准化水平

一是开展“穿透式”大抽查。系统设立“穿透式”大抽查模块，旨在定期利用系统开展检查，发现问题隐患立即整改，确保疫情防控处于“有要求 - 有落实 - 有反馈 - 有完善”的良性循环，确保海外项目生产安全、疫情防控工作有序开展。二是精准管控高风险人员。高风险人员一般是指去往医院、商场、农贸市场、机场、教堂、学校等人员高度密集的场所及出现发烧等症状的人员。对高风险人员进行隔离观察的目的是预防和控制疫情，防止疫情大面积扩散，及时遏制疫情发展。三是创新常态化视频管理。自全球疫情暴发以来，一公局集团前后方定期召开 45 场全域或国别疫情防控专题会，确保上级的防疫工作部署和总部的防疫措施贯穿到底、执行到位。各单位通过系统平台进行差异化疫情防控工作汇报，突出重点，聚焦困难和问题。一公局集团疫情应急领导小组全盘掌握重要疫情信息，及时发现疫情防控执行和生产经营工作中出现的偏差，解决面临的各种困难和问题，为前方赋能。四是建立防控工作日报制度。为第一时间让一公局集团总部、各级疫情防控人员掌握境外疫情发展情况并随形势的变化做出正确的部署，系统平台设立疫情防控工作日报模块，由一公局集团疫情防控应急领导小组办公室负责编制，实现简报线上自动生成，每日北京时间 22 时准时推送至疫情海外应急领导小组成员和各级管理人员。

（四）预防性处置潜在疫情风险

1. 强化物资保障和调配

一公局集团要求境外各单位必须储备 6 个月的防疫物资和 3 个月的生活物资。疫情防控系统设立物资保障动态监控模块，对防疫物资、生活物资和防疫药品建立安全库存，做好动态统计并实时监控，确保各类物资供应及时补充配备，提高内部资源的利用率，节约成本，提质增效。当出现紧急情况时，区域内部通过系统进行调配。国内总部通过系统随时了解每个区域的防疫物资和药品储备情况，如发现储备不足，及时预警并协助做好国内采购和发运工作。

2. 建立本土化联系机制

一是搜索项目所在国本地医疗资源。系统设立医疗资源信息模块，包含医院具体信息，精确到医院名称、联系电话、地理位置、距离单位驻所的距离、床位数量、救护车数量、救治能力判断、核酸检测能力判断等信息，累计筛选出共58家优质医疗机构。一公局集团积极主动与排名靠前的当地医疗机构、中国驻外医疗队建立顺畅联系并保持良性互动，当作第一客户关系来维护，全力保障新冠肺炎重症患者的黄金救治时间。另外，一公局集团与项目所在国的卫生部门、疫情防控主责部门建立常态联系。二是监测疫情对当地市场的影响。系统设立疫情对市场开发影响的监测模块，要求各区域中心及国别办事处及时填报更新所在国疫情发展的真实情况、防控政策及疫情引发当地的经济、社会、政治问题和对企业生产经营造成的负面影响等信息，以便国内总部准确掌握前方面临的各种问题和困难。系统同步设立疫情对项目生产的影响监测模块，要求各区域中心及项目部及时填报更新项目的业主预算、应收账款、投入回报差异、人材机情况、协作队伍情况、生产进度和施工计划等信息，以便国内项目管理部准确掌握各项目面临的具体困难和问题并精准施策。三是跟踪项目所在国的经济刺激政策，同当地合作伙伴开展属地化合作。

3. 推动疫情防控常态化

牢固树立疫情常态化思维，把疫情防控措施与境外项目生产经营各项活动同部署、同落实、同检查、同考核，将疫情防控工作贯穿项目实施全过程。定期开展核酸检测排查，每2个月对中方人员、当地雇员开展全员核酸检测排查。人员出入境与疫苗接种动态监控，设立人员出入境动态管理，重点关注行前防疫教育、防护用品配发、抵达后健康检测等环节，中方在岗人员2504人全部完成疫苗接种，接种率达100%。防疫培训与教育有序推进，结合国际SOS培训系统，对出入境人员进行系统防疫培训和教育，设立学习和考试检测，测验通过后发放合格证书，未获得证书者不能出入境。开展班前讲话与效果持续跟踪，防疫教育和生产安全班前讲话录音同步上传系统，防疫系统自动生产教育台账，项目经理督导“格长”改进班前讲话质量，提高施工人员安全意识和防范能力。构建疫情防控数据资料库，形成了防控知识、防控制度、防控会议、防控培训、防控宣传和防控考试6个部分的资料库，有效证明企业正确履行疫情防控职责，做到守土有责、守土担责、守土尽责。

三、基建企业境外疫情防控“网格化”精准管理效果

（一）形成了成熟境外疫情防控经验

一公局集团实施织密“一张网”、抗疫“一盘棋”的境外疫情防控组织体系，成立新冠肺炎疫情海外应急领导小组，构建“总部－区域总部/所在国家总项目部－办事处/项目经理部”三级联动疫情防控组织体系。根据形势变化更新相关防疫预案手册，创新升级“网格化”治理，自主研发疫情风险管控平台。坚持“一国一策”“一区域一策”“一项目一策”，坚持大封闭、小隔离、同规则、同防控等有效管控模式，加强对项目一线、重点场所、重点人员的精准管控，实现境外不发生聚集性疫情、不发生因疫情导致死亡病例的目标。

（二）境外项目基本无停工、无停产

全球“带疫解封”新形势下，一公局集团按照稳中求强、稳中求优的总基调和盯问题、强治理、补弱项的总要求，发扬戴着口罩跑市场的精神夺市场，及时发布境外疫情下市场营销工作指引，以《海外国别市场营销战略指导手册》为纲，成功实现塞内加尔、尼日利亚、塞尔维亚、蒙古、尼泊尔、墨西哥6个市场的突破，千方百计巩固了传统市场，开辟了新市场，新签合同额逆市上扬。2020年以来，一公局集团无一起因疫情停工的项目，仅2021年就实现了32个项目主体完工，境外项目100%复工达产，人均劳动生产率提升8%。

（三）大力支撑项目所在国的防疫抗疫

一公局集团境外项目大部分分布在非洲国家，共有10257名当地雇员。一公局集团主动扛起抗疫责任，按照“网格化”管理及“四类人员”“四类场景”防控原则，将当地雇员全面纳入系统进行统一管理，每日发放防疫物资，宣传防疫知识，开展班前教育。经过一公局集团的防疫宣传和培训，属地雇员的防控意识和能力得到很大的提升，带动家属一起积极防护、共同抗疫。

（成果创造人：都业洲、刘东元、吴　松、吴传贤、周永生、赵　伟、宋莉莉、曹　啸、范文军、雷建敏、张　雷、周　颖）

机电企业以转换体制机制为核心的混合所有制改革

中车株洲电机有限公司

中车株洲电机有限公司（以下简称中车株洲电机）坐落于湖南省株洲市，是中国中车旗下一级核心子公司，也是国家首批“双百行动”改革企业、中国中车创建世界一流示范企业。是我国唯一同时承担高速、重载铁路装备九大核心技术中牵引电机和牵引变压器两项核心技术的企业，是铁路牵引电机和变压器行业标准第一起草单位，业务涵盖轨道交通牵引电机和变压器、风力发电机、新能源汽车电驱动、高速永磁电机、特种变压器等领域。中车株洲电机注册资本 13.42 亿元，总资产 75.69 亿元，现有员工 5000 余人。下辖 13 家分（子）公司，已成为国内最具规模的机电产业集团，特别是牵引电机和风力发电机居于全球领先地位，是细分行业的领跑者。自 2004 年成立至今，经过十余年的发展，销售收入由 3.85 亿元增长至 100 亿元，年均复合增长率达到 23%。

一、机电企业以转换体制机制为核心的混合所有制改革背景

（一）顺应新时代国有企业改革发展的需要

发展混合所有制经济，是深化国有企业改革的重要举措。2018 年，中车株洲电机首批入选国务院国资委“双百行动”综合改革试点单位后，将混合所有制改革作为本轮综合改革的突破口，旨在打造一批党的领导坚强有力、治理结构科学完善、经营机制灵活高效、创新能力和市场竞争力显著提升的国企改革尖兵，发挥示范带动作用。中车株洲电机经过十多年的高速发展，管理体制与经营机制的局限逐步显现，主要体现在资源配置不足、法人治理不完善、经营机制不活、人才激励不够，迫切需要“刀刃向内、破坚冰、解难题”。中车株洲电机混改的根本目的是提升全员市场意识和价值创造意识，端掉“大锅饭”，打破“铁饭碗”，让“想干事、能成事”的人大展身手，激发员工的主观能动性和干事创业的热情。

（二）提高行业市场化竞争能力的需要

作为高端装备制造业，中车株洲电机各产业板块市场环境复杂多变：轨道交通领域准入政策放开，铁路总公司市场化改革推进，全球轨道交通装备行业重组频繁、竞争激烈；风电竞价上网、风火同价时代到来；新产业和国际市场面对的技术、成本、质量要求日趋严苛。外界经营环境的持续变化本质上对企业的市场化能力提出了更高的要求。仅仅依靠自身缓慢发展壮大的模式难以适应外部市场的变化，为此，中车株洲电机迫切需要通过混合所有制改革引入战略投资者及社会资本，整合战略投资者在技术、人才、市场、资本等方面的资源，快速突破产业发展瓶颈，提升核心竞争力和活力，为“十四五”战略发展奠定坚实的基础。

（三）建立规范的公司治理体制的需要

改革实施前，中车株洲电机作为国有独资下的法人企业，未设立股东会，未真正实现所有权与经营权的分离。特别是部分新产业仍以事业部的形式运作，未能成为真正的市场主体。中车株洲电机迫切需要实施混改引入外部非国有股东，完善形成高效运转、有效制衡的法人治理结构，解决国有资产经营主体缺位和委托代理的问题。通过健全治理制度，实现董事会专业化、科学化决策，从而达到责、权、利对等的目标，真正建立市场化的现代企业制度。

二、机电企业以转换体制机制为核心的混合所有制改革主要做法

（一）以转换体制机制为核心，确立混改的目标和原则

主要针对旗下市场化产业单元，中车株洲电机按照“完善治理、强化激励、突出主业、提高效率”的总体要求明确混改的目标：以引入社会资本实现产权多元化的“混”，促进转变体制机制建立现代企业制度的“改”，激发混改企业员工动力，创新产品活力，引领企业成长爆发力，实现创业加速和增量增效、强中做优、优中做大。为确保混改工作的顺利推进，确定以 4 个方面的改革原则。一是以业务板块为基础，分层分类推进混改。中车株洲电机业务涵盖多个细分领域，各产业所处发展阶段不同，发展水平千差万别，不能“一刀切”，要根据行业特点、竞争程度，实施有控有参及差异化、个性化、多样化的混改，针对性地解决各产业在发展中的体制机制问题。二是以引入社会资本为路径，促进产业高质量发展。现有的投资规模和资源协同能力难以快速实现产业发展壮大，要通过引入外部战略投资者，发挥各方在资源、市场、技术和人才等方面的协同效应，实现产业的加速发展。三是以股权激励为手段，绑定核心团队。核心经营团队长期深耕于产业的发展过程，对行业发展趋势、市场规模、技术水平及人才培育具有敏锐的洞察力，在改革的过程中必须通过股权激励的方式将核心经营团队与产业绑定，培育具有创新创业精神的企业家。四是以党的领导和党的建设为保障，贯彻改革始终。将党的领导贯穿改革全过程，充分发挥党组织“把方向、管大局、促落实”的重要作用。全面贯彻从严治党要求，进一步加强混改企业党的建设，为深化国有企业改革提供坚强保障，确保改革落地见效。

（二）因企施策，确定混改具体路径

中车株洲电机在股权结构的设计中没有执着于绝对控股或控股权，而是按照“宜独则独、宜控则控、宜参则参”的原则，对 4 家产业单元实施混改，积极引入与业务“高匹配度、高认同感、高协同性”的“三高”战略投资者，撬动各类社会资本，推进产业快速发展。

1. “一企一策”制订混改方案

轨道交通业务是中车株洲电机的支柱业务，已经处于行业龙头地位，产品谱系完整，技术底蕴深厚，其安全性和可靠性直接关系到乘客的生命和财产安全，继续保持独资地位。风电产业重点推进治理优化。风电电机在国家“双碳”的大背景下前景广阔，但平价上网也带来了巨大的盈利压力。风电电机业务以旗下全资公司江苏中车电机有限公司为主体，通过增资扩股实施混改。混改后重点推进治理优化，完善法人治理，建立科学高效治理主体“决策 - 执行 - 监督”体系，重点谋划布局海外和海上风电市场，在市场化经营机制方面实现更大突破，助力打造世界一流的绿色能源装备企业。特种变压器业务重点推进机制优化。特种变压器业务以控股的混合所有制子公司——广州中车骏发电气有限公司为主体推进工作开展。由于股权相对集中，产业规模及竞争力提升缓慢。本轮二次混改通过增资引入战略投资者。为更好做活机制，将不再保留控股地位。二次混改后，将重点完善公司治理，健全市场化经营机制，借助战略投资的协同效应，健全市场化经营机制，着力打破股权相对集中、体制机制不够灵活等问题，提升经营品质。高速永磁电机业务重点推进资源优化。高速永磁电机是中车株洲电机针对未来驱动系统提出的一种全新技术路线，具有广阔市场空间。然而，受制于体制机制影响，经营效益长年略亏。本次混改推动既有的高速永磁电机业务与外部产业投资者和核心员工合资设立控股公司，中车株洲电机保持控股地位。混改后将借助战略投资者的市场、渠道资源，发挥中车株洲电机的技术优势，全力打造全球一流的高速永磁技术工业应用定制化解决方案提供商。新能源汽车电驱业务重点推进发展模式优化。新能源汽车电机市场拥有广阔的发展空间，由于行业风险大、竞争激烈，传统的国企经营模式无法适应市场。本次改革，中车株洲电机推动新能源汽车电机业务与外部产业投资者和核心员工持股平台合资新设公司，抢抓国家新能源汽车高质量发展的战略机遇。中车株洲电机将作为第一大股东参股经营，进行表外培育，借助资本、政策和市场的力量快速推进产业发展。

2. 立足产业发展选择出资人

一是在轨道交通、风电、新能源汽车驱动、特种变压器、高速永磁、高效节能工业、特殊装备和伺服电机等领域拥有独特的市场资源或较大的影响力，能够有效助推产业发展。如江苏公司引入三峡资本，能够绑定风电产业下游客户和市场资源。二是在电机、变压器关键核心技术领域地位领先，具备持续创新能力，与中车株洲电机有较强协同性的投资者。如浙江尚驰引入的天桥起重机、株洲福德等均在电气方面有着深厚的技术底蕴，技术先进性获得市场充分认可。三是具备市场化的运作机制和能力，在公司治理领域有成功案例和丰富经验的投资者。如湖南尚驱引入中车国创，在混改后的公司治理方面发挥积极作用。四是有强烈意愿参与公司改革且在电机尖端和前瞻性技术领域具备较大影响力或国际先进技术水平的企业或科研机构，有利于公司产品升级的投资者。如浙江尚驰引入浙江科宁电机，快速补齐混改合资公司在小电机制造方面的短板，实施低成本战略。

3. 合理设计引入方式

通过增资扩股实施混改的项目，在产权交易所公开挂牌出让，采用竞价、竞争性谈判、综合评议等方式进行遴选，最终确定意向投资者。通过合资新设的项目，广泛与战略投资者、财务投资者进行接触和交流，通过谈判和综合评议的方式进行遴选。中车株洲电机先后推动旗下 4 个混改项目落地。其中，股权多元化企业 1 家，引入外部资本 4.53 亿元；混合所有制企业 3 家，先后引入 17 家投资者，累计实现引入各类资本 4.15 亿元，其中民营资本 2.44 亿元——占比 58.8%。湖南尚驱、浙江尚驰、广州公司 3 家混改企业中非国有资本持股比例合计分别达到 30%、27.9%、51.3%。累计引入各类社会资本 8.68 亿元。

（三）开展核心员工持股计划，引入核心经营团队，绑定利益共同体

在前期的接洽面谈过程中，战略投资者均对核心员工是否持股、持股比例等内容提出了诉求。因此，中车株洲电机按照“增量引入、利益捆绑”的原则，选取湖南尚驱、浙江尚驰、广州公司 3 家混改公司实施员工持股计划。

1. 依法合规，公开透明，保障员工合法权益

一是各混改产业单元在制订员工持股方案前均通过调查问卷、会议讨论等形式对员工持股的意愿和期望进行摸底，掌握骨干员工的出资意愿及出资能力，确保方案的可操作性。二是针对员工持股方案及配套附件多次征求职工代表意见，对与员工切身利益相关的出资时间、股权流转等问题反复研讨完善。三是先后组织多场宣贯会进行文件解读、问题解答及风险提示，充分保障员工的知情权及选择权。

2. 增量引入，利益绑定，实现员工与企业“同呼吸，共命运”

结合各产业单元战略规划，采取增资扩股或合资新设方式，构建“国有资本 + 战略投资者 + 员工持股”的多元股权结构，各方基于“优势互补”的原则，通过合理配置资源，实现协同发展。员工持股在充分自愿的前提下，强调利益共享、风险共担，各混改产业单元员工持股意愿强烈，参与积极性高。湖南尚驱、浙江尚驰、广州公司 3 家企业员工持股比例分别为 18%、8.5%、17.1%。

3. 以岗定股，动态调整，激励核心少数

在持股人员范围确定方面，打破股份份额与行政职务挂钩的传统思维，重点向承担产业发展使命的高级管理人员、中层管理人员、核心骨干人才这 3 类对公司经营业绩和持续发展有直接或较大影响的人员倾斜，坚决避免全员持股。根据岗位所属类别、知识技能要求、工作难度、产出价值等因素，结合层级高低分部门级和岗位级价值，按相对价值贡献大小综合确定岗位价值系数，统筹考虑持股对象综合贡献、个人意愿及支付能力确定每位持股对象的持股数量，实现以岗定股。确立“以岗定股、岗变股变、股随绩调、人离股退”的持股原则，实现员工持股“能高能低、能进能出”。在股权转让顺序方面设置受让顺序优先级为持股平台内部符合条件员工 > 公司现有股东 > 新引入股东；在股权流转价格方面，针

对员工离职、退休等原因退股及岗位变动调整和新进人员参与持股等不同情形设置不同的退出价格，有限避免持股僵化、硬化。

（四）按法律法规规定，完善混改企业的法人治理体系

1. 建立、健全“三会一层”管理机构，完善混改企业公司治理

中车株洲电机公司指导4家混改企业建立、健全以公司章程为核心的企业制度体系，明确公司章程在企业治理中的基础作用。根据相关法律法规和公司章程的规定，4家混改公司均设置股东会、董事会、监事会和经营管理机构，建立职责明确、权责对等、协调运作、有效制衡的治理结构。

2. 构建混改企业党建体系，加强党的领导，推动党建与改革融合

中车株洲电机按照“四同步、四对接”要求，研究制订《关于加强混合所有制企业党的建设的指导意见》，推进不同股权结构下企业党组织设置方式、职责定位和管理模式。做到“四个进入”，一是党建进公司章程，明确党组织的法定地位、党建工作的总体要求及与其他治理主体的关系，党组织作为产业板块的守护人，要守好国有资产，将政治优势转化为战略优势，实现国有资产的保值增值；二是“双向进入、交叉任职”，4家混改企业董事长和党组织书记全部“一肩挑”，班子成员交叉任职，董事会、党委会、经营层不再是一套班子；三是党委进决策，同步制订党委会议事规则，落实党委决策前置程序要求，在决策程序上明确党组织研究讨论重大问题作为董事会、经理层决策的前置程序；四是责任进考评，落实党建责任制考评，持续督促协助混改企业党组织优化党建责任制考核，发挥考核“指挥棒”作用，推动党建工作与生产经营深度融合，保证党建责任不踏空。

3. 完善制度体系，实现外部董事占多数，落实董事会职权

首先，中车株洲电机指导各混改企业制订《股东会议事规则》《董事会议事规则》《监事会议事规则》《总经理工作细则》等制度文件，从制度上保证治理主体的规范化运作。4家混改企业的董事会成员均为7名，其中内部董事均为3名、外部董事均为4名，均建立外部董事占多数的董事会，进一步规范制衡机制，完善治理结构。与此同时，在中车株洲电机总部层面，对照中国中车授放权要求，修订公司章程、“三会”议事规则和投资专项管理制度，严格规范“三会一层”的权责关系，合理配置各治理主体的权利义务，重点落实投资决策、经理层选聘、经理层考核和薪酬分配、工资总额备案及分红激励等事项，也为所属混合所有制企业的公司治理提供借鉴和参照。

4. 实施相对控股下的表外培育，优化治理模式，差异化管控

新能源汽车电驱动和特种变压器业务行业竞争充分，市场化程度高，均处于培育期，盈利水平较低，需要更大的自主经营权和灵活高效的决策机制予以支撑。在前期接洽与谈判过程中，战略投资者均对混改企业放在表外发展提出要求。因此，中车株洲电机在新能源汽车电驱动和特种变压器业务混改的过程中，在确保党的领导和党的建设的前提下，采取国有相对控股且表外培育的模式，注入更多“市场化基因”。各投资方共同参与公司治理，通过建立“有效制衡、协调运转”的法人治理结构，赋予混改企业选人用人、薪酬分配、投资决策等重大事项自主权，全方位支撑产业加速发展。株洲电机对控、参股混改企业行权路径差异化主要体现在两个方面：一是母、子公司的权责边界不同，根据中国中车的授放权要求，控股混改企业仍然有部分事项不具备自主决策权，而参股混改企业以自主决策为主；二是监管的力度不同，株洲电机作为控股股东，对控股混改企业的资本监管强度要求较参股混改企业更高，日常监管事项范围更广。

（五）以“改机制”为抓手，推动混改企业转换市场化经营机制

1. 推行职业经理人制度，转变国企干部身份，培育企业家精神

中车株洲电机按照“市场化选聘、契约化管理、差异化薪酬、市场化退出”的原则编制《子公司职业经理人制度操作指引》，为混改企业董事会选聘职业经理人提供借鉴和参考。目前，4家混改企业

全部完成职业经理人的选聘工作，24 名原中层管理人员与中车株洲电机解除劳动关系，以职业经理人的全新身份进入混改企业，通过“转身份”的方式迈出市场化用人的重要一步。广州公司通过董事会选聘 5 名职业经理人，其中有 2 名是民营企业家转身而来。对职业经理人实行契约化管理，通过签订聘任协议书和任期目标责任书，严格任期管理和目标考核，变过去上指下派、行政命令式的管理为按契约办事，实现从“要他干”向“他要干”转变，打破僵化体制，传递市场压力。

2. 落实“两制一契”，建立干部退出机制，推动干部“能上能下”

中车株洲电机制订《公司中层管理岗位任期制、聘任制和契约化管理实施方案》《公司中层管理岗位任期制管理办法》等制度，建立健全与“两制一契”相匹配的管理体系，以制度形式固化“三年一考核，六年一竞聘”的任期管理模式。混改企业参照中车株洲电机“两制一契”管理办法，对其中层管理人员实施任期制、聘任制和契约化管理。目前，混改企业 49 名中层管理人员签订契约文本，契约率 100%。通过有序推进任期制契约化管理全覆盖，建立领导干部退出机制，打破干部身份“铁交椅”，推动干部“能上能下”成为常态。

3. 变革人才管理模式，加速人才培养，激发员工干事创业热情

实施核心员工持股后，浙江尚驰公司中层管理员工由职能化管理自动转变为项目式管理，全员营销，提高市场活力。与某重工集团进行全新产品开发时，从技术协议签订、预投图纸输出、商务合同签订、项目计划下达、物料采购、生产组装、标定实验、回款到产品合格交付客户，仅用 25 个自然日，为客户抢占市场赢得先机。广州公司打造“同向、同频、共振”的专家型管理团队，将原有的总经理、副总经理、总经理助理、副总工程师、部门正职、部门副职、主管、主办八级管理压缩为总经理、副总经理兼部门负责人、专员的三级管理模式，缩短管理环节，快速培养人才，工作效率大幅提升。

（六）以资源支撑为保障，为混改顺利推进保驾护航

1. 设置改革专项机构，健全立体责任体系，凝聚改革引力

中车株洲电机为确保改革的顺利推进，专门成立改革领导小组、推进工作组及专项办公室，建立各产业单元责任主体和配套支持责任矩阵，将改革任务清单细化分解为 19 项责权清单和 17 项专题工作计划，从上至下层层分解、层层落实。在责任落实上，党委书记、董事长负总责，总经理抓具体工作，明确专门负责混合所有制改革的副总经理，各分管领导是相关改革领域的第一负责人，形成推进改革的立体责任体系。

2. 开展学习研讨活动，进行解放思想大讨论，形成改革合力

中车株洲电机深入研究和学习“双百行动”综合改革的“政策包”和“工具箱”，陆续邀请国企改革专业机构，到公司开展专题培训研讨和解读，累计 1000 余人次参与。中车株洲电机主要领导亲自带队，赴北新建材、中车资本、有研新材和武钢等国务院国资委选树的国企改革标杆企业，进行对标学习和交流，为混改方案的总体设计和实施提供有益的借鉴和参考。主要领导通过党委会、党委中心组学习等方式开展解放思想大讨论，与一线工人、技管人员就改革过程中的困惑和问题进行现场答疑，加强舆论引导和宣传。在改革的过程中对混改方案和重要事项向职工公开，对改革过程中的职工安置方案、核心员工持股方案等均按照规定提交两级职工代表大会审议，未造成职工权益受侵，未引起群众上访事件，确保改革稳定有序推进。

3.“小总部、大业务”，精简机构和人员，下放经营决策事项

中车株洲电机重新梳理公司总部和各业务单元的边界划分和业务定位，探索建立“小总部、大业务”的组织机构，通过精简机构、缩编人员，建立与市场化经营相适应、精简高效的总部管理机构，提高决策效率。建立以“股权关系为基础、法人治理为依托和授放权清单为准绳”的治理模式，从过去的“管理”向“治理”模式转变。将总部过去管理的人事任免权、劳动用工权、招标采购权、业绩

考核权、薪酬发放权全部下放，依法赋予所属企业自主经营权，激发产业发展活力。

4. 强化监督考评，优化激励措施，增强改革动力

中车株洲电机落实绩效考评，将混合所有制改革工作与公司领导履职考评，责任单位的组织绩效及责任人的个人绩效、年终奖等挂钩，在月度和年度评价中重点体现。在执行过程中，制订主计划和月度分解管控计划，明确具体改革目标、改革措施、评价标准、责任领导、责任单位、责任人、完成时限等，对照计划，严格督查、按时完成、限期整改，确保综合改革实施过程的可控。建立专项激励措施，以结果为导向，制订精神层面、物质层面和职业发展层面的激励措施，最大限度地激发全员参与改革，充分保障改革各项工作落地见效。

5. 依法合规开展审计评估工作，确定交易价格，稳妥开展进场交易工作

为积极稳妥推进混合所有制改革工作，中车株洲电机按照国有资产监管和集团评估备案要求，通过询价或招标等方式，选聘3家会计师事务所和两家资产评估机构，对高速永磁电机业务、新能源汽车电机业务、广州公司和江苏公司4个混改项目同时并行展开专项审计、资产评估工作，组织会计师事务所、资产评估机构进行集团外部专家多轮答复，完成国务院国资委产权管理信息系统备案，取得全部项目备案表。对于江苏公司和广州公司两个增资扩股项目，按照国务院国资委的有关规定，在北交所公开发布增资信息募集资金，择优选择战略投资者并依法合规完成产权登记和工商变更等工作。

三、机电企业以转换体制机制为核心的混合所有制改革效果

（一）混改产业活力激发

中车株洲电机完成了4个产业单元的混合所有制改革，实现了外部资源引入与国有资产保值增值目标，在员工队伍平稳过渡的前提下，为混改产业注入发展活力。混改项目共引入外部资本8.68亿元，实现450余名国企员工身份顺利转换。江苏公司在引入能源业主等战略合作方后，2020年新签订单金额79.32亿元，同比增长21.5%，国内直驱永磁市场占有率持续领跑，产业规模同比增长40.42%；广州公司通过增资扩股实施二次混改后，完善体制机制和市场化经营机制，弥补经营短板弱项，协同拓展市场领域，2020年新签订单金额9446万元，同比增长16%；浙江尚驰抢抓国家新能源汽车高质量发展的战略机遇，奠定快速发展的基础，市场订单年均增幅20%；湖南尚驱打破了传统僵化管控模式的束缚，经营活力充分释放，市场订单成倍增长，截至2021年6月，经营指标和新签合同较上一年同期分别增长714.23%和741.24%。此外，风电产业、高效节能电机产业每年可减排二氧化碳4680万吨，为国家“双碳”目标做出有效贡献。

（二）经营管理换挡升级

4家混改企业落地后，为中车株洲电机发展注入了活力，2020年，中车株洲电机克服疫情不利影响，逆势高速增长，全年销售收入突破100亿元，净利润5.6亿元，分别同比增长23.6%、24.4%，经营业绩全面创造历史新高。管理效能方面，近3年来，总部职能部门由原来的18个调整优化为13个，岗位编制总数减少39.4%，总人数减少44.5%，每年降低总部人工成本900万元。

（三）改革示范效应明显

中车株洲电机对所有市场化业务实施混改，建立中长期激励机制、深化用工制度改革，《中国经济周刊》2021年第五期“两会特刊”报道了成果混改实施案例并作为代表企业在国家发展改革委主持召开的改革经验交流现场会上分享。

（成果创造人：聂自强、罗崇甫、江有名、卢雄文、臧苗苗、项　永、申廷国、赵忠胜、王长江、郑智平、韩树强、宋　韬）

基于价值链分析的油气田建安业务整合管理

河北华北石油利德建设工程有限公司

河北华北石油利德建设工程有限公司（以下简称利德公司）成立于1990年，注册资本3670.39万元，是华北石油管理局有限公司开办的华油集体资产投资管理中心（以下简称集投中心）再投的三级法人企业，主要从事油田工程建设，年产值近两亿元，利润达到千万元，拥有石油化工工程施工总承包、建筑机电安装工程专业承包、防水防腐保温工程专业承包、钢结构工程专业承包、建筑工程施工总承包等资质，承建的项目多次获得中国石油及省部级优质工程金奖。利德公司依靠专业的施工管理人员、丰富的油气田地面建设施工经验、快速的组织能力和完善的安全管理系统，形成“高度集成、多元组合”的快速建设模式，实现了传统施工技术与新技术相结合，节约了施工成本、提高了施工效率、保证了施工质量。

一、基于价值链分析的油气田建安业务整合管理背景

2019年，按照华北油田五届三次职代会上提出的“要坚持效益原则和市场导向，大力实施产业优化升级工程，有效发展多元业务，要突出自身优势，做优工程建设业务，持续优化业务结构，积极培育创效空间，不断增强竞争实力，打造具有一定经营规模和创效实力的产业集群”的目标，多元开发业务应当坚定不移走高质量、内涵式发展道路，坚持有所为、有所不为、有所大为总方略，突出质量效益，突出价值创造，突出风险防控，牢固树立新发展理念，积极构建新发展格局。建安业务是华北油田多元开发板块的重要组成部分，主要承担华北油田的地面建筑和安装等油田保障服务。2020年，建安业务资产4.77亿元，负债3.86亿元，所有者权益0.91亿元；尽管受新冠肺炎疫情影响巨大，建安业务全年依然实现收入3.94亿元、净利润0.05亿元。利德公司是华北油田建安业务中资质条件、企业文化、人员构成较为突出的企业，具备作为核心企业发展的条件。

（一）保障油气生产，提升油田产能效益的需要

油田地面产能建设工程大部分都是当年设计、当年建设、当年投产，其最大的特点就是工期紧、投产压力大，并且需要各环节紧密衔接、深度交叉。在工程建设中传统项目运作模式已经不能很好满足油气田项目建设的需要。中国石油的领导多次调研华北油田生产经营情况，华北油田要坚定打造千万吨级油田的信心决心，保持建设现代化能源企业的战略定力，牢牢把握冀中原油产量“硬稳定”和二连浩特、巴彦淖尔高效建设、投产的目标任务，重点打好“五场硬仗”，不断提升华北油田资源掌控能力和效益产量规模。

建安业务是华北油田油气生产主营业务的重要保障环节，利德公司作为油田地面产能建设的主力军，有多年从事大型工程建设的实践经验，服务体系健全、系统整合能力强，已经探索积累形成了一套符合华北油田特点的项目管理经验及油气田地面建设、施工工法等技术标准，能够将保障油气生产需求嵌入整个生产经营活动中，通过改变传统运营模式，改变生产要素数量扩张的经营模式，将原有的劳动密集型、粗放型的数量规模发展方式优化为资本和技术密集型、集约型的质量效益模式。通过提供“一站式”管家服务，发挥“一盘棋”优势，持续优化建安业务的产业布局，集中优势资源，进一步强化建安业务的业务延伸，是保障油田生产服务、确保优质高效完成年度产能建设任务和工作目标并提升油田产能效益的需要。

（二）应对市场竞争，提升业务质量效益的需要

长期以来，华北油田建安业务对内外部市场需求变化的适应性和灵活性比较低，竞争优势单一，这严重阻碍了建安业务的高质量发展。建安业务各单位的施工能力和施工资质各有所长，有的偏重油气田地面建设，有的偏重房屋建筑及装饰装修，但由于各自独立经营，没有统一组织和领导，缺乏整体市场布局，造成各家单位严重的本位主义，在有限的内部市场相互竞争，形成了各自为战的局面，造成人员、设备、资产、资金、资质及施工能力的分散，未形成规模化的施工能力和高等级的施工资质级别，资源的分散导致失去了很多要求施工资质级别和队伍规模的工程项目。建安业务各单位运行管理方式多样、归属多源、经营场所分散和管理不统一造成了建安业务企业成本增加、收益降低。随着建安业务工业化水平的不断提高，传统的发展方式已不能满足提升企业价值的需要，建安业务需要通过股权重组、资产重组重构发展格局，实现人力、财力、物力、信息、知识、技术的集聚，由传统的以提供建安产品为主导的盈利模式转变为以提供高效工程项目建设配合个性化产品定制和交付后的全生命周期服务为主导的服务化盈利模式。利德公司具有悠久的历史，法人治理结构完善，通过调整、整合顶层设计，明确其战略规划，协调其制度支撑，可以将利德公司逐步发展成具有参与前期设计、过程管控、质量监督等综合能力的优质企业，实现建安业务的内涵式、可持续发展。

（三）强化风险管控，提升业务合规水平的需要

由于历史原因，华北油田建安业务存在多家法人企业，集体全资、国有参股、集体参股等多种股权结构并存，股权结构比较复杂，围绕串标、转包挂靠等违法违规行为不易管控，合规管理风险较大；同时，建安业务人员结构失衡，主要劳动力来源于外雇或外协队伍，管理和专业技术人员缺乏，人员管理风险也较大。在国家、集团公司、油田公司各个层面均要求“依法治企、合规管理”的背景下，需要通过提高过程控制与管理，强化监督，杜绝违法分包、转包、挂靠等行为。利用利德公司较好的企业文化、相对规范的管理，通过优化股权结构、减少法人数量和层级，推进建安业务运营管理措施落实到位，引导建安业务健全风险防控长效机制，构建大监督风险防控格局，使建安业务核心企业形成治理结构完善、资源配置合理、运营机制灵活的管理型企业，是提升业务合规水平的需要。

二、基于价值链分析的油气田建安业务整合管理主要做法

（一）确定指导思想，构建组织保障体系

1. 统一整合指导思想

坚持华北油田“创新、资源、市场、多元化”的战略，以“高质量发展”为目标，在深化业务彻底整合的基础上，立足油田内部市场，强化依法合规管理，进一步收缩低效、无效业务，增强业务核心竞争力，统筹业务资源，优化业务结构，完善体制机制，强化风险管控，实现业务高质量发展。

2. 明确整合管理原则

一是体制机制完善。合规合理利用建安业务体制机制优势，在强化风险管控的基础上，找准业务与华北油田上市业务、未上市业务体制、机制的结合点和切入点，不断完善业务管理体制和运行机制，为业务发展创建有利发展环境。二是资源统筹优化。充分利用华北油田的油气资源、市场资源、人才资源和技术资源，梳理华北油田主营业务和建安业务关系，明确建安业务定位，全面统筹业务资源，扩充资质、扩展队伍、拓展市场，保障业务可持续发展。三是规模效益匹配。以业务平均发展速度不低于国家整体发展速度和资本保值增值率、净资产收益率指标对标优秀同行业企业为目标，确保业务发展规模与发展效益匹配。

3. 构建组织保障体系

为切实保证本项目的顺利推进，在华北油田层面成立以主要领导为组长、各部门协作的油气田建安业务整合研究领导小组，对业务整合进行全面领导、研究决策重大事项、协调解决工作中的重大问题并

定期听取工作进展汇报，督促相关工作加快推进；在利德公司层面成立业务整合工作办公室，作为管理机构负责项目方案的制订和具体实施。

（二）解构价值链，明确整合目标

从行业价值链分析，结合建筑安装行业的现状和发展趋势，价值链可以分为3个层次，形成金字塔型的组织结构。低级的建安企业，只是建安工程和劳务的承包商，仅仅通过建安劳务获取相应的报酬；高一级的建安企业，拥有工程设计、咨询服务等较高附加值的能力，随着建安企业的不断升级和价值链的拓展而发展；顶级建安企业的价值链包括建筑施工与设备安装、设计、咨询与策划、综合性的工程承包（咨询管理者）、项目管理服务和项目后期的运营管理服务，通过资本、资源和优质的运营取得丰厚的收益。从企业价值链分析，在建安施工前，为业主解决融资、可行性分析和个性化定制设计等问题；在建安施工阶段，根据客户的需求做到装配与装修一体化，减少资源浪费；在建安施工交付后，提供全生命周期运营维护，从而实现建安业务从建筑产品到以建筑产品为载体的全生命周期服务价值的转变，逐步提升油气田建安业务的价值位势。建安前阶段的可行分析、投资融资和施工完成后的运维和管理服务具有更高的附加值。据此，明确利德公司整合管理的基本目标：在提高施工阶段建造效率的同时，应当延伸施工前后的价值链，寻求具有更高附加值价值的业务。即从被动接受较为简单的施工作业和建安承包的较低价值链层级，不断向附加价值高的业务活动升级，使企业逐渐拥有设计能力、咨询服务和项目管理运营能力，逐步升级到高级别的建安企业形态，获得更高的利润，持续稳定的发展。

（三）优选升级模式，确定整合管理路径

利德公司的建安业务还处在附加价值比较低的价值链环节上，属于劳动密集型、规模型和粗放型的企业，需要改变以生产要素的数量扩张为主的经营模式，向资本密集型、技术密集型、效益型和集约型转变，实现企业效益的增长。通过对比流程升级、产品升级、功能升级和链条升级4种模式，结合利德公司实际，将流程升级与产品升级合二为一，再分化为技术开发升级与集约化管理升级两种模式，确定当前形势下利德公司建安业务整合管理的路径（见表1）。

表1　利德公司建安业务整合管理的路径

升级模式		路径
理论支撑	对应模式	
流程升级+产品升级	技术开发升级	通过创新或引进先进的施工技术、信息技术提升价值链中加工流程的效率，开发绿色建筑产品或服务、推进建筑工业化等
	集约化管理升级	管理、制度与流程标准化，以及人力资源集中管理、资金财务集中控制、物资材料集中采购，实现企业管理的集约化
功能升级	纵向一体升级	提供融资、设计、采购、建造、运营等纵向一体化服务，向高附加价值环节延伸价值链，提高经济活动的附加价值
链条升级	横向多元化升级	从一条价值链跨越到一条新的、价值更高的相关产业的价值链

（四）重构企业价值链，提升业务的深度和广度

按照利德公司建安业务整合管理的路径，重新构建利德公司的建造生产、营销、服务、采购、研发、人力资源管理等基本价值链，由价值链的深度比较浅、广度比较短、创造价值所占比重较大、客户参与度较低的施工阶段向价值链的深度和广度逐渐延伸及客户参与度逐步增强的施工前后阶段转变；同时，整合施工前后的价值链，拓宽服务的广度和深度，满足客户的需求，解决客户面临的问题，提高客

户的满意程度。

（五）实施股权重组，实行业务集约化管理

目前，华北油田建安业务包括利德公司、河北华油三兴利民工程有限公司（以下简称三兴利民公司）、河北华油华兴建筑安装工程有限公司（以下简称华兴公司）、辛集华油鸿达工程有限责任公司（以下简称鸿达公司）、河北华油霸州京茂建筑安装工程有限责任公司（以下京茂建安公司）5 家建安公司及 1 家建安分公司、1 个建安事业部，共 7 家单位。为强化对华北油田建安业务的管理，进一步集中管理权限并增强资本实力，以利德公司为核心对相关建安企业进行股权重组。首先，退出鸿达公司的国有股权，简化股权结构；其次，由京茂公司吸收合并的京茂建安公司，压缩法人层级；最后，由利德公司吸收合并鸿达公司、华兴公司和三兴利民公司，整合业务资源。股权重组完成后，被兼并公司的相关债权、债务、资产、资质、人员全部纳入利德公司，由利德公司统一调配材料和施工机械，在优化了股权结构的同时又满足了油田公司建安业务外闯市场的注册资本需求。

（六）整合管理架构，推进业务纵向升级

华北油田建安业务涉及的项目多，工程量大，需要具有较高的建造效率和资源运用能力，需要充分整合内部人员、设备、资质等资源，建立低成本、标准化、集成化和高度协调化的建安业务一体化平台，提高建安业务价值创造效率。在管理架构上，取消现有“事业部 + 项目部（子公司）”的组织管理架构，将原各建安子公司的经营管理职能全部上移至利德公司，建立“大建安”统一发展格局。通过利德公司在华北油田内外部市场获取工作量并分配给所属项目部，开展经营、财务、合规、考核等综合管理。由利德公司所属项目部根据分配的工作量，建立相应的施工队伍并组织现场施工，对现场的安全、质量、进度等负责。

（七）拓展价值链维度，促进业务横向发展

建安业务作为服务化主体，传统价值创造主要集中在施工阶段，建安业务需要拓展全生命周期的服务活动，实现由传统的以提供建筑安装产品为主导的盈利模式转变为以提供高效工程项目建设配合个性化产品定制和交付后的全生命周期服务为主导的服务化盈利模式，延伸建安业务价值链的广度。按照“整体优化、区域功能整合”的工作思路和“数字化管理、标准化设计、模块化施工、快速化建站”的技术要求，整合、发挥压力容器、营房设计制造、自动化智能装备制造、油气田地面工程施工等优势资源，将传统的油气田地面建设过渡到“高度集成、多元组合”的快速建设，实现了自动智能控制，实现无人值守；标准模块设计，厂内加工制造；简化土建基础，实现了节能环保、功能多样组合，以及快速便捷建站、模块重复使用、降低投资成本等多项优势特点，整体规模优势与协调发展效应逐步显现，建安业务管理水平、经营规模持续提升。

（八）健全体制机制，保障业务健康合规

1. 建立有效市场体制

为了充分发挥市场统筹优势，利德公司与油田公司各采油厂签订年度总体合同，确保采油厂各项工程衔接顺畅，保证工程项目及时开工、按时完成；同时，积极协调各采油厂优先安排利德公司承担相应油气田地面建设工作量。在有效的市场体制下，华北油田各生产单位的生产运营得到有效保障，利德公司的建安业务市场也得到了扩张。

2. 建立灵活激励机制

为进一步激发企业经营者、管理人员和操作人员的积极性，建立了以效益为核心的业务考核兑现机制，配合上级单位的绩效考核管理办法，调整了工资系数；研究制订《多元开发企业效益考核管理办法》和《多元开发企业市场开发奖励管理办法》，建立了以市场开发为龙头的开拓发展机制，激励企业“开疆扩土”、抢抓发展机遇。

3. 建立严格风险机制

为进一步处理好企业发展与合规管理的关系，以华北油田合规管理平台为依托，坚持风险排查常态化，将合规审查环节纳入业务流程管理，及时跟进处置；积极推进资产轻量化，提高企业资产利用率，进一步落实风险管理责任、提升市场研判能力；建立以规范项目、业务运营管理为主旨的规范发展机制，制订物资管理、工程项目管理、企业尽职调查、企业对标等管理办法，推动建安业务合规运营；在全面整合市场资源的同时，强化优势目录管控，加强内部管理，规范建安业务运行秩序。通过超前辨识，加强风险管控水平，确保业务持续健康发展。

4. 建立完善监督机制

积极贯彻“不合规的事情坚决不做，不合规的效益坚决不要”理念，让合规理念深入人心，形成良好企业文化基础；建立健全油田公司、二级单位市场管理机制，全面规范企业市场行为，对优势目录的初审和运行严格审查、严格监督、跟踪管理；进一步加强企业财务管理，层层落实企业合规经营职责，规范企业行为；对于因玩忽职守、滥用权职及不作为、乱作为导致的违规行为进行严肃处理。监督机制的完善，保障了业务平稳发展。

三、基于价值链分析的油气田建安业务整合管理效果

（一）实现融合发展，显现业务整体优势

项目实施以来，利德公司在激烈的市场竞争中找准优势，以价值链条相对完整的市场竞争优势，坚持“集中决策、分区经营、重点管控”的原则，明确划分生产经营区域，统一调配公共区域和重点项目，合理整合技术资源、信息资源，在激烈的市场竞争中找准优势，向着为油田提供系统化、模块化完整解决方案方向发展，打造人无我有、人有我优、人优我特的品牌，以点带面，形成集产品研发、生产集成、施工服务为一体的产业链，整体规模优势与协调效应逐步显现。通过实施股权重组和资产重组，实现了利德公司“1+1>2”的规模效应，使其业务能够集中精力做专做优油田地面建设业务，进一步提升了多元开发业务对油气生产主业单位的服务保障能力；新的运营管理新模式极大地调动了广大员工的积极性，提升了企业发展的质量和效益，对华北油田的贡献度明显提升。

（二）拓展内外市场，促进业务效益提升

项目实施以来，整合后的利德公司整体指标持续向好，业务收入由2019年的3990万元激增至2020年的19351万元，净利润也由2019年的103万元提升到2020年的679万元。其中，资本保值增值率达到301%，是《企业绩效评价标准值》中的“建筑业（建筑安装业）”优秀值（106.6%）的2.82倍；资本收益率达到25.4%，是《企业绩效评价标准值》中的“建筑业（建筑安装业）”优秀值（10.8%）的2.35倍；净资产收益率达到22.5%，是《企业绩效评价标准值》中的“建筑业（建筑安装业）”优秀值（10.5%）的2.14倍。在保证内部承接业务平稳推进的前提下，利德公司按照“稳固华北、拓展外部”的市场总布局，对已有市场进行深度开发，积极开拓外部地方市场，首次进入江苏省、贵州省等南方区域市场，不断扩大服务范围。通过纵向整合，建安业务运营管理新模式极大地调动了广大员工的积极性，极大提升了业务发展的质量和效益，对油田公司主业的服务保障功能更加突出，对油田公司多元开发业务的贡献度明显提升。根据相关因素合成计算法（PCP）计算，因业务整合而产生的联动效益3675.28万元；因优化整合，处置价值较低的企业减少投资损失1426.7万元；非本成果实施产生的效益2600.5万元；各因素之间重复计算的效益827.8万元；在单因素计算中未包含的综合性损失费用436.52万元。最终，按PCP计算的各相关多因素的合成效益为1237.16万元。实践证明，本项目符合中国石油的高质量内涵式发展思路，符合华北油田对建安业务的定位和发展要求。

（三）降低管控风险，保障业务合规管理

项目实施以来，逐步理顺了建安业务下属各企业的股权关系，业务资质更加齐全、完备，切实保障

了业务的合法合规；建立了“天成集团－利德公司”二级管控机制，充分发挥各层级管理人员职能，不断强化质量安全环保管理，坚定推进质量等管理体系在各个层级的有效落实。通过建立完善合规管理体系，强化各类制度的配套协同和紧密衔接，实现从单一的制度建设向综合性合规管理体系的转变；通过把握业务流程中的重点风险点和关键控制点，从市场准入抓起，规范物资采购、招投标、合同等关键领域的管理，真正做到从“被动合规”向“主动合规”转变；通过强化各业务层面的风险辨识和分析评价，妥善解决了经营管理中效率与风险的矛盾，实现了从传统管理向风险管理的转变。

（成果创造人：刘文新、甄　洁、扈国娟、梁志坚、崔东明、付智广、肖龙江、魏　睿、谢小玲、左文永、豆　珂、杨凤云）

提升管控能力的输变电工程“大前期”建设协同管理

内蒙古电力（集团）有限责任公司巴彦淖尔电业局

内蒙古电力（集团）有限责任公司巴彦淖尔电业局（以下简称巴彦淖尔电业局）成立于1983年，是内蒙古电力（集团）有限责任公司直属的国有特大型供电企业，担负着巴彦淖尔市工矿企业、农牧业及巴彦淖尔市城乡居民生产、生活用电的重任。2020年，固定资产总额为139.1亿元，实现售电量135.72亿千瓦时，营业收入44.75亿元。

一、提升管控能力的输变电工程“大前期”建设协同管理背景

（一）推进电网高质量建设的迫切需求

电网工程前期工作是电网工程建设的重要环节，也是前置阶段，涉及面广、程序复杂、政策性强，对后续电网的可持续建设、高质量建设起着至关重要的作用，因此，更需要进一步创新前期工作机制，完善前期工作流程，充分做好前期各项工作。但是，近年来因工程前期涉及土地、规划、林业矛盾突出，各项行政许可手续办理内容繁杂、周期冗长，严重困扰工程推进，也给工程依法开展带来了潜在的政策风险。

（二）输变电工程报批流程依法合规的根本要求

输变电工程由审批制改为核准制后，电网前期工作的深度和难度大大增加。近年来，工程依法合规建设理念越发深入人心，按照规定，项目核准前必须取得地方规划、国土、林业等相关的部门意见，而且规划、土地、环评、地质灾害、压覆矿藏评估等支持性文件的要求越来越多。此外，还需各级地方政府甚至中央政府有关部门的逐级审批，一环停滞，整体无法推进，从而带来了巨大的协调工作量，延长了前期工作周期。要解决这些问题，必须提升输变电工程前期工作的管控能力。

（三）提升输变电工程前期建设管理水平的必由之路

近年来，巴彦淖尔电业局因电网工程前期工作流程和制度没有充分完善梳理，各方协同配合距离真正意义标准化前期工作存在一定差距。一是可行性研究深度还显不足，导致初步设计阶段路径因占用国家一级公益林和自然保护区而出现路径颠覆问题。二是属地化对接深度不足，导致因前期沟通深度不足引发后期征地补偿协商困难，极易引起线路移位等不利结果。三是清障“青赔”补偿标准不一，农民群众就高不就低或随意索价现象严重，甚至于项目前期在站址、线路通道上抢种抢栽，以增加索赔筹码。四是清障“青赔”季节因素考虑不足，往往是等到项目施工时开始清障“青赔”工作，遇到农作物生长期、收获期，使协调难度和清障“青赔”费用大大增加。五是前期协调周期不合理。这些问题的解决都有赖于提升工程前期建设的管控水平。

二、提升管控能力的输变电工程“大前期”建设协同管理主要做法

（一）明确整体思路，构建协同管理体系整体框架

1. 系统分析研究，构建协同体系框架

巴彦淖尔电业局从提升电网供电能力，服务区域经济社会转型发展的工作大局出发全面梳理总结输变电工程前期存在的困难与典型经验，以“前期规划统筹衔接、业务部门横向协同、政府沟通高效互动、支撑保障坚强有力”的整体思路，坚持理念、方法、机制、保障统筹推进，通过打造高效运转的协同管理组织体系，逐步构建涵盖政府相关部门、电网企业、前期工作支持机构等主体在内的协同联动机制，推动各利益相关方形成价值共识，凝聚合力，集中力量协调解决输变电工程前期进度慢、难开展

问题。其中，前期规划统筹衔接就是从源头推动电网发展规划纳入地方规划的整体布局；专业部门横向协同就是实现各部门最大限度支持配合，形成跨部门一体化协同运作合力，优化业务流程，加强业务融合；政府沟通高效互动就是建立与各级政府的沟通协调机制，加强纵向沟通互动，与政府相关部门签订战略合作协议，争取政策支持，构建合作机制，开辟项目绿色通道；支撑保障坚强有力就是以提升项目前期支撑能力、强化人才队伍保障及营造良好舆论环境为着力点，持续提升可研设计质量和可研内部评审能力等项目前期支撑能力，推动项目前期相关参与人员提升专业素质、熟悉各项政策，发挥好舆论导向作用。

2. 整合内外部管理资源，强化责任分工与协同

输变电工程由审批制改为核准制后，电网前期工作的深度和难度大大增加，传统的管理模式已经不能满足输变电工程前期推进工作优质高效需要，在协同管理体系框架的基础上必须构建高效协同推进机制，以适应前期工作高质量发展的需求。巴彦淖尔电业局全面树立电网建设两级领导和三级对应体系，从顶层设计融合业务部门，优化内部流程以适应手续办理新流程，挖掘前期成果深度、精度、广度，使得前期工作质效双提升。通过建立“大前期”管理体系，整合内外资源，积极对接政府相关部门，形成友好融洽的沟通协调氛围，将政府协调作为工程推进的重要支撑力量。对涉及土地、规划、林业等重点部门，建立定期座谈交流机制，集中解决阶段性问题。通过出台专项推进协调文件、补偿安置标准，解决工程建设中清障“青赔”标准不一、社会矛盾协调难度大等关键性问题为工程建设清障开路。强化内部责任划分，打破业务壁垒，优化前期工作流程。充分挖掘可研、初设深度，打造优质前期成果，为工程建设开好头、起好步。

（二）建立高效运转的协同管理组织体系

1. 明确工作职责，建立工作组织机构

巴彦淖尔电业局成立“大前期”专门的协调推进工作组织机构，由工程部门、计划部门的分管领导牵头，部门总体协调负责，属地供电分局落实属地协调任务。由计划处处长负责项目前期的总体协调推进，基建处处长负责工程前期的协调管理，属地分管局长进行项目前期与工程前期属地协调与手续办理工作。对内强化内控流程优化，统一部门思想，更好地执行各项指令，各部门充分发挥工作优势，调动各种资源，及时有效地解决遇到的困难和问题，加强职责有机融合，实现前后互补、互相促进的工作格局。对外持续推动转变各级政府发展观念，全面推动政企战略合作，保障电网在复杂的外部环境下和谐持续发展。设立“大前期”管理工作小组，统筹推进项目从立项至开工的全过程流程办理。

2. 加强专业部门之间的横向协同

一是加强与计划部门协同，结合以往基建项目出现的问题，力争项目前期阶段予以规避，对正在开展项目的选所、选线提出优化建议，降低建设过程中可能出现的风险。二是加强与设计单位的协同，尽快取得规划、用地、水保的原则性意见，深度参与项目可研编制。三是加强与营销、运检部门协同建立与营销、运检的常态信息互通机制，提高需求响应能力，合理利用为政府服务的机会，以资源换政策，进一步提高工作效率，以客户需求为导向，积极服务于客户，两手准备推动项目前期管理。

3. 强化与支撑部门的横向协同

一是构建协同机制，统筹评审专家资源，强化设计评审人员的规划意识，通过规划设计环节，把规划的意图通过设计落实到工程建设中。二是加强工程可研工作的牵头力度，突出规划部门在可研工作中规划设计的引领地位，加强规划研究和工程设计的衔接，使站址及线路走廊得到有效预留和保护。三是加强规划业务和设计系统的业务融合，统筹培养规划、设计人才，将分散资源集中，增加评审专家资源，提升可研内部评审质量，规划设计人员从项目前期阶段介入，在工程前期阶段继续开展工作，协助工程建设管理，直至工程竣工投运。

4. 建立与各级政府的沟通协调机制

一是与政府相关部门签订战略合作协议，有力推进项目前期工作，以行文上报专题汇报组织会议、定期走访等形式向地方政府和各职能部门传递变电站项目建设的必要性和紧迫性，进一步争取地方政府的理解和支持，促使其不断转变电网发展思路，为战略合作协议的签订做好铺垫。二是加强沟通汇报，积极争取政策支持，根据电网建设的需要，多渠道向政府反馈电网建设需求，最大限度地争取政府的理解与支持，整合电网建设区域业扩报装、线路迁改等电力需求，增加前期工作话语权。积极与地方政府沟通，建立良好的协商机制，提升项目落地前期工作的管理水平，建立覆盖各级政府及相关部门的前期工作网络，充分发挥属地管理优势。

5. 严控项目节点进度，内部上下协同联动

一是开展项目适应性分析。二是确定项目控制节点。三是严格执行节点计划表工作安排，在管理模式上采取项目全过程节点管控管理法，将前期工作细化分解为不同阶段，明确各阶段时间节点和职责，落实责任，强化考核。四是建立工作简报制度，做到信息共享。

（三）有序高效实现前期环节管控流程再造

1. 全面梳理业务内容，整合优化工作流程

全面梳理电网工程前期工作的节点流程顺序，按照前后衔接、有序管控的原则，将项目前期的立项、可研与工程前期的初设、手续办理深度融合，减少交叉重叠路径，将各自流程节点图高度整合，合二为一，缩短管理路径，提升管理效率，达到可研与初设的一致、统一，从而大幅减少办理时间，促进项目顺利落地执行。打破了计划前期和工程前期独立的流程节点图，将项目前期流程和工程前期流程高度整合，合二为一，绘制了“大前期”工作流程节点图，通过列明各关键节点前置因素，有效地将工程前期阶段的制约因素融合到项目前期解决，解决了计划、基建前后交接不畅、项目返工的问题，减少了交叉重叠路径，大幅提升前期管理效率。

2. 全面协同对接，确保最佳方案落地

巴彦淖尔电业局计划部门对输变电工程从可研选择建设方案阶段开始，基建部门提前介入，联合生产、设计等相关部门共同选址、选线并组织召开现场会，对站址的选择及接入方案是否合理充分论证，得出初步结论。前期工作计划正式下达后，再次组织相关部门对初选结论实地勘踏，与当地政府及规划、国土、林业等部门全面对接，了解站址及线路走廊周边情况，拟定项目最佳方案，将属地矛盾纠纷降到最小，减少社会矛盾，确保工程核准后基建部门交得出去、基建部门干得下去，确保工程实施拥有良好的外围环境及项目最佳方案执行落地。

3. 倒排项目工期，倒逼节点落实

巴彦淖尔电业局在投产计划的框架下，实行里程碑倒序编排法，由末端向前端逆向确定里程碑节点目标，改变以往由上而下逐级下达计划目标产生的管理延滞，导致工期设置不合理、投资目标无法完成的弊病。一是按照公司确定的投产计划，根据前期阶段掌握资料，及时组织业主项目部收集本项目地质特点、清障“青赔”、施工环境、气象特点、有效工期等各类因素影响资料，形成工期因素分析报告。二是对接计划发展部门，合理确定项目前期关键节点完成时间，避免项目前期工作延迟压缩工程有效建设周期。三是业主项目部参照以往同电压等级输变电工程建设周期，合理分析施工承包单位施工统筹能力，从项目专业进度控制计划并倒排项目主进度控制计划、倒排项目总体进度控制计划，在充分考虑因果路径及各项工作之间逻辑关系的基础上形成工期合理的里程碑计划。

4. 完善标准制度体系，建立落实推进机制

一是印发推进方案，积极沟通汇报，促进地方政府出台相关文件，公司内部制订一系列制度标准，加快推进各项输变电工程进度，最大限度缩短工作时间。二是坚持周例会制度，工作组每周召开一次协

调推进会，及时解决问题，做到输变电项目建设周有进展、月有突破。三是坚持现场协调制度，针对每个输变电项目存在的问题现场办公，及时协调推进工作进展。四是坚持信息周报制度，每周向地方政府主管部门书面报告输变电项目进展情况及存在问题，每半个月督办输变电项目建设推进情况，适时通报并向政府相关部门报告。

（四）做好项目规划与地方规划统筹衔接

1. 加强电网规划与各级市政规划的深度融合

以地方经济社会发展为导向，全面落实电网规划与地方经济社会发展规划的有机衔接，深化电网规划、城乡规划与土地规划项目规划的无缝衔接，突出电网与市政规划的三个层次融合，编制电力专项规划与市政基础设施综合规划融合，将电力专项规划成果纳入、融入城乡发展规划和土地利用规划，将电网规划分别与城市片区控制性单元规划及控制性详细规划融合，通过规划的分层融合、逐层细化，深化电网与市政规划的协调，减少和控制不确定因素对电网规划的影响，促进输变电项目的实施落地。坚持电网规划与市政规划同步优化电网规划布局，持续提升电网规划建设的科学性、合理性，在实现与市政规划深度紧密融合的同时，市政规划和建设也能够对电网规划发展形成更强有力的支撑。

2. 强化电网规划及电网设施规划的有效落实

一是与地方规划衔接，提升城市发展契合度。二是与大电网整体规划衔接，注重电网的协调发展，最大限度调动上下级电网的供电能力和裕度，提高终端供电用户供电可靠性，实现技术性和经济性的最佳平衡，加强上下级之间的协调与支撑。三是与地区配电规划衔接，确保目标网架简明清晰、设备优化选型，满足全过程整体经济性最优，全面构建以省心电、省钱电、绿色电为核心的一流配电网。四是与电网设施“落点定线”规划衔接，确保变电站规划项目有效落地。促请政府加强变电站规划项目站址、通道资源的保护，建立督查督办机制，提高变电站规划“刚性约束”的地位，为工程顺利实施提供有力保障。

3. 强化对上级电网规划的承接落实

将上级规划与区域电网规划有机协调，统一部署，通过开展电网发展诊断分析工作，明确中心城区电网发展现状，结合地区经济发展状况，在电网规划滚动修编报告中提出明确的发展目标和发展方向，将规划中形成的输变电项目上报集团公司。按照上级下达的电网规划任务进行统一部署，将电网规划纳入公司重点工作任务清单，每年将任务细化为若干项工作，实施过程管控。细化年度配电网规划管理重点、工作任务清单，落实分解到位并开展远景规划及专项规划有序推动变电站规划建设工作。

（五）以关口前移挖掘前期勘测设计精度、广度

1. 以“两库两门两计划”框架深度开展前期工作

从前期项目储备库中选取准备列入下一年前期计划的工程，经党政联席会研究通过后，提早委托设计单位进行可研编制。实施时，组织基建、生产、设计等相关部门共同进行选址、选线工作，组织召开现场会，充分论证站址的选择及接入方案是否合理并得出初步结论。待前期工作计划正式下达后，迅速组织基建、生产、设计等相关部门对初选结论实地勘踏，与当地政府及规划、国土、林业部门进行对接，了解站址及线路走廊周边情况，改变只进行转角、跨越等关键桩位定点确定的传统做法，解决计划与基建的前后矛盾，破解工程占用基本农田、一级公益林、自然保护区、矿藏区、军事禁区、国防光缆的路径颠覆问题，有效保障工程前期的顺利推动。

2. 强化节点管控，确保可研质量

统筹考虑发展的因素，对设计单位的可研报告要求达到初设的深度要求，方案科学合理，技术细节全面周到，在投资经济适用的基础上兼顾新技术的推广使用，满足可研概算的精准性要求。取齐所有路径协议后，组织技术人员对可研进行内审，限时要求设计单位按内审纪要的要求进行修编，在公司的范

围内统一方案的技术性和可行性认可度。组织技术人员参加公司的审查会，争取公司的认同，确保方案顺利通过审查。

3. 强化初步设计向施工图设计深度看齐

促进初步设计深度加深到现行的施工图设计深度，初步设计包括各种设备规范书、各种材料明细表和工程量的统计进一步精细，按照动态的原则逐步改变价格管理制度和办法，合理确定工程造价。围绕线路走径范围内的土地、树木、草原征占用问题，进一步明确清障“青赔”数量、数额，依托属地供电局等达成工程清障“青赔”框架，签订赔偿协议书，有效解决了常规电网建设模式下可研和初设深度不足的问题，保障了后续工程建设规模、投资均在可控范围内。在初步设计阶段深度策划工程建设，设备材料明细全部明确，造价管理概算精确，将原有建设过程中签订清障“青赔”协议的传统建设模式，改为初步设计阶段即签订清障“青赔”框架协议，解决了常规电网建设深度不足、投资不可控、清障“青赔”难度大等问题。

（六）提升“输变电”工程支撑能力建设

1. 强化前期支撑能力

一是持续提升科研设计质量和可研内部评审能力，以输变电工程项目推进为主线，对整个业务流程进行梳理，重点做好规划与可研、可研与初设阶段评审工作的协调、衔接工作，从体系角度打通流程，加快进度。二是强化可研评审关口前置到选址、选线阶段，加大现场评审工作力度，提高评审信息化水平，推进评审信息化进程；强化会前预审，下发整改通知单，促进评审会议有的放矢，提高效率，建立可研设计质量量化评价标准，对评价结果进行内部通报并提供参考。

2. 加强人才队伍保障

一是着力加强人才培养，推动变电站项目前期参与人员提升业务专业素质，提高变电站规划能力，推动相关人员向审批机关学习，能够与审批机关人员达成专业知识的契合，减少双方的沟通成本，加快项目审批的进度，主动与审批机关建立良好的关系，建立项目前期小组，采取高频次、多沟通的措施，将项目信息与审批机关及时共享，与审批机关人员形成“一对一”的业务关系，定人定向定时开展项目前期工作。二是将政策学习研究放到一线，深入理解各级政府的政策规划及集团公司的计划，有针对性地加强政策学习属地化，推动项目规划、土地审批、环评审批进度同时进行，有效解决项目前期一线工作因规划学习不全面造成政策把握不准、执行力度不足等问题

3. 构建“输变电”工程前期数字化管控平台

巴彦淖尔电业局为更好地推进前期工作信息化发展，利用基建协同管控系统对前期工作进行数字化管控。对可研资料移交、初步设计成果、手续办理等管控节点，形成年度计划并落实到责任人，经工作领导小组审核后输入基建协同管控系统前期模块中，作为年度前期控制计划，严格按照节点执行并及时更新。各项工程的前期工作进度公开化、透明化，根据前期各阶段工作中临期节点提前预警，督促办理，前期工作实现“线上+线下”的双重管控。

4. 营造良好输变电工程落地舆论环境

一是打造舆论宣传平台，传递电网建设正能量，通过诚意沟通培育公众信任，促成共识，营造良好的社会舆论环境。二是主动沟通交流，及时输出权威信息，进一步增进社会各界的理解认同和支持，努力争取主流媒体、专业人士、行政主管部门等的支持，加大电网知识的宣传力度，尽力消除公众认识误区。三是组织舆情风险排查专项行动，强化舆情系统处置，提升快速响应和协同处置能力。

三、提升管控能力的输变电工程“大前期”建设协同管理效果

（一）输变电工程前期管理效率大幅提升

2016—2020 年，63 项输变电工程涉及 33 项土地预审、建设用地批复、建设用地批准书、建设用地

划拨决定书、建设用地规划许可证、建设工程规划许可证；27 项不动产权证书；35 项林勘报告、林业准予行政许可；35 项林木采伐许可；1 项草原征占用审核同意书；27 项消防设计审核意见书及 7 项消防验收意见书，累计 165 项行政手续全部办理完毕。办结率 100%，及时率 100%，有效率 100%。前期工作周期从常规的 185 个工作日缩短到 115 个工作日，实现了前期工作效率提升 37% 的巨大飞跃。完全解决了以往前期里程碑计划不合理导致的手续滞后、工期滞后等问题。按照地方政府的相关文件，对各级政府相关部门出台的电网补偿标准进行梳理比对，重新修订电网工程建设征地的清障“青赔”补偿安置标准，有效、妥善地解决了输变电工程征占用土地、林地、清障“青赔”及社会矛盾协调等问题，累计支付项目清障“青赔”资金 0.1752 亿元，节约成本近 21%，确保工程无障碍建设。

（二）输变电工程项目协调力度大大加强

在公司领导与巴彦淖尔市政府形成良好对接的局面下，巴彦淖尔电业局与巴彦淖尔市政府主动对接，进一步协调。例如，2016 年在系统内率先成立巴彦淖尔市电网建设领导小组及对外三级对应体系组织机构；2017 年进一步协调修订相关文件，出台了清障“青赔”补偿标准；2018 年将全年 15 项主网工程纳入相关文件中，作为政府督办项目推进，与巴彦淖尔市政府协调出台《巴彦淖尔市人民政府关于加快电网建设的实施意见》；等等。充实政府机构及电网企业建设协调人员至 24 人，新增专项协调部门 12 个，出台指导意见 14 个。依托政府相关部门协调，充分发挥属地化管理优势，深化对外长效沟通协调机制，全力推进工程建设。

（三）树立起良好的舆论环境和企业形象

巴彦淖尔电业局通过输变电工程“大前期”协同体系，不仅解决了输变电工程前期协调难、落地难、推进难的问题，而且进一步完善了与各级政府长期沟通协调的机制，协助政府相关部门进行业务工作的推进，编制完成《输变电工程建设手续办理业务指导书（不动产权证书）》，极大提升了手续申报、受理、审查、报批流程的效率并确保流程顺畅运转、发挥效用，其实用性和指导性受到地方政府相关部门高度赞扬。营造了良好的宣传舆论环境，得到了主流媒体专业人士、行政主管部门及主管部门的支持，树立了良好的企业形象。输变电工程“大前期”协同体系这一管理理念高度匹配企业高质量发展导向、着力具体业务发展需要，在行业内外具有较强的推广性。

（成果创造人：孔繁飞、贾玉怀、赵长青、唐占荣、吕虎峰、张文霞、
常利斌、王　蒙、霍广云、杨立亘、李天凯、侯苏元）

钢铁企业激发内生动力的“混改 + 跟投”治理机制构建

鞍钢废钢资源（鞍山）有限公司

鞍钢废钢资源（鞍山）有限公司（以下简称废钢公司）是鞍钢集团有限公司（以下简称鞍钢集团）首家由经营管理团队跟投的混合所有制企业。鞍钢集团众元产业发展有限公司（以下简称鞍钢众元）、鞍山钢铁集团有限公司（以下简称鞍山钢铁）、朝阳议通金属再生资源有限公司（以下简称朝阳议通）、鞍山新创废钢加工中心（合伙人）——以下简称鞍山新创，以上 4 家股东共同出资成立废钢公司，注册资本 2 亿元，以上 4 家股东投资占比分别为 57%、20%、20%、3%。2018 年，经鞍钢集团批准项目立项实施；2019 年 3 月开工、9 月竣工投产，实现当年建设、当年投产、当年创效、当年准入。设计规模 300 万吨，分三期建设实施，主要从事废钢加工处理与配送业务。2019 年 9 月投产至 2021 年 6 月，实现销售量 114 万吨、收入 33 亿元、利润 3789 万元。

一、钢铁企业激发内生动力的“混改 + 跟投”治理机制构建背景

（一）推动钢铁产业绿色低碳、可持续发展的需要

我国钢铁行业碳排放约占全球钢铁行业碳排放总量的 50%、中国碳排放总量的 15%，钢铁行业节能降碳，是实现“双碳”的重要路径。我国废钢比在“十三五”期间有所提高，到 2020 年已达到 21.8%，但与发达国家相比还有很大差距。目前，我国废钢产生量已达到 2.5 亿吨，社会钢材储存量已达到 120 亿～130 亿吨，将陆续达到报废期，每年报废量以超过 2000 万吨的数量增长，为钢铁行业采用废钢炼钢提供了大量资源支撑。目前，鞍钢集团对废钢资源的掌控力、加工能力都较弱，资源保障不确定性较高。鞍钢集团使用传统转炉长流程炼钢工艺，废钢掺入比仅为 18%，碳排放严重超标，必须采取有效的降碳措施，才能满足国家对“双碳”的要求。大力发展废钢产业，加强废钢铁的综合利用、提高废钢比，将是钢铁工业减少碳排放量的重要途径之一，也是满足国家“双碳”要求及企业实现绿色低碳、高质量发展的有效途径。

（二）推进混合所有制改革，实现转型升级的需要

通过引进非公有资本促进国有企业的深化改革，能够激活经营机制，顺应市场竞争，提高国有资本的运营效率，提高国有经济竞争力，放大国有资本功能。鞍钢集团是大型国有企业，2018 年，鞍钢集团党委会研究决定，探索采用灵活机制发展废钢产业并成立废钢公司，作为混改试点企业。组建混合所有制企业，实施经营管理团队跟投，通过国有资本控股、民营资本参股、经营管理团队跟投的多元化股权结构，把国企的实力、民企的活力和经营管理团队的动力充分发挥出来，使各种所有制资本取长补短、相互促进，通过优化配置调动各方积极性，实现互利共赢目标，提升企业的管理效率、增强企业的核心竞争力。废钢公司实施“混改 + 跟投”是深化混合所有制改革及实现国企转型升级、高质量发展的需要。

（三）构建长效激励约束机制，激发内生动力的需要

国企员工由于长期受计划经济的影响，思维模式和工作方式长期受计划经济和保护模式的影响，观念更新不及时、思想不够解放，难以适应当前市场经济环境下的竞争与压力。很多国企员工在实际工作中积极性不高、心态不好、动力不足。鞍钢集团在深化混合所有制改革过程中实行经营管理团队跟投的模式，经营管理团队以合伙人企业为持股平台进行参股，通过“混改 + 跟投”把个人利益与企业利益紧紧捆绑在一起，经营管理者既是企业的职工，又是企业的股东，可以有效地激发经营管理团队的积极

性、主动性、创造性。废钢公司经营管理团队以成立普通合伙人企业为持股平台进行参股，分享项目投资收益，承担项目经营风险，激发真实才干，把企业当家业一样经营，充分发挥企业管理者的主观能动性，弘扬企业家精神，有效激发企业经营活力。

二、钢铁企业激发内生动力的“混改＋跟投”治理机制构建主要做法

（一）加强顶层设计，组建废钢公司

引进民营企业，推进股权多元化。民营企业具有机构扁平、快速反应、高效运营等优势，是我国市场经济中的一支劲旅，已成为经济持续快速发展的主要助推器。然而，其快速发展也面临着严峻挑战和潜在风险，使很多民营企业只是昙花一现。与此同时，国有企业存在机构臃肿、决策缓慢、效率低下、动力不足等问题，严重制约着企业的发展。为此，鞍钢集团在混合所有制改革进程中，通过引进民营企业参股来激发企业的内生动力。在推进股权多元化的过程中，一是通过绝对控股原则，掌控社会废钢资源、保证采购废钢质量、保障战略资源安全；二是控制民营企业参股不超过20%的原则，主要考虑参股20%可以选派一位高管担任经营副经理，帮助混改企业快速适应市场环境；三是限制团队跟投额度不超过总投资的10%、个人不超过1%的原则，而且只能是中层以上经营管理团队跟投，提高集体决策的质量和速度；四是设计经营管理团队退出、退股的机制，保证公司股权结构持续合理。

引入跟投机制，激发经营团队活力。国有企业经营管理团队一般采用岗薪与年薪的薪酬机制，缺乏中长期激励机制，激励机制中效果最为显著的莫过于“跟投”。“跟投”除了能为组织赋能提效、控制投资风险之外，还有利于吸引和留住人才、提升国有资产收益、实现保值增值。国有企业通过混改实行经营管理团队跟投，其收益包括岗薪与年薪、年终分红、投入资本增值3部分。通过管理团队跟投，将每名管理者的个人利益与企业利益紧紧捆绑在一起，使他们能把企业当家业，与企业同谋生存、共享发展。

坚持市场化原则，加速企业高质量发展。废钢公司坚持以市场化为导向，通过创建“国有控股＋民营资本参股＋管理团队跟投”的混合所有制企业多元化股权结构模式，完善市场化体制机制，明确法人市场主体地位，打造微观市场主体，优化管理架构，实施三项制度改革，努力破解瓶颈短板。一是压机构、转职能。从全面优化管理架构入手，改革管控模式，优化部门设置，压缩管理层级，实行大部制扁平化管理，只成立4个部室，综合、党群和工会成立1个部室，生产和设备成立1个部室，不设作业区，由生产部直接管理。二是放权力、激活力。对朝阳分公司按模拟市场法人运行，对“选人用人、薪酬分配、采购、销售、财务管理”等八大权利进行充分授权，实现人权事权相统一、责权利相一致，使其成为“独立核算，分灶吃饭”的微观市场主体。三是转机制、添动力。坚持以契约化推动市场化，通过逐级签订契约化承包经营合同，明确权责，细化核算单位，强化市场评价，将市场要素引入生产经营全过程，激发微观主体内生活力。通过深化三项制度改革，不断激发内生动力。改革人事制度，搬倒“铁交椅”。简化“瘦身”，实行定岗定编，变身份管理为岗位管理，实施“全体起立”，全员公开竞争上岗，打破干部终身制。推进用工改革，优化岗位定员，建立末位淘汰和富余人员劳务置换激励机制，朝阳分公司实现市场化用工，双合同管理。推进分配改革，打破“大锅饭”，对领导班子实行“定量＋定性”考核，定量占70%，定性占30%；对朝阳分公司实行“授权＋同利”和契约化改革试点；对劳务人员实行绩效化考核、差异化分配。

（二）建立“四会一层”管理架构，规范法人治理

“四会一层”的“四会”包括党委会、股东会、董事会、监事会，“一层”为经理层。加强党的领导与完善公司治理相统一，明确党组织在决策、执行、监督各环节的权责和工作方式，推动党组织领导核心和政治核心作用组织化、制度化、具体化。坚持党的建设与企业改革“四同步”原则，切实加强混合所有制企业党建工作，嵌入治理发挥作用。将党建纳入公司章程，明确企业党组织的法定地位，将

党委研究讨论作为重大经营决策的前置程序。制订“三重一大”决策实施细则及党委会、董事会、总经理办公会议事规则，明确党委会、股东会、董事会和总经理办公会的职责权限，理清“三重一大”权责界限，实现各司其职、各负其责、协调运作、有效制衡的公司治理机制，发挥企业党组织的领导核心作用。明确职责定位：党组织把方向、管大局、促落实；股东会定章程、审方案、保权益；董事会定战略、做决策、防风险；经理层谋经营、抓落实、强管理。董事会对经理层充分授权，包括采购、销售、定价、机构设置、用人权、分配权、资金使用、投资八大权利，放权搞活、激发活力。

（三）建立“跟投”机制，激发经营团队活力

构建持股平台。一是确定跟投管理团队。为了加速推进废钢产业发展布局，坚持废钢公司一个出资主体，保持“混改+跟投”模式，按照集团公司混改跟投管理办法和建议，确定鞍钢众元、鞍山钢铁、朝阳议通和鞍山新创为跟投团队。按照鞍钢众元控股，鞍山钢铁、朝阳议通参股、经营者（鞍山新创）跟投的模式进行股权优化调整，实现运营、管理、资源、利益一体化，打造最具活力、最有竞争力的废钢产业。二是成立合伙企业。制订《合伙协议》和《合资公司章程》，明确项目管理团队以自有资金出资设立合伙企业，依法合规运作。为了思想统一、民主集中、决策快捷，跟投管理团队选择公司领导班子及中层以上管理人员，包括总经理、副总经理、财务负责人、经营部长、生产部长、综合部长7名核心骨干人员。其中，领导班子成员4人、中层管理者3人，通过不断完善现代企业制度，激发经营管理团队动力，保障各方股东权益。三是签订《合伙协议》。按照集团公司经营管理团队跟投管理建议，起草跟投管理办法，签订合伙人协议，搭建合伙人持股平台，明确跟投范围、跟投比例、跟投者权利、退出机制、转股规定等，保证废钢公司新业务的“混改+跟投”管理能够顺利进行。全体合伙人共同确认《合伙协议》，同意合伙企业议事规则、利润分配、亏损分担方式、合伙事务执行、退伙与入伙、解散与清算等事项。

确定跟投比例及额度。一是确定跟投比例。确定鞍钢众元、鞍山钢铁、朝阳议通和鞍山新创跟投团队的合资占股分别为57%、20%、20%、3%。确定鞍钢众元占股57%，是为了保障鞍钢众元在混合所有制企业中的绝对控股权并为后续的跟投者预留一定比例的持股空间；确定鞍山钢铁占股20%，是为了充分调动钢铁主体支持合资公司发展，整合市场资源与资金优势，实现互利共赢，可以选派一名高管进领导班子参与经营管理；选择朝阳议通占股20%，是为了该公司多年来为鞍钢提供大量合格废钢资源，是工业和信息化部第一个准入的及重合同、守信誉的废钢加工企业，同时具有废钢采购渠道优势、机制灵活优势，保障能从源头采购废钢，适应市场化需求，可以选派一名高管进领导班子参与经营管理；确定经营管理团队7人占股3%，组建鞍山新创，成立虚拟合伙人公司，是为了激发企业动力和活力，根据个人跟投不能超过1%、集体跟投总额不超过10%的原则，由于跟投者资金有限，项目经营管理团队持股3%。二是确定跟投额度。根据项目管理团队持股3%的跟投比例及跟投团队个人跟投额度最低额为其年度薪酬净收入的3倍的规定，根据合资公司1.5亿元的投资总额，项目管理团队跟投额度确定为450万元。其中，总经理跟投99万元，班子副职每人跟投75万元，中层管理干部每人跟投42万元。

明确跟投终止及退出制度。废钢公司按照上级公司的相关规定，制订了《废钢项目跟投方案》，实施经营管理者跟投，构建了经营管理团队与企业经营发展成果紧密关联的体制机制。跟投人员出现因公调离、任期届满、辞职等情况，退出跟投，转让价格以评估值与上年经审计的每股净资产值两者之间的最低值作为股权转让价格；股份内部转让，优先由合伙人内部转让，其次按投资比例以“先国有后民营”的原则转让；对违法违纪、工作严重失误、失职渎职等合伙人调离工作岗位，视情节严重程度，确定股权是否能够转让。

（四）深化三项制度改革，增强企业内部发展活力

完善劳动制度。一是公开招标劳务派遣单位，建立灵活用工、效率优先、择优录用、弹性工作的机制，管理费用降到1%。实行多元化用工、精细化管理，共分生产操作、生产服务和管理辅助岗位3种，确定岗位用工条件和标准，打通员工上升通道。二是对管理岗位实行竞聘上岗、试用期制度，试用期半年。

改进人事制度。一是压缩管理层级。成立公司之初，经过大量走访调研，与民企和宝武废钢企业对标，精干机构设置，不设作业区，实现扁平高效，由生产部门直接管理作业班组，减少作业区管理层级，大大提高管理效率。二是精干人员配置。与民营企业对标，精干人员设置，核定编制定员，管理和专业技术人员28人、生产操作人员100人。按照人员不能闲置和配置效率最大化原则，管理和专业技术岗位配置23人，生产操作岗位配置72人，精简26%，劳动生产率提高30%。三是打破身份界限。废钢行业是战略新兴产业，也是高风险行业，管理难度很大，人员选聘非常困难。打破常规选人用人方式方法，按照品行、能力、业绩选用管理技术岗位，变身份管理为岗位管理，满足生产经营需要。

优化分配制度。一是对管理干部实行“差异化”分配。实行部门工资总额承包，对少于编制配置人员的部门实行30%～40%的奖励；对不同岗位人员，实行差异化分配，按照岗位贡献多劳多得。二是对营销人员实行“定量化”分配。原编制设计为营销管理部，现变为与市场接轨的销售中心，分为4个区域，每个区域由销售经理、销售员和核算人员负责，实行区域负责、销量提成、费用包干，销量按照保底目标、基准目标和奋斗目标设定，旨在打破层级固化模式，坚持岗位靠竞争、收入凭贡献，体现高效、务实、管用、合法、合规。特别制订了《销售中心绩效考核管理办法》，按销售量2.5元/吨作为营销费用，采销人员可从中报销差旅费、招待费等，节约部分按60%计提奖励。充分调动了营销人员的积极性。三是对验质人员实行“契约化”分配。实行采验分离、定期轮岗、三级联审，实行契约化风险抵押金，规避验质风险，部长、副部长和验质人员每人分别交5万元和3万元抵押金。四是对劳务人员实行“多元化”分配。对劳务人员实行绩效考核、多元化分配、弹性化管理，对分拣、抓钢岗位实行工时定额管理；对破碎分拣岗位实行产量总包管理；对管理辅助岗位实行固定工资加奖励管理。实行一专多能、一人多岗，收入上不封顶、下有保底，大大调动了职工的积极性。五是对全体员工实行“项目化”分配。每年根据生产经营指标重点、难点，开展立项攻关，开展“创新增效、增利增效、降本增效、廉洁增效、防控增效”五效活动，本着企业不出廉洁和经营风险就是创效的理念，实施“定量＋定性”的指标考核，对廉洁风险和防控风险设定定性指标，建立月监督、季评价、年总评机制，奖励比例按前三种定量指标的20%～30%进行奖励。

（五）夯实企业管理基础，构建特色企业文化生态

弘扬新时代“建厂精神”。在振兴东北老工业基地的今天，废钢公司仅用了141天就使一个现代化的新兴企业拔地而起，实现当年建设、当年投产、当年创效，可以说创造了国企改革的新奇迹。废钢公司成立初期，由于打破了原有供应商的利益链条，遭到相关人员的威胁甚至打击报复，可以说困难重重、举步维艰。废钢公司经营管理团队发扬鞍钢精神，坚守初心、敢于斗争，携手创造了国企建设的新奇迹。在逐步形成的企业文化中，废钢公司总结提炼出32字的“建厂精神”——“解放思想，敢为人先；咬定目标，攻坚克难；改革创新，防范风险；担当使命，绿色发展”。在“建厂精神”的鼓舞下，废钢公司以客户为中心、以问题为导向，提供差异化产品，获得了广大用户的信任，实现了战略长协采购。尤其在受疫情影响及市场恶性竞争的情况下，废钢公司经营管理团队发扬团队精神、“建厂精神”，以外部市场保内部市场，使企业规模不断发展壮大，为鞍钢集团废钢资源的供应和可持续发展提供了强有力的支撑与保障。

构建“四化”商业模式。一是源头化采购。深入废钢供应基地调研，掌握源头废钢资源，与产废

单位战略合作，降低采购成本。二是专业化分拣。三是定制化生产。充分利用废钢公司的品牌和信誉优势，生产定制化产品，满足钢厂需求，提高市场竞争力。四是差异化销售。经过深入钢厂调研，掌握客户需求，提供差异化产品，实现差异化销售，满足钢厂炼什么钢用什么废钢的需求。尽管依托鞍钢集团但不依赖鞍钢集团，2020 年上半年受疫情严重影响，鞍钢集团内部不采购废钢，极力开拓外部市场，全年销售 43 万吨产品，外部市场占比 38%。

实施更为灵活的营销策略。在营销制度应用上大胆与先进民营废钢企业对标，在合法合规基础上，尊重废钢产业发展不断规范的事实，采取灵活的营销方式方法，灵活应用市场化手段，提高竞争力。一是废钢采购。废钢公司董事会通过了《废钢铁采购管理办法》，明确规定可以向自然人采购，确定采购方式为挂牌采购、招标采购、现货采购、长协采购、择机采购 5 种。二是付款方式。废钢公司董事会通过了《废钢铁供应商管理办法》，把自然人作为废钢原料供应商，可以向自然人付款。三是进项发票。针对废钢行业特点，有 80% 是自然人供货，因没有进项发票，经与市、区两级政府沟通，确保“五流”合一，同意让废钢公司自开发票，解决没有进项问题和成本不好核算的问题。四是智能营销。利用信息化、智能化、数字化平台技术，实现采、产、销、税无缝对接及一体化运营。

推进“三防”风险防控管理。一是防控廉洁风险。对于混改企业来说，存在很大廉洁风险。2018 年之前，很多国有企业因存在很多风险无法建立自己的废钢加工处理基地。为此，废钢公司加强风险防控。验质人员由“两人一级的签字模式”变为“四人三级的签字模式”，实现多级监管，建立契约化风险抵押机制，正在着手智能验质；采购人员实行采验分离、区域负责、定期轮岗，对采购定价实行不定期召开价格领导小组会议，集体决策、留痕备查；对民企股东方严格执行公司章程，规避关联交易。二是防控盗窃风险。实施技防和人防相结合，在厂区设置 72 个摄像头和电子围栏，实现技防全覆盖；对看守人员实行定时巡更巡查，实现电子留痕备查；对机关干部实行专人监管，实现定期检查考核；计量人员实行智能发运，实现自动化计量。三是防控经营风险。规避决策风险，实行合伙人前置讨论，按照合资章程决策流程实现精准决策；规避税务风险，成立审查领导小组，对供应商实地考察，核实当地税收和供应商完税真实性，即将采用数智化平台技术；规避现金流风险，实行流贷、法透、保理等多渠道融资和多利用民营资金，实现合理现金流。

三、钢铁企业激发内生动力的“混改 + 跟投”治理机制构建效果

（一）通过“混改 + 跟投”，有效激发了国有企业的内生动力

一是激发了经营管理团队的主动性。面对刚性考核和解聘风险，经营管理团队直接肩负经营指标压力和抗风险压力。通过“混改 + 跟投”，每名跟投者都能把企业当家业、把个人利益和企业利益捆绑在一起。二是提高了营销团队的创造性。通过实施费用包干和销量提成等激励制度，把销售、费用、奖励指标层层分解到每个岗位，使营销人员的成本意识、市场意识、服务意识、风险意识不断增强。从 2019 年 9 月投产至今，废钢销量不断攀升，2021 年一季度比 2020 年四季度销量提高 20%，销售利润率提高 31%，超过同行业平均水平 14%。三是调动了全体员工的积极性。实行工时定额、产线承包、绩效奖励等多元化分配机制，变“要我干”为“我要干”，实现了“想到做到”“干到给到”，即时激励到位，充分调动了全体员工的工作积极性。

（二）经济效益大幅增长，切实提高了企业的市场竞争力

通过“混改 + 跟投”管理，既实现了“引资”又实现了“引智”，既提升了管理效率又激发了“内生动力”，企业效益显著提升。自废钢公司成立以来，废钢销量稳步提升、销售收入不断增长、利润总额不断提高，截至 2021 年 6 月，累计完成销售废钢 114 万吨、销售收入 33 亿元、利润总额 3789 万元。2021 年 1—6 月，废钢销量、销售收入、利润总额分别是上年同期的 6.9 倍、9.5 倍、8.6 倍，切实增强了企业的市场竞争力。

（三）创建绿色企业，助推鞍钢集团实现低碳可持续发展

创建绿色企业，实施低碳发展，是企业的责任，也是打造世界一流企业的重要标志。废钢公司践行绿色发展理念，2019年7月至2021年6月累计完成废钢销售114万吨。降低二氧化碳排放182万吨、减少精矿粉消耗188万吨、节约标煤40万吨、降低固体废弃物排放490万吨，实现了节能减排。预计到"十四五"末期，可完成废钢销量800万吨，可降低二氧化碳排放1280万吨，按碳交易48元/吨计算，合计6.14亿元，"双碳"目标成效显著；可减少精矿粉消耗1320万吨、节约标煤280万吨、降低固体废弃物排放3440万吨，节能减排成效显著，助推鞍钢集团实现绿色低碳、可持续发展。

（成果创造人：刘宝山、张　凯、徐世帅、朱雪松、许维成、张　姝、马恩利、林揆新、辛彦龙、么宪彪、高学中、卢天燚）

高速公路企业以“劳模创新工作室”为依托的全员双创激励机制建设

山东高速城乡发展集团有限公司

山东高速集团有限公司（以下简称山东高速集团）是省管的国有独资大型企业，经营涵盖交通基础设施领域及智慧交通的投资、建设、运营、管理及交通基础设施配套土地的综合开发，山东高速城乡发展集团有限公司（以下简称城乡发展集团）是山东高速集团的全资子公司，是山东高速集团落实党的十九届五中全会精神、践行国企责任、推进乡村振兴和新型城镇化建设的重要举措，注册资本 50 亿元，注册地位于山东省济南市历城区。城乡发展集团作为山东高速集团拓展城乡片区综合开发产业的重要平台，定位“城乡综合开发服务商”，以“更新城市、振兴乡村”为使命；业务涉及策划规划设计、土地开发利用、城乡工程建设、乡村振兴、投融资（基金业务）五大板块，致力于为地方政府民生事业提供“一揽子”解决方案，助力地方经济可持续发展。城乡发展集团重点拓展城乡片区综合开发、道路及市政基础设施、新型城镇化建设、田园综合体、现代高效农业（体验农业）产业园区等产业，经营核心理念是“服务社会，创造价值”。2021 年上半年实现营业收入 1. 2 亿元，同比增长 6509 万元；实现净利润 2714 万元，同比增长 1442 万元。

一、高速公路企业以“劳模创新工作室”为依托的全员双创激励机制建设背景

（一）国家创新驱动对企业的要求

实施创新驱动发展战略是更好引领我国经济发展新常态、保持我国经济持续健康发展的必然选择。近年的全球贸易摩擦不断加剧，已造成全球贸易增速放缓现象，在经济全球化的今天，高速企业更应持以积极态度扩大开放和科技创新来应对贸易保护主义的消极影响。山东高速集团作为一家公路起家的企业，在自身拓展公路业务以外的经营渠道时，时常会感到前进动力不足、发展进度迟滞。在全球信息化和高新技术迅猛发展的当下，山东高速集团以建设机制灵活、技术领先的“创新山高”为目标，为完成科技体制机制改革专门成立了创新研究院，积极推进智能交通建设，助力实现交通强省建设目标，同时也引领高速企业要通过创新来突破发展瓶颈，解决深层次矛盾和问题，打造新的增长点与增长极，实现高质量、高效益、可持续的健康发展。

（二）应对行业激烈竞争难题的现实需要

当前，山东高速集团经营发展面临巨大压力，科技创新生产、高速市场竞争、营商环境优化、助力新旧动能转换等内外部压力不断加大。伴随着高速规模的不断扩大，工作量显著增长与用工总量负增长之间的矛盾、收入增幅下降与成本刚性增长之间的矛盾日益突出。因此，破解当前面临的矛盾，解决人少活多的问题，关键就是要通过全员双创而激发出员工无限的创造创新活力，加大对员工成果转化激励力度，推动高速企业发展方式从规模速度型向质量效益型转变。

（三）提升企业竞争力、激发员工活力的必然选择

城乡发展集团历经数次发展变革，深知企业创新动力欠缺与企业员工创新积极性不足带来的经济效益与可持续发展方面的负面影响。城乡发展集团逐渐认识到，身处一线的广大员工才是创新真正的推动者、实践者和缔造者，应加快建设与企业员工创新相匹配的激励机制。城乡发展集团为达到全体员工积极投身创新创效工作中的效果，提升企业竞争力与员工活力，下决心开展全员双创激励机制建设，为员

工成长成才提供“孵化器”，提高员工在实践中的业务和技能素质，为基层凝聚力量、为员工放飞梦想，培育员工在技术大变革时代紧跟先进技术、更新知识结构、保持竞争优势，实现员工与企业共发展。

基于上述情况，从2019年开始，城乡发展集团遵照党和国家发展要求，结合山东高速集团发展战略以及自身实际，构建了高速企业以“劳模创新工作室”为依托的全员双创激励机制管理。

二、高速公路企业以“劳模创新工作室”为依托的全员双创激励机制建设主要做法

（一）搭建全员双创激励平台

城乡发展集团设立全员双创激励平台，以“劳模创新工作室”平台为载体，采用“专家辅导＋外脑”的辅助手段，通过搭建并应用积分评价标准体系，对企业创新管理体系和监督激励机制进行改革。

1. 建立创新分级管理机构

建立功能分明的决策层、管理层、实施层三级创新分级管理机构。决策层对创新制度建设、创新方向把控、资源协调配置等方面的重大事项进行统筹决策。管理层以“劳模”“能手”为主，在创新指导、项目协调、成果审核、评价激励等方面发挥承上启下作用，助力创新工作顺利开展。实施层在各自领域凭借自身优势推动项目发展，参与具体核心技术建设，是科技研发投入、创新活动执行及成果推广应用的主体。

2. 制订创新分级管理措施

通过决策层来“定方向”——设立创新专家委员会，具体由董事长担任部长、由总经理担任副部长、由副总经理担任部员，负责研究制订创新工作目标与实施方案，引导和培养员工在工作中的创新意识，助力和帮扶创新成果研究和转化。创新专家委员会中各职务及其职责：创新专家委员会部长负责制订年度创新工作计划，召开年度创新工作会，全面组织开展创新管理工作；创新专家委员会副部长负责审核创新小组活动计划与方案，负责日常组织管理，开展培训活动，项目进展跟踪等；创新专家委员会部员负责结合实际项目或课题开展与之对应的创新工作并提出合理化建议。设置管理层来“选人才”——“成立劳模创新工作室”。针对自身人才短缺、技术力量薄弱的客观因素，城乡发展集团甄选优秀管理人才和技术人才，以“劳模创新工作室”为创新平台载体，负责技术创新、科技创新、管理创新等创新工作的推进和落实。劳模创新工作室现有7名骨干成员，城乡发展集团各部室负责人及各单位创新“达人”均为“劳模创新工作室”组员。通过展现企业人才风采、彰显能手精神，“劳模创新工作室”现已引进多名专业管理人才，在组织开展创新活动中均发挥了重要作用。培育实施层来“分专业”——组织创新小组。“劳模创新工作室”下设各创新小组，由各部室、权属单位负责人任小组组长，负责各单位对应领域创新活动的开展与实施，在“劳模创新工作室”指导帮助下，围绕企业生产经营中的重点、难点、关键点，起草创新成果项目并进行相关成果的技术攻关、实物制作、专利申报等工作。

3. 明确创新分级管理责任

针对研发有难度、耗费周期长的项目通过“劳模创新工作室”进行任务分解，借助各创新小组的自身优势组合攻坚，实现创新创效资源统筹协调、优化利用以形成创新合力。创新小组通过主动参与、共同研究使团队合作意识不断增强，主动发挥团队智慧优势，将PDCA理念与企业经营管理相结合，逐步解决在企业经营工作中发现的问题，以达到企业创新工作不断螺旋上升发展的效果。

（二）引进专家助力创新机制建设

为加强科研团队建设，进一步推进专家指导工作制度化、规范化，首先，建立专家指导制度，把专

家指导融入企业创新课题立项、开题、调研、成果转化各环节；其次，推动专家指导深度，既要抓好具体创新课题的指导，更要在企业员工能力提升、企业创新团队建设、企业创新队伍培养等方面进行延伸，着力提升专家指导的力度、深度、广度；最后，充分挖掘专家指导工作好经验，认真总结专家指导工作好举措、好方法，将专家指导工作的好经验、好方法在企业全面推广应用，促进工作提挡升级。

1. 校企结合显优势

城乡发展集团主动邀请系统内外院校的知名专家学者对“劳模创新工作室”工作开展情况进行指导评价，借助双方各自资源优势并通过合作的方式达成共享共赢，走出班组、走出公司，借助专家的力量，通过学习专业院校先进的工作方法和专业技术，将其应用于城乡发展集团核心业务中并不断提炼升华。城乡发展集团与山东理工大学建筑工程学院等达成双边合作，现已开展“土工合成纤维增强加气混凝土墙板在轴向和横向荷载作用下的结构性能研究”与“抗氯盐腐蚀绿色混凝土研究开发”等多项建筑工程类创新课题。在课题开展过程中，充分发挥专家在专业方面的指导作用，由专家担任项目的研发“顾问”，在技术攻关、管理经验方面进行科学指导，充分发挥高级人才优势，提高创新成果水平。在专家辅导机制作用下，通过找原因、做讲解等方法，对员工的创新意识进行培养，对员工科技创新活动参与程度进行引导，通过指定经验丰富、技术精湛的专家人员指导学习，带领企业员工及企业创新小组开展创新工作，提高全员参与创新活动的效率，增强员工的专业技能，拓宽员工的专业范围。

2. 优化流程提效率

为实现创新管理流程高效运作，在专家辅导与帮助下，城乡发展集团对创新活动过程进行梳理，总结提炼5个工作步骤，确立从项目收集、项目确定、项目实施、项目验收到总结考核的标准化工作流程。通过细化分解每个步骤中的关键环节，做到工作过程有管控、有监督，从而实现每个步骤的闭环管理。

3. 完善基础促活力

城乡发展集团与山东理工大学为打造创新工作产业链，确保创新工作研发、转化和推广应用，联合建立“创新基地”“创新实训场地”“创新成果应用推广现场”三大创新工作基地，积极构建“技术攻关－专利申请－产品推广”的产业化模式，可实现成果研发和推广应用的有效衔接。其中，建立“创新基地”用于开展创新项目的确定、研发和样品制作；建立“创新实训场地”将创新教学与员工培训相结合，在实操实训中启发员工创新意识、创新思维，传播创新理论，用于创新成果的实物制作和实验改造；建立“创新成果应用推广现场”用于创新成果的实用性培训、批量生产和现场推广应用。创新工作基地将成果转化作为重要环节，也是专家辅导机制的效果检验高地，在专家辅导机制帮助下，一批技术含量高、可推广性好的成果经过不断测试和优化最终形成成熟的产品，实现员工创新成果由“样品”变为“商品”的转化过程。

（三）引入“外脑”为企业创新赋能

1. 积极引入“外脑”，善用其人所长

城乡发展集团秉承“发展是第一要务，人才是第一资源”的要义，现已引入“外脑”10名，专业知识涉及乡村振兴、旅游产业、建筑设计、规划设计等多重方面。“外脑”走马上任之际，为避免其为日常琐务所累或用非所长，城乡发展集团在可行条件下为“外脑”积极松绑、解压、鼓劲，为“外脑”干事创业搭建舞台、铺设通道、优化生态，真正实现“外脑”智尽其用、才尽所能，实现人才特长的高效发挥，在崭新的工作岗位上有所建树。

2. 优化创新布局，完善项目管理

首先，体现在创新顶层设计布局优化方面。以提升城乡发展集团创新引领能力为目标，“外脑”结合城乡发展集团和山东高速集团发展实际，编制了一批关键技术研究框架和技术需求分析报告，提出了一批支撑城乡发展集团和山东高速集团可持续发展的关键技术课题，致力于解决高速生产、经营和基本建设中的突出矛盾和主要问题。其次，体现在创新基层设计布局优化方面。以解决问题为导向、以技能为重点、以创效为目的，“外脑”带领企业员工深入开展技术创新、质量管理、合理化建议等群众性创新活动，以应用型、实用型为主广泛开展培训教育讲座，用于提升员工创新创效能力。此外，“外脑”从城乡发展集团主营业务出发，围绕着生产经营等方面的具体工作对各创新小组进行指导，将工作中发现的问题、解决方法等及时组织相关人员进行论证研究，配合劳模创新工作室同步开展相关成果的技术攻关、实物制作、专利申报等工作。

3. 强化内部协同，破解企业难题

紧紧围绕企业创新发展战略，“外脑”聚焦企业管理现状，紧密契合企业内在发展需求。在“外脑”带领下，企业员工学会用科学的眼光去看待企业管理与创新工作，在带领员工突破瓶颈、破立并举的过程中，企业也在其影响下完善和改进了自身发展战略，为企业在激烈的市场竞争中持续盈利夯实了基础。随着城乡发展集团业务版图的不断拓展和多元化发展，原有业务流程难免出现内部管理效率降低、协同成本上升等问题，“外脑”力量的引入能够帮助城乡发展集团明晰地指出各项业务管理边界、执行主体等存在的问题，达到大幅提升组织能力、寻求技术突破与创新、寻求新型模式开创与重构的目的，让城乡发展集团焕发新活力、新动能。

（四）建立积分评价激励模式

为保证城乡发展集团经济效益水平、市场竞争能力、创新发展过程不断增强，保持一个企业的创新优良氛围、创造一个激励员工实现创新的工作环境，建立了员工双创激励积分管理标准体系。该体系以创新业绩为导向，依据员工岗位属性与工作内容制订激励指标。积分库评分流程更新新入职员工与在职员工自身相关基础信息后录入积分库，其基础信息包括员工学历、学位、专业技术资格、职业技能水平证书、职业培训参加情况及工作时限累计等；积分评价标准通过员工所获各级先进荣誉、技术比武成绩等各方面奖项和员工与本职工作有关的论文、QC 成果发表情况，以及员工在科技创新、管理创新等各类创新大赛的获奖情况等进行打分；周边评价同样重要，员工年度工作情况、劳动纪律、工作能力与态度等同样计入员工创新水平考核范围，实现员工创新能力“360 度”考评。“劳模创新工作室”每年 12 月底前，负责完成城乡发展集团全年创新工作情况总结；每年 1 月，城乡发展集团各权属单位及总部各部室完成各自员工上一年度荣誉、创新创效等积分材料收集情况，根据积分评价标准完成积分统计工作；每年 2 月，“劳模创新工作室”负责将对各权属单位及总部各部室各自员工的基本信息、荣誉、创新创效 3 个方面的积分情况汇总，审核无误后公布；每年 2—3 月，由“劳模创新工作室”组织开展上一年度工作情况的周边评价，按积分考评分数与实际情况分出奖励等级，与积分库前三部分一起汇总评价并进行二次公布。为推广积分标准激励模式应用，城乡发展集团从上层引领、基层协调及创新转化渠道入手，帮助企业员工开展实际创新工作，提升全员创新创效活力。

1. 上层引领员工创新

明确重大项目，发挥上层设计。城乡发展集团实施上层设计，策划重大项目。从解决城乡发展集团发展的关键性、核心性、全局性技术难题着手，对有利于自身科技创新稳定运行的具体问题给予重点关注和支持，由企业人才作为项目牵头人，紧密围绕生产关键技术难题展开技术研发，帮助员工组建创新小组，切实保证员工实际参与到创新课题当中去。首先，由“劳模创新工作室”讨论制订年度工作计划，经领导小组审批后由创新小组进行项目内容信息收集、讨论、编制活动方案，活动方案经“劳模创新工作室”与领导小组审核通过后，创新小组开展项目调研并制订实施方案，经“劳模创新工作室”与领导小组二次审核通过后，依照员工岗位与工作内容，合理安排创新小组并按照方案实施，确保员工有能力、有信心完成当前工作，并于实施结束完成效果评估、总结改进与资料归档后结束创新活动管理流程。其次，建立创新成果课题研究储备库。项目需求采用滚动入库管理，由城乡发展集团建立科技项目需求备选库，根据申报单位生产经营及日常管理需求、员工创新想法并适时申请入库。城乡发展集团将创新工作与企业生产经营、员工创新想法紧密结合，现已确立新材料技术研究、新型混凝土材料等10项技术型课题和5项管理型课题。最后，强化过程控制。实行重大项目由创新专家委员会组织立项评审、由“劳模创新工作室”进行任务分解，明确各阶段任务目标及完成时间，确保项目顺利推进，按期实现成果转化，充分发挥员工的专业特长，通过开展“经验交流传帮带，一专多能促成才”等员工职业技能提升主题活动，建立起长效的多专业、跨专业交叉学习机制；通过建立系统的学习效果评价体系，形成常态化培训管理机制。

2. 基层协调帮扶员工创新

“劳模创新工作室”注重员工创新意识和创新理念的培养，以观念更新引领技能创新方向，用创新的思路促进员工和企业发展。城乡发展集团按季度组织各创新小组负责人召开创新工作进展研讨会，集中听取创新小组工作开展情况、实施进度和存在问题，通过讨论交流提出相应措施，解决各创新小组遇到的难点、疑点问题，将组织内部最强的力量积聚起来，加强统筹协调，大力开展协同创新，集中力量办大事，抓重大、抓尖端、抓基本，形成推进自主创新的强大合力。城乡发展集团主动征求内部员工创新建议精准打击存在问题，结合企业经营工作所使用的设备设施、工作流程、规程规范中存在的重点、难点和薄弱环节，广泛征集技能创新项目，组织专业人员对征集的技能创新项目进行论证、评价和筛选，确定年度创新型项目，制订实施计划并进行攻关。

3. 畅通渠道推动员工创新

积极开展内外部合作交流，搭建成果转化平台，通过构建开放式平台加强创新资源聚合、共享与合作，将城乡发展集团优秀创新成果实用化、产品化，后续开展创新项目试验、开发、试用直至形成新产品、新工艺、新材料，让好成果真正转化为好产品，在更大范围内规模化推广应用。加大已有创新成果的应用，通过将员工技术创新成果转化为生产力的方式，切实提高员工创新参与感。树立城乡发展集团员工创新成果转化推广品牌，发展“公司搭台，员工唱戏，推广助力，企业受益”的工作思路，持续保持员工创新活力。

（五）实施积分评价落实激励模式

员工双创激励积分库每年更新后，在城乡发展集团范围内公布表彰积分前五十名的员工并在人才评选中优先考虑；其次，积分情况将作为员工岗位竞聘的重要参考，对上级推优树先时，优先考虑整体排名前三十名的员工。城乡发展集团以绩效考评为抓手，开展绩效管理考评工作，从员工自身实际出发，使用双创激励积分库操作流程，用于提高员工创新创效的积极性和主动性。

1. 狠抓“四个管理”，落实评价细则

强化立项管理，将课题立项定位为“小、实、活、新”，从解决企业急需、最紧迫的现实问题出发，使攻关的课题能够在较短时间内解决生产的“瓶颈”问题。细化程序管理，成立攻关小组，制订创新项目研究流程，对项目申请、立项说明、项目研讨、项目申报进行明确规定。加强过程管理，开展

“一对一”帮扶，由相关业务骨干对创新项目申报人进行具体指导，共同对立项的课题进行深入调研和实践。完善基础管理，健全攻关小组审批、项目申报等基础资料，统一项目进度报表、活动记录格式，完善项目组成员档案，对活动开展的影音资料进行整理保存，实现创新成果培育流程系统化管理。

2. 规范评价准则，推行评审机制

项目结题后，项目承担小组向“劳模创新工作室”提出验收申请。经初审合格后，开展验收工作。首先，由“劳模创新工作室”召集验收组对项目完成情况进行总结和评价，形成验收意见报告。其次，实施科技项目后评价制度，该评价制度针对项目投资费用高、有重大技术创新或有较大应用推广前景的科技项目在通过鉴定（验收）一年内，按照规定的原则、程序和方法，对科技项目的技术创新性、项目的综合效益和影响、立项决策的科学性、组织管理的有效性、推广应用前景等进行客观分析研究并做出综合评价的活动。后评价方式分为项目跟踪评价、项目实施效果评价和项目影响评价3种，共分为7个步骤。通过后评价制度的实施，可找出项目管理和执行过程中存在的不足，检查确定投资项目达到理想效果的程度，总结经验教训，为新项目的宏观导向、管理工作的开展反馈信息，为完善已建项目、调整在建项目和指导待建项目服务，通过反馈信息不断地提高项目整体管理水平、决策能力和质量水平，为科技项目发展提供决策依据。

3. 标榜员工案例，发挥典型作用

选准切入点和突破口，有目的性地稳固推进，通过推先进、搞奖励等方法激励一线员工创造性地开展工作，积极营造创新工作的良好氛围。城乡发展集团秉承创新创效活动理念，推进企业创新发展，通过“走出去学习先进经验、请进来宣讲典型事例”的方式，充分发挥典型示范引领作用，凝聚积极向上的创新力量，将员工创新贯穿到QC、技术革新等各方面，促成一线员工扎根基层、埋头苦干，自觉解决存在的实际问题，开展创新创效活动，在工作中精益求精、执着专注，积极解决疑难问题，全年累计研发创新成果5项。按照“实践锻炼、放手使用、激励人才”的原则，将创新成果与奖励挂钩，广泛发动多专业、多层面进行新知识学习。尊重员工的工作创新，通过开展多种形式的技术比武、QC成果评比及小改革、小发明、小改造、小设计、小建议的“五小”创新创效活动，提高各创新小组的学习力和创新力，发掘每一位员工的创新潜力；同时，针对员工开展创新工具、理念、思维等相关培训用于帮助员工提升创新水平，实现员工共同营造企业全员创新文化。

三、高速公路企业以“劳模创新工作室”为依托的全员双创激励机制建设效果

（一）企业发展得到有力提升

2018年以来，城乡发展集团共申报国家专利10项，现已授权2项发明专利与4项实用新型专利，《新形势下高速行业电子化档案管理的探索与实践》于2020年12月获得第三十四届山东省企业管理现代化创新成果奖一等奖，《基于数字化企业标准化管理体系的优化整合》于2020年12月获得第三十四届山东省企业管理现代化创新成果奖二等奖，“动力”QC小组成果《工程安装质量预埋件安装质量控制》于2021年6月获得济南市2021年度质量管理成果二等奖，“动力”QC小组荣获“济南市优秀质量管理小组”与“山东省优秀质量管理小组”称号，《高速企业文件档案体系的优化整合管理》于2021年7月获得全国交通企业管理现代化创新成果奖等。

（二）创新创效实现新突破

通过各个部门的协同配合，创新项目不断实现新突破。目前，城乡发展集团累计治理问题和薄弱环节3项，完善经营业务专业流程5项，专业流程涉及的11项指标均得到了不同程度的提升，为城乡发展集团节约生产经营成本10余万元。专利方面，共申报“混凝土输送带防尘结构”等10项国家专利，

其中“混凝土新型外加剂”等先进工艺在城乡发展集团权属单位同达建材公司的运用中使商品混凝土成本每立方米降低约7.5元，累计节约工程成本30余万元。创新成果“新形势下高速行业电子化档案管理的探索与实践”提高了城乡发展集团档案工作集团化、标准化、信息化水平，实现了档案安全、存档、借阅、归还、保管等方面的电子化融合管理，大幅提高了员工档案利用效率，现已累计提供档案查阅服务200人次，编印档案利用效果实例53个，节约档案管理成本50余万元。QC成果“工程安装质量预埋件安装质量控制”通过对埋件进行深化设计，成功将幕墙预埋件安装质量控制从85%上升到了96.8%，极大提高了预埋件安装的施工效率，有效避免了后期预埋件返工造成的材料浪费和工期延误，编制《幕墙预埋件作业指导书》提交城乡发展集团标准化管理部门获批并已在城乡发展集团相应工程中推广应用。

（三）企业示范作用更加明显

城乡发展集团在打好基础的同时，注重创新效果，结合实际情况印发了创新工作室管理办法、创新工作室活动开展办法、创新工作室成员动态考核与激励办法等10余项制度、办法，涵盖了企业生产、经营、文化等各个方面，推动了企业各项工作效率的提高，企业示范作用更加明显，在城乡发展集团总部各部室、各权属单位及项目部推广实施并取得显著效果。“动力”创新工作室被评为山东高速集团工会创新工作室并获得“劳模创新工作室”荣誉称号。

（成果创造人：李振方、翟浩然、王福海、刘　颖、杨清慧、刘爱珠、高　东、王元涛、吴传记、吕国庆、王孜健、邹德路）

施工企业基于“共创共享”的项目模拟股权激励机制建设

中铁七局集团有限公司

中铁七局集团有限公司（以下简称中铁七局）是中国中铁旗下骨干企业，于2003年改革重组成立，注册地是河南省郑州市。拥有铁路、建筑、公路工程施工总承包4项特级，以及市政、机电安装工程施工总承包一级等130余项施工资质。经过多年发展，中铁七局逐步成长为覆盖铁路、公路、市政、城市轨道、房建及房地产开发、物资贸易、投融资、勘察设计等业务及足迹遍布全国各地和海外近20个国家的大型综合性施工企业，年新签合同额1100亿元以上、营业额500亿元以上。

一、施工企业基于“共创共享”的项目模拟股权激励机制建设背景

（一）施工企业大而不强，亟须提升市场竞争能力

长久以来，施工企业依靠各种资源的投入来实现产值规模的增长，以市场占有实现企业发展，以大而全代替竞争能力。随着建筑业人工、材料、运营成本居高不下，日益稀释的利润难以支撑企业负重前行。当前形势，我国经济已由高速增长逐步向高质量发展转变，基础设施建设高峰期一去不返，“僧多粥少”的竞争局面倒逼施工企业在墨守成规与管理创新之间做出选择。近年来，中铁七局企业发展取得了显著成绩，但在企业生产经营规模快速发展的同时，一些长期制约企业发展的体制机制障碍和突出问题并没有得到同步解决，特别是与高质量发展的新要求相比，还存在不小差距。受行业历史特点和阶段性工作重心影响，在传统的管理模式下，未能按照项目类别、体量做到“因项制宜”，传统项目管理模式已直接影响到企业的高质量发展。企业迫切需要引入新的管理理念，进一步完善项目管理激励约束考核机制，提高项目成本管理的科学化、集约化，不断降低项目和企业的运行成本。

（二）传统项目管理模式难以调动员工积极性

项目部作为一个相对独立的小团体，在长时间的共处环境下逐渐滋生出片面的家长式管理模式，尤以企业监管不到的中小、偏远项目最为明显。强势领导、弱势团队，使团队成员的自主性逐步减弱，项目经理操部门主管的心，部门主管做普通职员的业务，普通职员却是忙里偷闲、浑水养鱼。项目团队熟人化，任人唯熟使管理决策更加缺乏民主监督和约束。久之，项目团队越加封闭，“排好队站好位”的本位主义，不利于人员提优补差。项目组织机构臃肿、人浮于事，部门壁垒明显，沟通不畅，协作困难。平均主义大锅饭，员工考核是你好我好大家好。激励变福利，公平待遇使团队人心涣散，优秀者不满，平庸者侥幸。为强化项目经营者风险意识，通常实行目标利润有限风险抵押。有限风险抵押（项目经理及班子成员缴纳风险抵押金），即将项目管理层与项目效益捆绑在一起，超额利润按照阶段分成；而普通员工收入没有改善，更加剧了普通员工“为企业、为项目经理打工”的心理，从思想上束缚了工作积极性，对项目管理、经营决策漠不关心，对资源浪费、施工违章作业视而不见。从人力资源管理方面来看，有限风险抵押将普通员工与项目、企业的关系局限化，不利于项目经营和企业发展。

（三）改革传统绩效考核方式势在必行

中铁七局现有员工1.6万余人，员工总量偏大、员工活力不足，市场化的人才培养和激励机制尚不健全。首先，现行的项目绩效考核体系侧重于管理岗位，只有“当官带长”才有更高的薪酬待遇，员工思维麻木、能力退化，造成项目组织臃肿及后台管理负担严重。其次，近几年行业竞争激烈，企业薪酬分配机制和考核激励手段缺乏竞争力，使人才培养慢、流失快等问题越发尖锐。特别是基层项目薪酬分配平均主义色彩浓厚，在项目经费预算总额控制的前提下不能做到按劳分配，加剧了骨干人才的流

失。最后，企业关注的重点在产值规模的扩大，对效益指标的关注度不够，项目为实现进度目标往往使用“人海战术”，人力资源既不能灵活配置更滋生个别员工的“等、靠、要”的惰性心理，项目管理成本居高不下。因此，紧紧围绕企业的发展战略，以事业共赢、利益共享为出发点，通过更加多样和灵活的分配机制选择，促使传统项目由靠“卡、压”等硬性手段约束向从内部激发主动管理动力的转变，全面提高管理人员责任心和主观能动性，特别是提高成本控制积极性和主动性，调动员工的自主成才积极性，实现个人价值与企业发展的相互促进，是摆脱困局的当务之急。

为有效应对建筑施工企业因市场环境变化而面临的结构调整、优化管理等诸多难题，推进企业高质量发展，中铁七局响应党的十九大精神，从内部管理方法入手，落实管理实验室活动的部署，于2018年启动项目模拟股权分配机制试点活动，充分激发全体员工的内生动力和参与项目管理的热情，主动节流降耗开源增效，促使项目管理更加高质高效，进一步自下而上倒逼两级机关后台管控能力提升。

二、施工企业基于“共创共享”的项目模拟股权激励机制建设主要做法

（一）做好股权激励顶层设计

“模拟股权”是相对于实有股权而言，指将项目员工岗位责任、职级贡献等主观客观条件量化后作为股权分配标准，以出资入股作为履职担保，参与项目经营管理，分享项目经营成果。

1. 设定经营目标

按照项目红线责任成本预算管理办法，结合工程特点，科学合理设定预期利润目标（或利润率），于项目中标后3个月内签订《项目部经济承包责任书》，约定股金分配、股权回报、考核兑现等条款。针对具体项目实际，按照股权静态分配、绩效动态调增相结合的激励原则，在该责任书中确定股权缴纳比例并预留激励股权份额。在项目实施过程中发生重大变化，必须调整利润目标时，严格执行《项目红线责任成本预算管理办法》。

2. 确立股权激励基本原则

按照全员参与、风险共担、利益共享的原则，项目部所有在册正式员工必须全部参股。股权分配结合项目部管理责任矩阵进行量化，体现项目管理风险控制责任和岗位贡献大小、工作能力高低等方面的因素。模拟股权由项目员工本人持有，不能转让、抵押；仅用于本项目实现超额利润时按照股权比例分享红利及项目未实现目标利润时的在股金额度内按股权比例承担有限赔偿责任。项目部入股总金额为目标利润的20%～60%，可根据项目目标利润总额及员工经济承受能力选择合适的入股比例。入股总金额要与利润目标、经营风险、股权回报三者关联统一，总额控制在100万～300万元为宜。避免股金过低起不到激励作用、股金过高增加员工经济负担，违背企业造福员工的初衷。股权分配必须把握好纵向差异与横向平衡。不同职级严禁倒挂，同一职级允许有所差异，但相差应控制在20%以内。

3. 研究出台指导意见

2018年，中铁七局在慎重研讨后出台指导意见，各三级公司在指导意见的框架下坚定决心争当探路者。闭门造车，出门合辙，自下而上作为一种朴素的管理办法，让模拟股权先经过市场竞争机制的考验，逐步形成适合企业自身土壤的具体方案。2019年，中铁七局发布《工程项目模拟股权管理暂行办法》并在全局范围内推行。目前，模拟股权施行项目已达17个，项目规模及专业呈现多样化发展。

（二）试点先行，稳中求进

1. 做好方案宣贯

试点工作启动阶段，组织召开专题研讨会，制订工作方案，通过广泛的问卷调查、座谈动员等方式进行宣贯，从思想上打消项目员工对新机制存在的疑惑顾虑或项目与企业存在的互信危机。新机制实施的前提基础是建立公司与项目部及员工的互信机制。首先，公司要有合理的预期目标，抓大放小，适当让利于项目部、让利于员工，只有先舍才能后得；其次，模拟股权不仅仅是坐享股权分红，更侧重于以

经济手段为引激发普通员工的主观能动性，更侧重于人力资源管理；再次，项目管理经费节约作为项目部的一种创效手段，应该通过精减人员数量来实现，但不宜降低员工正常工资收入；最后，进一步明确项目管理过程中应公开公布、集体决策的基本内容，避免项目部无巨细都要集体决策。

2. 因事制宜选择项目

工程项目自身特性是模拟股权试点落地的关键。项目中标后，首先对工程项目所处的社会环境、行业特性、施工难度、工期进度等因素综合评价，判定是否适合推行模拟股权。一般优选合同价值适中、实施边界清晰、有一定目标利润的企业主营业务之外具备以下条件的中小型市政、房建项目：项目工作内容、工作标准、经济效益相对规范，工期可控，施工区域集中，外部干扰因素相对较少；项目专业化程度、机械化程度比较高，便于发挥管理效能；项目能够体现施工部署、方案优化对成本控制的影响，便于发挥人的能动性；同类工程利润率较为稳定，便于横向对比、评价。根据上述标准，确定首批 4 个具有代表性的试点项目：中铁七局三公司固原清水河项目、中铁七局郑州公司三门峡甘棠路项目、中铁七局武汉公司广西田东项目、中铁七局西安公司沣河河堤路下穿项目。除沣河河堤路下穿项目因工程主体变更暂停推进，其他 3 个项目均取得可喜成果。

3. 双向选择组建团队

项目选定后，即通过组织推荐或公开竞聘等方式选定项目团队。团队选择注重选拔标准的透明与公平，充分发挥内部竞争的正面优势。项目成员应具有良好的职业道德、职业操守及信用，具有一定的专业素质和管理能力，熟悉项目管理工作程序，一专多能，高度认可模拟股权管理理念。项目正职一般通过组织推荐或公开竞聘等方式择优选定。对于有稳定团队、业绩突出的项目经理可优先考虑。项目总工程师、副经理、部门主管和业务骨干等通过双向选择、自愿结合的方式，经项目经理和公司人力资源部共同审核任职资格后聘用。项目一般员工由项目经理或公司人力资源部以推荐方式拟定符合岗位要求的人选，项目班子成员共同审议，经双向选择同意后聘用。认股出资是团队组建的先决条件，应注重项目选择与团队组建的先后顺序。首先，项目团队要认可模拟股权试点工作，对将承担的风险有一定的心理预期，起到初步遴选的作用；其次，可避免项目团队因出资入股问题意见不一，造成项目试点工作夭折。

4. 量体裁衣制订方案

针对具体的项目特性、实施环境及团队人员构成等因素，拟定具体的实施方案。“一项一案”，确保试点工作有序推进，明确企业与项目间的风险分担、权责划分。模拟股权以充分发挥项目团队依法经营、自主管理的互信互助为基础。项目部在公司管理制度的框架下，在公司授权范围内依法合规开展项目经营。公司除了注重施工调查及项目策划，在重大方案及施工部署等宏观成本因素方面，应做好资金、设备、技术支持。此外，还要给予项目部充分信任，让试点项目对事关自身重大利益的问题“说了算”。模拟股权可激发项目更高的工作热情，如果事事要请示，就不能摆脱“等、靠、要”的依赖心理。例如，要尊重项目部在人员选择、考核奖励、股权分配等方面的自主权。公司可按照定编定员核定项目全周期管理经费包干使用；项目部以满足施工管理为出发点，经过科学测算，从简从精合理配置人员，管理经费的节约既可作为创效手段，也可用于员工激励。

（三）合理测算精准定位，确定切实可行经营目标

1. 做好目标测算

根据项目的专业特点，采用固定的利润额或固定利润率作为考核目标。中铁七局三公司固原清水河项目采用固定的利润额引导项目部以增收作为主要达标手段，西瓜芝麻一起抓，争取股权回报最大化；中铁七局电务公司成都地铁项目则采用利润率考核指标，本质上是变动指标，是对项目部成本节超创效和变更索赔创效的双重考核，引导项目在增收的基础上还必须提高增收部分的创效。对于期初额度预测

难度大、不可控因素多的变更索赔，则可在经济承包责任书中约定重大变更和二次经营创效项目，在期末或在过程中进行单项考核，也可约定不同的分配权重。

2. 签订契约

以责任成本测算为基础，综合考虑变更索赔等因素确定项目的责任目标。项目部与公司签订全周期经济承包责任书，依法依规建立契约关系，明确利润、安全、质量、工期等主要考核指标、考核节点，约定股金分配、股权回报、考核兑现等条款。根据工程项目施工特点、工期目标、难易程度等确定考核周期，一般采用年度考核、期末考核两种形式。

（四）建立股权配置激励目标，形成正向引导激励机制

1. 以岗定责股权分配

项目部所有正式员工按照全员参与、风险共担的原则缴纳股金。风险共担并不是风险均担，项目经理作为项目全局谋划者，其思路直接影响项目经营结果。因此，项目部正职必须相对控股，入股金额可为其他班子成员的2倍。各部门负责人、业务骨干和普通员工按岗位责任、价值贡献、工作能力、工作年限等标准进行配置。如有不足，由项目班子补齐。股权分配实际上是利益分配，参与者的理解程度、公平感受、价值认同都会影响试点推行的成败。即便是尚未实现的预期利益，分配不均也会削弱团队向心力。因此，坚持"以岗位职责定股、以职级贡献定股"会将员工的注意力由蛋糕的分配聚焦在如何提高自身价值、突出工作成绩上。不允许出现以专项技术特长享受的干股。首批试点项目的股权分配方案均通过全员民主表决的方式确定，在遵守纵向差异、横向平衡的原则下，考虑员工个人经济能力，允许特殊员工分次缴纳股金，更具人性化。

2. 做好股金管理

为促进项目全员的互信互助，股金缴纳原则上采用实缴方式。股金应在约定时限内以现金或转账方式上缴至公司专用账户，未按约定足额缴纳者不得继续在项目任职。对普通员工来说，股金毕竟是不小的经济负担，加上存有"上船容易下船难"的后顾之忧，因此，公司必须对股金进行专项管理。项目缴纳的股金到账后，由公司财会部出具收据并签订股金的使用和保障协议。

3. 做好股权预留

为防止全员参股引发新的"大锅饭"和平均主义，杜绝"只出钱不出力，坐等分红"的畸形现象，在股权分配方案设计时合理运用预留股权的杠杆原理及过程考核机制。预留股权份额一般控制在5%～10%，预留股权的分配时机、分配办法及考核标准由项目部自行确定。预留股权首先是为应对期初股权分配时项目人员配置及分配标准方面的考虑不周；其次是对项目实施期间有贡献突出、进步显著或岗位调整的员工进行勉励。预留股权分配后，享受人采用实缴的方式补缴股金，不允许项目部出资认购后以奖励的方式分配给个人。此外，预留股权的分配应侧重项目双清收尾阶段并应做到客观公正。

4. 建立股权退出制度

为避免员工畏难而退，中途下车一走了之，影响项目团队稳定，以及员工因岗位调整不再参与项目经营管理，对中途退出的股权应以项目开累完成产值及员工履职时间进行折算并经股东大会表决同意。项目开累完成施工产值比例在30%（含30%）以内，返还全部股金，不享有股金回报权利。项目开累完成施工产值比例在30%～95%（含95%），按照产值完成比例和任职时间计算应保留股权，退还部分股金并按照保留股权享有股金回报权利。项目开累完成施工产值比例在95%以上的，股金不予退还，退出的员工与其他员工享有同等股金回报权利。

（五）厂务公开集体决策，实行民主监督考核

1. 创新项目管理方式

全体员工按照岗位职责参与项目经营管理，按管理程序享有"股东"的决策参与权、信息知情权

和民主监督权，同时要履行遵章守纪、合规经营、保守机密的义务。员工享有特殊的“股权”，以股东的身份参与项目的管理决策，不再局限于本职工作，会更多地为项目经营献计献策，关心项目经营状况。项目的重大事务经过股东大会通过后即可执行，在股东大会上大家各抒己见，会议形式由过去的“一言堂”转变为“群英会”。项目管理决策公开透明，在利益一致的共识下，大家相互监督、相互支持。

2. 建立阶段考核制度

项目部建立以员工考核办法为基础、以岗位职责为准绳的过程考核办法，以项目周期分实施阶段对全员进行考核评价。以此作为预留股权分配依据，必要时以收回股权作为处罚办法。员工参股，并不意味着可以坐等分红。阶段考核可避免部分员工躺在过去的功劳簿上产生懈怠情绪，危机感使压力变成动力可督促员工保持热情、不断提高能力。为让参股员工树立信心，可采用超额利润过程考核预兑现的方式进行过程激励。可根据工程项目施工特点，在经济承包责任书中明确约定预兑现程序和节点目标；可结合施工进度、验工计价、资金回笼等内容设置节点，预兑现金额不应超出已实现超额利润的40%。

（六）全员创效共享收益，确保股权激励落实到位

模拟股权激励实施项目的股权收益主要产生于4种途径：一是通过降本增效，实现超额利润，获得股金回报；二是股金利息按银行同期存款利率或存贷利率均值返还；三是公司根据施工难易程度在保证预期收益前提下对项目部的适当让利；四是精简机构实行“减员不减资”，节约的经费预算纳入项目部的经营收益。项目模拟股权回报是指根据过程或期末绩效考核结果，公司对项目部实现的超额利润按股金比例进行分成兑现，未实现预期利润目标则扣减相应的股金。同股同筹，杜绝分配上的不合理现象，股权回报之外不允许有其他特殊贡献奖励，避免因“红眼病”引起员工心理失衡。

模拟股权体制下企业的保底收入是期初测算的项目基本利润，项目股东的预期收入是创造的超额利润。股权激励不是“打土豪分田地”式的你少我多、你多我少，而是尊重员工的“小私”、充实企业的“大公”。企业应高度重视考核兑现工作，不争功、不争力，要提高股权回报的时效性。一是项目部全额实现预期利润目标并实现了一定的超额利润，全部的超额利润由项目部全体员工按入股比例获取分成，全额退还股金，按照缴纳期间各年的中国人民银行同期存贷利率平均值返还股金利息。项目部的模拟股权回报总额原则上最高不超过项目部入股总金额的2倍。二是项目部实现预期利润目标但没有超额利润，股金全额退还，并按照缴纳期间各年的中国人民银行同期存贷利率平均值返还股金利息。三是项目部未实现预期利润目标，未完成的目标利润由项目部全体员工在已缴纳股金总额的限度内按入股比例承担，从入股总金额中扣除，如股金有剩余则返还员工，返还及扣除的股金均不再计取利息。四是在期末绩效考核时，模拟股权分配收益按回款比例进行兑现，待项目应收账款及质保金等款项全部收回、全部债务全部清算时方可全额兑现。

三、施工企业基于“共创共享”的项目模拟股权激励机制建设效果

（一）大幅提高了项目管理效率

2019年，中铁七局以提高效率、有效监控为目标，重点针对项目管理存在的条块管理、层级管理、效率效益问题，结合管理实际，对5个信息化系统的17个具体流程进行优化，发布了《项目管理信息化操作指南》。中铁七局武汉公司优化设备管理系统审批流程，涉及8个流程，审批节点由61个减少到37个，减少两个审批层级，在合同评审中将公司系统部门设成同步，缩短了审批时长。中铁七局郑州公司甘棠路项目涉及工经、物资、设备流程共923个，741个能够在3天内审批完毕，占比80%，流程审批时间较以往大幅缩短。按照模拟股权项目授权“减人不减资、增人不增资”的薪酬自主分配指导意见，各项目本着“一专多能、精干高效”的原则，减员不减质、减员更高效，各项工作均正常开展，工作效率明显提升。中铁七局三公司固原清水河项目组建初期定员27人，经项目部集体决策，通过主

动优化、兼职补强等措施逐步减至 20 人，收尾阶段及时分流减员至 15 人；中铁七局武汉公司田东项目部在对管理模式和工作分工进行优化论证后，将期初 25 人定员、7 个职能部门的配置方案主动压减定员 8 人、精简职能部门 1 个，在施工过程中不但克服了营业线施工干扰、管线迁改延误和资金紧张等困难，而且将本已延误的节点工期提前 3 个月完成，得到了业主通报嘉奖和 15 万元的考核奖励；中铁七局郑州公司给予项目充分自主权，甘棠路项目组建之初，项目班子即决定对未达定编定员的部门增加 1500 元/月精简补贴，各部门主动请缨立下减员 30% 的责任状。人员精减后，沟通更畅、效率更高。

（二）调动了项目全员积极性、主动性

模拟股权激励机制解决了“为谁干”的问题，既是一种物质激励，更是一种精神激励，员工的工作价值获得认同、肯定，进而激发出更大的工作热情。各试点项目主动提高站位，改变小我立场，为集体、顾大局，从伸手要人到减人增产，一改臃肿松散的精神面貌，团队的凝聚力、战斗力明显提升；减少了部门之间因本位主义产生的沟通隔阂，全体员工都更加关心项目经营状况，深入项目管理的方方面面，为经营献计献策。模拟股权就是催化剂，充分提升了全体员工参与管理的积极性与活力，有力推动了项目高效运转。中铁七局三公司固原清水河项目部注重管理决策的透明度，定期召开经济活动分析会、方案论证会等，向全员公开成本控制关键点和当期盈亏信息，全员参与创新创效，施工进度提高了 20%，材料消耗减少了 6%。中铁七局郑州公司甘棠路项目部先后召开 19 次股东大会，形成涉及工程变更、材料调差、劳务招标等各方面的决议共计 35 条，主动配合地方政府及业主、设计单位，多方协调，顺利签订补充协议，涉及金额 690 万元。按照青龙涧大桥原设计的装饰拱方案，单项工程预计亏损近 95 万元，项目总工程师组织技术人员调查攻关，分析钢拱装饰后期维护成本，论证桥头堡与主桥景观的协调性，最终促成主线桥钢拱装饰变更为桥头堡设计方案，签订补充协议，涉及金额 1450 万元，变更索赔率达到 25.4%，创效率 7%，建成后的青龙涧大桥成为三门峡市“一桥一景”的地标性建筑。

（三）项目经济效益显著

中铁七局三公司固原清水河项目最终实现目标利润 1044.53 万元，实际目标利润 320 万元，超额完成 2 倍以上；中铁七局郑州公司三门峡甘棠路项目实现超额利润 210 万元，股权回报率 300%；中铁七局武汉公司广西田东项目预计可实现超额利润 500 万元，股权兑现后，项目员工收入整体上涨 85%。

（成果创造人：师建军、何　江、康为民、邱红伟、王　立、李　冬、潘　锋、丁玉阳、朱　敏、李达强、晏　红、高保现）

民航物流企业以转换经营机制为目标的混合所有制改革

东方航空物流股份有限公司

东方航空物流股份有限公司（以下简称东航物流）成立于2013年，是东航集团所属三级子公司，是国内领先的综合性航空物流企业，其前身中国货运航空公司（以下简称中货航）是中国第一家专营货邮运输业务的航空公司，也是三大国有航空货运企业之一。2016年，东航物流成为国家首批、民航首家混合所有制改革试点企业，2018年经东航集团推荐，东航物流入选国企改革“双百企业”名单，2020年入选“学先进、抓落实、促改革”专项工作首批5家改革典型企业。截至2021年6月，东航物流以上海为主要运营基地，下设4家控股合资子公司、6家全资子公司，现有在册员工6900多人，主营业务分为航空速运、地面综合服务和综合物流解决方案三大板块。截至2021年6月，东航物流拥有10架全货机（8架波音777、2架波音747），以及网络遍及上海、西安、昆明、南京、武汉等地17个面积合计150万平方米的全国枢纽机场的地面货站，同时运营了东航股份740架客机腹舱的货运业务。东航物流是国内领先的综合性航空物流企业，也是世界上唯一一家既被航空公司拥有（实际控制人为东航集团）又拥有航空公司（中货航）的物流公司。

一、民航物流企业以转换经营机制为目标的混合所有制改革背景

（一）改变企业“十年九亏”经营困境的现实需要

受国内同业竞争加剧、外航市场准入限制放宽及可替代运输方式快速崛起等不利因素影响，国内航空物流企业的整体经营情况持续恶化，长期陷入“十年九亏”的困境。东航物流在成立的第一年全年共计录得净亏损高达3.88亿元，资产负债率高达99.67%。东航物流自2005年以来处于持续亏损的状态，资产负债率突破100%，处于资不抵债的破产边缘。长期以来，公司的产品服务结构和业务链条单一，整个“十一五”期间至“十三五”期间运输货物品类中普货占比95%，运输类型中机场站到站方式的运输形式占比75%，在产业价值链条上处于“微笑曲线”的低点，产品和客户结构单一，业务的周期性特征显著，极易受到宏观经济环境、地缘政治风险、大宗商品价格波动、汇率波动影响，在盈利能力、客户资源掌控、资产运用效率等方面落后于市场化企业，急需通过混合所有制改革转换体制机制，以主营业务的供给侧改革促进业务高质量发展，打破航空货运企业困局，打造企业转型发展的正向循环。

（二）在国有资产保值增值的前提下探索转换国有企业经营机制

深化国企改革，以混合所有制改革为重要抓手的转换国有企业经营机制探索必须以促进国有资产保值增值、提高国有经济竞争力和放大国有资本功能这3项标准为出发点和大前提。而国有企业经济机制的转换探索，需要通过股权多元化为纽带产生实质性混合，借此打造多种所有制经济的共同发展、各类资本寻求优势互补的企业发展新格局，形成富有活力和效率的新型资本组织形式，引入产业链周边的协同力量和升级要素。在这一过程中“以混促改”，通过将党的领导融入公司治理、建立有效制衡的公司法人治理结构、开展三项制度改革、打造灵活高效的市场化经营机制等多措并举的方式转换国企经济机制，最终实现资产效益和劳动生产率的显著改善和国有资产的保值增值，从而达到做强做优做大国有资本和国有企业，培育具有全球竞争力的世界一流企业的改革目的。

（三）探索国企混合所有制改革模式的需要

通过分层分类方式的混合所有制改革的方式，以引资本促进体制机制改革为路径，引导试点企业探

索在完善公司治理、深化三项制度改革、强化正向激励等国企改革重难点问题上取得实质性突破，是新时期深化国企改革的必由之路。随着2016年中央经济工作会议的召开，在民航、军工等七大领域开展首批混合所有制改革试点的方针得以确立，东航集团随后在相关国家部委的相关专题会上入选首批试点并适时提出了以东航物流作为试点企业，探索体制机制改革，形成有别于国有独资公司的治理机制和监管模式的改革设想。在万众瞩目之下，肩负着民航领域改革先遣队历史使命的东航物流正式成为首批混改试点企业。

二、民航物流企业以转换经营机制为目标的混合所有制改革主要做法

（一）顶层设计，明确混合所有制改革目标和总体思路

按照党的十八大、十九大精神，以“建成具有全球影响力、竞争力的民族航空物流企业”为改革愿景，东航集团在东航物流混合所有制改革伊始阶段就确立“三个有利于”混改指导原则，即有利于进一步激发各类生产要素的活力，实现国有资本的保值增值；有利于推进航空领域的供给侧结构性改革，打造世界一流的航空物流“国家队”；有利于建立市场化体制机制，推进企业治理体系和治理能力的现代化。基于上述基本原则和改革目标，东航集团将“混”与“改”紧密结合，在东航物流混合所有制改革总体方案中融入了试点企业改制上市、员工持股试点、三项制度改革、治理机制探索等重大改革任务，制订了包含股权转让、增资扩股和改制上市的“三步走”混改总体方案并报国家发展改革委批准后付诸实施。东航集团从打开未来东航物流独立发展空间、吸纳优质社会资本和实现东航集团产业布局均衡配置的角度考虑，决定将东航物流剥离出上市公司主体东方航空股份有限公司（以下简称东航股份），同时考虑到国务院国资委相关文件对员工试点必须在央企所属三级及以下企业遴选的相关要求，东航集团设立东方航空产业投资有限公司（以下简称东航产投）作为东航集团二级企业，从东航股份承接东航物流的国有股权，以满足东航物流开展员工持股改革试点的相关政策要求。交易完成后，东航物流从东航股份转为东航集团下属三级全资子公司。混改后，东航物流于2019年完成上市申报并于同年在上海证券交易所正式挂牌上市，募集资金近25亿元，成为国企改革“双百行动”启动以来，在A股上市募集资金金额最大的“双百企业”，充分彰显以深化改革促进高质量发展的成效，对广大国有企业落实国企改革三年行动部署要求起到了积极的引领示范作用，也成为A股第一家航空物流上市公司。

（二）均衡股权，合理配置国有股东股权比例

东航物流根据国家发展改革委对东航物流混改总体方案的相关批复和要求，在公司股权结构中通过引入非国有战略投资者、财务投资者。在“宜独则独、宜控则控、宜参则参”的“三宜”原则指导下，东航集团为了实现股权结构的实质性调整，有效解决原有的股权结构中国有股东“一股独大”的问题，放弃了绝对控股地位，但考虑到东航物流所从事的航空物流板块对国民经济的战略影响并关系国家供应链安全，东航集团决定在混改后国有资本在东航物流仍作为第一大股东并保持相对控股地位并在股东协议中明确非国有股东将不以任何形式谋求对东航物流的实际控制，引入联想控股、普洛斯、德邦、绿地金控等非国有投资者合计持有其45%的股权比例，管理层和核心业务骨干持股10%，东航集团所代表的国有资本持有45%的股权比例，实现股权结构的显著优化，既保持国有资本对试点企业的实际控制，又引入一定比例的非国有股东，为今后试点企业在公司治理中实现制衡、充分发挥非国有股东的作用夯实了基础。

（三）引进战略投资者，严格遴选具有显著协同效应的非国有战略投资者

东航物流从混改“十六字方针”和企业自身“一个平台，两个服务提供商”的战略出发，提出引进战略投资者阶段的战略诉求：一是具有带动业务增长预期，未来构成增量业务收入贡献；二是长期能在航空物流生态布局上实现深度协同，形成联动和互补；三是能与东航物流实现长久的品牌、企业文化

的契合，对东航物流形成管理经验、人才战略和品牌价值的输出。基于上述考虑，东航物流先后与电商平台、快递企业、零担快运企业、物流地产服务商、合同物流/供应链管理企业、私募股权/政府引导基金等产业资本进行了多轮交流、对接和洽谈。在谈判过程中，东航物流始终以“自我发展为主”为出发点，以企业文化的相互理解、经营管理团队的相互认同、对混改后的东航物流的业务管理留有空间为谈判基础。经过多轮双向选择和意向谈判，最终确立引入合同物流/供应链管理领域布局完善的战略投资者、头部物流产业园服务商、头部快递/零担快运企业各一家作为本轮战略投资方，同时引入一家具有战略协同空间的财务投资人作为补充的混改股权架构。在对上述领域战略投资者的选择和合作策略上，根据其业务与东航物流的业务相关性和合作紧密性的差异，对未来对东航物流发展能给予更多长期战略支持、资源注入和价值输出的战略型产业投资者（即合同物流/供应链管理领域的战略投资者、物流产业园服务商）开放相对较高比例的股权比例并使其在未来公司治理结构中拥有更多的话语权，以期加强与其旗下泛航空物流生态企业的战略联动，加速东航物流商业模式由传统承运人向综合物流服务集成商的转变，实现向终端客户和市场的延伸；对与东航物流业务存在紧密合作关系的快递、零担快运战略投资方，则以小比例股权合作和业务合作相结合的方式，基于“成本共担，利益共享”模式通过市场化的优先业务合作方式开展战略合作。2017 年，东航物流明确了增资扩股阶段引入的股东方分别为：联想控股（股比 25%，合同物流、供应链管理领域的战略投资者）、普洛斯（股比 10%，物流产业园服务商）、德邦快递（股比 5%，快递、零担快运企业）、绿地金控（股比 5%，财务投资人），并且在股东协议中对非国有投资者设置了锁定期和转让限制。

（四）规范决策，聘请专业机构设计混改程序和价格

一是严格按照程序履行决策和股权转让。东航物流混合所有制改革方案和核心员工持股方案严格按照相关政策要求进行了自上而下的程序，依法决策并通过职代会审议或征求意见，涉及员工切身利益的员工安置等事项也是按照自下而上的方式进行了依法决策。二是依法依规确定交易价格，坚持国有资产保值增值的底线，有力实现了国有资产保值增值的目标。三是聘请专业机构提供专业保障。东航集团和东航物流在混改过程中聘请多家业内资深的专业中介机构，在混改顶层方案设计、改革路径论证、税务筹划、专项审计、资产评估、法律意见咨询等方面提供建议并出具具有法律效力的鉴证报告，在股权转让和增资扩股阶段，东航集团聘请了北京天健兴业资产评估有限公司等评估机构为国有产权交易出具资产评估报告；聘请中信证券股份有限公司、国浩律师（上海）事务所作为混改的财务顾问和法律顾问，出具估值备忘录和法律意见书；东航集团授权东航物流聘请韬睿惠悦咨询（上海）有限公司作为核心员工持股的顾问进行方案设计和完善。聘请中国国际金融股份有限公司、通商律师事务所、天职国际会计师事务所作为东航物流改制上市的中介机构。

（五）依法合规，公开透明开展员工持股试点工作

根据国家发展改革委和国务院国资委相关文件要求及东航集团混改实施方案的相关内容，积极有序地设计并推进以中高级管理人员和核心业务骨干为主的员工持股方案，达到充分发挥员工持股的激励约束作用的改革目的。综合国务院国资委员工持股试点规定和非国有战略投资者的要求，东航物流确定了核心员工持股方合计股比 10% 且个人持股比例最高不超过 1% 的方案。持股范围确定为对企业整体业绩和中长期发展具有重要作用的公司经营管理层及业务骨干（所有参与人员必须为与东航物流或其控股子公司签订劳动合同的正式员工），基于参与人员的岗位层级、岗位重要性及工作年限等条件确定员工个人入股额度。入股价格方面，根据非国有股东同股同价的原则，持股人员出资由挂牌交易非国有股东入股的投后估值（41 亿元）的 10% 确定；决策和公示流程方面，东航物流员工持股方案相关文件依法合规、公开透明的操作要求，通过职工代表大会充分听取意见，形成相关报告向国家发展改革委、国务院国资委进行了报备；然后，将持股方案和相关文件向全体员工进行了公示；最后，将员工持股方案等

相关文件向国家发展改革委、国务院国资委进行了备案。东航物流通过员工持股的方式，将内部管理层、业务骨干等对企业具有重要价值的核心员工与股东和公司进行了长期深度绑定，形成了员工与企业利益共享、风险共担的激励约束机制。目前已有178名持股员工通过房屋抵押、连带责任担保等方式“倾囊入股”，使核心员工真正成了“当家人”。通过针对离职、岗位调动、辞退等因素设计的退出和流转机制等动态调整机制，确保了对持股员工长效的监督和约束作用，截至2020年，共有9名员工因上述原因退出员工持股平台。

（六）协调规范，建立和完善现代公司治理体系

建设规范和有效运行的董事会，充分发挥各方股东共同参与治理的优势与合力。东航物流在混改过程中按照现代企业制度，建立了股东会、董事会、监事会议事规则和总经理工作制度，对于各个层级的权利边界与议事方式进行明确界定。一是在股东会层面既保持了东航集团作为第一大股东对于企业重大事项决策的一票否决权，同时也保留了股权比例合计1/3以上非国有股东的否决权，从而实现有效制衡。二是为了实现东航集团并表要求，东航物流董事会共有9人组成，控股股东东航集团占5席，参股股东股权董事占3席（其中联想控股占2席，普洛斯占1席），核心员工持股平台占1席。对于投资人最为关注的管理层人员选聘、员工持股计划变动、关联交易和重大投资项目等事项，明确了董事比例合计1/3的非国有股东的否决权。这些措施不仅确保了公司治理的有效制衡，也更好地发挥了非国有公司的积极作用。东航物流完成股份制改造后，在董事会建设上进一步凸显相对控股的形式下“管资本”的国资改革理念。东航物流按照上市公司标准建立规范的董事会，引入独立董事制度，在12名董事组成的新董事会中，东航集团的董事席位进一步下调至4席，新增4名独立董事，占比达1/3。建立了由5名董事组成的各董事会专门委员会，在董事会战略委员会中，有外部董事2人；在董事会提名委员会中，有外部董事4名并由外部董事担任主任委员；在董事会薪酬与考核委员会中，有外部董事4名并由外部董事担任主任委员；在董事会审计委员会中，有外部董事4名并由外部董事担任主任委员。通过建立董事调研工作制度、完善议案管理、强化决议执行等，确保董事会依法履职，有效运行。2017年7月至今，东航物流董事会共召开董事会36次，审议议案227个，董事会运行日臻顺畅，决策效率不断提升。厘清治理主体权责关系，构建全新决策授权体系。根据党中央、国务院提出的完善“以管资本为主”的国有资产管理体制改革方向，东航物流在国有资产监督管理部门和东航集团的指导下，充分发挥公司章程在企业治理中的基础作用，通过规范各类治理主体的权责，坚持权利义务责任相统一，初步形成各治理主体之间“各司其职、各负其责、运转协调、有效制衡”的良好局面。通过系统梳理党委、董事会、经理层在决策、执行、监督等环节的权责关系，制订《东航物流公司决策权限管理手册》，将公司86个重大决策事项分为战略、资金、人事、安全等14类，明确责任部门、分管领导、党委书记、总经理的决策审批权限，在此基础上修改制订党委会议事规则、董事会议事规则和总经理办公会议事规则，形成“1（章程）+3（党委会、董事会、总办会议事规则）+N（公司其他规章制度）”的决策和运营体系，将党委会议事内容分为“研究决定”和“讨论提出意见建议”两大类60项，其中“研究决定”27项、“讨论提出意见建议”33项，通过厘清各治理主体的职权边界，实现了党的领导与公司治理的有机统一。东航物流在混改过程中，依托合理专项授权，实现授权经营体制改革。在重大合同管理方面，东航集团明确东航物流董事会和总经理决策范围内的合同不再需要履行东航集团复审流程。在对外投资管理方面，经集团授权，东航物流根据主业和年度预算两项标准，年度预算内的投资项目直接按照公司章程中的决策流程进行投资项目决策，对于年度预算外的对外投资项目，则根据是否为主业相关投资进行区分，主业相关投资项目由企业按照公司章程进行决策并履行向东航集团报备的程序，非主业相关投资项目则上报东航集团进行审批。

（七）坚持党的领导，积极探索党建改革路线图

在企业混改过程中，东航物流清晰地认识到企业的股权结构是多元的，但爱党护党为党的政治方向是唯一的；企业实现商业价值的路径是多元的，但贯彻落实党中央决策部署是唯一的；企业员工的个人诉求是多元的，但追求国家富强、人民幸福的信念是唯一的。围绕上述原则，东航物流将坚持党的领导、加强党的建设作为推进混改的必要前提，以改革创新精神积极探索混合所有制企业党建工作模式。一是将党建工作基本要求写入公司章程，明确和落实党组织在公司法人治理结构中的法定地位，坚持和完善"双向进入、交叉任职"等体制机制；二是贯彻落实"三重一大"决策制度，将党委会议事内容分为党委"研究决定"和党委"讨论提出意见建议"两大类，贯彻落实党中央和上级党组织决策部署、从严管党治党等重大事项由党委会讨论决定，对于重大经营管理事项则由党委会研究讨论后向董事会或经理层提出意见建议；三是严格按照"四同步、四对接"要求同步加强党的建设，以"精简高效"为原则配备党务工作者，设置专、兼职党务工作者序列，打造了一批以"途志"党建品牌、"一站式空服中心党支部"为代表的立得住、叫得响、反响好的基层党建优质项目；四是坚持把党管干部原则和发挥市场机制作用相结合，既确保党委在确定标准、规范程序、参与考察、推荐人选等方面发挥好把关作用，又落实好经营管理层选人用人权，通过修订管理人员选拔聘用管理规定，按照党委"一级对一级负责"和"管事与管人相结合"的原则，明确了直接上级对下级的聘用具有提名权。通过混改的党建创新探索，东航物流形成了五坚持五转化的创新成果，即坚持党的领导，将红色根基转化为企业治理优势；坚持守正创新，将队伍活力转化为企业人才优势；坚持深度融合，将战斗堡垒转化为企业组织优势；坚持依法依规，将内控合力转化成企业监督优势；坚持思想引领，将价值认同转化为企业文化优势。

三、民航物流企业以转换经营机制为目标的混合所有制改革效果

（一）实现了"能上能下""能增能减""能进能出"经营机制的市场化转变

混改以来，东航物流围绕解决"三能"问题，以"打造市场化、职业化的人力资源管理体系"为目标，以岗位管理为基础，将竞争驱动融入薪酬、考核、聘用等管理手段，不断加大激励约束，激发队伍活力，人力资源的投入产出效率持续提高，人均营业收入及利润逐年增长，人事费用率逐年下降，以"三能"为核心的三项制度改革取得显著成效。干部员工"能上能下"方面，通过全员签订市场化劳动合同、绩效合约，以绩效和"契约"定人员上下，严格执行"易岗易薪"，截至2020年，东航物流新提拔管理人员40人次，免职和降职管理人员77人次，管理人员"上下"占比达9%；收入"能增能减"方面，通过推行"一人一薪、易岗易薪"市场化薪酬体系改革、"上不封顶、下不保底"的浮动薪酬考核机制和年度绩效结果强制分布的方式，由岗位价值、个人能力、业绩决定薪酬标准、薪酬体系，2018—2020年，共有615人被减薪；员工"能进能出"方面，取消了重大疾病和退养制度、内部分流安置制度等不符合市场化原则的人事制度，对管理人员实现薪酬分配权、绩效考核权、提名推荐权和劳动用工权等方面的授权下放，实现员工进出的市场化流动，截至2020年，员工合计退出1132人，人员平均流动率约5%。

（二）经营业绩大幅提升，盈利能力持续向好

东航物流在实施混改以来，充分调动企业内生活力，优化生产要素配置，提高资源利用效率。混改以来在面临地缘政治冲突、大宗商品价格上行、汇率波动、公共卫生危机等一系列外部挑战的情况下，东航物流营业收入、利润总额在2016—2020年的复合增长率分别达到26.84%、65.52%，资产负债率由混改前2016年12月的85.88%下降到2021年6月的39.31%，优于同期FedEx、UPS、DHL等国际领先的综合性航空物流企业。截至2016年，东航物流账面净资产6.33亿元，而混改有效带动了22.55亿元的非国有资本投入；截至2020年，东航物流净资产规模达到了56.95亿元。通过改制上市，东航

物流以公开发行股票的方式合计募资 25. 04 亿元，为企业注入了新的发展动力。根据东航物流上市后披露的半年报信息，2021 年上半年实现营业收入 101. 27 亿元，同比增长 36. 01%，实现归属于上市公司股东的净利润 15. 21 亿元，同比增长 18. 70%。新兴业务正在成长为传统主业之外新的增长曲线，综合航空物流能力进一步加强，东航物流以综合物流解决方案业务为代表的新兴业务在混改后持续保持高速增长态势，收入占比由 2016 年的 18. 89%增长至 32. 15%，在“十三五”期间年度收入复合增长率超过 50%，企业由偏周期性行业的航空承运人向具备成长性行业特征的航空物流服务提供商转型。

（三）混改经验得到部分推广，取得初步示范效应

东航物流的混改案例被央视专题片《将改革进行到底》作为深化国企改革典型案例所引用；东航物流推进混合所有制改革取得的重要成果得到了央视《新闻联播》节目的专题报道；2020 年入选国务院国有企业改革领导小组“学先进、抓落实、促改革”专项工作首批 5 家改革典型企业并发表题为《东航物流通过混改深度转换经营机制的经验》的专题报告。

（成果创造人：李九鹏、万　巍、李俊建、陆雪勇、汤晓斌）

航空科研院所以业务能力提升为导向的流程管理

中国航空工业集团公司洛阳电光设备研究所

中国航空工业集团公司洛阳电光设备研究所（以下简称光电所）成立于1970年，隶属于中国航空工业集团有限公司（以下简称集团公司），是我国唯一的以航空火力控制系统总体技术为核心的火控系统和光电系统专业研究所，是集产品研发、生产、维修、服务为一体的光机电综合性多学科应用技术研究所。光电所现有职工2825人，其中硕士及以上学历1079人，有集团公司专家20人、享受政府特殊津贴9人、国家及中央企业技能专家15人。光电所坚持聚焦主业，拥有国内唯一的光电控制技术国防重点实验室。光电所坚持系统引领、融合发展，致力于将军用航空领域的成熟技术向民机、民品等领域拓展。光电所为履行航空报国、航空强国使命及为国防建设、国民经济发展做出重要贡献，连续多年荣获上级单位“年度效益贡献奖”奖项。

一、航空科研院所以业务能力提升为导向的流程管理背景

（一）加快产品研发，提升客户满意度的需要

为适应世界新军事革命发展趋势和国家安全新形势，国家全面推进国防和军队现代化建设，要求武器装备跨代升级的同时，尽快完成由传统的机械化向数字化转变。新一代航空武器装备科技含量、战技指标不断提高，更新换代步伐不断加快，对光电所产品的研发效率要求越来越高。光电所规章制度不完善、不落地，流程管理比较粗放，对产品和技术发展等业务能力形成了明显制约，集中体现在研发过程返工率高、研发周期长等方面。提升业务能力、加快产品研发是提升客户满意度的需要，也是光电所发展的必由之路。

（二）优化业务流程，提升部门协同效率的需要

随着军品采购从计划经济向市场经济模式转型，军品市场竞争日益激烈，航空军工企业需要具备更高的价值创造能力才能够在市场竞争中取得优势。作为大型科研院所，产品开发周期长、涉及部门多，各部门工作高度咬合，特别是信息化条件下的企业发展和竞争越来越依靠团队合作，合作、沟通、协调就显得更加重要。光电所已建立跨部门的产品开发团队，但开发过程中的设计、测试、工艺、采购等领域缺乏有效协同，产品开发效率低下。梳理业务流程，明确业务过程各部门职责，厘清跨部门流程的接口关系，是破解跨部门协同工作效率低下的需要，也是提升光电所各项业务能力的需要。

（三）强化员工能力，提高组织柔性的需要

企业内外部环境变化日新月异，高柔性组织才有生存和发展空间，这就要求员工能够在岗位间快速切换，短时间内适应新岗位要求。光电所同一岗位不同员工工作质量差异大，出差或调动移交工作难，重要业务严重依赖有经验的老员工，这些问题严重制约着光电所快速调整组织形式、适应环境变化。开发高质量模板和指南，强化员工快速适应能力，能够有效降低岗位对员工经验和能力的要求并提升工作质量一致性，是提高组织柔性的需要，也是促进组织在动态环境中稳定高效运行的需要。

二、航空科研院所以业务能力提升为导向的流程管理主要做法

（一）基于能力成熟度模型，规划业务能力提升路径

1. 构建业务能力分级评价模型

能力成熟度模型（CMM）的基本思想是，问题是由管理过程的方法引起的，因此，能力可以等价于过程管理水平。对于企业各项业务而言，过程管理的方法通常包括制度、流程、模板、指南等。根据

业务能力的特点，分析能力成熟度各等级与制度、流程、模板、指南等之间的对应关系，构建了五级的业务能力评价模型：第一级，只有规章制度，仅明确了业务不能怎么做，不能保障制度要求被执行；第二级，既有制度又有显性化的流程，即以制度为输入完成业务流程显性化并规定完成每一项具体步骤的责任人、输入输出文档、时间节点，可保障制度的落地执行，但不能保证不同员工完成同一步骤的工作质量；第三级，既有制度又有流程，流程的每个步骤均配备输出文档模板，可基本保证不同员工完成同一工作的质量；第四级，包括制度、流程、文档模板及作业指南，总结并显性化最佳实践经验，为业务高质量完成提供优秀借鉴与指导；第五级，在第四级的基础上建立业务流程的主动改进机制，常态化对制度、流程、模板、指南的适宜性、充分性和有效性进行评价，不断提升业务流程绩效指标。组织的业务能力就是组织各项业务能力的平均值。因此，分级评价模型既可以用于评价某项业务的能力，也可以评价组织的整体业务能力。分级评价模型的构建，使业务能力等级与组织管理工具相结合，为业务能力逐级提升搭建可量化、可落地、可执行的阶梯。按照分级评价模型，明晰组织业务能力提升方法：以构建完整的业务流程体系为载体，逐步完善流程步骤的模板和指南，通过管理手段或信息化手段确保流程执行规范、到位。

2. 规划业务能力阶梯式提升路径

为确保业务能力提升工作的顺利开展，光电所成立了由所长“挂帅”，并且由管理改进与提升委员会（以下简称管改委）、管理改进与提升委员会办公室（以下简称管改办）和一线部门业务骨干、各部门管理提升主管及信息系统研究室、信息中心组成的高效协同一体化推进组织。管改委作为光电所业务能力提升指挥部，由所长担任委员会主任，全体所领导担任委员会副主任，退居二线的原管理类部门正职担任管改委专委。管改委统筹光电所业务能力提升工作，负责光电所流程体系顶层设计、规划和方案。管改委下设管改办，负责按照管改委拟定的相关决策制订具体实施方案和推进计划。组织专门项目团队对制度体系（367 项制度、近 2 万多条要求）进行梳理、解构，查验制度中的流程图和模板附件，发现制度体系基本能覆盖光电所全部业务，但仅有部分业务有流程图进行补充说明，而附带有模板和指南的业务少之又少。对照分级评价标准，大部分业务尤其是管理维度的业务能力为第一级，部分业务能力接近第二级。在此基础上，确定了业务能力提升目标：通过 3 年时间将光电所业务能力提升至第三级，重要业务、关键步骤达到第四级，基本解决产品研发周期长、跨部门协同效率低、组织柔性差等问题。考虑到业务能力现状水平和目标之间的差距，光电所将业务能力提升工作分解为业务流程优化、模板和指南开发、流程信息化、流程审计及改进 4 个阶段，计划在 2018—2019 年通过前两个阶段的工作基本完成流程体系的构建，2020 年通过后两个阶段的工作推进流程执行的规范和到位。

3. 对标华为确立流程体系架构

根据业务能力分级评价模型，业务能力提升的基础是完整流程体系的构建。光电所承接集团公司流程管理体系推进要求，对标华为流程架构，运用架构设计、全生命周期展开等方法，结合光电所业务特点，确定了包含 3 个维度、15 个业务域、54 个流程组、698 个末级流程的流程架构。光电所的每项业务对应着流程架构中的一个末级流程，而流程又可以按照过程方法展开成一系列相互作用的步骤，每个步骤有对应的输入、输出、责任角色等要素。按照分级评价标准，某业务的能力与该业务是否有制度、流程、模板和指南有直接的对应关系。因此，业务能力成熟度又可以理解为流程的完善程度，组织的业务能力成熟度可以理解为企业流程体系的完善程度。

（二）分析流程需求，构建流程体系

1. 梳理并解构内外部流程需求

在业务流程优化过程中，捕获流程需求是第一步，也是流程合规的基础。流程需求包括国家法律法规、先进国际国内标准、上级制度文件、所内制度要求等，而这些需求文件散落在 OA、金航网、收文管理、制度库、标准库等各个信息系统中，而且仅能通过文件名称进行检索，不便于流程设计人员收集和引用。为此，组织收文管理部门、标准化管理部门、制度管理部门统一对光电所近 10 年收录的 986 份需求文件进行整理，将需求内容进行条目化解构，形成外部需求 23907 条、内部需求 15987 条。条目化的内外部需求按照流程架构逐层分解分配，最终关联到末级流程，形成流程优化需求。在信息系统中建立光电所内外部管理需求库，将条目化的管理需求导入库中。流程设计人员可以在内外部管理需求库中通过关键字、拟稿日期、字号等对需求文件的标题、内容进行检索，极大提高了流程需求捕获效率和需求完整性。设置专人管理内外部管理需求库，将需求文件收集、分解工作常态化，确保需求库及时更新。

2. 引入咨询优化流程体系

为推动流程优化高效开展，一方面针对每项业务组建 2 ~ 7 人的跨部门项目团队专职从事流程开发工作；另一方面从外部引进高水平管理咨询团队，常态化、全所范围开展各业务域流程培训，指导各业务开展流程优化。外部咨询专家常驻 5 人，高峰期达到 20 人，设有专门的专家办公室，方便流程研讨和指导。针对具体业务，跨部门流程优化团队通常首先分析现状业务流程痛点，承接流程内外部需求，按照减少不增值活动、减少不增值角色、串行改并行等流程优化原则对业务流程重新定义。耗时近 1 年完成全部 698 项业务流程优化，承接内外部管理需求库中 95% 以上的有效需求，初步构建了系统化的流程体系，使光电所业务能力达到了第二级所需的必要条件。

3. 弥补职责空白，理顺协作关系

分析流程体系中各步骤责任角色与部门间的关联关系，按照部门聚类、汇总，形成各部门工作内容清单。对比各部门职责与工作内容清单，识别职责空白地带，补充完善各部门的二级职责，部门职责条目数细化为原职责的 3 倍，使得部门职责体系覆盖流程体系各环节，从根本上杜绝推诿扯皮、多头管理、无头管理现象，保障部门协作顺畅。为更好地提高部门协同效率和效果，进一步优化部门间接口，在流程流入部门职责中增加检查上游输出质量的步骤，流出部门职责中增加检查输出与下游对输入要求符合性的步骤。建立职责体系与流程体系同步更新机制，新流程发布或流程更新后，要求相关部门在两周内完成职责更新。

（三）编制模板和指南，保障流程落地

1. 识别流程关键步骤

按照分级评价模型，业务能力从第二级提升到第三级，需要针对流程中每个步骤编制文档模板。光电所按照重点优先的顺序，遵循“二八原则”，针对影响流程绩效或返工率较高的关键步骤开发模板和指南。其中，关键步骤分为 3 类，第一类是对流程绩效有重大影响的步骤；第二类是基于风险监控的需求，需要进行决策的关键控制点；第三类是经常出现问题的步骤。经过对 698 项业务流程、近万个步骤开展分析和识别，确定了 2000 个关键步骤并在流程图中一一标识。以产品系统开发流程为例，该流程共 77 个步骤，按照上述原则识别出 22 个关键步骤，包括系统需求定义、系统需求分解分配、系统集成等 7 个对流程绩效有重大影响的步骤，可测试性需求分析、测试性分析及设计、可测试/验证设计符合性审查等 6 个经常出现问题的步骤，策划与方案阶段物料清单编制、适航符合性审查等 9 个基于风险监控需求的步骤。

2. 编制关键步骤文档模板

文档模板是对流程中某个步骤执行结果的规范性约束，是流程落地的重要保障，也是杜绝漏洞和行为偏差的最有效工具。文档模板中的内容按照修改自由度分为强制要求、默认设置和自由填写 3 种类型。其中，强制要求类内容是指不允许步骤责任人做任何修改的内容，如约束步骤的法律条文、制度要求等；默认设置类内容是指在模板编制时专家根据经验给出推荐值的内容，但允许责任人修改；自由填写类内容是指需要责任人自行填写的内容，编制模板时不设任何限制。按照识别的关键步骤，遵循尽可能复用的原则，组织专家编制了文档模板2300余份，覆盖了所有的关键步骤。仍以产品系统开发流程为例，针对识别出的22个关键步骤，编制适航符合性审查报告、测试性设计准则符合性审查报告、测试性模型建立与预计报告、测试性分析报告、测试性设计准则、系统需求分解分配说明、内部接口需求说明、核心物料清单、系统需求规范、系统功能危害性分析报告等30份输出文档模板。其中，测试性模型建立与预计报告、测试性分析报告、测试性设计准则模板是测试性分析及设计步骤的文档模板，而系统需求规范模板则在系统需求定义和可测试性需求分析两个关键步骤共用。

3. 编制关键步骤作业指南

作业指南是对流程中某个步骤执行过程的规范性约束，能够有效降低流程执行难度及对责任人能力的要求。作业指南包含引言、条件检查、资格检查、资源检查、知识获取和任务执行6个部分，详细介绍完成步骤所需要的前提条件、任职资格要求、所需资源及获取途径、所需知识及获取途径、任务执行的详细说明，能够引导责任人一步步完成任务。按照流程识别的关键步骤，组织专家编制作业指南2800余份，经过管改委评审后发布全所使用。关键步骤在所有业务流程全部步骤中占比为30%，也就是说光电所30%工作的业务能力达到了第四级，整体业务能力达到了第三级。

（四）借力信息化平台，提高流程执行效率和规范性

1. 业务流程分类

业务流程的高效、规范执行离不开信息化平台的支撑。按照步骤间逻辑关系的强弱程度和步骤可调整的自由度，将业务流程分为任务类流程和审批类流程。任务类流程是指各步骤相对独立、步骤间逻辑关系弱、业务开展前需要对步骤进行策划的流程，如项目立项、设备研制等流程。这类流程的执行方式是，信息化开发人员将业务流程转换为任务清单模板固化到信息系统中，项目主管或部门计划员对任务清单进行裁剪、调整和扩充，对每个任务确定责任人、审核人、开始时间、结束时间等要素后，在信息系统中下发任务、监控任务进展，责任人提交任务后由审核人对任务完成质量审核。审批类流程是指各步骤间逻辑关系强、需要多人协同完成、开展业务时不需要人为进行策划的流程，如技术评审、设备申购等。这类流程业务规则可以固化到信息系统流程引擎中，责任人发起流程后，自动流转到相关人员直至流程结束。任务类流程和审批类流程可以相互嵌套，既可以在审批类流程中触发任务，也可以在任务中包含审批类流程。因此，业务流程与信息化流程可以是一对一，也可以是一对多的关系。经过3年时间，光电所已将255个业务流程固化到信息系统中，全面覆盖市场营销、产品开发、采购供应等核心业务，以及频次超过1月1次的高频流程，在信息系统中形成任务类流程125个、审批类流程231个。

2. 固化经验，构建核心知识库

为了提高业务流程执行的规范性、高效性，为业务流程执行提供智力支撑，通过对企业历史知识的分类、整理、定义、建模，在信息化系统中建立作业指南库、文档模板库、文档范例库等12个核心知识库。每个核心知识库设置管理员，负责知识入库、知识修订、权限设置等管理工作。制订了统一的激励办法，对知识贡献者进行奖励，奖励额度与引用次数有关。核心知识库不仅支持部门计划员、项目主管基于知识库为各类待执行的流程配置作业指南、文档模板、文档范例等知识，指导用户规范化、高效的执行各业务流程；也支持员工根据实际应用场景，从系统中快速获取各类知识。

3. 匹配流程推送模板和指南

文档模板规定了流程中步骤执行结果的格式，是对工作结果的约束和指导；作业指南规定了流程中步骤执行过程的细节，是对工作过程的约束和指导。因此，核心知识库中的文档模板和作业指南的快速获取，对于流程的高效、规范执行至关重要。光电所已在信息系统中对文档模板、作业指南和流程建立关联关系，任务下发或审批流转到责任人时，文档模板和作业指南会同时精准推送到责任人并支持文档

线上和线下两种编辑方式。更进一步，在信息系统中对作业指南进行了结构化定义，责任人在执行流程时可以对作业指南中每个要求的执行情况进行记录。信息系统推送文档模板和作业指南的同时，也会记录责任人对文档模板和作业指南的使用情况，为流程审计提供输入；同时，随着运行数据的积累，可以用于分析用户行为及作业指南的有效性，作为用户工作方法改进和作业指南优化的依据。

（五）监控流程运行，形成内部督导机制

1. 高频次开展流程专项审计

制度、流程、模板、指南的递进开发是业务能力提升的必要条件，真正实现提升还依赖于流程的严格执行。组建流程审计小组开展专项流程审计工作，尤其关注新发布的流程、科研生产关键流程、超过1月1次的高频流程，审计小组以流程输出文档清单为审查线索，穿行审计流程涉及部门，核对流程输出物是否齐全、是否严格使用模板、是否严格按照作业指南执行，根据审计记录开具不符合项并将不符合项分为严重不符合和一般不符合两类。分析不符合原因，向流程所有者、流程参与部门领导提出针对性的改进建议，协助流程所有者提升流程符合性、部门领导提升员工流程执行力。2018年至今，共完成234个流程的审计，高频流程覆盖率100%，部门覆盖率100%。流程管理贵在流程的坚决执行和快速优化，流程的执行程度可以通过流程审计逐步提升，而流程的快速优化则需要通过对审计中发现的管理问题高效归零来保证。流程管理推行前期，流程执行程度低导致审计出的问题数量较多，需要集中优势资源尽快解决核心重要问题。按照瓶颈理论，对于一个企业来讲，管理问题通常并不是孤立存在的，各种问题之间有着直接或间接的从属或因果逻辑关系。对于审计发现的问题，首先将有从属关系的问题合并，然后使用现状树工具对问题进行因果分析，最终总会归集到3~5个核心问题上。

2. 实施“问题－流程－信息化”问题归零措施

确定核心问题后，为快速解决表面问题，深度解决根本问题，实现管理问题标本兼治，光电所对流程审计发现的问题从“问题－流程－信息化”3个层面实施归零。首先，从问题层面实施归零。问题所属流程的主管机关通过调研原始问题，召集相关方开会讨论制订问题解决方案。解决方案经过评审后，向问题相关人员进行发布并监督行动项完成情况。待方案行动项完成后及时汇报管改委专委启动问题审查，确保问题归零到位。为确保问题以后不再出现，在问题层面归零后及时启动流程层面的归零，对问题相关流程进行优化，更新相关制度、流程、模板、指南后重新发布。如果流程层面归零涉及业务架构变动，则需要提交管改委评审，评审通过后由管改委更新业务架构并重新发布。流程发布3个月后，管改委专委按照专项流程审计方法开展流程审计。业务流程优化后，下一步工作就是实施信息化层面的归零，在信息系统中按照业务流程调整信息化流程。为提高信息化层面的问题归零效率、解决大型科研生产信息化系统长久以来水土不服的顽疾，光电所与ERP、MES、CAPP等各大信息系统供应商签订合同。改变了积攒上百个问题后打包解决的历史，将信息化归零平均周期从2年缩短到2个月内。经统计，管理问题归零库中531个问题，问题层面归零平均周期为6个工作日，流程层面归零平均周期为13个工作日，信息化层面归零平均周期为50个工作日，闭项率高达70%。

3. 加强流程审计结果应用

为强化流程审计影响力，提高流程权威性，审计小组在流程审计工作结束后将流程审计计划、流程审计报告同时提交所长、主管所领导、流程所有者、被审计部门，由综合计划部门对流程审计发现的不符合项进行督办整改。每季度按照问题数量对流程、部门进行排名公布，扣罚排名后1/3的流程所有者和部门领导的相关绩效。经过近3年的持续开展流程审计工作，流程平均严重不符合项从2018年的3个降低到2020年的0.5个，平均一般不符合项从5个降低到1个，有效提升了员工对流程的敬畏意识和流程执行度，基本消除流程和执行“两张皮”的现象。

三、航空科研院所以业务能力提升为导向的流程管理效果

（一）建立了完整的流程体系，业务能力跨越式提升

参照分级评价模型，光电所业务能力由原来在第一级和第二级之间徘徊到第三级质的跃升，关键步骤达到第四级水平。以业务能力提升为导向的流程管理经过 3 年的运行，形成了 5000 余份高质量的文档模板和作业指南，降低了业务对员工经验和技能的要求，极大提高了组织柔性。工作移交平均时间从 2 小时降低到了 10 分钟，新员工岗位适应周期由半年缩短到 2 个月且工作任务评价的良好率提升 47%。

（二）加快了产品的研发速度，客户满意度显著改善

光电所通过推进以业务能力提升为导向的流程管理，明确流程责任、打通流程各环节，弥补部门职责空白地带、打破部门壁垒，理顺协作关系、畅通信息渠道，项目成员通过文档完成前后工序的传递，降低了跨部门协调难度，提升了协同工作效率。光电所研发周期由 251 天缩短到 197 天，客户满意度由 83% 提升到 95%。

（三）夯实了企业的管理基础，整体效益稳步增长

通过业务能力提升，运营部门全力为客户创造价值，管理与支撑部门鼎力支撑，组织高效运转，全员劳动生产率、销售收入、利润等经营业绩持续提升。2020 年，实现营业收入 58 亿元，较 2017 年增长了 38%。特别是 2019—2020 年，业务能力提升在光电所新兴战略拓展业务上的效果尤为明显，极大缩短了研发周期，提升了研制效率，某项产品在一年时间内实现从 0 到 1 的突破，为光电所持续发展培育了新的增长点，预计支撑“十四五”期间营业收入增加 11 亿元。

（成果创造人：周拥军、李　兵、沈淑梅、张忠奎、徐　漾、秦满海、刘玉杰、杜　玮、王丽君、高文正、郑国锋、苟志民）

深层油气田地质工程的一体化高效勘探开发管理

中国石油天然气股份有限公司塔里木油田分公司

中国石油天然气股份有限公司塔里木油田分公司（以下简称塔里木油田）于1989年在新疆维吾尔自治区库尔勒市正式成立，主要在塔里木盆地从事勘探开发、油气销售、科技研发等业务，作业区域遍及南疆。截至2020年，资产总额922亿元，合同化员工9771人，年油气生产能力达3100万吨，是我国陆上第三大油气田和西气东输主力气源地，也是新疆维吾尔自治区最大的油气生产企业、中国石油最具盈利能力的地区公司之一。成立30多年来，塔里木油田累计探明油气储量当量27.7亿吨，生产油气产量当量超4亿吨，向西气东输供气超过2700亿立方米，向南疆供气超过400亿立方米，上缴国家和地方税费超过1610亿元，获得国家级科学技术奖20项、授权专利907件。

一、深层油气田地质工程的一体化高效勘探开发管理背景

（一）保障国家能源安全的必然选择

能源安全是国家经济安全的重要方面，直接影响到国家安全及社会稳定。我国石油和天然气资源相对不足，油气对外依存度逐年攀升。为了有效保障油气供应，国家在扩大国际能源合作的同时，进一步强化国内油气生产保障供给，但我国常规油气资源日趋稀少，深层油气成为国内油气规模增储上产的最现实接替领域，世界新增油气储量60%来自深部地层，我国83%的深部地层油气有待探明和开发。塔里木盆地深层油气资源丰富，根据中国石油第四次油气资源评价结果，塔里木深层、超深层油气资源量（埋深≥4500米）超过150亿吨，被国家“十二五”规划列为国家能源建设的5个重点区域。因此，塔里木盆地深层油气资源的安全高效开发，对于保障国家能源安全具有重大现实意义。

（二）建设世界一流大油气田的必由之路

塔里木油田作为开发塔里木盆地深层油气资源的主力军，是我国石油工业“稳定东部、发展西部”战略的主战场。自20世纪80年代末成立以来，塔里木油田油气储量和产量快速攀升，逐步发展成为我国重要的油气资源战略接替区。2012年，中国石油要求塔里木油田建成3000万吨级世界一流大油气田，并且将坚实的储量基础、先进的管理水平和良好的生产效益作为世界一流大油气田的核心指标。“十一五”以来，塔里木油田库车、塔北和塔中三大区域储量大幅增长，但90%油气储量均为深层、超深层油气田，勘探开发中面临着建井成本高、自然产能低、效益开发难、安全风险大等一系列严峻问题。2011年，库车山前单井平均钻井周期达560天，单井成本超2亿元，钻井事故复杂频发，耗费了大量的时间和成本，严重影响了3000万吨级世界一流油气田的建设进程。如何在低油价环境下实现深层油气资源的高效勘探开发，成为塔里木油田必须解决的首要问题。

（三）应对世界级工程技术难度的客观需要

塔里木盆地深层油气资源埋深普遍在6000～10000米，“一深带来万难”，尤其是在历经“整体挤压、分层变形、垂向叠置、联动递进”多期构造变形后，地质条件极其复杂，甚至被地质学家形象地比喻为“一个被摔碎的盘子，然后又被踹了几脚”。对标全世界70多个深层油气田情况，塔里木盆地13项工程地质难度指标有7项是国际第一，是世界公认钻完井难度最大的地区之一。前期采用传统的“技术条块分割、部门接力进行”的传统管理模式组织深层勘探开发，由于工程与地质研究精度不匹配、节奏不同步，导致4口井报废，损失超过10亿元，严重制约深层油气勘探开发进程。塔里木油田充分总结前期经验教训，认识到要实现深层复杂油气藏勘探发现、效益开发和安全生产，必须走多学科

融合、多技术集成的一体化管理创新和发展之路。2013 年以来，塔里木油田针对大型深层油气田勘探开发面临的挑战，突破传统“条块分割、接力进行”管理模式，创新形成了地质工程一体化勘探开发模式。

二、深层油气田地质工程的一体化高效勘探开发管理主要做法

（一）深入调研，明确地质工程一体化组织模式

1. 系统学习世界地质工程一体化管理经验

2008 年，克深 2 井获得高产油气流，标志着深层盐下天然气勘探的战略性突破，由此揭开了库车前陆地区深层复杂油气藏勘探开发的序幕。面对深层油气田一系列棘手的地质工程难题，国内没有成熟的管理模式可以借鉴，塔里木油田开始学习借鉴国外的非常规油气开发经验。2011—2013 年，塔里木油田组织人员 3 次赴美培训，把北美非常规油气勘探开发地质工程一体化管理理念带回油田。塔里木油田深刻认识到地质工程一体化能够最大限度地解决由复杂地质条件引起的工程难题，其特点在于通过不断的自我学习和经验积累，在油气田勘探开发中系统性地、持续不断地优化技术组合和解决方案，最终目的是提高单井产能、改进作业效率、降低油气单位成本。地质工程一体化组织模式，依托新的工作流程，把原来若干个相对独立、相互分散的单元和要素，运用一体化的理念整合到一个平台，打破了部门行政壁垒，实现跨学科协作，相互促进、协同互动，从而达到有效控制、迅速反应、快速决策的目的。

2. 明确塔里木油田地质工程一体化开发框架

塔里木油田根据自身的不同特点，探索出适应深层油气田开发的“LTTDW”地质工程一体化组织模式，其中包括 5 个基本要素。一是决策者（Leader）。决策者是地质工程一体化的组织管理保障，需要开放的心态、深度的思维、有力的沟通，以及多界面交互式的工作方法。二是团队（Team）。按照“地质与工程、科研与生产、甲方与乙方”的一体化思路，多方组建科研团队和工程实施作业团队，提高协同攻关质量和效率；优化多学科技术研发人员、科研与生产人员结构，打破部门/单位壁垒和学科界限。三是软件平台（Tool）。地质工程一体化的多学科、复杂性等特征对技术团队内的工作整合提出了更高的要求，需要应用一个一体化的软件工具（平台），团队依托于该平台的各种软件，实现多学科协同研究和协同工作。四是数据（Data）。数据是多学科一体化融合的“纽带”，地质工程一体化需要依托于融合了地质、工程及生产信息的数据体。五是工作流程（Workflow）。通过制订严谨的地质工程一体化项目流程，使得团队具有协同化、统一化的目标，进一步提高协同工作效率。

（二）完善组织体系和人才队伍，夯实地质工程一体化开发的组织和人才基础

1. 建立地质工程一体化开发的组织体系

为了实现地质工程一体化的高效组织和实施，塔里木油田成立了由公司主管勘探开发领导、企业技术专家及开发处、工程技术处、地面工程处组成的领导小组。开发处负责统一协调和组织工作，围绕深层油气田效益勘探开发目标，实现在油田层面的统一决策部署，保障资金、计划、合同、工程技术、生产运行执行到位。勘探事业部、油气田产能建设事业部（以下简称“两大事业部”）为地质工程一体化的责任主体单位，全面负责辖区内地质工程一体化措施的现场实施。勘探开发研究院、油气工程研究院（以下简称“两院”）负责提供地质工程一体化相关的地质、油气藏、采油气工程、地面工程等专业的技术支持。按照地质工程一体化思路，组建以技术专家为主导的地质工程一体化项目组，横向上打破行政界限，构建“跨部门单位、统一编队、协同作战”的组织模式，实现跨单位资源互补、跨专业融合的研究合作模式；纵向上实行扁平化管理，大幅度缩短中间环节，提高工作效率和质量，有效整合科研攻关、方案设计、现场施工技术力量。

2. 培育创新团队，夯实地质工程一体化人才基础

塔里木油田依托刘洪涛创新工作室、张辉创新工作室、卞万江创新工作室等以学术带头人命名的创

新工作室，将“两大事业部”和“两院”内不同学科、不同专业、不同部门的人员集中在一起，搭建起“地质－油藏－工程”勘探开发全过程的一体化工作环境，孵化不同层次和类型的地质工程一体化项目组。在地质工程一体化联合研究项目组/课题组机制内，地质和工程技术人员按照“盯准一个目标、融入一个项目、解决一个问题”的思路，发展地质力学手段作为桥梁，将地质语言翻译为工程中可执行的定量数据，无缝连接石油地质与工程技术，地质与工程各自发挥专业优势，交互式进行、螺旋式上升，地质认识突破推动工程技术进步，工程技术现场实施进一步倒逼地质认识提升。地质与工程“交互式”研究模式较传统的“接力式”研究模式，显著缩短探索学习曲线，持续提升地质认识和工程技术水平。

（三）建立、健全数据平台和工作流程，夯实地质工程一体化运行基础

1. 建设数据共享平台

针对各研究生产单位各类软件繁杂，成果数据互不兼容，资料交流与管理不理想的状况，塔里木油田基于中国石油“梦想云”平台，建成智能网络协同工作平台“塔里木坦途”。“塔里木坦途”按照“需求导向、信息交流、成果共享”的思路，采用“研用一体”的技术手段，系统整合钻完井、采油气、测录井、油气藏地质等26个勘探开发数据库系统，形成数据银行，以数据湖技术为驱动，突破数据传输“壁垒”；同时，在云环境中部署4类12种地质油气藏工程软件，搭建地质工程、钻井工程、完井改造三大科学高效的集成化软件平台，实现地质工程软件对接畅通、数据实时交换、成果双向共享，为地质工程一体化项目组协同研究工作奠定坚实的基础。

2. 完善作业流程

在地质工程一体化实施中，将地质研究、工程设计和现场组织实施纳入一体化协作体系。实施过程分为以下6个步骤。第一步，决策部署和任务下达，在地质研究充分论证的基础上，由塔里木油田的公司领导组织实施，确保整体把握，大局方向不出现偏差。第二步，讨论区块方案。勘探开发决策部署任务下达后，“两院”建立由技术专家牵头的地质工程方案编制项目组，按照“正向分析、逆向设计、产能导向、综合平衡”的原则开展工作，收集区域地质、油气藏和地质力学资料，以及邻井钻井、完井和采油气工程资料，依托“品质三角形”（储层品质、钻井品质和完井品质）进行地质工程一体化论证，从对整个区块的地质认识出发，优化井位、井轨迹，从地质源头减少工程潜在风险、创建最优井筒环境。储层品质方面，主要评价油气富集性、储层分布及物性参数、天然裂缝发育程度、弱应力区分布规律，按照“占高点、沿长轴、避低洼、避杂乱、避叠置、低应力、多裂缝、高可压”的方法，提前考虑后期改造提产需求，优选“甜点”区并确定井位。完井品质方面，综合地质、地应力、天然裂缝、储层物性等参数，建立压裂设计模型，定量优化施工参数，确定目的层段最佳井眼轨迹和完井管住结构，确保地质目的实现。钻井品质方面，建立地层压力剖面，分析纵向构造特征和异常地质体，兼顾压裂改造需求、完井需求及全生命周期井完整性需求，优选三维井眼轨迹和井身结构，确定各开次泥浆和固井要求，保障安全高效钻井。第三步，地质工程交底。地质工程一体化方案编制完成后，业务管理部门召开联合审查会，由塔里木油田相关处室及勘探开发研究院、油气工程研究院、各油气生产单位的总地质师、总工程师、总会计师组成评审组，打破传统上专业偏见，按照“既考虑地质目标实现，又考虑工程效益安全”的思路对一体化方案进行“三总师”会审，确定影响工程的主要地质因素，预测工程参数，核算工程成本，确保方案整体技术经济指标最优。第四步，随钻跟踪。方案执行过程中，地质工程方案编制项目组向施工单位进行技术交底，在井队班房悬挂地质工程一体化预测大图，标注地层预测信息和工程施工要点，指导安全施工作业。地质人员与工程人员联合进行随钻跟踪，及时分析钻井复杂情况，充分利用随钻录井、测井、工程复杂等数据，调整地质力学三维模型，修正井壁稳定性钻井液窗口、井眼轨迹，将地质力学三维模型与钻井生产动态紧密结合，为钻井液参数、钻井井身结构等调整

提供依据，确保钻井质量，为后期开发提供井筒条件保障。第五步，完井改造。完钻后，地质人员与工程技术人员协同开展储层评价，以单井地质力学三维模型和近井筒三维储层预测为基础，形成包含地质测井资料、地质力学参数的完井改造综合评价成果，根据综合评价结果，确定改造层段、射孔方式、改造方式并分段分级，编制试油完井及储层改造设计，参与现场施工指挥，根据现场实际情况调整作业程序。第六步，完井评价。方案实施完成后，按照“谁设计、谁跟踪、谁评估”的原则，地质人员与工程技术人员从地质力学参数、储量及产能特征、钻完井工艺效果等方面同步评估，多学科交互深化区域地质认识，客观分析方案中的地质认识不足和工程技术不足，将评估结果应用到下一轮次的方案编制中。对于方案执行中遇到的新的地质工程问题进行科研立项，推动区域整体技术进步。

（四）突破核心关键技术，保障地质工程一体化顺利推进

1. 建立“两个同步”科研攻关模式

一是聚焦五大区域地质工程问题，依托四级项目同步立项。围绕塔里木油田深层油气资源勘探战略部署，“两院”根据塔里木盆地“五特”（特殊地表、特殊岩性体、特殊流体、特殊地质现象、特殊温压场）的地质因素，梳理总结出12个重点区块13个层系的36项地质工程问题。依托国家及股份公司、业务板块、油田四级项目，地质工程同步立项、一体化组织实施，避免重复立项，最大化利用好科研资源。“两院”抽调相关技术人员建立地质工程一体化联合研究项目组/课题组，负责课题立项、过程管理和成果总结，形成技术攻关合力。二是发展地质力学桥梁纽带，推进地质工程同步研究。地质力学具有的两个显著特征将地质与工程紧密连接在一起：一方面能够将抽象的地质语言翻译为工程中可执行的定量数据；另一方面具有时间轴上的连续性，贯穿油气井全生命周期、贯穿勘探开发全过程。为实现地质力学桥梁作用，塔里木油田大力推动地质力学学科的发展，逐步配套完善软硬件资源，攻关形成原地应力场建模、断层力学活动性预测、水平井井眼轨迹优化、钻前井壁稳定性预测、可压裂性预测、4D地质力学建模6项衔接地质与工程的专门技术，有力地支持地质一体化协同研究的深入推进。

2. 集成配套一体化技术体系

一是深化全井筒地质预测，配套钻井提速技术体系。根据深层油气藏系统提速需求，按照“一手抓降低事故复杂率，一手抓提高机械钻速”的思路，分盐上、盐层、盐下3个层段开展地质工程一体化协同攻关，形成全井筒提速一体化技术体系，整体钻井周期缩短明显。二是深化储层精细评估，配套完井提产技术体系。根据深层油气藏高效提产需求，聚焦超深、高应力、低孔、裂缝性砂岩储层地质特征，从储层“甜点”精细预测、天然裂缝精细评价、改造施工精细优化3个层面开展地质工程一体化协同攻关，形成精细化提产一体化技术体系，有效释放了油气藏潜能。

三、深层油气田地质工程的一体化高效勘探开发管理效果

（一）提速提产指标持续向好

地质工程一体化高效勘探开发推动库车山前6000米以上钻井周期较攻关前平均钻井周期降低217天，事故复杂时效率降至5.3%，库车山前整体提速12%，实现“两年打一口井”到“一年打一口井”的跨越；打造了中秋提速模式，中秋区块钻井周期降低约150天；有力保障了轮探1井（8882米）成功钻探，创造亚洲陆上最深井、最深出油气井、最深取心井等7项亚洲纪录。本成果累计指导库车山前改造112口井，单井平均无阻流量增加214万立方米，库车山前克深8、克深2、大北2、博孜1、博孜3等区块改造井投产产量均超过方案配产产量，单井平均产量是方案配产指标的1.6倍，有效支撑了库车山前裂缝性致密砂岩油气藏的高效开发。近3年，本成果通过节约钻井日费、提高单井产量，直接创造经济效益约7亿元。

（二）推动一系列重大勘探发现，助力复杂油气田高效开发

本成果支撑发现了大北2、博孜1、克深9、中秋1、博孜9、轮探1、哈拉哈塘等多个深层超深层

复杂油气藏，落实了克拉苏构造带克拉－克深、博孜－大北两个万亿立方米级大气区，推动了秋里塔格构造带万亿立方米级大气区的战略突破，为塔里木油田加快发展战略奠定了坚实的资源基础。推动克深、大北、博孜等超深油气田快速建成投产，支撑我国陆上最深气藏克深9气藏、我国陆上压力最高气藏克深13气藏成功开发，建成了280亿立方米世界最大深层天然气生产基地，有力保障了西气东输和南疆利民工程平稳供气，为国家“天然气保供、建设美丽中国”做出了重要贡献。

（成果创造人：杨学文、沈复孝、刘洪涛、李　勇、胥志雄、王　虎、王清华、曹立虎、骆发前、王永远、张　辉、薛艳鹏）

施工企业以提升竞争力为导向的区域生产经营协同管理

中铁七局集团郑州工程有限公司

中铁七局集团郑州工程有限公司（以下简称中铁七局郑州公司）始建于1953年，是世界“双500强企业”——中国中铁股份有限公司（以下简称中国中铁）的成员单位，是中铁七局集团的重点骨干子企业，注册地位于河南省郑州市。年新签合同额150亿元以上，年施工产值85亿元以上，具有公路、市政、铁路、房建4项施工总承包一级资质，桥梁、隧道、公路路基、铁路铺轨架梁、建筑装修装饰等专业承包一级和测绘工程甲级等资质。现有员工2382人，中、高级职称680人，一级建造师124人，安全工程师31人，一级造价师11人，试验检测工程师（员）16人。中铁七局郑州公司先后转战豫、鄂、陕、京、沪、津、粤、桂、晋、冀、辽、甘、云、新、藏、蒙等20余个省、自治区、直辖市，远赴博茨瓦纳、埃塞俄比亚、纳米比亚多个国家，优质高效地完成了一大批在国内外建筑市场具有较大影响的工程。近5年先后荣获6项国家级优质工程、23项省部级优质工程奖项，多次获评“全国优秀施工企业”“全国最佳施工企业”“河南省施工企业综合实力50强”“河南省重合同守信誉企业”等称号。

一、施工企业以提升竞争力为导向的区域生产经营协同管理背景

（一）解决建筑施工行业竞争压力日益增大的客观需要

近年来，我国建筑业发展正处于转型时期，伴随着国民经济和社会的发展，建筑业渐入高质量发展阶段。一方面，建筑业项目规模持续扩大，基础设施投资地位稳固；另一方面，基建投资增速放缓，建筑行业进入全方位竞争时期，建筑央企和地方国企在各自传统优势领域争夺异常激烈，市场竞争加剧，给企业扩增量带来了新的挑战。近几年来，疫情对国内外经济发展造成了巨大冲击，国际政治经济形势变幻莫测，海外工程业务变数显著增加。在竞争如此激烈的形势下，国内多数建筑企业都在深耕属地市场，强化营销能力、提高项目管理水平、增强企业综合竞争力。中铁七局郑州公司属于传统型施工企业，涉及的业务板块同质化竞争异常激烈，近几年由于地方政府的基础设施类项目数量有限，兼顾融资及廉政等方面因素，项目发包倾向于大标段或大项目，中铁七局郑州公司在融资能力、实施能力等方面没有任何优势。加之传统的建筑业市场经营、施工生产模式存在两者脱节的严重弊端，即项目开发中标后再组建工程项目部进行施工，项目在开发阶段与实施阶段属于“两套人马”负责，需要与建设单位、设计单位重复沟通与联系。为此，中铁七局郑州公司需要持续提升区域生产经营质量，干好在建项目促进滚动开发，深耕区域市场，强化营销能力，消化解决日益增大的竞争压力。

（二）优化建筑施工企业业务组织方式变革的自身需要

长期以来，工程项目是建筑施工企业自身管理、竞争实力形成的关键环节与基本单元，常常被视为施工企业管理的重中之重。中铁七局郑州公司的工程项目主要分布在粤、晋、藏、甘、豫、蒙、沪等省、自治区、直辖市，项目覆盖铁路、公路、市政、城市轨道、房建等业务，由于专业类别和重难点工程多、管理跨度大，给施工现场管控带来巨大压力。主要表现为：企业制度的适用性、有效性不强，制度不落实，执行不到位；项目管理方面出现技术难题攻关慢、安全质量控制有隐患、工期滞后等问题的可能性增大；个别项目管理依然粗放，成本管理有效性不够，清收清欠意识不强，项目盈利能力仍然较弱；大量尾工项目难以销号，由于项目持续时间长、人员变动大，使得债权债务处理异常艰难，清收清欠压力巨大，导致企业经济效益大量流失。面对项目管理中出现的种种问题，中铁七局郑州公司只有积

极优化企业业务组织方式，以实施区域生产经营的协同管理为抓手，变革企业基层组织管理模式，最大限度地优化、整合企业有限资源，切实寻找到企业高质量发展的改革道路。扭转资源利用率不高、效益流失的不利局面，减少政府、业主及其他各方的顾虑，促使工程质量进一步加强，提升履约能力，帮助企业做优、做强、做大。

（三）响应国企体制机制改革阶段性探索的实际需要

随着我国经济和社会建设的高速发展，中铁七局郑州公司的规模在壮大。然而，规模快速扩张的背后，也蕴藏着管理、资源和能力脱节的风险。中国中铁明确各工程公司要以推进企业治理体系和治理能力现代化为目标，聚焦和强化三级工程公司建设，推动三级工程公司做优、做强、做大，系统解决好三级工程公司当下存在的基础管理薄弱及能力分散、合规管理混乱、经济效益差等问题。并且，中铁七局郑州公司在中国中铁《三级工程公司高质量发展示范名录》里被列为跨越性企业进行培育，提出深化体制机制创新方面积极作用的要求，推进高质量发展示范企业率先建设成为治理体系和治理能力现代化的企业。为提高企业综合竞争力，中铁七局郑州公司更要以此为契机，响应上级单位的号召，贯彻落实好相关要求，急需对现有的生产经营管理体系和管理制度进行改革，提升企业协同管理水平，促进国有企业改革有序落地，强化三级工程公司建设，推动中铁七局郑州公司的高质量发展，实现企业体制机制改革的阶段性探索。

基于上述背景，中铁七局郑州公司以各工程项目为依托，对生产组织、要素配置、成本管控、分配激励、监督考核等方面进行调研，充分了解区域生产经营管理中的现状，于2020年开展了区域生产经营协同管理。

二、施工企业以提升竞争力为导向的区域生产经营协同管理主要做法

（一）进行科学规划，明确协同管理总体目标

1. 确定改革指导思想

中铁七局郑州公司积极实践“三个转变”重要指示，认真落实“国企改革三年行动”要求，确定“以高质量发展为主线，以‘五个实现’为发展目标，进行组织构架、运营模式、经营机制变革，形成层级定位明确、职责清晰、分工到位、逻辑严谨、协调联动的区域生产经营协同管理体系，保证企业高质量发展”的指导思想，进一步明晰公司本部、区域、项目部之间的职能定位，努力建设具有超强市场竞争力的大型综合建设施工企业，促进企业高质量发展。

2. 规划区域协同管理

中铁七局郑州公司变革组织模式，规划区域生产经营协同管理，推行区域指挥部管理模式，将管理的重心下沉至区域指挥部，缩短企业管理链条，加强对生产要素的集中统一调配和管理，提升施工管理能力。本着“精简、统一、效能、一专多能”的原则对本部管理机构进行精简，适应市场需要，优化人员结构，提高管理效率，降低管理成本，为协同管理新机制构建与运行奠定坚实的基础，从规划层面保证企业新的管理机制顺利运行。

3. 明确发展目标任务

中铁七局郑州公司通过区域生产经营协同管理，明确总体目标，一是建立地方政府和大型企业良好的市场关系，相互获取信任与支持；二是做实区域经营，通过对所在区域市场的开拓，实现区域市场份额最大化；三是落实高端项目，围绕解决地方政府发展问题和助力地方经济发展，组织策划优质、品牌等高端项目；四是提高项目管理水平，通过集中资源，推行项目管理集约化和精益化，实现经济效益的提升；五是提升企业品牌形象，以在建工程项目为依托滚动发展，增强企业综合竞争力。

（二）优化组织结构，确定区域管理的责权利

1. 优化区域组织布局

中铁七局郑州公司积极推进区域指挥部生产经营协同管理模式，制订《中铁七局集团郑州工程有

限公司区域生产经营管理实施办法（试行）》，成立河南、西藏及西北、华南、华北、华东和海外 7 个区域指挥部，引导区域项目规范、健康、持续发展。区域指挥部指以特定区域为中心、以区域项目群为基础、具有生产经营效益一体化职能的实体管理机构，适用于在同一区域内管理 2 个及以上一定规模在建项目的区域，是区域内项目生产经营管理、工程督导监控、辅助经营开发的主体责任单位。

2. 明确企业本部职权

中铁七局郑州公司本部履行企业生产经营工作的决策指挥职能，全面领导、组织、协调整体生产经营运转。负责划定区域指挥部的辖区领域，完善区域生产经营管理制度和办法，强化区域生产经营的考核奖罚；加强生产经营策划和调度，组织各类项目的辅助经营，提高辅助经营效率和质量；加强人才队伍建设和资质、资金等生产经营要素的整合管理等基础保障工作。公司本部各部门以区域生产经营业务为核心，为区域生产经营各项业务提供高效、优质、全方位、全过程的服务保障工作。

3. 强化区域管理职能

各区域指挥部“以生产指挥监管为主、辅助市场经营”的原则，履行生产经营指挥监管和辅助经营双重职能并代表中铁七局郑州公司对管辖内项目实施全过程管理，具有机构专设、职能明确、人员专业、费用专列的特点。对外，负有行使与业主、设计、监理单位和地方政府的联系、协调，辅助经营开发，督促项目经理部履行承发包合同确定的工期、质量、安全、造价、计量、结算、变更、调概、索赔等各项职责；对内，行使生产指挥、组织协调、管控监督、成本管理、经济核算、绩效考核、利益分配等管理职能。区域指挥部具有施工生产监管指挥权、项目经理任免建议权、区域市场统筹管理权、生产经营资源要素调动权等。

（三）变革业务方式，调整项目经营生产模式

1. 企业本部职能前移

为了促使经营开发与项目管理有机结合，中铁七局郑州公司变革业务组织方式，将本部管理和服务职能整合后，向区域指挥部前移，使生产资源、管理及技术资源等向市场一线、项目前线倾斜。一是将公司各业务系统的主管工程师下沉至区域指挥部进行直接管理和指导，强化现场处理问题和应变的能力，提升管理效率；二是将经营开发工作融入项目管理和全过程施工生产中，重点建立、保持与业主畅通的沟通渠道，通过做好、做优项目赢得口碑，建立互信，扎根当地市场，合理运用项目资源，实现后续滚动发展；三是加强公司本部、区域和项目的三级联动，强化一线施工力量和资源配置，全面提升各区域的创效能力。

2. 选派优秀管理团队

中铁七局郑州公司对各区域指挥部补充优秀管理人员，实行定岗、定编、定员、定职制度。各区域指挥部设指挥长 1 人，由公司分管领导兼任，指挥部本着精干、高效的原则设常务副指挥长 1 人、书记 1 人（兼）、总工程师 1 人、安全总监 1 人。区域指挥部下设 5 个职能部门，分别为生产管理部、安质环保部、工程经济管理部、财务部、综合经营部。具体定员情况根据实际管理需要配备，总定员控制在 10～15 人，办公设施配备遵循“从简、适度”的原则。该模式优化了中铁七局郑州公司上下员工队伍结构，使得各项管理费用得到有效控制。

3. 优化业务组织方式

由于各区域指挥部主要人员相对固定，业务组织方式也发生了改变，一是在做好在建项目经营工作的同时兼顾尾工项目收尾工作、完工项目的清收清欠工作；二是重视变更索赔手续办理，迅速跟进办理交竣工手续，推动项目清算相关工作，实现项目经营成果的快速兑现；三是通过对区域项目的深度了解、对经营开发与施工环境的熟悉，更好地服务、监管项目；四是各区域指挥长有更多时间精力深耕市场，从而达到生产经营“两手抓、两手硬”，有效提升企业整体竞争力。

（四）协同区域资源，实现生产经营降本增效

区域指挥部在一定范围内对工程项目的生产资源进行合理调配，使人力资源、物资设备、劳务队伍、财务管理等统筹配置并充分利用，减少资源重复投入和浪费。

1. 集中管控劳务队伍

区域内各劳务队伍实行集中管控，根据区域中标项目数量和施工特点，对劳务分包方案和计划统一策划、统一编制劳务队伍招标文件，采用区域劳务集中招标的形式合理调配劳务队伍。其中，在招标过程中坚持统一、公开招标，使劳务分包更加透明和规范。采用区域劳务集中招标的形式有效降低了劳务队伍的管理和运营成本，劳务队伍进行人力与机械的统一协调，从而提高了项目的经济效益。

2. 集中管控工程结算

区域内各项目部实行集中结算，区域指挥部集中管控范围内各个项目结算上报、经济活动分析工作，分析结算过程的优缺点，互通互补，以提高项目管理能力。区域内各项目集中核算统计分析各项目的盈亏点，保证每个项目之间精准核算，明确指出各个项目在下一时期的工程经济管理重点。区域内各子项目变更索赔工作由区域工程经济管理部牵头指导开展，充分利用区域人员经验丰富及各项目业主相同、主管部门相同等有利条件，促进相关工作的推进，在节约成本的同时全力争取效益最大化。

3. 集中管控物资设备

区域各项目物资设备实行集中管控，区域指挥部的生产管理部负责区域的物资设备管理。区域各项目中标后对所属地区的物资进行调查，整合主要物资设备需求计划并进行区域集中采购，达到以量换价的目的。在机械设备管理方面，由区域生产管理部集中各项目设备需求计划，报中铁七局郑州公司审批后根据集中管控要求进行临时设备租赁，挖机、吊车等通用的租赁设备在区域内灵活调拨，费用独立核算，进一步提高设备利用率，降低各项目设备租赁成本。区域生产管理部建立周转材料、小型机具及机械设备台账，对周转材料和小型机具进行集中调配，根据各项目开工时间和工期进度的差别分析，将设备材料进行内部借调，降低机械成本，提升设备使用效率。

4. 集中管控财务资金

根据财务区域核算的基础，进行资金集中支付工作与全面预算管理工作。在区域项目管理内集中财务人员进行统一管理，所有财务人员均集中在一个项目部，其他项目部不配置财务人员。在会计核算方面，以“核算集中，分账管理”为原则，各项目会计核算由区域财务部集中办理。以中国中铁成本管理信息系统为工具，以财务支付为手段倒逼劳务、物资、机械管理的各项流程畅通。各项目部每月根据项目施工计划要求编制人、材、机方面的资金需求计划，综合办公室负责编制项目管理费用资金需求计划，安质环保部编制安措费需求计划，最后由财务部根据以收定支原则编制整个区域项目月度资金需求计划及债务、现场经费支付计划，报上级进行审批，严格按照上级单位审批结果进行支付。

（五）推行“放管结合”，优化区域管理系统流程

中铁七局郑州公司结合系统责、权在劳务分包招标、单价审批、设备租赁、物资集采等方面进行管理流程优化，将审批权向区域指挥部和项目部下移，探索推行审批制改为备案制，进一步为项目部松绑，激发区域管理活力。放权的同时，搭建好监管平台，统筹监管力量，健全追究制度，强化事中、事后监管。

1. 下放队伍管理职权

面对个别工程项目施工工期紧、任务重、压力大的特殊情况，中铁七局郑州公司适时下放施工劳务队伍、物资供应商队伍的选择权与使用权，充分给予区域指挥部灵活应对工程项目难题的资源。

2. 采用单价比选模式

中铁七局郑州公司面对特殊项目时，允许区域指挥部采取综合比选线上和线下单价、实际供货时间而确定供应方式，不强制使用公司统一的集中采购平台，确保特殊项目正常的施工并节省施工成本。

3. 压缩审批流程时间

中铁七局郑州公司针对项目成本管理信息平台系统合同、结算评审流转时间长的问题，优化流程审批时限，保证48小时内审核完毕区域指挥部提交的流程，为区域指挥部的工作提供时间保证，为项目快速实施提供基础。截至2021年6月，项目成本管理信息平台系统上3066个流程48小时内审批完毕，极大缩短系统审批时间。

（六）建立考评体系，激发职工提质创效热情

中铁七局郑州公司建立区域考核评价激励体系，签订生产经营责任书，明确生产经营指标、考核依据、奖惩办法、考核期限等内容，进行综合绩效考核奖惩，激发广大员工创效热情。

1. 落实区域绩效考核

每年年初，中铁七局郑州公司经济责任制考核领导小组按照区域指挥部定编定员人数及生产经营指标确定经费指标及经费使用范围和支出标准。区域指挥部的绩效考核，统一由中铁七局郑州公司经济责任制考核领导小组组织有关部门进行考核打分。年度结束后，参照对直管项目经理部绩效考核评分办法，按区域各项目部年度绩效考核加权平均分值计算对区域项目部进行考核打分，提出考核意见并形成最终的考核结果。各区域指挥部期末绩效考核兑现一般采取超额利润奖励的方式，超额利润是指区域项目最终实现超过中铁七局郑州公司下达目标利润的部分。超额利润须在项目竣工决算后由中铁七局郑州公司审计部审计确认并经共同考核，然后，按照有关规定进行超额利润奖励兑现。

2. 赋予区域考核权利

中铁七局郑州公司给予区域指挥部独立核算的自收自支财权、相对自主的选人用人权、生产经营要素的自主选用权、工程任务分配的建议权，以及在建项目的管理权、区域指挥部内部奖罚的自主权。区域指挥部工程经济管理部是各层级工程项目经营工作的主体责任部门。一是工程经济管理部设立专岗，指定专人，组织对工程项目经营工作进行指导、监督、检查、考核、兑现。年终责任考核时，区域指挥部对服从大局、执行区域管理制度、取得良好业务的项目部，加大绩效考核奖励比重。二是区域指挥部与各项目部建立事件互通机制，发生变更、调价或索赔等工程项目经营事件后应及时与上级部门进行沟通，禁止以任何方式和理由隐瞒事件真相，对于延误机会的有关人员应给予必要的处分或处罚，造成损失的应按相关规定进行处理。三是区域工程项目经营实行两级第一责任人负责制，各工程项目经营计划的完成情况将作为项目责任成本评估考核的重要依据，对于在工程项目经营管理工作中成绩突出的单位和个人，区域指挥部将给予一定的物质奖励。

3. 激发区域创效热情

中铁七局郑州公司推进以开源节流、降本增效为目标的成本管理活动，通过推进薪酬制度改革，引领效益提升，在区域项目内逐步加大项目模拟股权分配机制的覆盖面和深度，使项目部管理人员与工程项目结成利益共同体，充分激发项目管理团队的内生动力和参与项目管理的热情，形成责任共担、利益共享的整体，量化经济考核指标，进一步促进效益提升。

三、施工企业以提升竞争力为导向的区域生产经营协同管理效果

（一）增强了区域的协同能力

中铁七局郑州公司用区域生产经营协同管理的模式，实现了在一定区域内长期经营、深耕市场的稳定势态，提高了服务质量和区域整体营销效率，达到了品牌自我维护的功效。挖掘了内部潜力，形成了发展动能，扩大了企业影响，最终实现区域市场深耕。在区域协同管理模式下，统一各项目部的管理思路及管理模式，各个项目部可以相互学习、取长补短，形成区域内部资源共享机制，降低了同等问题出现的次数，提高了区域内的管理水平。在每个专业体系内配置一名经验深厚的员工作为引领人，带动项目区域内该业务的发展，降低项目管理风险，系统提高工作素质。区域集中办公管理，使得人员队伍的结构趋于合理，优化了梯队建设，为企业培养大批高素质人才做出了贡献。

（二）提高了项目的经济效益

通过区域生产经营协同管理极大地改善了企业项目质量管理弱化的局面，实现了项目经营管理价值创造最大化。西藏区域指挥部在施工过程中，组织辖区内项目部新增合同额近35亿元，创造经济效益约1亿元。在区域协同管理体制下，通过员工集中办公、一人兼管多个项目、人员的相互调配，有效节约了人力资源，压缩了管理费用，各类资源的合理调配和集中管控的实施有效地控制了成本费用。比如，中铁七局郑州公司西北区域、西藏区域和华南区域3个区域，相比标准配置减少79人，每年合计节约管理成本约1740万元。河南区域项目截至2021年6月，通过劳务招标降低劳务分包成本共计335万元；另外，通过物资集中招标，共计节约成本1073万元；周转材料及小型机具的集中管理调配周转，累计节约费用401万元。项目的各项成本降低，直接提高了企业的经济效益。

（三）提升了企业的市场竞争力

中铁七局郑州公司各区域指挥部坚持“以现场保市场”的理念，对外统一展示企业形象，获得了区域内各关联单位的高度评价，为后续市场营销工作的开展提供了有力支持，提升了企业在区域内的整体竞争力。河南区域指挥部通过干好在建项目，加强与相关单位的协调沟通，积极主动寻求新施工项目，成功中标郑州地铁7号线等多个项目，实现了企业在河南区域市场持续发展的目标。中铁七局郑州公司全面进军郑州航空港区、平原新区的市政、房建等公共设施领域，提升在建项目管理水平，强化与市场接轨的融合度，提高项目盈利能力，做强河南省内市政、房建专业；维护好郑州、上海、兰州等地既有市场，实现良性循环、稳定进账，做优地铁专业；巩固做实既有线改造、线路维保等铁路项目，加强成果包装，体现中铁七局郑州公司特有的施工专长；认真研判铁路市场形势变化，坚决做到理性投标并规避风险，成功中标了广湛高铁8标，合同价值29.85亿元，极大地提升了企业的综合竞争实力。

（成果创造人：石军伟、邢红杰、王　立、黄登科、徐水龙、白宏州、孙　猛、景健敏、邹栋佳、王金星、铁艳霞、徐　宁）

军工企业基于“一本计划”的综合经营管控体系构建

中国航天科工防御技术研究院

中国航天科工防御技术研究院（以下简称研究院）创建于1957年，是我国国防科技工业的中坚力量。在武器装备领域内开创了多个第一，填补了多项空白，为我军装备现代化建设和我国综合国力的提升做出了重大贡献。研究院下属3个总体设计部、8个专业研究所、3个总装制造厂、1个上市公司、1个控股子公司、1个研究生院、2个服务保障单位，共有员工21000余人，其中有两院院士5人、中央直接联系专家13人，共获得包括4项国家科技进步特等奖、4项国家技术发明奖在内的各类科技奖励2500余项。拥有1个国家重点实验室、5个国防科技重点实验室、1个国家工程研究中心，以及4个国防科技工业创新中心和60余个其他各级各类创新研究中心。

一、军工企业基于“一本计划”的综合经营管控体系构建背景

（一）提升全院资源配置效率的需要

研究院存在“院本部－院属单位－下属公司”的三级管理架构，各法人单位均为相对独立的经营主体，各职能部门对主管专业制订管理规范，各级管理体制和各类工作机制纵横交叉且相对固化，在一定程度上造成全院战略目标的分解落实存在偏差，全院范围内的组织运营和资源优化配置难度较一般企业更大。为了更好地适应新时期外部形势要求和自身发展需求，迫切需要构建更加协同高效的管理体制，提高组织运营和资源配置效率，确保以强军首责为核心的战略目标实现，打造牢固可信的国家安全盾牌，支撑军事强国建设、服务国家安全战略。

（二）推动研究院高质量发展的要求

研究院秉承“大防务、大安全”的发展理念，积极响应国家科技强国、航天强国、网络强国、数字中国、智慧社会建设等战略要求，积极服务国计民生，积极布局发展战略性新兴产业。但是，研究院目前的经营发展质量和科技创新能力与高质量发展要求还有一定差距，迫切需要通过综合经营管控机制变革进一步释放院属单位的经营发展活力和全院干部职工的创造力，加快重大前沿科技突破和关键核心技术攻关，促进军用技术成果转化，实现战略性新兴产业突破和全院高质量发展。

（三）建设世界一流企业的内在要求

对标世界一流企业，研究院面临的问题主要有：一是装备技术研发和系列化发展存在差距。在武器装备技术研发上的投入不够，关键技术攻关与武器装备研发进度存在差距，在前沿性技术的探索和积累不足。武器装备“基本型、系列化”的发展存在不足，跨单位和跨型号的协同不够，技术和产品成果通用化不好，使得时间成本、资源成本消耗巨大，产业核心竞争力、发展速度与发展潜力受到制约，业务增长相对缓慢。二是发展合力得不到有效发挥。院所两级危机意识和发展意识的层层传递不到位，长期以来以经济指标为导向的考核模式使得院属单位过多关注短期绩效而对中长期发展重视不够，院属单位目标与院整体目标不匹配、年度目标与规划目标不衔接，影响了战略目标的整体推进。在个人层面，研究院科研生产任务规模、难度和竞争压力快速增加，而全院以奋斗者为本、价值为导向、多劳多得的激励模式没有及时跟上，核心骨干、创新人才的激情、动力、活力逐渐降低，团队合力、凝聚力和奋发有为的精神状态有所下降。三是精细化管控水平不够、管控效率不高。在管控维度上仍以对管“单位”为主，更多的是将上级下达的经营发展要求分解至所属单位，对于所属单位的经营发展质量、业务支撑力度等管控不到位，对于研究院内跨单位的重点项目的任务流、资金流等管控缺失；在管控时点上仍以

事后分析为主，事前和事中的主动化管控较少，经营管控效率不高，亟待突破军工企业传统思维惯性和瓶颈，利用新时期信息技术手段，实现经营管控的转型升级，有效提升经营管控效率和效果，为世界一流安全防务企业建设赋能。

二、军工企业基于“一本计划”的综合经营管控体系构建主要做法

（一）打造基于“一本计划”的多维立体计划矩阵

针对研究院多法人、多层级、多业务的管理架构和军工项目阶段多、时间久和配套复杂等特点，为解决战略目标在多层级、多专业中分解落实不到位、各级各类计划安排要求不一致等问题，研究院深化推进计划管理体制变革，构建统揽全院、基于同一目标、“一本计划”的目标责任体系。在目标设置上，对外全面承接用户合同、集团公司经营业绩、科研生产等各项管理要求，对内全面分解落实规划目标和年度目标要求。在管理要素上，覆盖科研生产经营等年度各项工作，涵盖计划、合同、经费、质量、资源保障等管理全要素。在管控方式上，将经营目标在横向业务层面、纵向多级次单位层面自上而下逐级分解，自下而上逐级反馈进展情况，打通各单位和各业务领域的计划“烟囱”，在全院范围内打造了横向到边、纵向到底、全时全域的多维立体计划矩阵，有力确保了全院战略发展目标全方位贯彻落实。

1. 适应多管理维度，推动计划横纵互锁

为适应三级管理层级和多专业管控模式，从专业和单位两个维度构建计划横纵互锁的管控模式。一是横向整合各专业计划，实现多管理的部门协同。为确保综合计划和专业计划相互协同，研究院强化综合计划的顶层统筹作用，将综合计划“1”与各专业计划“N”整合为“一本计划”，实现全院范围内各类计划一体化统筹管理，有效避免了各专业计划要求令出多门、各自为政，以计划整合为契机提升各专业管理部门协同水平，大幅增强了研究院下达计划的协同性和严肃性。二是纵向衔接各单位计划，实现多层级单位协同。针对多层级法人主体的特点，为确保全院战略目标在全级次单位分解落实、过程中各级计划协同管控，研究院将院本部“一本计划”下达至各单位并与各单位内部重点计划关联衔接，实现计划跨单位层级的实时联动，确保计划管理在纵向多层级单位维度的全覆盖，确保研究院多层级法人主体协同发展。

2. 瞄准长远目标，实现跨周期计划管控

除了依托“一本计划”实现横纵两个维度的协同外，为确保战略目标在时间维度上的执行和落地，研究院构建了管控频度涵盖“五年－三年－年度－季度－月度－实时”的全过程管控链条，确保企业短期经营行为与长期战略发展目标协同。一是五年规划目标管控：构建了战略协同和目标互锁机制，在单位维度，形成了“院本部＋院属单位＋下属公司”的三级规划管理模式，确保全院战略发展目标在全级次单位分解落实；在专业和产业维度，形成了“综合规划＋专项规划＋产业规划”的管理模式，确保专业互为支撑，产业发展协同。二是三年滚动计划和年度经营计划管控：为确保五年规划与年度经营活动有效衔接。在单位维度，以3年为周期，院本部对院属单位进行任期经营业绩考核，考核目标值与五年规划值匹配协同；在产业维度，研究制订重点产业化项目三年滚动计划，引导产业健康发展，支撑五年规划目标逐步落实。年度经营计划与规划目标匹配，科研生产任务与项目立项批复匹配，确保战略目标与阶段目标协同。三是季度总结：基于OKR工作理念，实施季度计划总结和工资总额核定机制，滚动确认目标实现情况，包括经营目标实现、科研生产任务完成等，据此核定各单位“挣得制”工资总额。根据计划总结评估情况针对性调整目标要求，每年第三季度对年度计划调整修订。四是月度对表：实施月度对表机制，每个月梳理计划完成情况，跟进经济运行情况，通过对表会等方式通报经营计划和任务进展，对院属单位存在的经营风险进行提示，确保全年经营发展目标不出现偏离。五是经营发展难题一对一实时协调：针对院属单位经营发展中的问题，第一时间研究协调解决，建设并上线运行院

属单位经营发展问题协调系统，利用信息化手段精简流程，缩短管理链条，打造解决问题的直通车，实现问题报送协调解决全过程在线完成。

3. 支撑精准施策，实现全要素全过程管控

为解决经营管控精细化程度不够的问题，进一步扩展了计划管理要素，将各类管理要素纳入“一本计划”，以计划为载体实现各类管理要素的有机协同，为全院范围内经营举措的创新实施奠定基础。一是丰富计划要素，实现多角度管控。项目层面，将项目合同签订、任务进度、资源配置、质量管控、风险识别等信息纳入计划；资金层面，将合同到款、经费分配、经费拨付、成本核算、指标结算、效益分析等信息纳入计划；业务层面，将市场开发、物资采购、科研生产、售后服务等业务纳入计划。运用大数据管理思路，通过各类要素的统筹分析实现多角度管控。二是抓住项目主线，细化管控颗粒度。制订了详细的管理要素“主数据”标准，以项目“主数据”为线，将计划中包含的各类管理要素贯穿起来，实现了项目维度的管控，在此基础之上实施对项目团队的各类目标设定、效益效率分析、考核评价、奖励激励等精细化管控，形成了以项目为中心的全要素全过程经营管控，管控颗粒度由单位细化到项目。

（二）全方位实施“挣得制”，有效激发全院经营活力

研究院以“一本计划”为载体，以核心要素配置为抓手，全方位实施基于预先承诺和实际绩效的“挣得制”。其核心为将单位、项目团队和个人所需的资金、工资等各类核心资源，均事先匹配计划，按照计划内容完成情况确定资源如何发放和使用，强化竞争意识、“挣得”意识。在单位维度，实行任务经费和工资总额“挣得制”，各单位能够获得研究院拨付的资金额度和可以发放的工资总额，均需根据单位当年年度计划完成情况确定；在项目维度，实行“院长令”，对重大战略性项目团队进行专项激励；在个人维度，实行市场开发和科研生产任务“预先承诺激励机制”，对在工作中发挥重要作用的核心骨干成员进行专项奖励。其目的是突破掣肘，优化资源配置效率，强调预先承诺，强化契约精神，多劳多得、少劳少得，早劳早得，坚决消除“平均主义”，取缔高水平的“大锅饭”，激发全员干事创业的活力和动力。

1. 实行任务经费“挣得制”，聚焦科研生产任务完成

引导各单位聚焦主责主业，全面实行基于实际绩效的任务经费“挣得制”，将科研生产任务经费统一配比“一本计划”，各单位任务经费拨付与计划完成情况严格挂钩，计划完成是经费拨付的前提必要条件。与此同时，严格实施节点计划和质量奖惩，强化责任追究和质量追究机制，因计划拖期造成经济损失的，责任单位必须承担相应责任，增强院所两级的契约精神。

2. 实行工资总额“挣得制”，激发全员经营发展动力

将各单位年度工资总额划分为“三挂钩”和基于实际绩效的激励机制两部分。其中，基于实际绩效激励部分包括“挣得制”工资总额和专项奖惩。每年年初，研究院根据院属单位当年承担任务情况，以上一年度工资总额为基础，切割50%的额度作为各单位“挣得制”工资总额匹配“一本计划”，根据计划完成进度按季度核定发放。其中，科研生产任务类计划比例为30%，经济指标类计划比例为15%，综合管理类计划比例为5%。各单位季度“挣得制”工资总额以各类计划核定的“挣得制”工资总额乘以本季度计划完成率体现、结算。其中，计划完成率＝［本季度计划完成数（值）÷年度计划数（值）］调节系数。聚焦强军首责，对科研生产任务类计划设置权重调节系数，加大考核力度。

3. 设置“院长令”，引导重点项目团队实现突破

针对企业重大战略研究、核心竞争力提升和重大任务推动等3方面的工作，发布“院长令”，按照重要程度、难度、工作量、价值贡献等，配以单项不同额度的专项激励，引导项目团队挖掘潜力、释放活力，全力推进项目实现突破。“院长令”机制实施以来，有效推动了研究院多个战略性项目和产业实

现突破，多个重点产业实现跨越式发展，为支撑和引领领域创新打造了坚实平台。

4. 实施“预先承诺激励”机制，对核心骨干人员精准激励

以奋斗者为本，以价值创造、实际绩效为评判标准，实施“预先承诺激励”机制，对在市场开发、急难险重科研生产任务中发挥主要作用、做出突出贡献、采取有力措施的核心骨干人员，实施专项奖励。一是激励额度根据项目重要程度确定。每年年初，针对拟激励的项目制订年度计划，初步明确奖励预算，工作按期完成后制订具体激励方案。市场开发方面，根据获得立项的研制项目或新签批生产合同的经费额度确定激励额度；科研生产任务方面，根据科研生产任务的难度和重要程度确定激励额度。二是激励发放聚焦核心骨干人员。激励发放不搞“平均主义”，项目负责人的激励额度原则上不低于总额度的10%，项目负责人为该项目的具体工作牵头人员或主要工作承担人员（一般不超过3人）。核心骨干人员（含项目负责人）数量不超过总人数的40%，激励金额占比不低于总额度的60%。

（三）建立“差异化”评价导向，精准施策引领发展

针对不同类型单位、项目和个人，设置不同的考核评价指标和激励制度，以解决不同类型单位的考核尺度、各类项目的资源投入、各种人才的价值评判等方面存在的不合理情况。单位维度，通过设置不同的考核指标、细化单位分类，对院属单位经营业绩考核实行分类考核评优；项目维度，对不同类型项目设置差异化的资源投入及评价标准，鼓励科技创新；个人维度，针对不同层次人才设置与其贡献匹配的薪酬体系，激发专家人才和核心骨干主观活力。通过分类施策实现精准激励，引导各单位、各项目团队及个人各司其职、各尽其责，贡献自身力量，汇聚形成研究院高质量发展的合力。

1. 院属单位经营业绩考核实行分类评优

一是系统性设置考核指标体系。贯彻落实国务院国资委的考核导向，结合研究院大型军工企业特点，研究确定了经营业绩考核指标体系，包括3类一级指标、23项二级指标及百余项三级指标。其中，一级指标和二级指标相对固化，三级指标按年度进行针对性调整。一级指标分别为经济考核指标、任务考核指标和综合管理指标。经济考核指标包括净利润、经济增加值、营业收入、成本费用占比、全员劳动生产率和研发经费投入强度6项二级指标，任务考核指标包括型号科研生产、科技创新、空间工程、民用产业、国际化经营和专项任务6项二级指标，综合管理指标中包括改革发展、质量管控、协同发展等11项二级指标。二是差异化进行分类考核评优。根据院属单位在武器装备科研生产体系中的职能定位，实施分类考核、分类评优。将院属单位划分为系统总体、骨干产品、总装工厂、基础研究、控股公司、服务保障6类单位，从考核指标体系中选取、设置不同的指标，针对性地设置考核权重，一类单位一把尺子。

2. 针对各类项目实施差异化的投入机制

一是针对重点产业设置产业发展基金。研究院大力打造形成“1+4+N+M”的产业发展格局。为实现产业阶梯式接续发展，研究院设置了“4+N”百亿元产业专项发展基金，针对重点产业集中资源支撑快速发展。二是针对自筹资金研发项目设立战略资金池。瞄准提升全院核心竞争力、重点产业发展、核心能力建设等战略方向的重点项目，实行全院自筹研发经费统管机制，设立院级战略资金池，集中力量干大事、要事。对于全院战略性、重大系统级自主投入项目，由研究院100%支持项目直接成本支出；对于其他类项目，坚持“谁受益、谁投入”的原则，由院所两级共同筹措资金。三是实施质量技术基础类项目投入长效机制。为有效解决共性的质量与技术基础难点，提升质量与技术基础的能力和水平，在质量与可靠性、软件、电磁兼容、元器件、计量、工艺和标准化等专业领域，实施投入长效机制，通过长期稳定的投入实现质量技术突破。在此基础上发布了专项工作考核办法，实施质量与技术基础工作考核，引导院属单位加大投入实现量变到质变，为装备科研生产和质量管控能力跨越式提升打造坚实基础。四是全面布局重大前沿基础技术研究。为加速打造战略科技力量，紧跟世界科学技术前沿，

聚力科技自主创新、原始创新，加速战略性、前沿性、颠覆性技术的发展，面向国家重大需求，推进战略高技术、原创性引领性技术、基础性技术研究，筑牢军事领域战略地位，抢占创新领域战略优势。通过技术合作、产业集成和跨界融合等方式，协同科研院所、高校等创新主体，全面布局培育重大前沿基础技术方向。

3. 为核心人才量身定做激励和奖励机制

深入实施人才强企战略，分级分类构建和完善人才激励体系。以技术专家为例，研究院贯彻落实集团公司要求，全面开展以首席专家为代表的高层次领军人才体系建设，实施了首席专家、特级专家和高级专家三级专家评选体系，评选并聘任后，按照级别给予有竞争力的年薪待遇。

（四）建设“数字化”平台，支撑全维透明化管理

以数字化转型整体驱动综合经营管理方式变革，实现数字化“全覆盖”、流程“全打通”、业务“全在线”，通过单位维度协同和业务维度协同，系统提升研究院协同发展水平。

三、军工企业基于“一本计划”的综合经营管控体系构建效果

（一）企业经营业绩稳步增长

在外部环境错综复杂、经济下行压力增大的情况下，研究院主要经济指标均保持了快速增长。2018—2020 年，营业收入和利润总额的平均增长率分别为 13% 和 8%，两项指标完成值和增速在航天研究院中处于领先位置。2018—2020 年连续 3 年在集团公司经营业绩考核中保持优秀，得分率及排名稳步提升，2020 年考核排名第一。企业核心竞争力显著增强，价值创造能力不断提升，国有资本保值增值率、净资产收益率、全员劳动生产率等经营指标在航天研究院中位居前列，达到国内行业领先水平。

（二）企业经营发展活力不断增强

研究院战略落地、计划执行效果明显增强，综合计划完成率从年均 81. 12% 提高到 95. 62%。精细化管控水平显著提升，项目全寿命周期管理效果显现，尤其是重点研制项目的任务拖期、经费超支等情况大幅改善。以奋斗者为本和多劳多得的价值导向深入人心，单位经营发展活力不断增强，院属单位创先争优，尤其是部分非核心骨干单位利润水平连创新高，核心骨干、创新人才获得感显著提升。2018—2020 年，院级合同签订额较“十三五”前期翻两番，竞标成功率不断提升，领域内装备市场占有率实现突破。科技创新成果转化不断见效，实现科技成果转化的自主知识产权项目数量同比翻番，成果转化收入金额同比大幅增长。

（三）有效提升产业链协作配套能力和水平

研究院协同发展水平不断提升，“单位 + 单位”的协作配套链条更加牢固，“单位 - 团队 - 个人”的发展合力传导更加顺畅，全院构建了经营发展共同体。以呼吸机项目为例，疫情期间，在产品供应链被阻断的情况下，研究院院属 9 家单位大力协同，高强度快节奏，仅用时 53 天完成了某专项任务，实现了呼吸机产能大幅提升，重点型号国产化率达到 99% 以上，有力支撑了全国新冠肺炎疫情防控工作，获得国务院相关部门高度赞扬；同时，该产品作为战略物资销往 30 余个国家。

（成果创造人：宋晓明、费海伦、贺　磊、贾云庆、张建辉、张　勇、
李　江、张福祥、门　杰、吴靖巍、樊　敏、刘晓亮）

省级电网企业以概念收益指标为核心的管理体系构建

国网江西省电力有限公司

国网江西省电力有限公司（以下简称江西电力）系国家电网有限公司（以下简称国网公司）下属全资子公司，以投资、建设、运营江西电网为核心业务，经营区域覆盖江西省11个设区市、100个县（市、区），供电户数为2321万户，供电人口4519万人。所辖市供电公司11家、县供电公司97家，城区供电中心27个、乡镇供电所977个，电力科学院等直属单位16家。现有员工5.38万人，其中农电用工1.17万人。±800千伏特高压换流站1个；35千伏及以上变电站1684个，输电线路5.9万千米；10千伏配电变压器23.2万台，配电线路21.8万千米；资产总额1007亿元，资产负债率68.2%。2020年，售电量1348亿千瓦时、同比增长6.71%，增速位列国网公司系统第三名；营业收入774.27亿元，同比增长4.16%；电网综合线损3.93%，位列国网公司系统第六名；供电服务质量排名国网系统第三名。近年来，江西电力各项工作成绩显著，先后获得“全国文明单位”“全国脱贫攻坚先进集体”“江西省五一劳动奖状”等荣誉称号。

一、省级电网企业以概念收益指标为核心的管理体系构建背景

（一）把握国企改革方向，充分激发和释放企业活力的需要

党的十九大报告提出，要深化国有企业改革，发展混合所有制经济，培育具有全球竞争力的世界一流企业。国务院国资委相关文件指出，现阶段中央企业改革核心就是构建与自身功能定位相匹配的激励约束机制，深化与市场化、国际化新形势相适应的用工分配机制改革，重点推进“管理人员能上能下、员工能进能出、收入能增能减”，激发发展新动力，增强中央企业的活力和竞争力。深化国企“三项制度”改革，是转换企业经营机制、建立完善现代企业制度的重要手段，也是充分调动广大干部职工创造性的根本方法和有效途径。作为事关国计民生的垄断性公共服务企业，国有电网企业需找准电力在现代社会发展的功能定位，深化“三项制度”改革、搞活管理机制，适应时代发展并提升供电保障能力，成为促进经济社会发展、保障和改善民生的重要力量。

（二）适应电力体制改革、提升电网可持续发展能力的需要

继2002年电力体制厂、网分开改革之后，2015年启动了新一轮电力体制改革。新一轮电力体制改革正按照“放开两头、管住中间”的工作思路，从电价机制、交易机制、售电侧改革等方面持续推进。电价监管日趋严格，增量配电市场加速放开，作为一头连接发电企业、一头连接社会用电主体的“中间”，电网企业核心业务依靠市场扩张和收取过网费的盈利模式越走越窄，需要持续提升适应市场化发展的能力，对内，按照政府监管要求，规范内部管理，控制供电成本，提质增效，提升投资能力，支撑电网再发展；对外，积极履行社会责任，提升供电服务品质，更好地满足经济高质量发展和人民群众日益增长的用电需求。因此，省级电网企业进一步加强内部管理、提升各类要素供给质量和投入产出效率、实现企业管理机制升级，具有极为重要的现实意义和深远意义。

（三）突破自身发展瓶颈、着力解决突出矛盾和问题的需要

近年来，江西电力持续推进内部管理变革，提升公司发展水平，取得一定成效。但是，作为传统的省级电网企业，仍存在一些深层次的体制机制障碍，也面临不少历史遗留问题，一定程度上制约着企业的持续健康发展。安全局面不够稳定，连续两年发生电网人身事故；电网发展尤其是配电网发展不足，社会服务投诉较多；经营管理存在“跑冒滴漏”，经济实力不强，电网运营费用及电网再投资能力不

足，资产负债率高企；体制机制不活，干部员工的激情和动力不足；等等。上述问题已经成为转型升级、提质增效的瓶颈，急需通过管理机制变革，变革图强，强身健体，促进企业和员工共同成长，最终实现企业高质量发展的目标。

基于以上背景，江西电力于2019年开始管理机制变革，通过建立与市场经济体制及现代企业制度相适应的、能充分调动各类人员积极性的新管理体系，提高组织运行活力和员工发展动力，从根本上提升企业核心竞争力。

二、省级电网企业以概念收益指标为核心的管理体系构建主要做法

（一）统一企业价值追求，明确建设思路与主线

1. 对接基层所需、所盼，明确管理机制变革方向

江西电力深化“三项制度”改革，对照公司实际，沉下去对下属市、县公司及直属单位进行大调研，查找体制机制短板，对自身问题有更加充分的认识。一是“多张考卷”导致综合着力的方向不明确。目前，内部工作评价主要有同业对标和企业负责人业绩考核，但两个评价体系相对复杂且未形成有效关联，基层供电单元侧重完成“量价费损”指标，不注重核算整体经营效益。二是“起跑点不同，终点相同”导致员工动力、活力不足。对标评价和业绩考核“比体量、拼规模”的成分较重，售电规模大的单位占优势，不用太多努力就可轻松取得较好成绩；电量规模小的单位，再努力也难以排名靠前，工资分配总额、企业负责人薪酬未充分体现同业对标结果。为此，江西电力立足现实问题，明确围绕统一评价机制、优化薪酬机制等方面，变革管理体系，释放每个经营单元的主观能动性。

2. 创新概念收益指标，牵住经营管理的“牛鼻子”

江西电力将收入、成本等指标加入，建立综合性经济指标——概念收益，通过概念收益指标将主营业务和非主营业务、收入和收益等经营状况量化体现出来。一是设置售电概念收益，揭示经营本质。售电概念收益是指售电收入减去供电成本（单指购电成本）。二是创设其他概念收益，引导拓展经营外延。其他概念收益指市、县供电企业等经营单元，除主营售电业务收入外，通过有形和无形资源的依法合规运营，上缴省级公司的实际增值收益。具体包括政策性收益、实物资产经营性收益、减损性收益、支出节约性收益、其他上缴公司的增值收益五大类18项具体业务的收益。增值收益纳入各经营单元的总概念收益来计算，目的是促进各单位在加强售电主营业务经营的同时，开展其他资源的依法经营工作，实现全业务、全链条、全资源的依法经营。三是通过概念收益指标统一企业目标和员工利益。从企业层面来说，售电概念收益与售电量、售电均价、购电均价、线损电量等电网企业重要因素关联。某一经营单元如需提高售电概念收益，既要增加售电量、提高售电均价、加大反窃电力度，还要在优化购电结构、降低购电均价、加强线损管理等方面综合着力，有利于引导各单位抓重点、出业绩。从业务单元、员工层面来说，简单透明的计算方法，使得每个业务单元乃至每个员工都清楚如何结合自身工作，在降低费用的同时努力提高企业收入。

3. 贯穿概念收益主线，谋划管理机制变革路径

江西电力将概念收益作为统筹全盘的“总抓手”，一体化重构市、县公司同业对标及企业负责人业绩考核、工资总额核定等核心制度，建立“不进则退、慢进也是退”的“赛马机制”，引导公司上下树立“业绩靠干、工资靠挣、荣誉靠贡献”的价值导向和目标导向。为鼓励市、县公司及供电中心（供电所）心无旁骛追求概念收益，通过理顺供区关系、统一核算标准及实行市、县公司管理一体化和人力资源管理一体化、供电所“营配合一”等系列配套改革措施，调动员工的主观能动性、释放员工的积极性。通过总体规划、系统发力，形成公司管理“一盘棋”格局，激发内生动力、释放员工活力，促进公司和电网高质量发展。

（二）重构业绩评价体系，建立内部“赛马”机制

1. 重构市、县公司同业对标体系

一是形成导向清晰的同业对标体系。同业对标是企业一项非常有效的综合管理手段。随着时间的积累，指标设计日趋繁杂、导向不清晰、缺乏操作性，模糊了企业的核心目标追求。江西电力紧扣安全、社会、经营责任，围绕安全生产、经营管理、供电服务和风险防控四大核心维度对下属单位开展评价。二是形成“比实现、比进步、比增量”的运行机制。将市公司、县公司、城区供电中心和供电所作为独立的经营单位，分别开展对标。以市公司同业对标指标体系为例（总分400分），在安全生产和风险防控指标（170分）上“比实现”，实现目标得满分，越出边界则扣分；在经营管理评价（130分）上以概念收益增长率和增加值为重要权重指标，全省11家市公司按排序评分；在供电服务指标设计（100分）上，将“百万客户投诉量”作为重要权重指标，投诉越少、得分越高。这样的指标设计和“三比”原则，减少过去“拼规模、比体量”的对标因素，使得各单位不论规模大小、基础条件差异，只要自身努力有进步、有增长，就可能取得优秀成绩，实现排名进位，促使每家单位都努力争取尽可能好的业绩，带动公司整体进步。

2. 重构企业负责人业绩评价体系

市、县公司领导班子的业绩主要由该单位同业对标评分，另外加上党建工作考核得分折算构成，体现单位的业绩就是班子的业绩，实现同业对标成绩与企业负责人业绩考核的相对应、相匹配。通过机制约束让企业负责人必须为企业负责，改变以往企业负责人业绩与本单位工作业绩评价存在“两张皮”的现象。直属单位领导班子的业绩考核与其工资总额核定办法协同一致，实现“一企一策”的差异化评价。

（三）改革薪酬分配机制，用活工资核心资源

1. 优化工资总额核定机制

重构市、县公司及直属单位工资总额核定体系。市、县公司工资总额：按照基本薪酬、业绩薪酬、专项激励薪酬为5∶4∶1的比例核定。其中，工资总额的50%为基础性工资，按人核定，体现公平公正；工资总额的40%为业绩工资，以概念收益增长率、“百万客户投诉量”两个指标（各占一半）按一定公式折合计算，这种简约简单的指标考核一线干部员工易理解、好操作。直属单位工资总额分配中，亦有40%的业绩工资，根据不同单位的功能定位和发展目标“一企一策”确定，核心考核指标大多为类似于供电企业概念收益的综合性经济指标，打破每年工资总额“存量不动、增量调整”的局面，实现工资总额核定全省“一盘棋”和工资分配的透明、公正。

2. 形成业绩导向奖励机制

一是提倡业绩导向，给予荣誉奖励。坚持以业绩为导向评优秀、评先进、奖工资。每年按照直属单位及市、县公司企业负责人考核、同业对标等成绩排名，自动生成综合业绩优秀单位、先进单位（进步快）、优秀县级供电企业、先进县级供电企业（进步快）等荣誉奖项，配套给予不同额度的工资奖励并在职代会上、公司网站上大张旗鼓表彰宣传。这种荣誉靠贡献、靠业绩、靠进步的评选方式，时刻鞭策激励各级班子不敢懈怠、不甘落后。二是设立专项工资，注重特殊贡献。包含同业对标、科技进步、管理创新、重大保电等六大事项。设置供电服务专项奖，如全年实现零投诉，供电所正副所长分别奖励3000元、2500元，员工人均奖励2000元。设置经营业绩专项奖，概念收益同比增幅达到8%，员工人均奖励500元；概念收益同比增幅超过8%，每增加一个百分点员工人均奖励增加100元。为加快提升供电能力和服务品质，特别设立生产技改大修和35千伏及以下配电网项目自主实施专项奖励，给予项目单位5%的专项工资奖励。

（四）采取“分田到户”办法，促进制度机制落实

1. 理顺地市公司供区关系，固化经营核算基础

一是理顺市公司供区关系。供电区域是公司服务地方经济社会发展的“责任田”。长期以来，在江西11个设区市设有12家地市公司，其中8家供电区划与地方行政区划不一致，外不利于社会责任履行，内不利于经营管理和评价，地方党委政府一直希望理顺供区关系。为此，江西电力按照地市供电公司供电区划与设区市行政区划对应原则，下定决心、周密部署，克服安全稳定风险，历时一年，于2020年完成供区调整，实现全省供电区划和行政区划完全一致，不仅为做好内部经营核算、提升经营管理水平奠定基础，而且为密切政企合作、服务好地方经济发展创造了良好环境。二是统一核算标准。为保证概念收益数据的可比性和核算的公平性，充分考虑不同区域上网电价的差异，江西电力统一购电成本的核算标准，各市、县公司购、省网电价、市场化交易电价及自购小水电、风电、太阳能等其他电源电价按统一的标准核定。实行购售同期管理、电费省级直收管理，为客观公正评价经营业绩、防范经营风险奠定管理基础。加强经营评价数据的审计监督，严控供区调整（县与县之间、市公司与县公司之间），严格关口计量管理，通过自动采集等技术手段防范人为调整关口电量，维护概念收益计算的客观性和可比性。对于指标弄虚作假的，给予双倍核减作假分值等处罚措施，严肃评价考核纪律。

2. 实行管理“两个一体化”，深入推进“放管服”

一是市、县公司管理一体化。充分授权市公司管理县公司，除人员入口管理、营业区调整等事务由省公司管理外，其他事项由市公司管理。省公司考核市公司时，同业对标、企业负责人考核、工资总额分配等指标均为市、县公司合并口径指标，通过“打捆”考核，压实市公司对县公司管理的主体责任，解决过去省公司管不了、市公司没积极性的问题，有利于市、县公司一体化发展。二是省、市、县人力资源管理一体化。打破县公司的员工几十年来的“身份”壁垒，允许县公司“身份”员工向上流动，从体制上解决好基层员工职业发展、情感归属和工作动力问题，解决好公司的人才培养和人才来源问题，点亮占公司员工规模一半、2万多名县公司员工的“希望之灯”，打破县公司员工成长的“天花板”。三是向市、县公司放管赋能。深化“放管服”改革，按照“目标管理、边界控制、过程监督、结果评价”的原则，在电网建设、成本管理、减负赋能等方面实行管理上的系列调整。特别是将110千伏及以下电网项目规划、设计、评审和物资招标、工程建设权限由省公司下放到市公司。此举改变市公司过去只有责任、缺乏资源的管理格局，实现市公司权责对等，使之可以根据自身的实际问题，应用相匹配的资源抓经营、抓服务，提高概念收益、减少服务投诉等，还可以快速满足各类客户的用电需求，让客户尽早用上电，促进效率效益双提升。

3. 实行供电所“营配合一”，压实基层主体责任

一是优化供电所运营，推进“营配合一”。省级电网企业的核心责任和使命，最终都要通过配电网的管理与经营来体现、通过供电所（中心）来履行。对此，江西电力强化供电所的运营管理，所有的乡镇供电所实行高低压“营配合一”运营，并且调整过去设区市城区营销、生产专业化管理模式，在全省设立27个“营配合一”的城区供电中心，实现供电所（中心）全省覆盖，全省每一个客户、每一个角落都有唯一对应的供电所（中心）为其提供服务，而且经营核算有十分清晰的经营单元，压实供电所（中心）经营和服务的主体责任。在此基础上，优化省、市、县公司的管理机构，将配网管理与营销管理职能合并成立供用电部，实现真正意义上的营配融合。二是推进外包回归，培养队伍自主能力。为防范成本“跑冒滴漏”、防止成本低效使用，严格控制业务外委费用，明确供电公司业务外委比例不得超过35%、直属单位业务外委比例不得超过40%，超过上限的扣减相应的工资总额。针对最近10年来电网企业部分核心业务外委比例逐步提高、员工业务技能因缺少实战锻炼而不断下降的情况，鼓励各单位将涉及电网核心业务的大修、技改项目及配网建设项目“自己干”，并且按项目决算金额的

一定比例给予成本奖励和工资奖励，省下来的资金又可滚动用于新的电网建设项目。改进“精英式”培训方式，开展全员随机抽考，对考试不合格的给予薪酬降岗处理，促使员工在岗学习、自我学习，提高员工专业素养和能力。

（五）强化党建文化引领，凝聚企业发展合力

1. 做好融入、融合，优化党建绩效考核评价体系

将党建工作与电网企业的本质责任和使命深度融合，引领各级党组织努力追求安全局面好、经营业绩好、供电服务品质好。注重思想认识建设，推动干部员工思想同心、目标同向。为提升各层级各单位的治理能力，从解决思想认识入手，在公司系统开展思想建设工作，促进企业健康快速发展。优化党建绩效考评，在党建绩效中设置履行安全责任、社会责任、经营责任等反映生产经营状况类的指标，推动党建与生产经营融合互促，真正做到融入中心、促进改革发展。

2. 注重文化引导，打造员工和企业发展共同体

一是形成良好进步的工作氛围。将员工个人价值的实现与企业效率效益的提升统一起来，将员工收入与业绩和贡献统一起来，激发员工无穷的智慧和创造。干部员工对如何管好企业、发展电网更加自信，坚信只要沿着这条路走下去，企业发展未来可期。二是打造温暖关怀的工作环境。依规改善农电用工收入，落实“6 险 2 金”，在福利管理上实行各类用工一体化管理，提升农电用工的归属感、获得感，使之成为“赛马”机制下保安全、创效益、提服务的重要力量。加大资金投入力度，用于改造危房或无房乡镇供电所、购置发电车等生产特种车辆、租赁电动汽车，全部配置到基层单位使用。

三、省级电网企业以概念收益指标为核心的管理体系构建效果

（一）构建现代企业管理体系，管理效率显著提升

江西电力形成以概念收益指标为核心的管理体系，公司管理效率得到较大提升。一是经营理念彻底转变。广泛激发了干部员工的激情和动力，实现了员工个人工作目标与企业发展目标的统一，电网建设、运行管理、业扩报装、故障抢修等工作均进入了主动作为的新态势。二是出台 21 项企业核心制度。无形的管理理念通过有形的制度让广大干部员工感知并固化，提升了基层响应市场和客户需求的能力和解决电网实际问题的能力。三是形成江西特色的管理模式。管理经验和管理体系得到各方认可和高度评价。国网公司、江西省委对江西供区调整等工作给予批示肯定。国网公司专门发文要求国网公司系统各单位在市、县公司层面推广玉山县公司的“三项制度”改革经验。

（二）激活企业发展内生动力，经营业绩显著提升

在概念收益指标的牵引下，开展全方位的依法经营工作，想方设法挖潜增效。一是公司经营成果丰硕。国网江西电力售电量由 2018 年的 1163 亿千瓦时增至 2020 年的 1348 亿千瓦时，年均增长 9.58%。电网综合线损由 2018 年的 6.91%降至 3.93%，低于国家电网平均水平（5.87%）1.94 个百分点，在国网公司系统的排名由 2018 年的 17 名提升到第六名。按照目前的售电规模，每年可减少电量损失近 30 亿度，增效近 20 亿元。2019 年以来，概念收益增长率总体上高于售电量的增长率。2020 年，其他概念收益达 11.7 亿元，为 2019 年的近 4 倍。2021 年 1—8 月，其他概念收益达 6.69 亿元。二是违法供电历史遗留问题彻底解决。江西电力各市、县供电企业主动作为，用两年的时间彻底解决了存续十几年甚至数十年的 38 个违法电价优惠区的整顿和 286 个小水电网前违法供电历史遗留问题，涉及 8 万多户、300 多家企业，问题的解决不但规范了供用电秩序、提升了供电品质、维护了市场公平，还防范了国有资产流失，每年可新增增值收益 1.5 亿元以上。三是企业发展能力大幅增强。电网资产规模由 2018 年的 713 亿元提高到 2020 年的 1007 亿元，增长 41.2%；计提折旧由 2018 年的 68 亿元提高到 2020 年的 91 亿元，增长 33.8%；生产运营资金由 2018 年的 48 亿元提高到 2021 年的 67 亿元，增长 39.6%；在电网投资规模连续扩大的情况下，企业负债率不升反降，由 2018 年的 70.08%降至 2020 年的 68.2%，

降低 1.88 个百分点，有力支撑江西省经济社会发展。

（三）积极服务地方经济发展，社会效益显著提升

江西电力提升了供电服务品质和水平，服务经济社会发展，满足了人民群众美好生活用电需要。一是提升安全驾驭能力和水平。2019 年以来，安全形势总体平稳，未发生人身死亡、大面积停电等事故；电网运行管理水平不断提升，电力供应安全可靠。2020 年，110 千伏及以上输电线路故障停运率较 2018 年下降 73%，110 千伏及以上主变压器故障停运率较 2018 年下降 79%，10 千伏配电线路故障停运率较 2018 年下降 49%。二是供电保障能力进一步提升。江西电网 2019 年、2020 年年度投资规模增长分别达 30%、48%。其中，2020 年电网投资规模达 235 亿元，创历史最高。建成“雅中－江西”±800 千伏特高压直流输变电工程、江西省内“两纵四横五环网”500 千伏主干网架。江西省 10 千伏户均配变容量达 2.85 千伏安，较 2018 年增长 18%。三是供电服务品质不断提升。截至 2021 年 9 月，社会致电 95598 服务投诉，“每百万客户投诉量”由 2018 年的 827.2 下降至 7.7；江西电力的服务质量在国网公司的排名由 2018 年的 15 位上升至第二位；城乡用户年平均停电时长 6.199 小时，较 2018 年减少 32%；电压合格率 99.82%，较 2018 年提高 0.22 百分点；高、低压用户平均接电时长分别为 39.98 个工作日、7.81 个工作日，较 2018 年分别减少 7.82 个工作日、2.45 个工作日。四是企业发展生态不断优化。江西电力供电保障能力和服务品质的提升，赢得了江西省各级党委政府和社会各界的充分肯定，江西省各级政府相继在电网建设、用电市场整治等方面出台相关支持政策。2021 年上半年，各级政府给予江西电力电网建设专项财政奖励达 5000 余万元。

（成果创造人：曹世强、姚格平、宗轶平、曾　欣、吕雪松、徐天福、刘贤文、余卫华、钟新元、王明明、邓哲林、谢慕林）

火电厂以“三园”为核心的企业文化建设

华能罗源发电有限责任公司

华能罗源发电有限责任公司（以下简称华能罗电）位于福建省福州市罗源县，于2014年注册成立，是华能国际电力股份有限公司的全资子公司，负责建设、经营、管理电厂及电厂相关工程。规划容量5320兆瓦，一期工程新建2台660兆瓦超超临界燃煤机组，2015年获得华能集团批复开工，1号、2号机组分别于2017年11月18日、12月25日完成大负荷试运行考核，试运期间环保排放指标全部达到国家超净排放标准，发电煤耗、厂用电率等主要技术指标为近年来60万等级机组最优。

一、火电厂以“三园”为核心的企业文化建设背景

（一）建设生态型工厂的需要

2016年3月，国家发展改革委、国家能源局联合下发特急文件，督促各地方政府和企业放缓燃煤火电建设步伐，国家能源局形成煤电规划建设风险预警机制，33个省级电网区域中的28个区域的预警状态为预警程度最严峻的“红色”。随着用电量增速放缓，电力供需全面转向平衡宽松，火电行业利用小时数快速下降，火电规划建设规模远大于需求水平。火电行业污染物排放总量受环境和政策的制约日益突出，清洁能源行业的发展对传统火电行业产生巨大的冲击，对今后火电建设提出更新、更高的要求，传统火电行业走到自我革新、绿色转型的十字路口。

（二）增强员工归属感的需要

华能罗电成立以来，历经从无到有、从小到大全过程，激励员工筚路蓝缕、攻坚克难，开拓创新、建功立业，在硬件设施建设、技术研发等领域取得扎实成效。但是，年轻员工离职率一直以来相对较高，此前基建时期的企业文化满足不了当前企业发展及员工思维价值多元化的需求。塑造凝心聚力的企业文化，以事业留人、情感留人、制度留人，增强员工的认同感、归属感，提升员工的获得感、幸福感，是华能罗电亟须破解的重要问题之一。此外，2020年上半年；华能罗电应急发电处于亏损状态，对于平均年龄不到33岁、70%以上为刚刚离开校园步入社会几年的青年员工来说，如何让他们看到企业发展前景，对企业产生安全感，从而稳定队伍、提振精气神并提高效率效能、增产增效，成为摆在华能罗电党委面前的一道现实难题。

（三）打造学习型组织的需要

华能罗电年轻人多，特别是高学历的年轻人多，98%的员工是本科以上学历，他们渴望成长成才，在满足物质（花园）和精神（家园）层面的需求后，更需要一个良好学习氛围（校园）不断进步。但是，随着绿色能源的不断发展，科研力量不断倾斜，传统火电行业逐步成为技术落后的代名词，青年员工急需一个能够提升技术水平、获取先进技术的平台环境，而华能罗电也需要建设学习型组织，通过员工不断提升学习能力促进企业可持续发展。

基于如上原因，华能罗电在多年管理提升实践的基础上，开展以“三园”为核心的特色企业文化建设。

二、火电厂以“三园”为核心的企业文化建设主要做法

（一）做好顶层设计，确定总体思路

华能集团在多年来改革发展实践经验的沉淀中，形成“三色”理念。“红色”是本色，是立身之本、“三色”之本，是华能集团为国民经济发展、社会进步和人民生活水平提高而努力的历史使命的集

中体现。“绿色”寓意人类与自然环境协同发展、和谐共进，表明华能集团崇尚科学、尊重人才、注重科技、保护环境和促进社会可持续发展的人文观念和科学态度。“蓝色”寓意坚持与时俱进、学习创新、面向世界，表现出“华能人”海纳百川、通达天下的博大胸怀和跻身世界强企的雄心壮志。华能罗电在“三色”理念基础上，结合当前煤电绿色转型需要、员工对美好生活的向往和对成长成才的渴望，经过不断实践与探索，逐步提炼出“三园”为核心的企业文化：践行“红色”使命，建设拴心留人的家园文化；践行“绿色”使命，建设生态文明的花园文化；践行“蓝色”使命，建设育人成才的校园文化。

“家园”对应“红色”，是华能罗电的根本，表明以人为本的人文理念，一方面体现出华能罗电是职工温暖的港湾，来自五湖四海、不同民族的职工都是一家人；另一方面也表明华能罗电努力让每一位来宾都有宾至如归“家”的体验，展现出“华能罗电人”的热情好客的形象及家国天下的胸怀。“花园”对应“绿色”，体现这是一个清洁、低碳、高效的燃煤电厂，这里红砖、白墙、灰瓦的建筑景观与自然环境融为一体，海岸线保留，绿化率高，面朝大海，四季春暖花开，人与自然和谐共生，有着得天独厚的山海环境。“校园”对应“蓝色”，在“90后”占比70%以上的华能罗电，热爱学习、充满激情、勇于接受挑战是职工最大的特点，“校园”的定位最能体现这一特点，展示“华能罗电人”渴望成长、不断挑战自我的精神面貌，体现出华能罗电是一个充满生机的、不断求知求变的企业，为职工提供成长成才的平台，是一个向华能集团系统输出高素质人才的基地。“三园”的定位从华能罗电实际出发，结合新时期电厂转型发展需要，从物质和精神层面满足职工对生活和工作的追求，能让职工产生强烈的认同感。

为做好企业文化建设工作，华能罗电特别成立企业文化建设领导小组，党委书记、总经理为组长，其他班子成员为副组长。领导小组下设3个工作小组，“花园”工作小组由生产管理部负责人担任组长，安监部、燃供部、运行部、检修部、燃料部、前期办负责人为成员。“家园”工作小组由党建部负责人担任组长，办公室、人力资源部、财预部、纪检审计部负责人为成员。“校园”工作小组由人力资源部负责人担任组长，各部门负责人为成员。各工作小组在工作中不断探索中丰富“三园”文化内涵。

（二）运用产品思维，培育管理企业文化

华能罗电从打造“三园”企业文化建设伊始，就在企业文化构思、沟通反馈、宣传推广全过程借鉴运用产品化思维，把“三园”企业文化当作一个无形产品，要求企业文化管理者贯穿始终当好生产经理、客户经理、交付经理3种角色的理念：生产经理角色要梳理总结提炼华能罗电发展历程中形成的独特企业文化实质；客户经理角色要清晰掌握员工精神需求并与生产经理角色联动，准确描述反馈问题，确保输出正确的企业文化；交付经理角色要将客户经理反馈后生成的企业文化产品高效、快捷传播出去，确保企业文化深入人心、形成共识。

在推广“三园”企业文化的过程中，华能罗电要求企业文化管理者充分做到以下5点要求。一是坚持用户至上，从用户的角度思考问题。在进行企业文化设计时，必须保持“空杯心态”。运用同理心换位思维，将自己植入受众角色，置入受众的生存环境、思维方式和运用场景，尝试运用初期设计的企业文化，了解是否匹配广大员工的需求、广大员工能否在企业文化的影响下与华能罗电共同进步，找到并不匹配需求或运行有障碍的方面进行修正。二是务实不务虚，清楚描述问题并提出解决方案。在打造企业文化的过程中，企业文化建设者作为产品经理，需要具备准确描述问题的能力，将感性的调研结果梳理转变为理性可描述的企业文化需求。三是强化主人翁意识，坚持对产品负责。产品经理要做企业文化的把关人，找到员工群众的真正需求，输出文化产品。四是赋予产品人格气质，统一传达对外形象。对于企业文化产品而言，必须是高度形象化的。在构建企业文化时，必须把员工的共性气质提炼出来，赋予企业文化能够代表华能罗电大部分主流员工精神价值观的气质，便于统一对外传达企业文化内涵。

五是坚持系统思维，有机统一产品目标及价值。站在企业文化产品全过程周期和目标战略角度思考问题，深度思考并研判通过打造什么样的企业文化能实现解决建设生态型工厂、满足职工归属感和打造学习型组织的三重需要，以实现“三园”文化价值。重点做好3个方面的工作：一是转抽象为具象，把无形的企业文化转化为有形的产品，贯彻国家政策、承接集团愿景、结合华能罗电实际进行开发并逐步升级推广；二是化数据为算法，受大数据思维启发，把以往开展的各项企业文化活动及职工群众的反馈作为基础数据，加以全盘分析整理，不断优化顶层算法，最终形成能够切实解决问题的企业文化产品模型；三是变泛化为精准，改变以往文化类项目相对泛化的开展方式，以目标和结果为导向，运用产品模型，深度开发研究，形成具有华能罗电特色的“三园”文化系列产品，以期精准解决华能罗电面临的各项问题。

在具体推广方面，华能罗电首先内化于心，在传播设计上根据岗位、年龄、性格的不同，利用文件、新媒体宣传、企业文化建设者口头宣贯等多种载体进行传播，在传播方式上通过精神人格化、理念故事化、规范案例化使抽象文化理念更贴合实际、更易理解和深入人心；其次固化于制，将文化渗透于制度建设，制度内化为文化内涵，通过互相补充共同作用于华能罗电的发展；最后要外化于行，通过全方位开展各项文化活动，使企业文化看得见、摸得着。

（三）“家园”文化凝心聚力，树立家国情怀

“家园”文化核心理念为践行红色使命、建设家国情怀，对接华能集团为国民经济发展、社会进步和人民生活水平提高而努力的“红色”使命，短期目标是提升员工对华能罗电的归属感与认同感，长期目标是树立员工的家国情怀，助力国家发展、社会进步和地方安全高效的能源供应。

1. 丰富员工生活

通过精心策划、认真实施，打造一系列品牌文娱活动，引导员工参与融入其中。例如，针对单身青年员工多的现状，通过搭桥牵线，引导员工成“才”、成“家”，联系驻地文教、卫生等单位开展青工联谊活动，解决员工婚恋困难；成立球类、摄影、户外生态等11个协会，围绕传统节日和纪念日组织开展员工、家属共同参与的安全日活动、家属接待日活动、迎新年登山活动、“迎春杯”羽毛球比赛、篮球友谊赛、“欢乐水花”水上趣味运动会、硬笔书法比赛；常态化开展“道德讲堂”暨读书分享会活动，华能罗电领导结合电厂驻地环境，带头分享观鸟、金鱼、茶艺等人与自然和谐共生文化，丰富企业文化元素；成功承办福建省总工会“无奋斗、不青春”员工大学习活动。通过一系列活动，弘扬社会主义核心价值观，活跃厂区文化氛围，彰显“华能罗电人”多才多艺、奋发有为的精神风貌，促进员工间交流融合。

2. 树立以安全立“家”的思想

让员工充分意识到安全生产是对家庭最大的负责。2020年，华能罗电荣获电力安全生产标准一级企业证书。作为区域220千伏网架唯一一个重要电源点，投产至今未发生安全生产事故，受到福建省能监办、福建省电力调度中心高度肯定。

3. 做好主业的同时积极履行社会责任

在建造“小家”的实践中，华能罗电不忘成就“大家”。在服务企业发展方面，为推动扭亏为盈战略落地生效，华能罗电成立扭亏为盈组织机构，制订三大方面38条具体措施，责任到人、具体到天，逐月核对措施执行情况。党委班子深入各党支部座谈，全覆盖宣传动员，强化基层党组织区、岗、队、组党员示范平台建设，抓住福建省气温、复工复产“双升温”机遇，日发电量屡创新高，为福建省人民抗击连续高温、保障生产生活用电做出贡献。在积极履行社会责任方面，与当地政府开展乡企共建活动，支援周边困难乡村集体经济发展，帮助修建供水管道，解决华能罗电沿线所有村庄群众的饮水问题。疫情期间，向罗源县总工会捐赠600斤新鲜蔬菜、200升消毒液，青年员工主动献血9200毫升，

缓解当地医院“血荒”。超额完成消费扶贫任务，助力多个地区成功脱贫；积极响应罗源县的“带货”号召，“以买代帮”，促进驻地经济发展。

（四）“花园”文化助推绿色发展，实现生态和谐

坚持将绿色环保放在首位，对接华能集团践行崇尚科学、尊重人才、注重科技、保护环境和促进社会可持续发展的“绿色”使命，打造花园文化体系产品，短期目标提高员工工作环境质量，长期目标贯彻落实生态文明思想，实现企业生态优先、绿色发展。以此为导向，创新技术工艺建设环保技术水平领先的最美山海印象明珠电厂。从设计、施工到调试、生产全过程，秉承人与自然和谐共生的生态文化，完全保留自然岸线和海湾。

1. 勘察设计超前策划、优化创新贯穿始终

平面布置因地制宜，保留自然岸线和海湾，将主厂房和集控楼面朝大海，将办公区和生活区分别布置在两个半岛，完全保留自然岸线和海湾，尽量保存山体和绿化，充分体现人与自然的和谐共生。针对工程厂址地处海边山地的建设条件，顺应自然地势将厂区成5个台阶依次布局，平坡结合，尽量减少山体开挖，将电厂融入山体和海滨，依势而建、因地制宜，既节省大量施工成本，又维护良好的自然生态。

2. 高度集优总平布置，实现单位千瓦用地最少

作为港电一体化电站的华能罗电电厂，虽然坐拥得天独厚的自然风光，但厂址所在地地势较高、地形延绵起伏、海拔高差大，场平土石方量大。通过分析厂址条件、反复比选优化方案、精密计算和大量技术经济论证，最终顺应地形、地势、海湾，综合考虑取排水、输煤、出线、风向、循环水泵电耗和工艺流程等，提出最终方案，解决土石方量和运行费用之间的矛盾。该方案提高厂区标高，充分利用虹吸将凝汽器下沉3米，以达到不增加循泵扬程的效果；同时，采用平坡结合的阶梯式布置，利用天然基岩优势，主厂房采用塔式炉配侧煤仓的紧凑型布置，一系列设计优化共节省土石方量208万立方米，节省工程投资1.14亿元。华能罗电厂区最终占地面积仅17.92公顷，单位占地0.136平方米/千瓦，较用地指标节省0.384公顷，国内同类型机组最优。

3. 工程施工就地取材、绿色施工

电站基建过程始终坚持绿色施工理念，混凝土建筑使用的碎石、砂子由山体爆破的石头就地加工而成，大大减少弃石量和外购材料。为减少原状地貌改变，施工过程克服场地狭小的困难，统筹工序安排，综合利用进厂道路等区域，超常规以极小的施工面积完成基建施工。土石方爆破出的大石头在这里也成发挥创意的载体，华能罗电电厂收集员工积极提供的有关安全生产、快乐生活警句格言，镌刻其上，制成文化石，沿进厂道路、厂区摆放。办公区生活区建设以地域文化特征为主题，实现建筑、景观、色彩与地域环境的深度融合，结合原有的景观风貌，对有价值的原生树木、海岸原貌进行保留，与当地优美的自然生态和悠久的人文环境融为一体，堪称中国最美山海印象文化电厂样板工程。

4. 广泛应用清洁能源，实现智能控制

华能罗电厂区倡导太阳能、风能利用，进厂主干道全部采用风光互补路灯，宿舍区屋顶全部布设太阳能热水器，绿色发展的理念深入人心。

5. 绿色生态环境得以存续

得益于有价值的原生树木保留，以及建设期合理规划和投入，华能罗电厂区绿化率高达41.07%。由于极好的保护原址绿色生态环境，各种鸟类栖息厂区周边，仅不完全统计，华能罗电厂区内有鸟类共计62种，其中有一级保护动物1种（卷羽鹈鹕）、二级保护动物4种。近期，华能罗电电厂开展生态补偿增殖放流活动，通过放流真鲷、沙蚕等海洋生物，进一步保护罗源湾海洋生态环境。绿色生态的厂区环境，也激发了华能罗电电厂职工“自己动手，丰衣足食”的南泥湾精神，利用临建区场地栽种瓜果

蔬菜，利用工地旧棚屋养鸡养鸭，遍布海滩上欢乐觅食嬉戏的鸭子成为工作之余的一道风景。厂区白墙灰瓦的建筑风格与蓝天碧海、绿树青山的自然环境融为一体，凌飞亭、初心亭、闻涛亭交相辉映，人工淡水湖青山入影、鸟语花香，既作为应急备用水源，又自成一派江南景观，使得华能罗电电厂成为一个“庭院式”工厂。凌飞亭谐音“零非停”，寓意机组不发生非计划停运。闻涛亭展现人与自然和谐共处。面临基建期临时用地的复垦问题，华能罗电在全面改良土壤质量后，鼓励员工种植绿色果蔬，既达到复垦要求，又让广大员工体验种植乐趣，这极大地提升了员工的幸福感与获得感。

（五）“校园”文化打造学习型组织，育人成才共同发展

对接华能集团践行与时俱进、学习创新、面向世界，吸纳先进技术和先进文化的“蓝色”使命，总结提炼育人成才的“校园”文化，短期目标是提振员工干事创业的精气神，长期目标是华能罗电与员工共同成长、共同发展。

1. 坚持将科技创新融入企业发展全过程

开展多层次技术攻关、发明创造、合理化建议等创新活动，生产管理部、运行部、燃料部、检修部等部门涌现出一大批年轻人才，快速走到专工专责、班组长、副值长等重要岗位。以控制煤耗、厂用电率、水耗、环保及节约投资为目的，认真对照并落实华能集团火电机组节能降耗新技术应用要求，指导系统设计、工艺流程优化、设备选型及技术创新等工作；强化对标管理，全员、全过程、全方位开展“微优化、微创新”工作，两项国内首创技术每年节约煤炭消耗约1393万元；国内首创脱硫废水喷雾蒸发结晶工艺，为国内火电行业废水处理提供新思路；大量辅机创新采用变频调节技术，显著降低电耗，提高生产自动化水平。据不完全统计，华能罗电创造出1项国际首创、11项国内首创、1项行业首创的新技术，形成良好的“校园”学术氛围。在2020年度国家优质工程金奖评比中，华能罗电科技获奖数量最多。

2. 丰富员工培训

通过“走出去”开展一系列业务比拼活动，通过“请进来”各类专家学者开展讲座论坛，针对驻厂青年员工多的情况开展“晚自习”技术讲课等方式，培养知识型、技术型、复合型人才，提高员工队伍素质，激发青年员工创新创造热情，浓厚学习氛围。引导立足岗位积极建功立业推进产学研一体化发展，邀请高校教授将最新科技知识带到员工当中，促进解决生产实际问题；倡导华能罗电作为系统区域内高质量人才的培养基地，通过对外培养选拔输送人才，形成特有的“校园”文化，使员工感受到上班不再是一项为生计迫不得已进行的活动，而是实现自身价值提升的良好平台。此外，还有“迎新”和“履新”的“校园”文化，厂内设立初心亭，所有新入职员工都要在这里学初心，所有从这里“毕业履新”的员工都要到这里回望初心，形成百年树人、基业长青的“校园”文化。

三、火电厂以“三园”为核心的企业文化建设效果

（一）形成特色企业文化体系

华能罗电实现初步构建精神文化产品的设计思路，精准瞄定企业核心需求，逐步形成以“三色三强三优”企业核心价值观为依托、以建设优美明珠电厂为核心、以建设世界一流能源企业长期战略发展目标为导向、以企业文化手册为执行依据的一体化企业文化体系。华能罗电先后获得2021年全国电力企业管理创新论文大赛一等奖、“2021年工业企业文化建设创新示范单位”等荣誉。

（二）服务企业高质量发展

在企业文化的滋养下，培养出一批高素质管理技术人才，管理施策更加符合华能罗电的价值需求，管理水平得到大幅提升，企业文化成为提升企业竞争力和盈利能力的重要抓手，企业发展核心需求得到有效满足，2020年实现盈利1.12亿元，为重回华能集团A级评价做出重要贡献。企业文化持续落地生根，不断推动企业健康和谐发展，华能罗电先后获得“2020年度中国电力优质工程奖”“2020—2021

年度国家优质工程金质奖”等奖项。

(三) 满足员工自身需求

随着华能罗电的良性螺旋上升发展，广大员工的归属感、获得感、幸福感也显著提升，生理、安全、发展、人际交往、情感、尊重、自我理想实现、照顾家庭的各种各样的需求都得以满足，原本面临的离职率攀升、干事创业动力不足问题得以解决。广大员工坚韧不拔、求真务实、精益管理、创新创效、力争领先的优良作风不断升华，崭新、和谐的新型劳资关系在华能罗电“开花结果”。

在华能罗电“校园”文化的熏陶下，员工先后获得省部级以上技术奖项 184 项，培养出多名全国和省级劳动模范，先后获得“全国工人先锋号”“福建省五一劳动奖状”等荣誉称号。

(成果创造人：王建星、朱　煜、林松青、傅锦龙、郑仲钊、
田军军、高　翔、陈　颖、茅淑灵、贾宏强)

特钢企业以“精细利润链”为核心的内部市场化经营机制建设

江阴兴澄特种钢铁有限公司

江阴兴澄特种钢铁有限公司（以下简称兴澄特钢）地处江苏省江阴市国家高新技术产业开发区，共有2个厂区，北临长江，自建10万吨级远洋码头两个。兴澄特钢具备年产690万吨特殊钢的能力，拥有世界领先的棒材、线材、板卷材生产线7条。主要产品有高档轴承钢、齿轮钢、弹簧钢、系泊链钢、模具钢等，广泛应用于交通、石化、机械、海工、风电、桥梁等行业。高端轴承市场占比85%，连续20年全国第一，连续11年世界第一；高档汽车用钢市场占比75%，连续14年全国销量第一；风电用钢、系泊链钢市场占比分别达到87%和93%。为全球60多个国家和地区的用户提供多规格、多品种、高品质的特殊钢产品及整体服务方案。兴澄特钢现已成为中国特钢行业龙头企业，被国家《钢铁工业“十二五”发展规划》列为四大特钢产业基地之一和中国特钢技术引领企业，是国家火炬计划重点高新技术企业、全国首批“两化”融合示范企业。近3年，实现净利润分别为28.52亿元、27.31亿元、28.81亿元，吨钢效益排名全行业首位，逐步从国内特钢行业领军企业走向国际舞台。

一、特钢企业以“精细利润链”为核心的内部市场化经营机制建设背景

（一）适应特钢企业特点，走差异化竞争和高质量、高效益之路的需要

钢铁分为普钢和特钢两种，特钢是衡量一个国家能否成为钢铁强国的重要标志，是重大装备制造和国家重点工程建设所需的关键材料。特钢企业具有产品细分多、专业技术度高、单体量小、难以获得规模效应的特点，既不能与宝武、鞍钢等国有综合性强的优势企业竞争，也难以与具有较大体量的普钢企业竞争。因此，特钢企业唯有走“专、精、特、新”道路，以高质量发展为主题，做强细分市场，做大品牌效应，强调产品价值量的增长大于数量的增长，有效解决特钢企业生产过程中由于流程长、批量小、品种多、规格多、技术协议多及反复停机切换导致的高成本、高质量、高售价、低利润“三高一低”的突出现象，快速引入新理念、新方法，建立一套科学有效的经营机制，帮助企业激活内生动力，调动全员参与经营，促使企业高成本现象彻底转化为高利润并更好地与企业经营战略相承接。

（二）激发企业内生动力，调动全体员工降本增效积极性和创造性的需要

推进新的经营管理机制首先要培养“经营人”，只有调动员工积极性、赋予员工权利与责任，才能让员工以主人翁精神参与兴澄特钢经营中，把员工都培养成经营者，关注经营效益，发现经营过程中存在的问题并加以改善。通过内部挖潜降低成本，激发内生动力和员工的工作激情与热情，在企业整体利益目标这个向心力的作用下成就员工、激活组织的经营管理，让全员为了实现企业的整体利益目标而凝聚力量，为企业创造更多经营效益，是兴澄特钢寻求突破的重要着力点。如此，才能适应严峻的经济形势和市场环境、提升兴澄特钢的经营能力和核心竞争力。

二、特钢企业以“精细利润链”为核心的内部市场化经营机制建设主要做法

（一）划分经营单元，构建利润链

1. 分单元核算的理论基础及内涵

分单元核算经营体系内涵是兴澄特钢引入阿米巴经营理念，结合钢铁行业管理实际进行优化后的方法论。该体系以生产单元为主导设计交易链，把兴澄特钢划分成若干个小单元。每个小单元都独立核算，对每个小单元的业绩进行评估。通过自主经营，在兴澄特钢内不断培养与领导理念一致的经营人才，实现全体员工共同参与、创造高收益、成就员工，彻底激活组织的经营管理模式。

2. 制订分单元核算经营项目规划

制订“分单元核算经营项目未来三年整体规划”，明确推进内容和终极目标，保证项目有目标、有方向、有保障的稳步推进。以分单元核算经营为载体落实兴澄特钢“十三五”规划“提升活力、提高竞争能力”的核心任务。

3. 成立推行委员会并划分经营单元

一是机构设置。成立以总经理及各单位党政“一把手”为负责人的分单元核算经营推行委员会和分单元核算项目组，坚持“一把手工程”，确保项目落实。二是层级划分。按层级划分经营组织，自上而下逐层进行分解，划分了四级分单元核算体系，事业部为一级单元，分厂属于二级单元，作业区属于三级单元，班组属于四级单元，按照能够独立核算、能够贯彻意志、独立完成任务原则选取各级“单元长”。推进过程中建立分单元81个，其中建立一级单元3个、二级单元10个、三级单元21个、四级单元47个。划分后的经营组织，责任清晰的同时给予各“单元长”独立经营的权力，为各“单元长”搭建了充分发挥个人能力的舞台，锻炼了各“单元长”及成员的经营能力及协作能力。三是功能划分。在按层级划分单元核算的基础上，按照每个单元的功能划分成研发、制造、管理、销售分单元核算，理清各链之间的交易关系。四是费用属性划分。依据费用属性，将每个单元划分为利润类和费用类两类，为建立经营会计报表、确定报表结构奠定基础。

4. 赋予各经营单元相应的责权利

一是落实岗位同责，为有效授权护航。通过制订《交易管理规则》《分单元核算推进组织运营机制》《经营业绩评价机制验收方案》等管理文件，确保推进管理工作有法可依；通过制订《工作职责》《经济责任制》《岗位说明书》等管理文件，明确各岗位权限和职责并依据分工在ERP流程中配置信息和业务处理权限，确保职责、权限配置合理。例如，特板生产处处长（一级“单元长”）的职责明确，负责整个一级单元的销售工作，包括产品的市场调研、市场开发、订单承接、用户管理等各项工作；负责营销管理工作，防范风险，力求销售效益最大化；负责产、销协调，协助合同兑现工作；协助产品开发推进工作，负责职责范围内绩效指标完成情况并与整个特板一级单元的效益挂钩。二是建立授权机制，充分向各级单元放权。兴澄特钢将机关部室能够下沉的职能不断向各级单元分权，机关部室已由“管理+控制”向“监管+服务”转移。兴澄特钢总部主要掌握战略制订权、主要管理干部的人事任免权、薪酬制度制订权、重大投资决策权、对外筹资和资本运营权等，其他权力和职责全部下放。三是明确同利原则，确保共创决定共享。全员同利共创共享原则在于杜绝吃“大锅饭”现象，让能者多劳、多劳者多得，确保“谁创造谁分享”。经营单元创造效益大，分享的效益就多，进而就会促进经营单元内部员工分享成果多，以此激发员工的活力与创造力。而在组织内部，主要以员工对企业的贡献为考核标准，员工可以通过提出创新发明、生产工艺优化、设备技术改造、品种提质、工序降本、增产增益等方式来获得奖励，个人贡献大、价值创造多，就会获得精神和物质激励。

5. 设计以生产单元为主导的交易链

以生产单元为主导的交易链设计，是以市场价格为导向，由各单元之间交涉和谈判确定内部交易价格。每个单元可以看成一家独立核算的公司，内部交易看作在企业内部发生买卖交换。通过内部交易收支双方确认，提高数据认同性，达到内部买卖交易收入和支出一一对应，保证数据一致性。以生产单元为主导设计交易链，体现兴澄特钢核心经营价值，营销单元、研发单元、管理单元与生产单元进行交易，以佣金方式从生产单元获得收入。走出了现场与市场各自为政的困境，将现场视角拓展到市场，将市场观点引入现场，实现价值最大化。

（二）构建统一的经营单元会计核算方法与标准

1. 明确各单元的核算标准

以最小单元为独立主体，单独核算各单元在本期核算期间的盈利情况，各相关单元之间以货币形式进行购买核算。生产单元按照营销收入 2% 的比例支付佣金给营销单元；按照销售收入 5% 的比例支付佣金给研发和管理团队；将超额边际贡献按提成比例支付给营销团队，将销售回款增量按比例支付给营销团队。同级的单元组织之间提供劳务以市场价格为原则支付加工费用。生产单元承担的市场压力，同步由各作业管理区继续传承。

2. 统一全员经营理念

通过内部交易，市场压力在各单元组织之间得到传递；同时，现场也能关注市场动态，为营销提供业务支撑。由此，统一了全员经营理念：销售收入与当期销量相关，增加销售收入，需增加销量；紧盯销售降低成品库存，加快成品库存材料周转，达到产销平衡；成品库存增加，调整生产计划，迫使产销平衡；其他单元（营销、研发、管理）服务型支出，按约定比例支付；内部生产费用支出，分解到各三级单元组逐项分析，直至找到根本原因。

3. 建立绩效考核体系

实行经营结果与绩效挂钩，为鼓励各单元围绕兴澄特钢分单元经营核算，抓住经营本质，通过持续优化人力资源、提升劳动效率，使员工收入与兴澄特钢效益同向增长，充分激发员工的积极性和创造性，让各单元通过提升经营效益，来“挣”更多的人工成本资源投入。兴澄特钢建立了基本“小时”贡献决定小时人工成本投入的绩效考核体系，通过“小时”考核体系提升全口径劳动效率；通过动员会、培新、研修等方式导入经营理念，形成“养活自己”的核心观念。

（三）深度推进业财融合，实现全流程降本

1. 构建独立核算体系，形成公平经营考核

生产工序多、经营范围广、人员结构不同，如何在独立核算时保证核算的精准、精细、及时是首要难题，尤其是对于成本、利润等难以直接归类的情况。对于每个经营单元而言，独立核算能力是必要条件之一，它决定着组织是否通过核算成本利润等财务指标确定最合适的方案，进而实现经济效益最大化，以及基于经营情况实行相应的公平激励。结合经营单元核算及便于激发组织效率的思想，兴澄特钢赋予每个经营单元相应的权力及对应的经营指标，建立有针对性的、科学合理的公平考核机制。财务确定内部交易规则、预算效益目标、评价标准，销售确定收入、销量、生产确定产销平衡、成品库存等，通过与预算目标比及上月环比、与其他单元比等体现贡献度，员工收入与兴澄特钢业绩、单元业绩深度捆绑，走出现场与市场各自为政的困境，将现场视角拓展到市场，将市场观点引入现场。经营单元的经营指标依据年度全面预算为目标，前一年 10 月就下达、明确下一年的总预算，包括品种、产量、成本、主要费用、项目立项等 15 条，各个一级单元层层分解。通过公开透明的测算、平衡、计划、分解和讨论，对经营目标制订的程序进行有效管理与合理控制，使经营目标具有可实现性、可执行性，实现工作全过程的公开化与公平化。基于以上情况，兴澄特钢建立了统一的精益核算体系，整体思考考核的激励和鞭策作用，按照组织受益或受损情况将费用或补偿进行分摊或分配，使核算结果更具公平性和准确性，进而实现经营单元的独立核算。兴澄特钢主体生产工序相关成本中心共有 101 个，独立核算工序共有 25 个，同步实现 ERP 线上核算。

2. 建立成本数据地图，及时获取工序成本

兴澄特钢的数据源均通过公司级计量秤采集并自动上传 ERP 系统，系统进行数据筛选、存储、分析及数据传送工作。兴澄特钢主体生产工序绘有数据源地图，涵盖工艺流程、计量器具配备、数据流向。主体 16 个生产工序有数据源 428 个，其中 102 个是公司级计量秤，全部是对外或对内厂级结算数

据源，212 个生产厂管理的二级计量秤，是成本核算涉及的数据源。

数据采集与抛账流程在原燃料进厂、生产环节、成品销售方面的工作内容。原燃料进厂：计量由公司级计量秤（皮带秤、汽车磅）计量，数据信息由远程计量平台自动采集、自动上传 ERP 系统。检化验信息由质量检验信息平台采集信息、自动上传 ERP 系统。生产环节：由 MES 各模块采集工序数据源消耗数据；厂级结算用各工序产品产出量，由公司级计量秤自动采集；MES 投入、产出数据信息自动上传 ERP 成本中心。成品销售：远程计量平台自动采集计量信息，质量检验信息平台采集成品质量检化验、质量判定信息；成品销售数据信息上传 ERP 财务系统。

3. 打造日清日结系统，快速反应经营状况

兴澄特钢建立的日清日结系统，大力推进一日关账、指标层层分解、责任落实到人为保证措施，通过 ERP、MES、EMS 等系统，建立生产经营的信息采集、存储、分析、管理等系统功能，推进生产经营数据可视化及报表化。成本日清日结体系及分析系统实现了生产主体各工序成本一日关账，快速核算当日或一段时间内的产品制造成本，分析产品成本费用发生趋势，及时有效地反馈费用、消耗数据，及时掌握当前实际生产成本状况，发现并解决问题，体现了成本超前控制与决策支持的思想，为快速应对市场竞争变化提供及时准确成本信息，指导生产、采购工作，提升兴澄特钢成本控制能力，进而实现透明经营。

（四）建立评价制度，推进持续改进

1. 财务和销售

一是应用标准成本进行合同评价。应用标准成本评价销售合同的毛利，达到兴澄特钢毛利水平要求的合同，生产指挥中心进行月度排产；低效品种、亏损品种进入特殊审批流程。二是应用目标成本进行成本倒逼。通过对低效产品、亏损产品进行分析，如果是涉及市场充分竞争、新产品开拓市场、客户产品群组合等因素，财务制订目标成本下达给生产部门。对有特殊批量、特殊质量要求、特殊生产工艺、特殊定制等要求，结合盈亏平衡分析法，分析定价的合理性。定价偏低的合同要求调整价格。三是细化客户关系管理。从客户维度分析产品盈利能力，分析客户的销售结构、贡献分布和排行、不同类型用户的贡献情况，以及同一产品相同客户、不同客户不同维度之间的对比分析，对产品定价的空间改善及客户产品品种结构优化。淘汰假盈实亏的低端客户，开发高质量、高效益、有稳定需求的优质客户。四是以价值创造评价营销成果。将新市场开拓、产品销售量增长、产品盈利、客户综合创效等因素加入营销绩效考核，激励营销人员将近期、远期的效益结合起来创造价值最优。

2. 财务和研发

一是应用价值工程理论，对低效、亏损合同而言，根据客户用途对生产过程进行工艺技术优化，减少过度质量保证成本，减少质量过剩，增强产品毛利。二是进行产品实际生产积累数据，对标准成本进行优化，使标准成本趋于科学，更贴近生产实际，增加销售合同评价的合理性。三是精准评价新品研发成果，有序淘汰低效产品。通过精准毛利分析，评价研发人员相对应的新品研发成果并对新品转化常规产品后成本变化、效益变化进行跟踪对比分析。通过对低效产品、亏损产品分析，有序淘汰落后产品，使兴澄特钢产品在质量、品种引领市场的同时，毛利也处于较好水平。四是推动研发技术进步。通过相同产品不同工艺路线、相同产品不同用户、相同用户不同加工工艺的成本比较、毛利比较，分析改进措施，进行工艺技术优化、应用先进材料替代等，既为客户创造价值，又可以将产品制造过程成本持续优化。

3. 财务和生产

一是内部对标找差距，削减浪费。既通过标准成本与实际生产成本比较差异，作为各生产单元生产成本完成情况的评价依据，推动班组之间各种成本之间的对比，消除浪费，提升生产现场操作水平，又

以集团内类似产线的指标进行比较对标找差距。在对标基础上，通过产品盈利目标确定目标成本，以目标成本为引领，倒逼生产人员优化生产过程的制造成本。二是以目标成本为指引，推动生产人员进行技术更新和管理进步，推动操作人员操作技能主动提升，主动进行成本消减，提高劳动生产率。三是根据产品盈利数据，层层提取低效和亏损产品生产过程异常信息，多维度降本增效。应用“产品单位时间边际贡献”进行产品生产排序。四是推动产品制造过程作业基础管理水平提高。财务人员与生产技术人员一道将作业成本数据作为主要信息源，分析关键作业、关键人员、关键工序及残缺零部件、关键设备生产周期等，以及识别不增值作业等。五是提升产品质量水平。通过作业成本分析比较，可以快速识别出制造过程的质量水平，有效客观反映废品、次品及质量改判、制造过程中的缺陷，促使生产人员、技术人员不断修炼内功。通过每个月的成本比较，隐性质量问题得以真实反应，制造过程的产品实物状态快速好转。

（五）开展业绩评价，持续改善

为深入推进整体分单元经营核算工作，确保落地运用，发挥实效，兴澄特钢从 5 个一级要素、10 个二级要素及 16 个三级要素出发，形成了分单元经营核算工作评价标准，实现一级对一级的评价推进。

三、特钢企业以“精细利润链”为核心的内部市场化经营机制建设效果

（一）管理成效显著，经营模式发生了深刻变化

项目实施成果较好，达到了“六变一形成”的效果，通过分单元核算模拟市场机制，以“精细利润链”的理念和方法为基础覆盖到班组。一是由“人心多向”变为“上下同欲”，确立共同的经营理念、使命与愿景，让员工看得见企业的前景与自己的未来，凝聚人心。二是从目标分解的“博弈计划”变为自主经营的“利润计划”，根据兴澄特钢总体计划，各实施单元制订自身利润计划并通过整体策划分步实施后，经营管理发生了质的变化：“粗略经营”变为“精准经营”，导入《经营会计报表》，使各层级人员能看清企业经营现状，从而把握经营实态；“方向迷茫”变为“方向准确”，通过策略定位，让团队找准前进的方向；“权责不清”变为“权责对等”，应对市场变化进行组织架构的调整，使企业的组织结构更加紧密、分工更加明确；“生产管理型人才”变为“经营管理型人才”，全员参与经营，形成了以“精细利润链”为核心的内部市场化经营机制。在建立分单元核算经营模式的过程中，通过内部市场化传导市场压力，通过单位时间核算贯彻兴澄特钢的经营目标。在这种模式下，企业经营管理工作落实到每一位员工，使各分单元及时了解市场变化、调节经营管理策略、培养员工的经营竞争意识：一是体现在由原来的关注指标到关注利润；二是体现在机物料消耗台账由无到有；三是通过“三表一报”实现成本闭关管理，实现了由原来只关注生产任务到关注备件库存、库存量的转变，实现了由数据含混到一切指标数字化的转变。

（二）降成本提利润，经济效益稳步增长

分单元核算经营模式体系推进过程中，各分单元核算对经营会计报表中反映出的问题进行分析，自发思考解决方案，对简单易改善的项目形成日常改善项目；对实施时间较长、方案复杂的项目形成攻关课题，直到达到改善目标。另外，各单元实行“单位时间利润贡献”产品利润管理，不是简单地以产品的单位利润值高低作为合同接单依据，而是结合产品在单位小时创造的利润值高低作为合同接单、优先排产、分析评价的依据，从而实现兴澄特钢效益最大化。近 3 年，吨钢降本分别达到了 200 元/吨、250 元/吨、210 元/吨。

（三）员工切实得到利益，与企业共成长、同发展

分单元核算经营模式通过划小核算单元，赋予一线员工更多自主权，使他们感受被信任，体验自身能力发挥带来的自我肯定；通过模拟内部市场打破单位内部长期以来形成的模糊的内部交易规则，让竞争更公平透明，充分体现能者多得；通过建立单位时间核算制度让企业内部考核更公平，更具有信服

力。员工在分单元核算经营模式过程中能真实感受到积极工作带来的成就和荣誉；同时，得益于“精细利润链”为核心的内部市场化经营机制成果的不断显现，进一步助推了兴澄特钢经营发展战略目标的达成，使得年度利润稳步提升。近 3 年来，员工年收入持续按 9% 以上的比例增长，员工收入变高了，他们的工作热情和积极性也随之提高，形成了企业与员工的利益共同体，加快了与企业共同成长的步伐。

（成果创造人：罗元东、孙广亿、郭士宏、刘　莹、梅铮铭、孙岳成、陈　博、陶燕峰、周　理、张　超）

施工企业高质量发展监测指标体系的构建

中铁一局集团有限公司

中铁一局集团有限公司（以下简称中铁一局）是世界500强企业——中国中铁股份有限公司（以下简称中国中铁）的全资子公司。中铁一局具有铁路、公路、市政公用、建筑工程施工总承包特级资质；具有铁路铺轨架梁、桥梁、隧道、公路路面、公路路基、环保工程专业承包一级资质；具有铁道甲（Ⅱ）级和市政、建筑行业甲级设计资质，以及工程造价咨询甲级、测绘甲级等多项资质。截至2020年，中铁一局员工总数为24832人；拥有各类机械设备9061台（套）；资产总额560亿元，净资产120亿元。2020年，实现新签合同额2001亿元，企业营业额达1002.96亿元。

一、施工企业高质量发展监测指标体系的构建背景

（一）贯彻国家高质量发展战略部署的需要

2017年，党的十九大提出了高质量发展要求，强调要完善考核评价机制；同年，中央经济工作会议指出，推动高质量发展是当前和今后一个时期确定发展思路、制定经济政策、实施宏观调控的根本要求，必须加快形成推动高质量发展的指标体系、政策体系、标准体系、统计体系、绩效评价、政绩考核，创建和完善制度环境。为贯彻落实党中央高质量发展战略部署，有效促进中央企业高质量发展，2019年4月，国务院国资委印发相关文件，要求通过构建反映高质量发展的监测指标体系，完善推动高质量发展的考核制度，引导和推动中央企业强化创新驱动、优化布局结构、稳健开展国际化经营、防范重大风险、创新体制机制，实现质量更高、效益更好、结构更优的发展，加快培育具有全球竞争力的世界一流企业。

（二）落实中国中铁高质量发展要求的需要

为贯彻落实国务院国资委相关文件的要求，2019年8月，中国中铁制订发布了《关于开展质量提升行动推进高质量发展的实施意见》，要求所属各单位结合实际制订本单位的实施方案，以问题为导向明确重点任务和行动目标，以目标为引领建立监测指标，构建本单位年度监测指标体系，全面推进企业高质量发展。2020年，中国中铁制订发布了《2020年高质量发展监测指标体系》并将监测指标纳入所属各单位领导人绩效考核和任期内考核的重点内容。中铁一局作为中国中铁的全资子公司，必须贯彻落实中国中铁的重大工作部署，推进高质量发展各项工作任务。

（三）突破发展瓶颈、实现高质量发展的需要

中铁一局作为传统建筑施工企业，紧跟国家发展不断耕耘，逐步发展成为多元化的大型建筑集团企业。但是，随着企业规模的不断扩张，资源配置不佳、管理效率不高、经济效益不优等问题逐渐凸显，制约了企业发展质量和发展速度。在当前经济下行压力加大、基建投资增速放缓的经济新常态下，建筑行业市场竞争日趋激烈，突破企业发展瓶颈、提升核心竞争力、推动企业由高速增长向高质量发展转型势在必行。作为传统建筑施工企业，多年来在企业绩效评价方面始终重视的是新签合同额、营业额、营业收入、净利润等经济指标，缺少反映企业发展质量的管理指标。因此，建立一套科学合理的反映本企业高质量发展的监测指标体系，让“高质量”看得见、摸得着、说得清，发挥其“指挥棒”作用，对促进企业提质增效、实现高质量发展意义重大。

二、施工企业高质量发展监测指标体系的构建主要做法

（一）加强组织领导，明确行动指南

1. 加强组织领导

推进企业高质量发展是一项十分复杂、艰巨的系统工程，涉及企业经营管理的方方面面，为统筹规划、有效推进，中铁一局成立了以总经理为组长、分管企业管理的副总经理为副组长、机关本部各部门负责人为成员的高质量发展领导小组（以下简称领导小组），全面负责高质量发展的顶层设计、统筹协调、整体推进、督导落实、定期评价等工作。领导小组办公室设在战略规划部，负责统筹组织推进高质量发展各项工作任务。

2. 明确行动指南

领导小组根据中国中铁《关于开展质量提升行动推进高质量发展的实施意见》，结合实际，研究、确定了中铁一局高质量发展行动指南，即以构建“四大体系”（公司治理、经营管理、创新管理、风险管控体系）为保障、实施“六大工程”（人才队伍建设、科技兴企、效益提升、国际化经营、信息化建设、党的建设工程）为重点、实现“八大提升”（提升产业发展水平、工程产品和服务质量、专业化水平、企业成本管控能力、工程公司发展能力、安全生产管理水平、企业品牌影响力、员工权益保障）为路径，围绕企业全面深化改革，强化市场经营，推进科学管理，实施创新驱动，切实提升发展质量和竞争能力，为把中铁一局建设成为国内领先、行业一流的现代绿色建筑工程总承包企业奠定基础。

（二）制订实施方案、明确总体目标

1. 制订实施方案

中铁一局以问题为导向，根据行动指南，在认真研究分析影响企业高质量发展的突出矛盾和问题的基础上，制订发布了《中铁一局关于开展质量提升推进高质量发展行动的实施方案》，计划利用 5 年时间（2019 年 9 月—2023 年 10 月），基本实现企业从高速增长向高质量发展的转变。按照时间安排，分阶段明确了 52 项主要工作任务和 90 项具体实施措施及各项工作任务完成的时间节点，对工作任务进行了分工，层层落实责任，确保工作任务的贯彻落实。

2. 明确总体目标

中铁一局以目标为引领，综合考虑企业内外部环境面临的机遇和挑战，结合“十四五”战略规划，明确了高质量发展总体目标，即显著提升“以提高企业效益为核心的经济运行质量、以夯实基础管理为重点的企业管理水平、以创新发展为关键的企业实力、以卡控底线为基本的风险防范能力、以增强幸福感和获得感为目标的员工福祉建设”；同时，明确了企业净利润年均增长 8% 以上、毛利率逐年增长 0.25% 以上、收入净利润率年均增长 0.025 个百分点、全员劳动生产率年均增长 6% 等 39 项高质量发展总体量化指标。

（三）构建监测体系，明确监测指标

1. 确定监测内容

按照“全面性、重要性”原则，中铁一局全方位体现高质量发展内涵要求，重点突出核心指标、重点指标，确定了反映“资本获利、科技创新、运营、有效供给、绿色发展、风险防控、跨国经营、社会贡献、信息化建设、管理层级及发展规模”10 个方面的高质量发展监测内容。

2. 明确年度监测指标

按照“突出重点、先易后难、逐年分解”的原则，兼顾指标数据的可靠性、可采集、可量化、可对比，中铁一局针对 10 项高质量发展监测内容进行细化分解，逐年下达年度监测指标。每年年底对监测指标完成情况进行评价，根据评价结果，于下一年度对监测指标进行调整更新。2020 年，中铁一局经过研究分析，确定了 60 项高质量发展监测指标。这 60 项指标体现了企业资本运营能力，如净利润、

经济增加值、国有资本回报率、盈余现金保障倍数、成本费用总额占营业总收入比例等核心指标；体现了企业创新发展能力，如研发投入比率、创新产品贡献率、科技成果转化率、人才队伍建设等重点指标；体现了企业风险防控能力，如资产负债率、重大风险发生率、安全生产事故率等关键指标；体现了企业绿色发展及协调发展能力，如绿色施工、综合能耗、带动就业、精准扶贫、员工收入增长率、权益保障等指标。这些指标数据可获取、可对比、可延续、可评价，能够客观准确反映企业高质量发展成效。

（四）开展专项活动，构建监测指标坐标系

1. 推进“三个转变”再出发

中国中铁以“三个转变”为目标，在创新发展和科技进步上取得了较好成绩，企业综合实力明显增强，但距实现世界一流企业的目标还有较大差距。基于现状，中国中铁制订发布了相关文件，大力推进“三个转变”再出发。根据中国中铁的相关文件，中铁一局结合高质量发展工作任务，以创新发展为核心工作，明确了“战略升级、人才队伍、机制活力、创新驱动、‘两化’融合、质量提升、项目管控、成本控制、资产质量、产业融合、海外发展、市场营销、风险合规、企业品牌、社会责任、党建工作”16个方面的管理创新主要任务清单及20项技术创新主要任务清单，制订了具体的实施措施和工作目标，利用3~5年的时间，通过推进“质量变革、效率变革、动力变革”三大变革，切实提升企业发展质量和竞争能力，实现以创新发展为关键的企业综合实力的显著提升。

2. 加强工程公司建设

中铁一局所属工程公司是施工生产的主要实施单位，是企业提高产品质量、提升盈利能力的前沿阵地。因此，加强工程公司建设，建设一批发展质量高、竞争实力强、经济效益好、品牌信誉优、企业贡献大的工程公司，是突破企业发展瓶颈、夯实企业管理基础、实现企业规模增长和企业高质量发展的关键。中铁一局把加强工程公司建设作为实现高质量发展的重要举措，以做大、做优、做强、做实工程公司为目的，深化组织结构和生产体制改革，聚焦规模化、效益化、集约化、规范化发展，通过中铁一局“五给”（给任务、给要素、给服务、给压力、给奖惩），促进工程公司实现“五有”（有能力、有规模、有效益、有文化、有信誉）。制订发布了《加强工程公司建设实施方案》，明确了“到2023年，年营业收入超200亿元的工程公司确保1家、年营业收入超100亿元的工程公司7家，工程公司平均年营业收入达66亿元以上、年人均创收396万元以上”的总体目标；明确了7个方面28项主要工作任务及每项工作任务的目标、实施措施、推进计划。根据工程公司建设总体目标，围绕高质量发展监测指标，确立了以营业收入为核心指标的17项总体量化指标，根据近年来各工程公司的经营数据，经预测分析，分解、确定了14家工程公司2020—2023年期间每年应实现的15项年度量化指标。

3. 提质增效专项行动

结合“高质量发展、加强工程公司建设”工作部署，中铁一局以提升企业发展质量和经济效益为目标，组织开展提质增效专项行动，制订发布了《中铁一局2020年提质增效专项行动方案》，明确了2020年总体经营目标“净利润同比增长7%、力争达到9%；利润总额力争与净利润同步增长；营业收入利润率同比提高0.1个百分点，达到1.84%；资产负债率控制在80%以内；研发经费投入强度提高0.1个百分点，整体不低于1.82%”，明确了“加大市场营销、提高经济效益、加强生产管理、落实重点改革任务、增强创新驱动力、加强企业管理、加强风险防控”7个方面44项主要任务及每项任务的主要目标和主要措施。建立三级行动体系，形成纵向联动机制，中铁一局注重经营管理和资源配置的改革创新，工程公司注重生产组织和经济运行的优化提升，各级项目部注重生产组织和责任成本的现场管控。建立定期会商机制，及时共同解决专项行动中的关键问题和突出矛盾，捋顺管理接口，优化办事效率，在依法合规的前提下推进“简政放权”。建立挂牌督导机制，聚焦严重亏损企业，实施挂牌督导。

建立工作推进机制，适时召开专题推进会议，加强过程督导，确保经济效益稳定增长、运行效率稳步提升。

4. 治亏与压减专项治理

根据加强工程公司建设、提质增效的相关要求，中铁一局组织开展“治理亏损企业与亏损项目”及“压缩管理层级、减少法人户数”（以下简称治亏与压减）的专项治理工作，制订发布了《中铁一局治亏与压减专项治理工作实施方案》，明确了治亏与压减的范围，亏损企业以2019年各层级企业财务决算数据为依据，利润总额为负的企业纳入治理范围；亏损项目以2019年12月31日为基准日，对所有独立进行经济核算的单个过程亏损项目，全部纳入治理范围；每年新增亏损企业、项目一并纳入下一年度治理范围；综合型工程公司年营业收入不足20亿元、专业型工程公司年营业收入不足15亿元、低效无效企业、四级以下低层级企业、辅业企业及长期亏损企业纳入压减范围。按照治亏与压减范围，中铁一局通过统计，确定了7家亏损企业、27个亏损项目、10家压减企业，经研究分析，明确了亏损企业治理目标，“2020年年底前通过强化管理、注销、移交等方式实现6家企业扭亏，2021年年底前彻底消灭亏损企业”；亏损项目治理目标，“2020年年底前，亏损项目的减亏总额在2019年4季度过程亏损项目的基础上同比下降10%，新开工项目不出现亏损”；压减目标，“企业管理层级不超过4级，对2020年营业收入不足20亿元的工程公司进行压减，非工程公司2020年压减4家、2021年压减4家”。根据治亏与压减目标，中铁一局按照“一企一策”“一项一策”，制订了具体的工作计划及实施措施，明确了各层级管理职责；同时，制订了《减亏治理专项奖惩办法》《压减工作专项考核办法》，将治亏与压减工作纳入相关单位年度业绩考核中，确保治亏与压减目标的实现。在治亏与压减专项治理过程中，建立月统计、季通报制度，定期组织专项检查、召开专题工作会，认真总结经验与教训，解剖分析原因，提出解决方案，确保治亏与压减专项治理各项措施落地。对涉及内外部重组、资源整合、注销、撤销、清算等事项，认真履行尽职调查、评估、公示、公告等规定程序；涉及职工切身利益的问题，严格履行民主程序，确保职工合法权益。

5. 宏观与微观成本管理

根据加强工程公司建设、提质增效相关要求，中铁一局组织开展“宏观成本与微观成本管理”专项活动，紧密结合“高质量发展”核心宗旨，以提高效益和提升质量为中心，以提质增效、标本兼治为主线，统筹宏观成本与微观成本两个层面，通过加强工程项目宏观成本与微观成本全过程并重管控，进一步厘清工程项目宏观成本与微观成本管理内容，厘清前台与后台成本管理边界，明晰管理职责，充分发挥宏观成本管理在资源配置中的核心作用，有效提升微观成本管理的降本创效能力，宏观与微观分进合击、协同管控，为全面推进企业高质量发展助力。制订发布了《中铁一局加强工程项目宏观及微观成本管理实施方案》，明确了25项主要任务及其管理目标，制订了具体的实施措施与推进计划，通过中铁一局、工程公司、项目部前后台纵向间、职能部门横向间递进、交叉，上下联动、齐抓共管，共同促进宏观成本管控与微观成本管控并重落地，为企业高质量发展提供保障。建立了经济监控指标，按照中铁一局、工程公司和项目部三级，分别明确了《中铁一局宏观成本管理主要监控指标》20项、《工程公司宏观成本管理主要监控指标》32项、《项目部微观成本管理主要监控指标》20项；同时，建立了每年一次的督导检查机制，对各单位宏观与微观成本管理情况进行督导检查，覆盖面100%，同步开展实施考评，根据检查考评结果发布督查和考评通报。

（五）统筹协调推进、合力共促高质量发展

中铁一局以“高质量发展”为统领，统筹协调推进各专项活动，精心组织，携手联动。推进“三个转变”再出发以管理创新和科技创新为抓手，通过“质量变革、效率变革、动力变革”三大变革，提升企业创新发展能力；加强工程公司建设以“五给”“五有”为引导，聚焦规模化、效益化、集约化、规范化发展，通过营造工程公司改革发展的良好环境，提升企业竞争能力；提质增效专项行动以强化效率效益为导向，通过优化经营生产和经济运行组织模式，提升企业成本管控能力；治亏与压减专项治理以优化资源配置为手段，通过供给侧结构性改革“瘦身健体”，提升企业风险防范能力；宏观成本与微观成本管理以强化成本全过程、全要素管控为抓手，通过分进合击、前后台协同管控，提高企业降本创效能力。各专项活动方案之间衔接紧密，工作任务和实施措施协调配合，提高工作的针对性和有效性；各项监测指标数据相互吻合、互为补充，形成有机整体共同促进企业高质量发展。

在各项活动推进过程中，中铁一局通过定期报告制度，及时掌握活动进展情况，统筹协调解决活动中发现的问题；通过召开研讨会、现场推进会等形式，总结管理经验，推广典型经验，以点带面，促进活动扎实推进；加强宣传引导，充分发挥报刊、网站、宣传栏、新媒体等舆论工具，营造良好氛围，形成合力，共同促进活动深入开展，确保各项目标任务的有效落实。

三、施工企业高质量发展监测指标体系的构建效果

（一）企业发展质量持续提升

2020年，中铁一局完成新签合同额2001亿元，同比增长23.82%；完成营业额1002.96亿元，同比增长25.19%；企业迈上“双千亿元”历史新台阶。全年对外清收27.41亿元，对外清欠35.81亿元，超额完成“双清”任务，资产质量持续改善。亏损企业和亏损项目治理成效显著，6家亏损企业5家提前扭亏，1家亏损企业完成年度减亏目标；6个重点亏损项目扭亏成功，实现减亏3.48亿元。货币资金存量、经营性净现金流、归母净利润等主要经济指标再创历史新高，全年实现净利润12亿元，实现了国有资本保值增值的管理目标。

（二）企业创新发展成效显著

2020年，中铁一局荣获多项技术大奖，其中有国家科技进步二等奖1项、国家标准创新贡献奖1项及省部级科学技术奖（包括社会力量设奖）13项。新授权专利218项，其中发明专利41项；新申请专利229项，其中发明专利89项；申请PCT海外专利6项，实现海外专利申请零的突破。荣获国家级管理创新成果二等奖1项，省部级管理创新成果一等奖1项、二等奖3项、三等奖4项，中国中铁成果奖二等奖2项。荣获“鲁班奖”3项、“詹天佑奖”3项、“李春奖”4项，“国家优质工程奖”11项；省部级以上“安全文明工地”奖项26项，其中含国家级奖项2项。

（三）企业品牌影响力大幅提升

2020年，中铁一局主动参与武汉火神山医院、3个“方舱医院”及西安市公共卫生中心等防疫项目建设；积极参与扶贫攻坚，投资援建柞水木耳产业，受到社会各界广泛关注和一致好评，中铁一局工会被国务院国资委推荐候选“全国脱贫攻坚先进集体”。获得“全国工程建设社会信用评价AAA级信用企业”“2020年度对外承包工程行业A级企业”“全国内部审计先进集体”“陕西省百强企业”“西安市上规模发展奖”等荣誉称号。

（成果创造人：朱卫东、樊卫勋、李　鉴、吴硕平、程子潇、康建新、
李颖飞、王　硕、朱俊虎、张　凯、王海媛、崔亚锋）

钢铁企业以混合所有制改革为契机的管理提升

重庆钢铁股份有限公司

重庆钢铁股份有限公司（以下简称重庆钢铁）成立于1997年，为“A + H股”上市公司。重庆钢铁属于冶金行业，地处重庆市长寿区，具备年产千万吨钢的生产能力，主要生产热轧卷板、中厚钢板、线材、棒材等产品。2017年，重庆钢铁司法重整后由国有控股变为混合所有制企业，第一大股东为重庆长寿钢铁有限公司（以下简称长寿钢铁），持股比例为23.51%。长寿钢铁的股东为中国宝武、四川德胜集团钒钛有限公司（以下简称四川德胜，属民营企业）及重庆战略性新兴产业股权投资基金合伙企业。中国宝武为重庆钢铁的实际控制人。重庆钢铁依托中国宝武的全面支撑，生产经营步入良性循环，产销规模倍增，连续3年实现较好盈利水平，企业形象全面恢复，竞争能力明显增强。在2020重庆制造业企业100强中位居12位，在2020中国制造业企业500强中位居318位。

一、钢铁企业以混合所有制改革为契机的管理提升背景

钢铁工业作为制造业的重要组成部分，要解决当前发展面临的资源、环境、市场三大约束，全面深化供给侧结构性改革，走高质量发展道路是必然选择。但是，我国钢铁企业大多以国有控股为主，存在市场主体地位未真正确立、现代企业制度还不健全等突出矛盾和问题。要实现高质量发展就必须结合企业实际情况，应以建立、健全产权清晰、权责明确、政企分开、管理科学的现代企业制度为方向，创新管理模式，提升管理水平，增强企业活力，发挥市场在资源配置中的决定性作用。

（一）摆脱生产经营困难的需要

纵然有外部环境的影响，但重庆钢铁更大的问题是企业本身管理和决策的失误：一是重大投资战略失误，战略定位不当；二是各生产工艺环节能力不匹配，辅助的运输、库存环节也存在问题，资产利用效率低下；三是内控体系不健全，采购、销售、生产在管理上出现灰色地带，企业失血点多，同时销售渠道单一、客户管理缺失、市场话语权弱；四是人情文化盛行，未建立按规办事的企业文化及科学合理的人才考评、激励机制，特批、特办、破格等例外情形屡见不鲜，极大挫败了员工对重庆钢铁的信任。为此，重庆钢铁必须通过完善治理结构、提升管理能力、强化团队激励等方式来优化管理模式。

（二）解决债务危机的必然选择

2006年，重庆钢铁启动环保搬迁，2013年全面完成。由于各类因素叠加，重庆钢铁自2011年起连年巨亏。2011—2016年，重庆钢铁实际亏损238亿元，且因2015年、2016年连续两年亏损，重庆钢铁被上交所处以“退市风险警示”。截至2017年6月，资产负债率高达103%，重庆钢铁负债总额为376.04亿元，其中流动负债285.14亿元，非流动负债90.90亿元。2017年7月，重庆一中院裁定来去源公司对重庆钢铁重整的申请，重庆钢铁进入重整程序。此时，重庆钢铁面临资产重组终止、资金链濒临断裂、诉讼风险居高不下、维稳压力巨大等多重困难。在重庆钢铁生死存亡的关键时段，中国宝武和四川德胜加入，重庆钢铁企业性质转变为混合所有制。中国宝武牵头重组重庆钢铁意义重大，中国宝武从产业集团向国有资本投资公司转型跨越，重组重庆钢铁是国有资本投资公司试点以后取得初步成效的典型案例，更是国有企业混合所有制改革的经典案例。

（三）改革备受社会各方关注

重庆钢铁司法重整从方案确定、路径明晰、措施支撑、实施执行，每一步都离不开重庆市委、市政府的坚强领导、大局把控、科学决策和统筹推进。重庆钢铁司法重整虽然解决了债务危机，夯实了资产

质量，避免了退市风险和破产清算，但是要恢复正常生产经营和信誉，备受政府、出资人、债权人和职工的关注。作为中国宝武主导的重组战略方也十分重视，提出了近期止血、中期造血、远期升级的战略举措，从技术、管理、资源、资金等方面全方位予以支撑，使其尽快摆脱困境，步入良性循环，实现高质量绿色发展目标。

二、钢铁企业以混合所有制改革为契机的管理提升主要做法

（一）依托中国宝武，重塑顶层设计

混合所有制下的重庆钢铁，拥有专业互补且超强实力的股东，中国宝武在人才、技术、生产及运营管理经验方面拥有钢铁行业内顶尖的资源，深入参与投后管理，综合竞争实力全面提升。为充分体现重庆钢铁董事的席位与股权比列相匹配，重整后重庆钢铁改组了董事会。

目前，重庆钢铁董事会由 9 名成员构成，其中 4 名成员来自中国宝武，2 名成员来自四川德胜，另外还有 3 名独立非执行董事。董事长和副董事长分别由中国宝武方代表和四川德胜方代表担任。经营管理层中，3 名来自中国宝武，1 名来自四川德胜，还有原重庆钢铁代表 1 名。经理层在钢铁行业、管理层面、技术层面均有较为资深的经验。重庆钢铁监事会由 5 名成员构成，其中 2 名监事来自中国宝武、1 名监事来自四川德胜并担任监事会主席，另外还有 2 名职工监事。监事会成员由具有会计、法律等专业和具有丰富管理经验人士组成。监事会深入基层开展专项调研，对重庆钢铁重大决策程序、财务管理情况、重要经营活动、董事及高级管理人员履职情况等方面进行监督和审查，旨在积极有效防范经营风险，提升监督实效，促进规范运作。

按照提出目标和完成目标者要分离的原则，重庆钢铁实行董事会领导下的总裁总负责、高级副总裁分工负责模式。以总裁为首的经营管理团队在董事会和章程授予的权限范围内履行重庆钢铁的日常管理职责。董事会与管理层建立了充分的信任，董事会全力支持管理层工作，积极引导并赋能管理层，给予总裁充分授权。执行董事日常工作和总裁一起开展，落实决策，把控风险。董事会建立严肃的追责体系，考核评价总裁的工作，期末看结果，兑现激励承诺。监事会重在对董事会及经理层规范运作的监督，关注重庆钢铁经营运作情况，对相关会议召集召开的合法合规性和董事会依法运作、科学决策进行监督，对决议的执行实施监督。

重庆钢铁通过调整治理结构，明确董事会、监事会、经营层的职责权限，充分赋予了经营团队权力，强化激励机制，真正形成了决策、执行、监督分工明确又相互制衡的法人治理架构。

重庆钢铁在积极探索高质量发展之路上充分发挥混合所有制决策高效的优势。2020 年，重庆钢铁积极研判市场发展形势，清晰把握市场经济脉搏，积极与董事会、股东大会汇报沟通，迅速形成提产扩能、提质增效的发展战略，在中国宝武“一基五元”“弯弓搭箭”战略布局引领下，重新规划产业布局；依据发展战略，编制完成《重庆钢铁“十四五”规划》，绘就了超千万吨级规模三步走的宏伟蓝图，全面开启技改提质工程建设，对全流程提档升级，逐步形成板、卷、长材“三驾齐驱”的产品布局，服务成、渝双城经济建设。

（二）构建新型治理机制，实现科学高效决策

1. 高效决策，快速推进

董事会主要决定重大、重要决策和制订经营发展方案，经营层主要负责生产经营管理工作和执行董事会决议，监事会主要负责检查财务和执行对董事、经理的监督，党委会主要对“三重一大”进行审查和监督，形成了决策、执行、监督分工明确又相互制衡的法人治理架构，从而实现科学高效决策。经营管理层构建对外快速响应，对内高效协同、执行有力的体制机制，实施组织机构重组，精简岗位设置，优化业务流程，改革管理者选聘方式，强化绩效导向，积极推进激励机制变革，践行以绩效为第一评价标准的业绩导向，推出与成本改善、经营业绩强挂钩的“降本增效激励计划”和“利润分享计

划"，实行"双激励、双约束"，激发员工活力。为确保规划发展项目快速落地，重庆钢铁成立发展项目建设指挥部，组织确定发展项目工艺技术方案、建设模式、目标节点，明确分工，落实责任，有序推进规划发展项目建设。根据规划，2024 年完成绿色制造项目建设，根据高质量发展要求快速推进智慧制造项目建设。

2. 调整市场定位

市场定位决定企业经营发展方向，坚守区域市场为主才是重庆钢铁的最佳选择。为此，重庆钢铁将以沿海市场为主调整为立足重庆、深耕川渝、辐射西南、布局沿江的市场定位，以生产船舶用钢为主调整为生产建筑、工程、机械、汽摩、锅炉、海洋石油等用钢为主的产品定位，形成热轧薄板、中厚钢板、棒材、线材四大类产品。目前，在重庆市场的销售占有率达到 70% 以上。

3. 转变生产经营管理理念

根据重庆钢铁实际情况和先进企业的管理经验，确定了以"提规模、调结构、降成本""管理极致、消耗极限""全面对标找差、狠抓降本增效"作为生产经营管理理念，以"引领区域市场、坚守客户满意"作为市场营销理念，以"客户标准至上、力求精益求精"作为企业质量理念，以"安全第一、违章就是犯罪"作为企业安全理念，以"赛马选人、精准激励、真心关爱"作为企业人才理念，以"绿色发展"作为社会责任理念。

4. 明确发展目标

在中国宝武的引领下，重庆钢铁以"传承民族钢铁血脉，创造绿色美好生活"为使命，以"打造高质量绿色智造钢铁企业，成为中国西南地区钢铁业引领者"为发展目标，力争在 3 年内实现产量规模倍增、营业收入倍增、吨钢利润倍增、股票市值倍增。

5. 全面对标找差距

成本是反映一个企业工作业绩的综合指标，也是衡量一个企业竞争能力的重要指标。重庆钢铁过去的成本指标在行业处于下游水平，毫无竞争力可言。为了尽快补齐成本短板，按照问题导向、目标导向和结果导向，持续开展全面对标找差距、狠抓降本增效工作，努力做到管理极致、消耗极限，不断提升竞争能力。以赶超行业先进水平为目标，从供产销各环节全面对标找差距。在中国宝武内，与宝钢股份、韶钢松山、鄂城钢铁对标；在冶金行业内，与湘潭钢铁、永峰钢铁、三明钢铁、宁波钢铁等先进企业对标。由领导带队、技术和管理人员参与，前往对标企业深入一线、实地对标，摸清各项经济技术指标和成本情况，找准重庆钢铁的差距，从技术、管理和设备等方面深层次找准差距的原因，作为改进的方向。针对存在的差距，结合重庆钢铁的实际情况，确定具有挑战性的各项技术经济指标和降本增效目标，制订改善各项指标的具体措施，层层分解、落实责任人和时间表，纳入绩效考核体系。按月召开检查分析会议，从 3 个层面检查对标找差距的效果。一是从重庆钢铁层面检查分析生产、设备、经营、成本、利润、主要技术经济指标等实绩和差距，分析原因，提出下一步的目标和对策；二是从厂部层面检查分析采购成本、工序成本、各项技术经济指标等实绩及其与各对标企业的差距，找准具体原因，针对差距进一步改进措施，重点攻关；三是从作业区层面检查分析产量和技术经济指标等实绩和差距，深挖根源和潜力，落实责任，全面整改，形成你追我赶的相互竞赛局面。

（三）强化体系建设，提高管理水平

1. 调整组织机构，明确职责分工

重庆钢铁按照责任单一、权责分明、界面清晰、精简高效和集中一贯的管理原则，实施"大厂制、大部制"和"厂管作业区"的扁平化管理的组织机构改革。一是优化合并生产工序，为了统一铁前各工序目标，将为炼铁提供燃料和原料的焦化厂、烧结厂合并至炼铁厂；为了应对市场变化，最大限度地提高资源效益，将一、二炼钢厂合并为炼钢厂，将热轧薄板厂、中厚板厂和长材厂合并为轧钢厂。二是撤并了部分管理部门，如将生产组织、生产过程管控、技术质量管理等归口制造部管理，将设备维护、检修及其协力管理、资材备件采购及仓储归口设备部管理。三是撤销了原有全部厂部车间设置，调整合并为作业区，形成厂部直管作业区的模式。组织机构优化后，重庆钢铁厂部级单位由2020年的20个调整为目前的15个（不含全资收购子公司），减少25%；三级机构由93个精减至69个，减少25.81%。在生产单元推行厂直管作业区，取消了高炉、焦化、烧3个分厂和炼钢等7个车间，助推效率提升。

2. 理顺管理流程，完善制度体系

为了改变过去层层审批、各不担责的管理流程，重庆钢铁按照责任明确、流程精简、科学高效、管控有度的原则，实行分级归口管理、授权与集权的审批模式。对金额重大、重要性高、技术性强、影响范围广的业务和事项，由总裁办公会实行集中决策审批；其他业务和事项，实行分级授权审批，明确重庆钢铁及厂部级负责人、业务部门及责任人的审批权限。审批流程全部通过信息化系统完成，如采购类业务全部在采购供应链系统中审批，财务类业务全部在标准财务系统中审批，公文类等61个流程全部在协同办公系统中审批。重庆钢铁按照调整后的管理职责和流程，不断优化完善制度体系。通过对全部管理制度的系统梳理和有效性评估，分层、分类搭建了5个大类、31个中类、96个小类构成的重庆钢铁制度体系，形成592个有效管理文件，修订文件191个，新建文件341个，废止文件251个。各项管理制度及执行情况经内外部审计，无重大缺陷，制度全面有效、管理受控。

3. 加强双基管理，夯实管理基础

一是实施标准化作业。“作业标准化、操作规范化”是提升现场基础管理的有效举措，重庆钢铁将各生产操作岗位的关键操作流程提炼形成标准作业卡，明确作业步骤、作业内容及标准、风险点及控制等作为实现标准化作业的手段。通过系统编制方案、开展管理方法培训、确定编制模板、深入现场辅导、执行过程跟踪等系列工作，先僵化、再优化、后固化形成了294个标准作业卡。对照标准找差异、对照标杆找差距，不断优化作业标准、操作规范，达到管理规范化、安全本质化、环境整洁化和行为标准化，树立标杆、全面改善，有效提高了作业效率和工作质量。二是推行“作业长”制。为了明确基层管理责任，重庆钢铁全面引入“作业长”制，实行“一区一长”全面负责制，切实将工序服从、重心下移、权力委让、横向协作的管理要求有效落地，全面提升现场管理能力。双基工作的效果如何，“作业长”是关键，抓好“作业长”能力提升是基础，通过“作业长”研修会、外派学习等一系列措施，对新聘任的177名“作业长”进行了系统培训；开展作业区竞赛评比，表彰先进、鞭策落后，以创建优秀作业区为载体，树立标杆，评选出“年度十大金牛级作业区”，推动和坚持全员改善，提升基层基础管理能力。

（四）坚持技术引领，提升生产水平

为了加快实现经营发展目标和战略规划，重庆钢铁主要对现有设备实施高效化升级改造并新增绿色环保及智慧制造项目。

铁前系统，先后对3台烧结机技术改造，轮流对4座高炉进行了大修，提高了利用效率，炼铁能力达到千万吨级；对炼钢系统进行了高效化改造，缩短了冶炼周期，同时提高多用废钢技术，炼钢能力达到1300万吨；轧钢系统主要是对设备老化、技术落后的旧棒材、线材生产线全面升级改造，新建技术先进的双高棒材生产线，恢复中板轧机生产，轧钢能力近1300万吨；配套新建5万立方米的制氧机和提升码头卸载能力改造。在环保方面，新增了焦炉、烧结脱硫脱硝系统，新建了煤气发电机组，实施了废水集中处理和厂区绿化改造，准备实施固废集中处理利用和料场加棚等项目。做到废水零排放、废气超低排放、固废不出厂的绿色环保目标。目前，炼铁、炼钢、轧钢、能环、物流5个系统的智慧制造正处在全面推进中，陆续做到操作室一律集中、操作岗位一律机器人、运维一律远程、服务环节一律上线。改造后，重庆钢铁工序能力匹配、品种规格齐全、生产效率提高，低碳环保、智慧智造、市场竞争能力增强。

重庆钢铁科技创新取得一批标志性成果。开发了低铁钢比生产技术，实现铁钢比“破八进七”达到795.7千克/吨，在废钢烘烤技术解决后，可进一步改善铁钢比指标；开发了螺纹钢转炉、钢包全流程低成本氮合金化工艺集成技术，实现螺纹钢氮合金化工艺降低合金成本10元；开发了铁钢界面铁水硫稳定控制技术，吨钢增效80元；申报了专利96件，其中发明专利申报量为20件；62篇技术论文被录用并发表；10个产品列入了重庆市重大新产品；1项技术获得2020年度重庆市科技进步一等奖；1个国家重点专项项目在2020年11月通过了专家组评审，正式立项。

（五）改革用人导向，重建分配制度

1. 用人制度改革

一是推行“赛马”机制，建立能者上、平者退、庸者下的选人用人导向。对所有厂部副职、室主任及部分关键技术业务岗位实行公开竞聘上岗，由重庆钢铁高管、厂部级负责人及专家现场综合评审决定。2018年以来，发布竞聘岗位218个，参与竞聘399人，上岗198人，其中新提拔中青年厂部级管理人员9人，厂部级管理人员精减20%，室主任级管理人员精减63%。二是打造人才梯队。实施管理后备培养计划、专家培养计划和工匠培养计划，通过轮岗交流、项目参与、工作研修、学术发布、导师带徒的方式进行订单式培养。目前，已有73名厂部级后备管理人员通过任职资格培训，有15人提拔为厂部级管理岗位。三是建立员工能进能出、末位淘汰机制。实行员工竞争上岗，对未能竞争上岗的员工予以培训重新选岗；对考核不合格的员工进行培训上岗，再不合格者予以淘汰；对违规违纪的员工轻则处分、重则辞退。目前，已辞退54人。广招大学生和社会人才346人，彻底打破了“铁饭碗”。

2. 分配制度改革

一是全面开展岗位序列梳理，按照组织需要、价值区分、最少岗位、统一规范等原则，形成管理、技术、操作3个序列的岗位，根据岗位价值、员工技能和工作阅历确定基本薪酬。二是建立以产量和成本为主的绩效考核评价机制，按吨计奖加降本增效奖励构成员工绩效薪酬，正向激励、多劳多得，有效调动了员工的积极性和创造性。三是建立利润分享机制。为了充分体现企业与员工利益共享、风险共担，重庆钢铁按照当年利润的一定比例提取激励基金作为员工激励薪酬，用激励基金的50%对高级管理人员、核心管理人员及技术业务核心骨干实行员工持股计划，用激励基金的50%对其他员工按照贡献大小给予现金奖励。

（六）搭建数据平台，支撑管理变革

结合千万吨钢生产能力的发展战略，按“提规模、调结构、降成本”的经营方针，在符合“中国制造2025”的总体要求下，重庆钢铁打造智慧制造总体目标蓝图，以整体打造经营全过程管控智慧制造平台为手段，支撑管理变革、固化管理成果。

重庆钢铁利用计算机集成技术，搭建标准财务系统、ERP及销售、采购、物流等管理系统，各系统间通过功能优化、流程设计，实现业务处理流程标准化，统一业务数据不落地、自动抛数处理模式；各系统间规范部门用语，减少系统间同义代码转换，实现重庆钢铁内各业务系统关键代码的共享。这些系统有力地支撑了重庆钢铁管理变革，职能部门得以集中管理，以满足生产需求为第一要务。在横向结构上则为推行一贯制管理、简化横向分工、减少管理环节、实现机构扁平化提供了技术支撑。

通过规划确立智慧制造目标，即短期填平补齐自动化短板，夯实智慧制造发展基础，同时新建产线智慧制造一步到位；远期构建集智能装备、智慧工厂及智慧运营为一体的制造架构，打造“数智重钢”，成为西南地区智慧制造实践的引领者。

以目标为引领确立了“点－线－面－体”的全方位智慧制造规划蓝图：“点”是工序点上的智能装备和机器人等具体场景应用；“线”是各产线基础自动化填平补齐和各厂部工序区域集控等；“面”是

重庆钢铁经营管控智慧平台、智慧能源平台、智慧环保平台、智慧物流平台、设备远程运维等平台建设；“体”是重庆钢铁智慧制造的目标，即打造超千万吨级高质量绿色制造、“数智重钢”，智慧制造“智能体”要有自己的特色，具备后发优势。

根据规划蓝图遵循总体规划、分步实施、急用先行的原则，搭建智慧制造体系架构：以《重庆钢铁经营管控智慧平台建设项目》为引导实现全产线和管理业务全流程覆盖，管理业务服务对接中国宝武各类云服务接口，同时增加产线设计对接未来集控、无人库做规范接口等内容，打造以中国宝武工业互联网技术架构为基础的重庆钢铁智慧制造整体架构。

大力推进成熟技术的应用，充实整体构架的内部空间，初步完善具备重庆钢铁特色的智慧制造的框架：通过《翻车机篦子自动化清理》《高炉炉前泥泡自动装炮泥机器人》等项目逐步消除现场3D岗位；通过《炼铁厂过程控制系统建设》《炼钢厂过程控制系统建设》等铁、钢、轧自动化填平补齐等项目，实现生产精细化管理，助力重庆钢铁经营管控智慧平台系统更好地发挥效能。

三、钢铁企业以混合所有制改革为契机的管理提升效果

（一）管理能力全面提高

混合所有制建立后，重庆钢铁大力推进各项改革，重构体系能力。重庆钢铁在人力资源体系、内部控制体系、成本管理体系、设备管理体系、制造能力体系、营销体系及现场管理体系等方面全面改善；建立起科学、精简、高效的“集中一贯制”管理模式，实现了管理效率和能力全面提升。

（二）生产经营业绩显著提升

2018 年，重庆钢铁聚焦满产满销，积极推进成本精细化管理，主要技术经济指标明显改善，全年实现营业收入 226.39 亿元，净利润 17.9 亿元。2019 年，铁、钢、材产量分别为 611.03 万吨、672.36 万吨、642.74 万吨，同比分别增长 7.62%、5.36%、5.18%，创历史最好水平；营业收入 234.78 亿元，净利润 9.3 亿元。2019 年，重庆钢铁中厚板在重庆市和西南地区的市场占有率分别为 81% 和 41.16%，热卷在重庆市和西南地区的市场占有率分别为 70.86% 和 33.3%，具有明显的区位优势。2020 年，生产铁 637.8 万吨、钢 711.6 万吨、商品坯材 677.7 万吨；实现营业收入 245 亿元，净利润 6.38 亿元。企业资产保值增值能力呈明显上升趋势，成为西南地区最具竞争力的区域性钢铁企业。

（三）获得社会各方高度认同

变革后的重庆钢铁不负众望，得到社会各方的高度认可。连续 3 年为重庆市长寿区第一产值和纳税大户，并且拉动了地方经济的发展，创造了就业机会；市场信誉恢复，供应商、客户纷纷与重庆钢铁建立战略合作关系，共谋产业链发展；银行信用得以恢复，多家金融机构授信放贷，融资渠道不断拓宽；诸多企业单位纷纷到访，交流学习，借鉴经验；资本市场形象逐步恢复，股票市值增加，股东投资信心增强。

重庆钢铁改革实践成功最直接的意义，是拯救了濒临破产的重庆钢铁，百年历史和品牌也因此得以延续，给社会舆论带来了正面积极的影响；最大限度地保障了金融性债权人、经营性债权人、股东、国有资产、职工相关各方的利益，可以有力维护重庆市资本市场形象和金融生态环境，确保了相关区域的社会稳定。变革后的重庆钢铁员工收入连年增长、生活福利不断提高、工作环境持续改善；岗位技能培训搭建，员工自主学习意识增强、技术技能水平提高；人才机制建立，晋升渠道透明，员工能力得到认可；员工爱厂如家、爱岗敬业、队伍稳定。用人导向的变化给广大员工施展才华的舞台，树立了员工对重庆钢铁改革发展的信心，增强了员工的获得感，有效践行了企业和员工共同发展的理念。管理者队伍活力迸发，干事创业热情空前高涨。

（成果创造人：张文学、谢志雄、孟文旺、邹　安、张永忠、谢　超、
姚小虎、陈秋建、徐　华、修　羽、姚　肖、肖　洒）

突破老油田企业发展瓶颈的融合式对标管理

中国石油化工股份有限公司中原油田分公司

中国石油化工股份有限公司中原油田分公司（以下简称中原油田）隶属于中国石油化工集团有限公司（以下简称中国石化），基地位于河南省濮阳市，主要从事石油天然气勘探开发、工程技术服务、炼油化工、油气销售、地热资源开发、公用工程经营服务等业务。中原油田是我国东部重要的石油天然气勘探开发生产基地，为国家经济建设和地方社会发展做出了积极贡献。

一、突破老油田企业发展瓶颈的融合式对标管理背景

（一）破解老油田深层次矛盾的需要

受全球经济增长放缓、国际能源行业深入调整和新冠肺炎疫情持续冲击影响，步入尾矿阶段的中原油田，深层次矛盾逐步暴露，资源接替不足、吨油成本高企、油少人多矛盾突出、机构臃肿、劳效偏低等难题渐次凸显，严重阻碍了中原油田高质量可持续发展。中原油田唯有瞄准一流水平找差距补短板强弱项，扛起保障国家能源安全重任。

（二）寻找引领全局突破口的需要

中原油田长期亏损致使干部队伍发展信心不足，改革步入深水区，力度不够导致发展动力不足，现有的生产经营管理模式与新时代、新阶段、新格局表现出极大的不适应性，难以有效抵御高成本、低油价、新冠肺炎疫情影响、宏微观政策等内外部环境剧变带来的冲击。需要采取变革性思维和方法，以融合式对标管理作为突破口，坚持与深化改革相融合，以改革手段破除发展屏障，以融合式对标管理统领全局，破解发展瓶颈，加快形成上下一心、凝心聚力共谋发展的格局。

（三）推进管理体系和管理能力现代化的需要

国务院国资委先后印发相关文件，要求国有企业大力推进管理体系和管理能力现代化，深入实施国企改革三年行动，瞄准先进水平，紧盯重点难点问题攻坚克难，找差距、补短板、强弱项，做强做优做大国有资本和国有企业。中国石化根据国务院国资委的行动要求，结合实际，先后制发了《集团公司深化改革三年行动实施方案（2020—2022 年）》《中国石化对标世界一流管理提升行动实施方案》。中原油田须通过融合式对标管理，坚持对标找差距、改革促提升，以二者相辅相成、互促融合，完善现代化管理体系，提高管理能力。

二、突破老油田企业发展瓶颈的融合式对标管理主要做法

中原油田瞄准建设一百亿立方米级天然气生产商、一百亿立方米级储气库运营商、一千万吨级油气田、中国石化一流油气公司的“四个一”目标，贯彻落实国有企业改革三年行动和对标世界一流管理提升行动部署，结合油田实际，按照发展出题目、改革做文章、管理为保障的总体要求，坚持将国有企业深化改革三年行动、中原油田“十四五”规划编制和对标提升有机融合，开展融合式对标，深入分析深层次原因，着力推进勘探开发、体制调整、精益管理、科技创新 4 项提升措施，破解发展瓶颈，夯实发展根基，进一步激发动力和活力，把中原油田打造成贯彻落实中国石化党组决策部署的坚定执行者，保障国家能源安全、夯实资源基础的重要骨干力量，实现老油田创新发展、扭亏脱困的积极探索，确保各项工作走在前列，做出表率，争先创优，争创一流。

（一）开展全面对标，统筹融合发展

1. 全方位对标，分析查摆管理短板

资源基础不牢。一是矿权大幅减少。矿权面积从高峰期的7.3万平方千米减少至1.88万平方千米，减幅74.2%。二是资源接替不足。中原油田经过40多年的勘探开发，已经步入高含水、高采出开发阶段，综合含水率94.6%，可采储量采出程度达到92.8%，储量替代率只有78.9%，储采比1.58，均低于行业平均水平。体制机制不活。一是机构设置数量多。油田机关部门和机关直属单位设置数量高于设置标准，分别较规模相当的油田多出5个、9个；采油厂机关均设置13个管理部门，机关直属设置7～8个，落后于“9个管理部门+4个服务中心”的设置标准。二是人员配置不优。油田用工总量4.16万人，较相同规模油田企业高2倍，“油少人多”矛盾十分突出。精益管理不到位。一是精细油藏经营管理水平有待提高。油田区块直接成本仍居高位，无边际效益井多，注水井开井率、注水井分注率、水驱动用程度、油气单位操作成本等指标差距较大。二是市场创效能力有待提升，外部项目分散，未形成规模发展格局；外闯市场活力不足，人员走出去积极性不高；品牌效应不明显，中原气服、中原服务品牌知名度低。三是基础管理水平有待提升。随着改革调整、外拓市场、“四供一业”移交工作的深入，基层单位定位不断发生变化，基层“三基”工作不能适应新形势的要求，基层单位管理流程、工作标准、操作规程优化调整不到位。科技支撑能力不强。一是核心关键技术攻关能力需进一步增强。高酸性气田、东濮老区低成本开发、内蒙古探区效益开发等一批“卡脖子”技术制约油田高质量发展。二是油田在致密油气、页岩气等新领域的技术实力相对不强，科研院未形成高效的大兵团作战模式，不能适应油田科研攻关需要。三是管理制度需要完善。科研经费使用限制条件多，项目团队责权不够平衡、落实不够到位，与科研无关的事情偏多，分散了科研项目人员的精力。四是信息化自动化需要紧跟时代步伐。勘探开发领域信息化程度较低，信息化直接支撑油田核心主业、引领油田管理变革能力不足，造成油田数字化转型能力匮乏，信息化建设价值还未完全体现。

2. 全方位部署，建立对标管理长效机制

一是做到“三个融合”。把对标提升、深化改革作为油田最根本动力，对标找差距、改革促提升，将对标提升行动与深化改革、“十四五”规划有机融合，统筹规划、统筹部署、统筹推进。油田所有单位和业务纳入对标提升工作，建立对标指标体系。在管理层级方面，制订油田层面42项、直属单位层面52项、基层单位层面77项对标指标；在发展支撑方面，对标指标体系划分为核心指标14项、重要指标50项、保障指标107项。明确对标对象、标杆值和五年提升目标，形成上下衔接、逐级支撑的对标提升指标体系，持续提升油田勘探开发、组织效能、精益管理和科技支撑4个能力，全力打造中国石化国内上游千万吨级一流油气公司。二是健全运行机制。构建油田统筹谋划、专业组协同推进、直属单位组织实施、基层单位执行落地的“四位一体”对标提升工作组织体系，成立工作专班，强力推动责任落实。发布对标提升工作手册，健全工作例会、评估诊断等8项制度，完善指标评价、督导帮扶等5项机制，规范运行流程。建立油田领导带头学、机关部门深入学、全面发动系统学、媒体宣传引导学的学习机制，组织开展领导干部、业务骨干和联络员专题培训，把握对标提升工作要求和内涵，营造“领先站排头、先进争一流、后进赶先进、齐头共前进”的比学赶超氛围。三是坚持全面推进。注重抓两头带中间，选取指标领先单位，开展专项提升，完善工作措施，打造精益化管理标杆；选取指标落后单位，深入分析背后蕴藏的先进技术、管理方法、体制机制等方面差距，开展专项治理，建立帮扶机制，提升指标排名和管理水平。建立“月度通报排名、季度评价分析、年度总结评比”的对标提升工作考核评价机制，围绕指标排名、标杆创建、工作组织、提升效果4个方面，奖标杆、奖进步、促提升，形成对标提升的闭环管理，持续提升油田管理能力和水平。

（二）加强勘探开发，增强发展后劲

1. 比勘探水平，探求基础研究突破

一是建立“油田总地质师为油气勘探会战指挥，集团公司高级专家为技术总负责，中层领导、专家为探区责任人”的研究机制，深化盆地、区带、圈闭及油气成藏条件研究，加强风险勘探与预探，油气勘探取得良好成效。二是按照“源储互层，源内成藏、稳定封闭体系”思路，加强与胜利油田页岩油对比研究，系统开展选层、选区评价，推进页岩油勘探，初步明确了沙三下到沙四上页岩油成藏地质条件。三是强化普光工区“三新”领域勘探研究，获得致密气普光陆相侏罗系、岩溶气普光茅口组、岩溶气通南巴区块海相雷口坡组“三个重要突破”，分别获日产13万立方米、16.4万立方米、34.8万立方米的工业气流。

2. 比开发水平，探求油气产量突破

一是积极探索低成本开发的有效途径，狠抓油藏研究、水驱治理、注采调控、开发管理、工艺配套“五个精准”，制订油田开发分级管理办法，强化开发过程管控，优化结构调整，为精细开发管理提供保障，油田开发形势趋于稳定并逐步好转。濮卫环洼带高效滚动勘探等6个项目获中国石化原油高效开发奖。二是落实中国石化“天然气大发展”要求，普光气田持续加强大湾、毛坝滚动增储调整挖潜力度，东濮老区探索改善气藏开发效果新方法，优选桥口、白庙凝析气藏开展提高采收率先导试验，通南巴区块狠抓“探、评、建”一体化，全力控递减、提产能、增效益。2020年，生产油气当量825.8万吨，同比增加68.1万吨。

3. 比提速水平，探求增储上产突破

一是落实石油工程“提产提质提效提速”。加强一体化运行统筹，强化节点控制，建井周期同比降低14.06%，毛坝505-1井创大湾-毛坝工区3项钻井纪录。二是推进地面工程“标准化设计、工厂化预制、模块化施工、机械化作业、信息化管理”。形成6大系列23类标准化图集，普光1号线和4号线连通线工程项目提前9天投产，东濮老区原油稳定系统集中优化改造项目提前10天完成。三是注重采油气工程时效。强化多轮次作业管理，加强采油方式优化，开展无效注水治理，严格外委工作量管控。作业万元操作成本同比降低6.95%，注采输成本节约2793万元。

（三）坚持体制调整，激发强劲活力

1. 突出油气核心业务，深化油公司体制机制建设

一是对达不到油公司体制机制建设采油厂设置标准的采油一厂、采油四厂、采油五厂、采油六厂，按照相邻相近原则进行了优化整合，提高油气产量规模，减少管理资源重复配置，采油（气）厂由8个减少到6个，机关科室由126个压减到42个——减少84个。二是组织采油气工程服务中心对标胜利油田油气井下作业中心，大力实施“瘦身健体”，科级机构减少9个，作业区机关组室减少33个，机关管理人员占比由17.6%优化至7.8%，形成“9室6区6中心”的高效管理模式，从根本上改变了机构臃肿、人浮于事、效率低下的现状，管理成本大幅下降。2021年，中原油田被评为中国石化标杆基层单位。三是对标中国石化总部机关部门和兄弟单位机关部门设置，按照“一件事一个部门管，一项工作一个部门牵头组织”的原则，按业务链重新归集管理职责、管理界面和管理流程，制订油田管理业务流程和责权清单。整合油田机关职能相似相近的企管和法律、生产运行和新能源等部门，整合普光分公司机关职能相似相近的工程和设备、党办和行办、计划和财务等部门，重新核定内设机构和定员，打造精干高效机关。规范直属单位机关设置，东濮老区采油厂统一按照“9个机关部门+4个机关直属”设置，专业化单位设置9个或7个机关部门，定员均按照10%的比例进行优化，减少处级机构5个、科级机构82个，优化机关定员303人。

2. 盘活人力资源，激发队伍活力

一是全面推行岗位竞聘机制，富余人员“减下来”。以“全员参与、公开公平”为主线，推行“三二二”竞聘工作法，明确用工“多了谁”。竞聘过程中做到“三个明确”，明确竞聘岗位及资格条件，明确竞聘流程及环节，明确竞聘录取规则和计分方法；做到“两个坚持”，坚持全员参与，坚持阳光运作；做到“两个确保”，确保生产运行顺畅，确保员工队伍稳定。由于坚持公开公平公正，实现了员工上岗的“硬气”、下岗的“服气”，员工对自己的“上下去留”心悦诚服，油气主业用工由10589名员工优化至4799人。二是构建用工储备培养机制，员工技能“提起来”。成立人力资源服务中心，将油公司体制机制建设、“四供一业”等办社会职能分离移交、压缩管理层级、精简管理机关等显现的富余人员，在单位内部实行集中管理，通过效益化考核，激发内在活力，提升用工保障能力。发挥“充电桩”功能，通过精准化培养，激发员工“学起来”，提升员工综合技能，增加人才储备深度和质量。发挥“调节池”功能，敞开出口，通过市场化运行，鼓励有能力上岗的员工动起来，补充到缺员岗位、缺员单位、外部市场。三是建立用工统筹配置机制，人力资源“动起来”。建立“1+3”用工配置模式，搭建油田人力资源统筹配置1个平台，畅通人员借聘、人员调动、业务承揽3个渠道，促进用工的高效配置，促进员工单位间能进能出。引导单位牢固树立“一盘棋”思想，营造“一家人”文化，对外部市场开拓、工作量增加、自然减员等产生的单位缺员，全部通过平台发布招聘信息，利用3个渠道调剂补缺，形成举油田之力保用工需求的快速调配机制，统筹配置各类人员11085人次，有效盘活了人力资源存量。

（四）推行精益管理，提升管理水平

1. 油藏经营比效益

一是对无现金流区块和无边际效益井开展“两项治理”。落实“一区一策”，将油田年度生产经营目标细化落实到14个油田、4个气田区块，根据油价倒逼区块的人工成本和相对变动成本，挖掘区块潜力。实施“一井一法”，重点剖析无边际效益单井费用构成，逐井分析原因，提出治理措施，确保单井有边际效益。2020年，无边际效益井减少58%，单位成本降低780元/吨。二是学习江汉油田坪北经理部精细管理、低成本发展典型做法，选择反映油田开发管理水平的注水井开井率、注水井分注率、水驱动用程度、油气商品量完成率、油气单位操作成本5项指标，在精细注水、井网完善、注采调配等基础管理上下功夫，构建“定标－对标－追标－创标”闭环管理模式，开展综合量化评比排名，5项指标不断打破原纪录，创出新标杆。

2. 外部市场比创收

一是明确“立足中原、面向国内、走向海外”战略定位，坚持走“轻资产、高集成、全链条服务和专业化、市场化、中高端布局”之路，优化市场布局，推动津、蒙、川、新工区“四区”、国家管网、东南沿海省份和“一带一路”及“三线”连片发展，构建“四区三线”市场格局，项目同比增长7.6%，合同额同比增长14.6%，外部创收同比增加8.68%，外部市场呈现专业化、集成化、高端化发展态势。二是坚持价值创造引领，制订外部市场专项奖励办法，发挥激励导向作用；按照外部创收、边际效益、利润等指标，实行月度考核，季度排序通报，年终奖励兑现，激发单位和员工拓市场、创效益的活力。三是强化品牌引领作用，开展“品牌创优、品牌创效”活动，推动品牌与业务融合共促，坚持以创新强品牌，以品质筑品牌，以诚信固品牌，彰显品牌价值。“中原气服”初具技术服务品牌和规模效应，“中原服务”品牌获得“2020年中国石化十大优秀品牌营销案例”荣誉称号。

3. 基础管理比规范

一是完善“三基”工作标准。按照共性和个性相结合、同类基层单位标准一致的原则，修订“三基”工作考核细则，压减考核内容11项、优化评价标准32项，切实减轻基层负担。二是强化现场

“三标”建设。梳理形成4项班组建设标准、18项现场建设标准和3项岗位建设标准，明确标准化班组四项工作、准化现场四项重点、标准化岗位三项措施的责任部门和配合部门，细化配套考核内容49项、考核标准38项，不同类别基层单位分类考核，推动“三标”现场管理水平提升。三是推广应用“三册”管理模式。将《基层党务手册》与《基层管理手册》《基层操作手册》融合，把安全生产规范标准统一纳入“三册”管理，定期修订完善，不论由谁来执行或操作某一项工作，都能“遵守同一个制度，执行同一个流程，使用同一个标准，指向同一个结果”，形成一批精益化管理标杆范式。

（五）坚持科技创新，解决技术瓶颈

1. 对标急迫需要，推进“卡脖子”、关键技术攻坚

一是提升两个技术体系，持续保持国内领先水平。提升高酸性气田全产业链技术体系，重点发展全生命周期安全控制、提高采收率、高端装备研发等学科点，拓展增压开采、控水控硫、低成本效益开发，持续保持高酸性气藏开发领先地位。构建丰富多类型储气库建设与运营技术体系，重点发展复杂油藏型储气库建库、注采工程、智能化运营等学科点，打造国家储气库建设工程技术中心。二是突破3个技术体系，构建中国石化上游板块科技关键力量。加强东濮老区复杂断块油气藏勘探开发技术体系攻关，剩余油定量描述、低成本三次采油技术、二氧化碳驱、天然气驱等学科点取得突破，有效延长老油田生命周期；加强挥发性油藏勘探开发技术体系攻关，重点突破复杂渗流机理、油藏工程、采油工程等学科点，形成新型高效开发技术制度及模式；加强内蒙古多类型低丰度复杂岩性油气藏勘探开发技术体系攻关，重点突破储层预测、超稠油开发、低成本压裂驱油等学科点，形成优势技术。普光超深高含硫气田智能化建设关键技术与应用等8个项目荣获省部级科技进步奖，超深高含硫气田提高采收率创新团队被评为中国石化优秀创新团队。

2. 对标创新需要，推进科研攻关项目“揭榜挂帅”

一是结合“十四五”科技规划，围绕亟待产业转化的关键核心技术，聚焦亟须创新突破的前沿引领技术，开展重点科技项目“揭榜挂帅”，激发油田科技工作者创新潜力，提升科技创新效能。二是“揭榜挂帅”项目分为技术攻关和成果转化两类。技术攻关类项目从油田急迫需要出发，按照任务型的柔性聚合开展攻关，侧重于关键核心技术、前沿技术等。成果转化类项目按照目标型的刚性组合实施转化，侧重于已研发科技成果的后续试验、改进完善、工业化自动化应用。三是建立“定榜－发榜－揭榜－评榜－奖榜”全生命周期管理机制，差异化设置考核指标，引导科研人员多出成果、多出有价值的成果，加快突破制约油田发展的关键核心技术和产业短缺技术堵点，推进创新链、技术链和产业链协同发展。

3. 对标发展需要，推进科研项目“放管服”

一是做好科研项目权利下放。赋予科研项目团队科研经费预算调整权利，将低值科研物资和耗材的审批权限下放至科研项目团队，提高科研项目团队自主权。二是做好科研项目过程管控。简化科研项目管理流程，强化科研项目分级管理，根据项目级别精简项目过程评估、检查、抽查；建立定期协调与关键节点检查机制，向重点项目关键节点监督控制转变。三是做好科研项目服务支撑。建立重大关键科研项目固定资产投资、仪器设备引进、实验物资采购绿色通道，依规简化选商方式和采购流程，缩短采购周期，梳理形成常用科研物资清单，提高科技创新物资保障效率。四是建立科研项目容错机制。对没有取得突破且符合科学技术研发规律的科研项目，通过科研项目评估专家团队评估评价，形成科研项目客观公正考评意见，提高科研团队技术研发积极性。

4. 对标长远需要，推进“两化”深度融合

按照“数据＋平台＋应用”的建设模式，加快人工智能、数字化技术在业务领域的应用。联合开展普光智能气田试点深化应用、设备信息化示范改造，推进东濮老区集输站场自动化，采油厂“三室

一中心”变为“一室一中心”，配套人力资源结构优化，提高劳动生产率。搭建远程协同研究决策平台，加强勘探开发、地质工程、地面地下一体化协同，提高技术决策效率。深化业财融合信息化，推广“三大计划”应用，提高经营决策能效。推动技术创新信息化，利用大数据、人工智能、互联网等新一代信息技术，开展科研情报收集研究，为学科发展和战略决策提供支撑。

三、突破老油田企业发展瓶颈的融合式对标管理效果

（一）资源基础逐步夯实，经营形势持续好转

一是资源基础逐步夯实。2020 年，中原油田落实原油、天然气剩余经济可采储量 287.4 万吨、489 亿立方米，同比增加 276.1 万吨、239.2 亿立方米；油气产量企稳转升，油气当量同比增加 68.1 万吨。二是经营形势持续好转。原油、天然气盈亏平衡点下降；中原油田实现盈利，初步扭转了长期亏损的局面。

（二）体制机制持续完善，组织效能大幅提升

管理层级扁平化，压减处级机构 9 个、科级机构 193 个、基层班组 352 个。优化人员 6167 人，全员劳动生产率提升 13.8 吨油当量，组织效能大幅提升。在中国石化上游板块组织效能对标评价中，中原油田取得整体排名历史最好水平，综合排名位列第四名，同比提升 5 名。

（三）精益管理持续改善，先进典型不断涌现

融合式对标切实增强了全员凝聚力战斗力向心力，干部职工爱岗敬业、务实重干、团结奉献蔚然成风，形成了善于攻坚、敢于竞争、勇于夺魁的良好局面。中原油田获得省部级以上先进集体荣誉称号 37 个；362 人次获得省部级以上技术能手、先进个人荣誉称号，1 人当选全国劳动模范。《中原油田普光探区陆相勘探获突破》等 40 多项工作成绩和做法被中央电视台、《工人日报》等国家级媒体报道。

（四）科技支撑显著增强，转型发展实现突破

一是科技支撑显著增强。中原油田荣获省部级以上科技进步奖 8 项，申请专利 155 件，授权专利 120 件，位于中国石化上游企业前列，且实现了近 10 年来涉外专利零的突破。二是转型发展实现新突破。中原油田建成投产我国华北地区最大天然气地下储气库群——中原储气库群，为华北地区及黄河流域储气调峰、稳定供气提供资源保障；着力进军新能源，加快氢能产业布局，填补了中国石化系统绿色制氢方面的空白。

（成果创造人：张庆生、孙喜新、蔡东清、王德宇、靳红兴、刘　兴、王燕丽、姜永清、黎仕强、邓　强、程杨利）

化工企业以战略绩效和风险管控为导向的一体化运营管理

河南心连心化学工业集团股份有限公司

河南心连心化学工业集团股份有限公司（以下简称心连心）始建于1969年，2003年改为股份制企业，2009年在香港上市。目前，建有河南、新疆、江西三大生产基地，总资产230亿元，现有员工7000余人。心连心主要经营尿素、复合肥及煤化工相关产品，拥有4条尿素生产线、18条复合肥生产线，化肥总产能超过500万吨。

一、化工企业以战略绩效和风险管控为导向的一体化运营管理背景

（一）应对环境变化、实现高质量规模化发展的战略转型和发展需要

行业竞争格局发生变化，结构性产能过剩严重，全产业链面临重构；标准化产品同质化竞争日趋激烈，客户对差异化产品需求提升，标准类基肥产品陷入“红海”；国家对化工行业安全环保合规监管趋严，以煤炭为原料的化肥和化工企业安全环保投入加大，合规成本增加；资源配置不尽合理，市场反应能力需要进一步提升；集团规模效益和协同效应需要同步加强。心连心必须并抓战略绩效和风险管控，实现企业高质量规模化发展。

（二）推动观念转变和管理提升、提高管理运营效率和价值创造能力、实现战略绩效和目标的需要

心连心企业内部观念存在如下问题：一是以客户为中心的理念尚未根植于心，决策到市场末端的信息传递链条偏长；二是流程化组织概念不足，关键流程缺失或未实现端对端，组织的流程成熟度需要提高；三是企业运营更多依赖制度管理，难以满足精细化管理和战略发展需要；四是经验管理依赖、制度惯性和“部门竖井”依然存在，跨部门衔接和流程接口需进一步清晰，效率需提高；五是制度流程体系存在“重业务轻风控，重控制轻服务，重结果轻过程”的现象，存在一件事情多重制度、重复规范等“多类皮”现象；六是集团公司主营业务多元化，子公司多，管控难度加大，对子公司缺乏统一工作指引和管理规范。心连心迫切需要推动观念转变和管理提升，提高管理运营效率和价值创造能力。

（三）直面问题、破解规模型企业制度体系及流程管理困惑的需要

心连心面临的管理难题主要有：一是制度体系完整齐全，但政出多门，分散分离，制度管理出现重复、核心要素缺失、环节冗余，描述不清、不方便检索和执行、修订不及时、时效性差等问题；二是制度有标准，但标准化程度低、制度架构未与战略相统一，工作管理内容不完整不标准，脱离业务运营的实际需求，削弱制度对业务的支持和对战略的支撑；三是实行集团管控，但集团管控与子公司管控模式存在一放怕乱、不放怕僵、协同效应难以达成的担忧；四是多体系并存，能够满足来自监管层或第三方认证要求，但制度流程体系松散分离，对企业经营管理和战略目标实现的价值有限。心连心亟须破解规模型企业制度体系及流程管理困惑。

二、化工企业以战略绩效和风险管控为导向的一体化运营管理主要做法

（一）架构模型化

1. 制订《心连心基本法》，为经营理念的提升和管理进步提供“元制度”和工作指南

《心连心基本法》要求心连心以“为了明天更美好”为使命，致力于成为“中国最受尊重的化肥企业集团”。为了履行使命，卓越实现愿景目标，铸就“自己艰苦奋斗，满足别人需求”的心连心之魂，在追求“做强、做大、做久的基本目标”过程中始终把心连心之魂作为经营决策、组织构建、管理制度、流程体系、科学用人及文化建设的出发原点。坚持以“诚信”为核心价值观，倡导“以客户为中

心”和健康的风险理念，全员一起为终端客户服务，追求可持续发展，用最少的资源创造最大的社会价值等，成为心连心推行“以战略绩效和风险管理为导向的运营一体化”、建立健全制度流程体系的“元制度”和工作指南。

2. 运用“绳树”模型和自相似分形逻辑，为整体架构设计和规模发展提供方案

心连心根据经营环境变化和战略目标，变革管理，持续优化。首先，以《心连心基本法》为底层架构，引入先进管理理论，结合“风险绳理论”和“分形理论”，创造性地提出“绳树模型”。企业就是由分布在战略层、运营管理层和执行层，一、二、三线若干岗位，职责、制度、流程、考核、机制及人财物信息等要素“子绳”组成的有机系统。而且，一个大系统由若干子系统组成，子系统又可以划分为若干小系统，各子系统和小系统之间相互影响、相互促进，也相互制约，产生 1 + 1 > 2 的协同效应。站在系统的角度看公司，就像一棵有规律的生态树，过去分散隔离的经营管理要素有机地生长在一棵树上，简称“绳树”模式。其次，根据“分形理论”，将自相似分形逻辑运用到企业规模发展的管理过程。将《心连心基本法》核心内容，通过“绳树”模式，生长出不同层级和业务单元。共同的价值观文化理念、架构模式、制度流程语言和一体化的运营制度流程体系在集团内分形复制，本地化实施，集规模、协同、效率、标准、韧性与战略绩效于一体，构成从战略到绩效的能力，支持规模扩张，实现发展目标。

3. 顶层设计公司架构，以战略视角构建战略到运营一体化的路径

一是“战略绩效”维度，从战略逐级分解，形成被所有业务单元、组织部门和员工所认同的绩效目标和增长要求；二是“风险管理”维度，构建企业合规遵从、健康运营及可持续发展的保障基础。在市场导向和行业分析基础上，进行价值链和业务流程分析，确定战略举措和成功驱动要素，开发设计管理模块和业务流程，完成从战略到主流程再到子流程的层层细化，形成富有生命力的架构。对齐架构与业务、业务与战略，统一规划，科学分类。以企业发展战略为根向外延伸，分别为业务模块、业务域、业务单元和业务活动层。其中，顶层业务域对接企业发展战略，按战略进行结构化分解，构成业务模块层，称为一级；对应每个模块，形成相对独立的业务项，构成业务域层，称为二级；将业务项继续细分，构成最小业务单元组或最小单元，构成业务单元层，称为三级或四级；继续展开延伸，是具有多个输入关系的业务活动或活动组，称为五级。参照“价值链”模型，将业务模块分为 4 类，分别为战略治理类、主价值链类、管理服务类和支持监督类。战略治理类业务主要包含公司治理、战略管理、社会责任等；主价值链类包括产品研发、市场营销、生产、物流、售后服务等业务，涵盖客户关系管理（CRM）、供应链管理（SCM）、产品生命周期管理（PLM）等；管理服务类业务主要包含人资、企管、财务、招投标、风险管理等；支持监督类业务主要包括内控评价、合规法务、审计监督等。基于统一架构模型，搭建了覆盖 15 个一级业务模块和 75 个二级业务域，以及由 217 个三级、四级流程组或五级子流程构成的运营一体化流程管理体系。整个架构用强关联的统一编码，按照“绳树”层级和位置规律编写，编码唯一，互为检索，从而构成了战略治理类为根及主价值链类、管理服务类与支持监督类构成树干树枝的生态格局。

（二）战略运营一体化

1. 按照相关法律法规和现代企业要求，建立、健全董事会决策机制

确保董事会机构及其运营机制健全有效。董事会通过对经营班子的授权架起战略到运营的桥梁。关注高层决策质量，关注执行层的规范管理和标准建设，关注风险管理与机会的洞察和把握。董事会通过战略决策、价值观导向和制度制订行使职责；运营层通过战略分解、职责分配、运营流程的执行和激励评价保证目标实现；监事会全面行使监督权力。心连心集成内部控制、合规管理、风险管理和法律管理 4 项组织职能于一部，建立审计监督，共享信息，协同工作，实现风控职能及制度管理一体化，一、

二、三道线整体协同，实现管理意图和战略目标。

2. 以市场为导向，一头多尾，柔性配置资源

心连心坚持“以肥为主、肥化并举”的战略发展方向，不断优化产品结构，做出客户心中的好产品。基于化工和化肥生产的互补性，依托河南、新疆、江西三地资源，向上游煤矿等资源地发展，沿着合成氨、甲醇的下游延长产业链，提升产品附加值。通过延链、补链、强链实现成本消耗。以市场为导向，一头多尾，柔性调节的一体化生产组织模式满足市场需要，提高盈利能力和抗市场风险的能力。

3. 以客户为中心，推出差异化产品，推行业财一体化

心连心坚持“总成本领先和差异化相结合相平衡”的发展策略，走出了一条具有心连心特色的高质量发展之路。围绕客户需求设计产品和服务。以产供销一体化为抓手，根据不同市场情形，测算生产运行负荷及成本能耗等，进行时间和能力平衡，灵活调整产能。创建“铁三角”组织，汇聚业务人员、技术人员和农化人员的特长，为农民提供服务、创造价值。不断推出差异化产品，控失肥料、腐殖酸肥料、聚能网肥料等高效肥产品引领行业产品升级。在企业内部运营上推行业财一体化，建立业务事件驱动财务一体化处理，财务人员从资产端和负债端融入一线场景，融合业务流程、会计流程和管理流程，支持和服务“一线战区”行动，在一体化运营流程中实现业财一体化。

（三）流程内控化

1. 回归业务本质，建立业务流程体系和流程化组织

心连心落实集团战略规划，把流程建设视作重要的管理“基建”和战略执行的“高速公路”，推动集团向流程型组织转型。一是对照战略，精准分层分类；二是对照一体化架构，对“应建未建”的，新增建立支持业务模块的业务流程；三是以提升运营效率为目标，对“已建欠优”的存量流程进行总结、分析、再造或优化；四是以弥补风险漏洞、强化风险管控为目标，对“已建待控”存量制度和流程，实施风控嵌入、增加或优化。全过程吸收一线使用者参与流程的调研开发和对比测试。遵循业务流程梳理 - 业务流程分析 - 制度对照诊断 - 业务流程建立的开发过程，采取简化流程环节、调整颗粒度、去掉冗余、合并分解流程、减少重复、新增流程等方法优化流程，减少流程阻滞，打通环节接口，实现“端”到“端”。建立工作标准，形成符合架构规则的业务流程。

2. 以控制活动为抓手，实现业务流程与控制流程一体化

心连心将业务流程与控制流程合二为一，实行流程内控化，给工作人员出具工作规范和注意事项。依照《心连心基本法》要求，平衡效率、成本与风险。参照相关国家部委的相关文件，根据业务或事项属性、风险特征、风险偏好及容忍度、方法成熟度，借鉴行业最佳实践选择控制活动，确定控制强弱。围绕流程目标，以控制活动为抓手，经过风险评估识别风险，确定控制活动，将风险管理标准及控制活动嵌入业务流程，实现业务流程与控制流程一体化。比如，投资管理专项事务。根据架构财务管理一级业务模块，确定投资二级业务域，制订投资制度，出台《投资管理制度》。根据主业务环节设定三级、四级流程，补充投资管理流程，分为投资决策、执行监督和后评价环节，绘制投资业务核心流程，识别风险点，设计控制活动，将风险点及风险控制嵌入其中，形成一体化的投资业务流程。

3. 引进风险理念、风控技术和方法，嵌入流程、植入制度、融于业务

心连心对每个业务流程、每一步骤建立“5W1H + R + C”的工作标准、工作内容、流程接口及关联信息。按照内控逻辑，融入风险理念和方法，将分权制衡、风险容忍度、指标控制、会计控制、计划预算控制、问责追责控制等嵌入业务流程，将风险点和控制活动在一个流程图中集中展示。每一个业务模块对应若干制度规范，每一个制度对应若干流程，针对每一个流程完整输出流程图、流程描述和风险控制矩阵“SROS 三件套”文件，将风险控制在可接受范围之内。

（四）制度流程化

1. 以统一架构为抓手，建立制度流程强关联

心连心用统一的架构实现制度和流程一体化。明确规定在统一架构内，构建制度和流程对应关系，相互对应、互为索引。将架构内一级业务模块、二级业务域和三级业务单元，对应为制度域，统一命名制度名称。一级、二级对应公司层面的制度、指引和办法；三级、四级对应操作层面的流程组或流程细则；五级对应子流程细则或岗位活动说明书、操作指引。制度为业务运营奠定了赋能的依据，而流程活动为制度又提供了落地执行的工具和方法。心连心以实现流程目标和业务赋能为准则，建立制度与流程强关联，编号一致，逻辑统一。对于风险评估结果及应对措施，能嵌入流程的，优先嵌入；不能嵌入的，在制度体系中植入，二者匹配协调、价值互补。

2. 规范制度建设，明确体例格式及要求

心连心制订《制度的制度》和《流程的流程》，明确各级制度的定义、制订、修订和废止规则，明确制度流程建模的原则、图形、命名、编号规范，统一制度、办法、指引、细则等体例格式，包括框架、核心内容、编号规则及字体格式等。"一线战区"、总部职能部门有制度流程的制订权，以及优化修订的责任。为获得高质量的制度流程，制订者深入一线，了解制度问题和差距，与执行者包括各级管理层及各业务单元、关键岗位展开调研座谈、剖析业务，着眼于业务目标，将风险评估后的控制活动、合规要求、行业最佳实践等植入制度和体系、嵌入业务流程，经过测试及针对架构符合性、适当性、全面性和可执行性的审查批准后，纳入一体化运营体系，转化为生产力。

3. 打通双向通道，逆向修订优化制度

心连心构建制度流程优化双向通道。一方面，公司根据架构设计，以制度为依据开发设计或优化流程；另一方面，实行逆向工程，通过内控体系的建立和流程搭建，形成《风险控制矩阵》。对既存管理体系及制度进行校验和完善，将风险评估结果及控制要求植入制度之中，以流程为基础扩展管理体系。二者所有的共性文件、共享制度、共用流程，遵循"就高不就低（标准），就全不就简（风险控制点）"的原则，依照要求较高的条款和要素完整地加以修订。

（五）体系一体化

1. 以"目标调整和风险控制矩阵"为抓手，实现合规管理体系与内控、业务流程一体化

心连心依照《内部控制基本规范》和指引，建立内控体系，服务于保障运营目标、财报目标和合规目标。以合规目标为牵引，参照 ISO 国际标准及国务院国资委的相关文件，为合规体系与内控体系的融合架起桥梁。具体做法是，以风险控制矩阵为抓手，依照两个路径实现整合。一是进行合规政策新增化，将国家法律法规及行业性监管政策与要求列入内部控制的合规目标范畴。二是进行目标扩容化。以风险管理目标为牵引，将法律法规监管政策和要求列入专项风险中，作为风险管理制度的核心内容，导入控制措施。二者经过一个共同的风险评估过程之后，输出《风险控制矩阵》。在此基础上，通过编号打通架构脉络，迅速检索特定对象的《风险控制矩阵》信息，内控体系、合规管理按照各自体系格式内容展开，建立既符合体系要素要求又相互关联和共享的一体化管理体系。

2. 以"强制性管理体系要素和风险评估"为抓手，双向实现"传统三体系"与风控体系一体化

针对质量安全环保管理三体系（以下简称"传统三体系"）与内控、合规及风险管理体系之间存在的问题，心连心以"强制性管理体系要素和风险评估"为抓手，从内控体系出发，通过风险评估向"传统三体系"输出《风险控制矩阵》和控制活动，充实"传统三体系"；又通过依据"传统三体系"强制要素，补充和增强业务运营流程，实现"传统三体系"与内控体系一体化。对于并存运行的多套管理体系，保持其完整性、适用性和有效性，使其符合外部审核、审计和评价的要求。心连心确定"体系共性者兼容""体系个性者互补"及"体系强制者一致"三原则，从机构设置、责权利分配、方

法工具、人员配置及工作计划、组织实施、审查督查、信息共享、人员培训、评价激励等方面合并同类项，实行“业务流程共用、评价信息共享、关键风控共上”。

3. 以“集团管控模式和一张流程图”为抓手，实现集团管控与运营一体化

心连心突破内部控制相关标准的局限，将集团管控通过一体化运营的流程模式落地执行。一是对每个下属成员单位施行差异化管控。明确总部职责和功能定位，逐级分解总部职责，针对与总部功能定位相对应的每一项业务活动，在总部与下属单位之间建立衔接一致的运营流程和管理制度。通过《授权清单和授权表》建立与管控模式相适应的职责和权限机制，理清职责边界，向下授权，步调一致向前走。二是通过一体化运营流程，在集团层面与下属成员单位运营流程之间建立权责界面和流程接口，在一张业务运营流程图和一个流程描述中显示，实现总部职能管理与业务流程管理的有效融合，提高集团管控的可视性和可执行性。三是集团加大对例行事务向下授权力度，同步要求下属成员单位的制度管理及风险管控能力要匹配发展。其中，总部统一编制《权限管理表》，梳理总部职能 80 个流程，流程接口 238 个。在一体化集团管控模式下，倒逼下属单位建立与集团同似、可分形推广的制度流程体系，驱动管理持续进步。

（六）运行一体化长效机制

1. 构建管理资产，持续宣贯和推广

以战略绩效和风险管理为导向的一体化运营体系在经过测试和试运行之后，开始正式运行，在心连心形成“有系统、可管理、能推广”的管理资产库。总部职能及各个业务单元通过持续宣贯、样板示范，结合绩效管理等手段，衡量成熟度，分领域分优先级逐步建立、推广应用，推动一体化运营体系持续进阶提升。

2. 建立风险数据库，提高信息化支持水平

一体化运营体系的搭建，一方面通过信息系统实现固化，另一方面为信息系统的建立和提升提供架构指导和大数据支持。包括统一建立风险数据库，实施维护更新。将内控审核管控功能嵌入 OA 自动化办公系统。除此以外，建立销售、物流、仓储、计量一体化的运作平台，实现高效的内部运营，实现客户“一键通”。搭建农业大数据平台，利用大数据、云计算、人工智能等技术，建立生产智能智造管理平台，助推数字化转型升级，实现企业高质量的发展。

3. 以评促建，建立“3 +2”长效机制

心连心聚焦关键事项和核心业务流程，实现一体化运营，推动制度体系协同运作，带动一、二、三线部门及岗位整体协同。采用自我评估、内控评价和管理评审相结合的方式，以评促建。建立一体化运营体系长效机制，即“3 +2”长效机制。“3”是指一体化运营制度流程体系建设、执行与监督评价三大环节耦合互动，贯穿架构设计、流程制度构建、测试运行、维护推广、持续改进和评价激励等全过程。“2”是指两级“流程长”机制。部门级“流程长”对应架构中三级、四级流程的“流程长”，主要承担制度流程宣贯、优化和端对端落地执行，实现流程绩效和风险管控的责任。公司级“流程长”对应架构中一级、二级流程，作为分管某一条线的高管，负责对所辖业务模块或业务单元的协调与监督执行；同时，还要根据环境变化，指导、优化、批准和组织改进流程的建设，承担实现高阶流程绩效和风险管理的责任。

三、化工企业以战略绩效和风险管控为导向的一体化运营管理效果

（一）实现了运营一体化，整体管理水平及运营质量大幅提高

心连心按照“绳树”模式，打通战略与运营的连接链路，理清业务与制度体系流程的逻辑结构和界面，构建以战略绩效和风险管理为导向的运营一体化系统。形成 234 个制度，开发设计 217 个业务流程，梳理 1544 个风险点，制订 2621 个控制措施，确定 1120 个标准表单。一体化运营实现战略与风险

管理的有机统一，实现业务运营与制度体系的有机统一，实现体系与体系的有机统一。避免了工作重复，节约了管理成本，提升了管理效率。企业离市场和客户需求更近，业务运营更加高效，综合效益大幅提高，产供销衔接更加流畅，差异化产品比例提升，重大风险得到有效管控，集团整体运营质量大幅提升。

（二）转变了经营理念和运营模式，集团规模扩张和持续发展的“软实力”进一步增强

实现从“以产品和生产”为导向向“以客户为中心”为导向的经营理念转变，实现向资产与资本运营相结合的流程化组织和现代企业运营模式的转变。近千人接受15次培训，培养了124名架构设计、制度体系建设和风险管理的专业人才队伍。《心连心基本法》深入人心，融于业务；全员风险意识得到强化；体系建设能力、风险管控能力及岗位胜任力得到提升。进一步增强了集团规模扩张和持续发展的“软实力”。

（三）打造了行业新范式，经济效益显著提升

经济效益稳步提升，取得良好的经营效果和社会效应。2020年，实现销售（营业）收入1028037万元，比上年同期增长9%；实现利润56023万元，比上年同期增长7%；全员劳动生产率比上年同期增长4%。

心连心以战略绩效和风险管理为导向的一体化运营方案，破解了困扰规模型企业的管理难题，为多体系并存下的一体化运营提供了可选择的方案，前瞻性地打造了行业新范式，具有重要的现实意义和社会价值。

（成果创造人：钟　林、杨建康、刘兴旭、郭　正、刘欢庆、钟沁琪、赵微微）

综合能源化工企业集团基于产业分类的差异化管控体系构建

陕西延长石油（集团）有限责任公司

陕西延长石油（集团）有限责任公司（以下简称延长石油集团）是集石油、天然气、煤炭等多种资源高效开发、综合利用、深度转化为一体的大型综合能源化工企业，隶属于陕西省人民政府，注册地在延安市。延长石油集团产业主要覆盖油气探采、加工、储运、销售，煤油气综合化工，煤炭与电力，技术研发与中试、新能源、装备制造、金融服务等领域。目前，已形成原油生产能力1200万吨/年、炼油加工能力1740万吨/年、天然气产能70亿立方米/年、LNG150万吨/年、煤炭产能1100万吨/年、化工品产能750万吨/年（其中，煤油气综合制烯烃260万吨、煤制油110万吨、煤制乙醇10万吨），基本形成了综合型能源化工产业格局，成为保障国家能源供应的重要力量和地方经济发展的重要支柱。延长石油集团下设全资和控股子公司31个、分公司8个、参股公司22个，拥有陕天然气股份、兴化股份、延长石油国际3个上市公司。2013年成为我国西部地区首家世界500强企业，2020年位列世界500强265位，营业收入、财政贡献连续多年保持陕西省第一和全国地方企业前列，曾获得第三届中国工业大奖及"全国五一劳动奖状""陕西省履行社会责任先进企业"等多项殊荣。

一、综合能源化工企业集团基于产业分类的差异化管控体系构建背景

延长石油集团在"十三五"初期形成了"一业主导，多元支撑"的发展格局。业务单元包含油气勘探、油气开发、石油炼制、油气煤盐综合化工、装备制造、酒店旅游等多种产业类型。延长石油集团形成了错综复杂的多法人治理结构和管理架构，二级单位50多个，三级单位200多个，集团总部忙于事务性工作，管理创新工作开展不足。延长石油集团在"十三五"期间进入世界500强行列，全力打造"国内一流、世界知名"的大型石油煤化工企业集团。对标世界一流能源化工企业集团，延长石油集团需要通过优化集团管控体系，明确集团管控模式，清晰界定集团公司、二级单位及三级单位的管控界面，为集团实现高质量发展保驾护航。

（一）集团管控体系优化是主动适应外部经济发展需要

"十三五"期间，世界经济在深度调整中曲折复苏，主要国家和地区前景不平衡问题依然突出，世界制造业新一轮技术创新浪潮正在形成，美国的"工业互联网"战略、德国的"工业4.0"战略正在抢占智能制造产业制高点。石化行业在全球经济大环境下很难独善其身，面临着较大的增长压力。石化行业受国民经济状况影响较大，在外部经营环境不容乐观的情况下，如何通过集团管控增强企业的核心竞争力并有效管控风险成为目前各大企业面临的重要课题。

（二）集团管控体系优化是深化国有企业改革的需要

党的十九大明确我国经济已由高速增长阶段转向高质量发展阶段，做出了贯彻新发展理念、实现高质量发展的部署，提出了创建世界一流企业的目标。一流企业就需要匹配一流的管理能力，管控体系优化就是要进一步明晰集团发展战略，明确集团总部功能定位，合理划分各层级权责界面，引导各子企业协同发展，发挥集团化、规模化效应，推动集团公司由规模速度型粗放增长转向质量效率型集约增长；由投资、劳动等要素驱动转向创新驱动；从以增量扩张为主转向调整存量、做优增量并举。延长石油集团作为陕西省属大型国有企业，理应在深化国有企业改革率先实现突破，在创建世界一流企业中争当表率并取得决定性成果。

（三）集团管控体系优化是立足世界500强的需要

科学高效的管控模式是企业健康发展的重要保障。作为一个大型集团企业，首先应该确定的就是企业的发展方向和发展定位，发展方向和发展定位确定以后如何来执行就应该有一个好的管理体制和好的运行机制，管控体系就是明确和优化管理体制和机制，使企业能更好地发展。延长石油集团作为集团型企业，建立一个系统严密的管控体系，是保证集团战略目标顺利实现的前提。延长石油集团要与国际接轨，在更高层面上实现持续发展，就必须按照国际化现代企业制度的要求，构建与集团发展战略相适应的管控模式，在更高层面和更深层次上进一步明确“谁来管、管什么、怎么管”的问题。因此，全面构建与世界级能源企业匹配的管控体系，赋予了延长石油集团必须强化内部管理、提高管理水平的新使命。

（四）集团管控体系优化是解决延长石油集团面临实际问题的需要

延长石油集团产业门类众多，涵盖油气、煤电、化工、物流、装备制造、科研、地产酒店等多种产业；企业性质多样，有全资、控股、参股、分公司等多种产权类型企业。随着产业规模不断扩大，管理要求越来越高，原有的管理模式已不适应快速发展的需要。主要体现在3个方面。一是职能定位和权责划分有待优化调整。集团总体管理有些过于集中，对部分单位统得过多、管得太死，使集团总部陷入繁杂的日常事务之中；同时，存在集团对部分企业和新增业务的管理不到位及该管的没有管好、管住等问题。一些二级、三级单位权责不匹配，主动性不够、工作质量不高。二是业务流程不够顺畅。管理层次较多、管控难度较大，特别是一些审批事项，环节多、周期长、效率低下。部分业务存在交叉，部门与部门之间、部门和单位之间缺乏有效的沟通协调，推诿扯皮现象严重。三是制度体系有待完善。一些关键制度和标准不健全，制度之间的协同性和宣传贯彻不够，执行不到位。这些问题严重地影响了管控质量和工作效率，迫切需要对集团管控体系进行系统优化。

二、综合能源化工企业集团基于产业分类的差异化管控体系构建主要做法

（一）明确总体思路、主要目标和原则

总体思路是：贯彻和落实“规范治理、集约控制、价值管理”的指导方针，以“坚持油化并举、煤气电并重、新能源新材料并兴”的集团战略为导向，以集团整体价值最大化为提升方向，以“多元化投资、产业化整合、专业化管理、综合化发展”为管控理念，构建“集权有道、分权有序、授权有章、用权有度”的责权利体系，顶层设计产业差异化的集团管控体系，保障延长石油集团成为世界一流的清洁能源服务商和高端石化产品供应商。

主要目标是：通过集团管控体系构建及不断优化，改革集团管控体制机制，进一步激发企业活力，打造自主经营、自负盈亏、自担风险的市场化运作主体，进而切实提高资本收益，实现国有资本高效保值增值，推动企业高质量发展。具体实现七大目标：一是实现延长石油集团整体价值最大化，保障集团战略的有效实施，建立与世界500强地位匹配的先进管理体系；二是明确各个产业的战略定位，针对性设计管控模式，优化集团资源配置，推进从资源依赖型向创新与资源获取双轮驱动转变；三是梳理管控条线，完善管控事项，适当向“微笑曲线”两端的研发创新和营销品牌倾斜，系统规划战略、人力、资本运营、投资、招标采购、科技等核心职能条线，保障管控体系的顺利落地；四是优化总部组织体系，职能部门厘清内部管理和向下管控重心，做到科学合理、精干高效，打造价值创造型总部；五是明晰总部和下属公司的责权利，清晰划分各层级权责界面，推进管控体系运转顺畅；六是强化集团基础管理，进一步理顺体制机制，优化管控制度和流程，有效支撑集团快速发展；七是下属企业责任压力、激励约束到位，执行力不断提高，集团控制力、凝聚力明显增强。

基本原则是：集团管控体系建设必须与发展战略相匹配。因此，集团管控体系建设是建立在“坚持油化并举、煤气电并重、新能源新材料并兴”发展战略为导向的基础上，重点打造延长石油集团的

控制力，将管控设计原则和权限划分规则作为管控体系建设的指导法则。管控设计原则：一是集团整体价值最大化，以集团整体价值最大化为管控体系设计的取向；二是管控体系顶层设计，是从上往下整体规划而不是从下往上逐步改善；三是管控的差异化，依据各产业特点实施差异化管控；四是管控能力化，在构建管控体系的同时强调管控能力的建设；五是导入阶段化，按阶段分步导入管控体系，逐步完善。权限划分规则：一是“三重一大”集体化，“三重一大”事项采用集体会议决策制度，避免个人决策风险，提高决策质量；二是自主业务下沉化，对于下属公司的日常操作性业务尽量将权利下放，减少审批流程，充分发挥下属公司的主观能动性；三是重大协调事项上移化，所有子公司公共性、平台性的事项上移至集团总部，实现资源共享，发挥集约效应；四是决策审批程序化，通过明晰权责、梳理流程制度，使领导班子的决策审批过程程序化；五是职能部门专业化，权限划分的重要导向是强化各个职能部门的专业化能力，承担部分决策职责和权限。

（二）明晰集团发展战略

集团发展战略是根据企业根据环境变化，结合自身实力和资源，通过分析、判断、预测，设立远景目标并对实现目标的发展轨迹进行的总体性、指导性谋划，目的在于界定企业的使命、经营范围、远景目标、发展方向、经营方式等坐标，明确企业的经营方针和行动。通过对集团改革发展的总结梳理，进一步优化调整延长石油集团发展战略，即认真贯彻落实国家“四个革命、一个合作”的能源新战略和“双碳”战略部署，抢抓陕西省能源资源优势和工业中后期战略机遇，实施创新驱动、转型升级、产业协同、低碳发展战略，坚持油化并举、煤气电并重、新能源新材料并兴，强化保能源、优资产、管资本战略举措，推动企业高质量发展。

（三）明确各层级管理定位

根据延长石油集团战略定位、业务布局及深化改革要求，调整和优化集团总部及权属企业功能定位，形成定位清晰且职责明确的“集团总部资本层－板块公司资产经营层－三级单位生产运营和执行层”三级组织架构，优化精简集团总部，做实专业化二级公司，实现集团总部从管资产向管资本的转变。

集团总部功能定位。集团总部定位为全集团的战略投资中心、资本运营中心、风险管理中心、服务支持中心，集团总部实行以管资本为主的战略管控模式，对所出资企业履行出资人职责，具体生产经营业务下沉至二级板块。在集团党委的统一领导下，主要管战略制订与决策、重大项目投资决策、资本运作、重要人事、企业党建、经营绩效考核及风险控制等工作。

二级板块公司功能定位。各专业子公司是资产运营主体，是集团直接管理的资产运营企业，定位为集团产业经营中心、利润增值中心、价值耦合中心，以利润最大化为主要目标，在集团公司战略框架内具体开展产业整合、生产组织、运营协调、产品研发及销售等工作，实现本单位的资产保值增值。

三级单位功能定位。三级企业定位为集团公司的生产中心、成本中心、安全环保中心，以成本控制为主要目标，在二级公司指导下负责开展生产运行、成本控制、质量管理、安全管理等工作。

（四）合理划分产业类别

按照业务特性、经济规模和战略重要性3个维度对延长石油集团现有业务进行分类，将所有下属单位划分为七大产业并进行专业化管理，对每类产业进行战略定位。油气产业：主要包含石油天然气勘探、开采、管输、炼化、销售类企业，属于延长石油集团的核心主业，将其定位于战略型产业。矿业及新能源产业：主要包含煤炭开采、光伏、地热、氢能等企业，属于延长石油集团的规模和利润新增长点，将其定位于准战略型产业。化工产业：主要包含煤化工、油煤气综合化工、橡胶、玻纤等企业，属于延长石油集团的规模和利润增长点，将其定位于准战略型产业。供应链产业：主要包含物资采供、物流、装备制造、招标等企业，将其定位于为主业服务的内部服务型产业。科技产业：主要包含延长石油集团各类研究机构，属于延长石油集团的重点突破方向，将其定位于内部服务型产业。金融产业：主要包含资本运作、基金、保险、银行等，属于产融结合的重要组成部分，将其定位于内部服务型和财务型产业。其他产业：主要包含酒店、地产、旅游及各参股类企业，属于规模较小或与延长石油集团业务关联度不大的业务，将其定位于社会服务型和财务型产业。

（五）科学确定各企业管控模式

为实现延长石油集团整体价值最大化，主要通过下属公司治理模式设计、管控类型设计等几个维度打造集团公司管控模式，依此控制、协调、激励及集团统筹协调事项设计统筹下属单位的经营发展。

1. 下属公司治理模式设计

治理模式设计主要是通过对下属公司治理事项的安排来实现集团公司价值最大化。按照延长石油集团各下属单位组织形式和股权比例，对各单位采取的治理模式分为5类：对直属单位、分公司和全资子公司，一般采取行政直管的模式；对绝对控股公司一般采用进取型治理，即重大事项履行实质决策，下属单位依据相关法律规定履行法定程序并严格按照延长石油集团决策执行；对相对控股公司一般采取价值型治理，即集团委派产权代表，普通治理决策事项授权产权代表判断，重要治理决策事项先由产权代表上报集团，再由产权代表依法主张集团公司的股东权利；对参股公司一般采取合规型治理，即严格按照相关法律规定和《公司章程》等框架履行法定程序；对延长石油集团旗下的上市公司一般采取进取型治理，在遵守相关法律法规的前提下，延长石油集团履行实质性决策程序。

2. 管控类型设计

管控类型设计是集团管控的核心，依据对下属单位管控的宽度与深度，延长石油集团对下属单位的管控类型分为4种：操作型、战略控制型、战略规划型与财务型。操作型：对下属公司进行深度的、全面介入式的控制，涉及战略、投资、财务、业务运营等各个方面，下属单位仅是按照延长石油集团的指示进行日常的运营管理。操作型下属单位包括油气产业、各产业分公司类型企业。战略控制型：对影响总体发展的关键事项进行控制，如战略规划、重大事项及重要人事任免等，在此基础上，还对下属单位关键业务环节进行控制，同时下放其他业务经营权的一种控制模式。重大事项包括企业的设立、合并、分立、改制、上市、增减资本、发行债券、重大投资、大额对外担保、转让重大资产、大额捐赠、分配利润、解散、破产等。关键业务包括资金、规划、计划、销售、重大装备和大宗物资采购等。战略控制型下属单位包括煤电及新能源产业、化工产业、供应链产业、科技产业。战略规划型：对影响总体发展的关键事项进行控制，如战略规划、重大事项及重要人事任免等，在此基础上，原则上下放业务经营权，由下属单位自主开展运营管理的一种控制模式。战略规划型下属单位包括金融产业。财务型：通过财务制度和股权管理手段来实现对下属单位的管理控制，下属单位自行确定发展战略，自主运营管理，延长石油集团的目的是获取财务收益。财务型下属单位包括参股的各企业。

3. 集团统筹协调事项设计

集团统筹协调事项是延长石油集团总部推动价值创造的集中体现。根据延长石油集团发展规划和业务特点，集团总部重点做好重组整合、资源共享、体系的变革和输出、内部交易体系设计4个方面的统筹协调工作，强化对下属单位的服务与职能的支撑，通过管控来提升下属单位的效率。重组整合包括产业、公司及产品与服务3个层面的重组整合，延长石油集团主要做好产业与产业之间的重组整合并指导协调下属单位开展公司、产品与服务层面的重组整合。资源共享主要指做好通用资源的共享，如资金、人才、研发力量等资源。体系的变革与输出主要强调先进管理理念与工具的输出，其中尤以先进制度体系的复制与输出为重。内部交易体系的设计主要是对集团公司内部产品与服务关联交易体系的设计，包括内部产品采购、资金借贷与工程设计与承包等内部交易体系的设计。

（六）调整优化集团组织结构

集团总部层面。围绕集团总部职能定位，对总部部门进行梳理分类、优化重组与职能整合。增强集团总部战略决策、资本运作、风险控制等职能，与总部定位不符的生产运营职能下沉至二级子公司。根据精简高效的原则，延长石油集团总部实行“大部制”，对相关联且结合紧密的职能归并为同一个大部门，压缩部门设置及人员配备，集团总部职能部门及人员编制降幅均达到20%以上。依据功能定位及改革实际，按照稳妥有序、分步实施的原则，下一步将持续调整完善总部组织机构。延长石油集团审计中心、造价中心、新闻中心、财务共享中心、培训中心等机构按照“管办分离”原则，作为集团职能部门下设中心，主要履行共享服务职能，支撑集团总部更好履行决策支持作用。根据延长石油集团各产业特点及管控要求，重点从3类17条管控条线系统设计对下属单位的管理宽度与深度。17条管控条线分别为：管理类管控条线，包括战略、人力资源、财务、资本运营与企业文化5条管控条线；业务类管控条线，包括科技、生产、品牌、营销、采购招标、投资项目、安全质量环保与勘探开发8条管控条线；辅助类管控条线，包括风险、信息、法务、审计4条管控条线。

所属企业层面，按照“相同相近产业整合、同一产业链上下游业务整合”的思路，重点解决资源分散、效率不高、重复建设、同业竞争等突出问题。近年来，先后实施完成24项产业整合任务。油气产业重点实施采油厂（指挥部）整合：由最多时的25个减少至目前的12个，内设机构由最多时的825个减少至目前的547个，缩减33.7%；直接投资减少3.26亿元，降低费用3.4亿元。煤电产业重点实施光伏、地热、氢能业务整合，同时剥离非煤电业务。供应链产业重点实施物流、装备制造业务整合，提升了专业化管理能力。科技产业重点实施科研机构整合，进一步提升了集团科研板块综合实力。

（七）合理划分权责界面

在集团管控体系构建与优化中，按照油气、化工、矿业及新能源、供应链、科技、金融及其他七大产业类别分类确定核决权限，对相关业务在各层级间的权限进行了明确规定，明确了基本的工作程序，可以清晰地、直观地反映出哪些事项归集团总部管、哪些事项由各单位自主决策，共涉及249个权限事项。在集团总部层面，进一步明确了党委会、董事会、总经理办公会及专题会决策程序，以“子企业组织机构调整”及“子企业定员、定编方案”为例进行管理权限的简单说明。正确实施法定程序和内部程序。为了确保决策程序依法合规，有效防范化解风险，保障股东权益，确定了法定程序和内部程序相结合的管控手段。法定程序是指企业在落实其管理意志、做出重大决策前，根据相关法律法规及《公司章程》规定必须遵循的程序和步骤。内部程序是企业依据内部制度，进行内部管理工作所必须遵循的流程。企业经营管理工作中，法定程序和内部程序应在以下几个方面有机结合。一是下属单位做出重大决策前，首先必须执行内部程序，然后执行法定程序，以保障集团公司作为大股东的意图得到贯彻。二是内部程序履行过程中，集团公司要和有关下属单位进行必要的沟通，反复权衡，慎重决策。三是在内部程序转入法定程序时，集团公司对于全资子公司、控股子公司和参股公司分别采取决定、建议、协商等方式进行。四是集团公司职能部门对下属单位相应职能部门的工作实施对口业务指导，避免出现信息孤岛，确保管理链条顺畅。

（八）建立考核与风控监督机制

组织绩效考核是推动管控体系落实落地的主要抓手，延长石油集团绩效考核主要包括设计关键绩效指标、设定绩效目标、进行绩效考核和应用考核结果等4个主要环节的工作。一是年初根据全面预算和经营计划，延长石油集团与下属单位经营责任人签订年度绩效目标责任书。年度绩效目标责任书的完成情况是对各单位经营者进行年度绩效考核的主要依据，集团公司根据年度经济目标责任书的履行情况，兑现奖惩。二是根据不同的管控类型、各下属单位的业务特点设置不同的绩效考核指标。其中，对实施操作型管控的下属单位，主要考核指标为成本（费用）、产量、固定资产投资、利润及相关管理指标；

对实施战略控制型和战略规划型的下属单位，主要考核指标为收入、利润及相关管理指标；对实施财务型管控的下属单位，主要考核指标为投资回报率、剩余收益等。三是强化考核结果的应用。考核结果的应用应与经营层激励机制相结合。激励措施应采用短期激励和长期激励相结合的方式。与激励机制相对应，还应建立淘汰机制，对业绩考核成绩不过关、能力不足以胜任工作的下属单位经营层及时发现并提醒，进行调职或淘汰。按照"谁管业务谁负责管控风险"的责任机制，系统梳理各业务领域风险源点，从债务风险、金融风险、国际化经营风险、法律风险和安全环保风险等方面分别制订风险防控指引，提出风险应对措施。结合风险排查情况，持续完善制度体系，每年度制订工作计划，对各单位制度建设、执行等情况进行督导检查。此外，延长石油集团还通过专项审计、财务监督、督察巡察等方式，多角度、全方位对内控制度执行情况进行监督，进一步保障了企业各项决策部署依法合规、落地落实。

三、综合能源化工企业集团基于产业分类的差异化管控体系构建效果

通过近几年的努力，延长石油集团建立了较为完善的管控体系，对提升管理水平发挥了至关重要的作用，整体经营业绩稳中向好，连续多年被陕西省国资委评定为 A 级企业。

（一）管控效能进一步提升

管控体系进一步明晰了延长石油集团各级功能定位，明确了二级单位产业类别划分并提出按照 4 种模式对下属企业分类管控，符合集团公司战略发展方向和经营管理实际。集团公司通过大规模的宣传贯彻培训，提高了各级管理人员对管控体系的认知，各级管理人员"重生产、轻管理"的思想得以扭转。七大产业核决权限和管理流程的运行强化了集团公司管控的规范性，按照"简政放权"的思路，在生产计划管理、预算管理、固定资产投资管理等方面下放了部分管理权限，使职责、权限与层级定位更为紧密，推动了工作效率与质量的提升。

（二）组织结构更加科学合理

管控体系构建对延长石油集团整体组织架构进行了优化设计，分步提出了组织机构优化思路，强化了集团战略决策、资本运营、风险控制等管理职能，督察工作办公室、直属中心等单位的设立与运行进一步细化了管理职能，有助于提高集团专业化管理水平。对业务相近、产业趋同的单位进行横向联合、纵向整合，有利于资源集约、产业优化。如煤电产业整合后，矿业公司加快多能互补和能源互联网项目建设，集团煤电产业进一步做大做强；装备制造方面，实现集团公司油套管业务统一管理、加工制造统一调度、市场统一开拓；物流方面，整合多家资源，扩大了集团内部公路运输量，适时引进战略投资者，组织社会资源，延伸服务范围，发挥规模效应。通过合并重组和深度融合，"1 + 1 > 2"的规模优势和集约效应充分显现，既有"强强联合、实力增强"的物理反应，也有"优势互补、优化提升"的化学反应，有力促进了集团改革发展迈上新的台阶。

（三）企业经营的质量和效益稳步提升

通过管控体系的优化，延长石油集团 2020 年实现产品产量和产值"双增长"、成本和能耗"双下降"，化工新材料和精细化工品规模与效益逐步提升，高质量发展趋势明显。2020 年，在克服疫情冲击和油价持续低位运行的情况下，实现营业收入 3458 亿元，同比增长 6.07%；实现税费 347 亿元，利润总额 6.79 亿元。企业资产质量稳步改善，经营管理水平不断提高，企业综合竞争力显著增强，世界 500 强排名由 2016 年的 325 位上升至目前的 234 位，在逆境中实现了高质量发展。

（成果创造人：王晓兵、李春庆、张　辉、洪利辉、程　玮、朱　瑞、景　鑫、戴　程、白仲岗、兰太鹏、范彦德）

煤炭企业基于价值链分析的生产运营流程再造

淄博矿业集团有限责任公司

淄博矿业集团有限责任公司（以下简称淄矿公司）是山东能源集团权属企业之一，经营范围涉及煤炭、医疗健康、建材、新材料等多个产业，主要生产经营单位分布在鲁、陕、蒙、甘4省、自治区的淄博、济南、济宁、咸阳、鄂尔多斯、平凉市6个地市。自1953年以来，已累计产煤4亿多吨，煤炭产量曾连续多年占到山东省总产量的一半以上，为国民经济发展做出了重要贡献。

一、煤炭企业基于价值链分析的生产运营流程再造的背景

（一）应对市场形势变化、提高盈利能力的需要

煤炭作为我国最主要的一次性能源，是我国能源安全稳定供应的“压舱石”。但是，由于煤炭采选业投资过于迅猛，煤炭产能释放速度超过消费增长速度，供需失衡问题显现。自2012年开始，煤炭供给严重过剩，煤炭价格拐入持续下行阶段，淄矿公司也由原来的高投入、高产出、高盈利转入经营艰难、效益下滑的境地。2016年，国家出台调控政策，煤炭产业供给侧结构性改革开启。作为传统行业，淄矿公司根据宏观形势的变化，对公司的发展战略和计划规划进行了动态调整，但如何有效地提升企业管理水平，找到将煤炭生产、经营、成本和利润进行有效联系的方法，不断增加企业的经营收入收益，成为淄矿公司亟须解决的课题。前期，淄矿公司在不断进行内部挖潜的基础上对公司的生产经营各环节进行细分梳理，在保证生产质量的基础上减少成本投入，取得了一定成效，但未能有效解决企业发展的需要。

（二）促进企业转型突破、增强竞争优势的需要

我国经济发展逐步进入经济结构的深度调整期，产业结构、增长动力正在发生重大变革，轻量型、创新型、低能耗已成为未来经济发展的基本模式，主要耗煤行业对煤炭的需求大幅下降；同时，国家优化能源结构、控制煤炭消费总量系列政策的推出，以及风电、光伏、核能等新能源发展迅猛，对煤炭产业造成了巨大冲击，煤炭消费减量化的趋势已不可逆转。新一轮科技革命正蓬勃兴起，一些颠覆性的创新和变革正在各行业不断涌现。淄矿公司自2017年开始，抢抓山东省建设国家新旧动能转换综合试验区的战略机遇，把创新作为总抓手，大力推进“创新兴企、技术强企”战略，突出重大技术研发应用，培育核心竞争优势，着力向产业智慧化、智慧产业化迈进，推动企业发展的质量变革、效率变革、动力变革。

（三）提升企业管理水平、激发内生动力的需要

近年来，煤炭企业生产要素成本不断攀升，资源获取成本、环境保护成本、人工成本、土地使用成本等要素成本不断增加；同时，随着项目建设、产业并购的持续发力，煤炭企业经营规模不断扩大，决策效率有所下降，国有企业“大企业病”的表现日益明显。国务院国资委提出要提高国有企业的活力和效率，做强做优做大国有企业，增强国有经济的竞争力、创新力、控制力、影响力及抗风险能力，国有企业要成为有核心竞争力的市场主体；同时，提出要积极稳妥推进混合所有制改革、健全市场化经营机制、加强党的建设等。自2017年以来，淄矿公司从破除内部积弊、增强内部活力入手，围绕全流程价值链开展系统分析，使企业在不断变化的内外部环境中保持和提升竞争力。

二、煤炭企业基于价值链分析的生产运营流程再造主要做法

（一）明确基于全价值链的煤炭企业生产运营流程再造的目标与思路

淄矿公司通过生产运营各环节分析，明确目标：通过作业链与价值链分析，形成融合内外部流程的全价值链视角下的淄矿公司整体生产运营流程。对生产运营流程进行再造管理，实现流程管理部门的分工、协作及与外部供应商、顾客的紧密联系、信息共享、资源优化，减少部门内部、部门间及内外部之间的无效活动、非增值或低值活动，降低冗余，降本增效，实现企业经营业绩卓越、竞争力持续增强的改进目标。

淄矿公司确立生产运营流程再造的基本思路为：一是从流程末端掌握顾客需求，为顾客量身供给所需的煤炭产品及其延伸产品，结合市场目标实施精益营销，确保销售的稳定性与收入的最大化；二是从内部生产流程着手，以价值增值为目标，综合运用价值流分析、“三减三提”、持续改进等手段，消除浪费，提高绩效，固化运行体系；三是从内部流程的高效增值角度出发，以技术创新为驱动，打造绿色智慧矿山，突出优质精煤产出，推动形成核心技术优势，发动全员创新；四是从内部流程的价值聚焦角度出发，实施非核业务外包，发挥优势承接水泥建材托管租赁，依托新的生产要素打造企业价值增长极，采用混合所有制改革提高管理水平；五是打造党建文化，优化基层党组织设置和党支部建设，构筑起党建有特色、文化有特征的发展优势，形成凝心聚力、引领发展的行动纲领；六是着眼于内外部流程的一体化创效，采取精益物流、精益采供等方式，打造利益共同体，提升企业的控制力、影响力与抗风险能力，夯实高质量发展基础。

（二）以顾客需求为导向，拓展产品销售价值

1. 把握顾客需求，量身供给煤炭产品

淄矿公司在煤炭产品设计时采取延迟化的站台配销策略。一是协调多方客户，明晰顾客的差异需求，力求高质量、高热值与低适质、低热值的煤炭产品互为补充；二是按照顾客要求，依据其配比结构、质量标准、成本价格等要求，量身定制产品方案，从而形成不同的顾客簇、产品簇和市场簇，实现煤炭产品的价值最大化；三是持续强化煤炭生产、运输、入仓、洗选、装车等全过程监督检查，采取集中采样、集中制样、集中化验“三集中”模式提高煤质采样、化验效率，保证煤质发热量稳定。

2. 提升上下游产业融合度，延伸产品价值链

淄矿公司坚持“以煤为基，适度多元”的发展战略，围绕煤炭主业，积极延伸产业链，提高全链条价值。权属企业中除了唐口、岱庄、新和、亭南、正通、双欣、巴彦高勒、邵寨等开展煤炭开采或洗选主业外，世林化工基于煤炭产品生产精甲醇并伴有硫磺、液氧、液氮等副产品的生产与销售；岱庄煤矿、新升实业基于煤炭产品建设热电厂，开展电力生产；此外，康格公司、盛安贝等公司提供煤矿开采中涉及的设备供应、矿井工程建设、矿山充填开采、矿山废弃物资源利用等服务；新升实业、东华水泥则承担了煤矿开采中涉及的新材料、新设备和水泥、建材等的供应。

3. 以有效市场为目标，开展精益营销

淄矿公司采纳“一户一策”精准定位，从“互联网+煤炭精益营销、营销策略及品牌传播研究、煤质全流程管控、服务型产品销售、优化储装运发运系统”5个方面完善对应煤炭特色市场营销的计策和办法，驱动销售渠道、粉丝经营、极致产品、商业模式、资本运作、IT系统、组织变革的“七驾马车”并进的局面，实现煤场不见煤，煤不落地。通过云计算和大数据等互联网技术、日对比日分析的商品煤质量严控机制，将与煤炭相关的各类服务项目与煤炭销售进行“捆绑”，采取“微利经营”战略和“一对一”“定制化”等服务方式，进一步挖掘客户需求、扩展营销渠道。

（三）以流程诊断为手段，提升生产运营过程价值

淄矿公司内部生产运营流程管理主要包括定义选择流程、诊断分析流程、优化再造流程及固化形成

规划流程体系等内容。

1. 开展价值流分析，坚决消除生产运营浪费

淄矿公司致力于发现价值流每一环节的浪费并坚决消灭浪费。通过对淄矿公司所有权属企业现有价值链进行全面考察，剖析价值活动的衔接过程，发现各环节中存在的浪费点，进而寻找原因，实施改善对策，努力让价值流动起来，通过“流动”解决“痛则不通、通则不痛”等症状，实现各个活动紧密衔接、不间断地流动创效。

2. 推进“三减三提”，提升生产运营流程绩效

2020 年以来，淄矿公司将“三减三提”作为固本和效益工程，抓住山东能源集团的调整机遇期，紧扣确定的 75 个减提项目，大力实施源头设计优化，实现减头减面提效率，完成布局优化目标。主要做法包括：一是重点打造了亭南三盘区东翼 200 米、四盘区 350 米及正通 260 米面长工作面，对巴彦高勒 3115 充填盘区优化增加面长到 200 米，优化新河工作面设计，在前期 9 个面的基础上减少 4 个工作面，人工效率从原来 13 吨/工 · 人提升至 19 吨/工 · 人，切实提高了单产水平，延长了回采煤量可采期；二是大力实施了辅助运输系统优化升级，加快人员运输及物料集装、配送、管理等环节的智慧优化，全力打造“半小时运输圈”。

3. 持续改进生产运营体系，形成新的“系统化体系屋”

经过多年探索与完善，淄矿公司形成新的“系统化体系屋”。屋顶为生产运营体系的目标，降本提质增效。天花板支撑屋顶，要求最短生产周期、最安全、最高士气并经由消除浪费缩短生产流程。地基包括组织体系、制度体系、信息化体系、生产保障体系、营销保障体系等。

两大支柱是“系统化体系屋”的核心，体现为内部市场化运营和精益管理的融合。内部市场化运营包括 4 个方面。①四级市场主体，即一级——矿井，二级——矿井权属单位，三级——单位所属班组，四级——班组所属岗位。②十大市场要素，即产品、内部物资、电力、加工维修、租赁、内部服务、内部技术、安全质量、人力资源、内部资金。③三级结算市场。矿井与权属单位之间的一级交易市场，单位为矿井提供原煤、巷道等产品，矿井根据合同约定，按照产品数量、产品质量、技术要求等确定价格，采用产品买卖方式按月结算资金；二级市场主体相互之间的服务关系，如皮带运输、加工维修、物料配送等服务，也在一级市场完成。单位与班组之间的二级交易市场，两个市场主体构成合同关系，根据单位内部市场结算价格，形成单位与班组，以及班组与班组之间的交易市场。班组按单位要求，完成原煤、巷道及服务，单位根据双方之间的合同约定，按照工区内部价格体系，在综合产品数量、质量、技术要求的基础上确定价格，完成产品交易，按照“日清日结”的周期结算资金。班组与个人（岗位）之间的三级交易市场，两个市场主体构成雇佣关系。双方按照自愿的原则，根据工区确定的交易价格，每班结束后，班组长根据个人完成的工作量、安全、质量情况，形成班组与个人、个人与个人之间的交易并按照“班清班结”的周期支付薪酬。④六大保障体系，即组织体系、制度体系、价格体系、结算体系、计量体系、信息化体系。精益管理包括 4 个方面。①现场改善体系，即以 6S 管理为主要工具，对作业环境、员工素养、安全行为进行全方位改善。②全员改善体系，包含提案改善和焦点改善。提案改善指员工围绕企业生产经营管理中的具体目标，结合岗位实际，自发寻找工作中存在的各类问题，提出创新性意见，制订有建设性的、可操作性强的措施方法并付诸行动加以改善；焦点改善指以焦点课题小组为主体，对区域内重点、难点问题进行攻关的改善活动，目的是追求质量、效率、成本等管理指标的持续优化，更好地提高管理水平与效益。③标准化体系，即以规章制度、科学技术和实践经验为依据，以安全、质量效益为目标，将现行作业方法的流程、动作、标准和时间进行规范，实现安全、规范、高效操作。主要包括作业流程标准化、作业动作标准化、作业工时标准化、作业配置标准化。④五全管理体系，具体包括全面预算管理、全面对标管理、全员绩效考核、全面质量管理、全面

风险管理。

（四）以技术创新为驱动，倍乘生产智慧升级价值

1. 推进生产智能化，建设绿色智慧矿山

淄矿公司全面实施三年规划落实行动，推动智能生产向智能管理迈进、黑色矿山向绿色矿山迈进。一是突出抓好采掘智能化建设，大力推广应用先进电液控制、自动找直、集中配液远距离供液、远程遥控截割等技术，建成11个智能化采煤面和19个智能化掘进面。二是全力推动机电智能化建设，主力矿井的主生产系统全部实现了远程集控、无人值守，固定机电硐室、主运带式输送机实现机器人巡检，形成“远程集控、区域巡检”管理模式。三是不断创新开采工艺，建成绿色充填开采系统。目前，唐口、新河、亭南、巴彦高勒4矿所有工作面均实现智能化控制，山东省内冲击地压矿井掘进面实现远距离操控。唐口、双欣获评首批国家级智能化煤矿建设的示范者，正在不断完善智能化生产各系统建设，建成工业互联网应用平台；巴彦高勒以“追赶、提升、超越”为方向，争做国家级智能化煤矿建设的示范者；正通、亭南抓好TBM盾构技术的现场应用，夯实系列化装备应用的基础，在煤炭行业保持领先水平。8对生产矿井中已有6对建成绿色充填开采系统，累计置换煤炭资源610万吨，实现了“黑色煤炭绿色开采”的重大变革。

2. 突出精煤工艺创新，推动选煤全面升级

淄矿公司把实施精煤战略作为稳效的重要举措，围绕“原煤入洗最大化、精煤产率最大化”目标，全面实施洗选过程精细管理，实现“粗粮细作”的二次加工，努力拓展效益提升“新空间”。一是围绕“双提双优一协同”战略，加快15项选煤升级技改项目建设，通过装备升级、系统消缺，实现选煤处理能力与矿井提升能力高效匹配。二是统筹智能化选煤厂建设和智能化改造，加快双欣脱粉入洗、TBS分选升级和TDS分选回收系统改造，堵塞效益流失的漏洞。三是对筛下水分料装置、加药系统管等10余项技术工艺进行优化，提高了精煤产率。四是突出抓好煤泥增效，深入研究煤泥深加工技术，提高分选精度，重点实施煤泥浮选及煤泥高压压滤技改项目，强化煤泥再入洗，消灭煤泥产品，实现创效10亿元。五是突出精煤创效，以煤质特性为基础，“一矿一策”实施调质行动，完成精煤产量2000万吨，原煤灰分下降3个百分点、精煤回收率提高3个百分点。

3. 推行三级技术创新，形成核心技术竞争力

淄矿公司着眼现场、立足实际、面向未来，提出“创新兴企、技术强企”的任务目标，从3个层级推动实施技术创新工作。第一层级，在实用技术创新上依托各所属单位组建的研究室、课题组及高技能人才工作室，重点围绕优化生产工艺、推广先进技术、应用新型材料、促进安全生产、挖掘生产潜力、提高装备效率等具体问题进行研究和创新，解决生产现场面临的提效、降本、保安全等实际实用问题。第二层级，在关键技术创新上依托淄矿公司技术中心和各研究所，重点围绕煤炭高效生产技术、煤炭转化和清洁利用技术、重大安全灾害防治技术、非煤新产品研究开发、先进装备应用等重大和全局问题进行研究攻关。其中，在内蒙古巴彦高勒煤矿设计装备国内首套千万吨大采高自动化综采工作面，成为国家“863”创新项目；在陕西亭南煤矿创新应用的煤矿井下随钻测控千米定向钻进技术，有效解决了高瓦斯矿井低瓦斯开采难题，被授予国家科学技术进步奖。“十三五”期间，淄矿公司先后投资26亿元引进大采高成套设备、掘锚一体机等先进装备32台（套），极大提高了生产的机械化、信息化、自动化水平。第三层级，在核心技术创新上依托内部高科技人才及高等院校、科研院所，重点围绕煤矿智能化与工业化融合、新型风力发电技术装备等项目进行科研攻关，探索革命性、颠覆性的技术创新路径，目前已经取得了初步的技术成果。

4. 构建“薪效联动”机制，营造全员参与的创新格局

在创新制度上，专门制订《全员创新创效激励管理办法》，构建了“以薪促创、以创提薪”的“薪

效联动”创新激励机制。对于创新项目，从其实际直接创效中抽取 20%～30% 对创新项目完成人进行奖励。近 3 年来，淄矿公司完成创新课题 2000 余项，兑现创效工资 6500 万元。在创新体系上，单位“一把手”抓“第一生产力”，单位总工程师作为创新第一责任人，各级技术管理部门和专业人员作为创新的主导力量，广大职工人人当“创客”、个个做“工匠”，构建起主要领导亲自抓、总工程师具体抓、专业人才靠上抓、全体员工共同抓的“四级创新工作体系”。在创新平台上，建有 2 个院士工作站、10 个省级科技创新平台、13 个研究院（所）、100 个劳模（技能）创新工作室，搭建起了较为完备的全员创新平台。此外，淄矿公司还成立专门的“蚂蚁城”双创平台，以“互联网 + 运营模式”为手段，形成管理中心、资源中心、研发中心、培育中心、孵化中心 5 个发展支撑，用于企业生产维护、技术创新、安全管理、研发改造、产业培育等全过程。

（五）以聚焦核心能力为根本，突出高效价值创造

1. 应用建管外包方式建设煤矿配套项目

为从根本上降低矿井建设投资，最大限度地创造经济增加值，淄矿公司以效益分成为“蛋糕”，积极运用“BOT”“BT”等项目运作新模式，吸引社会资本承担选煤厂、铁路专用线等配套工程建设，做到能外包的项目不自建、能引进的设备不投入，把企业的资源集中到主要业务板块上，既提高建设速度，又避免了分散精力，更减少自有资金投入。其中，在内蒙古杨家村煤矿引进专业化公司对产品干燥和脱水提质系统进行整体建管外包，减少股东投资 4 亿多元；在陕西亭南煤矿和高家堡煤矿采用 BOT 模式依托社会资源建设运营煤泥干燥、能源综合利用等项目，减少自有资金投入 2. 1 亿元。

2. 采用托管租赁方式发展水泥建材产业

淄矿公司采取输出品牌、管理和技术的方式，对产品市场覆盖区域已建成的水泥企业实施托管经营、产能整合和产品调配，合法合规避开国家项目审批政策的制约，走出一条“零投资扩张”的新路子。截至 2020 年，淄矿公司水泥产业先后托管 6 家水泥粉磨站和 2 家矿粉厂，形成“两线八站二厂”的布局，实现产业链有效延伸和产销网点合理分布，整体控制水泥熟料产能 380 万吨/年、水泥产能 760 万吨/年、矿粉产能 80 万吨/年，在满足水泥熟料内部消耗需要的基础上减少土地、设备和厂房投资 9. 72 亿元。

3. 依托新生产要素优势打造增长极

东华水泥与阿里云合作的“水泥行业大数据服务平台”将大数据技术、云计算技术与水泥生产工艺深度融合，建立“5G + 水泥工业大脑”协同创新机制，打破信息孤岛，从中挖掘数据价值。通过建立能耗优化和质量稳定两大算法模型，分析生产实时数据，精准计算控制参数，项目在 2019 年被工业和信息化部核定为制造业与互联网融合发展示范项目，2020 年入选省级产业互联网平台示范项目，实现数据资产的高效增值。齐鲁云商以千亿级产业互联网平台为核心，整合能源、汽配等各领域优势资源，推动工业互联网和消费互联网两网融合，促进生产要素数字化，2020 年交易额突破 500 亿元，构建形成了“数智云”新生态，打造出引领产业互联的生态圈。

4. 推行混合所有制提升企业经营活力

淄矿公司坚持把改革作为打破转型发展机制阻碍的重要抓手，在国有体制上嫁接民营机制，实施多元化股份制改革、规范公司法人治理结构、契约化选聘职业经理人、依照市场规律开展企业运营，构建起“国企实力 + 民企活力 = 企业竞争力”的运行模式。在山东省管企业中率先进行完善公司治理结构试点，实施岗位绩效与市场化收入相配套的薪酬分配制度，变职级管理为岗位管理，淡化行政级别，实现定岗定薪、易岗易薪。按照原煤生产三类人员收入分配比例 1∶1. 6∶2. 3 的标准调控，促进薪酬分配向核心员工倾斜。先后在 6 家单位引入职业经理人，在 2 家单位实行授权管理，在 2 家单位推行中长期激励，提高自主发展、自主运营的效率；在 13 家单位实施混合所有制改革，有效调动经营管理层和骨干

员工工作积极性；在新项目运营上，试行“业主跟投机制”，提升项目经营活力和发展动力。

（六）以党的建设为抓手，凸显文化再造价值

1. 完善党建工作机制，健全党员责任体系

淄矿公司指导基层单位编制《标准化党支部建设工作手册》，做到班子建设、工作内容、阵地活动、制度落实“四个标准化”。修订《淄矿公司党委常委会议事规则》《关于进一步加强改进党建和思想政治工作的实施意见》，强调“交叉”必介入、“任职”要履责、考核有体现，健全党员责任体系，也增强基层党政负责人履职尽责开展思想政治工作的主动性和推动力。按照党建思想政治工作“业绩考核得分＝经营绩效考核得分党建思想政治工作考核得分÷100”，公司兑现权属单位党政主要负责人薪酬，从而强化党政同责抓党建的工作导向、目标导向和价值导向，促进党组织和党委书记履责党建工作与党风廉政建设主体责任的动力提升。

2. 强化功能性党支部建设，激发员工生产积极性

淄矿公司积极推动党建思想政治工作与生产经营深度融合，牢牢把握创新、转型、变革等重点，把党建思想政治工作成效转化为企业发展优势，转化为破解生产经营难题的新思路、保生存图做强的新举措。许厂煤矿的素质提升“能人施教”；岱庄煤矿的日常教育“四五六七”工作法；唐口煤业的“114”关爱职工长效机制；亭南煤业的党支部“夺旗赛”；新升实业的党员“三岗联创”；巴彦高勒的政工工作“优序统筹精益管理法”；东华水泥的岗位创优创效创品牌；总部机关党委的“三会一课”制度实施细则等，都有着较强的创新性和实践操作性，显著提高员工生产积极性。

3. 创新党建工作载体，扩大企业文化辐射

淄矿公司党委不断创新党建工作载体，以2020年为例，举办多场次由各类先进典型为骨干的“与淄矿同行、为淄矿贡献”巡回报告，举办“青年英才论坛”和系列专题培训。通过党建宣传，淄矿公司基层党支部创造性地提炼、倡导和促进践行“把企业当家管、将设备当人待、拿材料当钱使”“人人是主人翁，认真做买卖”“人人都是经营者、岗位都是利润源”等既直观又具很强实践性的新理念，从而形成有力的价值目标导向和岗位工作导向，以文化再造促进员工的凝心聚力。

（七）以价值共创为路径，打造供应链共同体

淄矿公司依托ERP信息控制，将前端的供应商、末端的顾客与公司有机链接，推动物流和信息流在内、外部的高效传递。

1. 基于信息化的内部精益物流

淄矿公司在系统层面整合各企业物流资源，依托ERP、信息化技术建立物流运销调度指挥系统，推行内部市场运费结算机制，形成资源的最佳配置，实现设施设备、信息和利益共享，构建起“交货准时、过程同步、敏捷响应、互利合作、满意服务”的精益物流体系。淄矿公司以“零库存”为目标，持续改善物流配送系统。规范主要的物流管理过程，优化物流部门的工作职责，将工作中复杂的、重复的、效率低下的环节取消，使程序简单高效化；加强与内外部各相关方的信息交流反馈，物流部门获得的信息一定要及时准确，同时反馈信息也要迅速快捷；优化工位器具、周转台车等物流工具的布局、流转、维修、仓储流程，合理规划物流路线，最大限度降低运输成本。淄矿公司以“零成本”为目标，持续降低物流成本。物流管理部门掌握着公司包装运输方面的成本，同时监控供应商物流成本，根据实际情况定期核算，对于物流方面出现的成本异常，制订相应的改善对策，将物流成本控制在目标成本范围之内。淄矿公司以“零错误”为目标，建立物流信息化管理体制机制，制订物流信息化规范流程，明确信息化管理的作业标准，通过网络平台、微信群等及时与采购、财务等相关部门人员实现信息互通、资源共享。淄矿公司以“零浪费”为目标，通过建立精益物流KPI体系，将指标量化，定期开展物流管理评价工作，对物流管理过程中的不合理或浪费现象，做到早发现、早预防，采取相应的改进措

施持续提升物流服务水平。

2. 基于协同一体化的精益采供

在顾客端，淄矿公司始终秉承“用户第一，用户至上”的原则，开展精益营销保持顾客黏性，确保在准确的时间交付顾客准确数量、准确质量的所需产品。不断推进“产洗销”协同管理系统建设，形成多个部门协同作战、“以销定产”和“随需而应”的精益市场化管理新模式。在企业内部，一方面，产品研发中心、营销科、煤炭运销公司、洗煤厂等采用多方共享、实时联动的产洗销协同一体化共享信息平台，通过获取二维码扫描权限，提供产洗销信息数据移动端统一入口，实现多人同时在不同地点协同操作，所有信息实现全面、实时、高效地汇聚融合，使产销协同信息数据传输共享由 PC 端扩展到移动端，做到两端信息同步，可随时随地创建、查阅、分享产、洗、销的各类报表数据，包括当日煤质情况、产销存情况、洗煤情况、井下采掘工作面情况、销售计划情况等信息；另一方面，生产部根据市场需求信息、销售预测、公司产能、安全库存，制订科学有效的月度生产计划并分解为周工作计划、日工作计划，采购部依据日生产计划编制原材料、外购外协件、辅料的采购计划，避免了生产重复或采购、生产、物流环节的浪费现象。在供给端，淄矿公司始终坚持“稳定、双赢”原则，与供应商采取一体化的精益管理模式，建立物资采购信息管理系统，借鉴准时化采购的特点和规则，建立供应商准入机制、信息共享机制、激励条款、违约判定惩处机制及白名单管理体系。注重加强与可信赖的供应商建立战略合作伙伴关系，形成利益共同体，由此实现所需物资的低成本、高质量和优质服务的稳定供应。

三、煤炭企业基于价值链分析的生产运营流程再造效果

（一）形成全价值链的生产运营流程再造模式

淄矿公司面对煤炭行业新常态，从企业内部着手，不断分析诊断生产运行小流程和大流程，既在生产环节建立起基于价值链的运行流程优化模式，又在营销、研发、项目运作、物流采购与供应链等方面建立起内外联动的一体化生产运行流程模式，实现企业全员、全方位、全流程的价值流再造与价值增值，奠定企业可持续、高质量发展基础。

（二）推动企业产品结构优化升级

淄矿公司通过全价值链的煤炭企业运行流程再造，形成以煤炭产业为基础，医疗健康、水泥建材、煤化工和新材料产业为支柱，现代服务业为支撑的产业体系，构建起结构合理、梯次有序、后劲充足、经营稳定的产业发展格局。煤炭生产方式逐步向安全高效、绿色智能转变，所属 8 对生产矿井采掘机械化程度达到 100%，综采率、综掘率分别达到 100% 和 87%，2020 年完成煤炭产量近 2200 万吨，其中山东省外煤炭产量达到 1500 多万吨——占比达到 70% 以上。非煤产业发展步入健康轨道，新兴产业支撑作用不断提高。2020 年，非煤实体经济收入占到收入和利润总额的大半，产业经济结构显著改善。

（三）确保企业经济效益稳步增加

2020 年，淄矿公司实现收入近 550 亿元、利润近 21 亿元，吨煤利润达到 94 元。资产负债率仅为 51%，资产结构优良，国有资产资本保值增值率达到 115%，实现了国有资产的保值增值。淄矿公司的资本价值创造能力、全要素生产率、盈利能力均位居煤炭行业前列，成为淄矿公司应对市场竞争的最根本优势。

（成果创造人：黄书翔、刘业献、李景慧、翟　勃、周　鹏、刘　华、宋杰鲲、朱敏峰、桂美胜）

文化引领的创新型电力科研院所建设

国网新疆电力有限公司电力科学研究院

国网新疆电力有限公司电力科学研究院（以下简称电科院）是国网新疆电力有限公司（以下简称新疆电力）的分公司，是电网科研与技术攻坚的核心单位，是新疆电网科技创新和人才培养基地，是新疆电力行业的技术监督、技术服务、技术信息、技术开发中心。负责系统调度控制、继电保护、网源协调、水电及新能源、环境保护、输变电设备状态在线监测与分析、物资质量监督等专业技术支持的电源技术服务业务。目前，电科院共有职工 377 人，其中博士研究生（含在读）9 人、硕士研究生 131 人、大学本科生 179 人。电科院已获得 CNAS 实验室认可、“三标一体”认证、承装（修、试）电力施工许可一级资质、电网工程类调试特级资质、智能变电站调试 A 级资质，以及电力建设企业信用 AAA 级认证和新疆维吾尔自治区专项计量授授权等；拥有国家电网有限公司（以下简称国网公司）重点实验室 3 个，新疆维吾尔自治区重点实验室 1 个。

一、文化引领的创新型电力科研院所建设背景

（一）发挥创新主体作用支撑战略的需要

实现中华民族伟大复兴宏伟目标时不我待，要有志气和骨气加快增强自主创新能力和实力，努力实现关键核心技术自主可控，把创新发展主动权牢牢掌握在自己手中。要发挥企业创新主体作用和市场导向作用，加快建立技术创新体系，激发创新活力。电科院加快转型升级，着力解决能源转型技术难题和“卡脖子”问题，掌握发展主动权，全力保障电力供应链安全。以抢占电力科技制高点为方向，在发展理念、技术装备、核心能力全面升级，在管控方式、经营模式、组织体系全面变革，在创新思想认识、能力素质、精神风貌全面提升，从而更加有力地支撑“中国特色国际领先的能源互联网企业”目标的实现。

（二）践行国网公司创新发展布局的需要

实施动力变革，要面向公司重大战略需求，统筹内外部创新资源，优化科研布局，完善创新体系，打通创新链条，高效配置各类创新要素。在推进一流能源互联网企业建设中，始终把创新作为第一动力。以深入实施“新跨越行动计划”为抓手，完善科技创新体系，加强关键核心技术攻关，持续激发创新活力，鼓励基层创新创造。国网公司对创新的定位、支持与布局不断深化，这要求电科院：一方面要着力提升科研支撑能力，着眼发挥科研单位在科技强企中的主力军作用，优化科研布局，深化科研改革，围绕大电网安全运行、新能源高比例接入等挑战，开展基础性前瞻性重大技术研究；另一方面要着力提升服务保障支撑能力，创新应用数字化、智能化技术，构建完善科研服务、人才服务、成果转化服务平台，提高专业支撑力。

（三）满足电科院加速转型升级的需要

为支撑战略目标落地、适应新时期布局，新疆电力下达了“支撑机构能力提升”的工作任务，这需要电科院：不但要围绕电网主责主业，提升业务支撑单位与本部职能部门一体化协作的能力，明确业务、技术、商业模式定位与转型方向，有目标、有规划、有动力地开展创新工作，推进电科院创新创业、创新创效持续发展，更需要搞活科研创新氛围，培育创新沃土。要在“文化铸魂、文化赋能、文化融入”专项行动的基础上，以文化为牵引力，为打造“百年老店”、培育创新种子提供持久的精神动力和文化支撑。通过营造积极向上的创新文化氛围，促进战略和创新理念转化为广大职工的行为自觉，

激发广大干部员工创新创业精气神，提升创新软实力，增强核心竞争力。

二、文化引领的创新型电力科研院所建设主要做法

（一）明确发展定位，构建创新型企业建设体系

1. 谋定电科院业务转型方向

面向新时代的“一核两翼”业务转型，“一核”是指响应国网公司“一个引领、三个变革”实施路径下的电科院业务转型路径，即“党的建设为统领、人才培养为基础、技术攻坚为重心、科技创新为驱动”的核心路径；“两翼”是指确立“横向做好支撑服务（面向新疆电力）、纵向做好管理补位（面向市、县供电公司）”的工作定位。电科院将业务发展与创新发展紧密结合、文化建设与创新发展紧密结合，确定了“文化建院、科技兴院”的发展布局。

2. 设计创新型企业建设的导向

一是目标导向、精准发力。对标国网公司先进技术水平，结合新疆能源与电网特色，确立创新目标，精准发力，强优势、补短板，切实提升创新工作的价值创造力。二是改革突破、创新驱动。大力推进质量变革，突破制约创新工作的各类瓶颈，坚持不懈推进电力科技进步与创新，为建设“中国特色国际领先的能源互联网企业”提供坚强科技支撑。三是广泛合作、互利共赢。打造能源互联网产业链和生态圈，积极开展能源互联网技术交流与合作，推动国际创新合作组织建设，提升国网公司在电力行业和新疆的影响力、带动力。

3. 构建创新型企业建设架构

电科院紧紧围绕国家能源与电力需求，立足科技型支撑单位的集团公司内部定位，结合“文化建院、科技兴院”的发展布局，开展以文化引领的电力科研企业创新型企业建设实践，即以电网特色文化立身、科研技术创新立业为驱动力，通过打造“品牌 + 活动”创新文化体系引领创新、搞活氛围，建立“平台 + 服务”科研创新体系推进创新、提升效能，两者互促共进，形成创新氛围浓郁、创新土壤肥沃、创新果实丰硕的电科院创新生态环境。确保创新有目标、管理有措施、成果有保障，全面提升员工技术创新能力和公司创新服务水平，建成电力领域一流的创新型企业，助力能源互联网战略在新疆落地。

（二）凝练特色创新文化，带动科研创新改革

1. 理念引领，构筑电力创新文化品牌

电科院将创新理念沉淀成文化品牌，作为推进创新发展的强大精神动力。立足国网公司统一企业文化，结合科研单位属性及新疆地域特色，凝练出“智汇电科耀疆来”的创新文化品牌，将创新与文化、业务、地域紧密结合。“智汇”即智慧汇集，代表电科院作为技术支撑单位的业务属性；“电科”代表电科院的企业属性；“耀”即为电力事业增光添彩；“疆来”即共创新疆美好的将来，带有地域属性。“智汇电科耀疆来”以“智汇”为推进策略，以“电科”为实践主体，以“耀疆来”为行动方向，寓意电科院坚持改革创新，始终坚持做好前沿研究与技术创新，助力新疆电网高质量发展。

2. 活动点燃，打造发掘创新的主题活动

结合创新文化品牌，构建“点线面”全覆盖的创新文化主题活动。电科院以部门为产业面、以班组为科研线、以员工为技术点，全领域发力、全员参与，集智汇力发掘“创意源”、找到“创新点”，先后征集包括部门层——如计量中心的“聚能靓疆来”、班组层——如营销班的“电之 e · 疆闪耀”、员工层——如科技部的“聚能映疆科创争辉”等 16 个创新主题活动。经过“内涵阐述 - 员工投票 - 党委讨论”环节，围绕战略对接、技术方向、专业特色、实际效能 4 个维度选定进行活动策划，形成员工认可度高、专业特色度强的创新载体。

3. 宣传增彩，搞活科研创新的多彩氛围

为推动创新文化显性化、可视化，电科院根据员工形象与精神特质，设计应用“电科小智”创新小能手品牌形象。“电科小智”是“智汇电科耀疆来”特色创新文化的品牌形象，头戴红色安全帽，身着电科院员工工装，帽檐中间为国网公司标识，以大眼睛表示求知探索的精神，眼镜则凸显电科院博学多才、钻研创新的队伍特点。该形象具有“正气、睿智、青春、敬业”的特点，展现了电科院全体员工勇当能源生产和消费革命示范区先行者的志向。电科院结合日常交流用语，推出16个“小智”系列微信表情供日常交流使用。电科院结合“电科小智”，开展了系列创新工作。一是创新采用3D建模将“小智”形象融入企业宣传片、招聘宣传片、工作汇报片，将“小智”作为电科院创新代言人。二是运用VR全景技术将创新活动阵地搬到线上，由“电科小智”在虚拟世界里为大家介绍创新项目、成果、创新管理流程等。三是制作“小智”卡通模型，在实验室、操作台等工作场所展出，激发员工立足岗位干事创业热情。

（三）构筑立体融入矩阵，深化文化创新融合

1. 推动“三智”赋能，做创新与文化融合的连接桥

结合工作实际与目标任务，把文化赋能贯穿到科技创新、业务转型的全过程，形成“三智”文化赋能体系。针对各专业领域主责主业，开展“智通增效，提升创新价值”“智谋跨越，推进‘三新’（新技术、新理念、新业态）研究”“智创赋能，驱动改革创新”为主题的“三智”文化落地深植体系。其中，“创新价值”从能源网架发展、能源数据价值创造、能源前瞻性研究3个方面入手，支持电科院创新方向顺应时代；“三新研究”紧跟前沿电力领域的技术态势，支持电科院创新发展根基长青；“改革创新”从打破体质桎梏和机制阻碍为出发点，支持电科院创新发展高效实施。

2. 开展“三汇”工程，做创新与文化融合的黏合剂

第一，电科院以文化引导为手段，粘好“黏合剂”，有序建设科研创新对应的文化融入工程，形成“三汇”实践融入模式。例如，在创新创效方面，传承创新基因，发挥基层首创精神，将内部资源“聚”起来，把外部资源“纳”进来，让双创活力“燃”起来，营造“集智汇力，创新驱动”的创新文化氛围。第二，开展多维度“科研文化+”融入实践行动。一是推动“科研文化+支部建设”，启动“科研先锋”党支部建设和8支“专家型”党员服务队建设，推行“科研先锋”党支部、党员责任区和示范岗创建积分制管理。二是推动“科研文化+电网安全”，优化科研型实验室布局，强化“科创保安全”观念意识渗透。三是推动“科研文化+支撑服务”，通过应用国网公司直流电能检测体系、创新关口采集消缺快速响应机制、完善PMS数据治理工具等方式，以高质量的智力研究和技术支撑服务电网发展。四是推动“科研文化+攻坚研究”，精准定位、靶向攻坚，以服务新疆电力“立足大电网、展现大作为、开创大事业”的目标为导向，制订“争当排头、力争上游”的对标目标，贡献专家团队、专业研究、数据分析和技术报告等服务力量。

3. 规划“三耀”路线，做创新与文化融合的指南针

以科技创新为核心，用好“指南针”，对照国网公司重大技术事项，规划“三耀”长效行动路线。规划2020、2025、2035“三耀”文化行动路线，针对软硬实力升级、重大技术突破、关键指标提升提出明确规划与展望。“三耀”明确电科院下一阶段的创新方向，展示电科院全体干部员工立足岗位潜心研究、奋发向上的毅力与具体目标。充分利用和拓展电科院全员智慧力量和科技支撑，通过不断技术创新和制度变革，推进能源互联网企业建设。

（四）健全管理服务，做好科研创新的“护航员”

1. 优化布局，健全创新服务体系

第一，合理布局，健全创新创效体系。一是加强学科布局，编制《电科院各单位专业情况布局表》，明确各专业发展定位，促进资源统筹优化。二是成立电科院“创新顾问咨询委员会”柔性组织，指导开展科研规划、科技项目可研论证，提升创新顶层设计和战略指导水平。三是依托电机工程学会等组织，吸纳公司系统内外的优秀专家、学者，丰富专家队伍。四是结合新疆地域特色、优势学科，有针对性推进应用技术研究、新技术试验示范等，解决一线实际问题。第二，优化流程，提升创新服务水平。一方面，持续推进工作业务流程优化与再造。以“创新管理标准化”为导向，建设覆盖科技创新与商业模式创新的工作业务流程体系，消除业务“盲点”，扫除流程“断点”，改进管理“薄弱点”，最终形成一套结构分层、内容分级、前后连贯、流向清晰和职责明确的工作业务流程体系。另一方面，加强与上级业务主管部门的沟通联系，根据业务实际和发展变化，采用取消、合并、重组和简化等手段，建立起前后连贯、流向清晰和职责明确的152个工作业务流程，其中在科技项目管理上建立“科技项目立项管理流程”等33个业务流程及其涉及的“科技项目建议书”等68个配套表单。第三，健全机制，激发全员创新热情。一是编制《国网新疆电力有限公司电力科学研究院创新成果奖励管理要求》，对参与项目研发的重要技术人员实施激励，开展科技成果、专利、技术标准和工人创新奖的评审表彰。近两年，共计颁发科技、专利等奖项94项，共计奖励资金123万元。二是加大对科研带头人、管理专家、业务骨干的激励力度，促进员工个人价值与企业经营目标共同实现。三是依托重大项目和重点实验室建设，试点开展科技项目和成果转化的绩效与奖金激励。

2. 跟进实施，提升项目管控能力

第一，采取两步走方法，确保立项有据。采用一分析、二审查的“两步走”项目立项机制。一是分析项目的可行性和必要性。分析企业发展、生产经营状况、内外部环境及发展形势，结合生产实际存在的问题开展项目有效性、必要性分析。二是审查项目的先进性、创新性、实施范围和重复性。对创新项目的先进性、创新性和实施范围进行审查，再通过创新成果数据库进行“前后重复”“纵向重复”“横向重复”“协同重复”的审查。第二，推进实时跟踪方式，确保过程有序。项目管理采用“层层监督，实时追踪”的新方式，包含项目实施方案制订、方案实施、检查指导、项目总结和项目验收5个标准步骤，确保创新项目工作平稳、有序开展。一是编制方案。由项目承担部门在立项后编制实施方案，报送归口部门备案、审查。二是月度管控。项目承担部门或单位对项目质量和过程开展自我监督，以月报的形式实时跟踪掌握项目进度情况。三是过程督导。由归口管理部门、专业部门从两个维度组织专家开展过程督导，发现创新项目过程中存在的问题，从创新管理和专业管理两个角度提升创新成果的质量。第三，实行综合评审，确保成果品质。建立、健全项目评审机制，成立以内外部专家队伍为主的评审委员会，确保评选出的成果能够解决生产实际问题、适宜推广应用、代表着公司的创新水平。一方面优化评审标准，细化评审要点，从成果的创新性、安全性、经济性、实用性、应用效果、技术水平和推广前景7个方面分别进行评价，确保获奖成果能够解决生产实际问题、适宜推广应用。另一方面实施“三级评审”机制，即初审、专家评审和综合审定。初审聘请专业机构对项目进行查新比对，筛选符合条件的成果；专家评审由创新评审委员会选取专家，对成果的安全性、经济性、实用性、应用效果、技术水平和推广前景6个方面分别进行评价；综合评定由创新领导小组组织召开综合评定会议，审定年度优秀创新成果名单并报电科院批准。

3. 健全机制，帮扶创新成果转化

第一，打造成果互动平台。打造一个创新优秀互动平台，通过网站、书籍分享成果，按照专业、班组、类别进行划分，方便查阅，开展点评，推动职工了解与本专业相关的创新方向成果，拓宽创新思路。一是强化成果推广、转化的评估。在创新成果平台中，充分分析成果的推广前景，阐述成果产生的背景、推广建议、推广面临的风险、需投入的资源。二是加强成果的分享。通过分享成果推动各单位主动学习成果，结合自身业务需求主动推广。第二，建立推广学习教室。依托技能培训中心，建立职工创新优秀成果推广教室，集成果展示、成果推广、创新教学等功能于一体。教室集中展示国网公司、新疆电力、电科院在配电、营销等各专业的优秀创新成果，通过体验式、互动式的装置，开展成果的推广。配合以技能培训中心的专项创新课题，一方面推动学员借助互动化智能设备了解优秀成果的研制背景、过程、功能特点应用情况，推动成果的转化应用；另一方面，结合成果的讲解培训创新的理念、方法和技能，邀请研制人员讲解创新思路、研制过程进行现场演示和培训，提升学员的创新能力和水平。第三，搭建成果转化基地。建立统一的成果转化机制，强力推进创新成果转化为现实生产力。一是成立创新成果生产转化基地。构建电科院牵头的创新成果生产转化基地，联合电力行业上下游产品及服务商，打造实体生产基地。二是完善创新成果推广机制。编制《新疆电力创新成果推广应用实施细则》，调动各单位、成果转化基地和原创人的积极性，建立创新成果规范化生产转化工作流程，实现了闭环管理。

（五）搭建合作平台，扩大技术创新的“朋友圈”

1. 开放资源，加快推进共享实验室

践行创业创新精神，开放硬件、数据资源，推进电科院共享实验室的应用，提高实验基地和众多实验室的利用效率。依托“3+10+6”科研实验室体系，推进检测型实验室向研究型实验室转变，精心打造青年专家人才创新工作室、创新工坊、输变电设备极端环境（强风沙尘）运行与检测技术实验室、全过程数字仿真中心等创新工作平台。实验室总体功能定位：拟涵盖交直流电能表计、电气设备、保护通信自动化装置、电工材料、传感器元件等，开展高温、干燥、沙尘等典型严苛环境的运行考核和标准验证，为新疆泛在电力网联网建设提供全面技术支撑。

2. 引资引智，构建学术交流平台

电科院借助自身专业面广、人才密集的优势，建立多个供科研人员进行学术交流的高端平台。一是依托科学会议促进前沿领域的头脑风暴。由电科院院长发起的会议形式，以探索电力科学与工程技术前沿、促进科技创新为主要目标的高层次、小规模的会议。二是定期举办论坛、学术专题讲座、重点实验室科技开放周等学术活动。积极开展电科院与国内外知名大学、研究机构、企业的学术技术交流，不断扩大科研人员的学术视野，提升学术水平。三是大力推进专家库建设，邀请中国电力科学研究院、国网电力科学研究院、武汉大学、重庆大学、华北电力大学、新疆大学等外部专家来院作专题讲座和参与项目评审，充分利用外部科技创新资源。

3. 示范引领，拓展省级双创示范中心

加强双创工作落实，深化创新体系建设，打造协同创新平台，构筑协同创新高地。在国网公司“双创”线上平台的基础上，电科院与其他单位合作共建有新疆电网特色的“双创”线上平台。聚焦技术需求，优化、整合、衔接内外部的创意、项目、信息、资金、人才等资源，通过平台向“双创”各环节赋能，提升创新生态的“硬基础”，破解项目、成果、人员、资金等资源无法共享带来的创新成效低下的问题。

4. 云端互动，建设共享科技服务平台

以国网公司技术标准创新基地为载体，加强技术标准国际化活动。聚焦技术需求，依托新疆电网特色的“双创”线上平台，服务公司内外创新团队，完善制度建设，实现线上线下互动衔接，打造“线上信息互通共享、线下实体在线服务联动”的服务窗口。

5. 高端引领，共建科技创新组织

一是牵头成立新疆维吾尔自治区电力行业标准化技术委员会，以国网公司技术标准创新基地建设为推手，与中亚技术标准交流中心、新疆维吾尔自治区标准化研究院等单位和学术团体创建技术标准创新联盟。二是广泛邀请科研和产业单位，倡议成立“一带一路”能源互联网创新合作联盟，牵头开展技术论坛、学术沙龙等交流活动，推动中亚国家技术标准互译、创新成果推介等交流活动，推动“一带一路”国际创新合作组织的互联互通建设。三是举办“天山论电”学术论坛，携手专家学者、企业家，沟通信息、分享经验、探求合作，探索前沿技术趋势。四是发挥新疆电机工程学会的作用，牵头组建电力系统及涉网安全技术、高电压技术、热动等专业委员会，推广应用新疆内外电网企业优秀创新创效科研成果。

三、文化引领的创新型电力科研院所建设效果

（一）有效支撑了能源互联网企业建设

科学、系统地形成面向能源互联网的电科院技术支撑型企业建设，结合业务实际，将国网公司转型升级战略的核心精神落实在新疆维吾尔自治区。逐步完成支撑能源互联网的探索，协助新疆电力在“感知层”提升电网和客户感知能力、在“网络层”建立全业务网络安全保障能力、在“平台层”挖掘数据价值并提升业务融合、在“应用层”支撑核心业务智慧化运营，以技术创新全方位支撑能源网互联网的探索与建设，支撑新疆电力深化能源互联网示范区建设进程。

（二）大幅提升了企业科技创新质效，显著提高了人才队伍创新能力

自开展文化驱动创新型企业建设以来，电科院逐步提升了 19 个主题实验室科研基础能力，围绕电网发展方向和各专业技术的创新成果不断涌现。自项目实施以来，承担了 1 项国家重点研发项目，获国家科技进步一等奖 1 项、二等奖 1 项；获得新疆维吾尔自治区科学技术进步奖 55 项；获得中国电力科学技术进步奖 5 项；获得电力行业科学技术奖 8 项；获得国网公司科学技术奖 21 项；编制各类标准 23 项。截至 2020 年，电科院共计培养国网公司级生产技能专家 4 人，国网公司级专业管理专家、工程技术专家 13 人，新疆电力专业管理、工程技术专家 189 人。基层各单位创新工作呈现百花齐放的良好态势，其中踊跃出一大批具备倡导首创精神、劳模精神、“工匠”精神的高素质员工；同时，电科院以技术支撑协助新疆电力成立创新工作室 85 个，组建 QC 团队 300 多个。自 2018 年项目实施以来，每年完成职工创新成果 30 多项，作为“技术参谋”为新疆电力技术成果、职工技术创新成果参加国网公司及国家和国际成果评比提供支持。

（三）切实营造了汇智先行的科研氛围，有效促进了各项指标稳步提升

电科院在传承发扬科学家精神过程中，坚持以文化品牌创建带动创新，集全员之力凝练形成独具特色的创新文化实践品牌，实现了从无到有。建成了科研文化墙、主题宣传标语、科研成果展厅、“双创”工作基地等科研文化载体平台，营造形成尊重人才、尊崇创新的文化氛围，形成上下一心、众志成城的奋进格局，为战略目标落地提供了坚强思想保障。持续加强技术、人才投入力度，各类专项创新文化活动，为护航“疆电外送”、完成天山换流站年检、进行昌吉换流站首检技术监督等工作提供了充足的技术驱动力。在特色创新文化品牌引领下，电科院实现规模和效益双扩展、总量和质量双提升。促进各项业绩指标稳步提升，电科院的设备运检、电网运行及网络安全、配网专业等支撑任务完成率均达到 100%。自项目实施以来，共发表 SCI/EI 论文 40 篇、核心期刊论文 42 篇；授权发明专利 151 项，其中实用新型专利 852 项，成果丰硕。

（成果创造人：张　陵、李吉文、许　飞、魏　伟、李义岩、张羽翔、张　龙、梁　超、范君慧、麦迪娜·马合木、刘依梅、马博洋）

生物企业促进大健康产业发展的研发工作室构建

华熙生物科技股份有限公司

华熙生物科技股份有限公司（以下简称华熙生物）成立于2000年，是全球领先的、以透明质酸（又名玻尿酸，简称HA）为核心的生物材料平台型公司，山东省首批、济南市首家独角兽企业，于2019年在科创板上市。华熙生物聚焦于以透明质酸为核心的有助于人类生命健康的生物活性物质，透明质酸生产技术水平、产业化规模、市场占有率连续14年位居全球第一位，全球市场占有率43%。凭借微生物发酵和交联两大技术平台，建立了从原料到医疗终端产品、功能性护肤品及功能性食品的全产业链业务体系，成为全球透明质酸龙头企业。近3年累计销售收入超过57亿元，利税超过30亿元。华熙生物极为注重基础研究和应用基础研究，不断整合全球顶尖研发资源，建设高水平创新平台、创新团队和广泛深入的产学研合作来保持和提升公司核心竞争力。自主引进研发人员超过400人，在济南市、上海市和法国均设有研发中心，与清华大学、山东大学、江南大学、中科院天津工业生物技术研究所、北京化工大学等30余所高校和科研院所成立联合创新中心，建立了长期深入的产学研合作，柔性引进中科院院士、"长江学者"、"万人计划人才"等高层次人才40余人，在基础研究、应用基础研究、科技成果转移转化等方面共同推动生物活性物质、高端生物医用材料、功能性化妆品和功能性食品等产业的技术升级和产品创新。

一、生物企业促进大健康产业发展的研发工作室构建背景

（一）外部环境带来的机遇

华熙生物聚焦国家大健康产业，将透明质酸绿色制造技术及生产模式推广至其他功能糖和氨基酸生物活性物质，应用范围涉及大健康产业中生物制药、创新型医疗器械、医疗保健产品、营养保健产品等领域。当前，大健康产业已发展成为全球规模最大、发展速度最快的新兴产业之一，是很多发达国家推动经济增长、优化经济结构的重要力量。党的十八届五中全会从协调推进"四个全面"战略布局出发，提出了"推进健康中国建设"的宏伟目标。中共中央、国务院印发相关文件，要求健康产业形成一批具有国际竞争力的大型企业，成为国民经济的支柱性产业。国家"十四五"规划也提出，要"全面推进健康中国建设"。按照规划，预计2030年健康服务产业规模将达到16万亿元，上升空间巨大。

（二）华熙生物"四轮驱动"，全产业链业务运营模式

华熙生物深耕透明质酸行业20年，依托科技力、打造产品力、塑造品牌力，扎根于功能糖与氨基酸两大类生物活性物质研究，持续提升B2B市场透明质酸等生物活性物质原料收益率，巩固龙头地位；凭借在原料业务领域的优势不断拓展下游业务板块，发力B2C和B2B市场，引领大健康产业发展；形成了"原料+医疗终端+功能性护肤品+功能性食品"的"四轮驱动"的业务发展模式。为了配合公司市场多元化、全产业链运营的模式，解决传统研发职能组织架构所带来的信息沟通链条过长、缺乏闭环管理及研发试错成本高等问题，华熙生物自2018年开始展开了组织架构扁平化革新的探索，以业务为导向，管理架构扁平化，设立不同研究方向的个人工作室，支撑生物医药、整形美容、功能性护肤品、健康食品等大健康产业重点领域终端产品的开发和应用开拓。

（三）技术创新的迫切需求

技术创新是企业发展的动力源泉，只有持续不断地创新才能满足人们对产品质量、功能等方面日益提高的需求，提高企业竞争力。每名研发人员都有着巨大的研发潜力，而潜力的激发不仅来源于外部的

行业竞争，也来源于内部的竞争，为持续增强研发平台的技术创新能力，拓展研发思维，提升产品的研发进程和质量水平，华熙生物研发中心施行研发工作室制的创新管理模式，催化赋能以透明质酸为核心的生物活性物小物质，裂变生物医药、高端医疗器械、功能食品、功能性护肤品等大健康产业，全力打造生物活性物质健康产业生态。

二、生物企业促进大健康产业发展的研发工作室构建主要做法

华熙生物自2018年起施行研发工作室制度，鼓励有想法、有担当的研发人员成立研发工作室，涵盖原料、药械、功能性护肤品、功能食品研发四大板块。研发工作室成立需经过个人申请、规划研究方向和方案、研发管理委员会综合评估、人员竞聘等流程，通过后方可成立研发工作室。研发管理委员会同其他相关部门每年两次对工作室长中短期目标、项目执行质量、成果产出量、工作创新型等指标的完成情况进行评估，对评估不合格给予定向辅导，查找原因并纠正偏差，对连续两个年度评估不合格的工作室启动退出机制。

（一）充分授权研发工作室

华熙生物面向海内外引进高学历、高水平研发工作室带头人，开展相关研发工作。公司将工作室负责人作为创业合伙人，赋予其高度自主性，充分授权工作室带头人在研发方向、组织人员设置、仪器配置相关的管理权限。工作室自主规划符合公司发展战略的研发方向及研发战略、制订研发工作室年度规划、负责工作室的人员管理及日常研发工作、直接向研发中心分管领导进行工作汇报，从根本上提高了研发人员的能动性并以此不断地吸引外部高水平人才，保持团队的先进性。近年来，华熙生物全职引进了多名顶尖高校及科研院所的高端研发人才，成立了30余个研发工作室。涌现出一大批优秀的“研发+管理”的复合人才，工作室负责人在管理过程中创新思维活跃，项目研发定位准确，项目执行进程明显加快，多个项目取得显著研究成效，极大提升了内部作战能力和业务效率。各工作室通过项目合作、顾问指导等形式，吸引了多位顶尖人才，为科研工作提供技术咨询和指导。

（二）打造独具特色的研发工作室文化理念

华熙生物注重打造研发工作室小环境内独特、利于创新发展、有活力的文化氛围。各研发工作室根据自己的研究方向，确立了具有工作室特色的文化和理念。研发工作室既有科学研究的严谨性，又兼具创新、活泼、发展的活力，塑造了从小分子、小细胞到大工厂、大世界的胸怀和格局。

（三）研发工作室激励、人才培养模式

1. 工作室激励制度

将OKR（目标与关键结果）与KPI（关键绩效指标）相互结合、相互补充，根据工作室的项目完成目标、进度、成果（产品、专利、文章等）与其他工作室的协作情况、经验分享情况给予评价，在注重客观数据量化的同时，充分考虑基础研究项目的阶段性、长期性和成果不确定性等因素，进行综合评估；施行以新产品研发为导向的科研项目考核激励和科研成果奖励的双重激励机制，将科研人员收入与实际贡献直接挂钩。

2. 人才培养——成立华熙高研所

为配合实现华熙生物人才战略目标，挖掘培养适应研发工作室发展需求和管理要求的青年骨干，储备和输送优秀的后备人才，提供给研发人员继续深造学习的平台，提高研发工作室整体技术创能力，华熙生物成立华熙高研所。华熙高研所已开展“黄埔青年团”课程及拟开展“黄埔管理培训班”课程，针对不同层级的研发人员进行长期或短期的课程辅导，由董事长担任班主任，把握整体方向，明确学习目标，监督班级管理，指导学员学习过程，同时兼任讲师负责重要课程的讲授。授课内容包括视野通识、精益创业、流程思维等方面。建立班级管理制度及考核机制，严格按照制度实行课程培训及学习考核，考核合格者颁发毕业证书。对培训效果进行持续跟踪，不定期组织毕业学员交流分享，力求达到培训效果，提高研发人员综合能力，实现人才发展应用。

（四）竞争与协作关系

1. 工作室之间相互竞争

工作室人员根据专业方向及技术领域，经过前期的产品市场调研、风险评估、成本分析、竞争优势分析，提出自己的想法和具体实施规划，由研发管理委员会及专家委员会进行评估，决定项目归属（合作开发、内部竞争），从而营造公平公正的良性竞争、合作氛围，激发组织活力。

2. 工作室之间相互协作

鼓励个人工作室之间的内部交流，通过经验分享会和不定期交流的形式鼓励工作室介绍自己的成功项目开发和管理模式经验，为其他工作室提供参考，把工作室之间的协作和支持作为KPI考核项目。研发工作室之间相互合作，共同完成项目研发工作，贯穿产品开发全过程。此外，上游原料工作室为下游药械、护肤品、食品研发工作室提供技术支持和定制化产品开发服务，根据终端产品对原料的质量、功效的特殊需求，提供针对性的产品研发。加强研发工作室与事业部前台及外部客户之间更为直接、有效的沟通和交流，突破单一组织活动边界，形成多主体协同创新和产业转化的组织形态，打破自上而下的多层垂直结构，减少管理层次，提升项目推进速度，激发工作室自主学习、自主创新的能力。研发工作也完成了从研发单轮驱动到“研发+消费者共创”的双轮驱动的转变，使得研发工作室的信息触手得到不断延伸和完整化，实现了从“需求洞察－概念创想－研发技术－工艺转化－产品触达－用户反馈”的链路传递。

（五）研发工作室对外合作与互动

1. 研发工作室产学研合作

研发工作室在创新的过程中，逐步构建了产学研结合的开放式技术创新体系，联合企业、高校、科研院所机构等全力打造生物活性物产业链新业态。先后和清华大学、山东大学、江南大学、天津科技大学、中国医科大学、美国哈佛大学等国内外高校和科研机构建立了长期的产学研战略合作关系。不仅在分子生物学、细胞生物学、微生物发酵技术等方面展开了广泛的基础研究合作，在多糖、氨基酸、生物表活类产品开发及在皮肤健康和肠道菌群等领域的应用开发也开展了可持续性的合作，有力推动了糖生物学相关领域高素质专业人才的培养和引进，加速了科研成果的开发、孵育和转化。

2. 研发工作室专家“一对一”合作

研发工作室拥有极大程度的管理自主权，可自主展开产学研合作，实施“研发工作室－专家”一一对应的模式。通过此模式，拓宽了科研视野与科研领域，有效解决工作室在研发过程中遇到的技术难题、提高了工作室研发效率，与华熙生物现有技术相结合，实现了更多的技术创新。

（六）研发工作室信息的分享与学术推广

1. 研发工作室信息分享机制

设立文献调研部，为工作室分享最前沿的研发及文献信息，也可以根据工作室的具体需求展开调研支持工作。每月与市场部、生产部举行对接会，就产品开发进展、技术工艺优化、产品生产工艺要求、客户使用反馈意见、市场销售情况、竞争对手等信息进行分享与讨论，了解行业动向，专家咨询委员会对其进行针对性的指导，从而实现全员参与信息的搜集与输入。根据情况搭建立体辐射的敏捷高效组织管理模式，组建跨职能项目组，打破平台、部门、岗位的边界限制，以目标或任务为导向，加强沟通，提升项目推进速度。

2. 举办高端学术交流会

研发工作室坚持开放合作常态化、多领域化，加强与国内外知名高校、企业、科研院所就关键技术、质量方法及新领域应用等内容展开深入的交流与合作。通过学术交流会、学术专题讲座等方式，借助国际、国内交流平台和实验室研究平台，就产品开发、成果转化、课题申报等开展全方位的交流互动，支持科技人员成长，培养后备人才，不断提高科技创新实力。2019 年、2020 年，分别举办第一届“生物活性物 · 功能糖高峰论坛”及第二届“生物活性物 · 功能性生物材料绿色制造及应用高峰论坛”，场均 20 余位生物活性物领域专家做学术报告、近 300 名专家学者参会，就功能糖等生物活性物相关学术、产业问题展开多视角、跨学科的交流，探讨前沿学术研究和产品在细分领域的应用进展，为参会者提供交流平台，推动产学研合作和科技成果转化。2021 年，在济南举办首届“功能性食品创新发展高峰论坛”，邀请相关产专家学者、产业巨擘、知名媒体人等，就国内功能性食品行业未来发展方向、透明质酸等生物活性物在食品中的应用与推广等展开探讨，赋能行业发展，实现全产业的共创共建与共赢。

（七）研发工作室项目管理机制

1. 研发项目管理流程

研发工作室针对性地建立、制订了详细的研发项目管理流程，规范了研发项目从申请、立项论证、组织实施、评审验证、验收鉴定、成果申报、科技推广、档案入卷的全方位管理。项目负责人组织项目策划书、计划书，项目开发输入表、输出表，项目开发评审报告和验证报告，项目设计开发确认报告和实验报告等。每月组织半月度及月度研发例会，由研发管委会委员、各部门负责人及项目负责人参加，对研发过程实时监督与把控。规范、完善、加强对科研项目的管理，预防与降低研发风险，确保产品设计开发处于受控状态，满足顾客及有关法律法规的要求，保证科研计划圆满完成。对研发关键点进行把控，根据管理流程进行选题立项的把控，建立立项流程管理制度。

2. 研发项目管理系统

引进“研发项目管理系统”，对项目执行进程进行全流程线上跟踪及指导，协助研发各级人员实时获取项目的执行状态、了解项目总体运行情况，建立辅助管理系统网络跟踪，明确项目责任工作室、责任人员、进度要求，定期对项目的完成情况进行跟踪，实现项目管理的自动化和可视化，提高了研发项目管理的执行能力，保证项目的顺利实施。

三、生物企业促进大健康产业发展的研发工作室构建效果

（一）极大提高了研发管理水平

研发工作室的垂直化管理，省去了不必要的管理结构，使得管理变得更加高效；伴随着公司研发人才激励、工作室竞争/协作、跨部门沟通交流、产学研合作、技术推广交流等多个方面的管理制度革新，工作室负责人在管理过程中创新思维活跃，项目研发定位准确，项目执行进程明显加快，多个项目取得显著研究成效，涌现出一大批优秀的“研发 + 管理”的复合型人才，极大提升了内部作战能力和业务效率，为公司的高质量发展提供源源不断的核心竞争力和健康活力。

（二）主要科研创新成果丰硕

研发工作室创新管理模式自 2018 年施行至今，研发进程明显加快，近 3 年每年研发项目 100 多项；荣获中国专利金奖、中国好技术、中国技术市场协会金桥奖等多项科技奖项；发表文章 34 篇，其中 SCI 9 篇，包含 Nature Communications；授权专利 82 件，其中发明专利 38 件；承担 1 项国家“科技助力经济 2020”重点专项工程、2 项山东省重大科技创新工程、1 项山东半岛（济南）国家自主创新示范区发展建设项目及多项山东省科技发展计划。

（三）经济效益明显

华熙生物凭借研发工作室在以透明质酸为核心的生物活性物质大健康领域的技术创新，实现多种生物活性物质的绿色生物制造及其在药品、医疗器械、整形美容、护肤品、食品、工业用品的深度市场应用。近 3 年，累计实现销售收入超过 57 亿元，利税超过 30 亿元，产品销售至全球 60 余个国家和地区，

实现了全球布局。

（四）社会效益凸显

华熙生物研发中心坚持创新驱动，实现了透明质酸发酵、酶切、交联3项产业技术革命，技术水平国际领先，极大地推动了透明质酸产业向高附加值转型升级。在此基础上，华熙生物通过实施研发工作室管理模式，进一步聚焦功能糖、氨基酸、植物天然产物、功能蛋白及多肽等生物活性物质的绿色生物制造并将其应用不断渗透至与人们健康生活息息相关的药品、医疗器械、功能性护肤品、功能性食品等领域，推动产业转型升级，将健康、美丽、快乐的理念传递给消费者，满足了人们日益增长的对美好生活的需要。生物活性物绿色制造领域，开展基因编辑、代谢工程、酶进化改造等合成生物学关键技术研究，对生物体进行特异的、可控的和定向基因修改，从而获得目标产物。目前，研发工作室构建的透明质酸基因工程菌实验室水平已达国际报道最高水平，在野生菌发酵的基础上实现了革命性突破；利用合成生物学相关技术开发了一系列的生物活性物质，取代了化学合成和动植物组织提取等生产方式。食品应用领域，2020年独家获批透明质酸新食品原料资质，开创了透明质酸在国内保健食品和普通食品领域的应用先河，将打开万亿元级市场。医疗终端应用领域，开发了具有不同的黏弹性、内聚性及支撑性等性能的医美填充剂，对于拓展多元化、个性化的透明质酸医疗美容市场将发挥重要作用。

（成果创造人：赵　燕、郭学平、刘爱华、栾贻宏、黄思玲、石艳丽、刘建建、阚洪玲、杨桂兰）

重组企业以“守正创新、六廉兴企”文化为引领的管理整合

中铁高新工业股份有限公司

中铁高新工业股份有限公司（以下简称中铁工业）是由中铁山桥、中铁宝桥、中铁科工和中铁装备4家核心工业企业重组而成的上市公司，现有10家全资及控股子公司，主要业务范围涵盖地铁和隧道施工装备、铁路道岔、钢桥梁钢结构、搬提运铺架机械四大领域。盾构机连续9年国内市场占有率第一、连续4年全球产销量第一，尤其在异形盾构机研制上实现三连跳，多次刷新世界纪录；道岔和特大型钢桥梁国内市场占有率超过60%；铁路铺架设备市场占有率达90%，全断面隧道掘进机、桥梁用钢结构、道岔、架桥机等主项产品全部入选工业和信息化部“制造业单项冠军”。

一、重组企业以“守正创新、六廉兴企”文化为引领的管理整合背景

（一）促进文化融合，统一价值导向的需要

中铁工业在重组之后首先面临着文化的融合与统一的问题，各单位缺乏共同的战略目标和价值追求，难以在统一文化引领下厘清经营管理思路。中铁工业作为重组企业，既不能简单粗暴地用一种文化替代另一种文化，也不能完全沿用所属各单位的企业文化，否则就会造成各行其是的局面。破解以上问题，迫切需要提炼总结适合新时代的企业文化理念，构建一个统一的目标导向和价值取向，共同打造受人尊敬的世界一流高新工业企业。

（二）促进产业融合，实现战略协同发展的需要

“十三五”期间，中铁工业确立以工业制造为核心，以全产业链服务为主线，打造“产业融合发展”的战略目标。但是，中铁工业推进产业一体化布局、增强各业务板块协调联动与子企业自力更生、自主发展的惯性之间，以及中铁工业着眼“一盘棋”发展布局与子企业既定发展路径之间存在不协调现象。中铁工业急需在产业融合方面纵深研究，制订符合国家产业政策和企业整体利益的发展规划，形成统一的战略和理念，促进优势互补、产业联动，达到“1+1>2”的效果。

（三）促进企业规范管理，实现高质量发展的需要

在重组融合中，中铁工业对子企业的管控模式是以战略管理型为核心及财务型、操作管理型为辅的混合管理模式，不同的管理层级、不同的单位在具体落实上有着不同的解读。战略规划的组织实施能力弱、本位主义影响有效沟通、部门之间的合作效果不理想、难以聚合创新资源等矛盾比较突出，极大地制约着企业的发展。中铁工业迫切需要形成完整的企业文化体系，统一管理理念，形成价值并轨，不断提升企业管控能力。

二、重组企业以“守正创新、六廉兴企”文化为引领的管理整合主要做法

（一）科学提炼“六廉”文化理念，支持服务企业改革发展

1. 传承超越、广泛调研

针对自身存在的问题，中铁工业从历史找答案，向基层找办法。中铁工业作为一个历史深邃、结构多元的重组企业，需要在现有子公司多元的企业文化体系的基础上，取其精华、去其糟粕，打造目标统一、步调一致、高效协同的集团公司文化。为进一步对企业文化进行传承、总结、凝练，推进企业理念融合、制度融合和行为融合，引领广大员工统一思想认识、统一行动指南，打造目标统一、步调一致的企业文化，2020年以来，中铁工业深入基层、广泛调研、深入研讨，拥抱式地听取所属企业及员工的

意见建议，先后征集优秀文化理念35条，最终形成“守正创新、六廉兴企”的文化理念，这既是对优秀文化的传承，也是对现代企业的思考，更是广大干部职工对企业未来发展的一致认同。

2. 科学谋划、丰富内涵

中铁工业科学谋划，力求文化不空、不虚，力争把具体目标清晰化、行为标准可视化。明确“廉善、廉能、廉敬、廉正、廉法、廉辨”的“六廉”思想作为干事创业的行为标准，立足自身悠久的红色基因、鲜明的创新文化和厚重的工业底蕴，赋予“六廉兴企”的新内涵。“守正”是指要坚守正道，守住历史发展规律，守住党纪国法和企业规章制度的底线，坚持初心不改变、航向不偏离、决心不动摇；“创新”是指通过理论创新、实践创新，实现制度、管理和监督的不断发展、不断成熟、不断完善。“守正”与“创新”二者相辅相成、辩证统一，坚持“守正”，“创新”才有正确方向；不断“创新”，“守正”才能固本强基。面临企业改革发展的新形势新任务，“守正创新”重在引导广大党员干部在守正中创新、在创新中守正，聚焦突出矛盾，破解现实难题，也是企业深入践行“三个转变”重要指示精神、全面深化推进国企改革的必要遵循。“六廉兴企”就是要求党员干部具备“廉善、廉能、廉敬、廉正、廉法、廉辨”6种品质，就是要具有“以人为本、善待群众的为民情怀；敢于担当、有所作为的业务能力；恪尽职守、勤勉敬业的工作态度；廉洁自律、持方守正的道德品行；遵纪守法、依法治企的法治观念；头脑清醒、明察果断的领导素质”。

3. 宣贯实施、固化文化品牌

为加快“守正创新、六廉兴企”文化价值理念的落地实施，2020年，中铁工业发布“六廉文化”的理念，明确建设目标、建设标准、建设原则，基层单位普遍认同、反响良好。中铁工业所属公司主动思考融入，按照“规定动作不走样、自选动作有创新”的原则，建设25个“线上+线下”的“六廉”工作室，实现可视化、有形化、阵地化。一是发挥重要载体作用，坚持“三设三进”，设立标语、意见箱和宣传橱窗，“六廉”展板、理念标识和衣冠镜进科研、制造现场，进会议室、办公区域，进职工集中生活区。二是加强能力建设，针对提高纪检人员学习、监督、执纪、企业管理、风险防控和教育引导职工群众等6项能力，编辑监督执纪工作手册、廉洁风险防控指南、警示教育案例汇编、模拟案卷、廉洁档案、执纪审查方式教材6套教材，构建高标准工作指导体系。三是发布“六廉”文化品牌，编印《六廉文化选集》，充分发挥群团组织作用，将“六廉”文化与职工喜闻乐见的文体活动结合，在中秋节组织开展做“六廉”月饼、送“六廉”贺卡、访“六廉”家庭等活动，将节日福利送至广大员工及家属手中，绘制“六廉”沙板画、漫画，创作“六廉”歌曲、快板、微视频等一批富有感染力的文艺作品，迅速将“六廉”文化火种传播到基层一线、生产一线并形成燎原之势。四是凝聚职工群众智慧，依靠群众、发动群众，职工群众的参与热情高涨，制作文具类的钢笔、书签、桌签、鼠标垫，娱乐类的扑克牌、魔方、飞行棋，生活用品类的折扇、随身镜、水杯、钥匙扣等喜闻乐见的文创作品，“六廉”文化沁人心脾。

（二）强调规范治理、合规经营，强化风险管控

1. 规范治理机制建设

一是优化企业治理体制机制，完善法人治理结构。深入推动集团及所属公司外部董事占多数，围绕完善法人治理机制、探索科技型企业管控模式等方面申请并获得股东的相关授权，主要包括员工总量5年周期管理、工资总额备案管理、中长期激励方案审批和总部机构设置等权限。二是规范“三重一大”决策程序。落实党的建设进章程，以“六廉”思想为指导，厘清党委会、董事会、监事会、总经理办公会等的权责清单和职权边界，严格落实党委会前置研究规则，提出合理化的监督建议，提升决策效率，防范治理风险。

2. 推进风控体系建设

一是逐步建立健全内控、风险、合规一体化管理体系。落实“六廉”文化建设，建立战略规划的监控机制，发挥监督再监督作用，加强风险辨识、评估，建立风险监测和预警机制，增强风险防控能力，提升合规管理水平，重点强化管控境外业务风险、并购投资风险等重要风险。二是进一步夯实法治建设第一责任人职责。健全总法律顾问制度，强化合规经营考核，推进“法商融合”。加大财务风险管理力度，重点强化“双清”工作责任体系建设，全力推进“两金”压降。增强财务预算、资金管理、投融资管理、财务分析和企业利润分配职能。健全完善财务管理制度、会计制度、内部审计制度和法律风险防控体系，加大审计工作力度，降低企业运营风险。通过财务监督、审计监督、纪委监督三重保障，不断夯实党风廉政建设，实现“六廉”文化与风险防控深度融合。

3. 紧盯业务管控过程

以“六廉”文化引领，加强对关键岗位、关键过程、关键人员的监督，针对基础优势业务净利润率、成本费用利润率、市场占有率、品牌影响力，以及成长突破业务销售增长率、市场占有增长率、品牌知名度、流程规范度和孵化培育业务资本吸引力、研发成果转化率、人才储备率等管控重点，加强对3类业务市场环境与发展状况动态分析，及时调整管控措施，明确监督再监督的重点内容，一体推进不敢腐、不能腐、不想腐的体制机制建设，让企业各项业务在科学健康的环境氛围下良好运行。

（三）“守正创新”，培育企业科学发展的驱动力

1. 掌握核心技术

加强与国家实验室、科研设计院所、科技创新平台等机构的协同，面向世界前沿、国家重大需求开展创新研究，突破核心关键技术瓶颈；统筹做好高端工程装备、海工装备、建筑产业环保设备等产品迭代升级。明确技术研发战略导向，以提升公司国际国内技术领先优势和中国中铁整体装备水平为目标，以有利于产品迭代升级、降低成本和提高产品及服务的竞争力作为技术研发导向。加大颠覆性技术研发投入，针对颠覆性技术研发投入大、周期长、风险高等特点，制订专项研发组织方案，调动各级研发力量，协调应用部门及外部合作方联合攻关，集中优势资源加快研发进程与应用迭代节奏。构建“企业为主体、市场为导向、政产学研用相结合”的协同创新体系，建立“七院、两站、三中心”技术创新平台，承担国家“863”“973”及国务院国资委重大科技专项任务累计25项，获得授权专利1055项。持续攻坚克难，破解“卡脖子”问题，成立重大专项研究院，承接国家重大科技专项任务，攻克主轴承、大排量泵等掘进机行业“卡脖子”技术。创新过程中，中铁工业以“六廉”文化为依托，建立“上级指导、本级督办、下级实施”的全过程监督保障机制，对重大创新项目的执行、完善、发展起到重要促进作用，保障国家及行业的“卡脖子”难题得到有效攻克。

2. 全面推进管理提升

一是在制度改革方面，推进“设计研发管理、供应链管理和信息化管理”3项管理变革，完善各项制度体系建设，实现管理驱动，打造企业核心竞争能力。二是在组织改革方面，坚持“以客户为中心”，打造流程型组织，形成“前中后台”相互支撑的敏捷架构，逐步构建大营销、大服务、大研发、大生产格局。三是在质量改革方面，构建“同心圆”质量管理模式，以“高端定制、卓越品质、智慧服务”为循环驱动，实现产品全生命周期质量管理。四是在战略调整方面，密切关注企业内外部环境变化，准确把握趋势，动态调整战略规划举措，重点做好清理低效无效资产和退出不具备优势的非主营业务。五是在协同管理方面，建立健全总部、各子企业、各子机构的协同管理机制，构建有效协同、相互促进的高端制造及工程服务生态。六是在供应链管理方面，打造廉洁供应链，通过与业主、供应商、协作队伍等相关方签订阳光协议和廉洁承诺，杜绝暗箱操作，推进产业链廉洁共建，明确对行贿、受

贿、吃喝娱乐、小恩小惠等行为的处罚措施，从源头上消除双方的顾虑和惯性思维，构筑规范的阳光运行机制，堵塞“关键领域”的风险漏洞，充分发挥“六廉”文化作用。

（四）指导人才选用培养，打造素质过硬职工队伍

1. 严格选人用人审核把关

探索建立企业领导人员素质培养、知事识人、选拔任用、从严管理和正向激励5个体系，为更多优秀干部脱颖而出、干事创业提供体制机制保证。以“六廉”文化为要求，在选人用人上严格政治标准，把政治立场坚定、政治素养过硬、政治态度鲜明作为选用干部、使用人才的首要标准；确立担当尽责、尽责有为、有为有位的鲜明导向，把“六廉”品质作为选拔干部的重要标尺，为敢于担当、踏实做事、不谋私利的干部撑腰鼓劲，把真正符合“20字”标准的好干部选出来、用起来。中铁工业纪委在选人用人工作中围绕信访举报、被立案、问责、受处分情况、巡视巡察移交的问题线索等重点内容进行核查，依据日常监督的情况、已经查结的问题、职工群众的评价和一贯工作表现等要素进行综合分析研判，坚持原则、分类处置，严把廉洁意见回复这一“体检”关，把有“伤”的、带“病”的坚决挡在门外。

2. 加强“工匠”技能人才建设

中铁工业传承百年红色基因，弘扬“开路先锋”精神和“六廉”文化，倡导劳模精神、劳动精神、“工匠”精神，坚持以生产实际需求为导向，大力开展岗位练兵、技能竞赛、技术比武等活动，不断发现和选拔各专业领域的优秀高技能人才。积极开展专家型技术工人、“工匠”型技术工人、技能大师等评比表彰活动，深入挖掘他们在解决技术难题、实施精品工程项目和带徒传技、小改小革等方面的创新能力和潜能，创建王汝运、王中美、曲岩等中国中铁技能大师工作室，建成技能人才解难题、搞攻坚、促创新的工作平台。在“六廉”文化的浸润下，中铁工业营造尊重劳动、尊重知识、尊重人才、尊重创造的浓郁氛围，形成尊重劳动、爱岗敬业、创新有为的干事环境，培育出更多的技术高手和技能大师。

3. 推进三项制度管理改革

在员工能进能出方面，构建人力资源池管理机制，实施“调水工程”，打破人力资源的流动壁垒，优化全公司人力资源配置；在干部能上能下方面，建立经理层任期制和契约化管理制度体系，将子公司领导班子全部纳入任期制和契约化管理范畴，开展竞争上岗；在收入能增能减方面，构建全员绩效管理体系，涵盖职能部门及跨部门组织，将员工绩效与从事项目和所在组织绩效强挂钩，打破平均主义“大锅饭”；积极开展中长期激励，试点推行岗位分红激励，激励对象主要涵盖核心技术和市场经营人员，倡导功劳，反对苦劳；探索核心员工股权激励，将企业利益与员工利益、企业发展与个人发展深度捆绑，以奋斗者为本，激发员工干事创业热情。

（五）与国企党建融合，充分发挥示范引领作用

1. 铸造固廉平台

一是“六廉”教育平台。中铁工业两级纪委充分发挥“六廉”工作室教化育人功能，广泛开展理论学习、业务交流、警示教育、监督执纪和理论研讨等活动。积极邀请党员干部、职工家属、属地纪委监委参观“六廉”工作室，开展企监共建和业务交流。统一开展“新年廉洁第一课”警示教育活动，形成联动效应；组织纪检干部开展疑难案件案情交流会，拓宽审查思路；召开再监督业务交流会，督促职能部门厘清监督职责，形成监督合力。二是“六廉”业务提升平台。通过自学、集体学习研讨、邀请兄弟单位业务专家指导、纪检人员逐一“上镜”录制微视频等形式，创作涵盖监督执纪问责、巡察全业务实操流程的100集视频微课，实现以编促学、以录促升、以用促效；编辑监督执纪工作手册、廉

洁风险防控工作指南、典型案例警示教育录、模拟案卷、纪检工作实务等多套业务教材，不断提升纪检干部业务水平。三是“六廉”理论研究平台。认真总结“六廉”文化推动党的建设工作经验和做法，推进实践基础上的理论创新，不断夯实企业党风廉政建设思想基础，在《人民日报》客户端等媒体发表多篇“六廉”文化理论文章。

2. 涵养清风正气

一是注重品质塑造。以“守正创新、六廉兴企”为指引，中铁工业重点加强“产品、企品、人品”三品合一的塑造，形成“产品是人品”的观念，大幅提升产品的质量，提高企业的品质。二是注重家风建设。通过开展“一句廉洁寄语”“一封廉洁家书”“一个廉洁承诺”“一场廉洁座谈”等家庭助廉活动，加深广大职工和家属对“六廉”文化的认同和共鸣，发挥家庭在党风廉政建设工作中的重要作用，当好“廉内助”，吹好“枕边风”。三是加强“清心省廉”。在“六廉”工作室设置“清心省廉”区，充分发挥“清心省廉”功能，“清心省廉”区成为犯错误干部的“减压舱”，当发现苗头性、倾向性问题时就约上当事人，通过心理疏导，帮助其卸下包袱，轻装上阵，重新点燃干事创业的激情，达到“咬耳扯袖、红脸出汗”的目的。

3. 弘扬廉政典型

一是全体职工推荐产生。以“守正创新、六廉兴企”为价值导向，发挥模范典型的示范引领作用，中铁工业在全公司范围内选树“廉善、廉能、廉敬、廉正、廉法、廉辨”6位典型。选树程序中，由所属单位党委进行民主推荐，在征求本级纪委意见基础上上报初步人选，中铁工业对候选人的道德品质、业务成果、工作评价、成长履历等多方面“搭脉把关”，经党委会研究决定后公示，确保选树的典型经得起检验。二是“以廉为先，廉能并重”，选树“六廉”典型的内涵在于激励党员领导干部和广大职工遵纪守法、守规矩明底线。为此，中铁工业坚持“以廉为先，廉能并重”的原则，对候选人资格进行总把关，违规违纪的坚决不参评，把“带病的”挡在门外。三是注重典型人物的示范效应，拍摄《廉之范：“六廉”先进典型》宣传片，整理出版《企廉——“六廉”典型人物选集》，收集整理优化选树工作流程、扩大评选范围、完善后续宣传等建议，进一步拓宽监督员的来源，充分发挥其“倡廉、护廉”的表率与模范带头作用。

三、重组企业以“守正创新、六廉兴企”文化为引领的管理整合效果

（一）打造文化品牌，形成良好发展生态

中铁工业所属各单位主动宣贯践行“六廉”文化蔚然成风；供采氛围风清气正；企监共建大监督格局已经形成。“六廉”文化理论和企业中心工作融合持续深化，多篇文章被中央纪委认可；走进中国大连高级经理学院课堂，广受好评；2021年连续3次在中央纪委国家监委网站进行推广报道，“六廉”文化品牌得到全面传播和认可。中铁工业所属企业中铁装备被评为“科改示范行动”标杆企业；中铁工业被誉为“火神山上的铁军”；盾构机研发实力、产销量稳居世界第一。

（二）顺利完成重组，建立有效治理机制

中铁工业顺利完成重组上市，形成“权责法定、权责透明、协调运转、有效制衡”的治理机制。重组以来未发生重大风险事件，企业管理水平和管理效能普遍提高，产业结构进一步明晰，工作氛围风清气正、依法合规，实现从“成功上市”到“上市成功”。中铁工业先后获天马奖“最佳董事会”“最佳投资者关系”、金圆桌“最佳董事会”等20余项资本市场大奖。

（三）推动企业高质量发展，提高社会声誉

中铁工业认真贯彻新发展理念，“两金”年均复合增速低于同期收入增速，大型钢桥梁市场占有率超过60%，道岔产品国内市场占有率超过60%，为国家高铁建设和运输安全做出突出贡献，为“中国高铁、世界第一”增光添彩。盾构机远销法国、意大利、丹麦等26个国家和地区，市场占有率和综合实力位居国内第一、世界第二；搬提运架设备完成全国铁路90%以上的轨排铺设和T梁架设施工；铁路专用设备及器材、配件制造领域全面实现核心技术及产品国产化，成功完成高速铁路技术和产品跨越；成功研制出国内首台建筑构件装配机器人并成功投入广州地铁使用；实现世界首次将永磁技术应用在悬挂式车辆中。2021年，中铁工业荣获中国质量领域最高奖——中国质量奖。

（成果创造人：张建强、陈立峰、易铁军、焦卫华、刘　军、张占成、刘小刚、王　伟、孙学龙、李世敏、姜宗福、孙晓航）

国有资本投资公司以管资本管产权为主的管控体系建设

黑龙江省交通投资集团有限公司

黑龙江省交通投资集团有限公司（以下简称龙江交投）于 2019 年注册成立，是黑龙江省政府出资成立的国有资本投资公司，是黑龙江省交通基础设施建设投融资平台、交通资本经营和债务管理平台、东北亚跨境物流贸易平台、矿产土地资源经营管理平台，注册资本 402 亿元。经营范围包括：交通基础设施投融资、开发、建设、经营，公路管理与养护，道路货物运输、客运经营，矿产土地开发经营等。龙江交投以“龙江振兴先行者，未来交通领航员”为发展使命，以“成为拥有强大资本实力和可持续发展能力的国际一流产业投资集团”为发展愿景，以“厚道经营、兼济天下”为企业核心价值观。龙江交投聚焦大交通、矿产土地资源开发、产业链金融和新产业培育三大产业集群，重点发展铁路投资建设、公路投建管营、通航网络化、航电枢纽投建营、矿产资源开发、物流体系建设、双循环物贸服务、新交通产业体系、城市基础设施建设、产业投资（基金）等 10 项细分业务单元。2020 年，总资产 2466 亿元，净资产 1189 亿元，实现营业收入 117 亿元，利润总额 3.57 亿元。截至 2021 年 6 月，拥有权属二级企业 17 户、权属三级及以下企业 144 户，员工总人数 16018 人。

一、国有资本投资公司以管资本管产权为主的管控体系建设背景

（一）落实国资国企改革新任务和新要求的需要

在相关国企改革政策的指引下，中央和地方国资管理机构积极组织开展两类公司试点工作，通过改组组建国有资本投资、运营公司，构建国有资本投资、运营主体，以管资本为主，改革国有资本授权经营体制，完善国有资产管理体制，实现国有资本所有权与企业经营权分离，发挥国有资本投资、运营公司平台作用，实行国有资本市场化运作，促进国有资本合理流动，优化国有资本投向，向重点行业、关键领域和优势企业集中，推动国有经济布局优化和结构调整，提高国有资本配置和运营效率。2019 年 10 月，黑龙江省政府确定龙江交投为黑龙江省首批国有资本投资公司试点企业。龙江交投根据国有资本投资公司的资本定位，制订了以“五试两加强”（试治理结构、试产业方向、试管控方式、试体制机制、试资本运营，加强管控监督、加强党的建设）为核心的国有资本投资公司改革试点方案。为落实国企改革新任务和新要求，龙江交投围绕“试管控方式”对国有资本投资公司的集团管控体系和管控模式进行深入研究。

（二）解决管理现实问题，适应集团快速发展需要

龙江交投组建初期，主要业务集中在黑龙江省高速公路收费、养护和服务区管理，成员企业共计 179 户，企业数量庞大且业务资产分布在黑龙江省内各个县、市，职工人数达 1.5 万人，总部管理人员不足百人且大部分为新招聘的毕业研究生，集团面临一系列管理挑战。

1. 成员单位企业化、市场化思想观念滞后

龙江交投由多家企事业单位划转重组设立，超过 96.7% 的职工来自政府机关事业单位管理体系，受传统事业体制思维影响严重，市场化、企业化经营思维欠缺，习惯等命令、等项目，缺乏价值创造的企业思维和勇于开拓的市场意识。市场化思维较弱，管理松散，历史遗留问题众多，重大经营风险积聚。综合来看，龙江交投各权属企业市场化思想观念普遍滞后。

2. 尚未建立管控体系，总部与子公司之间权责边界不清晰

龙江交投组建初期，集团总部为新组建，尚未建立管控体系，既无制度，又无信息系统，子公司各

项决策事项，不论事项大小、金额高低，均报到集团总部研究审批，造成集团总部需要决策事项繁多，严重影响了集团总部及权属企业工作效率。集团总部人员数量仅有68人，且人员相对年轻，平均年龄只有29岁，管理经验少，而成员企业业务覆盖铁路、公路、水电、矿产、贸易、房地产、设计、监理、施工、科技、金融等多个产业，给总部管理带来了极大挑战。

3. 集团功能定位发生重大变化

2019年组建之初，龙江交投被定位为产业集团，主要围绕黑龙江省内交通、矿产、物流贸易等行业及关键领域开展业务，从事具体生产经营，集团总部按照产业集团模式组织成员企业从事各项生产经营活动。2019年10月，龙江交投被黑龙江省政府确定为国有资本投资公司试点企业。按照相关文件要求，国有资本投资公司主要通过投资融资和资本运作，优化国有资本布局结构，推动产业聚集，开展产业培育，提升产业核心竞争力。集团总部按照国有资本投资公司模式，明确了以管资本管产权为主的战略定位和资本定位，以资本为纽带、以产权为基础依法自主开展国有资本运作，不从事具体生产经营活动。为了满足快速发展需求，解决成员单位企业化和市场化思想观念滞后、集团无管控体系和制度、总部与子公司之间权责边界不清晰等问题，适应从产业集团到国有资本投资公司不同的功能定位，亟须加强集团管控，从而凝聚力量，积蓄发展后劲，促进集团高质量、可持续性发展。

二、国有资本投资公司以管资本管产权为主的管控体系建设主要做法

龙江交投聚焦国有资本投资公司“以资本为纽带、以产权为基础”的原则，履行出资人职责，创新管理理念，坚持“充分授权、全面赋能、有效监管”，确立了龙江交投“1+2+3+3+3”“充分授权、全面赋能、有效监管”的集团管控体系，即以国有资本投资公司作为核心定位，以加强党的领导和建立现代企业制度两个一以贯之为根据保障，建立三级管控体系（“一级总部战略决策中心－二级企业业务决策中心－三级企业生产经营中心”），以财务管控、战略管控、运营管控为3种管控模式，以报批、报备、报告为3类监管方式，致力于打造现代化国有资本投资公司“以资本为纽带、以产权为基础”的集团管控体系，助力企业发展愿景的实现。

（一）“1+2+3+3+3”“充分授权、全面赋能、有效监管”管控体系建设

1. 管控体系搭建核心思想

国有资本投资公司试点是龙江交投“1+2+3+3+3”“充分授权、全面赋能、有效监管”管控体系搭建的基础，集团围绕试治理结构、试产业方向、试管控方式、试体制机制、试资本运营及加强管控监督、加强党的建设的“五试两加强”指导思想制订了《龙江交投国有资本投资公司试点方案》，提出要以国有资本投资公司改革试点为契机，坚持社会主义市场经济改革方向，通过开展投资融资、产业培育和资本运作，强化国有资本投资公司引领功能，推动集团体制机制革命性改革，建立适合国有资本投资公司的集团管控体系。

2. 管控体系架构

龙江交投构建了集团总部（“战略决策中心+资本经营层”）、权属二级企业（“业务决策中心+产业开发层”）与权属三级及以下企业（“生产经营中心+业务执行层”）的三级组织管控体系。

集团总部（“战略决策中心+资本经营层”）。龙江交投作为国有资本投资公司试点企业，集团总部的定位是“强总部、大产业”，总部优化管理，突出战略和投资职能，科学界定与权属企业的权责界限，推动投资运营权利上移、产业经营职能下沉，保留协同和服务职能，下放生产和经营职能，着力建立机构人员精简、业务职责清晰、管理高效顺畅的小总部和强总部。总部根据“战略导向、资源配置、资本运营、改革创新、考核评价、管控监督”的定位，按照市场化、规范化、专业化的管理导向，坚持打造价值创造型总部，着力加强政治领导核心、战略决策中心、资本运营中心、资源配置中心、改革创新中心、管控监督中心、企业文化建设中心的“一核心、六中心”建设，做好定战略、做决策、管

资本、选人才、推改革、防风险等工作。龙江交投组建初期，作为产业集团，总部设立了党委办公室、党委组织部、党委宣传部、纪检监察部、董事会办公室、总工办、信访办、工会办公室等16个职能部室，投资事业部、勘察事业部、运输事业部3个下设事业部。期间，集团被定位为国有资本投资公司，总部围绕“以管资本管产权为主”的功能定位，对总部管理部室进行优化调整，围绕管资本方向、布局、进退、收益、安全，在集团总部新设立效能管理部、投资管理部。对与管资本定位关联度小的总工办、信访办、工会办、勘察事业部、运输事业部等多个部门进行了削减。对管理职能关联度较高的部门进行整合，将党委办公室、党委组织部、党委宣传部整合成党委工作部。龙江交投将总部打造成为共享服务中心，将法务、审计功能下沉为二级共享中心。总部定位明确，是龙江交投围绕“1”个以管资本管产权为主的管控核心思想，建立“1+2+3+3+3”“充分授权、全面赋能、有效监管”管控体系的重要基础。

权属二级企业（“业务决策中心+产业开发层”）。龙江交投拥有权属二级企业18家，分布在“大交通、矿产土地资源开发、产业链金融与新产业投资”三大产业集群。权属二级企业作为龙江交投出资设立或收购兼并的专业化产业子公司，是围绕某一特定产业打造具有产业优势和核心竞争力的具体业务决策中心，主要通过产业开发与产业培育，做细做强做优做大产业下的细分行业。

权属三级及以下企业（“生产经营中心+业务执行层”）。龙江交投拥有权属三级及以下权属企业135家，占集团企业总数的87.1%，集团明确三级及以下企业不对外从事投资与资本运作，主要围绕权属二级企业开发培育落地的产业和项目进行日常生产经营管理，以提升产业竞争力、提高经营质量和经营效率为目标。

3. 管控模式

管控模式的选择是集团化企业管理需要考虑的首要问题，龙江交投对权属企业的管控模式，按照集团总部对下级企业的集分权程度不同，分为3种基本管控模式：财务管控模式、战略管控模式和运营管控模式。一是财务管控。龙江交投总部对部分战略清晰、产业成熟、管理基础扎实的权属企业进行充分授权，采用分权方式，对其投资、资本运作和财务管理等工作进行管控，追求财务收益和资本价值最大化为目标。管理方式以财务指标考核、控制为主，不参与权属企业的生产经营，重点关注财务目标是否达成。二是战略管控。龙江交投总部对部分战略处于稳定阶段、业务处于特定发展阶段或转型期的发展型企业和培育型企业进行适度授权，采用集权与分权相结合方式，对其战略规划、投资、资本运作、财务管理、人力资源、品牌宣传等进行管控，追求集团总体战略控制和协同效应为目标。管理方式主要通过战略规划和业务计划进行管理。三是运营管控。龙江交投总部对部分市场化程度较低、经营尚未标准化规范化、以往经营风险较大和新兴产业的权属企业采用集权方式，对其战略规划、投资、资本运作、财务管理、人力资源、品牌宣传、研发、采购、销售、营运管理等进行直接管控，以达到对权属企业的集中控制和管理，以追求集团对经营活动的管控和优化。龙江交投作为国有资本投资公司，加大对权属企业的授权放权力度，“一企一策”制订授放权清单。授放权清单的授权类分别包含3部分：一是战略与组织管理类别重点关注权属企业的发展规划、商业模式创新、主业调整、组织机构设置等内容；二是经理层管理类重点关注企业市场化选聘职业经理人、经理层成员薪酬、经理层成员考核评价等内容；三是重大经营决策类重点关注投资、融资、资产处置、资产核销、改制改革等事项。

4. 监管路径

一是报批事项。权属企业履行内部决策程序后，向股东（集团）报送议案，集团履行决策程序后以会议纪要、决议等方式做出股东决定。二是报备事项。报备事项可根据不同情况，采取多种报备方式。凡属于权属企业股东（大）会、董事会、监事会管理的事项，按照集团出台的《权属企业“三会”管理办法》，以议案形式向集团总部报备。除此之外，权属企业可采取实施计划、工作方案、工作汇报等形式，通过 OA 协同方式向集团总部报备，集团总部或主办部室以审核意见、通知、纪要等方式反馈意见，如 10 日内集团总部或主办部室没有提出明确反对意见，即视为同意，权属企业可组织开展相应工作。三是报告事项。权属企业可以专题报告、工作总结、工作汇报等形式，通过 OA 协同方式，事后向集团总部或管理部室报告。

（二）完善集团管控体系支撑系统

龙江交投建立了“1 +2 +3 +3 +3”“充分授权、全面赋能、有效监管”的集团管控体系，对权属企业进行了管控分类，按照分类充分开展了授权放权，为了确保权属企业接得住、用得好、行得稳，龙江交投作为出资人，完善权属企业公司治理，实施强总部战略，开展“三会”管理，大力推进信息化建设，建立大监督体系，加大违规经营责任追究，建立、健全容错机制，建立、健全了集团管控体系支撑系统。

1. 实施强总部战略，持续提升总部核心功能

龙江交投通过实施强总部战略，提升总部管资本管产权能力，建设价值创造型总部，加快 3 个共享中心建设，构建审计、巡视和纪检大监督体系，建立业财一体的现代信息化管控体系，实现全方位、多角度的立体管控体系。一是建立集中统一财务共享中心。财务共享中心实现集团系统内全部权属企业在会计科目、核算方法、核算流程等方面的集中监管，提高核算质量和效率，推动财务管理由核算型财务向价值创造型财务转变。二是建立集中统一法务共享中心。法务共享中心负责集团重大法律事务处理，开展“重大决策、合同、规章制度、授权、章程”5 个百分百法律审核，组织诉讼、仲裁、法律风险防控，为经营决策提供专业法律意见与法律服务。三是建立集中统一审计共享中心。审计共享中心对各级权属企业实现审计全覆盖，探索信息化审计、开展“审计回头看”、着力推进问题整改落实，提高审计工作质量和效率。

2. 加强权属企业法人治理结构建设

对权属企业董事会充分授权放权后，首要任务就是完善权属企业的法人治理结构建设，提升权属企业董事会决策能力。龙江交投搭建权属企业党委会、董事会、监事会、经理层、工会组织架构，建立形成了“双向进入、交叉任职”的领导体制。权属企业董事会全部采用内外董事相结合的方式，外部董事占多数，龙江交投作为出资人向 13 户权属二级企业派驻外部兼职董事 37 人，其中来自国内央企、知名民企、高校教授的外部董事 25 人，通过配备具备大型企业经营管理实践经验的外部董事，进一步做实权属企业董事会。集团按照相关法律法规和《公司章程》规范推进权属企业监事到位，健全监事会设置，开展纪委书记兼任监事会主席试点，选派总部风控、财务骨干人员 20 余人充实到权属企业监事会中，对董事会、经理层行权情况进行监督。

3. 规范权属企业“三会”管理

龙江交投作为出资人，按照相关法律法规和《公司章程》为权属企业搭建了完善的法人治理结构，为了加强对权属企业行权能力监督、管理，集团加大对权属企业“三会”管理。制订《权属企业“三会”管理办法》，规范“三会”管理流程，搭建“三会”管理信息化系统，组织协调总部职能部门对权属企业“三会”各类议案进行专业审核、把关，为权属企业董事、监事行权提供专业审核意见建议，及时发现和排查各类问题和风险，有效规避决策风险。根据联审反馈情况及时向集团委派的股权董事、监事发送《履职提示函》，集团派员列席权属企业“三会”，动态跟踪权属企业会议召开情况，确保“三会”合规合法运行，确保了集团授予权属企业的各项权利接得住、用得好、行得稳。

4. 全面赋能，激活权属企业潜能

对权属企业开展授放权以后，如何提升权属企业行权能力成了关键。按照全面赋能原则，龙江交投开展“经营管理和党的建设回头看”工作，“一企一策”分析权属企业薄弱环节，查找制约权属企业高

质量发展的难题和困境，以“对标国际一流管理提升”为目标与手段，围绕党建文化和战略引领、体制机制改革、治理管理、资源配置和能力提升5个方面为权属企业全面赋能。集团对经营管理规范、经济效益良好、资产负债率较高、具有产业发展资金需求的企业进行增资赋能，对历史遗留问题较大的企业组织专班进行风险处置，对管理薄弱的企业充实配备经营班子成员。对权属企业管理层、中层干部及后备人员组织专题管理培训，提升行权能力。通过为权属企业全面赋能，提升权属企业行权能力，提升企业核心竞争力，助力权属企业高质量发展。

5. 建设信息系统支撑平台

龙江交投“1+2+3+3+3”“充分授权、全面赋能、有效监管”的管控体系建立后，加大信息化建设，为权属企业经营管理、集团管控提供信息系统支撑。建立合同管理系统、财务管理系统、资金池管理系统，推动业财一体化；构建数字化人力资源管理系统，实现集团总部和权属企业人力资源共享；搭建审计信息化平台，实现审计工作关口前移和过程管控；建立“三重一大”监管平台、权属企业“三会”管理平台，数字化监管权属企业行权情况。权属企业建立“智慧园区”“智慧监理”“智慧勘察”“智慧工地”等数字化平台，实现质量监控、试验检测、安全监督、资源监管、环境监测、疫情防控等可视化和智能化管理。

6. 打造大监督体系

龙江交投建立“1+2+3+3+3”“充分授权、全面赋能、有效监管”集团管控体系后，对权属企业充分授权放权，明确集团授权不授责，按照有效监管原则，建立了大监督体系。一是构建集中审计监督检查体系。构建“大审计”格局，强化监督检查。采用“审计专职人员+技术专业人员+行业专家”的人员构架，直接面向集团各层级企业开展独立、客观的审计和咨询活动。通过建立审计计划统一安排、审计项目统一实施、审计资源统一调配、审计质量统一管控、审计整改统一推进的一体化工作机制，开展各类审计业务。打造深度到底、宽度到边的大审计体系，实现审计全覆盖、审计成果共享。二是建立、健全纪检体系及巡查监督体系。建立由纪委书记、纪检专员统一领导下的大纪检体系、大监督格局。依法依纪开展问责，对违反法律法规、党纪党规和集团授放权清单和管控清单及履行职责不力、失职失责的党组织及领导人员，依据干部管理权限进行问责。建立由集团党委统一领导指挥的巡察监督体系，对权属企业组织开展巡察监督，实现巡察全覆盖。

三、国有资本投资公司以管资本管产权为主的管控体系建设效果

（一）企业管理效率大幅提升

龙江交投在建立“1+2+3+3+3”“充分授权、全面赋能、有效监管”管控体系之前，集团总部和权属企业责任、权利界面不清晰，集团各级权属企业重大事项的决策权多集中在总部，集团总部对权属企业管得过多、过细、过深，决策流程烦琐，经营决策效率较低。龙江交投作为国有资本投资公司，通过建立集团“1+2+3+3+3”“充分授权、全面赋能、有效监管”的管控体系，对权属企业充分授权放权，让听得见“炮声”的企业自主决策，让听得见“炮声”的权属企业和干部职工冲在第一线。近两年，项目从立项到决策有序推进，集团整体决策效率、经营管理效率大幅提升。

（二）企业活力大幅释放

龙江交投刚组建之初，权属企业凡事均需要征求总部意见，造成了权属企业对总部依赖性强及主动拓展市场的动力不足、活力不足的问题，通过建立集团“1+2+3+3+3”“充分授权、全面赋能、有效监管”的管控体系，进一步完善制度机制，缩短管理链条，实现了从“政府型管理、行政化运作”向“企业型管理、市场化运作”转变，最大限度减少总部对权属企业生产经营活动的干预，更多依靠公司治理结构开展工作，以管资本管产权为主履行好出资人职责，将激发微观主体活力与管住管好国有资本有机结合；同时，对权属企业全面赋能，着力提升权属企业行权能力，最大限度调动和激发企业的

积极性，增强了权属企业对市场需求变化的快速反应能力，激发了广大干部职工干事创业的积极性，全面提升企业活力。

（三）企业经营业绩大幅增长

在龙江交投组建前，拟划转进入集团的各个企业在2018年的营业收入为67亿元，利润总额为亏损8300万元，80%权属企业利润为负数。2019年，集团实现营业收入73.72亿元，利润总额3.02亿元；2020年，克服新冠肺炎疫情的严重不良影响，实现营业收入117.71亿元，利润总额3.56亿元，分别增长59.67%、17.88%。经济效益的大幅提升，得益于集团"1+2+3+3+3""充分授权、全面赋能、有效监管"管控体系的创新和实践，通过管控体系建设，加大授放权力度，对权属企业全面赋能，有效监管，权属企业市场拓展和经营能力大幅提升。2020年，集团权属二级企业全面实现盈利。

（四）企业发展成绩突出显著

龙江交投"1+2+3+3+3""充分授权、全面赋能、有效监管"的管控体系搭建近两年以来，各个方面都取得了一定的成绩。哈尔滨到肇源、绥化到大庆两条高速公路开工建设，哈尔滨到伊春的高铁项目全面启动，黑龙江省内通用航空航线顺利开通，"醉美龙江"G331边防路项目正式启动，矿产资源开发实现历史性突破，全域租车布局黑龙江全省，中欧班列、"滨海1号"陆海联运顺利开通，黑龙江全省集疏运体系全面建设，跨境电商体系稳步搭建，龙江地勘基金、龙启基金助推黑龙江省经济发展。

（五）企业社会影响力逐步增强

龙江交投"1+2+3+3+3""充分授权、全面赋能、有效监管"的国有资本投资公司集团管控体系先后被黑龙江省人民政府网和人民网、《黑龙江日报》、今日头条、新浪网、澎湃网等国内知名媒体报道10余次，目前已被黑龙江省国有企业广泛认可、借鉴、学习、推广与应用。2020年，获评"全国抗击新冠肺炎疫情先进集体"，受到党中央、国务院、中央军委的表彰。龙江交投获评主体信用AAA等级，取得19家金融机构意向授信4000亿元。与"政校企"达成战略合作和项目合作52项，储备项目269个。近两年，150多家国内外知名企业和各行业龙头企业先后拜访集团，拜访人员超过10000人次，龙江交投的品牌效应和社会影响力已逐步增强。

（成果创造人：尚云龙、孙雪飞、赵　阳、赵新平、王　洋、贾　光、韩存玉、董令三、杨大勇、肖兆开、孔德楠、杨明昊）

油气田企业以提质增效降本为导向的内部市场运营机制建设

中国石油天然气股份有限公司华北油田分公司

中国石油天然气股份有限公司华北油田分公司（以下简称华北油田分公司）是以常规油气勘探开发为主，同时拥有煤层气、储气库、城市燃气、地热及生产服务等业务的地区公司。探矿权面积为6.12万平方千米。现有二级单位37个，机关部门12个，直属、直管单位12个，在册员工2.85万人。年生产油气当量540万吨，资产总额637.8亿元，资产净额412.7亿元，较好履行了经济、政治、社会三大责任，为保障国家能源安全、促进地方经济社会发展做出了突出贡献。

一、油气田企业以提质增效降本为导向的内部市场运营机制建设背景

随着华北油田开发进入中后期，外部环境不断演变、内部发展瓶颈问题突出等制约企业高质量发展，油气田企业的经营理念亟待由注重规模、产量增长转变为注重质量、效益增长。

（一）适应宏观经济形势，应对低油价的时代要求

当前世界大变局加速深刻演变，化石能源在能源结构中的地位受到巨大挑战，国际油价短时间内难以回暖。油气田企业的传统优势正在减弱，依靠投资拉动、产能驱动、规模扩张的发展方式已经难以为继。华北油田分公司必须高度警惕能源产业变革加速演变、油气市场竞争日趋激烈带来的风险挑战，增强市场意识、效益意识，坚定不移深化改革、管理创新。

（二）落实国企改革计划，推动高质量发展的必然选择

党的十八大以来，国务院国资委强调中央企业要在实施国企改革三年行动中做出表率，切实增强国有经济竞争力、创新力、控制力、影响力及抗风险的能力。中国石油集团公司作为国家大型能源战略基础型企业，传统的管理方式与世界一流目标和国内外先进水平相比，存在资产创效能力弱、净利润总量低、内部市场化机制不完善、经营策略不够灵活等“大而不强”的突出矛盾，严重制约了企业的高质量发展。经营理念由注重规模、产量增长转变为注重质量、效益增长具有重要意义。

（三）解决公司突出矛盾，实现可持续发展的内在需求

经过40多年的开发，华北油田已处于勘探开发中后期阶段，资源潜力逐年递减，稳产难度不断增加，成本投入压力加大，折旧折耗、人工成本等固定性成本占比高，完全成本压降难度大、资产创效能力弱、效益意识有待提高等矛盾问题突出。华北油田分公司的经营理念亟待转变，必须将提升质量效益作为重中之重，以实施国企改革行动计划为契机，通过进一步深化改革，采取革命性措施解决阻碍发展的突出矛盾，不断提升创效能力和发展潜力，实现公司高质量可持续发展。

二、油气田企业以提质增效降本为导向的内部市场运营机制建设主要做法

（一）做好顶层设计，充分准备项目实施条件

1. 明确总体思路

以高质量发展为目标，紧紧围绕华北油田分公司“创新、资源、市场、多元化”的战略，不断深化内部市场化改革，通过建立内部价格体系和内部市场运营机制，推动油气生产单位利润中心管理、科研单位内部模拟市场管理、经费单位收费制改革、内部市场化资金运作机制的建立，完善配套内部市场会计核算制度和以提质增效为导向的激励机制，将效益管理的关口由华北油田分公司层面下移至所属二级单位，业绩考核由产量贡献和成本控制为主改变为以创造效益为主，效益的管理部门由财务部门扩展至勘探、开发、生产、销售等生产经营全过程。

2. 加强组织领导

实施内部市场化改革和深化利润中心管理是对经营理念、管理模式、运作机制的变革，受原有思维的限制和原有模式的惯性影响，推动该项工作面临着各方面的压力甚至是阻力。华北油田分公司主要领导高度重视该项工作，成立以公司主管领导为组长，财务资产部、发展计划部、企管法规部、人力资源部、生产运行部、勘探部、开发部、销售事业部等相关部门及有关所属单位参加的专项工作领导小组，财务资产部经理负责协调推进重点工作，各部门加强统筹协调，健全配套激励制度。专项工作领导小组下设办公室，办公室设在财务资产部，主要负责编制实施方案、落实工作进度、监控工作质量和风险等工作，定期向专项工作领导小组汇报工作，协调和解决实施过程中的具体问题，推进内部市场化改革工作有序开展。

3. 制订实施方案

结合公司生产经营实际，通过调研与论证，与各单位反复沟通，充分考虑实施方案对公司生产经营现状的适度兼容和发展，理论与实际相结合，制订《华北油田分公司深化利润中心管理方案》《华北油田分公司资金配置制度调整方案》《华北油田分公司会计核算调整方案》，下发《关于消防生产服务内部结算费用的通知》《关于下达经济技术服务结算价格的通知》《关于下发招标代理服务费用结算价格的通知》《关于下发文化宣传服务费用结算价格的通知》等内部结算价格标准执行文件。

（二）油气生产单位构建利润中心管理模式

1. 建立内部结算价格体系

建立油气产品及劳务内部结算价格体系，以公司完全成本为基础，确定常规油气、煤层气及管输业务内部结算价格，按月结算内部收入。原油内部结算价格以公司当年原油预算完全成本为基础，扣除公司统筹管理的勘探费用、销管费用、财务费用、销售税费、科研支出等公共费用后确定；凝析油、液化气内部结算价格参考实际对外销售价格与原油的比价确定；天然气内部结算价格以公司天然气完全成本为基础，扣除应负担的公共费用后确定；内部输油结算价格根据公司输油管线与石化企业输油收入总体情况，综合考虑采油厂实际外输油量、输油长度等因素确定。

2. 实施油气生产单位内部净利润考核

在油气产品内部结算价格体系的基础上，通过核定内部净利润指标，真实反映各油气生产单位经营贡献水平。

（三）经费单位建立内部服务收费机制

1. 确定内部结算价格

根据经费单位的不同业务类型，分别确定下达内部结算价格：对公司统一安排的业务，以成本为基础核定全年结算价格总额；对主要服务于公司所属各单位的业务，考虑市场价格、成本等因素确定内部结算价格；对向外部单位服务的业务，执行市场价格。

2. 确立内部服务关系

按照接受服务对象不同，经费单位分别和机关部门、二级单位签订内部服务合同，明确服务内容、工作量、服务质量标准、服务价格等。按照合同约定，机关部门、二级单位对提供的服务进行考核验收，根据考核结果结算付款。

3. 实施经营机制改革

一是招标中心内部市场化机制改革。确定下发招标代理服务结算价格，招标中心通过向各单位提供招标服务取得收入。根据招标项目类型的不同性质，制订差异化的招标代理服务收费标准，发挥价格导向作用，鼓励各单位向公开招标、集中采购等招标方式集中，同时对招标中心给予价格差额补贴。对非招标、招标失败转谈判等不鼓励项目，则提高收费标准并适当上收招标中心收费。通过实行差异化收费制度，充分发挥价格激励导向作用，鼓励各单位规模招标、压缩供应中间环节，优选供应商，提升招标和采购工作质量效率，实现公司层面利益最大化。二是经济技术研究院内部市场化机制改革。将经济技术研究院所属7个中心的业务划分为管理服务业务和经营创效业务并采取不同的收费方式。各中心分别与公司机关部门和二级单位签订服务合同，以工作量和工作成果为标准进行签认与考核。三是消防支队内部市场化机制改革。公司不再直接拨付消防支队经费补贴，由消防支队与各油气生产单位签订消防生产服务协议，明确双方责任义务，根据实际工作量结算费用，年度结算总量以双方实际结算结果为准。四是技术监督检验处内部市场化机制改革。该单位的安全监督费用由专项经费补贴改为与机关处室签订管理委托合同，以履行安全环保、质量监督和节能监测两类共计5项服务获取劳务收入。通过提供对地面工程质量、环境监测、HSE监督、产品质量监督和节能监测检测服务，以每季度对进度和质量进行综合考核的方式分次确认全年收入。公司按照市场化原则，对违反合同规定的行为进行季度收入的扣罚处理。

（四）科研单位完善科研项目考核结算机制

1. 完善科研项目预算管理

科研项目预算改为完全成本预算，包括机关管理费用、人员费用、折旧全部分配纳入具体科研项目预算。在实施科研项目全成本核算的基础上，进一步细化科研项目预算，从人、财、物3个维度编制项目成本预算、明确资源消耗定额标准，提高科研费用使用效益，保障科研内部模拟市场机制高效运行。

2. 实施科研单位内部模拟市场

根据服务对象不同，将科研项目投资计划划分为勘探科研、开发科研、煤层气科研、其他科研四大类并测算出全年的科研项目支出和机构支出总额，分别下达到勘探部、开发部、煤层气事业部、科技信息部。科研单位分别与以上部门签订科研项目合同，明确科研项目完成时间、项目预算支出、科研成果等内容。勘探部等部门对科研项目完成情况进行考核，根据考核结果向科研单位支付费用。公司下达的勘探、开发、煤层气的科研费用原则上全部用于科研单位提供的服务，构建公司科研体系的内部大循环。

（五）调整资金配置制度，建立内部市场化资金运作机制

1. 内部市场化资金运作原则

集中统一：继续坚持资金集中统一管理理念，遵循司库集约化、扁平化、资金池统一原则，存量资金全部上存集中至股份公司总部；有息债务由公司统一负担改为“谁使用，谁承担”。分级授权：公司在满足自身发展需要的基础上，还原各单位对自有资金的支配权。除上交公司的资金外，留存资金作为各单位自有资金进行支配，由各单位根据自身生产经营需要自行决策留存资金使用方向及自身债务规模。量入为出：坚持以收定支、量入为出，建立负息资金制度，有效控制无效经营、投资的行为。

2. 内部市场化资金运作方式

根据油气产品集中销售的特点，公司与所属单位进行内部市场化资金运作，建立内部结算体系。每月，公司本部按照核定的油气产品内部结算价格和商品量向各油气生产单位结算油气产品销售收入，向原经费单位按预算核拨服务收入。生产经营支出由各单位自行支付，资金不足时公司给予短期负息资金贷款；投资性支出按各单位属性采取不同的拨款方式，资金不足时公司给予长期负息资金贷款。采取不同的方式上收各单位的折旧等非付现资金。

3. 内部资金存贷机制

所属各单位在公司的内部存款，按1年期人民银行定期存款利率上浮20%执行。各单位生产经营支出自行安排，资金不足时申请短期负息资金借款；投资性支出资金不足时申请长期负息资金借款。长、短期负息资金利率按中国人民银行公布的最新一期贷款市场报价利率（LPR）下浮10%执行，每

年1月调整一次。一是设置短期有息负债上限。二是建立长期负息资金运行机制。

（六）完善保障措施，确保内部市场运营机制有效落实

1. 调整内部市场会计核算制度

为保障利润中心管理模式及新资金配置制度的实施，制订并下发会计核算调整方案，通过取消各单位跨责任中心做账、启用部分会计科目、增加部分明细科目等方式，保障各单位财务账套的相对独立完整。

2. 大力开展宣传培训

开展有针对性的形势任务教育，进行广泛宣传，切实统一广大干部员工的思想和行动，树立以效益为核心的生产经营理念，促进形成全员提质增效浓厚氛围。组织业务部门及财务人员开展集中培训，深入理解深化利润中心管理实施方案、资金配置调整方案、会计核算调整方案、业绩考核管理办法等相关制度，组织研讨、召开专题会议，深入贯彻和落实内部市场化运营机制的落地实施。

3. 完善配套激励机制

一是优化业绩考核指标体系。突出效益原则，提高内部净利润指标考核权重，推动油气生产单位由成本中心管理模式下关注产量指标、成本指标转变为效益优先。二是设置内部净利润超额奖。为鼓励各单位多创造利润，设置超额奖励，各单位超额完成内部净利润指标，按超额部分的一定比例计提超额内部净利润奖。三是完善绩效水平与效益挂钩的浮动考核机制。按照公司所属单位分类情况，将各单位绩效工资系数分为三类五档并依据单位盈亏水平实行动态管理，效益贡献大，系数上调、收入增加；效益亏损，系数下浮、收入降低。油气生产单位绩效工资系数为1.5，若单位亏损，但完成公司下达的内部净利润指标，绩效工资系数下浮0.1核定；若单位亏损且未完成公司下达的内部净利润指标，绩效工资系数下浮0.15核定。绩效工资系数依据盈亏水平动态管理，引领各单位树立以效益为中心的管理理念，亏损单位要保持员工收入水平不下降，必须通过增储超产、积极创收、多交利润弥补系数下浮对绩效工资的影响，进一步推进了亏损单位增强创效及盈利单位持续增盈的能力提升。

三、油气田企业以提质增效降本为导向的内部市场运营机制建设效果

（一）经营理念显著转变，效益导向作用明显

内部市场化运营机制实施以来，公司内部市场价格体系初步建立，内部经营机制不断完善，运行效率不断提高，效益理念进一步增强。各单位形成了“效益为先”“先算后干”“工资靠挣”的经营理念，主动算效益、主动降成本，提质增效积极性显著激发。自2018年实施内部市场化运营机制以来至2020年，收入利润率比2017年增长6%，投资资本回报率增长9%，累计创造经济效益16.6亿元。

（二）成本费用有效控制，高质量发展目标稳步推进

内部市场化运营机制实施以来，华北油田分公司市场竞争力日益增强，通过“效益倒逼”促使各单位更加注重控投资、降成本。从源头控制和降低投资，优化调减投资规模，取消缓建低效项目，提高产能建设质量；优化产量结构，停止高成本措施作业，压减高成本老井产量，创新生产组织和管理方式；加大挖潜创效力度，压降完全成本三年行动计划有效落实，实现了投资、单位操作成本、桶油完全成本“硬下降”，百万吨产能投资降至40.5亿元，比集团内16家油气田平均水平低9亿元，比“十二五”末下降20%，油气操作成本连续3年持续下降，为5年内最低，油气完全成本比2017年下降15.2%，应对低油价、抗风险能力进一步增强。资产负债率下降21.4%，投资资本回报率、经济增加值逐年改善，公司高质量、可持续发展目标稳步推进。

（三）创造良好社会效益，在油气田企业发挥示范作用

2018—2020年，华北油田分公司实现工业总产值407亿元，上交税费65亿元，为地方经济发展做出了重要贡献。华北油田分公司连续三届获评“全国文明单位”，公司党委荣获“全国先进基层党组

织”称号。集团内 16 家油气田企业中，华北油田分公司率先创新实施内部市场化运营机制，在探索中实践，在实践中总结，不断改进和完善，积累了宝贵经验，效益管理水平再上新台阶。集团将该管理模式作为管理应用先进典型案例在全集团范围内广泛推广，兄弟油田曾多次来到华北油田分公司进行学习交流，在行业内起到了良好的示范和引领作用。

（成果创造人：姜立增、张　宁、张　涛、戴伟彬、杨　菁、赵欣磊、王　玮、费　娜、刘　冰、胡亚男、姚金娟、于洪英）